www.kuhminsa.co.kr

한발 앞서는 출판사 구민사

KUHMINSA

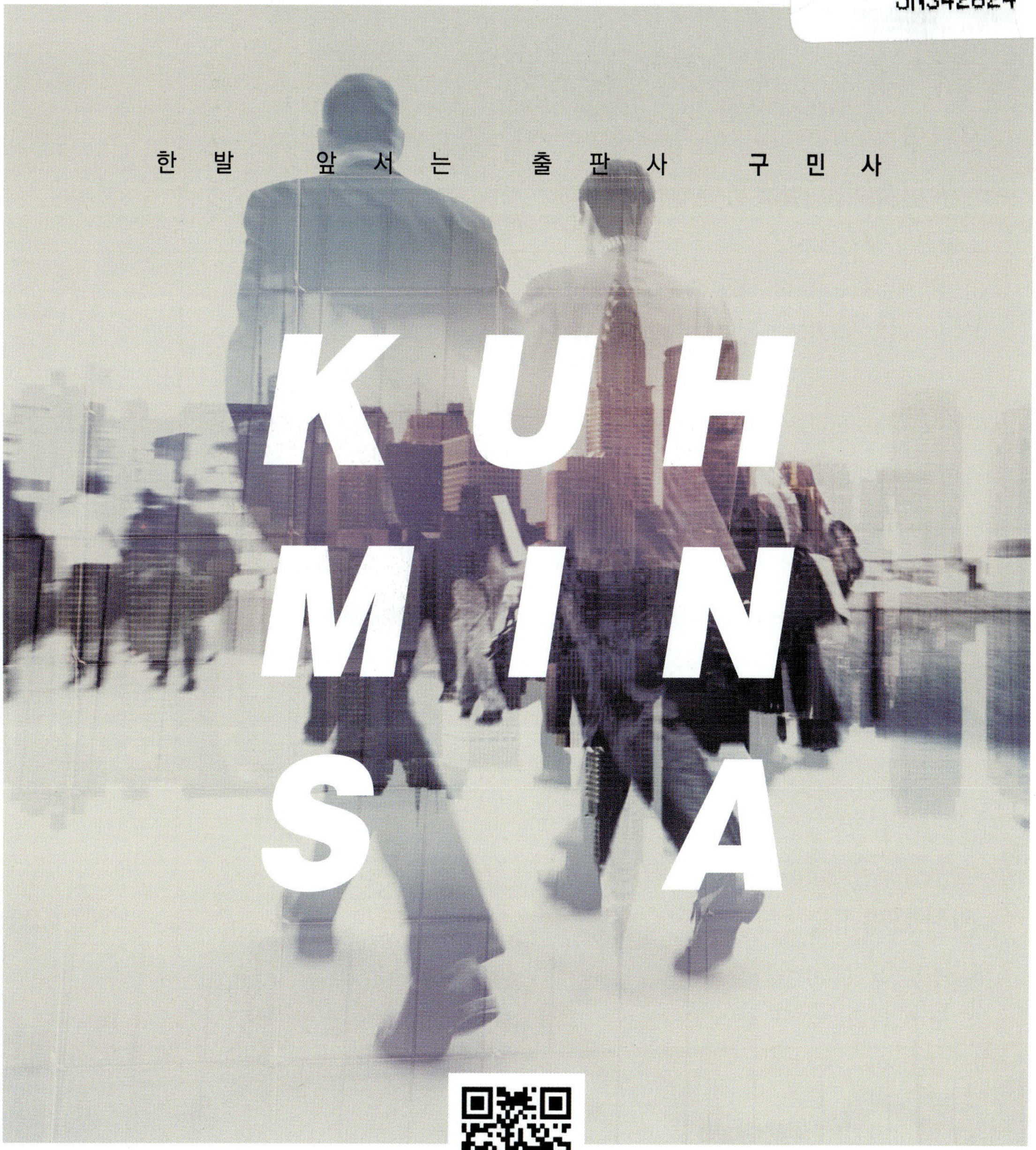

#604, Mullaebuk-ro 116, Yeongdeungpo-gu
Seoul, Republic of Korea

T. 02 701 7421
F. 02 3273 9642

Email kuhminsa@kuhminsa.co.kr

저자 약력

전민영

1. 한양대학교 경영학부, 동 대학원 회계학과
2. 공인회계사, 세무사
3. 명성세무회계사무소 대표(前 한영회계법인, 태성회계법인 근무)
4. 아이파경영아카데미 경영지도사 재무회계 담당교수
5. 경찰수사연수원 지능범죄수사과정(회계분야) 외래교수
6. 한양여자대학교, KC대학교 세무회계과 겸임교수
7. 한국사이버진흥원 전산세무회계분야 교수
8. (前) 연성대학교 보건의료행정과 겸임교수
9. 연천군 일자리센터, 시흥여성새로일하기지원본부 회계세무분야 강사
10. 주요 강의분야 : 경영지도사, 재경관리사, 전산세무회계, ERP(회계,인사) 등

전산회계 1급

초 판 인 쇄　|　2021년 5월 10일
초 판 발 행　|　2021년 5월 20일

지 은 이　|　전민영
발 행 인　|　조규백
발 행 처　|　도서출판 구민사
　　　　　　|　(07293) 서울특별시 영등포구 문래북로 116, 604호(문래동 3가 46, 트리플렉스)
전　　　화　|　(02) 701-7421(~2)
팩　　　스　|　(02) 3273-9642
홈 페 이 지　|　www.kuhminsa.co.kr
신 고 번 호　|　제 2012-000055호(1980년 2월 4일)
I S B N　|　979-11-5813-919-3(13320)
　값　　　　|　22,000원

※ 이 책은 구민사가 저작권자와 계약하여 발행했습니다.
※ 본사의 서면 허락 없이는 어떠한 형태나 수단으로도 이 책의 내용을 이용할 수 없음을 알려드립니다.

PREFACE
머리말

전산회계 1급 공부하시는 수험생분들에게 합격의 영광이 있길 기원합니다.

회계는 어려운 게 아닙니다. 약간 지루하긴 한데, 공부하시다 보면 쉽고 나름 재미있으며, 인생에 도움이 되는 유익한 분야입니다. 제가 회계가 어렵지 않다는 사실을 증명해 보이겠습니다. 본 교재에는 독자들을 향한 저의 뜨거운 마음이 담겨 있습니다.

본 교재의 특징은 다음과 같습니다.

첫째, 회계에 대한 이해를 돕기 위하여 쉬운 표현을 사용하였으며, 기업의 활동에 대하여 자세히 설명하였습니다. **회계는 기업의 활동을 기록하는 체계이기 때문에 기업의 존재 목적 및 활동에 대한 이해가 선행되어야 회계학습이 쉽게 이루어집니다.**

둘째, 기출문제 분석을 철저히 하여 **시험에 자주 나오는 내용을 반복적으로 학습할 수 있도록 교재집필을 하였습니다.** 과거상황에 대한 철저한 분석은 자격증 취득에 매우 중요한 요소입니다. 시험과 무관하거나 난도가 지나치게 높은 부분은 과감하게 삭제를 하고, 최근 시험추세에 맞는 내용들을 교재에 수록하였습니다.

셋째, 전산회계 1급 시험에 대비할 수 있도록 **이론, 주관식 문제와 객관식 문제를 적절하게 배치하였습니다.** 분석결과 이론을 공부하고 주관식으로 써본 후, 객관식 문제를 푸는 것이 회계자격시험에서 최상의 효과를 거둘 수 있는 방법임을 알았습니다. 차근차근 교재 순서대로 공부하시면 좋은 결과가 있을 것이라고 확신합니다.

이 교재의 출판에 도움을 주신 구민사 대표님과 편집 담당자님께 감사드리며, 독자분들에게 제 저서가 큰 도움이 되기를 간절히 소망합니다.

2021년 5월
저자 씀

CONTENTS
목차

필기편 : Part 1. 회계원리

01 CHAPTER 회계의 정의 및 기초이론

1. 회계의 정의 — 30
2. 기업의 거래를 정리하는 방법 — 32
3. 거래관련 계정분류 5가지-자산, 부채, 자본, 수익, 비용 — 38
4. 회계순환과정 — 40
5. 재무제표 — 43

02 CHAPTER 매출과 매입활동

1. 매출, 매입활동의 개요 및 흐름 — 48
2. 매출과 매입에 대한 추가고려사항 — 52
3. 매출과 매입관련 손익계산 — 53

03 CHAPTER 채권채무관리

1. 개요 및 일반외상거래 — 59
2. 어음거래(받을어음과 지급어음) — 60
3. T계정을 이용한 채권채무 증감내역 및 잔액계산사례 — 62
4. 대손충당금의 의의 및 흐름 — 66

04-1 CHAPTER 재고관리

1. 재고자산의 일반사항 및 수량결정방법 ... 74
2. 재고자산의 단가결정방법 ... 76
3. 재고자산감모손실과 재고자산평가손실 ... 78

04-2 CHAPTER 재고자산 cut-off, 다양한 형태의 매출

1. 특정 재고자산의 재무제표 포함여부 결정 ... 87
2. 다양한 형태의 매출인식기준 ... 90
3. 다양한 형태의 매출 사례 ... 92

05 CHAPTER 판매관리활동

1. 판매비와관리비 개요 ... 98
2. 인건비 ... 98
3. 복리후생비와 접대비 ... 102
4. 세금과공과금 ... 104
5. 기타 판매비와관리비 ... 104
6. 판매비와 관리비와 유사한 영업외수익, 비용 ... 106

CONTENTS
목차

06 CHAPTER 자금관리와 운용

1. 현금 및 현금성자산 — 120
2. 현금과부족 — 124
3. 금융상품을 통한 자금의 운용과 재무제표상 분류 — 126

07 CHAPTER 기타의 채권채무

1. 기타의 채권채무 — 128
2. 선급금과 선수금 — 129
3. 미수금과 미지급금 — 129
4. 예수금의 의의 및 회계처리 — 130
5. 가지급금과 가수금 — 130
6. 대여금과 차입금 — 131
7. 임차보증금과 임대보증금 — 131

08 CHAPTER 시설투자(유형자산)

1. 유형자산의 정의, 종류 및 흐름 — 142
2. 유형자산의 취득원가 결정 — 143
3. 유형자산에 대한 추가지출 — 153
4. 감가상각 — 158
5. 유형자산의 처분 — 170
6. 투자부동산의 의의 — 170

09 CHAPTER 권리투자(무형자산)

1. 무형자산의 정의, 종류 및 흐름 ... 175
2. 무형자산의 취득원가 결정 ... 177
3. 무형자산 취득 후 추가지출 ... 178
4. 무형자산의 상각 ... 178
5. 무형자산 처분 회계처리 ... 180
6. 내부적으로 창출된 무형자산 ... 180

10 CHAPTER 유가증권투자

1. 유가증권의 의의 및 종류 ... 187
2. 단기매매증권 ... 188
3. 매도가능증권 및 만기보유증권 ... 190

11 CHAPTER 자본

1. 주식회사의 의의와 거래흐름 ... 201
2. 주식의 발행 ... 203
3. 자기주식 ... 209
4. 자본의 감소 ... 210
5. 자본항목의 재무제표 표시 ... 213
6. 이익잉여금 ... 218
7. 기타사항 ... 225

CONTENTS
목차

CHAPTER 12 외화거래

1. 외화거래의 의의   228
2. 자산, 부채의 화폐성 여부   228
3. 계정 및 회계처리   229

CHAPTER 13 기말결산

1. 기말결산분개   235
2. 기말결산분개-수익비용 귀속시기 결정   247

CHAPTER 14 재무제표 표시와 공시

1. 기본사항   257
2. 재무상태표   260
3. 손익계산서   273
4. 기타 재무제표   276

CHAPTER 15 재무회계 개념체계

1. 재무제표 기본가정 · 282
2. 회계정보의 질적특성–목적적합성, 신뢰성 · 283
3. 목적적합성과 신뢰성 사이의 상충관계 · 284
4. 기타 회계정보의 질적특성 · 284

필기편 : Part 2. 부가가치세

CHAPTER 01 부가가치세 기본이론

1. 부가가치세 의의 · 290
2. 부가가치세 납세의무자, 납부시기 · 291
3. 부가가치세 거래흐름, 계산구조, 사업장 · 292

CHAPTER 02 세금계산서

1. 세금계산서의 정의, 발급시기, 필요적기재사항 · 296
2. 세금계산서 발급의무 면제 · 297

CONTENTS
목차

03 CHAPTER 부가가치세 매출세액

1. 부가가치세 과세대상   301
2. 재화의 공급   302
3. 용역의 공급   303
4. 재화의 수입   303
5. 영세율   303
6. 면세   305
7. 과세표준   309
8. 공급시기   310

04 CHAPTER 부가가치세 매입세액

1. 의의   317
2. 매입세액 불공제 항목   317
3. 의제매입세액   318

05 CHAPTER 부가가치세 회계처리

1. 매출세액, 매입세액 회계처리   321
2. 영세율 적용 시 회계처리   321
3. 매입세액 불공제에 대한 회계처리   322
4. 부가가치세 신고, 납부 회계처리   322
5. 부가가치세 사례   323

필기편 : Part 3. 원가회계

01 CHAPTER 원가회계 기본구조

1. 원가회계 기본흐름 — 348
2. 원가 기본개념 — 351
3. 원가의 구분 — 366
4. 원가계산방법(전산회계 1급 관련) — 374

02 CHAPTER 보조부문비 배분

1. 보조부문비 배분의 의의 — 375
2. 보조부문비 배분방법 — 376
3. 보조부문비 배분방법의 특성 — 377

03 CHAPTER 개별원가계산

1. 개별원가계산의 의의 — 382
2. 제조간접비 예정배부(정상개별원가계산) — 382

CONTENTS
목차

04 CHAPTER 종합원가계산

1. 종합원가계산의 의의 — 389
2. 완성품환산량의 의의 — 389
3. 계산방식 — 390
4. 공손의 의의와 회계처리방법 — 390
5. 개별원가계산과 종합원가계산 비교 — 390
6. 종합원가계산 사례 — 391

필기편 : Part 4. 객관식 모의고사

01 CHAPTER 객관식 모의고사

1. 전산회계 1급 모의고사 1회 — 402
2. 전산회계 1급 모의고사 2회 — 405
3. 전산회계 1급 모의고사 3회 — 408
4. 전산회계 1급 모의고사 4회 — 412
5. 전산회계 1급 모의고사 5회 — 416
6. 모의고사 정답 및 해설 — 419

실기편 : Part 1. 기본연습

01 CHAPTER　KcLep 프로그램 설치하기

1. KcLep 프로그램 다운로드 및 설치　　428
2. 회사등록　　429

02 CHAPTER　회사등록

1. (주)그레이스 등록하기　　431
2. (주)그레이스 등록　　432

03 CHAPTER　전기분 재무제표 입력

1. 전기분 재무제표 상호간의 연관관계　　434
2. 전기분 재무상태표 입력　　435
3. 전기분원가명세서 입력　　439
4. 전기분 손익계산서 입력　　443
5. 전기분 이익잉여금처분계산서 입력　　446
6. 전기분 재무제표 수정문제　　449

CONTENTS
목차

04 CHAPTER 거래처등록, 계정과목및적요등록, 거래처별초기이월

1. (주)그레이스 거래처 입력 454
2. 계정과목및적요등록 457
3. 거래처별 초기이월 461

05 CHAPTER 일반전표입력

1. 일반전표입력 일반 466
2. 1월 분개 469
3. 2월 분개 471
4. 3월 분개 472
5. 4월 분개 474
6. 5월 분개 476
7. 6월 분개 478
8. 7월 분개 480
9. 8월 분개 483
10. 9월 분개 484
11. 10월 분개 487
12. 11월 분개 489
13. 12월 분개 491

06 CHAPTER 매입매출전표 입력

1. 매입매출전표 연습을 위한 준비　　　　　　　　494
2. 1월 분개　　　　　　　　　　　　　　　　　497
3. 2월 분개　　　　　　　　　　　　　　　　　500
4. 3월 분개　　　　　　　　　　　　　　　　　503
5. 4월 분개　　　　　　　　　　　　　　　　　506
6. 5월 분개　　　　　　　　　　　　　　　　　509
7. 6월 분개　　　　　　　　　　　　　　　　　512
8. 7월 분개　　　　　　　　　　　　　　　　　515
9. 8월 분개　　　　　　　　　　　　　　　　　517
10. 9월 분개　　　　　　　　　　　　　　　　521
11. 10월 분개　　　　　　　　　　　　　　　　523
12. 11월 분개　　　　　　　　　　　　　　　　526
13. 부가세 관련 일반전표입력　　　　　　　　　529

07 CHAPTER 오류수정

1. 오류수정 연습을 위한 회사변경　　　　　　　531
2. 일반전표 오류수정　　　　　　　　　　　　　532
3. 매입매출전표 오류수정　　　　　　　　　　　538

CONTENTS
목차

08 CHAPTER 기말결산분개

1. 의의 — 546
2. 결산분개(난이도: 쉬움)-4720 (주)미래 — 547
3. 결산분개(난이도: 어려움)-4950 (주)세영 — 553

09 CHAPTER 장부조회

1. 일계표/월계표 — 560
2. 총계정원장, 계정별 원장, 현금출납장 — 564
3. 거래처원장, 거래처별 계정과목별 원장 — 569
4. 합계잔액시산표, 재무상태표, 손익계산서 — 571
5. 부가가치세신고서 — 575
6. 세금계산서합계표 — 578
7. 매입매출장 — 581

10 CHAPTER 여러기능 복습

1. 여러기능 복습 — 583

실기편 : Part 2. 실기 모의고사

01 CHAPTER 실기 모의고사

1. 파일 다운로드 및 실행방법   586
2. 실기 모의고사 1회   588
3. 실기 모의고사 2회   592
4. 실기 모의고사 3회   596
5. 실기 모의고사 4회   600
6. 실기 모의고사 5회   604
7. 모의고사 정답 및 풀이   609

실기편 : Part 3. 기출문제 풀이

01 CHAPTER 기출문제 풀이

1. 기출문제 파일 다운로드 및 실행방법   628
2. 제90회 전산회계 1급 문제   630
3. 제91회 전산회계 1급 문제   638
4. 제92회 전산회계 1급 문제   646
5. 제93회 전산회계 1급 문제   654
6. 기출문제 정답 및 해설   662

CONSTRUCT
이 책의 구성

이론과 실기를 한번에 공부할 수 있는 **"이론+실기"** 수록
이론편과 실기편 그리고 최신 기출문제를 구성하여 빠짐없이 학습할 수 있도록 구성하였습니다.

꼭 알아야 할 중요한 부분을 짚어주는 자세한 **이론편**! 챕터별 자세한 이론 학습 후 관련 문제도 함께 수록하여 출제 경향을 확실히 익힐 수 있습니다.

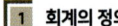

직접 따라해보는 실기편!
프로그램 설치부터
놓치기 쉬운 부분까지!
자세한 설명을 수록하여
입문자도 따라하기 쉽도록
구성하였습니다.

최신 출제경향 반영!

최근 출제 경향을 분석한 다양한 사례와 연습문제를 담았습니다.

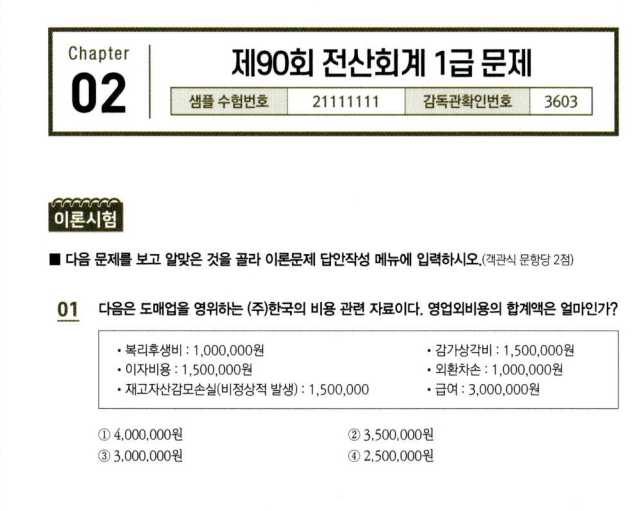

최신 기출문제 수록!
이론과 실기편을 학습한 뒤 최신 기출문제로 실전 감각을 향상시킬 수 있습니다.

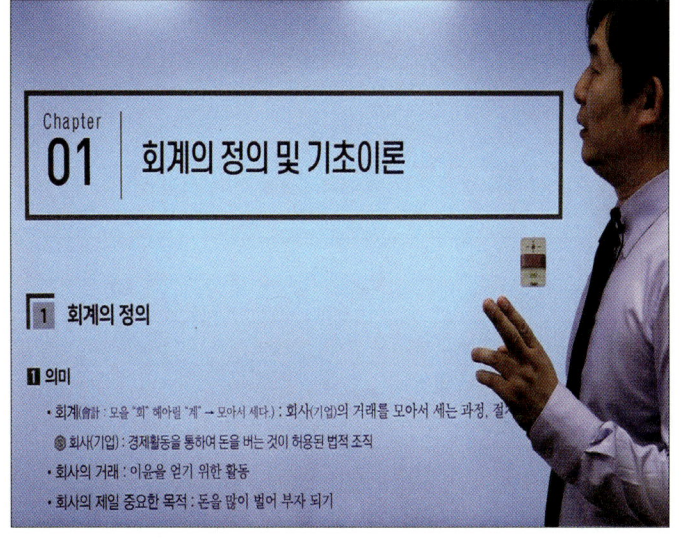

학습 향상을 위한 저자 직강 제공!
저자의 실무 경험을 통한 노하우가 담긴 동영상 강의를 제공하여 학습 향상에 도움을 드립니다.

전산회계 1급 자격시험 개요

시험 개요

1. **시험주관** : 한국세무사회(http://license.kacpta.or.kr)
2. 국가공인자격시험으로서 1년에 6번 시험이 치루어짐

    ※ 2021년 국가공인 전산세무회계 자격시험 일정(전산회계 1·2급, 전산세무 1·2급)

회차	원서접수	장소공고	시험일자	합격자 발표
제94회	01.20~01.26	02.15~02.21	02.21(일)	03.09(화)
제95회	03.04~03.10	03.29~04.03	04.03(토)	04.22(목)
제96회	04.29~05.06	05.31~06.05	06.05(토)	06.24(목)
제97회	07.08~07.14	08.02~08.07	08.07(토)	08.26(목)
제98회	09.01~09.07	09.27~10.03	10.03(일)	10.21(목)
제99회	11.04~11.10	11.29~12.04	12.04(토)	12.22(수)

3. **합격점수** : 100점 만점에 70점 이상 득점 시 합격
4. 이론시험 30%(4지선다형)와 실무시험 70%(컴퓨터 프로그램 이용)
5. 프로그램은 kclep을 이용함(http://license.kacpta.or.kr에서 다운로드)
6. **접수방법** : http://license.kacpta.or.kr 가입 후 인터넷으로 접수함(응시료 : 25,000원)
7. **합격 시 특전** : 취업 등에 유리, 학점인정, 학교장학금 수령가능

시험 범위

1. **이론** : 객관식 15문제(문항당 2점, 총 30점)

    - 회계원리 8문항, 원가회계 4문항, 부가가치세 3문항

2. **실기** : 70점으로서 다음과 같이 구분됨

1번	기초정보관리 3개 : 10점 (사업자등록증 수정, 전기분 재무제표 수정, 계정과목및적요등록, 거래처입력, 거래처별 초기이월 중 3문항)
2번	일반전표입력 6문제 : 18점 (6문제 출제)
3번	매입매출전표입력 6문제 : 18점 (6문제 출제)
4번	오류수정 2문제 : 6점 (3문제가 나오는 경우 있음)
5번	결산분개 3문제 : 9점 (2문제가 나오는 경우 있음)
6번	장부조회 3문제 : 9점

3. **합격하기 위한 최소조건** : 객관식 10개 + 실기 1번, 4번, 6번 + 전표 11개 + α = 78점 + α 합격!!!

본 교재의 내용과 관련된 주요 NCS 표준

분류번호 : 0203020201_14v2
능력단위명칭 : 전표관리
능력단위정의 : 전표관리란 회계상 거래를 인식하고, 전표 작성 및 이에 따른 증빙서류를 처리 및 관리하는 능력이다.

능력단위요소	수행준거	
203020201_14v2.1 회계상 거래 인식하기	1.1 회계상 거래를 인식하기 위하여 회계상 거래와 일상생활에서의 거래를 구분할 수 있다. 1.2 회계상 거래를 구성 요소별로 파악하여 거래의 결합관계를 차변 요소와 대변 요소로 구분할 수 있다. 1.3 회계상 거래의 결합관계를 통해 거래 종류별로 구분하여 파악할 수 있다. 1.4 거래의 이중성에 따라서 기입된 내용의 분석을 통해 대차평균의 원리를 파악할 수 있다.	
	【지식】	회계상 거래와 일상생활에서의 거래를 구분하는 지식 교환거래, 손익거래, 혼합거래 거래의 이중성
	【기술】	거래의 결합관계 구분 능력 다양한 거래 유형에 대한 구분 능력 거래를 장부에 기입·분석하는 능력
	【태도】	거래를 신속하고 정확하게 구분하려는 태도 거래에 대한 정확한 판단력
203020201_14v2.2 전표 작성하기	2.1 회계상 거래를 현금거래 유무에 따라 사용되는 입금 전표, 출금 전표, 대체 전표로 구분할 수 있다. 2.2 현금의 수입 거래를 파악하여 입금 전표를 작성할 수 있다. 2.3 현금의 지출 거래를 파악하여 출금 전표를 작성할 수 있다. 2.4 현금의 수입과 지출이 없는 거래를 파악하여 대체 전표를 작성할 수 있다.	
	【지식】	입금·출금·대체 전표에 대한 지식
	【기술】	거래 유형별로 전표 작성 능력
	【태도】	전표를 신속하고 정확하게 작성하려는 태도 거래 유형에 대한 정확한 판단력

분류번호 : 0203020104_14v2
능력단위명칭 : 결산관리
능력단위정의 : 결산관리란 재무상태를 파악하기 위하여 재무상태표일 현재의 자산, 부채, 자본을 측정·평가하고 회계기간의 수익, 비용을 확정하여 재무성과를 파악함과 동시에 각 계정을 정리하여 장부를 마감하고 재무제표를 작성하는 능력이다.

능력단위요소		수행준거
0203020104_14v2.1 결산분개하기		1.1 회계 관련 규정에 따라 제반서류를 준비할 수 있다. 1.2 손익계정에 관한 결산정리사항을 분개할 수 있다. 1.3 자산·부채계정에 관한 결산정리사항을 분개할 수 있다.
	【지식】	기업실무에 적용되는 회계 관련 규정 계정과목에 대한 지식
	【기술】	계정과목별 명세서 작성 능력 계정과목 분류 능력 손익산정 능력 자산·부채에 대한 평가 능력
	【태도】	원활한 의사소통 자세 수리적 정확도를 기하려는 자세 회계 관련 규정 준수에 대한 의지
0203020104_14v2.2 장부마감하기		2.1 회계 관련 규정에 따라 주요장부를 마감할 수 있다. 2.2 회계 관련 규정에 따라 보조장부를 마감할 수 있다. 2.3 회계 관련 규정에 따라 각 장부의 오류를 수정할 수 있다. 2.4 자본거래를 파악하여 자본의 증감여부를 확인할 수 있다.
	【지식】	기업실무에 적용되는 회계 관련 규정 계정과목에 대한 지식
	【기술】	계정과목별 명세서 작성 능력 계정과목 분류 능력 손익산정 능력 자산·부채에 대한 평가 능력
	【태도】	수리적 정확도를 기하려는 자세 회계 관련 규정 준수에 대한 의지

능력단위요소	수행준거	
0203020104_14v2.3 재무제표 작성하기	3.1 회계 관련 규정에 따라 재무상태표를 작성할 수 있다. 3.2 회계 관련 규정에 따라 손익계산서를 작성할 수 있다. 3.3 회계 관련 규정에 따라 자본변동표를 작성할 수 있다. 3.4 회계 관련 규정에 따라 현금흐름표를 작성할 수 있다. 3.5 회계 관련 규정에 따라 이익잉여금처분계산서를 작성할 수 있다. 3.6 회계 관련 규정에 따라 재무제표에 대한 주석사항을 표시할 수 있다.	
	【지식】	기업실무에 적용되는 회계 관련 규정 계정과목에 대한 지식 재무제표 상호연계성
	【기술】	재무제표 작성과 표시 능력
	【태도】	수리적 정확도를 기하려는 자세 회계 관련 규정 준수에 대한 의지

분류번호 : 0203020205_14v2

능력단위명칭 : 부가가치세 신고

능력단위정의 : 부가가치세 신고란 상품의 거래나 서비스의 제공에서 얻어지는 이윤에 대해 과세되는 금액에 대하여 세법에 따라 신고 및 납부 업무를 수행하는 능력이다.

능력단위요소	수행준거	
0203020205_14v2.1 세금계산서 발급·수취하기	1.1 세금계산서의 발급방법에 따라 세금계산서를 발급하고 발급명세를 국세청에 전송할 수 있다. 1.2 수정세금계산서 발급사유에 따라 세금계산서를 수정 발행할 수 있다. 1.3 부가가치세법에 따라 세금계산서 및 계산서 합계표를 작성할 수 있다.	
	【지식】	세금계산서 발급방법 수정세금계산서 발급사유와 발급절차 매입처별, 매출처별 세금계산서 합계표 작성 방법
	【기술】	세금계산서 기재사항을 입력하고 프로그램을 통해 발급하는 능력 수정세금계산서를 프로그램으로 발급하는 능력 입력한 세금계산서가 구분코드별로 각각 조회하여 작성하는 능력
	【태도】	세법에 대한 세심하고 주의 깊은 태도 세금계산서 발급 및 수취시기를 이해하고 처리하는 정확한 업무태도 관련부서 및 거래처와의 원만한 업무협조 태도

분류번호 : 0203020103_14v2

능력단위명칭 : 원가계산

능력단위정의 : 원가계산이란 기업운영에 있어 원가분석 및 정보를 제공·활용하기 위해 원가요소 분류, 배부, 계산하는 능력이다.

능력단위요소	수행준거	
0203020103_14v2.1 원가요소 분류하기	1.1 회계 관련 규정에 따라 원가와 비용을 구분할 수 있다. 1.2 회계 관련 규정에 따라 제조원가의 계정흐름에 대해 분개할 수 있다. 1.3 회계 관련 규정에 따라 원가를 다양한 관점으로 분류할 수 있다.	
	【지식】	원가 개념 및 원가흐름에 대한 분개 방법 원가의 다양한 관점에 따른 분류 방법
	【기술】	원가 및 비용에 대한 구분 능력 원가흐름에 대한 분개 능력 원가의 다양한 관점에 따른 분류 능력
	【태도】	원가 및 원가계산에 대한 정확성
0203020103_14v2.2 원가배부하기	2.1 원가계산 대상에 따라 직접원가와 간접원가를 구분할 수 있다. 2.2 원가계산 대상에 따라 합리적인 원가배부기준을 적용할 수 있다. 2.3 보조부문의 개별원가와 공통원가를 집계할 수 있다. 2.4 보조부문의 개별원가와 공통원가를 배부할 수 있다.	
	【지식】	원가 개념, 원가배부기준 및 원가배부방법
	【기술】	공통원가의 배부 보조부문원가를 주요부문원가에 배부하는 능력
	【태도】	원가배부에 대한 정확성 원가배부와 관련 부서의 적극적인 협업 태도
0203020103_14v2.3 원가계산하기	3.1 원가계산시스템의 종류에 따라 원가계산방법을 선택할 수 있다. 3.2 업종 특성에 따라 개별원가계산을 할 수 있다. 3.3 업종 특성에 따라 종합원가계산을 할 수 있다. 3.4 업종 특성에 따라 표준원가계산을 할 수 있다.	
	【지식】	원가회계시스템의 종류와 절차 원가계산방법
	【기술】	원가계산방법에 따른 원가산출 능력 업종 특성에 따른 원가계산 능력 계산 관련 프로그램 활용 능력
	【태도】	원가계산에 대한 정확성 업종 특성에 따른 원가계산 적용에 대한 판단력

전산 회계 1급

전민영

구민사

computerized

accounting

1st level

computerized accounting 1st level

필기편

Part 1. 회계원리

CHAPTER

01. 회계의 정의 및 기초이론
02. 매출과 매입활동
03. 채권채무관리
04-1. 재고관리
04-2. 재고자산 cut-off, 다양한 형태의 매출
05. 판매관리활동
06. 자금관리와 운용
07. 기타의 채권채무
08. 시설투자(유형자산)
09. 권리투자(무형자산)
10. 유가증권투자
11. 자본
12. 외화거래
13. 기말결산
14. 재무제표 표시와 공시
15. 재무회계 개념체계

Chapter 01 | 회계의 정의 및 기초이론

1 회계의 정의

1 의미

會計 : 모을 "회"헤아릴 "계" → 모아서 세다.
회계 : 회사(기업)의 거래를 모아서 세는 과정, 절차
회사(기업) : 경제활동을 통하여 돈을 버는 것이 허용된 법적 조직
회사의 거래 : 이윤을 얻기 위한 활동
회사의 제일 중요한 목적 : 돈을 많이 벌어 부자 되기

2 목적

회사는 외부에 있는 상대들과 다양한 거래를 통해 돈을 벌고, 내부 조직을 체계적으로 관리함으로써 운영의 효율성을 높임

(1) 이해관계자 : 특정한 관계를 맺고 지속적으로 거래하는 이들

- 기업 내부 : 경영자(경영의사결정)
- 기업 외부 : 투자자와 채권자(투자수익 극대화)
- 기타 : 정부(세금), 종업원, 거래처, 언론, 애널리스트등

(2) 기업 입장에서는 영업에 필요한 자금의 원천인 투자자와 채권자가 가장 중요함

① 투자자(주식투자자)의 투자목적 : 배당수익 및 투자수익
② 채권자(은행)의 투자목적 : 이자수익 및 원금의 상환

해당 기업에 자금을 대주는 투자자와 채권자들에게 투자에 대한 확신을 주기 위하여 회계가 필요하다.

3 주체, 시기

(1) 회사의 거래를 정리하여 외부에 있는 이해관계자들에게 보여주는 과정은 경영자의 책임하에서 이루어짐

(2) **회계기간** : 회사의 거래를 정리하는 일정 주기

> ① 우리나라 기업들의 회계기간은 일반적으로 1.1~12.31까지이며, 최소한 1년에 한 번씩 거래들을 정리함
> ② 코스피, 코스닥에 상장된 회사는 6개월에 한 번씩 또는 3개월에 한 번씩 회사의 거래를 정리하여 외부 이해관계자들에게 공시함

ⓢ 전산회계 1급에서는 일반적으로 회계기간이 1.1~12.31으로 제시(법인회사)

4 기업의 주요활동

기업은 돈을 벌기 위해 내부조직을 체계적, 효율적으로 관리하며, 외부 이해관계자들과 다양한 거래를 발생 시킴

매출, 매입	상품 등을 사고 파는 활동. 가장 기본적인 활동
채권채무관리	매출, 매입으로 인하여 발생하는 채권의 회수 및 채무의 지급을 적절히 관리하여 자금의 회전에 도움을 주는 활동
재고관리	매입으로 인하여 발생하는 상품 등의 재고자산 입출현황을 적절히 관리하여 체계적인 재고 판매 및 구입을 도와주는 활동
판매 및 내부관리	판매 및 통신, 차량유지, 도서구매, 접대, 광고, 기부 등의 내부관리 활동들을 통해 기업운영의 효율성을 높이는 활동
자금관리	회사의 자금관리와 운용을 통하여 전체적인 기업활동에 도움을 주는 활동
투자활동	설비, 권리 및 유가증권 등에 투자하여 기업의 규모 및 활동범위를 늘리고자 하는 활동
자금조달-차입	기업운영에 필요한 자금을 확보하기 위해서 돈을 빌리고, 그 대가로 이자를 지급함으로써 기업의 생존력을 높이는 활동
자금조달 -주식발행	기업운영에 필요한 돈을 확보하기 위해서 주식을 발행하고 그 대가로 배당을 지급함으로써 기업의 생존력을 높이는 활동
납세활동	기업이 부가가치세, 법인세 등을 계산하고 납부하여 국가에 대한 조세 의무를 이행하는 활동

2 기업의 거래를 정리하는 방법

1 거래의 정의

회계상 거래 : 기업의 자산, 부채, 자본에 영향을 미치는 사건
→ 일상적인 거래와 차이가 있을 수 있음

> • 회계상 거래가 아닌 것 : 계약, 주문, 담보, 채용
> • 회계상 거래인 것 : 천재지변 등으로 인한 손실, 도난, 횡령

2 회계의 틀, 복식부기

(1) **복식부기** : 하나의 거래를 두 가지로 나누어서 기입하는 방법으로 차변, 대변의 개념을 사용함

> ① 이탈리아 상업도시 베니스에서 널리 사용되었으며, 무역업자, 금융업자 및 그 밖의 상인들이 업무처리를 위해 거래처별로 채권, 채무의 명세를 고객별로 기록, 정리
> ② 루카 파치올리가 1494년 출판한 "산술 기하 및 비례총설"이란 책에서 복식부기가 소개됨
> ③ 우리나라에서는 개성상인이 사개송도치부법을 이용하여 그들의 거래내역을 정리하였으며, 서양의 복식부기보다 200년 정도 앞선 것으로 알려져 있음

(2) **去來** : 갈 "거"올 "래" 상대방과 무언가를 주고받음을 뜻함

> ① 기업이 무언가를 상대방에게 주게 되면 상대방은 그 대가로 기업이 준 것과 동일한 무언가를 주어야 함
> ② 거래의 본질은 가치가 같은 것을 서로 교환하는 것이며, 하나의 거래에는 두 가지 사실관계가 엮여있음
> ③ 기업의 거래를 기록할 때에는 회사가 받거나 받을 것, 회사가 주거나 줄 것을 나누어서 기재해야 함

(3) **차변** : "나에게 빚진 자(Debtor)"라는 의미(내가 받을 것)
　　대변 : "내가 빚진 자(Creditor)"라는 의미(내가 줄 것)

① 이익추구의 관점에서 보면 차변이 대변보다 더 중요함
   ◈ 받을 것을 신경써야 되므로 "차변"이 "대변"보다 우선 기재됨
② 기업이 보유한 여러 자원들에 대한 상황파악이 가능하고, 자기검증기능이 있음
   (차변≠대변일 때 오류 발견 용이)

(4) 복식부기를 이용한 거래기록의 예

판매를 하기 위해서 상품을 100원에 현금으로 구입하다.

◈ 상품 받고(차변), 현금을 줌(대변)

차변		대변	
상품	100원	현금	100원

3 복식부기를 이용한 기업거래의 기록 및 집계사례

(1) 다음은 (주) 그레이스가 거래한 내역이다. 복식부기법을 이용하여 거래를 기록하시오.

×1. 1. 2 : (주)그레이스는 현금 1,000원을 가지고 기업운영을 시작하였다.

×1. 2. 1 : (주)울트라에게 상품을 500원어치 사고, 돈을 나중에 주기로 하였다.

×1. 3. 2 : (주)영에게 상품 300원어치를 1,000원에 팔았는데, 현금으로 500원 받고, 나머지는 나중에 받기로 하였다.

×1. 4. 1 : 빠른 배달을 위하여 자동차 전문 생산기업인 (주)위즈덤에게서 자동차 600원짜리를 사고 돈은 나중에 주기로 하였다.

×1. 5. 1 : 직원들 급여 200원을 현금으로 지급하였다.

(2) 정답

일자	거래에 대한 기록 및 설명
×1.1.2	<table><tr><td>차변</td><td>대변</td></tr><tr><td>현금　　　　1,000원</td><td>자본금　　　　100원</td></tr></table> • 회사가 돈을 받고(차변), 차후에 투자자에게 돌려줘야 함(대변) 투자자에게 돌려줄 돈을 "자본금"이라고 함 (자세한 내용은 자본편에서 설명)
×1.2.1	<table><tr><td>차변</td><td>대변</td></tr><tr><td>상품　　　　500원</td><td>매입채무　　　　500원</td></tr></table> • 회사가 상품을 받고(차변), 상대방에게 돈을 지급해야 하므로 채무발생(대변) 판매목적으로 구입한 상품에 대한 채무를 "매입채무"라 하며, 매입채무는 외상매입금과 지급어음을 이야기함(자세한 내용은 채권채무관리에서 설명)
×1.3.2	① 원칙 <table><tr><td>차변</td><td>대변</td></tr><tr><td>매출채권　　　　500원 현금　　　　　　500원</td><td>상품　　　　　　300원 상품판매이익　　700원</td></tr></table> • 상품판매대가 중 일부는 현금수령, 나머지는 차후에 받음(차변) → 상품판매로 인하여 발생한 채권을 "매출채권"이라 부름 → 매출채권은 외상매출금과 받을어음을 이야기함(채권채무관리에서 설명) • 상품판매 시 상품을 상대방에게 줌(대변) → 거래의 결과 회사가 700원을 추가로 얻게 되고, 동 금액을 "상품판매이익"이라 함 ② 매출, 매입의 전체적인 상황을 반영한 회계처리 <table><tr><td>차변</td><td>대변</td></tr><tr><td>매출채권　　　　500원 현금　　　　　　500원</td><td>상품 매출　　　1,000원</td></tr><tr><td>상품매출원가　　300원</td><td>상품　　　　　　300원</td></tr></table> • 상품판매이익 700원이라 기록할 경우, 차후에 구입금액과 판매금액을 구체적으로 알 수 없기 때문에 판매금액을 "상품매출", 그에 상응하는 상품금액을 "상품매출원가"라고 구분기록함(상품매출 1,000 − 상품매출원가 300 = 판매이익 700)

일자	거래에 대한 기록 및 설명	
×1.4.1	차변	대변
	차량운반구　　　　　600원	미지급금　　　　　600원
	• 회사가 자동차를 받고(차변), 상대방에게 대금지급해야 함(대변) → 자동차는 "차량운반구"라는 명칭을 사용하여 기록하며, (유형자산 편에서 설명함) 매입 이외의 거래로 인한 채무 발생 시 "미지급금" 용어 사용	

(3) 사례에서 기록된 분개의 집계 및 특성 확인

일 자	차변		대변	
×1년 1월 2일	현금	1,000원	자본금	1,000원
×1년 2월 1일	상품	500원	매입채무	500원
×1년 3월 2일	매출채권 현금	500원 500원	상품매출	1,000원
	상품매출원가	300원	상품	300원
×1년 4월 1일	차량운반구	600원	미지급금	600원
×1년 5월 1일	급여	200원	현금	200원
합계		3,600원		3,600원

- 기업거래들을 정리할 경우 차변금액과 대변금액 각각의 합계는 기록된 거래의 횟수와 상관없이 일치해야 함
- 위 거래금액들의 차변합계와 대변합계는 각각 3,600원으로 일치함
- 만약 차변합계와 대변합계가 일치하지 않으면 오류가 있다는 뜻이므로, 원인을 찾아서 수정해야 한다.

- 복식부기에 의하여 기업의 거래를 기록하게 되면, 반드시 차변과 대변에 기록을 해야 하므로 최소한 두 가지 이상의 명칭이 나오게 되며, 본 사례를 통하여 확인이 가능함

객관식 문제

01 다음 중 회계상의 거래에 해당되는 것은? (55회)

① 광고료 170,000원을 현금으로 지급하다.
② 사무실을 월세 700,000원으로 임대차계약을 맺기로 구두로 약속하다.
③ 제품 3,000,000원의 주문을 받다.
④ 종업원을 월급 2,300,000원으로 채용하다.

> **해설** 계약, 주문, 담보, 채용은 회계상 거래가 아니다.

02 다음 중 회계상의 거래에 해당하지 않는 것은? (49회)

① 상품구매계약을 체결하였다.
② 신용카드로 우편요금을 지급하였다.
③ 사무실 임대료 2개월분을 받지 못했다.
④ 직원 급여를 미지급하였다.

> **해설** 상품구매계약은 회계상 거래에 해당하지 않는다.

03 다음 중 회계상의 거래에 해당하지 않는 것은? (27회)

① 재고자산의 일부가 파손되었다.
② 3개월분 사무실 임대료가 미지급되었다.
③ 상품매입을 위해 주문을 하였다.
④ 건물을 매각하면서 계약금을 받았다.

> **해설** 상품매입을 위해 주문을 한 경우는 회계상의 거래로 보지 않는다. 왜냐하면 주문자체의 행위만으로는 금전이 오간 것이 아니며 주문만으로 물건이 자기소유가 되는 것이 아니기 때문이다.

정답 1.① 2.① 3.③

04 회계는 기록, 계산하는 방법에 따라서 단식회계와 복식회계로 나눌 수가 있다. 다음 중 복식회계의 특징과 거리가 먼 것은? (54회)

① 자기검증이 불가능하다
② 재무상태와 손익을 파악하기가 쉽다.
③ 자산, 부채, 자본 등 모든 변화를 기록할 수 있다.
④ 일정한 원리에 따라 기록한다.

해설 자기검증이 불가능한 것은 단식회계이다.

05 회계상 거래가 발생하면 재무제표의 차변과 대변에 동시에 영향을 미치게 되는데, 이는 회계의 어떤 특성 때문인가? (42회)

① 거래의 이중성   ② 중요성   ③ 신뢰성   ④ 유동성

해설 거래가 차변과 대변에 동시에 영향을 미치는 속성을 거래의 이중성이라고 한다.

정답 4.① 5.①

3 거래관련 계정분류 5가지-자산, 부채, 자본, 수익, 비용

1 계정분류의 의의

기업의 거래를 복식부기를 이용하여 기록할 때 여러 가지 명칭(요소)이 나올 수 있는데, 해당 명칭(요소)을 크게 5가지로 분류한다.

2 거래요소의 분류

거래요소	어려운 정의	쉬운 정의
자산	과거의 거래나 사건에 의해서 현재 회사 수중에 있고, 미래에 돈을 벌게 해 줄 수 있는 것들의 집합	과거에 회사로부터 나갔지만, 다시 돌아올 돈
부채	과거의 거래나 사건에 의하여 미래에 회사가 돈을 지출할 것으로 예상되는 현재의 의무(타인자본이라도 함)	과거에 회사로 들어왔지만, 상대방에게 다시 나갈 돈
자본	자산에서 부채를 뺀 나머지. 기업의 주인에게 속하는 것(자기자본)	과거에 회사로 들어왔지만, 회사의 주인에게 다시 나갈 돈
수익	자산의 증가나 부채의 감소에 의해 자본의 증가를 일으키는 현재 또는 미래의 현금 증가(회사의 주인이 자금을 대는 것은 제외)	과거에 회사로 들어왔지만, 다시 나가지 않는 돈(회사가 부채에 대한 의무를 이행하지 않음)
비용	자산의 감소나 부채의 증가에 따라 자본의 감소를 초래하는 현재 또는 미래의 현금 감소(회사의 주인이 투자금을 회수하는 것은 제외)	과거에 회사로부터 나갔지만, 다시 돌아오지 않는 돈(회사가 자산에 대한 권리를 포기함)

* 쉬운 정의 : 사개송도치부법 정해, 현병주 지음, 이원로 번역 –다산북스–

3 거래요소의 기록위치

자산, 부채, 자본, 수익, 비용 다섯 가지 요소는 차변과 대변에 기록됨

	차변	대변	
자 산	+	-	발생은 +로, 소멸은 -로 나타냄.
부 채	-	+	
자 본	-	+	
수 익	-	+	
비 용	+	-	

- 자산과 비용의 증가는 차변에, 감소는 대변에 기록함
- 부채, 자본, 수익의 증가는 대변에, 감소는 차변에 기록함

4 거래요소의 결합 예

	차변	대변
자산, 부채, 자본	자산의 증가	부채의 증가, 자본의 증가
	부채의 감소, 자본의 감소	자산의 감소
수익, 비용	자산의 증가, 부채의 감소	수익의 증가, 비용의 감소
	비용의 증가, 수익의 감소	자산의 감소, 부채의 증가

5 계정의 분류

자산항목	현금, 당좌예금, 보통예금, 매출채권, 상품, 원재료, 재공품, 제품, 선급금, 단기매매증권, 토지, 건물, 기계장치, 임차보증금 등
부채항목	매입채무, 선수금, 미지급금, 단기차입금 등
자본항목	자본금, 주식발행초과금, 자기주식 등
수익항목	제품매출, 이자수익, 배당금수익, 유형자산처분익 등
비용항목	제품매출원가, 이자비용, 급여, 접대비 등

◈ 위에 서술된 항목들은 예시이고, 파트별로 차후에 설명이 진행되므로 지금 모든 항목을 암기 또는 공부할 필요없음. 차분히 학습할 것
◈ 전산회계 1급에서는 자본항목에 대한 학습이 필요함

4 회계순환과정

1 회계순환과정의 의의

기업의 거래를 이해관계자들에게 보여주기 위한 일련의 과정으로서 복식부기방식을 이용하여 거래요소 5종류를 이용하여 회계정보를 작성, 정리한다.

2 분개

기업의 거래를 복식부기의 방법을 이용하여 기록하는 것. 분개장에 작성된다. 분개시 다음과 같은 세 가지 사항이 고려된다.

① 어떤 계정을 써야 할 것인가?
② 차변·대변 중 어느쪽에 기록할 것인가?
③ 관련금액은 얼마인가?

◎ 계정 : 거래가 무엇인지를 잘 알려줄 수 있는 명칭 → 계정의 구분(대분류) : 자산, 부채, 자본, 수익, 비용

3 전기

분개 후에 흩어져 있던 각 계정과목들을 동일한 과목별로 집합시키는 과정. 총계정원장을 통하여 이루어진다. 주로 T계정이란 형태를 사용하여 전기한다.

자산	
자산의 발생(차변)	자산의 감소(대변)
부채	
부채의 감소(차변)	부채의 증가(대변)

분개 → 분개장, 전기 → 총계정원장 (시험문제에 자주 출제)

4 시산표

기중 거래기록의 정확성을 검증하기 위하여 전기한 계정들의 잔액이나 합계금액을 한 곳에 집합시켜 놓은 표이며, 합계잔액시산표가 많이 쓰인다.

합계잔액시산표 양식

차변		계정과목	대변	
잔액	합계		합계	잔액
××××	××××	자산	××××	
	××××	부채	××××	××××
	××××	자본	××××	××××
	××××	수익	××××	××××
××××	××××	비용	××××	
××××	××××	합계	××××	××××

◈ 수정 전 시산표 : 결산 전에 작성하는 표
  수정 후 시산표 : 결산 후 작성하는 표

5 결산

기업의 거래를 최종적으로 정리 후 마무리하기 전에 추가적으로 해야 할 사항들
→ 결산을 할 때 행해지는 추가적인 분개들을 결산분개라고 함

6 마감

결산이 끝나고, 수정 후 시산표를 작성한 경우 더 이상 추가할 사항이 없으면 자산, 부채, 자본, 수익, 비용항목의 수정을 하지 못하도록 하는 최종 마무리 절차
→ 계정을 마감하게 되면 기업의 자료수정이 불가하므로, 계정마감 전에 회계자료를 확인하여 문제가 없는지 파악해야 함

7 재무제표 작성

마감된 자료를 정리 후 외부 이해관계자들에게 공시하기 위해 작성하는 양식을 재무제표라고 하며, 재무상태표·손익계산서·자본변동표·현금흐름표·주석으로 이루어짐.

객관식 문제

01 다음 중 시산표등식으로 맞는 것은? (53회)

① 기말자산 + 총비용 = 기말부채 + 기말자본 + 총수익
② 기말자산 + 총비용 = 기말부채 + 기초자본 + 총수익
③ 기말자산 + 총비용 = 기말부채 + 기초자본 + 총수익 - 순손실
④ 기말자산 + 총비용 + 순이익 = 기말부채 + 기초자본 + 총수익

02 다음 중 시산표에서 발견할 수 없는 오류가 아닌 것은? (50회)

① 대차 양편에 틀린 금액을 같이 전기
② 대차 반대로 전기한 금액
③ 전기를 누락하거나 이중전기
④ 대차 어느 한 쪽의 전기를 누락

> **해설** 대차 어느 한 쪽의 전기를 누락한 경우에는 차변과 대변의 합계금액이 일치하지 않기 때문에 발견할 수 있는 오류이다.

03 다음 중 결산 순서가 옳게 표시된 것은? (25회)

| 1. 거래의 발생 | 2. 시산표 작성 | 3. 총계정원장 기록 | 4. 재무제표 작성 |

① 1 → 2 → 3 → 4   ② 1 → 2 → 4 → 3   ③ 1 → 3 → 2 → 4   ④ 1 → 4 → 2 → 3

04 다음 중 이론상 회계순환과정의 순서가 가장 맞는 것은? (52회)

① 기말수정분개 → 수정 후 시산표 → 수익·비용계정 마감 → 집합손익계정 마감 → 자산·부채·자본계정 마감 → 재무제표 작성
② 기말수정분개 → 수정 후 시산표 → 자산·부채·자본계정 마감 → 집합손익계정 마감 → 수익·비용계정 마감 → 재무제표 작성
③ 수정 후 시산표 → 기말수정분개 → 수익·비용계정 마감 → 집합손익계정 마감 → 자산·부채·자본계정 마감 → 재무제표 작성
④ 수정 후 시산표 → 기말수정분개 → 자산·부채·자본계정 마감 → 수익·비용계정 마감 → 집합손익계정 마감 → 재무제표 작성

> **해설** 거래식별 → 분개 → 전기 → 수정 전 시산표 작성 → 기말수정분개 → 수정 후 시산표 → 수익·비용계정 마감 → 집합손익계정의 마감 → 자산·부채·자본계정 마감 → 재무제표 작성

정답 1.② 2.④ 3.③ 4.①

5 재무제표

1 재무제표(財務諸表) 정의

자산, 부채, 자본, 수익, 비용 확정액을 여러 형태로 정리한 양식
- 표면적인 뜻 : 재물에 대한 여러 가지 사항을 보여주는 표

2 재무제표 종류

2가지	재무상태표, 손익계산서
3가지	자본변동표, 현금흐름표, 주석(이익잉여금처분계산서)

- 재무상태표와 손익계산서가 먼저 완성되어야 그 외의 재무제표 작성이 가능하다. 공인회계사에게 외부감사를 받은 재무제표는 금융감독원 공시사이트에서 검색가능함(http://dart.fss.or.kr)

3 재무상태표와 손익계산서

(1) 재무상태표

① 일정시점 현재 기업이 보유하는 자산, 부채, 자본에 대한 정보를 제공하는 보고서.
② 재무상태표를 통하여 기업의 이해관계자들은 기업이 영업활동을 위하여 소유하고 있는 것들은 무엇인지, 자산을 구입하기 위해 필요한 자금이 어디에서 왔는지를 알 수 있음

$$자산 = 부채 + 자본 \text{ (재무상태표 등식)}$$

(2) 손익계산서

① 일정 기간 동안 소유주와의 거래 이외의 모든 원천에서 자본의 증감정도와 그 내역에 대한 정보를 제공하는 보고서
② 손익계산서를 통하여 기업의 이해관계자들은 회사의 영업내역과 회사가 벌어들인 이익의 크기를 알 수 있음

1. 수익 - 비용 = 이익 (손익계산서 등식)
2. 기말자본 - 기초자본 = 이익*

* 소유주와의 거래가 없다면 이익은 아래의 2번과 같이 구할 수도 있음

(3) 재무상태표와 손익계산서의 연결관계

① 재무상태표와 손익계산서는 아래와 같이 서로 연결되어 있음

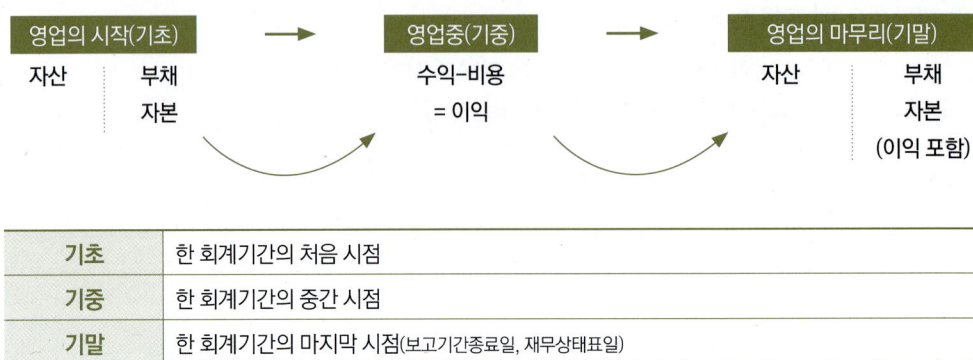

기초	한 회계기간의 처음 시점
기중	한 회계기간의 중간 시점
기말	한 회계기간의 마지막 시점(보고기간종료일, 재무상태표일)

기업이 영업을 시작할 때 전년도에서 넘어온 자산, 부채, 자본을 이용한다. 그 후 일정한 기간 동안 수익과 비용이 발생하고, 기말결산을 하면서 수익에서 비용을 차감한 이익이 자본에 포함된다. 분개를 통해 거래가 기록되고 전기를 통하여 거래들이 계정별로 정리되며, 정리된 계정들은 자산, 부채, 자본, 수익, 비용으로 분류 후 재무상태표와 손익계산서 형태로 외부 이해관계자들에게 공시된다.

② 여러 기간 동안 기업이 영업활동을 할 경우 재무상태표와 손익계산서 흐름

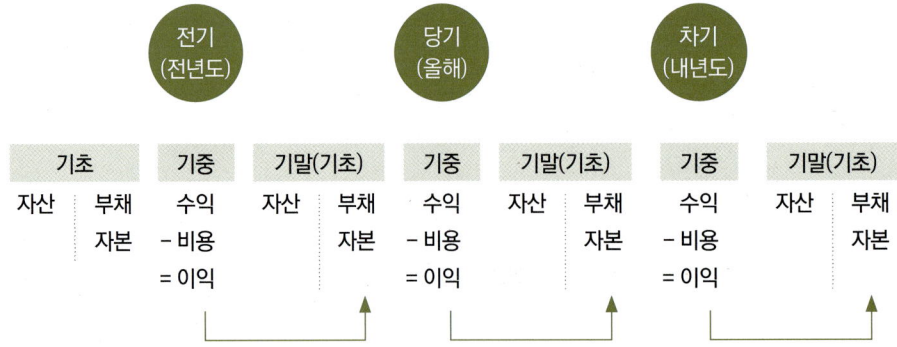

4 재무상태표와 손익계산서 이외의 재무제표

자본변동표	자본의 크기와 그 변동에 관한 정보를 제공하는 재무보고서
현금흐름표	일정 기간 동안 기업의 현금유입과 현금유출에 대한 정보를 제공하는 재무보고서
주석	재무상태표, 손익계산서, 현금흐름표 및 자본변동표에 인식되어 본문에 표시되는 항목에 관한 설명이나 금액의 세부내역과 우발상황 또는 약정사항과 같이 재무제표에 인식되지 않는 항목에 대한 추가정보의 기록

🔷 상법 등 관련 법규에서 이익잉여금처분계산서(또는 결손금처리계산서)의 작성을 요구하는 경우에는 재무상태표의 이익잉여금(또는 결손금)에 대한 보충정보로서 이익잉여금처분계산서(또는 결손금처리계산서)를 주석으로 공시한다.
→ 이익잉여금처분계산서(결손금처리계산서)는 재무제표가 아님

5 재무제표 작성사례

다음 분개들을 이용하여 각 계정의 잔액을 구하고, 합계잔액시산표를 작성 후 재무제표(재무상태표와 손익계산서)를 완성하라.

일자	차변		대변	
×1년 1월 2일	현금	1,000원	자본금	1,000원
×1년 2월 1일	상품	500원	매입채무	500원
×1년 3월 2일	매출채권	500원	상품매출	1,000원
	현금	500원		
	상품매출원가	300원	상품	300원
×1년 4월 1일	차량운반구	600원	미지급금	600원
×1년 5월 1일	급여	200원	현금	200원
합계		3,600원		3,600원

(1) 계정별 잔액

① 현금 잔액 = 1,000(1.2) + 500(3.2) - 200(5.1) = 1,300원

② 상품 잔액 = 500(2.1) - 300(3.2) = 200원

③ 매출채권 잔액 = 500원(3.2)

④ 차량운반구 = 600원(4.1)

⑤ 매입채무 잔액 = 500원(2.1)

⑥ 미지급금 잔액 = 600원(4.1)
⑦ 자본금 = 1,000원(1.2)
⑧ 상품매출 = 1,000원(3.2)
⑨ 상품매출원가 = 300원(3.2)
⑩ 급여 = 200원(5.1)
* 괄호 = 거래일자

(2) 합계잔액시산표

차변		합계잔액시산표 계정과목	대변	
잔액	합계		합계	잔액
1,300	1,500	현금	200	
200	500	상품	300	
500	500	매출채권	-	
600	600	차량운반구	-	
	-	매입채무	500	500
	-	미지급금	600	600
	-	자본금	1,000	1,000
	-	상품매출	1,000	1,000
300	300	상품매출원가	-	
200	200	급여	-	
3,100	3,600	합계	3,600	3,100

ⓢ 차변합계 = 대변합계(3,600원), 차변잔액 = 대변잔액(3,100원) : 대차평균의 원리 성립

(3) 손익계산서

×1년 1월 1일 ~ 5월 1일	
상품매출	1,000원
상품매출원가	-300원
급여	-200원
이익	500원

(4) 재무상태표

×1년 5월 1일 현재

자산	현금	1,300원	부채 자본	매입채무	500원
	상품	200원		미지급금	600원
	매출채권	500원		자본금	1,000원
	차량운반구	600원		이익	500원
합계		2,600원	합계		2,600원

◈ 손익계산서 작성 후 재무상태표를 작성해야 함
◈ 기업의 이해관계자들은 재무제표를 통하여 회사의 이윤창출내용과 보유자원현황을 알 수 있고, 이러한 사항들을 통하여 해당 기업의 미래 전망에 대한 정보를 얻을 수 있음
◈ 특히 회사를 운영하는 경영자는 이러한 정보들을 다양한 의사결정에 유용하게 사용할 수 있다.

Chapter 02 | 매출과 매입활동

1 매출, 매입활동의 개요 및 흐름

1 개요

- 매입 : 판매목적으로 관련자원(상품, 재료 등)를 구입하는 행위
- 매출 : 상품 또는 완성된 제품을 판매하는 과정

(1) **상기업의 활동** : 상품구입 → 판매
(2) **제조기업의 활동** : 재료구입 → 재료 + 노동력 + 기타 투입 → 제품완성 → 판매

- 상기업 : 제조과정없이 단순히 상품을 구입, 판매하는 기업
- 제조기업 : 재료를 구입, 가공하여 제품을 만들어 파는 기업

🔖 전산회계 1급에서는 제조기업을 대상으로 시험문제가 출제되며, 원재료, 재공품, 제품 계정을 사용하여 회계처리함. 자세한 사항은 원가회계편을 참고할 것

2 매출활동의 흐름 및 회계처리

(1) **매출활동의 흐름**

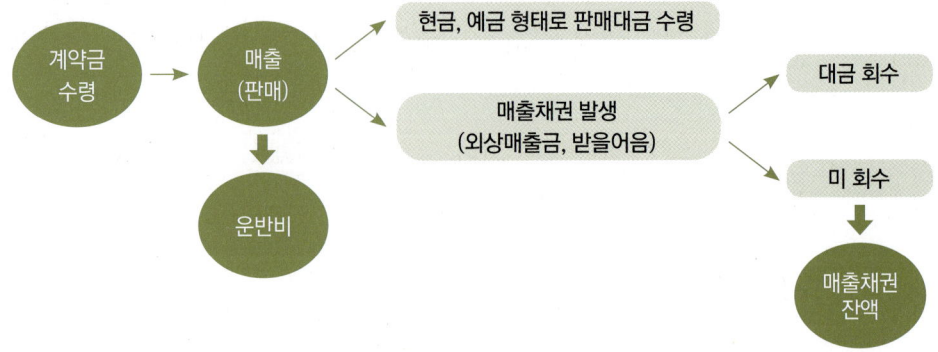

① 판매 전에 계약금을 미리 받을 수 있으며, 회계처리 시 "선수금"계정을 사용한다. 동 계정은 차후에 제품을 제공할 의무를 지게 되므로 부채로 처리함

② 일반적으로 제품을 상대방에게 판매(인도)할 때 매출을 인식하며, 제품판매와 관련하여 운반비가 발생할 수 있음
③ 판매대금 회수 시 현금 또는 예금으로 대가를 수령하며, 예금거래 시 통상적으로 보통예금 또는 당좌예금이 이용됨
  ◈ 예금에 대한 사항들은 "자금운용 및 관리"편에서 구체적으로 설명함
④ 차후에 대금을 받게 될 경우 거래처와 채권관계가 발생하고, 매출로 인한 채권이기 때문에 "매출채권"이라는 명칭을 씀.

$$\text{매출채권 = 외상매출금 + 받을어음}$$

⑤ 외상매출금은 상대방과의 약속(구두 또는 계약서 등)을 통하여 차후에 대금을 받기로 결정한 것을 말하고, 받을어음은 어음이란 증서를 통하여 차후에 대가를 수령하기로 한 것을 뜻함
  ◈ 어음에 대한 사항들은 "채권채무관리"편에서 구체적으로 설명함
⑥ 매출채권(외상매출금과 받을어음)은 현금 또는 예금의 형태로 회수되며, 만약 기말이 되도록 회수가 되지 않은 것이 있다면 해당 채권잔액과 관련거래처를 확정지은 후, 재무상태표에 계상함

(2) 매출거래 관련 주요 회계처리

거래내역	차변		대변	
계약금 수령	현금*	×××	선수금	×××
	• 현금 등을 받고(차변), 상품을 제공해야 함(대변)			
상품 판매 (계약금 없을 시 선수금 무시)	선수금 현금* 외상매출금 받을어음	××× ××× ××× ×××	제품매출	×××
	• 선수금 제거 후 판매대가 잔액을 지금 받거나 차후에 받게 됨(차변). 판매대가 구분 기재(대변)			
채권 회수	현금*	×××	외상매출금 받을어음	××× ×××
	• 현금 등을 받고(차변), 채권이 사라짐(대변)			
운반비 발생	운반비	×××	현금*	×××
	• 서비스를 소비하였고(차변), 현금 등을 지급(대변)			

* 현금계정 대신에 당좌예금, 보통예금 계정이 사용될 수 있음
** 위에 제시된 분개는 기본적인 사항으로서, 응용된 분개형태가 존재할 수 있음
*** 전산회계 1급에서는 통상적으로 제품매출계정을 사용하나, 가끔 상품매출계정을 사용할 때가 있음

3 매입활동의 흐름과 회계처리

(1) 매입활동의 흐름

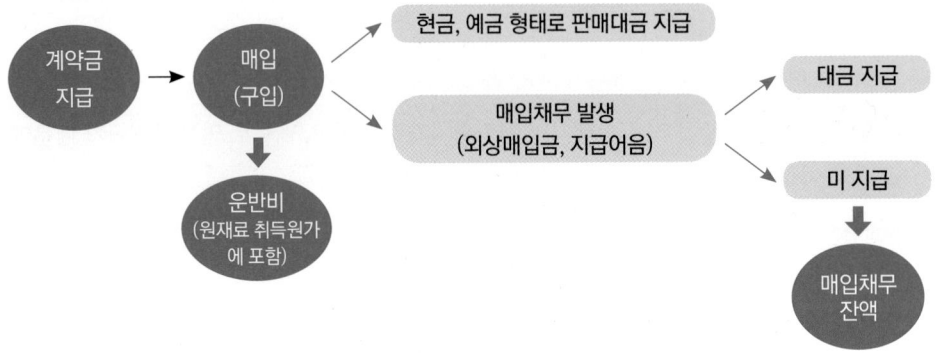

① 구입 전에 계약금을 미리 줄 수 있으며, 회계처리 시 "선급금"계정을 사용한다. 동 계정은 차후에 원재료를 받을 권리를 가지게 되므로 자산으로 처리함
② 일반적으로 상대방에게 매입할 때 원재료를 인식하며, 원재료매입과 관련하여 발생된 운반비는 원재료 취득원가에 포함됨(매출과 회계처리가 다르므로 주의할 것)
③ 구입대금 지급 시 현금 또는 예금으로 지불하며, 예금거래 시 통상적으로 보통예금 또는 당좌예금이 이용됨
  ⓢ 예금에 대한 사항들은 "자금운용 및 관리"편에서 구체적으로 설명함
④ 차후에 대금을 지급할 경우 거래처와 채무관계가 발생하고, 매입으로 인한 채무이기 때문에 "매입채무"라는 명칭을 씀.

> 매입채무 = 외상매입금 + 지급어음

⑤ 외상매입금은 상대방과의 약속(구두 또는 계약서 등)을 통하여 차후에 대금을 주기로 결정한 것을 말하고, 지급어음은 어음이란 증서를 통하여 차후에 대가를 지불하기로 한 것을 뜻함
  ⓢ 어음에 대한 사항들은 "채권채무관리"편에서 구체적으로 설명함
⑥ 매입채무(외상매입금과 지급어음)는 현금 또는 예금의 형태로 결제되며, 만약 기말이 되도록 지불되지 않은 것이 있다면 해당 채무잔액과 관련 거래처를 확정지은 후, 재무상태표에 계상함
⑦ 구매된 원재료는 제조에 투입후 제품의 형태로 판매되거나 회사가 재고로 소유하고 있게 되며, 판매된 제품은 제품매출원가라는 계정으로 대체된다.(원재료는 "원재료비 → 재공품 → 제품"의 과정을 거쳐 제품매출원가로 대체되며, 자세한 사항은 원가회계편에서 다루어진다)

(2) 매입거래 관련 주요 회계처리

거래내역	차변		대변	
계약금 지급	선급금	×××	현금*	×××
	• 상품을 받을 수 있고(차변), 현금 등을 지급(대변)			
원재료 구입 (계약금 없을 시 선급금 생략)	원재료	×××	선급금 현금* 외상매입금 지급어음	××× ××× ××× ×××
	• 상품을 받고(차변), 선급금 제거 후 구입대가 잔액을 바로 지급하거나, 차후에 결제하기로 함(대변)			
채무 상환	외상매입금 지급어음	××× ×××	현금*	×××
	• 채무가 사라지고(차변), 현금 등을 지급(대변)			
운반비 발생	원재료	×××	현금*	×××
	• 운반서비스를 소비하였고(차변), 현금 등을 지급(대변)			
판매된 상품	제품매출원가	×××	제 품	×××
	• 제품은 소멸됨(차변). 제품을 상대방에게 줌(대변)			

 * 현금계정 대신에 당좌예금, 보통예금 계정이 사용될 수 있음
** 전산회계 1급에서는 통상적으로 원재료계정을 사용하나, 가끔 상품계정을 사용할 때가 있음

> 수험목적상 매출원가 분개는 기말에 이루어지며, 위에 제시된 분개 이외에도 응용된 분개 형태가 존재할 수 있음

4 손익계산서와 재무상태표에 미치는 영향

매출과 매입활동으로 인하여 발생하는 계정들을 정리한 후 동 항목들을 손익계산서와 재무상태표에 표시하면 다음과 같음

	계정	금액
손익계산서	제품매출*	×××
	제품매출원가*	-×××
	매출총이익	×××
	운반비	-×××

* 상품매출, 상품매출원가 계정도 사용가능함

재무상태표		
	계정	금액
자산	현금 등(보통예금, 당좌예금 포함)	×××
	매출채권(외상매출금, 받을어음)	×××
	원재료, 재공품*, 제품, 상품 등	×××
	선급금	×××
부채	매입채무(외상매입금, 지급어음)	×××
	선수금	×××

* 미완성된 제품을 뜻함

매출과 매입활동이 기업에게 있어서 가장 중요하며, 전산회계 1급에서 차지하는 비율은 절반 가까이 되므로 철저하게 학습해야 함

2 매출과 매입에 대한 추가고려사항

1 매출에누리, 매출환입(매입에누리, 매입환출)

(1) **매출에누리** : 판매된 제품의 파손이나 하자로 인해 판매가격의 일부를 감액하는 행위

(2) **매출환입** : 판매된 제품의 파손이나 하자로 인해 상대방이 반품처리를 하는 경우

> ⓢ 매출에누리와 매출환입 모두 매출의 취소라는 면에서는 동일한 개념이며, 통상적으로 "매출환입및에누리"라는 계정 사용

(3) 매입한 상대방 입장에서는 매입에누리·매입환출이 되며, "매입환출및에누리" 계정 사용

(4) **매출에누리, 매출환입(매입에누리, 매입환출) 회계처리**

	차변		대변	
판매자	매출환입 및 에누리	×××	외상매출금	×××
구매자	외상매입금	×××	매입환출 및 에누리	×××

2 매출할인(매입할인)

(1) 의의

판매자가 일정기간 이내에 결제대금을 조기회수 시 구매자에게 일정액의 대금할인혜택을 부여하는 것(매입자의 입장에서는 매입할인이 됨)

(2) 회계처리

	차변	대변
판매자	현금(예금 포함) ××× 매출할인 ×××	외상매출금 ×××
구매자	외상매입금 ×××	현금(예금 포함) ××× 매입할인 ×××

- 상품매출에 대해서도 매출에누리, 매출환입, 매출할인 계정을 사용할 수 있다.
- 상품에 대해서도 매입에누리, 매입환출, 매입할인 계정을 사용할 수 있다.

3 운반비

(1) 원재료 구입 시 지출 : 원재료의 취득원가에 포함됨

- 취득원가 포함 → 매출원가 상승 → 이익보전을 위해 판매가 인상 → 운반비 때문에 손해보지 않음

(2) 제품매출 시 지출 : 판매비와관리비로 구분해서 처리함

- 일반적으로 판매자가 운반비를 부담하는 것이 관행임

3 매출과 매입관련 손익계산

1 의의

기업의 가장 기본적인 활동은 매출과 매입이므로 관련손익을 계산하여 집계하는 것은 매우 중요하다. 따라서 매출액과 매출원가, 매출총이익은 손익계산서 작성 시 가장 먼저 계산되는 항목이다.

> 회계원리에서는 주로 상품 관련 계산문제가 출제되며, 원가회계에서는 원재료, 재공품, 제품 계정을 이용하여 제조원가, 매출원가를 계산하는 문제가 출제된다.

2 매출총이익 계산방식

(1) 순매출액 = 총매출액 - (매출에누리 + 매출환입 + 매출할인)

(2) 순매입액 = 총매입액 - (매입에누리 + 매입환출 + 매입할인) + 부대비용*
   * 부대비용 : 상품구입을 위하여 추가지출되는 비용(운반비, 수수료, 세금등)

(3) 매출원가 = 기초재고액 + 당기순매입액 - 기말재고액

(4) 매출총이익 = 순매출액 - 매출원가 (매출원가 > 순매출액 : 매출총손실)

   ⓢ 기업이 생존하기 위해서는 매출총이익이 충분히 발생해야 한다.

객관식 문제

01 다음 자료를 이용하여 순매출액을 계산하면? (31회)

- 총매출액 2,000,000원
- 매출할인 100,000원
- 매출에누리 100,000원
- 매출환입 100,000원
- 매출운임 100,000원

① 1,900,000원   ② 1,800,000원   ③ 1,700,000원   ④ 1,600,000원

해설 순매출액 = 2,000,000원 - 100,000원 - 100,000원 - 100,000원 = 1,700,000원
매출할인, 매출에누리, 매출환입은 매출액의 차감항목이며 매출운임은 별도의 비용으로 계상된다

02 다음 중 매입액에 포함되는 항목은? (18회)

① 매입할인   ② 매입에누리   ③ 매입운임   ④ 매입환출

03 외국에 제품을 수출하기 위해 수출업자에게 제품을 200,000원에 외상매출하면서 30일 이내에 대금을 지급하면 5%를 할인해 주기로 하였다. 실제로 30일 이내에 대금을 받았다면 기업회계기준상 매출액은 얼마인가? (26회)

① 190,000원   ② 195,000원   ③ 200,000원   ④ 205,000원

해설 순매출액 = 총매출액 - 매출에누리와환입 및 매출할인
매출액 = 200,000원 - 200,000원 × 5% = 190,000원

04 다음 주어진 재고자산 자료를 가지고 매출원가를 계산하면 얼마인가? (55회)

- 기초재고액 : 300,000원
- 당기총매입액 : 1,200,000원
- 기말재고액 : 200,000원
- 매출환입 : 50,000원
- 매입환출 : 80,000원
- 매입에누리 : 100,000원

① 1,070,000원　② 1,120,000원　③ 1,200,000원　④ 1,300,000원

해설　매출원가 = 기초재고액 + 당기순매입액(= 총매입액 − 매입환출 − 매입에누리) − 기말재고액
　　　　1,120,000원 = 300,000원 + (1,200,000원 − 80,000원 − 100,000원) − 200,000원

05 다음 주어진 자료로 매출원가를 계산하면 얼마인가? (46회)

- 기초상품재고액 : 100,000원
- 기말상품재고액 : 150,000원
- 판매가능상품액 : 530,000원

① 580,000원　② 480,000원　③ 380,000원　④ 280,000원

해설　판매가능상품액 = 기초상품재고액 + 순매입액 = 매출원가 + 기말상품재고액
　　　　530,000 = 매출원가 + 150,000,　매출원가 = 380,000원

06 다음 자료를 이용하여 매출총이익을 계산하면 얼마인가? (48회)

- 총매출액 : 500,000원
- 기말상품 재고액 : 100,000원
- 매출에누리 : 10,000원
- 매출할인 : 20,000원
- 매입할인 : 5,000원
- 총매입액 : 200,000원
- 매입환출 : 5,000원
- 기초 상품 재고액 : 100,000원

① 300,000원　② 295,000원　③ 290,000원　④ 280,000원

해설　순매출액 = 500,000 − 10,000 − 20,000 = 470,000
　　　　순매입액 = 200,000 − 5,000 − 5,000 = 190,000
　　　　매출원가 = 100,000 + 190,000 − 100,000 = 190,000
　　　　매출총이익 = 470,000 − 190,000 = 280,000

정답　1.③　2.③　3.①　4.②　5.③　6.④

07 (주)경기의 4월 기말재고액이 기초재고액보다 200,000원 증가되었고, 4월 매출액은 2,700,000원으로 매출원가의 20% 이익을 가산한 금액이라면, 당기 매입금액은? (51회)

① 2,150,000원　　② 2,250,000원　　③ 2,350,000원　　④ 2,450,000원

해설 매출원가 : (2,700,000원/120%) + 200,000원 = 2,450,000원

정답　7.④

주관식 분개연습

- 분개시 거래처, 판관비와 제조원가 구분, 부가가치세는 고려하지 말 것
- 문제에서 별도의 계정을 제시하는 경우가 아니라면 매출 시에는 "제품매출", 매입 시에는 "원재료"계정을 사용할 것

01 10월 28일 삼전상회에 제품 10,000,000원을 판매하였다. 판매대금은 10월 20일 수령한 계약금 2,000,000원을 제외한 잔액을 삼전상회발행 어음으로 받았다.(52회)

02 10월 11일 (주)일진상사에 제품 300개(판매단가 @40,000원)를 외상으로 납품하였다. 대금은 거래수량에 따라 공급가액 중 전체금액의 5%를 에누리해주기로 하고, 나머지 판매대금은 30일 후 받기로 하였다.(50회)

03 10월 20일 (주)용문에 제품 100개를 개당 200,000원에 판매하였으며, 대금 중 2,000,000원은 현금으로 받고 나머지는 3개월 후에 받기로 하였다.(47회)

04 11월 26일 (주)씨엘에게 제품 10,000,000원을 판매하였다. 판매대금 중 2,000,000원은 (주)씨엘의 선수금과 상계하고, 5,000,000원은 (주)씨엘이 발행한 어음으로, 잔액은 당좌예금으로 이체받았다.(45회)

05 10월 2일 (주)크로바에 제품(1,000개, @2,000원)을 판매하였다. 판매액 중 절반은 어음으로 받고 나머지 절반은 외상으로 하였다.(43회)

06 10월 20일 (주)용성에 제품을 10,000,000원에 판매하였다. 대금 중 5,000,000원은 5일전 선수금으로 받았고 1,000,000원은 보통예금으로 입금되었으며 나머지는 어음으로 받았다.(33회)

07 10월 13일 (주)평화상사에 제품 100개를 단가 @50,000원에 판매하였다. 매출대금 중 3,000,000원은 약속어음으로 받고, 나머지 잔액은 외상으로 하였다.(31회)

08 7월 2일 (주)이수에 컴퓨터를 1,000,000원에 판매하고 대금은 현금으로 받아 당좌예금에 입금하였다.(18회)

09 7월 17일 (주)정민상사에 원재료를 주문하면서 계약금으로 7,000,000원을 당좌예금에서 이체하였다.(36회)

정답

01. (차) 선수금   2,000,000원   (대) 제품매출   10,000,000원
    받을어음   8,000,000원

02. (차) 외상매출금   11,400,000원   (대) 제품매출   11,400,000원
    * 300×40,000×(1 − 0.05) = 11,400,000

03. (차) 외상매출금   18,000,000원   (대) 제품매출   20,000,000원
    현금   2,000,000원

04. (차) 선수금   2,000,000원   (대) 제품매출   10,000,000원
    받을어음   5,000,000원
    당좌예금   3,000,000원

05. (차) 받을어음   1,000,000원   (대) 제품매출   2,000,000원
    외상매출금   1,000,000원

06. (차) 선수금   5,000,000원   (대) 제품매출   10,000,000원
    보통예금   1,000,000원
    받을어음   4,000,000원

07. (차) 받을어음   3,000,000원   (대) 제품매출   5,000,000원
    외상매출금   2,000,000원

08. (차) 당좌예금   1,000,000원   (대) 제품매출   1,000,000원

09. (차) 선급금   7,000,000원   (대) 당좌예금   7,000,000원

09 7월 17일 (주)정민상사에 원재료를 주문하면서 계약금으로 7,000,000원을 당좌예금에서 이체하였다.(36회)

10 12월 2일 제조공정에 사용할 원재료를 영포전자로부터 다음과 같은 조건으로 구입하였다.(57회)

품목	수량	단가	공급가액	결제방법
XA	500개	5,000원	2,500,000원	90일 만기 어음지급

11 10월 17일 (주)까치로부터 부재료를 5,500,000원에 매입하였다. 대금의 10%는 현금으로 지급하고, 나머지는 외상으로 하였다.(48회)

12 11월 11일 (주)동작으로부터 원재료(공급가액 12,000,000원)를 매입하였다. 매입대금은 10월 25일 계약금으로 지급한 2,000,000원을 제외한 잔액을 어음을 발행하여 결제하였다.(36회)

13 11월 20일 (주)소망전자로부터 다음과 같은 내용으로 원재료를 매입하였다.(30회)

- 매입금액 : 15,000,000원,
- 대금결제 : 현금 - 5,000,000원, 당사발행어음 - 3,000,000원, 외상 - 7,000,000원

14 고척섬유로부터 원재료인 원단(2,000단위 @11,000원)을 매입하였는데, 대금 중 5,000,000원은 당좌예금에서 이체하여 지급하고, 잔액은 외상으로 하였다.(24회)

정답

10. (차) 원재료 2,500,000원 (대) 지급어음 2,500,000원

11. (차) 부재료 5,500,000원 (대) 현금 550,000원
    외상매입금 4,950,000원

12. (차) 원재료 12,000,000원 (대) 선급금 2,000,000원
    지급어음 10,000,000원

13. (차) 원재료 15,000,000원 (대) 현금 5,000,000원
    지급어음 3,000,000원
    외상매입금 7,000,000원

14. (차) 원재료 22,000,000원 (대) 당좌예금 5,000,000원
    외상매입금 17,000,000원

Chapter 03 | 채권채무관리

1 개요 및 일반외상거래

1 채권채무 거래의 핵심
채권, 채무에 대하여 거래처별 증감내역과 잔액확정이 매우 중요함

2 채권거래의 흐름

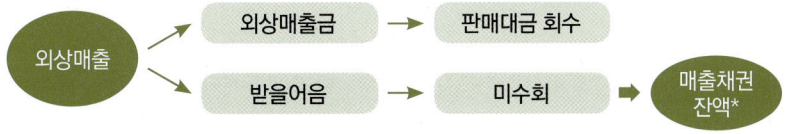

* 매출채권에 대하여 대손설정이 추가됨

3 채무거래의 흐름

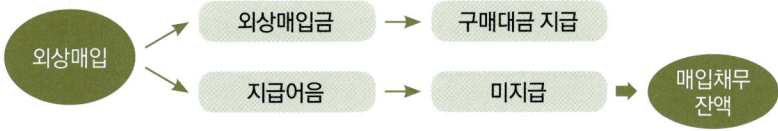

4 일반 채권, 채무의 회계처리

거래내역		차변		대변	
판매자	외상매출	외상매출금	×××	제품매출	×××
	대금회수	현금*	×××	외상매출금	×××
	수수료발생	수수료비용	×××	현금*	×××
	운반비발생	운반비	×××	현금*	×××
구매자	외상매입	원재료	×××	외상매입금	×××
	대금지급	외상매입금	×××	현금*	×××
	수수료발생	수수료비용	×××	현금*	×××
	운반비발생	원재료	×××	현금*	×××

* 현금 이외에 보통예금, 당좌예금도 계상가능함
** 제품매출, 원재료 대신에 상품매출, 상품계정을 사용할 수 있음

2 어음거래(받을어음과 지급어음)

1 어음의 정의

미리 약정한 지급기일에 일정금액을 사전에 정한 장소에서 지급하기로 약속한 증서로써, 약속어음과 환어음으로 구분됨

- 약속어음의 경우 어음의 발행자와 대금의 지급자가 동일하며, 환어음은 어음의 발행자와 대금의 지급자가 다름
- 국내거래에서는 약속어음이, 수출입거래에서는 환어음이 주로 사용됨

2 어음거래의 흐름

> 1. 회사가 은행에 당좌거래개설보증금을 납부 후, 당좌예금계좌 개설
> 2. 회사가 어음책을 은행에서 수령 후 거래상대방에게 어음을 발행
> 3. 거래처는 차후에 약속어음을 은행에 제시하면, 은행이 회사의 당좌예금계좌 잔액 한도 내에서 어음대금 지급

* 당좌예금 : 상거래의 안전과 편리를 위해 은행과 거래처간의 당좌계정계약에 의하여 거래처가 발행한 어음·수표의 지급자금 출납사무를 은행이 대행하는 예금(신한은행 홈페이지 참조)

- 어음의 모양은 아래와 같으며 어음번호 순서대로 발행되어야 한다. 회사는 어음을 발행할 때 왼쪽 부분을 떼어서 보관하는데, 차후에 따로 보관된 부분을 통하여 어음의 발행일, 발행금액을 알 수 있다. 또한 오른쪽 부분과 왼쪽 부분을 대조하여 어음발행이 정상적으로 이루어졌는지 확인가능함(최근에는 전자어음이 많이 사용되고 있음)

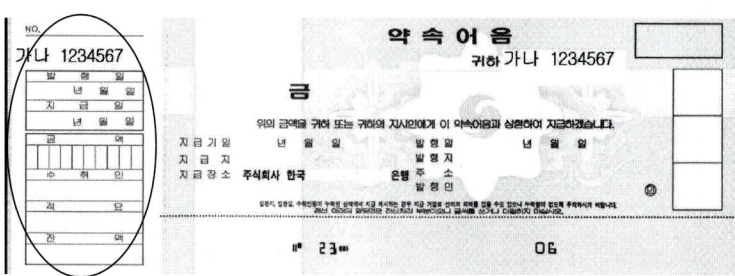

3 어음의 회계처리

거래내역		차변		대변	
판매자	어음매출	받을어음	×××	제품매출	×××
	대금수취	현금*	×××	받을어음	×××
	수수료발생	수수료비용	×××	현금*	×××
	어음부도	부도어음	×××	받을어음	×××
	어음할인	매출채권처분손실 현금*	××× ×××	받을어음	×××
구매자	어음발행	원재료	×××	지급어음	×××
	대금지급	지급어음	×××	현금*	×××
	수수료발생	수수료비용	×××	현금*	×××
	어음으로 외상매입 금상환	외상매입금	×××	지급어음	×××
	배서양도	외상매입금	×××	받을어음	×××

* 현금 이외에 보통예금, 당좌예금도 계상가능함
** 제품매출, 원재료 대신에 상품매출, 상품계정 사용가능

4 어음 거래 회계처리에 대한 추가적인 설명

(1) **은행수수료** : 만기가 도래한 어음을 은행에 추심의뢰할때 발생함

(2) **어음할인** : 어음보유회사가 자금조달목적으로 어음을 은행에 매각어음을 할인할 때 받을어음에 대한 권리와 의무가 금융기관에게 완전히 넘어간 경우 어음을 매각한 것으로 본다. 은행에서는 만기가 도래하지 않은 어음을 매입할 경우 대출이자에 준하는 수수료를 회사로부터 지급받는데 동 금액을 할인료라고 하며, 회사는 할인료를 매출채권처분손실로 처리함

(3) **배서양도** : 어음보유자가 외상매입금이나 유사 채무 변제목적으로 제3자에게 어음을 양도하는 행위이며, 어음의 뒷면에 거래상대방과 일자를 기재한다. 배서를 통하여 어음이 시중에 유통되고, 최종 소유자가 만기일에 대금의 지급을 어음의 최초발행자의 거래은행에 요구하게 되며, 만약 발행인이 대금지급을 거절하면 동 어음은 부도가 나고 최종소유자는 받을어음을 부도어음으로 대체하면서 발행인에게 대금지급요청

背書 → 등 "배"자에 쓸 "서"자, 즉 어음 뒷면에 거래상대방에 대한 내역을 기재한다는 의미임

재무상태표에 공시할 때는 매출채권과 매입채무로 통합되어 표시된다.
(매출채권=외상매출금+받을어음, 매입채무=외상매입금+지급어음)

3 T계정을 이용한 채권채무 증감내역 및 잔액계산사례

1 사례

다음 분개들을 이용하여 T계정에 해당 내역을 전기하고, 계정별·거래처별로 채권, 채무잔액을 계산하시오.

번호	일자	차변		대변	
1	2.12	원재료	306,000	외상매입금(C) 현금	300,000 6,000
2	4.6	외상매출금(A)	500,000	제품매출	500,000
3	6.20	외상매출금(B) 운반비	600,000 15,000	제품매출 현금	600,000 15,000
4	8.13	외상매입금(C)	150,000	보통예금	150,000
5	10.7	원재료	400,000	외상매입금(D)	400,000
6	11.25	현금	200,000	외상매출금(A)	200,000
7	12.24	보통예금	420,000	외상매출금(B)	420,000
8	12.29	외상매입금(D)	300,000	현금	300,000

* A, B, C, D는 거래처명임

2 해설

(1) T계정의 의의

차변 또는 대변에 흩어져 있는 같은 계정을 모두 묶는 작업이다.

> ① 차변계정 전기 : 금액은 차변의 것을 쓰고, 내역은 대변의 것을 쓴다.
> ② 대변계정 전기 : 금액은 대변의 것을 쓰고, 내역은 차변의 것을 쓴다.

내역을 반대쪽에서 끌어오는 이유는 중복을 막기 위함이다. 다음의 풀이에서 알 수 있듯이 외상매출금 계정내역에 외상매출금을 쓰면 같은 계정을 두 번 반복하게 되므로, 반대편 내역을 기재해야 외상매출금의 발생, 감소원인을 추가로 알 수 있게 된다(다른 계정을 전기할 때에도 같은 원리가 적용됨). 분개 뿐 아니라, 전기시에도 대차평균의 원리는 성립되어야 한다. 대차평균의 원리가 성립되지 않으면 전기시 오류가 발생한 것이므로 원인을 찾아서 적절하게 수정을 해야 함

(2) 외상매출금과 외상매입금 기초잔액이 각각 110,000원과 220,000원일 때 동 계정들의 기말잔액

외상매출금					
외상매출금의 발생(차변)			외상매출금의 감소(대변)		
일자	내역	금액	일자	내역	금액
기초	전기이월	110,000	11.25	현금	200,000
4.6	제품매출	500,000	12.24	보통예금	420,000
6.20	제품매출	600,000	기말	차기이월	590,000
합계		1,210,000	합계		1,210,000

외상매입금					
외상매입금의 감소(차변)			외상매입금의 발생(대변)		
일자	내역	금액	일자	내역	금액
8.13	보통예금	150,000	기초	전기이월	220,000
12.29	현금	300,000	2.12	원재료	300,000
기말	차기이월	470,000	10.7	원재료	400,000
합계		920,000	합계		920,000

⑤ 외상매출금의 기말잔액 590,000원, 외상매입금의 잔액 470,000원

(3) A와 B에 대한 외상매출금은 각각 50,000원과 60,000원이고, C와 D에 대한 외상매입금은 130,000원과 90,000원일 때 외상매출금과 외상매입금을 거래처별로 T계정에 전기한 경우

⑤ 거래처가 2개 이상일 경우, 채권채무 및 기타계정의 효율적인 관리를 위하여 보조장부를 작성하며, 거래 상대방을 중심으로 작성되는 보조장부를 거래처원장이라고 함. 거래처원장을 통해서 각 거래처별로 계정의 증가, 감소 및 잔액을 확인할 수 있음. 외상매출금과 외상매입금을 거래처원장에 기재하면 다음과 같음

외상매출금 거래처 A					
외상매출금의 발생(차변)			외상매출금의 감소(대변)		
일자	내역	금액	일자	내역	금액
기초	전기이월	50,000	11.25	현금	200,000
4.6	제품매출	500,000	기말	차기이월	350,000
합계		550,000	합계		550,000

외상매출금 거래처 B						
외상매출금의 발생(차변)			외상매출금의 감소(대변)		
일자	내역	금액	일자	내역	금액
기초	전기이월	60,000	12.24	보통예금	420,000
6.20	제품매출	600,000	기말	차기이월	240,000
합계		660,000	합계		660,000

→ 350,000(거래처 A 잔액) + 240,000(거래처 B 잔액) = 590,000(외상매출금 잔액)

외상매입금 거래처 C					
외상매입금의 감소(차변)			외상매입금의 발생(대변)		
일자	내역	금액	일자	내역	금액
8.13	보통예금	150,000	기초	전기이월	130,000
기말	차기이월	280,000	2.12	원재료	300,000
합계		430,000	합계		430,000

외상매입금 거래처 D					
외상매입금의 감소(차변)			외상매입금의 발생(대변)		
일자	내역	금액	일자	내역	금액
12.29	현금	300,000	기초	전기이월	90,000
기말	차기이월	190,000	10.7	원재료	400,000
합계		490,000	합계		490,000

→ 280,000(거래처 C 잔액) + 190,000(거래처 D 잔액) = 470,000(외상매입금 잔액)

계정별 전체내역을 알고 싶다면 전기된 내역이 있는 총계정원장을 확인하면 되며, 거래처별 내역을 알고 싶다면 거래처원장을 확인하면 된다.

객관식 문제

01 매출채권에 대한 설명이다. 다음 중 가장 틀린 것은? (38회)

① 기업의 일반적인 상거래에서 발생하는 외상대금을 처리하는 계정이다.
② 제품을 매출한 후 제품의 파손, 부패등의 사유로 값을 깎아주는 것을 매출할인이라 한다.
③ 제품의 하자로 인하여 반품된 매출환입은 제품의 총매출액에서 차감한다.
④ 매출채권을 매각할 경우 "매출채권처분손실"계정이 발생할 수 있다.

해설 매출할인은 물건의 하자로 인하여 발생하는 것이 아니라 물건대금을 조기에 회수하는 경우 깎아 주는 것을 말한다.

02 다음 자료에 의하여 기말외상매입금잔액을 계산하면 얼마인가? (50회)

- 기초상품재고액 : 500,000원
- 기중상품매출 : 1,500,000원
- 기초외상매입금 : 400,000원
  단, 상품매입은 전부 외상이다.
- 기말상품재고액 : 600,000원
- 매출총이익률 : 30%
- 기중 외상매입금 지급 : 1,200,000원

① 330,000원   ② 340,000원   ③ 350,000원   ④ 360,000원

해설 매출원가 : 1,500,000원 ×(1 − 0.30) = 1,050,000원
상품:기초재고 500,000원 + 기중외상매입 (1,150,000원) = 매출원가 1,050,000원 + 기말재고 600,000원
외상매입금 : 기초 400,000원 + 기중외상매입 1,150,000원
　　　　　 = 기중외상지급 1,200,000원 + 기말외상매입금 잔액(350,000원)

03 당기초에 영업활동을 개시한 (주)회계는 상품의 매출원가에 30%의 이익을 가산하여 외상판매하고 있다. 당기중 상품 총매입액이 800,000원, 기말상품재고액이 250,000원, 당기중 현금회수액이 400,000원이라면 기말에 미회수된 매출채권잔액은 얼마인가? (29회)

① 180,000원   ② 254,000원   ③ 390,000원   ④ 315,000원

해설 (800,000원 − 250,000원) ×1.3 − 400,000원 = 315,000원

정답　1.②　2.③　3.④

4 대손충당금의 의의 및 흐름

1 대손의 의의
거래상대방의 파산, 지급불능 등 여러 가지 이유로 인하여 채권의 회수가 안되는 경우가 있는 바, 대금수령이 불가능한 것으로 판명이 나는 채권을 대손된 채권이라고 표현함

- 판매를 많이 하기 위해(매출액을 높이기 위해), 외상거래를 하는 경우가 많음
  → 외상이면 소도 잡아먹는다는 속담 기억할 것

2 대손 회계처리

(1) **전기말 회계처리** : (차) 대손상각비   ××× / (대) 대손충당금   ×××

→ 당기말 회계처리 설명을 참고할 것

(2) **기중 회계처리**

거래내역		차변		대변	
대손 (① 참조)	대손충당금 잔액 충분	대손충당금	×××	외상매출금, 받을어음	×××
	대손충당금 잔액 부족	대손충당금 대손상각비	××× ×××	외상매출금, 받을어음	×××
	대손충당금 잔액 없음	대손상각비	×××	외상매출금, 받을어음	×××
대손회수(② 참조)		현금*	×××	대손충당금	×××

* 현금 이외에 보통예금, 당좌예금도 계상가능함

① 전기말에 대손충당금 설정 후, 당해 연도에 대손이 발생하였을 때 대손충당금 잔액이 충분할 경우 대손된 채권과 바로 상계하면 되고, 만약 대손충당금 잔액이 부족하거나 아예 없는 경우, 부족분을 대손상각비로 처리함

② 대손채권의 회수분개를 자세히 분석하면 다음과 같음

> 대손 취소 : (차) 외상매출금, 받을어음 ×××　(대) 대손충당금 ×××
> 회수 :　　(차) 현금등 ×××　　　　　(대) 외상매출금, 받을어음 ×××
> 대손취소와 대금회수분개가 결합 → (차) 현금등 ××× / (대) 대손충당금 ×××

(3) 기말 회계처리

① 기말이 되어 회수되지 않은 매출채권(외상매출금, 받을어음) 중에는 회수가 불가능할 것으로 판단되는 것들이 존재할 수 있으며, 해당 채권에 대하여 대손충당금을 설정하게 된다. 대손충당금은 대금회수가 어려울 것으로 여겨지는 채권금액에 대한 별도표시의 성격을 지닌 계정이다.

② 대손충당금을 설정하여 매출채권 장부가액을 표시하는 방법을 충당금 설정법이라고 하는데, 대손상각비를 추정하기 때문에 실제 대손되는 금액과 다소 차이가 있을 수 있으나, 다음과 같은 장점이 있어서 기업회계기준에서는 이 방법을 선택함

> ㉠ 외상으로 매출을 인식하는 기간에 대손상각비를 인식함으로써 수익비용 대응의 원칙에 충실한 회계처리를 할 수 있음
> ㉡ 기말에 미회수된 매출채권 중 회수가능한 금액을 표시할 수 있음

③ 결산 전 대손충당금이 남아있는 경우 기말대손충당금은 다음과 같이 계산됨

> 기말채권 × 일정비율 = 기존 대손충당금 잔액* + 대손충당금 추가설정액(감소)

* 기존 대손충당금 잔액(설정 전 대손충당금) = 기초 대손충당금 − 대손채권으로 인한 감소분 + 회수채권으로 인한 증가분

④ ③번처럼 대손충당금을 추가(감소)시키는 방식을 보충법이라고 하며, 대손충당금 추가설정액(감소액)은 아래와 같이 회계처리된다.

	거래내역	차변		대변	
기말	대손충당금 추가	대손상각비	×× ×	대손충당금	×× ×
	대손충당금 감소	대손충당금	×× ×	대손충당금환입	×× ×

§ 회수가 어려울 것이니 동 채권은 소멸될 것이고(차변), 혹시 모르니 잠시 기다리는 의미(대변)로 대손충당금계정을 사용함

⑤ 대손상각비는 판매비와관리비 항목으로, 대손충당금환입은 판매비와관리비 차감항목으로 처리한다. 대손충당금과 매출채권을 구분하여 표시하는 방식 때문에 대손충당금을 매출채권의 차감적 평가계정이라고 부름

××년말 재무상태표			××년 손익계산서	
자산	외상매출금	×××	판매비와 관리비	
	대손충당금	-×××	대손상각비	×××
	받을어음	×××	(대손충당금환입)	(-×××)
	대손충당금	-×××		

* 매출채권외 채권에 대한 대손충당금 설정 시 계산식은 매출채권의 것과 같고, 대손상각비 대신에 "기타의대손상각비"계정을 사용한다.

객관식 문제

01 다음의 거래에 대한 분개로 맞는 것은? (52회)

> 8월 31일 : 거래처의 파산으로 외상매출금 100,000원이 회수불능이 되다.(단, 8월 31일 이전에 설정된 대손충당금 잔액은 40,000원이 있다)

① (차) 대손상각비 100,000원 (대) 외상매출금 100,000원
② (차) 대손충당금 40,000원 (대) 외상매출금 100,000원
　　　대손상각비 60,000원
③ (차) 대손충당금 60,000원 (대) 외상매출금 100,000원
　　　대손상각비 40,000원
④ (차) 대손충당금환입 40,000원 (대) 외상매출금 100,000원
　　　대손상각비 60,000원

해설 대손이 발생하면 대손충당금에서 우선 상계한 후 대손충당금이 부족하면 대손상각비 비용으로 인식한다.

02 외상매출금 20,000원이 회수불능 되었다. 기업회계기준에 따라 회계처리 할 경우 다음 각 상황별로 계상되어야 할 대손상각비는 얼마인가? (23회)

> • 상황 1 : 대손충당금 잔액이 없는 경우
> • 상황 2 : 대손충당금 잔액이 13,000원인 경우
> • 상황 3 : 대손충당금 잔액이 23,000원인 경우

① 20,000원, 13,000원, 3,000원　② 20,000원, 7,000원, 0원
③ 20,000원, 7,000원, 3,000원　④ 20,000원, 13,000원, 0원

해설 잔액 없음 : 20,000원 전부 대손상각비로 처리
　　　 잔액이 13,000원 : 7,000원을 대손상각비로 처리
　　　 잔액이 23,000원 : 잔액이 충분하므로 대손상각비로 처리할 금액 없음

03 결산 시 대손충당금을 과소설정 하였다. 정상적으로 설정한 경우와 비교할 때, 어떠한 차이가 있는가? (50회)

① 당기순이익이 많아진다.　② 당기순이익이 적어진다.
③ 자본이 과소표시 된다.　④ 자산이 과소표시 된다.

해설 (차변) 대손상각비 ×××(대변) 대손충당금 ×××동 분개가 없을 경우
　　　 비용 과소계상, 자산 과대계상 → 당기순이익이 과대계상 → 자본 과대계상

04 (주)성원은 채권잔액의 2%를 대손충당금으로 설정한다. 다음 자료에서 20×8년말 대손충당금 추가설정액은 얼마인가? (34회)

20×8.12.31	매출채권잔액	200,000,000원
20×8.1.1	대손충당금	1,000,000원
20×8.5.1	대손발생	300,000원

① 1,000,000원 ② 4,000,000원 ③ 3,000,000원 ④ 3,300,000원

해설 200,000,000원*2% − (1,000,000원 − 300,000원) = 3,300,000원

05 다음은 결산 시 매출채권에 대한 대손충당금을 계산하는 경우의 예이다. 틀린 것은? 단 기말 매출채권에 대한 대손율은 1%이다. (44회)

	결산 전 대손충당금잔액	기말 매출채권잔액	회계처리의 일부
①	10,000원	100,000원	(대) 대손충당금환입 9,000원
②	10,000원	1,000,000원	회계처리 없음
③	10,000원	1,100,000원	(차)대손상각비 1,000원
④	10,000원	1,100,000원	(차)기타의대손상각비 1,000원

해설 기타의대손상각비는 매출채권 외의 채권에서 사용되는 계정임

06 결산일 현재 매출채권 잔액은 50,000,000원이며 이에 대한 기초 대손충당금 잔액은 100,000원이었고 당기에 대손이 실제 발생한 금액은 50,000원이었다. 기업회계 기준에 따라 기말의 매출채권 잔액에 대하여 1%의 대손충당금을 설정할 경우 재무상태표에 표시되는 매출채권의 장부가액은 얼마인가? (28회)

① 49,950,000원 ② 49,900,000원 ③ 49,500,000원 ④ 49,850,000원

해설 기타의대손상각비는 매출채권 외의 채권에서 사용되는 계정임

정답 1.② 2.② 3.① 4.④ 5.④ 6.③

주관식 분개연습

> 분개시 거래처, 판관비와 제조원가 구분, 부가가치세는 고려하지 말 것

01 7월 23일 (주)케스터에 대한 받을어음 30,000,000원이 만기가 되었다. 추심수수료 170,000원을 차감하고 나머지 잔액은 당좌예입되었다.(57회)

02 7월 8일 만기가 도래하여 거래은행에 추심의뢰한 (주)영진전자의 받을어음 15,000,000원 중에서 추심수수료 150,000원을 차감한 금액이 보통예금계좌에 입금 되었다.(55회)

03 7월 23일 거래처 (주)서해물산에서 외상매출금 30,000,000원 중 10,000,000원은 현금으로 받고, 나머지는 보통예금 계좌로 송금받았다.(42회)

04 8월 10일 올림기업의 외상매출금 30,000,000원 중 10,000,000원은 현금으로 받고 나머지 잔액은 어음으로 받았다.(37회)

정답

01.	(차) 당좌예금	29,830,000원	(대) 받을어음	30,000,000원	
	수수료비용	170,000원			
02.	(차) 보통예금	14,850,000원	(대) 받을어음	15,000,000원	
	수수료비용	150,000원			
03.	(차) 현금	10,000,000원	(대) 외상매출금	30,000,000원	
	보통예금	20,000,000원			
04.	(차) 현금	10,000,000원	(대) 외상매출금	30,000,000원	
	받을어음	20,000,000원			

05 6월 20일 발생한 길음상사의 제품 외상매출금 7,000,000원을 회수하면서 약정기일보다 10일 빠르게 회수되어 외상매출금의 3%를 할인해 주었다. 대금은 모두 보통예금으로 입금되었다.(49회)

06 7월 23일 매출거래처 호평산업의 제품 외상대금 6,400,000원을 회수하면서 약정기일보다 10일 빠르게 회수되어 2%를 할인해 주고, 대금은 당좌예금계좌로 입금되었다.(33회)

07 9월 24일 영업활동자금의 원활한 운용을 위하여 주옥상회에서 받은 받을어음 9,000,000원을 국민은행에서 할인하고 대금은 할인료 750,000원을 제외한 전액을 당사 당좌예금으로 송금받았다.(매각거래로 회계처리할 것) (43회)

08 8월 14일 거래처인 수원주유소로부터 받은 받을어음 30,000,000원을 거래은행인 국민은행에 할인하고 할인료 300,000원을 제외한 금액은 보통예금에 입금하였다.(매각거래로 처리할 것) (37회)

09 8월 23일 당사의 제품 대리점을 운영하는 안성실씨가 법원으로부터 파산선고를 받음에 따라 안성실씨가 운영하던 이화상사의 외상매출금 6,600,000원이 회수가 불가능할 것으로 판단되어 당일자로 대손처리 하였다. 대손처리 직전 대손충당금 잔액은 4,250,000원이었다.(57회)

정답

05.	(차) 보통예금	6,790,000원	(대) 외상매출금	7,000,000원	
	매출할인	210,000원			
06.	(차) 당좌예금	6,272,000원	(대) 외상매출금	6,400,000원	
	매출할인	128,000원			
07.	(차) 당좌예금	8,250,000원	(대) 받을어음	9,000,000원	
	매출채권처분손실	750,000원			
08.	(차) 보통예금	29,700,000원	(대) 받을어음	30,000,000원	
	매출채권처분손실	300,000원			
09.	(차) 대손충당금	4,250,000원	(대) 외상매출금	6,600,000원	
	대손상각비	2,350,000원			

10 7월 5일 지난 해 대손이 확정되어 대손충당금과 상계 처리한 외상매출금 450,000원을 현금으로 회수하였다. (54회)

11 7월 12일 지난달에 대손이 확정되어 대손충당금과 상계처리하였던 우리하이마트의 외상매출금 중 일부인 430,000원을 회수하여 보통예금계좌로 입금하였다. (33회)

12 7월 10일 제품을 매출하고 (주)동우로부터 수취한 어음 5,000,000원이 부도처리 되었다는 사실을 행복은행으로부터 통보받았다. (55회)

13 매출채권(외상매출금과 받을어음)에 대한 1%의 대손충당금을 설정하다. (54회)

	채권 잔액	설정 전 대손충당금 잔액
외상매출금	230,000,000	780,000
받을어음	352,000,000	2,450,000

14 6월 7일에 원재료를 매입하고 (주)희망에 대금으로 발행하여 주었던 어음 1,870만원이 만기가 되어서 당좌수표를 발행하여 지급하였다. (45회)

정답

10. (차) 현금　　　　　　　450,000원　　(대) 대손충당금　　　450,000원

11. (차) 보 통 예 금　　　　430,000원　　(대) 대손충당금　　　430,000원

12. (차) 부도어음과수표　5,000,000원　　(대) 받을어음　　　5,000,000원

13. (차) 대손상각비　　　2,590,000원　　(대) 대손충당금(외상)*　1,520,000원
　　　대손충당금(받을)**　1,070,000원
　　*외상매출금 잔액(230,000,000)×1% − 대손충당금 잔액(780,000) = 1,520,000
　　**받을어음 잔액(352,000,000)×1% − 대손충당금 잔액(2,450,000) = 1,070,000

14. (차) 지급어음　　　　18,700,000원　　(대) 당좌예금　　　18,700,000원

15 8월 14일 (주)성일기업에 대한 외상매출금 2,700,000원과 외상매입금 3,800,000원을 상계처리하고 나머지 잔액은 당좌수표를 발행하여 (주)성일기업에 지급하였다.(51회)

16 9월 19일 거래처인 (주)용산전자의 외상매입금 55,000,000원 중 33,000,000원은 당좌수표로 지급하고, 나머지 금액은 면제받았다.(51회)

17 8월 20일 거래처 정구상사에 대한 외상매입금 중 4,000,000원을 당사 발행의 약속어음(만기 1개월 후)으로 지급하였다.(35회)

18 7월 25일 (주)한강기업으로부터 구입한 원재료의 외상매입금 30,800,000원을 약정에 따라 600,000원을 할인받고 잔액은 당좌수표를 발행하여 지급했다.(24회)

19 7월 10일 원재료 매입처인 (주)독도의 외상매입금 10,000,000원을 지급하기 위해 (주)세마에서 받아 보관 중인 약속어음 8,000,000원을 배서양도하고 나머지는 당좌수표를 발행하여 지급하였다.(43회)

20 8월 19일 (주)상주상사에 대한 지급어음 10,000,000원을 결제하기 위하여 당사가 제품매출 대가로 받아 보유하고 있던 (주)영주상회의 약속어음 10,000,000원을 배서하여 지급하였다.(53회)

정답

15.	(차) 외상매입금	3,800,000원	(대) 외상매출금	2,700,000원
			당좌예금	1,100,000원
16.	(차) 외상매입금	55,000,000원	(대) 당좌예금	33,000,000원
			채무면제이익	22,000,000원
17.	(차) 외상매입금	4,000,000원	(대) 지급어음	4,000,000원
18.	(차) 외상매입금	30,800,000원	(대) 당좌예금	30,200,000원
			매입할인	600,000원
19.	(차) 외상매입금	10,000,000원	(대) 받을어음	8,000,000원
			당좌예금	2,000,000원
20.	(차) 지급어음	10,000,000원	(대) 받을어음	10,000,000원

Chapter 04-1 재고관리

1 재고자산의 일반사항 및 수량결정방법

1 재고자산의 정의

정상적인 영업과정에서 판매목적 또는 그와 유사한 목적으로 보유하고 있는 자산(유사한 목적 : 제조 및 서비스에 투입되었거나 투입)

● 재고자산과 유사해 보이나 회사의 의도에 따라 달리 구분되는 자산
  → 유형자산 : 회사의 영업활동에 사용할 목적으로 보유하고 있는 자산
  → 투자자산 : 시세차익을 목적으로 보유하고 있는 자산(투자부동산)

2 재고자산의 종류

(1) **상품** : 제조과정없이 즉시 판매가능한 재고자산

(2) **원재료, 재공품, 제품** : 제조과정과 연관있는 재고자산(원재료 : 생산과정에 투입, 재공품 : 미완성, 제품 : 완성)
  → 제조기업에 대한 내용은 전산회계 1급 원가회계편에서 다루어짐

(3) **기타 재고자산의 종류**
  ① 소모품(일회용으로 사용됨)
  ② 저장품(장기간 저장하면서 지속적으로 사용됨)
  ③ 반제품(중간 정도 완성되었으며, 그 자체가 판매가능)
  ④ 미착품(소유권 이전, 미도착)
  ⑤ 적송품(대리인에게 판매를 위탁)

● 전산회계 1급 이상 과정에서는 "원재료, 재공품, 제품" 및 "상품"계정이 주로 사용된다.

3 재고자산의 취득원가

$$\text{취득원가} = \text{총매입액} - (\text{매입환출및에누리} + \text{매입할인}) + \text{부대비용}$$

* 취득원가는 순매입액과 동일한 의미(제조원가 내용은 원가회계파트에서 설명됨)
** 부대비용 : 매입운임, 하역료 및 보험료 등 취득과정에서 정상적으로 발생한 추가지출금액. 수입과 관련한 수입관세 및 제세금(세무당국으로부터 환급가능한 금액 제외)등이 포함됨

4 재고자산 관련 회계처리

(1) 구입한 상품은 기중에 판매되거나 기말시점에서 재고로 남게 되며, 2분법하에서는 외부에 판매된 상품에 대하여 상품매출원가로 회계처리한다.

거래내역	차변		대변	
상품 구입	상품	×××	현금*	×××
			외상매입금	×××
			지급어음	×××
판매된 상품	상품매출원가	×××	상품	×××

* 현금 대신 당좌예금, 보통예금 계정 사용 가능

(2) 3분법의 경우 상품 대신 매입이란 계정을 사용하여 회계처리한다.

(3) 상품매출원가 계산식

$$\text{상품매출원가} = \text{기초재고} + \text{당기순매입액} - \text{기말재고}$$

* 당기순매입액 = 총매입액 − (매입에누리, 매입환출, 매입할인) + 부대비용

기초재고와 당기순매입액은 기초 재무상태표 자료와 분개를 통하여 확정되어 있는 상태이므로, 기말재고가 결정되면 매출원가가 자동산정됨

5 재고자산의 수량결정방법

미판매된 기말재고와 판매된 매출원가의 수량을 결정하는 방법으로 계속기록법과 실지재고조사법이 있으며, 계산방법은 아래와 같음

	계속기록법	실지재고조사법
계산 방법	당기 판매가 가능한 수량(기초재고+당기순매입) 중에서 당기에 실제로 판매된 수량을 차감하여 기말 재고수량을 계산하는 방법	결산일에 창고를 조사하여 기말 재고수량을 파악하고 판매가능수량(기초재고+당기순매입) 중에서 기말 재고수량을 제외한 나머지 수량은 판매된 것으로 보는 방법
계산식	기초재고 + 당기순매입 − 판매수량 = 기말재고	기초재고 + 당기순매입 − 기말재고 = 판매수량

⑤ 수험목적상 실지재고조사법이 많이 쓰임

2 재고자산의 단가결정방법

1 의의 및 결정방법

"기말재고자산 = 수량 × 단위당 취득가격"인데 개별적으로 단가를 확인하는 것이 쉽지 않으므로 재고자산의 흐름에 일정한 가정을 두며, 원가흐름의 가정은 실제 발생하는 재고자산의 흐름과는 일치할 필요가 없다. 재고자산의 단가결정방법은 다음과 같다.

① 개별법 : 모든 재고자산을 개별적으로 확인하여 기말재고금액 결정
② 선입선출법 : 먼저 구입한 재고가 먼저 판매된다고 가정
③ 후입선출법 : 나중에 구입한 재고가 먼저 판매된다고 가정
④ 총평균법 : 구입한 재고자산의 평균단가를 기말에 일괄적으로 계산
⑤ 이동평균법 : 판매 시마다 재고자산의 평균단가를 계산

2 개별법

개별법은 판매된 재고의 흐름을 일일이 추적하여 매출원가과 기말재고를 계산하는 방법이며, 개별법 적용 시 매출원가와 기말재고 금액이 가장 정확하게 산정되지만, 시간과 비용이 많이 드는 단점이 있음. 만약 개별법에 의하여 취득원가를 결정할 수 없는 재고자산은 선입선출법, 평균법 또는 후입선출법을 사용하여 결정한다.

3 선입선출법

먼저 구입(생산)된 재고가 먼저 판매된다고 가정하는 방법이다. 따라서 선입선출법 적용 시 기말재고는 가장 최근에 매입 또는 생산한 것이다.

장 점	단 점
① 상품이 들어온 순서대로 판매된다고 가정하기 때문에 일반적인 물량흐름과 일치하며, 적용이 비교적 간편함 ② 기말재고금액이 최근의 시세를 잘 반영한다.	① 인플레이션 상황하에서는 기말재고자산이 과대계상되고, 매출원가가 과소계상되어 매출총이익이 과대계상된다. ② 매출원가가 최근의 시세를 반영하지 못한다.

4 평균법

(1) 평균법은 기초에 보유하고 있는 재고항목과 회계기간 중에 매입하거나 생산한 재고항목이 구별없이 판매 또는 사용된다고 원가흐름을 가정하여 평균원가를 사용하는 방법임

(2) 평균법은 기업의 상황에 따라서 주기적으로 적용(총평균법)하거나 매입 또는 생산할 때마다 적용(이동평균법)가능하지만, 적용방법의 일관성을 유지해야 함. 평균법은 실무적용이 쉽고, 이익조작가능성이 적으나, 수익비용의 적절한 대응이 어렵다는 단점이 있음

5 후입선출법

나중에 구입(생산)된 재고가 먼저 판매된다고 가정하는 방법이다. 따라서 후입선출법 적용 시 기말재고는 가장 예전에 매입 또는 생산한 것이다.

장 점	단 점
① 매출원가가 최근의 가격에 가장 가깝게 계산되므로, 수익비용이 적절하게 대응됨 ② 매출원가가 높아지므로, 이익이 작아져 법인세 절세효과가 생길 수 있음	① 기말재고가 과소계상가능 ② 법인세 절세효과를 누리려면, 물가의 지속적인 상승 및 기말재고의 계속적인 증가가 요구되므로, 기말재고 수준을 높이기 위해서 불필요한 재고 구매가능성 있음

6 인플레이션하에서 기말재고가 점점 증가하는 경우

인플레이션으로 인하여 재고자산 가격이 지속적으로 상승하고 기말재고금액이 기초재고금액보다 많은 경우, 선입선출법·평균법·후입선출법 각각의 가정을 이용하여 계산한 매출원가·기말재고자산·순이익은 다음과 같은 관계가 성립

> - 매출원가 : 선입선출법 < 평균법 < 후입선출법
> - 기말재고자산 : 선입선출법 > 평균법 > 후입선출법
> - 순이익 : 선입선출법 > 평균법 > 후입선출법
>   → 가나다 순으로 암기하면 편함
>   → 매출원가 순서는 기말재고와 순이익 방향과 반대임

7 재고자산의 재무제표 표시

성격 또는 용도면에서 차이가 있는 재고자산에 대하여는 서로 다른 취득단가 결정방법을 적용할 수 있으나 특정 평가방법을 선택하면 정당한 사유없이 이를 변경할 수 없다.

재고자산은 총액으로 보고하거나, 상품·제품·재공품·원재료 및 소모품 등으로 분류하여 재무상태표에 표시한다.

3 재고자산감모손실과 재고자산평가손실

1 재고자산감모손실의 의의 및 회계처리

(1) **감모손실** : 재고자산의 장부상 수량과 실제 수량과의 차이에서 발생하는 손실

(2) **정상적으로 발생한 감모손실은 매출원가에 가산하고 비정상적으로 발생한 감모손실은 영업외 비용으로 분류함**

거래내역	차변		대변	
감모손실 발생 (정상적인 경우)	제품매출원가	×××	제 품	×××
	• 상품이 소멸된 바(차변), 상품을 누군가에게 제공함(대변)			
감모손실 발생 (비정상적인 경우)	재고자산감모손실	×××	제 품	×××
	• 상품이 소멸된 바(차변), 상품을 누군가에게 제공함(대변)			

* 상품에 관련된 감모손실이라면 상품매출원가, 상품 계정을 사용할 수 있음

2 재고자산평가손실

(1) 의의

일반적으로 재고자산금액은 취득원가를 재무상태표에 표시하나, 시가가 취득원가보다 낮은 경우에는 시가를 재무상태표금액으로 하며, 이것을 "저가법"이라 한다. 다음과 같은 사유가 발생하면 재고자산 시가가 원가이하로 하락할 수 있으며, 재고자산의 시가가 장부가액 이하로 하락하여 발생한 평가손실은 재고자산의 차감계정으로 표시하고 매출원가에 가산한다.

① 손상을 입은 경우
② 재무상태표일로부터 1년 또는 정상영업주기 내에 판매되지 않았거나 생산에 투입할 수 없어 장기체화된 경우
③ 진부화하여 정상적인 판매 시장이 사라지거나 기술 및 시장 여건 등의 변화에 의해서 판매가치가 하락한 경우
④ 완성하거나 판매하는 데 필요한 원가가 상승하는 경우

(2) 금액 측정

① 저가법 평가시 시가의 기준은 아래와 같다.
  ㉠ 제품, 상품 및 재공품의 시가 : 순실현가능가액

  - 순실현가능가액 : 제품이나 상품의 정상적인 영업과정에서의 추정 판매가액에서 제품을 완성하는 데 소요되는 추가적인 원가와 판매비용의 추정액을 차감한 금액(추정판매가 – 추가원가 – 추가판매비)

  ㉡ 생산과정에 투입될 원재료의 시가 : 현행대체원가

  - 현행대체원가 : 재고자산을 현재 시점에서 매입하거나 재생산하는 데 소요되는 금액.
    *다만, 원재료를 투입하여 완성할 제품의 시가가 원가보다 높을 때는 원재료에 대하여 저가법을 적용하지 아니한다.

② 저가법은 종목별로 적용한다. 그러나 재고항목들이 서로 유사하거나 관련되어 있는 경우에는 저가법을 조별로 적용할 수 있으나, 계속성을 유지해야 함
  → 총액기준으로 적용할 수 없다.(전체 재고자산을 묶어서 저가법 적용 불가)
③ 시가는 매 회계기간말에 추정한다. 저가법의 적용에 따른 평가손실을 초래했던 상황이 해소되어 새로운 시가가 장부가액보다 상승한 경우에는 최초의 장부가액을 초과하지 않는 범위 내에서 평가손실을 환입하며, 동 환입액은 매출원가에서 차감한다.
  ⓢ 재고자산평가손실은 재무제표에 계상, 재고자산평가이익은 계상하지 않음

(3) 회계처리

거래내역	차변	대변
평가손실 발생	재고자산평가손실　×××	재고자산평가충당금　×××
	• 재고가치가 하락하고(차변), 재고자산에서 별도 차감(대변)	
평가손실 환입	재고자산평가충당금　×××	재고자산평가충당금환입　×××
	• 평가충당금이 감소하고(차변), 매출원가 감소(대변)	

③ 감모손실과 평가손실 두 가지가 동시에 발생한 경우

→ 감모손실부터 먼저 계산하고, 그 후에 평가손실 계산

기본예제1 제품 장부상 재고수량은 200개이나 실지재고조사 결과 180개인 것으로 판명되었다. 개당 원가 200원이고 시가가 180원일 경우 제품감모손실은? (28회)

① 4,000원　　② 3,600원　　③ 2,000원　　④ 1,600원

정답 ①

해설
- 감모손실 : (장부수량 − 실지수량) × 취득원가 = (200개 − 180개) × 200원 = 4,000원
- 평가손실 : 실지재고수량 × (취득원가 − 시가) = 180개×(200원 − 180원) = 3,600원

④ 타계정대체

회사가 구입한 상품을 접대비나 연구비 또는 복리후생비로 소비하였다면, 그 부분은 매출원가에서 차감하고, 해당 비용에 계상한다. 타계정대체를 할 경우 시가가 아니라 장부가액(원가)을 이용하여 회계처리해야 한다.(판매가 아님)

예 : (차) 복리후생비　×××　　(대) 원재료(상품, 제품)　×××

◎ 재고자산감모손실, 평가손실, 타계정대체를 반영한 매출원가 계산식
　　기초재고 + 당기순매입액 = 매출원가 + (실제 기말재고 − 평가손실) + 감모손실 + 타계정대체
　→ 매출원가 = 기초재고 + 당기순매입액 − 실제 기말재고 + 정상감모손실 + 평가손실 − 타계정대체

객관식 문제

01 다음 중 재고자산의 취득원가에 포함시켜야 하는 항목으로 가장 맞는 것은? (52회)

① 판매수수료
② 판매 시의 운송비용
③ 재고자산 매입 시 수입관세
④ 인수 후 판매까지의 보관료

해설 일반기업회계기준 7.6,7.10, 나머지는 재고자산 취득원가에 포함할 수 없으며 발생기간의 비용으로 인식한다.

02 다음 중 재고자산의 원가에 대한 설명으로 옳지 않은 것은? (47회)

① 매입원가는 매입가액에 취득과정에서 정상적으로 발생한 부대비용을 가산한 금액이다.
② 제조원가는 보고기간 종료일까지 제조과정에서 발생한 직접재료비, 직접노무비, 제조와 관련된 변동제조간접비 및 고정제조간접비의 체계적인 배부액을 포함한다.
③ 매입원가에서 매입과 관련된 에누리는 차감하나 할인은 차감하지 않는다.
④ 제조원가 중 비정상적으로 낭비된 부분은 원가에 포함될 수 없다.

해설 재고자산의 매입원가는 매입금액에 매입운임, 하역료 및 보험료 등 취득과정에서 정상적으로 발생한 부대원가를 가산한 금액이다. 매입과 관련된 할인, 에누리 및 기타 유사한 항목은 매입원가에서 차감한다.(일반기업회계기준 7.6)

03 다음은 재고자산을 취득하면서 발생한 내용이다. 취득원가에 포함시킬 수 없는 것은? (26회)

① 매입가액
② 하역비
③ 매입에누리
④ 운송비

해설 매입에누리는 재고자산의 취득원가에서 차감한다.

04 다음 중 재고자산 평가방법이 아닌 것은? (53회)

① 실지재고조사법
② 후입선출법
③ 가중평균법
④ 선입선출법

해설 실지재고조사법은 평가방법이 아니라 재고자산 수량결정방법이다.

정답 1.③ 2.③ 3.③ 4.①

05 다음 중 재고자산의 단가결정방법에 해당하는 것은? (43회)

① 개별법　　　② 실지재고조사법　　　③ 혼합법　　　④ 계속기록법

해설　개별법은 재고자산의 단가결정방법이다.

06 다음의 재고자산 평가방법 중 실물흐름에 따른 기말재고자산의 단가결정 방법으로서 수익과 비용의 대응이 가장 정확하게 이루어지는 방법은? (25회)

① 개별법　　　② 선입선출법　　　③ 후입선출법　　　④ 평균법

해설　개별법은 실물흐름에 따른 단가결정방법이나, 다른 방법은 모두 원가흐름에 일정한 가정을 하고 있는 단가결정방법이다.

07 재고자산 평가방법에 대하여 잘못 설명한 것은? (33회)

① 개별법은 실제수익과 실제원가가 대응되어 이론적으로 가장 우수하다고 할 수 있으나 실무에서 적용하는데는 어려움이 있다.
② 재고수량이 동일할 때 물가가 지속적으로 상승하는 경우에는 선입선출법을 적용하면 다른 평가방법을 적용하는 경우보다 상대적으로 이익이 크게 표시된다.
③ 이동평균법은 매입거래가 발생할 때마다 단가를 재산정해야 하는 번거로움이 있다.
④ 후입선출법은 일반적인 물량흐름과 일치한다.

해설　후입선출법은 일반적으로 물량흐름과 반대이다.

08 다음은 재고자산 원가배분에 관한 내용이다. 선입선출법의 특징이 아닌 것은? (43회)

① 일반적으로 먼저 매입한 것이 먼저 판매되므로 물량흐름과 원가흐름이 일치한다.
② 기말재고는 최근에 구입한 것이므로 기말재고자산은 공정가액에 가깝게 보고된다.
③ 물가상승 시 현재의 매출수익에 오래된 원가가 대응되므로 수익·비용대응이 잘 이루어지지 않는다.
④ 이익을 가장 적게 계상하므로 가장 보수적인 평가방법이다.

해설　후입선출법의 특징이다.

정답　5.①　6.①　7.④　8.④

09 다음은 청솔상회의 재고자산과 관련된 문제이다. 선입선출법에 의하여 평가할 경우 매출총이익은 얼마인가? (다른 원가는 없다고 가정한다.) (46회)

일 자	매입매출구분	수량	단가
10월 1일	기초재고	10개	개당 100원
10월 8일	매 입	30개	개당 110원
10월 15일	매출	25개	개당 140원
10월 30일	매 입	15개	개당 120원

① 850원　② 2,650원　③ 3,500원　④ 6,100원

해설 매출액 = 25개 ×140원 = 3,500원
매출원가 = 10개×100원 + 15 ×110원 = 2,650원
매출총이익 = 매출액 − 매출원가 = 3,500원 − 2,650원 = 850원

10 다음은 장비상사의 제1기(1.1.~12.31.)재고자산 내역이다. 이를 통하여 이동 평균법에 의한 기말재고자산의 단가를 계산하면 얼마인가? (49회)

일 자	적 요	수 량	단 가
1월 4일	매입	200	1,000원
3월 6일	매출	100	1,200원
5월 7일	매입	200	1,300원
7월 10일	매입	300	1,100원

① 1,150원　② 1,200원　③ 1,250원　④ 1,270원

해설 (100×1,000 + 200×1,300) / 300 = 1,200
(300×1,200 + 300×1,100) / 600 = 1,150

11 기말재고자산가액을 실제보다 높게 계상한 경우 재무제표에 미치는 영향으로 잘못된 것은? (48회)

① 매출원가가 실제보다 감소한다.
② 매출총이익이 실제보다 증가한다.
③ 당기순이익이 실제보다 증가한다.
④ 자본총계가 실제보다 감소한다.

해설 기말재고자산을 과대계상한 경우에는 매출원가는 실제보다 감소하고, 그 결과 매출총이익과 당기순이익이 증가진다. 당기순이익이 증가하면, 자본총계도 증가한다.

정답　9.①　10.①　11.④

12 기초재고와 기말재고가 동일하다는 가정하에 물가가 상승하고 있다면 다음 중 어떤 재고평가 방법이 가장 높은 순이익과 가장 높은 매출원가를 기록하게 하는가? (51회)

	가장 높은 순이익	가장 높은 매출원가
①	선입선출법	후입선출법
②	선입선출법	선입선출법
③	후입선출법	선입선출법
④	후입선출법	후입선출법

해설 물가상승 시
1) 재고금액과 이익의 크기 : 선입선출법 > 이동평균법 > 총평균법 > 후입선출법
2) 매출원가의 크기 : 선입선출법 < 이동평균법 < 총평균법 < 후입선출법

13 물가가 지속적으로 상승하는 경우로서 재고자산의 수량이 일정하게 유지된다면 매출총이익이 가장 크게 나타나는 재고자산평가방법은 무엇인가? (32회)

① 선입선출법   ② 후입선출법   ③ 이동평균법   ④ 총평균법

해설 물가가 상승하는 경우에는 선입선출법이 매출원가를 가장 적게 계상하므로 매출총이익도 가장 크게 나타난다.

14 물가가 지속적으로 하락하는 경우 전기와 당기의 재고자산의 수량이 일정하게 유지된다면 당해연도의 손익계산서에 반영되는 매출원가의 크기가 올바른 것은? (21회)

① 선입선출법 > 후입선출법 > 평균법   ② 선입선출법 > 평균법 > 후입선출법
③ 후입선출법 > 평균법 > 선입선출법   ④ 후입선출법 > 선입선출법 > 평균법

해설 물가가 지속적으로 상승하는 경우 매출원가 크기는 선입선출법 < 평균법 < 후입선출법 순인데, 본 문제에서는 반대의 경우이므로 매출원가의 크기는 선입선출법 > 평균법 > 후입선출법 이다.

정답 12.① 13.① 14.②

15 전년도에 비하여 당해연도의 물가가 상승하였으며 재고자산의 수량이 일정하게 유지되는 경우 올해의 손익계산서에 반영되는 매출원가의 크기가 올바른 것은? (19회)

① 선입선출법 > 후입선출법 > 평균법
② 선입선출법 > 평균법 > 후입선출법
③ 후입선출법 > 평균법 > 선입선출법
④ 후입선출법 > 선입선출법 > 평균법

16 다음은 재고자산의 평가에 대한 설명이다. 틀린 것은? (45회)

① 재고자산의 평가손실누계액은 재고자산의 차감계정으로 표시한다.
② 재고자산의 평가손실은 영업외비용으로 처리한다.
③ 재고자산의 감모손실이 정상적인 범위내에 해당하는 경우에는 매출원가에 가산한다.
④ 재고자산의 감모손실이 비정상적인 것으로 판단되는 경우에 영업외비용으로 처리한다.

해설 재고자산의 평가손실은 매출원가에 가산한다.

17 다음은 재고자산에 대한 설명이다. 틀린 것은? (34회)

① 재고자산은 취득원가를 재무상태표가액으로 한다.
② 재고자산의 시가가 취득원가보다 높은 경우에는 시가를 재무상태표가액으로 한다.
③ 재고자산의 취득원가는 매입원가 또는 제조원가를 말한다.
④ 재고자산의 매입원가는 매입가액에 취득과정에서 정상적으로 발생한 부대비용을 가산한 금액이다.

해설 재고자산은 취득원가를 재무상태표가액으로 한다. 다만, 시가가 취득원가보다 낮은 경우에는 시가를 재무상태표가액으로 한다.

18 정상적인 원인으로 원재료에 대한 재고감모손실이 발생했을 경우 올바른 회계처리는? (34회)

① 매출원가에 가산한다.
② 매출원가에서 차감한다.
③ 판매비와관리비로 분류한다.
④ 영업외비용으로 분류한다.

해설 재고자산의 장부상 수량과 실제 수량과의 차이에서 발생하는 감모손실의 경우 정상적으로 발생한 감모손실은 매출원가에 가산하고 비정상적으로 발생한 감모 손실은 영업외비용으로 분류한다.

정답 15.③ 16.② 17.② 18.①

19 재고자산의 저가법 적용과 관련하여 다음 중 타당하지 않은 것은? (60회)

① 재고자산을 저가법으로 평가하는 경우 상품의 시가는 순실현가능가치를 말한다.
② 재고자산 평가를 위한 저가법은 원칙적으로 항목별로 적용한다.
③ 시가는 매 회계기간말에 추정한다.
④ 재고자산의 시가가 장부금액 이하로 하락하여 발생한 평가손실은 영업외비용으로 처리한다.

해설 재고자산의 시가가 장부금액 이하로 하락하여 발생한 평가손실은 재고자산의 차감계정으로 표시하고 매출원가에 가산한다.(일반기업회계기준 문단 7.20)

20 아래 자료에서 선입선출법과 후입선출법으로 각각 매출원가를 계산하였을 때 매출총이익은 얼마인가? (회계 2급 38회)

8월 1일	상품재고	40개	@ 1,000원	40,000원
8월 15일	상품매입	10개	@ 1,100원	11,000원
8월 20일	상품매출	20개	@ 1,200원	24,000원

	선입선출법	후입선출법		선입선출법	후입선출법
①	4,000원	4,000원	②	3,000원	3,000원
③	3,000원	4,000원	④	4,000원	3,000원

해설 선입선출법 매출원가 20 × 1,000 = 20,000   매출총이익 24,000 − 20,000 = 4,000
후입선출법 매출원가 10 × 1,000 = 10,000   매출총이익 24,000 − 21,000 = 3,000
                10 × 1,100 = 11,000
                         21,000

정답 19.④ 20.①

Chapter 04-2 재고자산 cut-off, 다양한 형태의 매출

1 특정 재고자산의 재무제표 포함여부 결정

1 개요

특정 재고자산이 기말 장부가액에 포함되는지 여부에 따라 매출과 매출원가 금액이 변경될 수 있으며, 재화의 판매나 용역의 제공으로 인한 수익인식기준에 의해서 재고자산 포함여부가 결정된다.

2 위탁판매와 시용판매

(1) **위탁판매** : 위탁자가 수탁자에게 상품의 판매를 위탁하고 그 대가로 수탁자에게 수수료를 지급하는 형태의 판매

- **적송품** : 위탁자가 수탁자에게 판매를 위탁하기 위하여 보낸 상품
  → 적송품은 수탁자가 제3자에게 판매하기 전까지는 위탁자의 재고자산에 포함되며, 위탁자는 수탁자가 해당 재화를 제3자에게 판매한 시점에 수익을 인식

(2) **시용판매** : 매입자가 일정기간 사용한 후에 구입 여부를 결정하는 조건부 판매

- **시송품** : 매입자로 하여금 일정기간 사용한 후에 매입 여부를 결정하라는 조건으로 판매한 상품
  → 매입자가 매입의사표시를 하기 전까지는 판매되지 않은 것으로 보아 판매자의 재고자산에 포함하며, 매입자가 매입의사표시를 한 경우 판매된 것으로 보고 수익을 인식

(3) 회계처리 예시

내역		차변		대변	
적송품	상품적송	적송품	×××	상품	×××
	위탁매출	적송외상매출금	×××	적송매출	×××
		수수료비용	×××		
		적송매출원가	×××	적송품	×××
	대금입금	현금	×××	적송외상매출금	×××
시송품	시송품	시송품	×××	상품	×××
	사용유도	분개 없음			
	시용매출	현금	×××	시용매출	×××
		시용매출원가	×××	시송품	×××

3 미착상품, 할부판매상품

(1) 미착상품

운송 중에 있어 아직 도착하지 않은 미착상품은 법률적인 소유권의 유무에 따라서 재고자산 포함 여부를 결정하며, 법률적인 소유권 유무는 매매계약상의 거래조건에 따름

	정의	매입자의 처리	판매자의 처리
F.O.B 선적지 인도조건	상품이 선적된 시점에 소유권이 매입자에게 이전	미착상품은 매입자의 재고자산에 포함후 도착하면 상품으로 계정대체	인도한 상품을 판매자의 매출에 포함
F.O.B 목적지 인도조건	상품이 목적지에 도착후 매입자가 인수한 시점에 소유권 이전	매입자의 재고자산에 포함되지 않는다.	인도한 상품을 판매자의 매출에 포함시키지 않음

*F.O.B = Free On Board. 물품이 지정된 선적항에서, 지정된 선박 본선의 난간을 통과하는 경우 매도인이 인도를 완료한 것으로 하는 조건

	구입하는 입장(매입)				판매하는 입장(매출)			
	차변		대변		차변		대변	
선적지인도	미착상품	××	현금	××	현금	××	상품매출	××
도착	상품	××	미착상품	××	-			
도착지인도	선급금	××	현금	××	현금	××	선수금	××
도착	상품	××	선급금	××	선수금	××	상품매출	××

(2) 할부판매상품

할부판매 : 재고자산을 고객에게 인도하고 대금의 회수는 미래에 분할하여 회수하기로 한 형태의 매출

> 할부판매는 외상매출의 형태이므로 할부기간에 상관없이 대금이 모두 회수되지 않았다고 하더라도 상품의 판매 시점에서 판매자의 재고자산에서 제외함

4 저당상품, 반품률이 높은 재고자산

(1) 저당상품

금융기관 등으로부터 자금을 차입하고 그 담보로 제공된 저당상품은 저당권이 실행되기 전까지는 담보제공자가 소유권을 가지고 있기 때문에 저당권이 실행되어 소유권이 이전되기 전에는 단순히 저당만 잡힌 상태이므로 담보제공자의 재고자산에 속한다.

(2) 반품률이 높은 재고자산

반품률이 높은 상품의 판매에 있어서는 반품률의 합리적 추정가능성 여부에 의하여 재고자산 포함여부를 결정한다.

반품률을 합리적으로 추정가능한 경우	→	상품 인도시에 반품률을 적절히 반영하여 판매된 것으로 보아 판매자의 재고자산에서 제외한다.
반품률을 합리적으로 추정할 수 없을 경우	→	구매자가 상품의 인수를 수락하거나 반품기간이 종료된 시점까지는 판매자의 재고자산에 포함한다.

5 매출인식기준

(1) 매출은 실현되었거나, 실현가능한 시점에서 인식된다.

- **매출인식기준** : 실현기준 + 가득기준
- **실현가능하다** : 매출의 발생과정에서 수취 또는 보유한 자산이 일정액의 현금 또는 현금청구권으로 즉시 전환될 수 있음을 의미한다.
- **가득되었다** : 매출에 따른 현금 또는 현금청구권을 이용할 수 있다고 주장하기에 충분한 정도의 활동을 수행하였다.

(2) 매출대금은 재화의 판매, 용역의 제공이나 자산의 사용에 대하여 받았거나 또는 받을 대가(이하 '판매대가'라 한다)의 공정가치로 측정한다. 매출에누리와 할인 및 환입은 매출에서 차감한다.

> 원래는 수익의 인식기준인데, 수익항목 중에서 중요한 비율을 차지하는 항목이 매출이므로 매출로 용어를 변경하였다.

2 다양한 형태의 매출인식기준

1 개요

매출은 크게 재화의 판매와 용역의 제공으로 나뉠 수 있다.

- 재화의 판매 : 판매를 위해 취득한 상품과 생산된 제품 등의 이전
- 용역의 제공 : 일반적으로 계약에 의하여 합의된 과업의 수행

2 재화의 판매

재화의 판매로 인한 매출(수익)은 다음 조건이 모두 충족될 때 인식한다.

① 재화의 소유에 따른 유의적인 위험과 보상이 구매자에게 이전된다.
② 판매자는 판매한 재화에 대하여 소유권이 있을 때 통상적으로 행사하는 정도의 관리나 효과적인 통제를 할 수 없다.
③ 수익금액을 신뢰성 있게 측정할 수 있다.
④ 경제적 효익의 유입 가능성이 매우 높다.
⑤ 거래와 관련하여 발생했거나 발생할 원가를 신뢰성 있게 측정할 수 있다.

3 용역의 제공

용역의 제공으로 인한 수익은 용역제공거래의 성과를 신뢰성 있게 추정할 수 있을 때 진행기준에 따라 인식한다. 다음 조건이 모두 충족되는 경우에는 용역제공거래의 성과를 신뢰성 있게 추정할 수 있다고 본다.

① 거래 전체의 수익금액을 신뢰성 있게 측정할 수 있다.
② 경제적 효익의 유입 가능성이 매우 높다.
③ 진행률을 신뢰성 있게 측정할 수 있다.
④ 이미 발생한 원가 및 거래의 완료를 위하여 투입하여야 할 원가를 신뢰성 있게 측정할 수 있다.

4 장기할부판매

판매대가가 재화의 판매 또는 용역의 제공 이후 장기간에 걸쳐 유입되는 경우에 공정가치는 미래에 받을 현금의 합계액(이하 '명목금액'이라 한다)의 현재가치로 측정하며, 공정가치와 명목금액과의 차액은 현금회수기간에 걸쳐 이자수익으로 인식한다.

5 판매로 보지 않는 경우

거래 이후에도 판매자가 관련 재화의 소유에 따른 유의적인 위험을 부담하는 경우에는 그 거래를 아직 판매로 보지 아니하며 따라서 수익을 인식하지 않는다. 이러한 예는 다음과 같다.

① 인도된 재화의 결함에 대하여 정상적인 품질보증범위를 초과하여 책임을 지는 경우
② 판매대금의 회수가 구매자의 재판매에 의해 결정되는 경우
③ 설치조건부 판매에서 계약의 유의적인 부분을 차지하는 설치가 아직 완료되지 않은 경우
④ 구매자가 판매계약에 따라 구매를 취소할 권리가 있고, 해당 재화의 반품가능성을 예측하기 어려운 반품가능 판매의 경우

6 이자, 배당, 로열티수익

(1) 자산을 타인에게 사용하게 함으로써 발생하는 이자, 배당금, 로열티 등의 수익은 수익금액을 신뢰성 있게 측정할 수 있고, 그와 동시에 경제적 효익의 유입 가능성이 매우 높다면, 다음의 기준에 따라 인식한다.

① 이자수익은 원칙적으로 유효이자율을 적용하여 발생기준에 따라 인식한다.
② 배당금수익은 배당금을 받을 권리와 금액이 확정되는 시점에 인식한다.
③ 로열티수익은 관련된 계약의 경제적 실질을 반영하여 발생기준에 따라 인식한다.

(2) 재화의 판매, 용역의 제공, 이자, 배당금, 로열티로 분류할 수 없는 기타수익은 다음 조건을 모두 충족할 때 발생기준에 따라 합리적인 방법으로 인식한다.

> ① 수익가득과정이 완료되었거나 실질적으로 거의 완료되었다.
> ② 수익금액을 신뢰성 있게 측정할 수 있다.
> ③ 경제적 효익의 유입 가능성이 매우 높다.

3 다양한 형태의 매출 사례

1 대리판매

기업이 재화의 소유에 따른 위험과 효익을 가지지 않고 타인의 대리인 역할을 수행하여 재화를 판매하는 경우에는 판매가액 총액을 수익(매출)으로 계상할 수 없으며 판매수수료만을 수익(매출)으로 인식해야 한다. 다음과 같은 예가 이에 해당한다.

> ① 임대업을 영위하는 회사는 임대매장에서 발생하는 매출과는 무관하므로 임차인으로부터 수취하는 임대료만을 수익으로 인식해야 한다.
> ② 수출업무를 대행하는 종합상사는 판매를 위탁하는 회사를 대신하여 재화를 수출하는 것이므로 판매수수료만을 수익으로 계상해야 한다.
> ③ 제품공급자로부터 받은 제품을 인터넷 상에서 중개판매하거나 경매하고 수수료만을 수취하는 전자쇼핑몰 운영회사는 관련 수수료만을 수익으로 인식해야 한다.

2 상품권

상품권의 발행과 관련된 수익은 상품권을 회수한 시점 즉, 재화를 인도하거나 판매한 시점에 인식하고, 상품권을 판매한 때에는 선수금(상품권선수금 등)으로 처리한다.

3 정기구독물

정기간행물 등과 같이 그 가액이 매기간 비슷한 품목을 구독신청에 의해 판매하는 경우에는 구독기간에 걸쳐 정액법으로 수익을 인식한다. 그러나 구독신청에 의해 판매하는 품목의 가액이 기간별로 다른 경우에는 발송된 품목의 판매가액이 구독신청을 받은 모든 품목의 예상 총판매가액에서 차지하는 비율에 따라 수익을 인식한다.

4 입장료 수익

예술공연 등의 행사에서 발생하는 입장료 수익은 행사가 개최되는 시점에 인식한다.
하나의 입장권으로 여러 행사에 참가할 수 있는 경우의 입장료수익은 각각의 행사를 위해 수행된 용역의 정도에 따라 각 행사에 배분하여 인식한다.

5 수강료

수강료는 강의기간 동안 발생기준에 따라 수익으로 인식한다. 강의료 수령시점, 강의시작 또는 강의종료시에 일괄적으로 수익으로 인식하지 않는다.

6 용역의 제공

(1) **용역의 제공** : 일반적으로 계약에 의하여 합의된 과업의 수행

(2) 용역제공거래에서는 용역의 생산과 동시에 고객에게 제공되며, 그 대금과 기타 거래조건은 사전에 약정된다. 따라서 재화판매거래와는 달리 소유에 따른 위험과 보상의 이전여부를 고려할 필요가 없다

> • **진행기준** : 수익가득과정의 진행정도에 따라 생산기간 중에 수익을 인식하는 방법으로 동 기준에서는 판매가 연속적으로 발생함으로써 수익가득 과정이 실질적으로 완료된다고 해석한다.

(3) 용역의 제공으로 인한 수익은 용역제공거래의 성과를 신뢰성 있게 추정할 수 있을 때 진행기준에 따라 인식한다.

> 용역제공거래의 진행률은 다양한 방법으로 결정할 수 있는데, 자주 시험에서 언급되는 부분은 총추정원가 대비 현재까지 발생한 누적원가의 비율이다. 현재까지 발생한 누적원가는 현재까지 수행한 용역에 대한 원가만을 포함하며, 총추정원가는 현재까지의 누적원가와 향후 수행하여야 할 용역의 원가를 합계한 금액이다.

(4) 고객으로부터 받은 중도금 또는 선수금에 기초하여 계산한 진행률은 작업진행정도를 반영하지 않을 수 있으므로 적절한 진행률로 보지 아니한다.

(5) 용역제공 계산사례

기본예제 1 ㈜그레이스는 20×0년 말 ㈜영과 소프트웨어 지원계약을 맺었는데, 총계약금액은 5억이고, 계약기간은 3년이다. ㈜그레이스는 총원가를 4억으로 예상하고 있으며, 3년간 발생할 원가는 다음과 같을 것으로 예상하고 있다. 매년 계약이행에 따른 매출액은 각각 얼마인가?

연도	20×1년	20×2년	20×3년
당기원가	1.6억	1.4억	1억

정답

연도	20×1년	20×2년	20×3년
당기매출액	2억	1.75억	1.25억

해설 계산근거

연도	20×1년	20×2년	20×3년
1. 누적원가	1.6억	1.6억+1.4억 = 3억	4억
2. 총발생원가	4억	4억	4억
3. 누적진행률(1÷2)	40%	75%	100%
4. 누적매출액	5억×40% = 2억	5억×75% = 3.75억	5억×100% = 5억
5. 전기누적 매출액	–	2억	3.75억
6. 당기매출액(4-5)	2억	1.75억	1.25억

객관식 문제

01 다음 자료를 이용하여 매출총이익을 계산하면 얼마인가? (57회)

- 매출액 : 250,000원
- 매출할인 : 30,000원
- 매입할인 : 10,000원
- 기말재고액 : 7,000원
- 매출에누리 : 50,000원
- 매입액 : 190,000원
- 매입환출 : 15,000원
- 타계정으로 대체 : 30,000원

① 42,000원   ② 52,000원   ③ 62,000원   ④ 72,000원

해설 순매출액 : 매출액 250,000 − 매출에누리 50,000 − 매출할인 30,000 = 170,000
순매입액 : 매입액 190,000 − 매입할인 10,000 − 매입환출 15,000 = 165,000
매출원가 : 165,000 − 기말재고액 7,000 − 타계정으로 대체 30,000 = 128,000원
매출총이익 : 170,000 − 128,000 = 42,000

02 다음은 기말재고자산에 포함될 항목의 결정에 대한 설명이다. 가장 틀린 것은? (42회)

① 적송품은 수탁자가 판매한 경우 위탁자의 재고자산에서 제외한다.
② 시송품은 매입자가 매입의사표시를 한 경우 판매자의 재고자산에서 제외한다.
③ 할부판매상품은 인도기준으로 매출을 인식하므로 대금회수와 관계없이 인도시점에서 판매자의 재고자산에서 제외한다.
④ 미착품이 도착지인도조건인 경우 도착시점에서 판매자의 재고자산에 포함한다.

해설 미착품의 도착지인도조건인 경우 도착시점에서 매입자의 재고자산에 포함한다.

03 다음의 항목 중에서 기말재고자산에 포함되지 않는 항목은? (27회)

① 수탁자에게 판매를 위탁하기 위하여 발송한 상품
② 도착지 인도기준에 의하여 운송중인 매입상품
③ 소비자가 구입의사를 표시하기 전에 시용판매된 제품
④ 선적지 인도기준에 의하여 운송중인 매입상품

해설 도착지 인도기준에 의하여 운송중인 매입상품은 판매자의 재고자산으로 보고되어야 한다.

정답 1.① 2.④ 3.②

04 재화의 판매에 대한 수익인식기준으로 틀린 것은? (53회)

① 비용금액을 신뢰성 있게 측정할 수 있다.
② 경제적 효익의 유입 가능성이 매우 높다.
③ 재화의 소유에 따른 유의적인 위험과 보상이 구매자에게 이전된다.
④ 거래와 관련하여 발생했거나 발생할 원가를 신뢰성 있게 측정할 수 있다.

해설 수익금액을 신뢰성 있게 측정할 수 있다.
　　　재화의 판매로 인한 수익은 다음 조건이 모두 충족될 때 인식한다.
　　　(1) 재화의 소유에 따른 유의적인 위험과 보상이 구매자에게 이전된다.
　　　(2) 판매자는 판매한 재화에 대하여 소유권이 있을 때 통상적으로 행사하는 정도의 관리나 효과적인 통제를 할 수 없다.
　　　(3) 수익금액을 신뢰성 있게 측정할 수 있다.
　　　(4) 경제적 효익의 유입 가능성이 매우 높다.
　　　(5) 거래와 관련하여 발생했거나 발생할 원가를 신뢰성 있게 측정할 수 있다.

05 다음 중 재화의 판매로 인한 수익인식 조건이 아닌 것은? (50회)

① 재화의 소유에 따른 유의적인 위험과 보상이 구매자에게 이전된다.
② 수익금액을 신뢰성 있게 측정할 수 있다.
③ 경제적 효익의 유입 가능성이 매우 높다.
④ 판매자는 판매한 재화에 대하여 소유권이 있을 때 통상적으로 행사하는 정도의 관리나 효과적인 통제를 할 수 있다.

해설 재화의 판매로 인한 수익은 다음 조건이 모두 충족될 때 인식한다.
　　　(1) 재화의 소유에 따른 유의적인 위험과 보상이 구매자에게 이전된다.
　　　(2) 판매자는 판매한 재화에 대하여 소유권이 있을 때 통상적으로 행사하는 정도의 관리나 효과적인 통제를 할 수 없다.
　　　(3) 수익금액을 신뢰성 있게 측정할 수 있다.
　　　(4) 경제적 효익의 유입 가능성이 매우 높다.
　　　(5) 거래와 관련하여 발생했거나 발생할 원가를 신뢰성 있게 측정할 수 있다.

정답 4.① 5.④

06 기업회계기준상 수익에 대한 내용으로 올바르지 않은 것은? (45회)

① 경제적효익의 유입가능성이 매우 높고, 그 효익을 신뢰성 있게 측정할 수 있을때 인식한다.
② 판매대가의 공정가액으로 측정하며, 매출에누리·할인·환입은 차감한다.
③ 성격과 가치가 상이한 재화나 용역간의 교환시 교환으로 제공한 재화나 용역의 공정가액으로 수익을 측정하는 것이 원칙이다.
④ 성격과 가치가 유사한 재화나 용역간의 교환시 제공한 재화나 용역의 공정가액으로 수익을 측정하는 것이 원칙이다.

해설 성격과 가치가 유사한 재화나 용역간의 교환은 수익을 발생 시키는 거래로 보지 않는다.

07 다음 중 기업회계기준에 의한 수익인식기준으로 올바른 것은? (40회)

① 위탁판매 - 수탁자에게 상품을 인도한 날
② 상품권판매 - 상품권을 회수한 날
③ 정기간행물(가액이 매기간 동일) 판매 - 구독금액을 일시에 수령한 날
④ 할부판매 - 매회 할부금을 회수하는 날

해설 위탁판매 – 수탁자가 소비자에게 상품을 판매한 날
정기간행물(가액이 매기간 동일) 판매 – 구독기간에 걸쳐 정액법으로 인식
할부판매 – 재화가 인도되는 날

08 다음 중 기업회계기준에 의한 수익인식기준으로 틀린 것은? (24회)

① 단기건설공사(비상장중소기업 제외) - 완성기준
② 장기건설공사 - 진행기준
③ 위탁판매 - 수탁자가 적송품(위탁품)을 판매한 날
④ 시용판매 - 매입자가 매입의사표시를 한 날

해설 건설형공사계약의 경우 장·단기를 불문하고 진행기준에 따라 수익을 인식하도록 규정하고 있다.

정답 6.④ 7.② 8.①

Chapter 05 | 판매관리활동

1 판매비와관리비 개요

제품, 상품, 용역 등의 판매활동과 기업의 관리활동에서 발생하는 것으로 매출원가에 속하지 않는 모든 영업비용을 포함한다. 판매비와관리비 지출내역들은 적절한 항목으로 구분하여 표시하거나 일괄표시 가능하며, 영업활동과 무관하거나 비반복적인 활동과 관련된 비용은 판매비와관리비에서 제외됨

◈ 아래의 판관비 항목들은 전산회계 1급에서 자주 나오는 항목들임

> 판매비와 관리비는 시험에 자주 나오는 파트이므로 충분히 연습을 해야 하며, 관련항목이 많은 바 관련내용을 반복해서 공부해야 좋은 성과가 나올 수 있다.

2 인건비

1 급여

(1) **급여의 정의**
급여란 사용자가 근로의 대가로 근로자에게 임금, 봉급, 그 밖에 어떠한 명칭으로든지 지급하는 일체의 금품등을 의미함

(2) **원천징수**
회사는 급여지급 시 관련 법령에 의하여 근로자가 부담하는 근로소득세와 지방소득세, 4대보험을 차감한 잔액을 원천징수한 후에 종업원들에게 지급하며, 징수일이 속하는 다음 달 10일까지 종업원에게서 원천징수한 금액와 회사부담분 4대보험금액을 관련기관(국세청, 국민연금관리공단 등)에 납부해야 한다.

① 원천징수 : 해당 소득의 지급자가 해당 소득을 지급할 때 일정한 세율을 적용하여 계산한 세액을 미리 징수하고, 동 금액을 국가에 납부하는 행위
② 예수금 : 근로자가 부담하는 근로소득세와 4대 보험
③ 4대보험(국민연금, 건강보험, 고용보험, 산재보험)의 경우 근로자와 사용자가 각각 절반씩 부담하는데, 회사가 사용자 부담분을 납부한 경우 복리후생비(건강보험, 고용보험), 세금과공과금(국민연금), 보험료(산재보험) 등으로 처리함

(3) 급여 관련 계정의 분류

① 급여 : 사무직 근로자에 대한 인건비
② 임금 : 생산직 근로자에 대한 인건비
③ 잡급 : 일용직 근로자에 대한 인건비
④ 상여금 : 매월 지급되는 급여 이외에 추가로 지급되는 인건비

(4) 회계처리

거래내역	차변		대변	
급여 지급	급여(임금, 잡급)	×××	예수금 현금*	××× ×××
	• 노동력을 제공받고(차변), 원천징수(국가에 납부할 책임이 있는 금액임) 후 잔액을 현금 등으로 지급(대변)			
원천징수액 납부	예수금 복리후생비 세금과공과 보험료	××× ××× ××× ×××	현금*	×××
	• 예수금 감소 및 각종 소비되는 비용 발생(차변), 원천징수액을 국가기관에 납부함(대변)			

* 현금 이외에 당좌예금, 보통예금 계정 사용 가능
** 노동력은 저장이 불가능하므로 바로 소비되는 특성이 있다.

2 퇴직금

(1) 퇴직급여충당부채

① 의의

기업에 입사한 직원은 다양한 이유(해고, 중간퇴직, 정년퇴직, 이직 등)로 본인이 다니던 회사를 그만두게 되며, 해당 회사는 관련 법령에 따라 직원에게 일정액의 퇴직금을 지급해야 함. 따라서 기업 입장에서는 퇴직금이 직원에게 지급해야 할 빚이고, 반드시 일어나게 되어 있으므로 부채로 회계처리해야 함

> 근로자퇴직급여보장법에 명시된 퇴직급여제도는 동법 제8조에 따른 퇴직금제도, 확정급여형퇴직연금제도 및 확정기여형퇴직연금제도를 말한다.

보고기간말 현재 전종업원이 일시에 퇴직할 경우 지급하여야 할 퇴직금에 상당하는 금액(퇴직금추계액)을 퇴직급여충당부채로 회계처리한다. 급여규정의 개정과 급여의 인상으로 퇴직금소요액이 증가되었을 경우에는 당기분과 전기 이전분을 일괄하여 당기비용으로 인식한다.

> 사용자는 계속근로기간 1년에 대하여 30일분 이상의 평균임금을 퇴직금으로 퇴직하는 근로자에게 지급할 수 있는 제도를 설정하여야 한다.

§ **평균임금** : 산정하여야 할 사유가 발생한 날 이전 3개월 동안에 그 근로자에게 지급된 임금의 총액을 그 기간의 총일수로 나눈 금액을 말한다.

② 퇴직급여충당부채 회계처리

거래내역	차변		대변	
기말 퇴직급여 충당부채 설정	퇴직급여	×××	퇴직급여충당부채	×××
	• 노동력을 제공받음(차변), 노동력은 저장이 불가능하므로 바로 소비됨 • 노동력에 대한 대가를 차후에 지급해야 함(대변).			
퇴직금 지급	퇴직급여충당부채 퇴직급여	××× ×××	예수금 현금(보통예금, 당좌예금)	××× ×××
	• 기존에 설정된 퇴직급여충당부채 제거(차변). • 원천징수액을 국가기관에 납부후, 잔액 지급(대변)			

(2) 퇴직연금

① 의의

기존의 퇴직금 제도(회사 내부자금으로 퇴직금 지급) 하에서는 기업 도산 등으로 인한 퇴직급의 체불 문제가 발생할 위험이 있으며, 다양한 임금체계 도입에 알맞은 퇴직금 지급제도가 요구됨에 따라 2005년부터 퇴직연금제도가 시행되었다.

② 퇴직연금의 종류

㉠ 확정기여형 퇴직연금

> 확정기여형퇴직연금이란 급여의 지급을 위하여 사용자가 부담하여야 할 부담금의 수준이 사전에 결정되어 있는 퇴직연금제도를 말한다.
> → 확정기여제도를 설정한 경우에는 당해 회계기간에 대하여 기업이 납부하여야 할 부담금(기여금)을 퇴직급여(비용)로 인식

㉡ 확정급여형 퇴직연금

> "확정급여형퇴직연금제도"란 근로자가 받을 급여의 수준이 사전에 결정되어 있는 퇴직연금제도를 말한다.
> ⓐ 확정급여형퇴직연금제도에서 운용되는 자산은 기업이 직접 보유하고 있는 것으로 보아 회계처리한다. 재무상태표에는 운용되는 자산을 하나로 통합하여 '퇴직연금운용자산'으로 표시하고, 그 구성내역을 주석으로 공시한다.
> ⓑ 종업원이 퇴직하기 전이라면 보고기간말 현재 종업원이 퇴직할 경우 지급하여야 할 퇴직일시금에 상당하는 금액을 측정하여 퇴직급여충당부채로 인식한다.
> ⓒ 종업원 퇴직시 퇴직연금운용자산과 퇴직급여충당부채를 서로 상계한다.
> ⓓ 확정급여형퇴직연금제도에서 퇴직급여와 관련된 자산과 부채를 재무상태표에 표시할 때에는 퇴직급여와 관련된 부채(퇴직급여충당부채)에서 퇴직급여와 관련된 자산(퇴직연금운용자산)을 차감하는 형식으로 표시한다. 퇴직연금운용자산이 퇴직급여충당부채 기말잔액을 초과하는 경우에는 그 초과액을 투자자산의 과목으로 표시한다.

③ 퇴직연금 회계처리
　㉠ 확정기여형 퇴직연금

거래내역	차변	대변
퇴직연금 외부적립	퇴직급여　　　×××	현금(보통예금, 당좌예금)　×××
	• 노동력을 제공받고(차변), 현금 등을 지급(대변)	

　㉡ 확정급여형 퇴직연금

거래내역	차변	대변
퇴직연금 외부적립	퇴직연금운용자산　　×××	현금(보통예금, 당좌예금)　×××
	• 현금 등을 지급(대변), • 동 지급액은 퇴직급 지급을 감소시키는 역할을 함(차변)	
퇴직연금 운용으로 인한 수익	퇴직연금운용자산　　×××	퇴직연금운용수익(이자수익)　×××
	• 퇴직연금운용자산의 증가(차변), • 운용수익에 대한 대가 지급 필요없음(대변)	
퇴직연금 지급	퇴직급여충당부채　　×××	퇴직연금운용자산　×××
	• 퇴직급여충당부채 감소 (차변), • 퇴직연금운용자산 감소 (대변)	

　㉢ 퇴직연금 운용 수수료 발생

거래내역	차변	대변
연금운용에 따른 수수료	수수료비용　　　×××	현금(보통예금, 당좌예금)　×××
	• 연금운용에 대한 서비스를 소비하고 (차변), • 그 대가로 현금등을 지급 (대변)	

3　복리후생비와 접대비

1 복리후생비의 의의

복리후생비는 종업원들의 근로환경 개선, 근로의욕의 향상을 목적으로 지출되는 간접적 형태의 인건비이며, 다음과 같은 항목들임

식사관련비용	종업원들의 회식, 사내식당 이용에 대한 지출 등
선물비용	종업원들에게 지급할 선물세트 구입 등
경조사비	축의금, 조의금 등
기타지출	작업복 등의 구매, 회사소모품 지출, 다과비 등

2 접대비

접대비는 회사가 사업을 위해 지출한 비용으로서 상대방이 사업과 관련이 있는 거래처들이고 지출의 목적이 사업관계자들 사이의 친목도모를 통한 거래관계의 원활한 진행인 경우에 해당하는 항목임

3 복리후생비와 접대비 차이

복리후생비와 접대비는 유사한 속성을 지니고 있는 바, 지출과 관련된 상대방이 회사 내의 임직원이라면 복리후생비이고, 거래처라면 접대비임

4 회계처리

거래내역	차변		대변	
판관비 지출 (현금지출 외상)	복리후생비 접대비	××× ×××	현금* 미지급금	××× ×××
	판매관리목적으로 서비스를 소비하기 위해(차변), 현금 등을 지급하거나 차후에 지급함(대변) ☞ 카드결제, 외상인 경우 "미지급금" 사용(중요)			
대금 결제 (외상)	미지급금	×××	현금*	×××
	미지급금 감소하고(차변), 현금 등을 지급(대변)			

*현금 이외에 당좌예금, 보통예금 계정 사용 가능

4 세금과공과금

세금	세법에 따라 회사에게 부과된 국세 및 지방세 : 비용
공과금	국가, 지방자치단체 또는 공익단체 등의 공공기관에서 공공지출목적으로 징수하는 부과금 : 비용
소득세	개인사업자의 소득에 대하여 납부하는 세금 : 비용
취득세	자산의 취득 시 부담하는 세금 : 자산의 취득원가에 포함 (유사세금 : 등록면허세)

5 기타 판매비와관리비

1 의의

교육훈련비	임직원의 업무와 관련된 교육 및 훈련을 위해 지출한 비용. • 회사가 임직원의 교육 및 훈련을 위하여 외부강사를 초빙할 경우, 외부강사에 지급하는 교육훈련비에 대한 원천징수의무가 있음
통신비	업무에 지출된 인터넷요금, 전화요금, 우편요금 등
수도광열비	업무와 관련된 수도요금, 전기요금, 가스요금 등 • 제품 제조에 사용 : 전력비, 가스수도료 계정 사용
소모품비	회사 일상 업무에 사용되는 소모품(필기구, 복사용지 등) 구입비용
도서인쇄비	명함인쇄, 도서구입, 사진인쇄 등의 목적으로 지출되는 비용
임차료	부동산 또는 동산과 같이 유형자산의 임대차계약(리스)에 따라 일정기간마다 임대인에게 지급하는 비용 • 임대차계약 시 동 계약의 이행 및 임대차로 인한 채권의 확보 등을 목적으로 임차인이 임대인에게 보증금을 납부하는 경우가 일반적인데 이를 임차보증금이라 하며, 임차보증금은 자산으로 처리함
보험료	회사의 영업활동 중에 발생할 수 있는 금전적 손해를 줄이고자 각종 보험계약에 따라 보험회사에 지급하는 비용
차량유지비	회사 소유의 차량관리를 위하여 쓰이는 비용
여비교통비	회사의 업무수행을 위한 임직원의 이동을 위하여 지출하는 비용

수수료비용	기업의 외부관계자에게서 인적용역 등을 제공받고 그 용역에 대한 대가로 지급하는 비용 • 은행수수료, 세무대리에 따른 기장수수료, 프리랜서에게 지급하는 용역비, 복사기 유지보수에 따른 비용 등이 수수료비용에 속함
광고선전비	판매활동 촉진목적으로 불특정다수에게 지출하는 비용
기타	대손상각비(채권채무관리 편에서 언급), 운반비(매출매입 편에서 언급), 감가상각비, 수선비(유형자산 편에서 언급)

2 기타 판매비와관리비 회계처리

거래내역	차변		대변	
판관비 지출 (현금지출 외상)	복리후생비 접대비 통신비 등	××× ××× ×××	현금* 미지급금	××× ×××
	• 판매관리목적으로 서비스를 소비하기 위해(차변), 현금 등을 지급하거나 차후에 지급함(대변) → 카드결제, 외상인 경우 "미지급금" 사용(중요)			
대금 결제 (외상)	미지급금	×××	현금*	×××
	• 미지급금 감소하고(차변), 현금 등을 지급(대변)			

* 현금 이외에 당좌예금, 보통예금 계정 사용 가능
** 참고 : 계정과목별 회계와 세무(영화조세통람)

6 판매비와 관리비와 유사한 영업외수익, 비용

1 주요항목

기부금 (영업외비용)	무상으로 상대방에게 금전이나 기타 재산가액을 증여하는 경우 사용되는 계정으로서, 접대비와 유사하나 업무와 무관하게 지출되는 항목에 대해서 사용된다.
자산수증이익 (영업외수익)	상대방에게 자산을 무상으로 받은 경우 사용되는 계정
채무면제이익 (영업외수익)	상대방에게 채무면제를 받은 경우 사용되는 계정
재해손실 (영업외비용)	화재 등으로 인하여 자산이 소실될 경우 사용되는 계정
보험수익 (영업외수익)	소실된 자산에 대한 보험금을 수령할 경우 사용되는 계정

2 회계처리

거래내역	차변		대변	
기부	기부금	×××	현금* 원재료**	××× ×××
	• 기부를 통하여 마음의 안식을 얻고(차변), 현금 등을 지급(대변)			
자산수증	토지**	×××	자산수증이익	×××
	• 토지등을 받고(차변), 그 대가를 줄 필요가 없음(대변)			
채무면제	외상매입금***	×××	채무면제이익	×××
	• 외상매입금이 사라지고(차변), 그 대가를 줄 필요가 없음(대변)			
재해	재해손실	×××	제 품**	×××
	• 제품을 주고(대변), 동 부분에 대한 대가를 못받음(차변)			
보험금 수령	현금*	×××	보험수익(보험금수익)	×××
	• 현금을 받고(차변), 그 대가를 줄 필요가 없음(대변)			

　* 현금 이외에 당좌예금, 보통예금 계정 사용 가능
　** 원재료, 제품 이외에도 다른 재고자산 계정을 사용 가능
　*** 미지급금, 단기차입금 등의 계정 사용 가능

주관식 분개연습

분개 시 거래처, 판관비와 제조원가 구분(예외 있음), 부가가치세는 고려하지 말 것

01 9월 30일 다음과 같이 산출된 급여를 보통예금에서 직원의 보통예금계좌로 이체 지급하다.(30회)

구 분	관리직	생산직	합계
급여총액	2,800,000원	3,600,000원	6,400,000원
소득세	114,700원	231,740원	346,440원
주 민 세	11,470원	23,170원	34,640원
국민연금	126,000원	162,000원	288,000원
건강보험	66,780원	85,860원	152,640원
고용보험	12,600원	16,200원	28,800원
공 제 액	331,550원	518,970원	850,520원
차인지급액	2,468,450원	3,081,030원	5,549,480원

02 7월 24일 다음과 같이 7월분 영업부 직원 급여를 당사의 보통예금에서 지급하였다.(57회)

직종구분	급여총액	근로소득세 등 공제액 합계	차인지급액
영업부	5,000,000원	270,000원	4,730,000원

03 당사는 분기별로 평가하여 목표생산량을 초과달성할 경우 분기의 다음 달에 상여금을 지급하기로 하였다. 올해 2/4분기 목표생산량을 10%초과 달성하여 7월 30일 생산직 직원에게 5,000,000원의 상여금을 현금으로 지급(원천징수는 미고려)하였다.(35회)

정답

01. (차) 급여(판)   2,800,000원   (대) 예수금   850,520원
    임 금(제)   3,600,000원   보통예금   5,549,480원

02. (차) 급여(판)   5,000,000원   (대) 보통예금   4,730,000원
    예수금   270,000원

03. (차) 임 금   5,000,000원   (대) 현금   5,000,000원

04 9월 10일 8월 31일의 공장근로자 급여와 관련된 원천징수금액 중 **국민연금**(회사부담분 포함)과 근로소득세, 지방소득세를 현금으로 납부하였다.(국민연금의 비용항목과 관련한 부분은 '세금과 공과'로 처리할 것) (49회)

> - 국 민 연 금 : 324,000원 납부(회사부담분:162,000원, 근로자부담분:162,000원)
> - 근로소득세 : 200,000원 납부, 지방소득세 20,000원 납부

05 8월 5일 다음과 같은 내용의 7월분 건강보험료를 현금으로 납부하다.(46회)

> - 회사부담분 : 280,000원(이 중 생산직 직원에 대한 건강보험료는 180,000원임)
> - 종업원부담분 : 280,000원
> - 회사는 건강보험료 회사부담분에 대하여 복리후생비로 처리하고 있다.

06 9월 10일 당일까지 미납된 국민건강보험료 165,000원을 현금으로 납부하였다. 이중에서 150,000원은 5월분 미납액(75,000원은 회사부담분이고 75,000원은 본인부담분(사무직직원)이다)이고 나머지 금액 15,000원은 가산금이다. 이에 대한 분개사항을 일반전표에 입력하라. 단, 회사부담분은 복리후생비 계정을 사용한다.(26회)

07 9월 25일 생산부 직원에 대한 확정기여형(DC) 퇴직연금에 가입하고 8,000,000원을 보통예금 계좌에서 지급하였다. 이 금액에는 연금운용에 대한 수수료 500,000원이 포함되어 있다.(55회)

정답

04. (차) 예 수 금   382,000원   (대) 현금   544,000원
    세금과공과   162,000원

05. (차) 복리후생비   180,000원   (대) 현금   560,000원
    복리후생비   100,000원
    예수금   280,000원

06. (차) 예 수 금   75,000원   (대) 현금   165,000원
    복리후생비   75,000원
    세금과공과금 15,000원

07. (차) 퇴직급여   7,500,000원   (대) 보통예금 8,000,000원
    수수료비용   500,000원

08 7월 10일 회사는 전 임직원 퇴직금 지급 보장을 위해 확정급여형(DB) 퇴직연금에 가입하고 6월분 퇴직연금 5,000,000원을 보통예금에서 납부하였다.(59회)

09 9월 26일 제조부 소속 신상용 대리(6년 근속)의 퇴직으로 퇴직금 9,000,000원 중 소득세 및 지방소득세로 230,000원을 원천징수한 후 차인지급액을 전액 믿음은행 보통예금 계좌에서 이체하였다.(퇴직 직전 퇴직급여충당부채잔액은 3,000,000원이다) (51회)

10 8월 20일 생산직원 나이직씨가 개인적인 이유로 퇴직하여 다음과 같이 퇴직금을 지급하였다. 현재 당사는 퇴직금을 지급하기 위한 퇴직급여충당부채가 충분하다.(43회)

내 역	금액 및 비고
퇴직급여	30,000,000원
퇴직관련세금(소득세 및 주민세)	1,000,000원
차감지급액	29,000,000원
지급방법	당사 보통예금에서 지급

11 당사는 기업회계기준에 의하여 퇴직급여충당부채를 설정하고 있으며, 기말 현재 퇴직급여추계액 및 당기 퇴직급여충당부채 설정 전의 퇴직급여충당부채 잔액은 다음과 같다. 결산 시 회계처리를 하시오.(44회)

부 서	퇴직급여추계액	퇴직급여충당부채잔액
생산부	30,000,000원	25,000,000원
관리부	50,000,000원	39,000,000원

> **정답**
>
> 08. (차) 퇴직연금운용자산 5,000,000원 (대) 보통예금 5,000,000원
>
> 09. (차) 퇴직급여충당부채 3,000,000원 (대) 보통예금 8,770,000원
>   퇴직급여 6,000,000원   예수금 230,000원
>
> 10. (차) 퇴직급여충당부채 30,000,000원 (대) 예수금 1,000,000원
>   보통예금 29,000,000원
>
> 11. (차) 퇴직급여 5,000,000 (대) 퇴직급여충당부채 16,000,000
>   퇴직급여 11,000,000
>   *설정액계산 생산직 사원 : 30,000,000원 − 25,000,000원 = 5,000,000원
>   사무직 사원 : 50,000,000원 − 39,000,000원 = 11,000,000원

12 11월 11일 제조부 직원들의 단합을 위해 백두산한우고기(일반음식점)에서 회식을 하고 회식비 550,000원은 법인국민체크카드로 결제하였다. 법인국민체크카드는 결제즉시 카드발급은행 보통예금계좌에서 인출되었다.) (56회)

13 11월 25일 공장 근로자들에게 추석선물을 주기 위하여 (주)참치유통으로부터 참치선물세트를 구입하고, 전자세금계산서 5,500,000원(부가가치세 미고려)을 발급 받았다. 대금은 현금으로 지급하였다.(52회)

14 11월 24일 생산직 사원 이택영의 결혼식에 사용할 축하화환을 100,000원에 (주)꽃나라에서 계산서를 발급받아 구입하고 대금은 보통예금에서 이체하였다.(49회)

15 7월 24일 당사는 영업부 직원 김상호의 모친 조의금으로 100,000원을 현금으로 전달하였다.(35회)

16 11월 10일 영업부 사내 경연대회 상품으로 주기 위하여 (주)사계절로부터 전래동화 1질을 80,000원에 구입하고 계산서를 수취하였다. 대금은 보통예금에서 계좌이체 하였다.(35회)

17 7월 17일 경북상회로부터 관리부에서 착용할 유니폼을 한 벌 구입하고 대금 48,000원은 당사 어음으로 발행지급하였다.(비용으로 계상할 것) (29회)

정답	12. (차) 복리후생비(제)	550,000원	(대) 보통예금	550,000원
	13. (차) 복리후생비	5,500,000원	(대) 현금	5,500,000원
	14. (차) 복리후생비	100,000원	(대) 보통예금	100,000원
	15. (차) 복리후생비	100,000원	(대) 현금	100,000원
	16. (차) 복리후생비	80,000원	(대) 보통예금	80,000원
	17. (차) 복리후생비	48,000원	(대) 미지급금	48,000원

18 9월 5일 경리부에서 사용할 차와 음료수 30,000원을 인근 대성할인마트에서 구입하고, 현금을 지급하였다.(28회)

19 10월 2일 생산직 종업원들의 안전을 목적으로 하나안전사에서 다음 물품들을 구입하고 세금계산서를 교부받았다. 대금은 1개월 후에 지급하기로 하였다. 비용계정을 사용하여 회계처리 하시오.(41회)

품 목	수량	단가	공급가액	세액	결제방법
안전모	20	20,000	400,000	40,000	외상
장 갑	100	1,000	100,000	10,000	

20 10월 22일 사내식당에서 사용할 쌀과 부식(채소류)을 (주)가락식품에서 구입하고 대금 300,000원은 법인카드(BC카드)로 지급하였다. 사내식당은 야근하는 생산직 직원을 대상으로 무료로 운영되고 있다.(32회)

21 9월 17일 원재료 납품업체의 공장건물 준공식에 쌀 10포대(1포대당 @40,000원)를 선물하면서 쌀쌀정미소로부터 계산서를 수취하고, 보통예금에서 이체하다.(54회)

22 11월 23일 제조부는 협력업체에 선물용으로 지급하기 위하여 랜드마트에서 TV 1대(40인치)를 1,650,000원에 구입하고 전자세금계산서(부가세 미고려)를 발급받았으며, 대금은 법인카드인 비씨카드로 결제하였다.(57회)

정답
18. (차) 복리후생비 30,000원 (대) 현금 30,000원
19. (차) 복리후생비 550,000원 (대) 미지급금 550,000원
20. (차) 복리후생비 300,000원 (대) 미지급금 300,000원
21. (차) 접대비 400,000원 (대) 보통예금 400,000원
22. (차) 접대비 1,650,000원 (대) 미지급금 1,650,000원

23 9월 12일 독도횟집에서 원재료매입처인 거래처 임직원들과 저녁식사를 하고 식사대 235,000원을 법인카드(외환카드)로 결제하였다.(27회)

24 12월 2일 영업부서에서 매출거래처인 (주)은진기업의 체육대회에 대한 점심식사를 지원하기 위하여, 도시락 제공업체인 (주)깔끔도시락으로부터 세금계산서를 교부 받았다. 대금 5,500,000원(부가세 무시)은 자기앞수표로 지급하였다.(46회)

25 10월 15일 공장의 원재료 매입처의 확장이전을 축하하기 위하여 양재화원에서 화분을 100,000원에 구입하여 전달하였고, 대금은 외상으로 하였다.(44회)

26 11월 11일 다팔아쇼핑에서 홍삼 1세트를 200,000원에 현금으로 구입하고 구매한 홍삼세트는 매출거래처의 영업부 부장의 모친회갑기념으로 전달하였다.(41회)

27 10월 20일 (주)생산성으로부터 영업직 직원들에게 교육훈련특강을 실시하고, 특강료 3,000,000원에 대한 계산서를 교부받았다. 특강료는 선급금으로 회계처리되어 있던 계약금 1,000,000원을 제외한 나머지 2,000,000원을 현금으로 지급하였다.(48회)

정답

23. (차) 접대비 235,000원 (대) 미지급금 235,000원

24. (차) 접대비 5,500,000원 (대) 현금 5,500,000원

25. (차) 접대비 100,000원 (대) 미지급금 100,000원

26. (차) 접대비 220,000원 (대) 현금 220,000원

27. (차) 교육훈련비 3,000,000원 (대) 선급금 1,000,000원
　　　　　　　　　　　　　　　　　　현금 2,000,000원

28 8월 14일 생산직원의 원가절감교육을 위해 외부강사를 초청하여 교육하고 강사료 중 원천징수세액 99,000원을 제외하고 나머지 금액 2,901,000원은 당사 보통예금계좌에서 강사의 보통예금 계좌로 송금하였다.(42회)

29 8월 25일 생산라인에 필요한 외국기술서적의 번역을 의뢰한 프리랜서에게 번역비 1,000,000원에서 원천징수세액 33,000원을 차감한 금액을 자기앞수표로 지급 하였다.(수수료비용 회계처리할 것) (43회)

30 7월 30일 본사에 대한 7월분 김안양세무사사무실의 기장수수료에 대해 전자세금계산서를 수취하고 대금 330,000원(부가가치세 무시)은 지급하지 못하였다.(22회)

31 7월 30일 공장 건물에 대한 재산세 1,550,000원과 영업부 사무실에 대한 재산세 2,370,000원을 보통예금으로 납부하였다.(56회)

32 8월 25일 회사는 판매부문 이사의 변경으로 인한 변경등기를 하고 이에 대한 등록면허세로 50,000원을 현금으로 지급하였다.(53회)

정답

28. (차) 교육훈련비 3,000,000원   (대) 예수금   99,000원
                                        보통예금   2,901,000원

29. (차) 수수료비용 1,000,000원   (대) 현금   967,000원
                                        예수금   33,000원

30. (차) 수수료비용   330,000원   (대) 미지급금   330,000원

31. (차) 세금과공과금 3,920,000원 (대) 보통예금 3,920,000원

32. (차) 세금과공과금   50,000원 (대) 현금   50,000원

33 9월 3일 전국전자협의회 협회비 1,000,000원을 현금으로 지급하였다.(41회)

34 8월 28일 균등할주민세 55,000원이 구청으로부터 부과되었으며, 법인카드인 국민카드로 납부하였다.(40회)

35 11월 30일 공장에서 사용하는 승용차에 대한 자동차세 570,000원과 본사 사무실에서 사용하는 승용차에 대한 자동차세 360,000원을 현금으로 납부하였다.(39회)

36 12월 22일 공장부문에서 사용할 기계운용 메뉴얼 교재를 화성서점에서 구입하고, 계산서를 발급 받았다. 대금 150,000원은 전액 보통예금에서 이체하였다.(53회)

37 8월 14일 제조부문 사원에 대하여 새로이 명함을 인쇄하여 배부하고 그 대금 30,000원을 현금으로 지급하였다.(52회)

38 7월 28일 본사 게시판에 부착할 본사 정경을 담은 대형사진을 현상하고 대금 400,000원을 현금으로 지급하였다.(32회)

정답				
33.	(차) 세금과공과금	1,000,000원	(대) 현금	1,000,000원
34.	(차) 세금과공과금	55,000원	(대) 미지급금	55,000원
35.	(차) 세금과공과	930,000원	(대) 현금	930,000원
36.	(차) 도서인쇄비	150,000원	(대) 보통예금	150,000원
37.	(차) 도서인쇄비	30,000원	(대) 현금	30,000원
38.	(차) 도서인쇄비	400,000원	(대) 현금	400,000원

39 10월 5일 당사는 본사 경리부에서 사용할 실무서적 10권을 (주)독도서적에서 300,000원에 현금구입하면서 계산서를 수령하였다.(39회)

40 11월 2일 본사 영업부에서 사용하던 4인승 소형승용차(999cc)의 고장으로 (주)해피카센타에서 수리하고, 수리비 220,000원(부가가치세 무시)을 현금으로 지급하고 전자세금계산서를 발급받았다. 차량유지비 계정으로 처리할 것(50회)

41 10월 20일 회사 영업부에서 사용하고 있는 5인승 소형승용자동차(2,000cc)에 사용할 경유를 550,000원(부가가치세 무시)에 구입하고, 전자세금계산서를 동성주유소로부터 수령하였다. 구입대금 전액을 보통예금에서 이체 지급하였다.(51회)

42 11월 09일 공장에서 사용하는 화물운송용 차량을 (주)서울공업사에서 일괄적으로 점검을 받고 부가가치세를 포함한 대금 550,000원은 법인신용카드(외환카드)로 결제하였다. 세금계산서를 수령하지 아니하였으며 부가가치세 매입세액공제를 위한 요건은 모두 구비하였다.(차량유지비계정에 기입할 것) (31회)

43 11월 12일 하나마트에서 사무실용 찻잔 1세트를 44,000원(부가가치세 무시)에 구입하고 전자세금계산서를 교부받았으며, 대금은 현금으로 지급하였다. 찻잔은 구입 시 비용으로 처리하였다.(47회)

정답					
39.	(차) 도서인쇄비	300,000원	(대) 현금	300,000원
40.	(차) 차량유지비	220,000원	(대) 현금	220,000원
41.	(차) 차량유지비	550,000원	(대) 보통예금	550,000원
42.	(차) 차량유지비	550,000원	(대) 미지급금	550,000원
43.	(차) 소모품비	44,000원	(대) 현금	44,000원

44 11월 19일 공장에서 사용할 복사용지(20박스 @50,000원 부가가치세 무시)를 (주)알파문구에서 일괄구입하고 전자세금계산서를 교부받았다. 대금은 현금으로 지급하였으며, 소모품비 계정으로 회계처리한다.(34회)

45 11월 16일 (주)권선종합상사에 신제품에 대한 광고를 의뢰하고 광고비 550,000원에 대하여 전자세금계산서를 수취하였다. 광고 대금은 다음 달에 지급한다.(51회)

46 8월 14일 신입사원 채용을 위하여 생활정보지 "가로등"에 신입사원 채용광고를 게재하고 대금 100,000원은 당점 발행 당좌수표로 지급하였다.(45회)

47 12월 15일 신제품에 대한 거리 홍보시 증정할 목적으로 (주)보물섬에서 다음과 같이 기념품을 구매하고 전자세금계산서를 수취하였다.(전액 비용으로 처리할 것) (53회)

품 목	수 량	단 가	총구입금액	결제방법
명함지갑세트	100	11,000원	1,100,000원	현금

48 7월 30일 진흥빌딩으로부터 영업부 사무실 임차료 900,000원에 대한 전자세금계산서를 교부받고, 대금은 차후에 지급하기로 하였다.(부가세 무시) (55회)

49 11월 20일 (주)금호렌탈에서 직원출장용으로 임차한 소형승용차(2,000cc)의 사용대금 330,000원을 현금으로 지급하였다.(39회)

정답

44.	(차) 소모품비	1,000,000원	(대) 현금	1,000,000원
45.	(차) 광고선전비	550,000원	(대) 미지급금	550,000원
46.	(차) 광고선전비	100,000원	(대) 당좌예금	100,000원
47.	(차) 광고선전비	1,100,000원	(대) 현금	1,100,000원
48.	(차) 임차료	900,000원	(대) 미지급금	900,000원
49.	(차) 임차료	330,000원	(대) 현금	330,000원

50 7월 23일 공장건물의 화재와 도난에 대비하여 (주)미래화재에 손해보험을 가입한 후 보험료 3,000,000원을 보통예금계좌에서 송금하고 전액 비용으로 회계처리하다.(52회)

51 9월 21일 전기요금 800,000원(본사 400,000원, 공장 400,000원)이 보통예금 통장에서 자동 인출되었다.(40회)

52 9월 8일 다음과 같이 웅진석유에서 난방용 경유를 360,000원에 구입하고 대금은 현금으로 지급하였다.(30회)

- 공장에서 사용 : 200,000원
- 본사사무실에서 사용 : 160,000원

53 8월 26일 홍콩지점관리를 목적으로 대표이사의 국외출장 왕복항공료 3,000,000원을 법인카드(하나카드)로 결재하였다.(44회)

54 7월 20일 재경팀사무실에서 사용하는 전화의 전화요금 125,000원을 은행에서 현금으로 납부하였다.(29회)

55 10월 2일 제품의 임가공 계약에 의해 의뢰하였던 제품을 (주)신일가구로부터 납품받고 전자세금계산서를 수취하였다. 임가공비용 11,000,000원(부가가치세 무시)은 전액 현금으로 결제하였다.(52회)

정답					
50.	(차) 보험료	3,000,000원	(대) 보통예금	3,000,000원
51.	(차) 전력비	400,000원	(대) 보통예금	800,000원
	수도광열비	400,000원		
52.	(차) 가스수도료	200,000원	(대) 현금	360,000원
	수도광열비	160,000원		
53.	(차) 여비교통비	3,000,000원	(대) 미지급금	3,000,000원
54.	(차) 통신비	125,000원	(대) 현금	125,000원
55.	(차) 외주가공비	11,000,000원	(대) 현금	11,000,000원

56 10월 2일 제품의 임가공 계약에 의해 의뢰하였던 컴퓨터부품을 (주)일신산업으로부터 납품받고 전자세금계산서를 수취하였다. 대금은 11,000,000원(부가가치세 무시)으로 50%는 당좌수표로 지급하고 나머지는 법인카드(신한카드)로 결제하였다. (46회)

57 10월 5일 한마음문구에서 영업부 사무실 프린터기에 사용할 잉크를 99,000원에 구입하여 현금을 지급하고 현금영수증(지출증빙용)을 교부받았다.(사무용품비로 회계처리하고, 부가가치세 여부는 무시) (49회)

58 11월 28일 본사 관리동사옥을 청소하고 청소용역업체 (주)하이크리너에 청소비 1,100,000원을 현금으로 지급하고 현금영수증을 발급받았다. 단, 청소비는 '건물관리비'계정으로 처리한다.(부가가치세 미고려) (57회)

59 11월 19일 생산부서에서 클린세상에 공장청소에 따른 수수료비용 3,300,000원을 당좌수표로 지급하고 지출증빙용 현금영수증을 교부받았다.(부가가치세 미고려) (44회)

60 9월 20일 강한 태풍으로 재난을 당한 불우이웃을 돕기 위하여 성금 3,000,000원을 관할동사무소에 현금으로 지급하였다.(41회)

61 9월 20일 사회복지공동모금회에 불우이웃돕기성금으로 300,000원을 현금으로 지급하였다.(27회)

정답

56.	(차) 외주가공비	11,000,000원	(대) 당좌예금	5,500,000원
			미지급금	5,500,000원
57.	(차) 사무용품비	99,000원	(대) 현금	99,000원
58.	(차) 건물관리비	1,100,000원	(대) 현금	1,100,000원
59.	(차) 수수료비용	3,300,000원	(대) 당좌예금	3,300,000원
60.	(차) 기부금	3,000,000원	(대) 현금	3,000,000원
61.	(차) 기부금	300,000원	(대) 현금	300,000원

62 9월 27일 창고에 보관 중인 제품 3,000,000원이 화재로 인하여 소실되었다. 당 회사는 화재보험에 가입되어 있지 않다.(40회)

63 8월 25일 매입거래처 (주)화성의 외상매입금 17,000,000원 중 10,000,000원은 3개월 만기 약속어음을 발행하여 지급하고, 나머지는 면제받았다.(59회)

64 9월 5일 제품 1개(원가 : 500,000원)를 매출거래처에 견본품으로 무상 제공하였다. 단, 견본비 계정으로 처리할 것(56회)

65 7월 3일 회사에서 보관 중이던 원재료(원가 600,000원, 시가 800,000원)를 영업부 소모품으로 사용하였다(비용으로 처리할 것). (55회)

66 9월 10일 생산된 제품(원가 50,000,000원, 시가 85,000,000원)을 국군 위문금품으로 전달하였다.(44회)

67 8월 16일 7월 17일에 발생한 화재로 인하여 소실된 제품(원가 10,000,000원)에 대한 보험금 7,000,000원을 보험회사로부터 보통예금계좌로 입금 받았다.(당사는 삼현화재에 화재보험이 가입되어 있다) (50회)

정답

62.	(차) 재해손실	3,000,000원	(대) 제 품	3,000,000원
63.	(차) 외상매입금	17,000,000원	(대) 지급어음	10,000,000원
			채무면제이익	7,000,000원
64.	(차) 견본비	500,000원	(대) 제 품	500,000원
65.	(차) 소모품비	600,000원	(대) 원재료	600,000원
66.	(차) 기부금	50,000,000원	(대) 제 품	50,000,000원
67.	(차) 보통예금	7,000,000원	(대) 보험수익	7,000,000원

Chapter 06 | 자금관리와 운용

1 현금 및 현금성자산

1 의의

(1) 기업의 활동 중 가장 중요하면서 최종목표는 현금의 확보임. 현금은 주로 매출활동을 통해 회사에 유입되고, 상품의 구매, 판매관리활동, 각종 자산의 구입이나 부채 상환 등 각종 활동들을 통하여 지출됨

(2) 기업이 생존하기 위해서는 현금이 반드시 필요하며, 현금유입이 원활하게 지속되어야 한다. 만약 회삿돈이 모자라게 되면 부도·파산·유동성위기 같은 상황이 발생하게 되며, 기업의 생존이 위협받게 된다.

(3) 현금 및 그와 유사한 것들은 현금및현금성자산으로 통합하여 별도로 재무상태표에 구분하여 표시된다. 현금관련 정보는 기업의 이해관계자들이 해당 기업의 지급능력 및 미래의 생존능력에 대한 판단을 할 때 중요한 자료가 됨

2 현금의 정의 및 종류

회계상 현금은 통화 및 타인발행수표 등 통화대용증권과 당좌예금, 보통예금을 말하며, 현금성자산은 큰 거래비용 없이 현금으로 전환이 용이하고 이자율 변동에 따른 가치변동의 위험이 중요하지 않은 금융상품으로서 취득 당시 만기일(상환일)이 3개월 이내인 것을 의미함

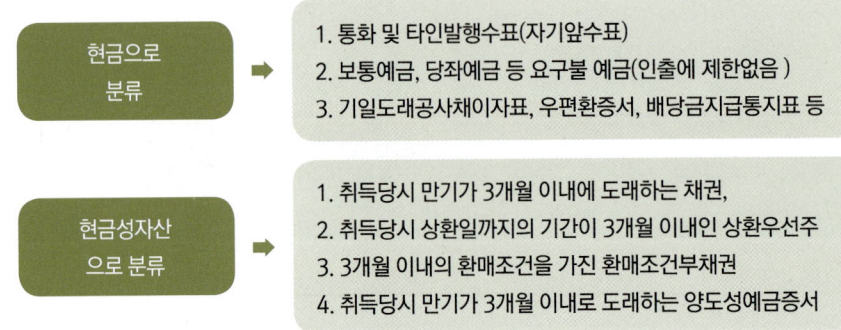

현금으로 분류
1. 통화 및 타인발행수표(자기앞수표)
2. 보통예금, 당좌예금 등 요구불 예금(인출에 제한없음)
3. 기일도래공사채이자표, 우편환증서, 배당금지급통지표 등

현금성자산으로 분류
1. 취득당시 만기가 3개월 이내에 도래하는 채권,
2. 취득당시 상환일까지의 기간이 3개월 이내인 상환우선주
3. 3개월 이내의 환매조건을 가진 환매조건부채권
4. 취득당시 만기가 3개월 이내로 도래하는 양도성예금증서

◎ 기중에 현금, 보통예금, 당좌예금 등으로 계정을 나누어서 회계처리하다가, 기말 재무상태표에 현금및현금성자산으로 통합하여 표시

3 현금및현금성자산이 아닌 항목

1. **선일자수표(미래시점에 대금수령을 약속한 수표)** : 채권으로 분류
2. **우표, 수입인지** : 비용(소모품비, 통신비 등)으로 처리
3. **취득일로부터 만기일(상환일)이 3개월 초과 금융상품(예금, 적금 등)**
   → 단기금융상품이나 장기금융상품으로 분류
4. **급여가불금, 자금차용증** : 장단기대여금(임직원등 단기채권) 처리

4 보통예금과 당좌예금

(1) 보통예금

보통예금이란 예금거래의 금액, 기간, 인출 등에 제한이 없는 예금으로서 영업상의 입출금이나 소액자금의 거래계좌로 이용된다. 회사의 거래는 수시로 발생하고, 관련된 현금의 거래빈도 및 금액은 매우 많아 현금의 통제가 어려울 수 있으므로, 일반적으로 기업은 소지하고 있는 현금을 은행예금에 예치시켰다가 사용함

(2) 당좌예금

① 의의

당좌예금은 당좌수표, 어음을 발행하여 사용할 수 있도록 하는 예금이다. 거액이 요구되는 거래를 할 때에는 현금인출보다 당좌수표를 이용하는 것이 통제목적상 유용하다. 부피가 작고, 만약 분실을 하더라도 수표번호를 추적하여 부정한 목적의 자금인출을 막을 수 있다. 당좌예금의 거래흐름은 아래와 같다.

1. 회사가 은행에 당좌거래개설보증금을 납부 후, 당좌예금계좌 개설
2. 회사가 수표책을 은행에서 수령 후 거래상대방에게 당좌수표 발행
3. 거래처가 당좌수표를 은행에 제시하면, 은행이 회사의 당좌예금계좌 잔액 한도 내에서 수표대금 지급

* 당좌예금 : 상거래의 안전과 편리를 위해 은행과 거래처간의 당좌계정계약에 의하여 거래처가 발행한 어음·수표의 지급자금 출납사무를 은행이 대행하는 예금(신한은행 홈페이지 참조)

당좌수표의 모양은 아래와 같으며 수표번호 순서대로 발행되어야 한다. 회사는 당좌수표를 발행할 때 왼쪽부분을 떼어서 보관하는데, 차후에 따로 보관된 부분을 통하여 수표의 발행일, 발행금액을 알 수 있다. 또한 오른쪽 부분과 왼쪽 부분을 확인하여 수표발행이 정상적으로 이루어졌는지 확인가능함

② 당좌차월

만약 당좌예금계좌에 잔액이 없을 경우 수표발행 및 거래처가 제시한 수표에 대한 지급이 불가능해지고, 기업의 부도로 바로 연결된다. 그러나, 만약 회사가 은행과 특정계약을 체결하게 되면 잔액이 부족하여도 일정한도 내에서 수표를 발행할 수 있는 바, 이를 당좌차월이라고 함(마이너스 통장과 유사한 개념임). 기말 당좌예금 잔액이 "−"(부) 금액일 때 해당 마이너스 금액은 단기차입금으로 분류됨

◈ 어음과 수표의 차이점 : 어음은 만기일에 지급, 수표는 즉시 지급

③ 수표에 대한 회계처리 구분
　㉠ 타인발행 당좌수표 또는 자기앞수표 수수 : "현금"의 증감으로 처리
　㉡ 당좌수표의 발행 : 당좌예금의 감소로 처리
　㉢ 회사가 발행했던 당좌수표를 회수 : "당좌예금"의 증가로 처리
　㉣ 당사발행 : 회사가 발행, 동사발행 : 상대방이 발행

(3) 보통예금과 당좌예금의 회계처리

거래내역	차변		대변	
제품 판매	보통예금, 당좌예금	×××	제품매출(상품매출)	×××
채권 회수	보통예금, 당좌예금	×××	외상매출금, 받을어음	×××
원재료 구입	원재료(상품)	×××	보통예금, 당좌예금	×××
채무 상환	외상매입금, 지급어음	×××	보통예금, 당좌예금	×××
판관비 지출	복리후생비 등	×××	보통예금, 당좌예금	×××
판관비 대금 결제	미지급금	×××	보통예금, 당좌예금	×××

* 예금을 수령하면(돈을 받으면) 차변에, 예금이 인출되면(돈을 주면) 대변에 기재 후, 다른 계정을 반대쪽에 기재한다.

객관식 문제

01 다음 항목 중 반드시 현금성자산에 해당하는 것은? (57회)

① 지급기일 도래한 사채이자표
② 결산 시점 만기 6개월 양도성예금증서
③ 선일자수표
④ 결산 시점 만기 3개월 양도성예금증서

해설 지급기일이 도래한 사채이자표는 현금성자산으로 처리한다. 그리고 양도성예금증서를 현금성자산으로 분류되기 위해서는 취득 시점에서 만기 3개월 이내이어야 하며, 결산 시점을 기준으로 분류하지 않는다.

02 다음 자료에 의할 경우 재무상태표에 표시되는 현금및현금성자산은 얼마인가? (32회)

㉠ 당좌예금	150,000원
㉡ 보통예금	120,000원
㉢ 자기앞수표	500,000원
㉣ 양도성예금증서(30일 만기)	500,000원

① 1,270,000원　② 1,500,000원　③ 620,000원　④ 270,000원

해설 현금 및 현금성자산 = 1,270,000원
당좌예금 150,000원 + 보통예금 120,000원 + 자기앞수표 500,000원 + 30일 만기 양도성예금증서 500,000원

03 다음 중 기업회계기준상 현금및현금성자산이 아닌 것은? (28회)

① 은행권, 주화
② 즉시 인출가능한 보통예금
③ 타인발행수표
④ 수입인지

해설 수입인지는 즉시비용으로 처리한다.

정답 1.① 2.① 3.④

2 현금과부족

1 의의

현금과부족은 현금을 실제로 세었을 때 금액과 실사 당시 장부상 금액에 차이가 있었을 경우 쓰는 임시계정임. 현금과부족은 현금거래의 빈도와 횟수를 고려하였을 때 종종 나타날 수 있으므로 차이의 원인을 밝혀서 적절히 회계처리해야 하고, 만약 기말결산까지 현금과부족의 원인을 찾지 못하였을 때에는 잡이익이나 잡손실로 처리함(잡이익, 잡손실은 영업외수익, 비용항목)

2 회계처리

거래내역		차변		대변	
현금이 부족	오류발생	현금과부족	×××	현금	×××
	원인파악	통신비	×××	현금과부족	×××
	기말정리	잡손실	×××	현금과부족	×××
현금이 남음	오류발생	현금	×××	현금과부족	×××
	원인파악	현금과부족	×××	이자수익	×××
	기말정리	현금과부족	×××	잡이익	×××

§ 만약 기말결산 시 장부상 현금과 실제 현금의 차이를 발견하였다면, 현금과부족계정을 사용하지 않고 바로 잡손실이나 잡이익으로 처리함

내역	차변		대변	
현금부족	잡손실	×××	현금	×××
현금초과	현금	×××	잡이익	×××

주관식 분개연습

01 10월 5일 당좌거래 개설보증금 5,000,000원을 현금으로 입금하여 제일은행 두정지점과 당좌거래를 개설하고 당좌개설수수료 2,000원을 현금으로 지급하였다.(20회)

02 장부상 현금잔액은 35,245,450원이나, 실제 보유하고 있는 현금잔액은 35,232,780원으로 현금부족액에 대한 원인이 밝혀지지 아니하였다. 영업외비용 중 적절한 계정과목에 의하여 회계처리 하시오.(51회)

03 장부상 현금보다 실제 현금이 부족하여 현금과부족으로 계상하였던 금액 50,000원에 대하여 결산일 현재에도 그 원인을 알 수 없어 당기 비용(영업외비용)으로 처리하다.(45회)

04 당사는 결산 시 장부상 현금보다 실제현금이 부족하여 현금과부족계정으로 처리한 금액 400,000원 중 320,000원은 영업사원의 시내교통비 누락분으로 밝혀졌고 나머지 금액은 결산일까지 밝혀지지 않아 잡손실로 회계처리하기로 하였다.(40회)

정답

01. (차) 특정현금과예금 5,000,000원　　(대) 현금　　5,002,000원
　　　수수료비용　　　　2,000원

02. (차) 잡손실　　12,670원　　(대) 현금　　12,670원

03. (차) 잡손실　　50,000원　　(대) 현금과부족　　50,000원

04. (차) 여비교통비　320,000원　　(대) 현금과부족　　400,000원
　　　잡손실　　　 80,000원

3 금융상품을 통한 자금의 운용과 재무제표상 분류

1 금융상품의 의의

현금자체는 수익을 창출하지 못하는 자산이므로, 만약 현금이 당장 필요하지 않은 경우 현금 보유보다는 다양한 금융상품에 투자하여 투자수익을 얻는 편이 더 나을 수 있음. 일반적인 금융상품에는 예금과 적금이 있으며, 그 외에도 아래와 같은 것들이 있음

항목	내역
양도성 예금증서 (CD, Certificate of Deposit)	금융기관의 정기예금에 대하여 발행하는 예금증서이며, 일반예금과 달리 타인에게 양도가 가능하다는 특징이 있다.
어음관리구좌 (CMA, Cash Management Account)	금융기관이 투자자로부터 수탁한 자금을 어음, 국공채, 예금 등에 투자하고 그 운용수익을 투자자에게 지급하는 금융상품을 말한다.
기업어음 (CP, Commercial Paper)	금융기관이 신용도가 높은 우량기업이 발행한 어음에 투자하고, 투자 후 발생한 수익에 대하여 고객에게 배분하는 상품이다.
머니마켓펀드 (MMF, Money Market Fund)	금융회사가 고객들로부터 자금을 모아 펀드를 구성한 후 금리가 높은 단기금융상품에 투자하는 금융상품이다.
환매채 (RP, Repurchase agreement)	금융기관이 일정기간 후에 일정한 이자를 가산한 금액으로 다시 매수할 것을 조건으로 하여 고객에게 매도하는 채권이다.

2 금융상품의 분류

기말잔액이 있는 예금, 적금 및 정형화된 금융상품은 아래와 같은 분류기준에 따라 현금성자산, 단기금융상품, 장기금융상품으로 분류되어야 함. 만약 사용에 제한이 있는 금융상품이 있다면 현금성자산으로 분류되지 못하고, 단기금융상품이나 장기금융상품으로만 구분가능함

- **취득당시 만기가 3개월 이내로 도래 : 현금성자산**
- **기말로부터 만기가 1년 이내로 도래 : 단기금융상품**
- **기말로부터 만기가 1년 이후에 도래 : 장기금융상품**
  → 사용에 제한이 있다면 현금성자산으로 분류할 수 없음

3 금융상품(예금, 적금)의 회계처리

	차변		대변	
금융상품 가입	정기예금(적금)	×××	현금 등	×××
	장기성예금*	×××	현금 등	×××
만기에 원금과 이자 수령	선납세금***	×××	정기예금(적금), 장기성예금	×××
	현금 등	×××	이자수익**	×××
이자수익 입금	선납세금***	×××	이자수익**	×××
	보통예금	×××		

* 장기성예금 : 기말로부터 1년 이후에 만기가 도래하는 예금
** 이자수익은 무언가를 줄 필요없이 순수하게 받는 항목(수익)이므로 대변 기재
*** 금융기관으로부터 수령한 이자수익에 대하여 법인세 원천징수가 있음. 원천징수액을 "선납세금"으로 처리함

주관식 분개연습

01 9월 18일 당사 보통예금계좌에서 이자가 발생하여 원천징수세액 14,000원을 제외한 나머지 금액 86,000원이 입금되었다.(42회)

02 8월 2일 보통예금에서 5,000,000원을 정기예금으로 이체하였으며, 이때 보통예금에서 700원의 송금수수료가 인출되었다.(40회)

정답
01. (차) 보통예금　　86,000원　　(대) 이자수익　　100,000원
　　　선납세금　　14,000원

02. (차) 정기예금　　5,000,000원　(대) 보통예금　　5,000,700원
　　　수수료비용　　700원

Chapter 07 | 기타의 채권채무

1 기타의 채권채무

1 구분

매출과 매입 이외에도 많은 거래가 존재하며, 그 결과 매출채권과 매입채무 외 다른 채권, 채무가 발생가능함

내역	채권(자산)	채무(부채)
계약금(재고자산 등의 거래)	선급금	선수금
유형, 무형, 투자자산의 구입 또는 처분 등 다양한 거래	미수금	미지급금
원천징수한 세금	-	예수금
임시계정	가지급금	가수금
자금의 대여 또는 차입	대여금	차입금
임대차계약으로 인한 보증금	임차보증금	임대보증금

2 어음, 카드거래가 발생했을 경우 회계처리

(1) 어음을 수수한 경우

만약 매출과 매입 관련거래 이외의 거래 시(시설구입 등) 어음수수가 있었다면 미수금 또는 미지급금계정을 사용하고, 자금의 대여, 차입거래 시 어음을 주고 받았다면 대여금 또는 차입금계정을 사용함

(2) 신용카드 : 신용카드거래의 경우 미수금, 미지급금 계정 사용

3 채권에 대한 대손충당금 설정

기타의 채권(미수금, 대여금, 선급금)에 대하여 매출채권처럼 대손충당금 설정이 가능하다. 보충법을 이용하여 대손충당금을 설정하면 되고, 대손충당금에 대응되는 계정으로 "기타의대손상각비"를 사용한다.

2 선급금과 선수금

1 의의

선급금은 재고자산 등의 구입을 위하여 선지급한 계약금이고, 선수금은 재고자산을 판매하기 전에 미리 받은 계약금임. 차후에 매입, 매출 등이 발생하면 선급금, 선수금과 상계함

2 회계처리

내역	차변		대변	
계약금 지급	선급금	×××	현금*	×××
매입	원재료	×××	선급금	×××
계약금 수령	현금*	×××	선수금	×××
매 출	선수금	×××	제품매출	×××

* 현금 이외에 보통예금, 당좌예금도 계상가능함
** 원재료, 제품매출 대신 상품, 상품매출 계정 사용가능

3 미수금과 미지급금

1 의의

상거래 이외의 거래(유형, 무형, 투자자산 구입 또는 처분 등)에서 발생한 채권을 미수금이라 하고, 채무는 미지급금이라 함. 판관비를 차후에 지급하기로 하거나, 카드결제 시에도 "미지급금"계정을 사용함

2 회계처리

내역	차변		대변	
토지처분	미수금	×××	토지	×××
대금회수	현금*	×××	미수금	×××
차량구입	차량운반구	×××	미지급금	×××
대금지급	미지급금	×××	현금*	×××
판관비지출	접대비	×××	미지급금	×××
대금결제	미지급금	×××	현금*	×××

* 현금 이외에 보통예금, 당좌예금도 계상가능함

4 예수금의 의의 및 회계처리

예수금은 일반적으로 기업이 근로소득세 및 4대 보험을 근로자에게 원천징수 후 관련기관에 납부하는 과정에서 발생하는 일시적 계정이다. 회사는 예수금을 국가에 납부할 의무가 있으므로 부채의 성격을 띈다.

> 외부강사를 초빙하여 강사료를 지급하거나, 금융기관이 아닌 개인에게 자금차입 후 이자비용을 지급할 때에도 관련세금을 원천징수하므로 예수금이 발생함

회계처리	차변		대변	
급여지급	급여	×××	예수금	×××
			현금*	×××
예수금납부	예수금	×××	현금*	×××

* 현금 이외에 보통예금, 당좌예금도 계상가능함

5 가지급금과 가수금

1 의의

가지급금, 가수금은 현금이 수수되었으나, 원인이 불명확하여 임시적으로 쓰는 계정임. 기말 재무제표 작성 시 사용하면 안되는 계정이므로 반드시 적절한 계정을 찾아서 대체를 해야 함(가지급금과 유사한 계정으로 전도금이 있음)

2 회계처리

내역	차변		대변	
일시적 지급	가지급금	×××	현금*	×××
정산	여비교통비 현금*	×××	가지급금	×××
일시적 수령	현금*	×××	가수금	×××
정산	가수금	×××	외상매출금	
			선수금	×××

* 현금 이외에 보통예금, 당좌예금도 계상가능함

6 대여금과 차입금

1 의의

대여금, 차입금은 금전소비대차계약에 따른 자금거래로 발생하는 채권, 채무로서 이자수익과 이자비용이 발생할 수 있음. 기말현재 대여기간이나 상환기간이 1년 넘게 남아있다면 장기대여금, 장기차입금이란 명칭을 쓰고, 기말현재 1년이하의 대여기간 또는 상환기간이 남아있으면 단기대여금, 단기차입금이란 명칭을 쓴다.

> 기말현재 1년 이내 상환예정인 장기차입금은 유동성장기부채 계정으로 대체하며, 유동성장기 부채가 만기연장된 경우 장기차입금 계정으로 대체한다.

2 회계처리

내역	차변		대변	
자금대여	단기(장기)대여금**	×××	현금*	×××
회수	현금	×××	단기(장기)대여금 이자수익	××× ×××
자금차입	현금	×××	단기(장기)차입금***	×××
지급	단기(장기)차입금 이자비용	××× ×××	현금	×××

　* 현금 이외에 보통예금, 당좌예금도 계상가능함
　** 돈을 빌려주면 받을 권리가 발생하고(차변), 자금을 지급한다(대변)
　　→ 이자수익은 추가로 받되, 돌려줄 의무가 없으므로 대변에 기재함
　*** 돈을 빌리면 자금을 받고(차변), 갚아야 할 의무가 생긴다(대변)
　　→ 이자비용은 추가로 주되, 받을 권리가 없으므로 차변에 기재함

7 임차보증금과 임대보증금

1 의의

일반적으로 부동산 임대차계약 또는 그에 준하는 계약을 체결할 때, 보증금을 납부함. 빌리는 입장(임차인)에서는 돌려받을 것이므로 임차보증금 계정(자산)으로 처리하며, 빌려주는 입장(임대인)에서는 반환해야 할 것이므로 임대보증금 계정(부채)으로 사용함

2 회계처리

내역	차변		대변	
부동산 임차	임차보증금**	×××	현금*	×××
계약 해지	현금	×××	임차보증금	×××
부동산 임대	현금	×××	임대보증금***	×××
계약 해지	임대보증금	×××	현금	×××

  * 현금 이외에 보통예금, 당좌예금도 계상가능함
 ** 임차보증금 : 돌려받을 권리 발생(차변), 현금 지급(대변)
*** 임대보증금 : 현금 수령(차변), 돌려줄 의무 발생(대변)

객관식 문제

01 주)흑룡상사는 거래처와 제품 판매계약을 체결하면서 계약금 명목으로 수령한 2,000,000원에 대하여 이를 수령한 시점에서 미리 제품매출로 회계처리하였다. 이러한 회계처리로 인한 효과로 가장 올바른 것은? (51회)

① 자산 과대계상　② 비용 과대계상　③ 자본 과소계상　④ 부채 과소계상

해설　선수금 과소계상 및 매출수익 과대계상

02 대형마트에서 상품권 500,000원을 소비자에게 현금으로 판매하면서 상품권 판매 시점에서 상품매출로 회계처리하였을 경우 나타난 효과로 가장 올바른 것은? (56회)

① 자본 과소계상　② 자산 과소계상　③ 수익 과소계상　④ 부채 과소계상

해설　상품권을 판매하였을 경우에는 수익으로 처리하지 않고, 부채(선수금)로 처리하여야 함에도 불구하고 상품매출(수익)로 회계처리 하였으므로 부채가 과소 계상되고 수익(자본)은 과대계상하게 된다. 단, 자산은 변함이 없다.

정답　1.④　2.④

03 거래처로부터 받은 원재료매입과 관련한 계약금을 매출액으로 잘못 처리하였다. 이의 회계처리가 재무상태표와 손익계산서에 미치는 영향은 어떠한가? (54회)

① 자산이 과대계상되고, 부채가 과대계상되었다.
② 자산이 과대계상되고, 수익이 과대계상되었다.
③ 부채가 과소계상되고, 수익이 과대계상되었다.
④ 자산이 과소계상되고, 부채가 과소계상되었다.

해설 상기의 정상적 회계처리는 "현금과예금 @@@ / 선수금 @@@"이나, "현금과예금 @@@ / 매출 @@@"로 잘못 회계처리된 경우이므로 부채가 과소 계상되고, 수익이 과대계상되게 되는 결과가 된다.

04 일반적으로 상거래와 관련해서 발생하는 채권에 대해서는 외상매출금이나 받을어음과 같은 매출채권계정을 사용하나 그 이외의 거래에서 발생하는 채권에 대하여는 (   )계정을 사용한다. (26회)

① 가수금   ② 미수금   ③ 미수수익   ④ 가지급금

해설 일반적으로 상거래와 관련해서 발생하는 채권 : 외상매출금, 받을어음 기타의 거래에서 발생하는 채권 : 미수금

05 다음의 거래를 회계처리할 때 사용되지 않는 계정과목은? (57회)

> 공장사무실에 사용하는 컴퓨터 10대(@500,000원)를 구입하고, 대금 중 50%는 타인이 발행한 당좌수표로 지급하고 나머지는 외상으로 하다.

① 외상매입금   ② 미지급금   ③ 비품   ④ 현금

해설 재고자산 이외의 자산을 외상으로 취득하는 경우에는 매입채무(외상매입금) 계정을 사용하지 않고, 미지급금 계정을 사용한다. 그리고 타인이 발행한 당좌수표는 현금으로 처리해야 한다.
(차) 비품   5,000,000   (대) 현금   2,500,000
                              미지급금 2,500,000

정답 3.③ 4.② 5.①

06 다음 중에서 대손충당금 설정대상자산으로 적합한 것은? (45회)

① 미지급금　　② 미수금　　③ 선수금　　④ 예수금

> **해설** 미수금은 대손충당금 설정대상자산으로 할 수 있다.

07 다음 중 대손충당금 설정 대상으로 적절하지 않는 것은? (31회)

① 외상매출금　　② 받을어음　　③ 선수금　　④ 단기대여금

08 (주)서울은 유형자산 처분에 따른 미수금 기말잔액 45,000,000원에 대하여 2%의 대손충당금을 설정하려 한다. 기초 대손충당금 400,000원이 있었고 당기 중 320,000원 대손이 발생되었다면 보충법에 의하여 기말 대손충당금 설정 분개로 올바른 것은? (51회)

① (차) 대손상각비　　　　　820,000원　　(대) 대손충당금　820,000원
② (차) 기타의 대손상각비　820,000원　　(대) 대손충당금　820,000원
③ (차) 대손상각비　　　　　900,000원　　(대) 대손충당금　900,000원
④ (차) 기타의 대손상각비　900,000원　　(대) 대손충당금　900,000원

> **해설** 유형자산 처분에 따른 미수금은 기타의 대손상각비로 처리하고, 대손충당금 설정액은
> (45,000,000원 × 2%) − 80,000원 = 820,000원

정답　6.② 7.③ 8.②

주관식 분개연습

> 거래처, 판관비 또는 제조원가 여부, 부가가치세는 고려하지 말 것

01 7월 5일 (주)컴컴상사에 제품 6,000,000원을 판매하기로 계약하고, 대금 중 15%를 당좌예금 계좌로 송금받다.(60회)

02 10월 28일 삼전상회에 제품을 11,000,000원에 판매하고 전자세금계산서를 발급 하였다. 판매대금은 10월 20일 수령한 계약금 2,000,000원을 제외한 잔액을 삼전상회발행 어음(만기 다음연도 2.28)으로 받았다.(52회)

03 11월 22일 서울상사에 다음과 같이 제품을 매출하고 전자세금계산서를 발행하였다. 대금은 8월 12일에 받은 계약금 30,000,000원을 차감한 잔액을 외상으로 하였다.(38회)

품목	공급대가	품목	공급대가
제품A	66,000,000원	제품B	22,000,000원

04 7월 23일 제품을 생산하기 위해 희망상사로부터 원재료를 매입하기로 하고, 계약금으로 1,000,000원을 보통예금에서 지급하였다.(56회)

05 7월 17일 (주)정민상사에 원재료를 주문하면서 계약금으로 7,000,000원을 당좌예금에서 이체 하였다.(36회)

정답

01. (차) 당좌예금　　900,000원　　(대) 선수금　　900,000원

02. (차) 선수금　　2,000,000원　　(대) 제품매출　11,000,000원
　　　받을어음　9,000,000원

03. (차) 선수금　　30,000,000원　　(대) 제품매출　88,000,000원
　　　외상매출금　58,000,000원

04. (차) 선급금　　1,000,000원　　(대) 보통예금　1,000,000원

05. (차) 선급금　　7,000,000원　　(대) 당좌예금　7,000,000원

06 10월 20일 (주)생산성으로부터 영업직 직원들에게 교육훈련특강을 실시하고, 특강료 3,000,000원에 대한 계산서를 교부받았다. 특강료는 선급금으로 회계처리되어 있던 계약금 1,000,000원을 제외한 나머지 2,000,000원을 현금으로 지급하였다. (48회)

07 11월 11일 (주)동작으로부터 원재료를 13,200,000원에 매입하고 전자세금계산서를 교부받았다. 매입대금은 10월 25일 계약금으로 지급한 2,000,000원을 제외한 잔액을 어음을 발행하여 결제하였다. (36회)

08 10월 11일 관리부서는 부활식당에서 회식을 하고 식사대금 550,000원을 법인카드인 국민카드로 결제하였다. (51회)

09 7월 17일 별상회로부터 관리부에서 착용할 유니폼을 한 벌 구입하고 대금 48,000원은 당사어음으로 발행지급하였다. (비용으로 계상할 것) (29회)

10 10월 15일 매출거래처인 (주)일진상사에 선물로 증정하기 위하여 프린터를 2,200,000원에 (주)오산에서 외상으로 구입하고 전자세금계산서를 수취하였다. (50회)

11 9월 16일 삼거리주유소에서 공장용 화물차에 주유를 하고 주유대금 50,000원은 법인카드(외환카드)로 결제하였다. (26회)

정답

06. (차) 교육훈련비 3,000,000원 / (대) 선급금 1,000,000원
    현금 2,000,000원

07. (차) 원재료 13,200,000원 / (대) 선급금 2,000,000원
    지급어음 11,200,000원

08. (차) 복리후생비 550,000원 / (대) 미지급금 550,000원

09. (차) 복리후생비 48,000원 / (대) 미지급금 48,000원

10. (차) 접대비 2,200,000원 / (대) 미지급금 2,200,000원

11. (차) 차량유지비 50,000원 / (대) 미지급금 50,000원

12 11월 16일 (주)권선종합상사에 신제품에 대한 광고를 의뢰하고 광고비 550,000원을 지출하고 전자세금계산서를 수취하였으며, 대금은 익월에 지급하기로 하였다.(51회)

13 9월 21일 (주)부동산개발로부터 투자목적으로 토지를 300,000,000원에 구입하고, 현금으로 100,000,000원, 나머지는 약속어음을 발행하여 교부하였다. 또한 당일 취득세 10,000,000원은 현금 납부하였다.(44회)

14 8월 6일 (주)에이텍으로부터 공장건물 건축용 토지를 60,000,000원에 구입하고, 토지대금 중 40,000,000원과 토지매입에 따른 취득세 등 관련 부대비용 6,000,000원을 보통예금계좌에서 지급하였으며, 나머지는 외상으로 하였다.(55회)

15 8월 4일 생산라인 증설을 위해 지난 5월 9일 계약금 5,000,000원을 주고 (주)광속테크에 제작 의뢰한 기계장치가 설치완료 되어 잔금 25,000,000원 중 22,000,000원은 소망은행 보통예금으로 지급하고 나머지는 15일 후에 지급하기로 하다.(단, 부가가치세는 고려하지 말것) (50회)

16 8월 20일 미지급금 중 BC카드(법인)이용대금 2,000,000원이 당좌예금계좌에서 자동이체되어 지급결제처리 되었다.(37회)

정답

12. (차) 광고선전비   550,000원   (대) 미지급금   550,000원

13. (차) 투자부동산   310,000,000원   (대) 현금   110,000,000원
    　　　　　　　　　　　　　　　　　　미지급금   200,000,000원

14. (차) 토지   66,000,000원   (대) 보통예금   46,000,000원
    　　　　　　　　　　　　　　　　　미지급금   20,000,000원

15. (차) 기계장치   30,000,000원   (대) 선급금   5,000,000원
    　　　보통예금   22,000,000원
    　　　미지급금   3,000,000원

16. (차) 미지급금   2,000,000원   (대) 당좌예금   2,000,000원

17 8월 26일 거래처인 (주)저스트원의 미지급금 25,000,000원 중 23,000,000원은 당좌수표로 지급하고, 나머지 2,000,000원은 면제받았다. (42회)

18 7월 24일 다음과 같이 영업부 직원 급여를 당사의 보통예금에서 지급하였다. (57회)

직종구분	급여총액	근로소득세 등 공제액 합계	차인지급액
영업부	5,000,000원	270,000원	4,730,000원

19 9월 10일 8월 31일의 공장근로자 급여와 관련된 원천징수금액 중 국민연금(회사부담분 포함)과 근로소득세, 지방소득세를 현금으로 납부하였다. (국민연금의 비용항목과 관련한 부분은 '세금과 공과'로 처리할 것) (49회)

- 국 민 연 금 : 324,000원 납부(회사부담분 : 162,000원, 근로자부담분 : 162,000원)
- 근로소득세 : 200,000원 납부, 지방소득세 20,000원 납부

20 11월 11일 대표이사가 사용할 목적으로 (주)호야마트에서 3D TV를 3,300,000원에 구입하고, 회사명의로 전자세금계산서를 발급 받았다. 대금은 회사에서 현금으로 지급하였다. (단, 대신 지급한 대금은 대표이사의 가지급금으로 처리한다) (53회)

21 7월 1일 출장갔던 생산직사원 이익동이 복귀하여 6월 2일에 가지급금으로 처리하였던 출장비 150,000원을 정산하고, 초과지출분 16,000원을 추가로 현금지급 하였다. (49회)

정답

17. (차) 미지급금　　25,000,000원　　(대) 당좌예금　　23,000,000원
　　　　　　　　　　　　　　　　　　　　채무면제이익　2,000,000원

18. (차) 급여　　　　5,000,000원　　(대) 보통예금　　4,730,000원
　　　　　　　　　　　　　　　　　　　　예수금　　　　270,000원

19. (차) 예수금　　　382,000원　　　(대) 현금　　　　544,000원
　　　세금과공과　　162,000원

20. (차) 가지급금　　3,300,000원　　(대) 현금　　　　3,300,000원

21. (차) 여비교통비　166,000원　　　(대) 가지급금　　150,000원
　　　　　　　　　　　　　　　　　　　　현금　　　　　16,000원

22 결산일 현재 12월 19일자 가수금 3,000,000원의 내역이 다음과 같이 확인되었다. (53회)

- (주)정상에 대한 거래로 제품매출을 위한 계약금을 받은 금액 : 500,000원
- (주)정상에 대한 외상대금 중 일부를 회수한 금액 : 2,500,000원

23 8월 16일 8월5일 선지급(50만원)한 생산직 사원에 대한 출장비(전도금으로 회계처리하였음)에 대하여 다음과 같이 출장비 명세서를 받았다. 초과된 출장비는 보통예금에서 지급하였다.(전액 여비교통비로 회계처리할 것) (43회)

- 교통비 : 160,000원
- 숙박비 : 210,000원
- 식 대 : 120,000원
- 입장료 : 70,000원

24 8월 21일 지난 8월 17일 출장갔던 영업부사원 홍길동이 돌아와 다음과 같이 여비정산을 하였다. 출장 시 500,000원을 지급하고 가지급금 계정으로 회계처리 하였으며 여비 잔액 47,000원은 현금으로 수취하였다.(34회)

- 여 비 : 70,000원
- 숙박비 : 250,000원
- 식 대 : 100,000원
- 기 타 : 33,000원   합계 : 453,000원

25 9월 21일 거래처인 (주)인성상사에 1년 이내 회수목적으로 100,000,000원을 대여하기로 하여 80,000,000원은 보통예금에서 지급하였고, 나머지 20,000,000원은 (주)인성상사에 대한 외상매출금을 대여금으로 전환하기로 약정하였다.(48회)

정답

22. (차) 가수금　　　　3,000,000원　　(대) 선수금　　　　500,000원
　　　　　　　　　　　　　　　　　　　　　외상매출금　　2,500,000원

23. (차) 여비교통비　　560,000원　　　(대) 전도금　　　　500,000원
　　　　　　　　　　　　　　　　　　　　　보통예금　　　 60,000원

24. (차) 여비교통비　　453,000원　　　(대) 가지급금　　　500,000원
　　　현금　　　　　　 47,000원

25. (차) 단기대여금　100,000,000원　　(대) 보통예금　　80,000,000원
　　　　　　　　　　　　　　　　　　　　　외상매출금　20,000,000원

26 9월 10일 거래처 (주)상승으로부터 익월 말일 지급하기로 하고 현금 10,000,000원을 차입하였다.(31회)

27 7월 4일 기업은행으로부터 차입한 단기차입금에 대한 이자 250,000원을 당사의 보통예금 계좌에서 이체하였다.(52회)

28 9월 21일 개인 김돈아씨로부터 차입한 자금에 대한 이자비용 1,500,000원이 발생하여 원천징수세액 412,500원을 차감한 나머지 금액 1,087,500원을 자기앞수표로 지급하였다.(47회)

29 8월 12일 사채업자인 금나라로부터 차입한 단기차입금의 이자비용 12,000,000원을 지급하면서 원천징수상당액 3,300,000원을 차감한 금액을 현금지급하였다.(32회)

30 7월 28일 대한은행으로부터 차입한 단기차입금 30,000,000원을 상환함과 동시에 이자 3,000,000원을 보통예금에서 이체하여 지급하였다.(34회)

정답

26.	(차) 현금	10,000,000원	(대) 단기차입금	10,000,000원
27.	(차) 이자비용	250,000원	(대) 보통예금	250,000원
28.	(차) 이자비용	1,500,000원	(대) 예수금	412,500원
			현금	1,087,500원
29.	(차) 이자비용	12,000,000원	(대) 현금	8,700,000원
			예수금	3,300,000원
30.	(차) 단기차입금	30,000,000원	(대) 보통예금	33,000,000원
	이자비용	3,000,000원		

31 20×1년 7월 1일 도시은행으로부터 차입한 장기차입금 50,000,000원은 내년 6월 30일에 만기가 도래하고, 회사는 이를 상환할 계획이다.(56회)

32 9월 20일 (주)부흥에 사무실을 임대하였는데, 보증금 30,000,000원 중 3,000,000원만 (주)부흥 발행 당좌수표로 받고, 나머지는 월 말에 지급 받기로 하였다.(57회)

33 7월 12일 본점 이전을 위하여 한성빌딩 101호를 임차하기로 하였으며 임차보증금 30,000,000원을 보통예금 통장에서 송금하였다.(32회)

34 7월 19일 연초에 (주)대마도에 대여한 10,000,000원이 동사의 파산으로 인하여 전액 대손처리 하기로 하였다. 상환일자는 11월 30일이고 대손충당금은 설정되어 있지 않다.(38회)

정답

31.	(차) 장기차입금	50,000,000원	(대) 유동성장기부채	50,000,000원
32.	(차) 현금	3,000,000원	(대) 임대보증금	30,000,000원
	미수금	27,000,000원		
33.	(차) 임차보증금	30,000,000원	(대) 보통예금	30,000,000원
34.	(차) 기타의대손상각비	10,000,000원	(대) 단기대여금	10,000,000원

Chapter 08 | 시설투자(유형자산)

1 유형자산의 정의, 종류 및 흐름

1 정의

기업의 영업활동을 위하여 다양한 종류의 시설이 요구된다. 토지와 건물이 필요하고(본사, 공장), 상품(제품)판매를 위해서 제조설비 및 저장소가 있어야 하며, 운송(물건, 사람)목적으로 차량(선박, 비행기 등) 보유가 필수적이다. 그 외에도 내부사용목적으로 비품 등이 존재해야 한다.

재화의 생산, 용역의 제공, 타인에 대한 임대 또는 자체적으로 사용할 목적으로 보유하는 물리적 형체가 있는 자산으로서, 1년을 초과하여 사용할 것이 예상되는 것을 유형자산이라 함(판매를 목적으로 보유하면 재고자산, 사용을 목적으로 하면 유형자산)

2 종류

> 토지, 건물, 기계장치, 차량운반구, 비품, 건설 중인 자산

◎ 건설 중인자산 : 유형자산의 건설(건물 신축등)을 위한 각종 지출액을 의미하며 차후에 완성이 되면 관련된 유형자산으로 대체시킴

3 유형자산 거래의 흐름

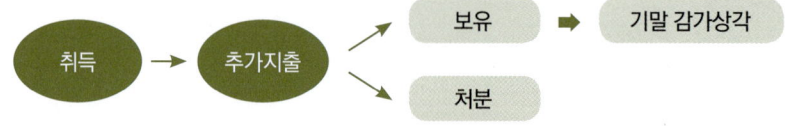

◎ 크게 취득, 추가지출, 처분, 감가상각 네 가지 흐름이 있으니, 동 흐름별로 서술된 내용을 숙지할 것

- 유형자산은 기업이 소유하는 자산의 중요한 부분을 차지하는 경우가 많기 때문에 재무상태표 표시가 매우 중요함. 또한 유형자산 관련 지출의 자산인식 또는 비용처리 여부는 당기 손익에 큰 영향을 미침. 따라서 유형자산은 매출, 매입활동과 더불어서 중요한 부분임

2 유형자산의 취득원가 결정

1 취득원가의 의의

"취득원가"는 자산을 취득하기 위하여 자산의 취득 시점이나 건설시점에서 지급한 현금및현금성자산 또는 제공하거나 부담할 기타 대가의 공정가액이며, 취득원가는 구입원가 또는 제작원가와 경영진이 의도하는 방식으로 자산을 사용할 수 있도록 준비하는데 직접 관련되는 지출 등으로 구성됨(매입할인 등이 있는 경우에는 이를 차감).

2 부대비용 항목

부대비용 : 취득원가와 직접적으로 관련된 지출이며, 아래와 같음

① 취득세 등 유형자산의 취득과 직접 관련된 제세공과금
② 외부 운송 및 취급비, 설치장소 준비를 위한 지출 및 설치비
③ 설계와 관련하여 전문가에게 지급하는 수수료
④ 자본화대상인 차입원가
⑤ 유형자산의 취득과 관련하여 국·공채 등을 불가피하게 매입하는 경우 당해 채권의 매입금액과 일반기업회계기준에 따라 평가한 현재가치와의 차액
⑥ 유형자산이 정상적으로 작동되는지 여부를 시험하는 과정에서 발생하는 원가. 단, 시험과정에서 생산된 재화(예: 장비의 시험과정에서 생산된 시제품)의 순매각금액은 당해 원가에서 차감한다.

⑤ 전산회계 1급에서 자주 나오는 항목을 정리하였음

유형자산의 취득원가로 계상하지 않는 항목은 다음과 같다.

① 새로운 시설을 개설하는 데 소요되는 원가
② 새로운 상품과 서비스를 소개하는 데 소요되는 원가(예: 광고 및 판촉활동과 관련된 원가)
③ 새로운 지역에서 또는 새로운 고객층을 대상으로 영업을 하는 데 소요되는 원가(예:직원 교육훈련비)
④ 관리 및 기타 일반간접원가

3 기타 유형자산 취득원가 항목

(1) 건물철거비용

| 새 건물 신축 때문에 기존 건물이 있었던 토지를 취득하고, 구 건물을 철거하는 경우 발생 | ⇒ | 토지의 취득원가에 포함 (철거비용 – 부산물 판매 수취금액) |

| 건물을 신축하기 위하여 사용 중인 기존건물을 철거하는 경우 | ⇒ | 기존 건물의 장부금액은 제거하여 처분손실로 반영하고, 철거비용은 전액 당기비용으로 처리 |

(2) **복수의 유형자산을 일괄구입한 경우** : 각 자산의 공정가치로 일괄구입액을 안분계산함

(3) **현물출자, 증여, 기타 무상으로 취득한 자산은 공정가치를 취득원가로 한다.**

(4) **자산의 교환일 경우 취득원가**

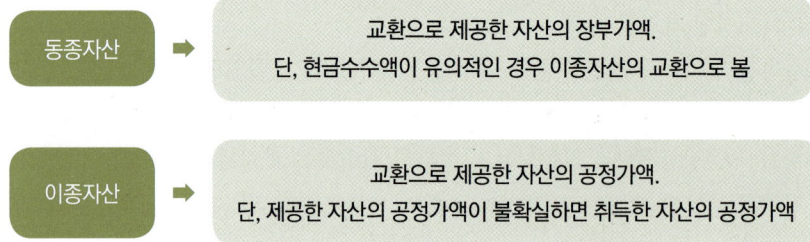

| 동종자산 | ⇒ | 교환으로 제공한 자산의 장부가액. 단, 현금수수액이 유의적인 경우 이종자산의 교환으로 봄 |

| 이종자산 | ⇒ | 교환으로 제공한 자산의 공정가액. 단, 제공한 자산의 공정가액이 불확실하면 취득한 자산의 공정가액 |

* 동종자산 : 동일한 업종 내에서 유사한 용도로 사용되고 공정가액이 비슷한 자산

4 유형자산 취득 회계처리

거래내역	차변		대변	
취득	토지, 건물, 기계장치 차량운반구, 비품 건설 중인자산 등	×××	현금(보통예금, 당좌예금) 미지급금 받을어음	××× ××× ×××
	• 토지 등을 받고(차변), 현금 등을 지출하거나 차후에 지급하기로 함(대변), 배서양도 시 받을어음 • 취득 시 부대비용이 발생하게 되면 취득원가에 포함			

* 차후에 지급, 어음 또는 카드결제 시 "미지급금"계정 사용

객관식 문제

01 다음은 유형자산의 정의에 대한 설명이다. 틀린 것은? (45회)

① 투자목적으로 소유하는 것
② 내구적인 사용이 가능할 것
③ 미래의 경제적 효익이 기대될 것
④ 물리적 실체가 있을 것

해설 영업활동에 사용할 것

02 다음 중 유형자산 분류 조건으로서 가장 부적합한 것은? (43회)

① 영업활동에 사용할 목적으로 취득하여야 한다.
② 물리적인 실체가 있어야 한다.
③ 사업에 장기간 사용할 목적으로 보유하여야 한다.
④ 생산 및 판매목적으로 보유하고 있어야 한다.

해설 영업활동에 사용할 목적으로 보유하고 있어야 한다.

03 다음 중 유형자산으로 볼 수 없는 것은? (32회)

① 부동산매매업자가 보유한 판매목적용 토지
② 건설 중인 지점 건물
③ 제조용 기계장치
④ 사업용 차량운반구

해설 부동산매매업자가 판매 목적으로 보유하고 있는 토지는 재고자산으로 분류하여야 한다.

04 다음 중 유형자산의 취득원가가 아닌 것은? (59회)

① 설치장소 준비를 위한 지출
② 관리 및 기타 일반간접원가
③ 자본화대상인 차입원가
④ 설치비

해설 관리 및 기타 일반간접원가는 당해 비용의 성격에 따라 기간비용 또는 제조원가로 처리한다.

정답 1.① 2.④ 3.① 4.②

05 다음은 유형자산의 취득원가와 관련된 내용이다. 틀린 것은? (55회)

① 유형자산은 최초 취득원가로 측정한다.
② 현물출자, 증여, 기타 무상으로 취득한 자산은 공정가치를 취득원가로 한다.
③ 취득원가는 구입원가 또는 경영진이 의도하는 방식으로 자산을 가동하는데 필요한 장소와 상태에 이르게 하는데 지출된 직접원가와 간접원가를 포함한다.
④ 유형자산이 정상적으로 작동되는지 여부를 시험하는 과정에서 발생하는 원가도 취득원가에 포함한다.

해설 유형자산을 취득하는데 직접 관련된 원가만 포함한다.

06 다음 중 유형자산에 대한 설명 중 잘못된 것은? (50회)

① 동일한 업종 내에서 유사한 용도로 사용되고 공정가액이 비슷한 동종자산과의 교환으로 유형자산을 취득하는 경우 당해 자산의 취득원가는 교환으로 제공한 자산의 공정가액으로 한다.
② 현물출자, 증여, 기타 무상으로 취득한 유형자산의 가액은 공정가액을 취득원가로 한다.
③ 건물을 신축하기 위하여 사용 중인 기존 건물을 철거하는 경우 그 건물의 장부가액은 제거하여 처분손실로 반영하고, 철거비용은 전액 당기비용으로 처리한다.
④ 유형자산의 취득과 관련하여 국·공채 등을 불가피하게 매입하는 경우 당해 채권의 매입 가액과 기업회계기준에 따라 평가한 현재가치와의 차액은 유형자산의 취득원가로 구성된다.

해설 교환으로 제공한 자산의 장부가액으로 한다.

07 다음 중 차량운반구의 취득원가에 해당하는 것은? (48회)

① 취득세   ② 자동차 보험료   ③ 유류대   ④ 자동차세

해설 취득세는 차량운반구의 취득원가로서 자산의 원가이다.

정답 5.③ 6.① 7.①

08 사옥신축용부속토지를 취득 시 납부한 취득세에 대한 적정한 계정과목은? (37회)

① 세금과공과　　② 취득세　　③ 지급수수료　　④ 토지

해설 토지취득에 따른 부대비용이므로 토지의 원가에 포함된다.

09 유형자산의 취득원가 결정에 관한 사항 중 틀린것은? (34회)

① 토지 취득 시 납부한 토지관련 취득세는 토지의 취득원가이다.
② 기계장치 구입 시 발생한 설치비는 기계장치 취득원가이다.
③ 3대의 기계를 일괄구입 시 각 기계의 취득원가는 각 기계의 시가를 기준으로 안분계산한다.
④ 무상으로 증여받은 비품은 취득원가를 계상하지 않는다.

해설 무상으로 증여받은 유형자산은 공정가치로 취득원가를 계상한다.

10 다음 중 유형자산의 취득원가에 해당되지 않는 것은? (29회)

① 재산세　　② 취득세　　③ 차입원가　　④ 설치비

해설 재산세는 유형자산 취득후 발생하는 비용이므로 세금과공과로 처리한다.

11 다음 중 취득원가에 포함되지 않는 것은? (28회)

① 건물 준공 후 지급한 이자비용
② 토지 구입 시 취득세
③ 상품을 수입하는 과정에서 가입한 당사 부담의 화재보험료
④ 수입한 기계장치의 설치비

해설 건물 준공 후 지급한 이자비용은 자산의 취득원가에 포함되지 않는다.

정답　8.④　9.④　10.①　11.①

주관식 분개연습

> 거래처, 판관비 또는 제조원가 여부, 부가가치세는 고려하지 말 것

01 7월 20일 동성상회로부터 사옥건축용 토지를 100,000,000 원에 매입하고, 토지대금 중 30,000,000 원은 당좌수표를 발행하여 결제하고, 나머지는 외상으로 하였다. 토지매입에 따른 취득세 1,000,000원은 보통예금에서 인출하여 지급하였다.(36회)

02 9월 5일 김부자씨로부터 토지를 구입하고, 토지대금 3억원 중 1억원은 보통예금에서 이체하고, 나머지는 국민은행으로부터 대출(대출기간 10년)을 받아 지불하였다.(27회)

03 10월 17일 본사 신축용 토지 취득을 위한 법률자문 및 등기대행 용역을 제이컨설팅으로부터 제공받고 동 용역에 대한 수수료 2,200,000원을 현금 지급하였으며, 이에 대한 전자세금계산서를 발급 받았다.(50회)

04 8월 31일 당사의 최대주주인 조진희씨로부터 제품 창고를 건설할 토지를 기증받았다. 본 토지에 대한 이전비용 5,000,000원은 당좌수표를 발행하여 지급하였으며, 현재 토지의 공정가액은 150,000,000원이다. (41회)

정답

01. (차) 토지　　　101,000,000원　　(대) 당좌예금　　30,000,000원
　　　　　　　　　　　　　　　　　　　　　보통예금　　 1,000,000원
　　　　　　　　　　　　　　　　　　　　　미지급금　　70,000,000원

02. (차) 토지　　　300,000,000원　　(대) 보통예금　　100,000,000원
　　　　　　　　　　　　　　　　　　　　　장기차입금　200,000,000원

03. (차) 토지　　　　2,200,000원　　(대) 현금　　　　 2,200,000원

04. (차) 토지　　　155,000,000원　　(대) 당좌예금　　　5,000,000원
　　　　　　　　　　　　　　　　　　　　　자산수증이익　150,000,000원

* 유형자산을 무상으로 취득하거나 증여받은 경우, 그 자산의 공정가액을 자산의 취득원가로 한다.

주관식 분개연습

05 10월 7일 대전에 제2공장을 신축하기 위하여 건물이 세워져 있는 (주)오산공업의 토지를 8,000,000원에 구입하고 대금은 당좌수표를 발행하여 지급하였다. 또한 건물의 철거비용 1,000,000원과 토지 정지비용 800,000원을 당좌수표를 발행하여 지급하였다.(39회)

06 9월 8일 창고건물과 토지를 총 220,000,000원에 보통예금으로 지급하고 매입하였다. 토지의 취득가격은 200,000,000원, 창고건물의 취득가격은 20,000,000원이며, 매입에 따른 추가부대비용은 다음과 같이 모두 현금으로 지급하였다.(48회)

- 토지 중개수수료 및 등기이전비용 : 1,000,000원
- 토지 조경공사비(영구성 있음) : 2,000,000원
- 배수로 및 하수처리장 설치(유지보수책임은 지방자치단체에 있음) : 3,000,000원
- 대대적인 창고건물의 리모델링을 위한 지출 : 6,000,000원

07 7월 11일 사용 중인 창고건물(취득가액 50,000,000원, 감가상각누계액 40,000,000원)을 새로 신축하기 위해 철거하였으며, 철거용역업체에 철거비용 2,000,000원을 보통예금에서 지급하였다.(45회)

08 7월 16일 공장신축을 위한 차입금의 이자비용 5,000,000원을 현금으로 지급하였다. 차입금의 이자비용을 자본적 지출로 처리하시오.(공장의 착공일은 20×1년 6월 15일이며, 완공일은 20×3년 12월 31일이다) (53회)

정답

05. (차) 토지　　　　　　　9,800,000원　　(대) 당좌예금　　9,800,000원

06. (차) 토지　　　　　　206,000,000원　　(대) 보통예금　220,000,000원
　　　　건물　　　　　　 26,000,000원　　　　현금　　　　 12,000,000원
　　* 토지 : 200,000,000원 + 1,000,000원 + 2,000,000원 + 3,000,000원 = 206,000,000원
　　* 건물 : 20,000,000원 + 6,000,000원 = 26,000,000원

07. (차) 감가상각누계액　 40,000,000원　　(대) 건물　　　　50,000,000원
　　　　유형자산처분손실 12,000,000원　　　　보통예금　　 2,000,000원

08. (차) 건설중인자산　　　5,000,000원　　(대) 현금　　　　 5,000,000원

Chapter 08. 시설투자(유형자산)

09 7월 8일 기현자동차로부터 영업사원의 업무활동을 위하여 승용차를 17,600,000원에 취득하고 전자세금계산서를 교부받았으며, 대금은 당좌수표를 발행하여 지급하였다. 차량을 인수하는 시점에서 취득세, 번호판부착, 수수료 등 400,000원을 현금으로 지급하였다. 하나의 전표로 입력하시오.(55회)

10 10월 17일 직원들의 통근을 위해 (주)산천여객으로부터 시내버스 영업용으로 사용하던 중고버스를 8,000,000원에 구입하면서 계산서를 수취하고, 대금은 전액 당좌수표를 발행하여 지급하다.(51회)

11 8월 7일 (주)한국자동차로부터 업무용 승용차를 구입하는 과정에서 취득해야 하는 공채를 현금 200,000원(액면금액)에 구입하였다. 단, 공채의 현재가치는 160,000원이며 회사는 이를 단기매매증권으로 처리하고 있다.(52회)

12 12월 27일 취득가액 11,000,000원인 소형승용차를 (주)현대자동차에서 10개월 할부로 구입하고 최초 불입금 1,000,000원을 당좌수표로 발행하여 지급하였다.(40회)

13 7월 21일 새로 구입한 업무용 차량의 취득세 350,000원과 수수료 250,000원을 현금으로 납부하였다.(43회)

정답

09. (차) 차량운반구   18,000,000원   (대) 당 좌 예 금   17,600,000원
                                         현금   400,000원

10. (차) 차량운반구   8,000,000원   (대) 당좌예금   8,000,000원

11. (차) 차량운반구   40,000원   (대) 현금   200,000원
        단기매매증권   160,000원
    * 차량운반구로 처리할 공채의 액면가액과 현재가치의 차이금액 : 200,000 − 160,000 = 40,000

12. (차) 차량운반구   11,000,000원   (대) 당좌예금   1,000,000원
                                         미지급금   10,000,000원

13. (차) 차량운반구   600,000원   (대) 현금   600,000원

14 8월 4일 생산라인 증설을 위해 지난 5월 9일 계약금 5,000,000원을 주고 (주)광속테크에 제작 의뢰한 기계장치가 설치완료 되어 잔금 25,000,000원 중 22,000,000원은 소망은행 보통예금으로 지급하고 나머지는 15일 후에 지급하기로 하다.(50회)

15 11월 20일 내년 여름을 대비하기 위하여 (주)시원으로부터 사무실용 에어컨(5대, 대당 1,650,000원)을 매입하고 전자세금계산서를 발급받았다. 대금은 당점발행 당좌수표로 지급하였다.(54회)

16 11월 25일 영업부 직원업무용으로 사용할 목적으로 노트북 컴퓨터를 550만원에 (주)고수컴퓨터로부터 외상구입하고 전자세금계산서를 발급받았다.(53회)

17 11월 05일 당사는 거래처인 (주)성심으로부터 내년 여름을 대비하여 사무실용 에어컨(3대, 대당 2,200,000원)을 매입하였다. 전자세금계산서를 교부받고 대금은 매출처인 (주)진흥으로부터 받은 약속어음으로 절반을 지급하였고, 나머지 절반은 당사가 발행한 약속어음을 지급하였다.(44회)

18 12월 16일 (주)삼부프라자로부터 업무용 컴퓨터 1대를 5,500,000원에 구입하고 법인카드인 비씨카드로 구입하였다.(48회)

정답

14. (차) 기계장치　30,000,000원　　(대) 선급금　　5,000,000원
　　　　　　　　　　　　　　　　　　　보통예금　22,000,000원
　　　　　　　　　　　　　　　　　　　미지급금　　3,000,000원

15. (차) 비품　8,250,000원　　(대) 당좌예금　8,250,000원

16. (차) 비품　5,500,000원　　(대) 미지급금　5,500,000원

17. (차) 비품　6,600,000원　　(대) 받을어음　3,300,000원
　　　　　　　　　　　　　　　　　　미지급금　3,300,000원
　　* 당사 발행 약속어음은 비품에 대한 것이므로 지급어음이 아니고 미지급금으로 처리한다.

18. (차) 비품　5,500,000원　　(대) 미지급금　5,500,000원

19 11월 19일 (주)포스코로부터 본사 사무실에서 사용할 온풍기를 구입하였다. 대금은 3,300,000원이었으며 법인카드로(농협카드)로 결제하였다. (37회)

20 11월 12일 본사 사무실에서 사용할 책상을 (주)솔가구에서 구입하고 대금 165만원은 현금으로 지급함과 동시에 현금영수증(지출증빙용)을 수취하였다.(33회)

21 9월 30일 공장에 있는 휴게실에 노래방기기를 설치하였다. (주)제일반주에서 설치한 노래방기기와 설치비용은 총 3,300,000원이었으며 전자세금계산서를 수취하였다. 대금은 전액 당좌수표를 발행하여 지급하였다.(자산으로 계상할 것) (23회)

정답				
19.	(차) 비품	3,300,000원	(대) 미지급금	3,300,000원
20.	(차) 비품	1,650,000원	(대) 현금	1,650,000원
21.	(차) 비품	3,300,000원	(대) 당좌예금	3,300,000원

3 유형자산에 대한 추가지출

1 의의 및 사례

유형자산의 취득 또는 완성 후의 지출이 가장 최근에 평가된 성능수준을 초과하여 미래 경제적 효익(추가적인 현금)을 증가시키는 경우에는 자본적 지출로 처리하고, 그렇지 않은 경우에는 발생한 기간의 비용(수익적 지출)으로 인식함

자본적 지출의 예	수익적 지출의 예
1. 개조, 개량, 증설, 확장 2. 엘리베이터, 에스컬레이터 설치 3. 피난시설, 냉난방 장치 설치 4. 새로운 생산공정의 채택 또는 기계부품의 성능개선을 통한 생산능력 증대, 내용연수 연장, 상당한 원가절감, 품질향상을 가져오는 경우	1. 오래된 건물의 도색작업 2. 파손된 유리 교체 3. 트럭의 배터리, 타이어 교체 4. 건물 내부의 조명기구 교환 5. 공장설비에 대한 유지·보수 또는 수리를 위한 지출

2 회계처리에 오류가 발생한 경우 효과

- 자본적 지출을 수익적 지출로 잘못 회계처리한 경우
  자산 감소 → 비용 증가 → 이익 감소 → 자본 감소
- 수익적 지출을 자본적 지출로 잘못 회계처리한 경우
  자산 증가 → 비용 감소 → 이익 증가 → 자본 증가

3 추가지출에 대한 회계처리

거래내역	차변		대변	
추가 지출	건물 등 수선비, 차량유지비	××× ×××	현금(보통예금, 당좌예금) 미지급금 받을어음	××× ××× ×××
	• 서비스를 받고(차변), 현금 등을 지출하거나 차후에 지급하기로 함(대변). 배서양도 시 받을어음 • 자본적 지출(자산으로 처리) 또는 수익적 지출로(비용으로 처리) 회계처리함			

객관식 문제

01 다음 중 수익적지출로 회계처리 하여야할 것으로 가장 타당한 것은? (51회)

① 냉난방 장치 설치로 인한 비용
② 파손된 유리의 원상회복으로 인한 교체비용
③ 사용용도 변경으로 인한 비용
④ 증설·확장을 위한 비용

해설 ②는 수익적지출, ①, ③, ④은 자본적지출에 해당한다.

02 유형자산을 취득한 후에 추가의 지출이 발생하는 경우 처리하는 성격이 다른 하나는? (40회)

① 파손된 유리 등의 교체비용
② 사용 용도를 변경하기 위한 비용
③ 엘리베이터, 냉난방 장치 설치비
④ 개량, 증설, 확장 등을 위한 비용

해설 ①은 수익적 지출이기 때문에 수선비로 처리하고, ②, ③, ④은 자본적 지출이므로 건물계정에 기입한다.

03 다음은 유형자산의 보유 중에 발생한 지출이다. 회계처리의 성격이 다른 하나는? (25회)

① 오래된 건물의 도색작업
② 계단식 3층건물의 에스컬레이터 설치
③ 3년동안 사용한 트럭의 배터리 교체
④ 건물 내부의 조명기구 교환

해설 자본적지출이며 나머지는 수익적 지출임

04 다음은 유형자산의 자본적지출을 수익적지출로 처리한 경우에 대한 설명이다. 맞는 것은? (44회)

① 당기순이익이 증가한다.
② 자본이 감소한다
③ 자기자본이 증가한다.
④ 이익잉여금이 증가한다.

해설 당기순이익이 감소한다. 자기자본이 감소한다. 이익잉여금이 감소한다. 이 모두 동일한 표현이다.

정답 1.② 2.① 3.② 4.②

05 수선비를 비용처리 하지 않고 유형자산의 가액을 증가시킨 경우 해당연도의 상황으로 맞는 것은? (36회)

① 당기순이익이 증가한다.
② 자산의 장부가액이 과소계상 된다.
③ 자기자본이 과소계산 된다.
④ 자본의 총액이 과소계상 된다.

06 (주)한국은 1,500,000원의 가구를 구입하고, 이를 수선비로 잘못 회계처리 하였다. 이로 인해 재무상태표 및 손익계산서에 미치는 영향은 무엇인가? (30회)

① 자산은 증가하고 비용은 감소하게 된다.
② 자산은 감소하고 비용은 증가하게 된다.
③ 자산과 비용 모두 변화가 없게 된다.
④ 자산은 감소하나 비용은 변화가 없게 된다.

해설 가구(자산)을 수선비(비용)으로 처리하게 되면, 자산이 감소하고 비용이 증가하게 된다.

정답 5.① 6.②

주관식 분개연습

> 거래처, 판관비 또는 제조원가 여부, 부가가치세는 고려하지 말 것

01 11월 12일 공장용 화물차의 고장으로 일등카센타에서 수리하고, 수리비 660,000원을 다음 달에 지급하기로 하고 전자세금계산서를 발급받았다. 차량유지비 계정을 사용하며, 확정된 채무로서 미지급금으로 회계처리 하기로 한다.(54회)

02 9월 14일 기계장치 취득후 1년이 지난 현재 주요수선 및 설비증진을 위한 자본적 지출로 8,000,000원을 현금으로 지급하였다.(53회)

03 9월 12일 공장의 전등설비 수선대금 24,000,000원을 (주)태양조명에 어음으로 발행(만기:1년 이내)하여 지급하였다. 단, 수선비용 중 4,000,000원은 수익적지출로 처리하고, 나머지는 자본적지출('비품'계정)로 처리 한다.(57회)

04 8월 6일 공장의 기계장치를 (주)대성기업에서 수리하고 당좌수표를 발행하여 수리비용 3,000,000원을 지급하다.(수익적지출로 회계처리 할 것) (54회)

정답

01.	(차) 차량유지비	660,000원	(대) 미지급금	660,000원
02.	(차) 기계장치	8,000,000원	(대) 현금	8,000,000원
03.	(차) 수선비 비품	4,000,000원 20,000,000원	(대) 미지급금	24,000,000원
04.	(차) 수선비	3,000,000원	(대) 당좌예금	3,000,000원

05 8월 16일 파손된 본사 영업팀 건물의 유리를 교체하고, 대금 1,500,000원을 당좌수표로 발행하여 지급하였다.(48회)

06 11월 19일 제품운반용 트럭이 사고로 인하여 명성공업사로부터 엔진을 교체하였다. 이는 자본적지출에 해당하는 것으로 엔진교체비 5,500,000원을 당좌수표로 지급하고 전자세금계산서를 교부받았다.(42회)

07 11월 23일 본사건물에 중앙집중식 냉난방설비공사를 실시하였으며, 공사대금 1.1억원을 시공회사인 (주)한양건설에 약속어음(2005년 5월 23일 만기)을 발행하여 지급하고 전자세금계산서를 수취하였다.(건물의 자본적지출로 처리할 것) (20회)

정답					
05.	(차) 수선비	1,500,000원	(대) 당좌예금	1,500,000원
06.	(차) 차량운반구	5,500,000원	(대) 당좌예금	5,500,000원
07.	(차) 건물	110,000,000원	(대) 미지급금	110,000,000원

4 감가상각

1 의의

감가상각이란 유형자산이 사용되는 기간 동안 기업에 이윤을 제공하느라 자신이 희생된 정도를 체계적이고 합리적인 방법에 의하여 해당 기간에 배분하는 과정을 의미함

유형자산은 기업의 영업활동을 위해 자신을 희생하고, 사용에 의한 소모 또는 시간의 경과와 기술의 변화에 따른 진부화 등에 의해 회사에 제공할 수 있는 이윤의 크기가 점점 감소하게 된다. 따라서 유형자산이 기업활동을 위해 희생한 정도를 측정하여 재무제표에 표시해야 기업의 수익과 비용을 올바르게 파악할 수 있음

- 감가상각의 주목적은 취득원가의 배분(자산의 시세평가는 아님)
  → 감가상각 후의 유형자산 표시금액이 시장에서 거래되는 시세는 아님
- 각 기간의 감가상각비는 제조원가 또는 판매비와 관리비로 구분됨

2 감가상각 시 고려사항

(1) 감가상각을 할 때 세 가지 사항이 고려됨

1. 감가상각대상금액 = 취득원가 − 잔존가치
2. 내용연수
3. 감가상각방법

(2) 감가상각대상금액

감가상각대상금액은 원가 또는 원가를 대체하는 다른 금액에서 잔존가치를 차감하여 결정하지만 실무상 잔존가치가 경미한 경우가 많다. 유형자산의 감가상각은 자산이 사용가능한 때부터 시작됨

(경영진이 의도하는 방식으로 자산을 가동하는 데 필요한 장소와 상태에 이른 시기부터 감가상각 시작)

(3) 내용연수

유형자산의 내용연수는 자산의 예상사용기간 또는 자산으로부터 획득할 수 있는 생산량이나 이와 유사한 단위를 의미함. 자산의 내용연수를 결정할 때에는 다음의 요소를 고려할 필요가 있음

① 자산의 예상생산능력, 물리적 생산량을 토대로 한 예상 사용수준
② 생산라인의 교체빈도, 수선 또는 보수계획과 운휴 중 유지보수 등 관리수준을 고려한 자산의 물리적 마모나 손상
③ 생산방법의 변화, 개선, 또는 해당 자산으로부터 생산되는 제품 및 용역에 대한 시장수요의 변화로 인한 기술적 진부화
④ 리스계약의 만료일 등 자산의 사용에 대한 법적, 계약상의 제한

(4) 감가상각방법

유형자산의 감가상각방법은 자산의 경제적 효익이 소멸되는 행태를 반영한 합리적인 방법이어야 함. 정액법, 체감잔액법(예를 들면, 정률법 등), 연수합계법, 생산량비례법 등이 있다. 감가상각방법은 해당 자산으로부터 예상되는 미래 경제적 효익의 소멸행태에 따라 선택하고, 소멸행태가 변하지 않는 한 매기 계속 적용

① **정액법** : 자산의 내용연수 동안 일정액의 감가상각비를 계상
  공식 : (취득원가 − 잔존가치) ÷ 내용연수
② **정률법**은 체감잔액법이라고도 하며, 유형자산의 장부가액을 기준으로 일정한 비율을 곱해서 감가상각비를 계산하는 방법임
  공식 : (취득원가 − 전기말까지 감가상각누계액) × 상각률
③ **연수합계법 감가상각비** : 감가상각대상금액 × (잔여 내용연수 ÷ 내용연수의 합계)
④ **생산량비례법 감가상각비** : 감가상각대상금액 × 당기생산량 ÷ 예상되는 총생산량

(5) 감가상각을 하지 않는 자산

토지(내용연수가 무한), 건설 중인 자산(희생준비가 되지 않음), 골동품(시간의 경과에 따라 가치 증가)등은 감가상각 대상이 아님

3 정액법에 의한 감가상각 사례 및 풀이

(1) 사례

- 20×0년 1월 1일에 기계장치를 1,000,000원에 현금으로 취득함
- 내용연수는 4년이고, 잔존가치는 100,000원일 경우

💡 시험에서는 정액법과 정률법이 가장 자주 나옴. 잘 기억할 것

(2) 감가상각 계산식 및 회계처리

정액법은 자산의 내용연수 동안 일정액의 감가상각비를 계상하는 방법이며, 계산식은 아래와 같다.

$$\text{정액법하의 감가상각비} = (\text{취득원가} - \text{잔존가치}) \div \text{내용연수}$$

∴ 연간 감가상각비 : 900,000 ÷ 4 = 225,000

정액법에 의한 감가상각비를 토대로 회계처리하면 아래와 같다.

일자	차변	금액	대변	금액
×0.1.1	기계장치	1,000,000	현금	1,000,000
×0.12.31	감가상각비	225,000	감가상각누계액	225,000
×1.12.31	감가상각비	225,000	감가상각누계액	225,000
×2.12.31	감가상각비	225,000	감가상각누계액	225,000
×3.12.31	감가상각비	225,000	감가상각누계액	225,000

(3) 재무제표 표시

유형자산은 취득원가에서 감가상각누계액을 차감한 형태로 재무상태표에 표시되며, 손익계산서에는 감가상각비가 계상됨

재무상태표	×0.12.31	×1.12.31	×2.12.31	×3.12.31
기계장치	1,000,000	1,000,000	1,000,000	1,000,000
감가상각누계액*	-225,000	-450,000	-675,000	-900,000
장부가액*	775,000	550,000	325,000	100,000

* 감가상각누계액 = 감가상각비 총합계, 장부가액 = (취득가액 - 감가상각누계액)

손익계산서	×0년	×1년	×2년	×3년
감가상각비	225,000	225,000	225,000	225,000

4 정률법에 의한 감가상각 사례 및 풀이

(1) 사례(정액법에서 제시된 것과 동일한 사례임)

- 20×0년 1월 1일에 기계장치를 1,000,000원에 현금으로 취득함
- 내용연수는 4년이고, 잔존가치는 100,000원일 경우

(2) 감가상각 계산식 및 회계처리

정률법은 체감잔액법이라고도 하며, 유형자산의 장부가액을 기준으로 일정한 비율을 곱해서 감가상각비를 계산하는 방법임(시험문제에서는 감가상각률을 대부분 제시함)

$$\text{정률법하의 감가상각비} = (\text{취득원가} - \text{전기말까지의 감가상각누계액}) \times \text{상각률}$$

상각률이 0.438로 제시된 경우 매년 감가상각비는 다음과 같이 계산된다.

기간	감가상각비	감가상각누계액
×0년말	1,000,000×0.438=438,000	438,000
×1년말	(1,000,000-438,000)×0.438=246,156	684,156
×2년말	(1,000,000-684,156)×0.438=138,340	**822,496
×3년말	(1,000,000-822,496)-100,000=77,504*	900,000

* 마지막 연도의 장부가액은 100,000원이므로 177,504원에서 잔존가액을 차감
** 감가상각누계액 = 438,000+246,156+138,340 (감가상각 3번 시행)

정률법에 의한 감가상각비를 토대로 회계처리하면 아래와 같다.

일자	차변	금액	대변	금액
×0.1.1	기계장치	1,000,000	현금	1,000,000
×0.12.31	감가상각비	438,000	감가상각누계액	438,000
×1.12.31	감가상각비	246,156	감가상각누계액	246,156
×2.12.31	감가상각비	138,340	감가상각누계액	138,340
×3.12.31	감가상각비	*77,504	감가상각누계액	*77,504

(3) 재무제표 표시

유형자산은 취득원가에서 감가상각누계액을 차감한 형태로 재무상태표에 표시되며, 손익계산서에는 감가상각비가 계상됨

재무상태표	×0.12.31	×1.12.31	×2.12.31	×3.12.31
기계장치	1,000,000	1,000,000	1,000,000	1,000,000
감가상각누계액	-438,000	-684,156	-822,496**	-900,000
장부가액*	562,000	315,844	177,504	100,000

* 장부가액 = (취득가액 - 감가상각누계액)

손익계산서	×0년	×1년	×2년	×3년
감가상각비	438,000	246,156	138,340	77,504

5 연수합계법에 의한 감가상각 사례 및 풀이

(1) 사례(정액법에서 제시된 것과 동일한 사례임)

- 20×0년 1월 1일에 기계장치를 1,000,000원에 현금으로 취득함
- 내용연수는 4년이고, 잔존가치는 100,000원일 경우

(2) 감가상각 계산식 및 회계처리

연수합계법도 체감잔액법이며, 내용연수의 합계를 분모로 하고, 잔여 내용연수를 분자로 하여 감가상각비를 간편하게 계산하는 방법임

$$감가상각비 = 감가상각대상금액 \times (잔여\ 내용연수 \div 내용연수의\ 합계)$$

	감가상각비	감가상각누계액
×0년말	900,000×4/10* =360,000	360,000
×1년말	900,000×3/10* =270,000	630,000
×2년말	900,000×2/10* =180,000	810,000
×3년말	900,000×1/10* =90,000	900,000

* 분모의 합은 1 + 2 + 3 + 4 = 10이다.

일자	차변	금액	대변	금액
×0.1.1	기계장치	1,000,000	현금	1,000,000
×1.12.31	감가상각비	360,000	감가상각누계액	360,000
×2.12.31	감가상각비	270,000	감가상각누계액	270,000
×3.12.31	감가상각비	180,000	감가상각누계액	180,000
×4.12.31	감가상각비	90,000	감가상각누계액	90,000

(3) 재무제표 표시

유형자산은 취득원가에서 감가상각누계액을 차감한 형태로 재무상태표에 표시되며, 손익계산서에는 감가상각비가 계상됨

재무상태표	×0.12.31	×1.12.31	×2.12.31	×3.12.31
기계장치	1,000,000	1,000,000	1,000,000	1,000,000
감가상각누계액	-360,000	-630,000	-810,000	-900,000
장부가액	640,000	370,000	190,000	100,000

* 장부가액=(취득가액 − 감가상각누계액)

손익계산서	×0년	×1년	×2년	×3년
감가상각비	360,000	270,000	180,000	90,000

6 생산량비례법에 의한 감가상각 사례 및 풀이

(1) 사례(정액법에서 제시된 것과 동일한 사례임)

- 20×0년 1월 1일에 기계장치를 1,000,000원에 현금으로 취득함
- 내용연수는 4년이고, 잔존가치는 100,000원일 경우

(2) 감가상각 계산식 및 회계처리

생산량비례법은 생산량 또는 사용량을 감가상각의 기준으로 사용하는 방법임

감가상각비 = 감가상각대상금액 × 당기생산량 ÷ 예상되는 총생산량

총생산량이 100,000톤으로 예상되고, 각 연도의 생산량이 아래와 같은 경우 감가상각비를 계산하면 다음과 같다.

생산량(톤)	감가상각비	감가상각누계액
×0년 : 10,000	900,000×1/10*=90,000	90,000
×1년 : 40,000	900,000×4/10*=360,000	450,000
×2년 : 30,000	900,000×3/10*=270,000	720,000
×3년 : 20,000	900,000×2/10*=180,000	900,000

* 당기생산량÷총생산량

일 자	차변	금액	대변	금액
×0.1.1	기계장치	1,000,000	현금	1,000,000
×1.12.31	감가상각비	90,000	감가상각누계액	90,000
×2.12.31	감가상각비	360,000	감가상각누계액	360,000
×3.12.31	감가상각비	270,000	감가상각누계액	270,000
×4.12.31	감가상각비	180,000	감가상각누계액	180,000

(3) 재무제표 표시

유형자산은 취득원가에서 감가상각누계액을 차감한 형태로 재무상태표에 표시되며, 손익계산서에는 감가상각비가 계상됨

재무상태표	×0.12.31	×1.12.31	×2.12.31	×3.12.31
기계장치	1,000,000	1,000,000	1,000,000	1,000,000
감가상각누계액	-90,000	-450,000	-720,000	-900,000
장부가액	910,000	550,000	280,000	100,000

* 장부가액=(취득가액 - 감가상각누계액)

손익계산서	×0년	×1년	×2년	×3년
감가상각비	90,000	360,000	270,000	180,000

7 정액법, 정률법하의 감가상각비 비교

(1) 첫해연도의 성과 비교

첫해의 감가상각비는 정률법에 의한 것이 크고, 그 결과 유형자산의 장부금액과 이익은 정액법에 의한 것이 더 크다.

	×0년	×1년	×2년	×3년
정액법	225,000	225,000	225,000	225,000
정률법	438,000	246,156	138,340	77,504

(2) 각 방법의 장점

정액법 : 간단하게 감가상각비를 계산할 수 있다
정률법 : 수익비용대응의 원칙에 충실하다.
> 일반적으로 유형자산은 취득 초기에 회사의 영업활동에 큰 기여를 하지만 시간이 지날수록 효율성이 낮아져서 회사에 기여하는 바가 낮아지는 바, 감가상각비는 초기에 많이 계상되고 차후에는 적게 계상되는 것이 합리적임

8 기중에 취득한 자산에 대한 감가상각

기중에 취득한 유형자산의 경우 감가상각을 1년치 하는 것은 합리적이지 못하므로 월할상각을 하게 됨 (4월 1일에 유형자산을 취득 → 감가상각비 4.1~12.31까지 계산)

9 감가상각 회계처리

거래내역	차변		대변	
감가상각 (기말)	감가상각비	×××	감가상각누계액	×××
	• 유형자산이 소모(영업활동을 위해 희생)되고(차변), 유형자산에서 차감하는 형태로 표시(대변)			

객관식 문제

01 유형자산에 대한 감가상각을 하는 가장 중요한 목적으로 맞는 것은? (53회)

① 유형자산의 정확한 가치평가 목적
② 사용가능한 연수를 매년마다 확인하기 위해서
③ 현재 판매할 경우 예상되는 현금흐름을 측정할 목적으로
④ 자산의 취득원가를 체계적인 방법으로 기간배분하기 위해서

해설 감가상각은 자산의 취득원가를 체계적인 방법으로 기간배분하기 위해서 하는 것이다.

02 최초 취득연도에 정액법에 의하여 감가상각비를 계산하는데 있어 필요하지 않은 자료는? (35회)

① 취득원가 ② 잔존가액 ③ 내용연수 ④ 감가상각누계액

해설 정액법에 의한 감가상각비 = $\dfrac{(취득원가 - 잔존가액)}{내용연수}$

03 취득원가 1,000,000원이고 잔존가치 100,000원이며 내용연수 5년인 기계를 정액법으로 감가상각하고 있다. 2년까지 감가상각한 후 감가상각누계액은? (19회)

① 300,000원 ② 360,000원 ③ 400,000원 ④ 200,000원

해설 (1,000,000 - 100,000)÷5×2 = 360,000

04 다음 자료를 보고 정률법으로 감가상각할 경우 2차 회계연도에 계상될 감가상각비로 맞는 것은? (53회)

- 취득원가 : 10,000,000원
- 내용연수 : 5년
- 잔존가치 : 1,000,000원
- 상각율 : 0.45(가정)

① 1,800,000원 ② 2,227,500원 ③ 2,475,000원 ④ 2,677,500원

해설 1차 연도 감가상각비 10,000,000원 ×0.45 = 4,500,000원
2차 연도 감가상각비 (10,000,000원 - 4,500,000원) ×0.45 = 2,475,000원

정답 1.④ 2.④ 3.② 4.③

05 다음 자료를 연수합계법으로 감가상각할 경우 2차 회계연도에 계상될 감가상각비는? (22회)

- 취득원가 2,450,000원
- 잔존가치 200,000원
- 내용연수 5년

① 750,000원 ② 600,000원 ③ 450,000원 ④ 300,000원

해설 $(2,450,000 - 200,000) \times \dfrac{4}{1+2+3+4+5} = 600,000$

06 유형자산의 감가상각방법 중 정액법, 정률법 및 연수합계법 각각에 의한 1차년도말 계상된 감가상각비가 큰 금액부터 나열한 것은? (58회)

- 기계장치 취득원가 : 1,000,000원(1월 1일 취득)
- 내용연수 : 5년
- 잔존가치 : 취득원가의 10%
- 정률법 상각률 : 0.4

① 정률법 > 정액법 > 연수합계법 ② 정률법 > 연수합계법 > 정액법
③ 연수합계법 > 정률법 > 정액법 ④ 연수합계법 > 정액법 > 정률법

해설
- 1차년도말 감가상각비 정률법 400,000 = 1,000,000×0.4
- 1차년도말 감가상각비 연수합계법 300,000 = (1,000,000 − 100,000)×5/15
- 1차년도말 감가상각비 정액법 180,000 = (1,000,000 − 100,000)×1/5

07 다음 중 기업회계기준에서 인정하는 유형자산의 감가상각방법이 아닌 것은? (39회)

① 자산의 내용연수 동안 일정액의 감가상각비를 계상하는 방법
② 자산의 내용연수 동안 감가상각비가 매기간 감소하는 방법
③ 자산의 예상조업도 혹은 예상생산량에 근거하여 감가상각비를 계상하는 방법
④ 자산의 원가가 서로 다를 경우에 이를 평균하여 감가상각비를 계상하는 방법

해설 ①은 정액법, ②는 정률법 및 연수합계법, ③은 생산량비례법에 대한 설명이며, ④는 이동평균법 및 총평균법에 대한 설명이다.

정답 5.② 6.② 7.④

08 유형자산의 감가상각비를 계산하는 방법으로 옳은 것은? (57회)

① 정액법 : (취득원가 - 감가상각누계액) ÷ 내용연수
② 정률법 : (취득원가 - 잔존가치) × 상각률
③ 연수합계법 : (취득원가 - 감가상각누계액) × $\dfrac{잔여내용연수}{내용연수의 합계}$
④ 생산량비례법 : (취득원가 - 잔존가치) × $\dfrac{당기실제생산량}{총추정예정량}$

> **해설** 유형자산의 감가상각방법에는 정액법, 체감잔액법(예를 들면, 정률법 등), 연수합계법, 생산량비례법 등이 있다.(일반기업회계기준 10.40)
> • 정액법 : (취득원가 - 잔존가치) ÷ 내용연수　• 정률법 : (취득원가 - 감가상각누계액) × 상각률
> • 연수합계법 : (취득원가 - 잔존가치) × $\dfrac{잔여내용연수}{내용연수의 합계}$

09 유형자산의 감가상각과 관련한 다음 설명 중 가장 옳지 않은 것은? (56회)

① 연수합계법은 자산의 내용연수 동안 동일한 금액의 감가상각비를 계상하는 방법이다.
② 감가상각의 주목적은 원가의 합리적이고 체계적인 배분에 있다.
③ 감가상각비가 제조와 관련된 경우 재고자산의 원가를 구성한다.
④ 유형자산의 잔존가치가 유의적인 경우 매 보고기간 말에 재검토한다.

> **해설** 연수합계법은 내용연수동안 감가상각액이 매 기간 감소하는 방법이다.

10 연초에 취득하여 영업부서에 사용한 소형승용차(내용연수 5년, 잔존가치 "0")를 정률법으로 감가상각 할 경우, 정액법과 비교하여 1차년도의 당기순이익 및 1차년도 말 유형자산(차량운반구)의 순액에 미치는 영향으로 올바른 것은? (59회)

① 당기순이익은 과대계상 되고, 유형자산은 과대계상 된다.
② 당기순이익은 과대계상 되고, 유형자산은 과소계상 된다.
③ 당기순이익은 과소계상 되고, 유형자산은 과대계상 된다.
④ 당기순이익은 과소계상 되고, 유형자산은 과소계상 된다.

> **해설** 1차년도에 정액법과 비교하여 정률법으로 감가 상각할 경우 감가상각비(비용)가 과대계상 되므로 당기순이익은 과소계상 되고, 또한 감가상각누계액이 과대계상되므로 유형자산은 과소계상 된다.

정답 8.④ 9.① 10.④

주관식 분개연습

01 다음의 감가상각비를 결산에 반영한다. 분개시 판관비와 제조경비로 구분하라. (37회)

계정과목	구분	금액
건물	제조경비	8,000,000원
차량운반구	판매비와 관리비	2,300,000원
차량운반구	제조경비	3,500,000원
비품	제조경비	940,000원

02 20×9년 기말 현재 보유하고 있는 감가상각대상자산은 다음과 같다. 제시된 자료외 감가상각 대상자산은 없다고 가정한다.(41회) (단위, 원)

계정과목	취득원가	잔존가치 / 내용연수	전기말 감가상각누계액	취득연월일	상각방법	상각률
본사건물	100,000,000	0 / 20년	7,500,000	20×7.7.20	정액법	0.05
공장기계장치	35,000,000	취득원가의 5% / 5년	15,750,000	20×8.1.4	정률법	0.451

03 당기에 완공된 건물의 장부가액 2억에 대하여 감가상각을 하시오.(내용연수 : 20년, 정액법, 잔존가액 : 0, 완공일자 7월 1일) (56회 세무2급)

정답

01 (차) 감가상각비(판)   2,300,000원   (대) 감가상각누계액(건물)   8,000,000원
     감가상각비(제)   12,440,000원   감가상각누계액(차량)   5,800,000원
                                              감가상각누계액(비품)   940,000원

02 1. 건물 감가상각비 : 100,000,000원 ×0.05(혹은 1/20) = 5,000,000원
     (차) 감가상각비   5,000,000원   (대) 감가상각누계액(건물)   5,000,000원
  2. 기계장치 감가상각비 : (35,000,000원−15,750,000원)×0.451 = 8,681,750원
     (차) 감가상각비   8,681,750원   (대) 감가상각누계액(기계)   8,681,750원

03 (차) 감가상각비   5,000,000원   (대) 감가상각누계액   5,000,000원
   *$200,000,000 \div 20 \times \frac{6}{12} = 5,000,000$

5 유형자산의 처분

1 유형자산처분손익 계산

유형자산 처분손익 = 처분가액과 장부가액(취득원가-감가상각누계액)의 차액
→ 손익계산서에서 영업외손익으로 인식한다.

> • 유형자산을 기중에 처분 : 기중 감가상각 후, 남은 장부가액과 처분으로 인하여 받는 금액
> 을 비교(전산회계 1급에서는 기중 감가상각에 대한 내용은 생략함)

2 회계처리

거래내역	차변		대변	
처분	감가상각누계액 현금(보통예금, 당좌예금) 미수금 등 유형자산처분손실	××× ××× ××× ×××	건물, 기계장치 등 (유형자산처분이익)	××× ×××

	• 현금 등을 받거나 차후에 받기로 하고
	  대변에 위치하던 감가상각누계액을 제거(차변)
	  보유하던 유형자산을 양도(대변)
	• 유형자산 매각으로 인한 채권은 "미수금" 계정 사용
	• 차변금액 부족 시 동 금액을 "유형자산처분손실" 처리
	  대변금액 부족 시 동 금액을 "유형자산처분이익" 처리			

6 투자부동산의 의의

> 시세차익을 목적으로 보유하고 있는 건물 또는 토지를 투자부동산이라 한다.(무조건 건물, 토지 계정을 사용하지 말 것. 보유목적에 따라서 투자부동산이란 계정을 사용해야 할 경우 있음)

객관식 문제

01 (주)세원은 20×3년 7월 18일 구입하여 사용 중인 기계장치를 20×4년 6월 1일 37백만원에 처분하였다. 당기분에 대한 감가상각 후 처분 시점의 감가상각누계액은 8백만원이며, 처분이익 5백만원이 발생하였다. 내용연수가 5년이고 정액법으로 월할상각하였다고 가정할 경우 기계장치의 취득원가는? (60회)

① 32,000,000원 ② 40,000,000원 ③ 45,000,000원 ④ 50,000,000원

해설 처분가액 = 40,000,000원
(차) 감가상각누계액 8,000,000원   (대) 기계장치   X
    현금   37,000,000원   처분이익   5,000,000원

02 다음의 거래로 인한 설명중 맞는 것은? (53회)

• 보유 중인 기계장치를 장부금액보다 낮은 금액을 받고 처분하였다.

① 자산의 감소와 부채의 감소   ② 자산의 감소와 자본의 증가
③ 자산의 감소와 부채의 증가   ④ 자산의 감소와 자본의 감소

해설 장부금액보다 현금유입이 적으므로 자산의 감소와 자본도 그만큼 줄어든다.
(차) 감가상각누계액 300원   (대) 기계장치 1,000
   현금   500원
   처분손실   200원 → 손실이 났으므로 동 금액은 자본을 감소시킨다.

03 보유하고 있던 기계장치를 장부가액보다 더 높은 금액을 받고 처분하였다. 이 거래로인한 영향은? (29회)

① 자산과 부채의 감소   ② 자산의 증가와 부채의 감소
③ 자산의 증가와 자본의 증가 ④ 부채의 감소와 자본의 증가

해설 보유하고 있던 기계장치의 장부가액보다 더 많은 현금유입액이 있으므로 자산이 증가되고 그 금액만큼 자본도 증가한다.

정답 1.② 2.④ 3.③

04 내용연수 10년, 잔존가액이 100,000원인 기계장치를 1,000,000원에 구입하여 정액법으로 상각해 왔다. 기계장치 구입 후 3년이 되는 연도 말에 이 기계장치를 800,000원에 처분하였을 경우 처분손익은 얼마인가? (21회)

① 100,000원 이익 ② 100,000원 손실 ③ 70,000원 이익 ④ 70,000원 손실

> **해설** 장부금액 : 1,000,000 − (1,000,000 − 100,000) ÷ 10 × 3 = 730,000
> 처분금액 : 800,000
> → 70,000원 더 받았으므로 동 금액에 대한 처분이익을 계상한다.

05 다음 중 유형자산에 대한 설명으로 틀린 것은? (36회)

① 취득원가에는 자산을 사용할 수 있도록 준비하는데 직접 관련되는 지출 등을 포함한다.
② 자산의 수선·유지를 위한 지출은 감가상각을 통하여 비용처리한다.
③ 감가상각비는 제조와 관련된 경우에는 관련 자산의 제조원가로, 그 밖의 경우에는 판매비와 관리비로 처리한다.
④ 자산취득에 사용한 국고보조금은 취득원가에서 차감하는 형식으로 표시한다.

> **해설** 유형자산의 수선·유지를 위한 지출은 해당 자산으로부터 당초 예상되었던 성능수준을 회복하거나 유지하기 위한 것이므로 일반적으로 발생한 기간의 비용으로 인식한다.

06 다음은 유형자산에 대한 설명이다. 틀린 설명은? (24회)

① 감가상각이란 유형자산의 취득원가를 비용으로 배분하는 과정이다.
② 보유기간 중에 내용년수를 증가시키는 지출은 수익적지출로 처리한다.
③ 취득원가에서 감가상각누계액을 차감한 후의 잔액을 장부가액(book value)이라 한다.
④ 기업회계기준상 감가상각방법에는 정액법, 정률법, 연수합계법 등이 있다.

> **해설** 내용년수를 증가시키는 거래는 자본적지출로 처리한다.

정답 4.③ 5.② 6.②

주관식 분개연습

거래처, 판관비 또는 제조원가 여부, 부가가치세는 고려하지 말 것

01 8월 10일 원재료 운송용 트럭(취득가액 28,000,000원, 처분 시 감가상각누계액 16,500,000원)을 거래처 (주)세모에 11,000,000원에 처분하고 전자세금계산서를 발급하였다. 대금은 한달 후에 받기로 하였다.(55회)

02 10월 4일 공장에서 사용하던 기계장치(취득원가 2,000,000원, 감가상각누계액 1,200,000원)를 만물상사에 660,000원에 외상으로 매각하고 전자세금계산서를 발급하였다. 단, 매각년도의 감가상각비계산은 생략한다.(57회)

03 8월 15일 자금부족으로 인하여 업무용으로 사용하던 토지(장부금액 19,000,000원)를 35,000,000원에 처분하고, 대금은 상대회사 발행 어음(90일 만기)을 받았다.(56회)

04 11월 27일 원재료 운송용 트럭(취득가액 35,000,000원, 전기말 감가상각누계액 16,500,000원)을 (주)대성상사에 22,000,000원에 처분하면서 전자세금계산서를 발행하였다. 대금은 한 달 후에 수령하기로 하고, 처분 시점에 감가상각은 하지 않기로 한다.(48회)

정답

01. (차) 감가상각누계액   16,500,000원   (대) 차량운반구   28,000,000원
    미수금   11,000,000원
    유형자산처분손실   500,000원

02. (차) 미수금   660,000원   (대) 기계장치   2,000,000원
    감가상각누계액   1,200,000원
    유형자산처분손실   140,000원

03. (차) 미수금   35,000,000원   (대) 토지   19,000,000원
                                         유형자산처분이익   16,000,000원

04. (차) 미수금   22,000,000원   (대) 차량운반구   35,000,000원
    감가상각누계액   16,500,000원   유형자산처분이익   3,500,000원

05 10월 19일 사무실에서 사용하던 복사기를 (주)단풍에게 550,000원에 외상으로 매각하고 전자세금계산서를 발행하였다. 취득가액은 1,500,000원이고 감가상각누계액은 1,200,000원이며 당기의 감가상각비는 고려하지 않는다.(34회)

06 10월 10일 공장에서 사용하던 기계장치(취득가액 1,500,000원, 양도시점의 감가상각누계액 800,000원)을 (주)하늘에 990,000원에 매각하고 전자세금계산서를 교부하였다. 대금 중 500,000원은 현금으로 받고, 나머지 금액은 보통예금통장으로 받았다.(30회)

07 8월 21일 회사가 소유하고 있는 **오토바이**(취득원가 1,000,000원, 감가상각누계액 550,000원)는 한 대밖에 없으며 해당 오토바이는 금일 사고로 폐기처분하였다.(38회)

08 8월 5일 김해남씨로부터 장기투자목적으로 토지를 취득하면서 6,000,000원은 당좌수표를 발행하여 지급하고, 나머지 1,000,000원은 30일 후에 지급하기로 하였다. 또한 이전등기 하면서 취득세 150,000원을 현금으로 지급하였다.(51회)

정답

05. (차) 미수금　　　　　　550,000원　　(대) 비품　　　　　　　1,500,000원
　　　감가상각누계액　　1,200,000원　　　　유형자산처분이익　　250,000원

06. (차) 현금　　　　　　　500,000원　　(대) 기계장치　　　　　1,500,000원
　　　보통예금　　　　　490,000원　　　　유형자산처분이익　　290,000원
　　　감가상각누계액　　800,000원

07. (차) 감가상각누계액　　550,000원　　(대) 차량운반구　　　　1,000,000원
　　　유형자산처분손실　450,000원

08. (차) 투자부동산　　　7,150,000원　　(대) 당좌예금　　　　　6,000,000원
　　　　　　　　　　　　　　　　　　　　　　미지급금　　　　　1,000,000원
　　　　　　　　　　　　　　　　　　　　　　현금　　　　　　　　150,000원

> 투자부동산을 처분할 경우 다음과 같이 분개한다.
> (차) 현금(당좌예금, 보통예금)　×××　　(대) 투자부동산　　×××
> 　　 미수금, 받을어음　　　　　×××
> 　　 투자자산처분손실　　　　　×××　　　(투자자산처분이익　×××)

Chapter 09 권리투자(무형자산)

1 무형자산의 정의, 종류 및 흐름

1 정의

무형자산 : 재화의 생산이나 용역의 제공, 타인에 대한 임대 또는 관리에 사용할 목적으로 기업이 보유하고 있으며, 물리적 형체가 없지만 식별가능하고, 기업이 통제하고 있으며, 미래 경제적 효익이 있는 비화폐성자산

식별가능하다	통제하다	미래경제적 효익
다음 중 하나에 해당하는 경우 (1) 기업과 분리될 수 있고, 개별적으로 매각, 이전, 임대등이 가능하다. (2) 계약상 권리 또는 기타 법적 권리로부터 자산이 발생한다.	미래경제적 효익을 확보할 수 있고, 그 효익에 대한 제3자의 접근을 제한할 수 있다.	재화의 매출이나 용역수익, 원가절감, 자산의 사용에 따른 효익의 형태

2 무형자산이 기업에게 필요한 이유

회사의 내부관리활동을 위하여 컴퓨터 소프트웨어를 이용해야 하고, 판매활동을 지원할 수 있는 과학적 지식 또는 새로운 공정이나 시스템의 설계와 실행이 필요하며, 기업의 생존력을 높이기 위한 라이선스, 지적재산권, 시장에 대한 지식과 상표권(상표명 및 출판권 포함) 등을 확보하려고 부단한 노력을 하게 된다.

기업은 영업활동을 위하여 다양한 종류의 권리를 필요로 하며, 이러한 권리들을 통하여 기업은 재화의 매출이나 용역수익, 원가절감, 또는 자산의 사용에 따른 여러 가지 이익을 얻게 된다.

3 종류

무형자산의 종류의 예는 다음과 같으며, 사업상 비슷한 성격과 효용을 가진 종류로 분류하여 표시한다. 다만, 재무제표 이용자에게 보다 유용한 정보를 제공할 수 있다면 무형자산의 종류는 더 큰 단위로 통합하거나 더 작은 단위로 구분할 수 있다.

① 산업재산권(특허권, 실용신안권, 의장권, 상표권, 상호권 및 상품명 포함)
② 라이선스와 프랜차이즈
③ 저작권
④ 컴퓨터소프트웨어
⑤ 개발비(제조비법, 공식, 모델, 디자인 및 시작품 등의 개발)
⑥ 임차권리금
⑦ 광업권, 어업권 등

4 무형자산 거래의 흐름

⑤ 무형자산의 흐름은 유형자산의 흐름과 매우 비슷하므로 유형자산편을 참조할 것

(1) **취득원가** : 순수취득금액 + 추가부대비용이 발생 -매입할인 등 (외상으로 무형자산을 구입하게 되면 미지급금이 발생)

(2) **취득 후 추가지출금액** : 자산(자본적 지출) 또는 비용(수익적 지출)으로 계상

(3) 무형자산은 다양한 이유로 인하여 매각될 수 있는데, 매각시에는 무형자산의 장부금액과 받게 될 금액을 감안하여 회계처리함

(4) **기말에 보유하고 있는 무형자산은 상각이란 절차를 거쳐서 비용처리된다.**

⑤ 만약 무형자산에 대한 지출로서 과거 회계연도의 재무제표나 중간재무제표에서 비용으로 인식한 지출이 있다면 그것을 그 후의 기간에 무형자산의 취득원가로 인식할 수 없다.

2 무형자산의 취득원가 결정

1 취득원가의 정의 및 구성항목

개별 취득하는 무형자산의 원가는 다음 항목으로 구성된다. 교환 및 기타 다른 경우로 취득한 무형자산의 취득원가는 유형자산의 예를 참조할 것

① **구입가격**(매입할인과 리베이트를 차감, 수입관세와 환급받을 수 없는 제세금 포함)
② 자산을 의도한 목적에 사용할 수 있도록 준비하는 데 직접 관련되는 원가

◎ 무형자산의 취득원가항목은 유형자산의 것과 매우 유사하므로 유형자산에 대한 내용을 숙지하고 있다면 추가적인 학습이 많이 필요치 않음

2 취득원가가 아닌 항목

(1) **시장에 대한 지식 및 기술적 지식** : 저작권, 계약상의 제약 또는 법적 권리에 의해 보호될 경우, 미래경제적효익을 통제되고 있으므로 자산처리가능

(2) 숙련된 종업원이나 그들의 기술로부터 창출될 미래경제적효익은 기업이 충분히 통제하기가 어렵기 때문에 무형자산의 정의를 충족하지 못함

(3) 특정인의 경영능력이나 기술적 재능도 기업이 그것을 사용하여 미래경제적 효익을 확보하는 것이 법에 의해 보호되지 않는 한 무형자산의 정의를 충족시킬 수 없음

(4) 고정고객, 시장점유율, 고객과의 관계, 고객의 충성도 등은 일반적으로 무형자산의 정의를 충족하지 못함(법적 권리나 통제방법이 별로 없음)

(5) **아래와 같은 지출은 당 회계기간의 비용으로 처리한다.(자산으로 처리 불가)**

① 법적 실체를 설립하는 데 발생하는 법적 비용과 같은 창업비, 새로운 시설이나 사업을 개시할 때 발생하는 개업비, 그리고 새로운 영업을 시작하거나 새로운 제품 또는 공정을 시작하기 위하여 발생하는 지출 등과 같은 사업개시비용
② 교육 훈련, 광고 또는 판매촉진 활동을 위한 지출
③ 내부적으로 창출된 브랜드, 고객 목록 및 이와 유사한 항목에 대한 지출
④ 기업의 전부 또는 일부의 이전 또는 조직 개편에 관련된 지출

3 무형자산 취득 회계처리

거래내역	차변	대변
취득	특허권, 개발비, 소프트웨어, 영업권　×××	현금*　××× 미지급금**　××× 받을어음　×××
	• 특허권 등을 받고(차변), 현금 등을 지출하거나 차후에 지급하기로 함(대변), 배서양도시 받을어음 • 취득 시 부대비용이 발생하게 되면 취득원가에 포함	

　* 보통예금, 당좌예금 계정 사용 가능
** 차후에 지급, 어음 또는 카드결제 시 "미지급금"계정 사용

3　무형자산 취득 후 추가지출

무형자산의 취득 또는 완성 후의 지출로서 다음의 요건을 모두 충족하는 경우에는 자본적 지출로 처리하고, 그렇지 않은 경우에는 발생한 기간의 비용으로 인식한다.

> ① 무형자산의 미래 경제적 효익을 실질적으로 증가시킬 가능성이 매우 높다.
> ② 신뢰성 있게 측정될 수 있으며, 무형자산과 직접 관련된다.

취득 또는 완성 후의 지출로 인하여 무형자산으로부터의 경제적 효익이 증가될지의 여부를 판단하는 것은 매우 어렵다. 또한 그러한 지출을 사업전체가 아닌 특정 무형자산에 직접 귀속시키기도 어렵다. 따라서 취득 또는 완성 후의 지출을 무형자산의 자본적 지출로 처리하는 것은 매우 제한적인 경우에 한한다(사례가 드물기 때문에 중요도가 낮음).

4　무형자산의 상각

1 의의

상각 : 유형자산의 감가상각과 유사한 개념으로서, 무형자산이 기업의 영업활동을 위해 자신이 희생한 정도를 사용기간 동안 체계적이고 합리적으로 배분하는 절차

> 무형자산의 상각대상금액은 그 자산의 추정내용연수 동안 체계적인 방법에 의하여 비용으로 배분한다. 무형자산의 상각기간은 독점적·배타적인 권리를 부여하고 있는 관계 법령이나 계약에 정해진 경우를 제외하고는 20년을 초과할 수 없다. 상각은 자산이 사용가능한 때부터 시작한다.

2 상각 시 고려사항

무형자산의 상각비는 내용연수에 걸쳐 합리적이고 체계적인 방법으로 배분되어야 하며, 상각을 할 때 세 가지 사항이 고려된다.

> 1. 상각대상금액 = 취득원가 - 잔존가치
> 2. 내용연수
> 3. 상각방법

(1) 잔존가치

무형자산의 잔존가액은 없는 것을 원칙으로 한다. 다만, 경제적 내용연수보다 짧은 상각기간을 정한 경우에 상각기간이 종료될 때 제3자가 자산을 구입하는 약정이 있거나, 그 자산에 대한 거래 시장이 존재하여 상각기간이 종료되는 시점에 자산의 잔존가액이 거래 시장에서 결정될 가능성이 매우 높다면 잔존가액을 인식할 수 있다.

(2) 내용연수

무형자산의 내용연수는 경제적 요인과 법적 요인의 영향을 받는다. 경제적 요인은 자산의 미래 경제적 효익이 획득되는 기간을 결정하고, 법적 요인은 기업이 그 효익에 대한 제3자의 접근을 통제할 수 있는 기간을 제한한다. 내용연수는 이러한 요인에 의해 결정된 기간 중 짧은 기간으로 한다.

(3) 상각방법

무형자산의 상각방법은 자산의 경제적 효익이 소비되는 행태를 반영한 합리적인 방법이어야 한다. 무형자산의 상각대상금액을 내용연수 동안 합리적으로 배분하기 위해 다양한 방법을 사용할 수 있다. 이러한 상각방법에는 정액법, 체감잔액법(정률법 등), 연수합계법, 생산량비례법 등이 있다. 다만, 합리적인 상각방법을 정할 수 없는 경우에는 정액법을 사용한다.

3 상각 회계처리

거래내역	차변		대변	
상각 (기말)	무형자산상각비	×××	상각누계액	×××
	무형자산상각비	×××	특허권 등	×××
	• 무형자산이 소모(영업활동을 위해 희생)되고(차변), 무형자산에서 직접차감 또는 차감하는 형태로 표시(대변)			

5 무형자산 처분 회계처리

거래내역	차변		대변	
처분	현금(보통예금, 당좌예금) 미수금 등 무형자산처분손실	××× ××× ×××	특허권 등 (무형자산처분이익)	××× ×××
	• 현금 등을 받거나 차후에 받기로 하고 (차변) 보유하던 무형자산을 양도(대변) • 무형자산 매각으로 인한 채권은 "미수금" 계정 사용 • 차변금액 부족 시 동 금액을 "무형자산처분손실" 처리 대변금액 부족 시 동 금액을 "무형자산처분이익" 처리			

6 내부적으로 창출된 무형자산

1 연구와 개발의 의의

내부적으로 창출한 무형자산이 인식기준에 부합하는지를 평가하기 위하여 무형자산의 창출과정을 연구단계와 개발단계로 구분한다. "연구"는 새로운 과학적 또는 기술적 지식을 얻기 위해 수행하는 독창적이고 계획적인 탐구활동을 말한다. "개발"은 상업적인 생산 또는 사용 전에 연구결과나 관련 지식을 새롭거나 현저히 개량된 재료, 장치, 제품, 공정, 시스템 및 용역의 생산을 위한 계획이나 설계에 적용하는 활동을 말한다.

연구단계에 속하는 활동의 일반적인 예	개발단계에 속하는 활동의 일반적인 예
(가) 새로운 지식을 얻고자 하는 활동 (나) 연구결과 또는 기타 지식을 탐색, 평가, 최종 선택 및 응용하는 활동 (다) 재료, 장치, 제품, 공정, 시스템, 용역 등에 대한 여러 가지 대체 안을 탐색하는 활동 (라) 새롭거나 개선된 재료, 장치, 제품, 공정, 시스템, 용역 등에 대한 여러 가지 대체안을 제안, 설계, 평가 및 최종 선택하는 활동	(가) 생산 전 또는 사용 전의 시작품과 모형을 설계, 제작 및 시험하는 활동 (나) 새로운 기술과 관련된 공구, 금형, 주형 등을 설계하는 활동 (다) 상업적 생산목적이 아닌 소규모의 시험공장을 설계, 건설 및 가동하는 활동 (라) 새롭거나 개선된 재료, 장치, 제품, 공정, 시스템 및 용역 등에 대하여 최종적으로 선정된 안을 설계, 제작 및 시험하는 활동

2 내부적으로 창출한 무형자산의 자산 또는 비용 계상여부

(1) 프로젝트의 연구단계에서는 미래경제적효익을 창출할 무형자산이 존재한다는 것을 입증할 수 없기 때문에 연구단계에서 발생한 지출은 비용으로 인식한다.

(2) 개발단계에서 발생한 지출은 해당조건을 모두 충족하는 경우에만 무형자산으로 인식하고, 그 외의 경우에는 발생한 기간의 비용으로 인식한다.

(3) 무형자산을 창출하기 위한 내부 프로젝트를 연구단계와 개발단계로 구분할 수 없는 경우에는 그 프로젝트에서 발생한 지출은 모두 연구단계에서 발생한 것으로 본다.

(4) 내부적으로 창출된 무형자산의 취득원가는 그 자산의 창출, 제조, 사용준비에 직접 관련된 지출과 합리적이고 일관성있게 배분된 간접지출을 모두 포함한다.

(5) 개발단계에서 발생한 지출이 무형자산이 되기 위한 조건(모두 충족해야 함)

① 무형자산을 사용 또는 판매하기 위해 그 자산을 완성시킬 수 있는 기술적 실현가능성을 제시할 수 있다.
② 무형자산을 완성해 그것을 사용하거나 판매하려는 기업의 의도가 있다.
③ 완성된 무형자산을 사용하거나 판매할 수 있는 기업의 능력을 제시할 수 있다.
④ 무형자산이 어떻게 미래 경제적 효익을 창출할 것인가를 보여줄 수 있다. 예를 들면, 무형자산의 산출물, 그 무형자산에 대한 시장의 존재 또는 무형자산이 내부적으로 사용될 것이라면 그 유용성을 제시하여야 한다.
⑤ 무형자산의 개발을 완료하고 그것을 판매 또는 사용하는 데 필요한 기술적, 금전적 자원을 충분히 확보하고 있다는 사실을 제시할 수 있다.
⑥ 개발단계에서 발생한 무형자산 관련 지출을 신뢰성 있게 구분하여 측정할 수 있다.

3 내부적으로 창출한 무형자산에 대한 회계처리

연구단계, 개발단계+자산요건 미충족	(차) 경상연구개발비 ××× (대) 현금 ×××
개발단계+자산요건충족	(차) 개발비 ××× (대) 현금 ×××

4 영업권의 의의

일반적으로 경제적 또는 전략적 이유 때문에 한 회사가 다른 회사를 사는 경우를 흔히 볼 수 있다. 이런 경우를 사업결합 또는 합병이라고 부른다. 사는 입장에서는 상대방 회사를 싸게 사고 싶어할 것이고, 파는 입장에서는 회사를 비싸게 팔려고 할 것이다.

사업결합시 매수하는 회사가 매수당하는 회사의 자산과 부채를 공정가액으로 평가하여 사게 되는데, 만약 자산과 부채를 재무제표상 금액보다 비싸게 샀다면, 공정가액과 장부상 금액의 차이를 영업권으로 인식한다.

영업권은 그 내용연수에 걸쳐 정액법으로 상각한다. 영업권의 내용연수는 미래에 경제적 효익이 유입될 것으로 기대되는 기간으로 하며 20년을 초과하지 못한다.

> 회사가 내부적으로 창출한 영업권은 원가를 신뢰성있게 측정할 수 없을 뿐만 아니라 기업이 통제하고 있는 식별가능한 자원도 아니기 때문에 자산으로 인식하지 않는다. 사업결합으로 인식하는 영업권은 사업결합에서 획득하였지만 개별적으로 식별하여 별도로 인식하는 것이 불가능한 그 밖의 자산에서 발생하는 미래경제적효익을 나타내는 자산이다.

객관식 문제

01 다음 중 일반기업회계기준상 무형자산으로 계상할 수 없는 것은? (56회)

① 합병 등으로 인하여 유상으로 취득한 영업권
② 기업의 프로젝트 연구단계에서 발생하여 지출한 연구비
③ 일정한 광구에서 부존하는 광물을 독점적·배타적으로 채굴하여 취득할 수 있는 광업권
④ 일정기간 동안 독점적·배타적으로 이용할 수 있는 산업재산권

> **해설** 기업의 연구개발활동 중 연구단계에서 발생하여 지출한 연구비는 당기비용으로 처리한다.

02 무형자산과 관련한 다음의 설명 중 적절치 않은 것은? (54회)

① 무형자산으로 인식되기 위해서는 식별가능하여야 한다.
② 무형자산은 기업이 그 무형자산에 대한 미래경제적효익을 통제할 수 있어야 한다.
③ 내부적으로 창출한 영업권은 원가를 신뢰성 있게 측정할 수 없을 뿐만 아니라 기업이 통제하고 있는 식별가능한 자원도 아니기 때문에 자산으로 인식하지 않는다.
④ 내부적으로 창출한 모든 무형자산은 무형자산으로 인식할 수 없다.

> **해설** 내부적으로 창출한 무형자산이 인식기준에 부합하는지를 평가하기 위하여 무형자산의 창출과정을 연구단계와 개발단계로 구분하여 개발단계에 해당하는 경우 무형자산으로 인식한다.

03 다음 항목들 중에서 무형자산으로 인식할 수 없는 것은? (49회)

① 향후 5억원의 가치창출이 확실한 개발단계에 2억원을 지출하여 성공한 경우
② 내부창출한 상표권으로서 기말시점에 회사 자체적으로 평가한 금액이 1억원인 경우
③ 통신기술과 관련한 특허권을 출원하는 데 1억원을 지급한 경우
④ 12억원인 저작권을 현금으로 취득한 경우

> **해설** 내부창출한 상표는 신뢰성 있는 측정이 아니다.

정답 1.② 2.④ 3.②

04 다음은 무형자산과 관련된 내용이다. 가장 올바르지 못한 것은? (46회)

① 물리적 형체가 없지만 식별할 수 있다.
② 기업이 통제하고 있어야 한다.
③ 무형자산에는 어업권, 산업재산권, 선수금, 영업권 등이 있다.
④ 미래에 경제적 효익이 있는 비화폐성 자산이다.

해설 선수금은 부채계정임

05 다음 중 기업회계기준상 무형자산에 해당되는 항목으로만 묶어 놓은 것은? (42회)

| a. 특허권 | b. 개발비 | c. 연구비 |
| d. 개업비 | e. 상표권 | f. 창업비 |

① a, c, d   ② a, b, d   ③ a, b, e   ④ a, b, f

06 다음은 무형자산에 관한 설명이다. 잘못된 것은? (40회)

① 무형자산의 상각방법은 자산의 경제적 효익이 소비되는 행태를 반영한 합리적인 방법이어야 한다.
② 무형자산의 상각방법에는 정액법, 체감잔액법(정률법 등), 연수합계법, 생산량비례법 등이 있다.
③ 무형자산의 합리적인 상각방법을 정할 수 없는 경우에는 정률법을 사용한다.
④ 무형자산의 상각이 다른 자산의 제조와 관련된 경우에는 관련 자산의 제조원가로, 그밖의 경우에는 판매비와 관리비로 계상한다.

해설 정액법을 사용한다.

정답 4.③ 5.③ 6.③

주관식 분개연습

거래처, 판관비 또는 제조원가 여부, 부가가치세는 고려하지 말 것

01 7월 13일 한국대학에 의뢰한 신제품 개발에 따른 연구용역비 10,000,000원을 보통예금계좌에서 이체 지급하였다.(무형자산으로 처리할 것) (54회)

02 10월 5일 독도소프트(주)에서 ERP시스템 소프트웨어 용역을 22,000,000원에 공급받고, 전자세금계산서를 수취하였다. 대금은 내년 2월 10일에 지급하기로 하였다. 단, 계정과목은 무형자산 항목으로 처리하고, 당해 용역은 완료되었다.(45회)

03 무형자산에 대한 당기 상각비는 다음과 같다. 무형자산 상각에 대한 회계처리를 하시오.(단, 직접법으로 상각함) (42회)

| • 개발비 3,000,000원 | • 특허권 2,000,000원 |

04 전기말 재무상태표에 계상되어 있는 개발비 20,000,000원은 5년간 상각하며 20×1년부터 상각하였다. 20×2년도말 무형자산상각을 분개하라. (32회)

정답

01. (차) 개발비　　　　10,000,000원　　(대) 보통예금　　10,000,000원

02. (차) 소프트웨어　　22,000,000원　　(대) 미지급금　　22,000,000원

03. (차) 무형자산상각비 5,000,000원　　(대) 개발비　　　3,000,000원
　　　　　　　　　　　　　　　　　　　　　특허권　　　2,000,000원
　　*무형자산금액을 직접 차감하여 상각하는 것을 직접법이라 한다.(누계액 설정 : 간접법)

04. (차) 무형자산상각비　5,000,000원　　(대) 개발비　5,000,000원
　　*개발비 20,000,000원은 20×1년도에 한번 상각된 잔액이므로 잔여연수가 4년이다.
　　　따라서 20,000,000÷4 = 5,000,000

05 작년 10월 특허권을 60,000,000원에 취득하였고, 동 특허권은 올해 7월부터 사용하기 시작하였다. 상각기간은 10년이고 정액법으로 상각한다.(월할상각할 것) (57회 세무 2급)

06 4월 25일 당사는 보유 중인 특허권(장부가액:30,000,000원)을 27,500,000원에 (주)대미전자에 처분하고 전자세금계산서를 발행하였다. 관련 판매대금 전액은 당일에 보통예금으로 송금받았다.(51회 세무2급)

07 6월 30일 (주)한국상사에 특허권을 양도하고 전자세금계산서를 교부하였다. 특허권의 양도대가 11,000,000원은 보통예금통장으로 이체 받았다. 단, 특허권의 장부가액은 8,000,000원임 (47회 세무2급)

정답

05. (차) 무형자산상각비   3,000,000원   (대) 특허권   3,000,000원
  *60,000,000원÷10×6/12 = 3,000,000

06. (차) 보통예금   27,500,000원   (대) 특허권   30,000,000원
     무형자산처분손실   2,500,000원

07. (차) 보통예금   11,000,000원   (대) 특허권   8,000,000원
                                   무형자산처분이익   3,000,000원

Chapter 10 유가증권투자

1 유가증권의 의의 및 종류

1 의의

유가증권은 재산권을 나타내는 증권을 말하며, 크게 지분증권과 채무증권으로 분류됨. 유가증권은 적절한 액면금액단위로 분할되고 시장에서 거래되거나 투자의 대상이 됨

> (1) **지분증권** : 회사 등의 순자산에 대한 소유지분을 나타내는 유가증권
>   (예 : 보통주, 우선주, 수익증권 또는 자산유동화출자증권)
> (2) **채무증권** : 발행자에 대하여 금전을 청구할 수 있는 권리가 표시
>   (예 : 국채, 공채, 사채(전환사채 포함), 자산유동화채권 등)

2 종류

회사가 보유한 유가증권은 아래와 같이 크게 세 가지로 분류된다.

단기매매증권	매도가능증권	만기보유증권
1. 주로 단기간 내의 매매 차익을 목적으로 취득 2. 매수와 매도가 적극적이고 빈번하게 이루어지는 증권. 3. 단기적인 이익을 획득할 목적으로 운용되는 것이 분명한 증권포트폴리오를 구성하는 유가증권은 단기매매증권으로 분류	단기매매증권 또는 만기보유증권이 아닌 유가증권	1. 만기가 확정된 채무증권(주식 안됨) 2. 상환금액이 확정되었거나 확정이 가능한 채무증권을 만기까지 보유할 적극적인 의도와 능력보유

3 유가증권분류 요약

회사	투자자	단기매매증권	단기매매증권	만기보유증권
부채 ➡	채권	○	○	○
자본 ➡	주식	○	○	×
	기말평가	평가함	평가함	해당없음
	평가손익	영업외손익	자본	해당없음

* 전산회계 1급과정에는 단기매매증권, 매도가능증권이 주로 출제됨(지분법적용투자주식은 생략함)

2 단기매매증권

1 단기매매증권 거래의 흐름

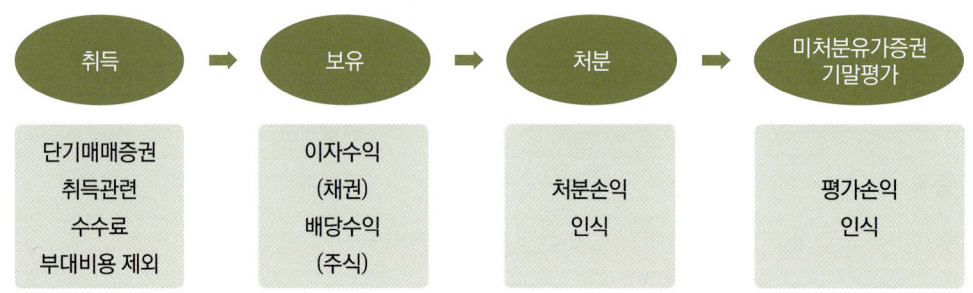

(1) **단기매매증권의 취득가액** : 취득 시 지급한 금액 (증권수수료 등 부대비용이 발생한 경우 수수료비용으로 처리)

(2) **단기매매증권 보유 중에 배당금수익(이자수익) 발생 영업외수익 처리**

(3) **단기매매증권처분손익(영업외손익) = 처분금액 − 처분직전 장부가액** (처분금액 = 수령액 − 처분 시 발생하는 수수료등)

(4) **단기매매증권평가손익(기말평가) = 기말현재 공정가액 − 장부가액** (영업외손익으로 분류됨)

2 단기매매증권 회계처리

내역	차변	대변
취득	단기매매증권 ××× 수수료비용 ×××	현금* ××× 미지급금 ×××
취득	• 단기매매증권 및 관련서비스를 받고(차변), 현금 등을 지출하거나 차후에 지급하기로 함(대변) • 단기매매증권 취득으로 인한 채무는 "미지급금"계정 사용	
보유	현금* ×××	배당금수익(이자수익) ×××
보유	• 현금 등을 받고(차변), 유가증권 보유에 따른 수익에 대한 반대급부를 지급할 필요 없음(대변),	
처분	현금* ××× 미수금 ××× 단기매매증권처분손실 ×××	단기매매증권 ××× (단기매매증권처분이익) ×××

처분	• 현금 등을 받거나 차후에 받기로 하고(차변)
	  보유하던 단기매매증권을 양도(대변)
	• 단기매매증권 매각으로 인한 채권은 "미수금" 계정 사용
	• 차변금액 부족 시 동 금액을 "단기매매증권처분손실" 처리
	  대변금액 부족 시 동 금액을 "단기매매증권처분이익" 처리	

기말평가	단기매매증권 ××× 단기매매증권평가손실 ×××	단기매매증권평가이익 ××× 단기매매증권 ×××

기말평가	• 가격 상승 시 단기매매증권을 추가로 받는 효과 있고(차변),
	  해당 부분에 대한 대가 지급이 없음(대변)
	• 가격 하락 시 해당 부분에 대한 대가 수령이 없고(차변),
	  단기매매증권을 추가로 지급하는 효과 있음(대변)	

* 현금 이외에 보통예금, 당좌예금 계정 사용가능
** 단기매매증권 처분으로 수령한 대금에서 수수료 등을 차감한 후 회계처리해야 함

3 매도가능증권 및 만기보유증권

1 매도가능증권 거래의 흐름

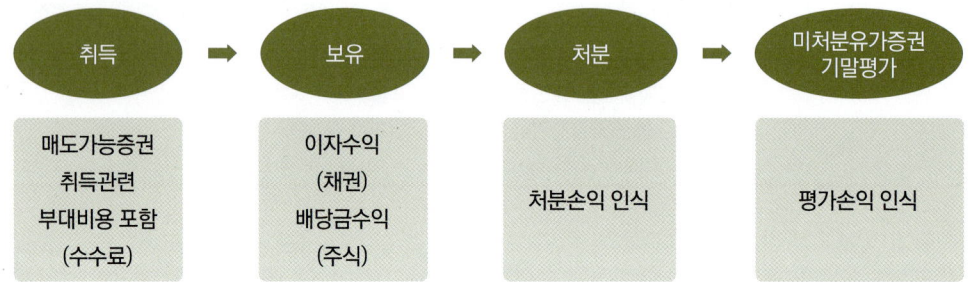

(1) **매도가능증권의 취득가액** : 취득 시 지급한 금액 + 부대비용 (증권수수료 등 부대비용이 발생한 경우 증권금액에 포함)

(2) **매도가능증권 보유 중에 배당금수익(이자수익) 발생** 영업외수익 처리

(3) **매도가능증권처분손익(영업외손익)** = 처분금액 - 처분직전 장부가액

    (처분금액 = 수령액 - 처분 시 발생하는 수수료등)
    (처분직전 장부금액 계산시 매도가능증권평가손익 고려)

(4) **매도가능증권평가손익(기말평가)** = 기말현재 공정가액 - 장부가액 (자본의 기타포괄손익으로 분류됨, 평가이익과 평가손실은 상계)

2 매도가능증권 회계처리

내역	차변		대변	
취득	매도가능증권	×××	현금*	×××
			미지급금	×××
	• 매도가능증권 및 관련서비스를 받고(차변), 현금 등을 지출하거나 차후에 지급하기로 함(대변) • 매도가능증권 취득으로 인한 채무는 "미지급금"계정 사용			
보유	현금*	×××	배당금수익(이자수익)	×××
	• 현금 등을 받고(차변), 유가증권 보유에 따른 수익에 대한 반대급부를 지급할 필요 없음(대변).			

내역	차변		대변	
처분	매도가능증권평가익	×××	(매도가능증권평가손	×××)
	현금*	×××	매도가능증권	×××
	미수금	×××		
	매도가능증권처분손실	×××	(매도가능증권처분이익	×××)

	• 현금 등을 받거나 차후에 받기로 하고(차변)
	  보유하던 매도가능증권을 양도(대변)
	• 매도가능증권 매각으로 인한 채권은 "미수금" 계정 사용
	• 차변금액 부족 시 동 금액을 "매도가능증권처분손실" 처리
	  대변금액 부족 시 동 금액을 "매도가능증권처분이익" 처리			

기말평가	매도가능증권	×××	매도가능증권평가이익	×××
	매도가능증권평가손실	×××	매도가능증권	×××

	• 가격 상승 시 매도가능증권을 추가로 받는 효과 있고(차변),
	  해당 부분에 대한 대가 지급이 없음(대변)
	• 가격 하락 시 해당 부분에 대한 대가 수령이 없고(차변),
	  매도가능증권을 추가로 지급하는 효과 있음(대변)			

* 당좌예금, 보통예금 계정 사용 가능

💲 매도가능증권평가이익이 기존에 존재하는 상황에서 증권의 가치가 하락하거나, 반대로 매도가능증권 평가손실이 기존에 존재하는 상황에서 증권의 가치가 상승한 경우에는 아래와 같이 회계처리한다.

내역	차변		대변	
기말평가	매도가능증권	×××	매도가능증권평가손실	×××
			매도가능증권평가이익	×××
	매도가능증권평가이익	×××	매도가능증권	×××
	매도가능증권평가손실	×××		
	• 기존에 매도가능증권평가이익(손실)이 있었다면 상계처리			

3 만기보유증권 취득 회계처리

내역	차변		대변	
취득	만기보유증권	×××	현금(보통예금, 당좌예금)	×××
			미지급금	×××
	• 만기보유증권 및 관련서비스를 받고(차변), 현금 등을 지출하거나 차후에 지급하기로 함(대변) • 만기보유증권 취득으로 인한 채무는 "미지급금"계정 사용			

* 만기보유증권 취득 시 지출되는 추가비용은 해당 증권금액에 포함시킨다.

객관식 문제

01 다음 중 기업회계기준에 의한 유가증권의 분류로서 적합하지 않은 것은? (34회)

① 단기매매증권　② 만기보유증권　③ 매도가능증권　④ 장기보유증권

> **해설** 유가증권은 단기매매증권, 만기보유증권, 매도가능증권, 지분법적용투자주식으로 분류한다.

02 다음은 유가증권과 관련된 내용이다. 틀린 것은? (36회)

① 지분증권과 채무증권으로 구성되어 있다.
② 지분증권은 주식 등을 말한다.
③ 채무증권은 국채, 공채, 회사채를 말한다.
④ 만기보유증권은 지분증권이다.

> **해설** 만기보유증권은 채무증권이다.

03 다음 중 유가증권에 대한 설명으로 틀린 것은? (53회)

① 단기매매증권과 매도가능증권은 원칙적으로 공정가치로 평가한다.
② 매도가능증권은 보유목적에 따라 유동자산이나 투자자산으로 분류된다.
③ 단기매매증권과 매도가능증권의 미실현보유이익은 당기순이익항목으로 처리한다.
④ 단기매매증권이 시장성을 상실한 경우에는 매도가능증권으로 분류하여야 한다.

> **해설** 매도가능증권에 대한 미실현보유손익은 기타포괄손익누계액으로 처리한다.

04 유가증권의 취득과 관련된 직접 거래원가에 관한 설명이다. 틀린 것은? (50회)

① 지분법적용투자주식으로 분류하는 경우에는 공정가치에 가산
② 만기보유증권으로 분류하는 경우에는 공정가치에 가산
③ 매도가능증권으로 분류하는 경우에는 공정가치에 가산
④ 단기매매증권으로 분류하는 경우에는 공정가치에 가산

> **해설** 단기매매증권으로 분류하는 경우에는 비용화

정답 1.④ 2.④ 3.③ 4.④

05 유가증권을 보유함에 따라 무상으로 주식을 배정받은 경우 회계처리방법은? (37회)

① 배당금수익(영업외수익)으로 처리한다.
② 장부가액을 증가시켜주는 회계처리는 하지 않고, 수량과 단가를 새로이 계산한다.
③ 장부가액을 증가시켜주는 회계처리를 하고, 수량과 단가를 새로이 계산한다.
④ 장부가액을 증가시켜주는 회계처리를 하고, 수량과 단가를 새로이 계산하지 않는다.

06 매도가능증권의 평가에 대한 설명 중 가장 옳지 않은 것은? (38회)

① 매도가능증권평가손익은 영업외손익으로 손익계산서에 반영된다.
② 장부가액이 공정가액보다 높을 경우에는 매도가능증권평가손실로 계상한다.
③ 단기매매증권이나 만기보유증권으로 분류되지 않는 유가증권에 대한 평가이다.
④ 시장성있는 매도가능증권은 장부상 금액을 공정가액에 일치시켜야 한다.

> **해설** 매도가능증권평가손익은 기타포괄손익누계액으로 분류 되므로 손익계산서에 기입할 수 없다.

07 다음 중 유가증권에 대한 내용으로 옳지 않은 것은? (46회)

① 유가증권은 취득 후에 만기보유증권, 단기매매증권, 매도가능증권, 지분법적용 투자주식 중의 하나로 분류한다.
② 유가증권의 분류는 취득 시 결정되면 그 후에 변동되지 않는다.
③ 주로 단기간 내의 매매차익을 목적으로 취득한 유가증권으로서 매수와 매도가 적극적이고 빈번하게 이루어지는 것은 단기매매증권이다.
④ 만기가 확정된 채무증권으로서 상환금액이 확정되었거나 확정이 가능한 채무증권을 만기까지 보유할 적극적인 의도와 능력이 있는 경우에는 만기보유 증권이다.

> **해설** 유가증권의 보유의도와 보유능력에 변화가 있어 재분류가 필요한 경우가 있는 바, 다음과 같은 예외가 있다.
> (1) 단기매매증권이 시장성을 상실한 경우에는 매도가능증권으로 분류하여야 한다.
> (2) 매도가능증권은 만기보유증권으로 재분류할 수 있으며 만기보유증권은 매도가능 증권으로 재분류할 수 있다.

정답 5.② 6.① 7.②

08 기업회계기준상 단기시세차익 목적으로 시장성있는 사채를 취득하는 경우 가장 적합한 계정과목은 무엇인가? (42회)

① 만기보유증권　　② 매도가능증권　　③ 단기매매증권　　④ 지분법적용투자주식

09 다음의 자료로 20×3년 5월 5일 현재 주식수와 주당금액을 계산한 것으로 맞는 것은? (57회)

> • (주)갑의 주식을 20×2년 8월 5일 100주를 주당 10,000원(액면가액 5,000원)에 취득하였다. 회계처리 시 계정과목은 단기매매증권을 사용하였다.
> • (주)갑의 주식을 20×2년 12월 31일 주당 공정가치는 7,700원이었다.
> • (주)갑으로부터 20×3년 5월 5일에 무상으로 주식 10주를 수령하였다.

① 100주, 7,000원/주　　　　　　② 100주, 7,700원/주
③ 110주, 7,000원/주　　　　　　④ 110주, 7,700원/주

해설 110주, 7,000원　20×2.8.5.　단기매매증권 1,000,000원(100주, 10,000원/주)
　　　　　　　　　　20×2.12.31.　단기매매증권 770,000원(100주, 7,700원/주)
　　　　　　　　　　20×3.5.5.　단기매매증권 770,000원(110주, 7,000원/주)

10 시장성 있는 (주)A의 주식 10주를 1주당 56,000원에 구입하고, 거래수수료 5,600원을 포함하여 보통예금계좌에서 결제하였다. 당해 주식은 단기매매차익을 목적으로 보유하는 경우이며, 일반기업회계기준에 따라 회계처리하는 경우 발생하는 계정과목으로 적절치 않은 것은? (55회)

① 단기매매증권　　② 만기보유증권　　③ 지급수수료　　④ 보통예금

해설 상기의 거래는 다음과 같이 회계처리된다.
　　단기매매증권 560,000 / 보통예금 565,600
　　수수료비용　 5,600
　유가증권은 취득한 후에 만기보유증권, 단기매매증권, 그리고 매도가능증권 중의 하나로 분류하여야 한다.

정답 8.③ 9.③ 10.②

11 기말 현재 단기매매증권 보유현황은 다음과 같다. 단기매매증권 보유를 함에 따라 손익계산서에 반영할 영업외손익의 금액은 얼마인가? (54회)

> - A사 주식의 취득원가는 200,000원이고 기말공정가액은 300,000원이다
> - A사 주주총회를 통해 현금배당금 60,000원을 받다.
> - B사 주식의 취득원가는 150,000원이고 기말공정가액은 120,000원이다.

① 70,000원　　② 100,000원　　③ 130,000원　　④ 160,000원

> **해설** A사 주식단기매매증권평가이익100,000원 + 배당금수익 60,000원 = 160,000원
> B사 주식 단기매매증권평가손실　　　　　　△30,000원
> 합계　　　　　　　　　　　　　　　　　　130,000원

12 (주)영광은 제1기(1.1~12.31)의 1월 2일에 단기적인 시세차익 목적으로 상장주식 100주(주당 20,000원)를 현금으로 취득하였다. 12월 31일의 1주당 시가는 25,000원이었다.(주)영광은 제2기(1.1~12.31) 1월 1일에 50주를 1주당 30,000원에 매각하였다. 제2기 12월 31일의 1주당 시가는 20,000원이었다. 일련의 회계처리 중 잘못된 것을 고르면? (48회)

① 취득　　　: (차) 단기매매증권　　　2,000,000원　(대) 현금　　　　　　　2,000,000원
② 제1기말　: (차) 단기매매증권　　　　500,000원　(대) 단기매매증권평가익　500,000원
③ 제2기 1.1 : (차) 현금　　　　　　　1,500,000원　(대) 단기매매증권　　　1,000,000원
　　　　　　　　　　　　　　　　　　　　　　　　　　단기매매증권처분이익　500,000원
④ 제2기말　: (차) 단기매매증권평가손실 250,000원　(대) 단기매매증권　　　　250,000원

> **해설** (차) 현금　1,500,000원　(대) 단기매매증권　　　1,250,000원
> 　　　　　　　　　　　　　　　　단기매매증권처분이익　250,000원
> 처분금액 : 30,000×50 = 1,500,000, 처분 시 장부가액 : 25,000×50 = 1,250,000

정답　11.② 12.④

13 기말 현재 단기매매증권 보유현황은 다음과 같다. 다음 중 일반기업회계기준에 따른 기말 평가를 하는 경우 올바른 분개로 가장 타당한 것은? (52회)

> - A사 주식의 취득원가는 200,000원이고 기말공정가액은 300,000원이다.
> - B사 주식의 취득원가는 150,000원이고 기말공정가액은 120,000원이다.

① (차) 단기매매증권 100,000원 (대) 단기매매증권평가이익 100,000원
② (차) 단기매매증권 70,000원 (대) 단기매매증권평가이익 70,000원
③ (차) 단기매매증권 420,000원 (대) 단기매매증권평가이익 420,000원
④ (차) 단기매매증권 350,000원 (대) 단기매매증권평가이익 350,000원

해설 단기매매증권평가이익= (300,000+120,000)−(200,000+150,000)=70,000원

14 다음은 (주)고려개발이 단기매매목적으로 매매한 (주)삼성가전 주식의 거래내역이다. 기말에 (주)삼성가전의 공정가치가 주당 20,000원인 경우 손익계산서상의 단기매매증권평가손익과 단기매매증권처분손익은 각각 얼마인가? 단, 취득원가의 산정은 이동평균법을 사용한다. (41회)

거래일자	매입수량	매도(판매)수량	단위당 매입금액	단위당 매도금액
6월 1일	200주		20,000원	
7월 6일	200주		18,000원	
7월 20일		150주		22,000원
8월 10일	100주		19,000원	

① 단기매매증권평가손실 450,000원　단기매매증권처분이익 350,000원
② 단기매매증권평가이익 450,000원　단기매매증권처분이익 350,000원
③ 단기매매증권평가이익 350,000원　단기매매증권처분손실 450,000원
④ 단기매매증권평가이익 350,000원　단기매매증권처분이익 450,000원

해설 1. 단기매매증권의 처분이익 = 150주×(22,000원 −19,000원)= 450,000원
  (∵(200주×20,000원+200주×18,000원)/400주)
2. 단기매매증권의 평가이익 = 평가금액 − 장부금액 = 350주×20,000원 − 350주×19,000원 = 350,000원

정답 13.② 14.④

15 유가증권 중 단기매매증권에 대한 설명이다. 다음 보기 중 가장 틀린 것은? (39회)

① 시장성이 있어야 하고, 단기시세차익을 목적으로 하여야 한다.
② 기말의 평가방법은 공정가액법이다.
③ 기말평가차익은 영업외수익 또는 영업외비용으로 처리한다.
④ 단기매매증권은 유형자산으로 분류된다.

해설 단기매매증권은 유동자산으로 분류한다.

16 (주)서원은 20×8년 6월 1일 은행으로부터 30,000,000원(상환기간2년, 이자율12%)을 차입하여 단기투자 목적으로 삼성전자(주) 주식을 매입하였다. 주가가 상승하여 20×8년 10월 10일 일부를 처분하였다. 이와 관련하여 20×8년 재무제표에 나타나지 않는 계정과목은? (35회)

① 단기매매증권　② 단기매매증권처분이익　③ 이자비용　④ 단기차입금

해설 장기차입금 계정이 나타난다.

17 기말현재 보유 중인 유가증권의 현황이 다음과 같을 경우 적절한 회계처리는? (58회)

- 취득원가 1,000,000원의 갑회사 주식(단기보유목적), 기말공정가액 1,200,000원
- 취득원가 9,000,000원의 을회사 주식(장기투자목적, 시장성있음), 기말공정가액 8,500,000원

① (차) 유가증권평가손실　　　300,000　(대) 유가증권　　　　　　　　300,000
② (차) 단기매매증권　　　　　200,000　(대) 단기매매증권평가이익　　200,000
　(차) 매도가능증권평가손실　500,000　(대) 매도가능증권　　　　　　500,000
③ (차) 단기매매증권　　　　　200,000　(대) 단기매매증권평가이익　　200,000
　(차) 매도가능증권평가손실　500,000　(대) 매도가능증권평가손실충당금　200,000
④ (차) 유가증권평가손실　　　300,000　(대) 유가증권평가손실충당금　300,000

해설
- 단기매매증권과 매도가능증권은 공정가치로 평가한다.
- 단기매매증권에 대한 미실현보유손익은 당기손익항목으로 처리하고, 매도가능증권에 대한 미실현보유손익은 기타포괄손익누계액으로 처리한다.

정답 15.④　16.④　17.②

주관식 분개연습

01 9월 3일 단기 매매차익을 목적으로 상장회사인 (주)도전의 주식 100주를 주당 15,000원(액면가액 5,000원)에 구입하고 매입수수료 5,000원을 포함하여 당사의 보통예금계좌에서 인터넷뱅킹으로 지급하였다.(53회)

02 8월 28일 보유 중인 (주)한성의 주식에 대하여 중간배당금 1,000,000원을 보통예금계좌로 송금받았다.(36회)

03 7월 8일 단기간의 매매차익을 목적으로 총액 7,000,000원에 구입한 상장회사 (주)구노물산의 주식 200주 중 80주를 주당 40,000원에 처분하였으며 처분대금은 소망은행 보통예금에 입금되다.(50회)

04 8월 26일 단기보유목적으로 6월 1일 24,000,000원(1,000주)에 취득하였던 상장주식전부를 1주당 20,000원에 처분하고 보통예금에 계좌이체 되었다.(37회)

정답

01.	(차) 단기매매증권	1,500,000원	(대) 보통예금	1,505,000원
	수수료비용	5,000원		
02.	(차) 보통예금	1,000,000원	(대) 배당금수익	1,000,000원
03.	(차) 보통예금	3,200,000원	(대) 단기매매증권	2,800,000원
			단기매매증권처분이익	400,000원
04.	(차) 보통예금	20,000,000원	(대) 단기매매증권	24,000,000원
	단기매매증권처분손실	4,000,000원		

05 기말 현재 당사가 단기매매차익을 목적으로 보유하고 있는 주식현황과 기말 현재 공정가치는 다음과 같다.(53회)

주 식 명	보유주식수	주당 취득원가	기말 공정가치
㈜한성 보통주	2,000주	10,000원	주당 12,000원
㈜강화 보통주	1,500주	8,000원	주당 10,000원
㈜도전 보통주	100주	15,000원	주당 15,000원

06 2월 21일 당사가 장기투자 목적으로 보유하던 상장주식(투자회사에 대한 지분율이 1% 미만임)을 다음과 같은 조건으로 처분하고 처분대금을 보통예금 계좌로 입금하였다. 단, 전년도(20×1년)에 해당 상장주식에 대한 기말 평가는 기업회계기준에 따라 적절하게 회계처리 하였다.(53회 세무2급)

취득가액	시 가	양도가액
취득일 20×1년 1월 31일	20×1년 12월 31일	
7,000,000원	5,000,000원	6,000,000원

07 1월 21일 당사가 보유 중인 매도가능증권(당기에 처분의도가 없음)을 다음과 같은 조건으로 처분하고 현금을 회수하였으며, 전년도(20×0년) 기말 평가는 기업회계기준에 따라 처리하였다.(49회 세무2급)

취득가액	기말공정가액	양도가액	비고
취득일 20×0년 1월 31일	20×0년 12월 31일		
10,000,000원	15,000,000원	12,000,000원	시장성 있음

> **정답**
> 05. (차) 단기매매증권 7,000,000원 (대) 단기매매증권평가이익 7,000,000원
>
> 06. (차) 보통예금 6,000,000원 (대) 매도가능증권 5,000,000원
>   매도가능증권처분손실 1,000,000원   매도가능증권평가손실 2,000,000원
>
> 07. (차) 현금 12,000,000원 (대) 매도가능증권 15,000,000원
>   매도가능증권평가익 5,000,000원   매도가능증권처분익 2,000,000원

08 기말 현재 보유 중인 매도가능증권의 평가액은 다음과 같다.(46회 세무2급)

구 분	수 량	장부가액	공정가액
㈜대성	1,000주	20,200,000원	22,000,000원

09 시장성이 있는 매도가능증권에 대한 보유내역이 다음과 같다. 20×3년말 매도가능증권평가에 대한 회계처리를 하시오.(55회 세무2급)

- 20×2년 취득가액 : 2,000,000원
- 20×2년 기말 공정가액 : 2,200,000원
- 20×3년 기말 공정가액 : 1,900,000원

10 9월 10일 ㈜서울에서 발행한 채권(만기는 5년 후, 시장성은 없다) 10,000,000원을 만기까지 보유할 목적으로 당좌수표를 발행하여 취득하였다. 단, 채권을 취득하는 과정에서 발생한 수수료 50,000원은 현금으로 지급하였다.(56회)

정답

08. (차) 매도가능증권 1,800,000원 (대) 매도가능증권평가익 1,800,000원

09. (차) 매도가능증권평가이익 200,000원 (대) 매도가능증권 300,000원
　　　매도가능증권평가손실 100,000원
　*전년도 : 매도가능증권 200,000원 / 매도가능증권평가익 200,000
　　올해 시가가 전년도의 것보다 300,000원 하락하였으므로 기존 평가익 200,000원을 상계하고 잔액 100,000원을 평가손실로 계상한다.

10. (차) 만기보유증권 10,050,000원 (대) 당좌예금 10,000,000원
　　　　　　　　　　　　　　　　　　　현금　　　　 50,000원

Chapter 11 자본

1 주식회사의 의의와 거래흐름

1 회사의 의의

(1) 회사

상행위 그 밖의 영리를 목적으로 하고 법에 의해서 권리능력이 부여되는 집단
- 크게 회사는 합명회사, 합자회사, 주식회사, 유한회사 4종류로 나뉘며, 일반적으로 주식회사가 많음

(2) 주식회사(株式會社)

회사의 주인인 주주가 자신들이 가진 주식의 인수가액 한도 내에서 채무에 대한 책임을 지는 형태의 회사로서, 회사의 소유자들은 책임이 제한되기 때문에, 마음놓고 회사 영업을 할 수 있다는 장점이 있다.

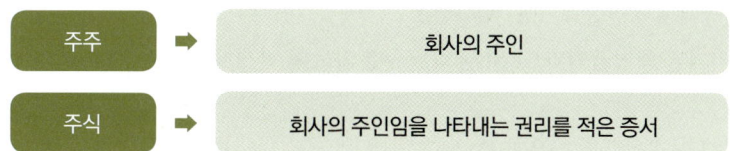

2 주식의 의의

(1) 주식

회사의 자산 및 이익에 대한 청구권을 표시하는 증권으로서, 주식을 보유하고 있는 자는 보유수량에 비례하여, 회사에 대한 권리를(영업, 이익분배 등) 주장할 수 있음
주식의 발행금액은 해당기업의 재무상태, 경영성과, 현금흐름등의 지표를 고려하여 책정됨

(2) 우선주와 보통주

회사는 이익이나 이자의 배당 또는 잔여재산의 분배에 대해 내용이 다른 여러 종류의 주식을 발행할 수 있는데, 크게 보통주와 우선주로 구분된다. 보통주는 표준이 되는 주식이며, 우선주는 보통주에 비하여 특정권리가 우선되는 주식이다.(통상적으로 우선주의 배당금액이 보통주의 것보다 많음)

3 주식회사의 자본거래 흐름

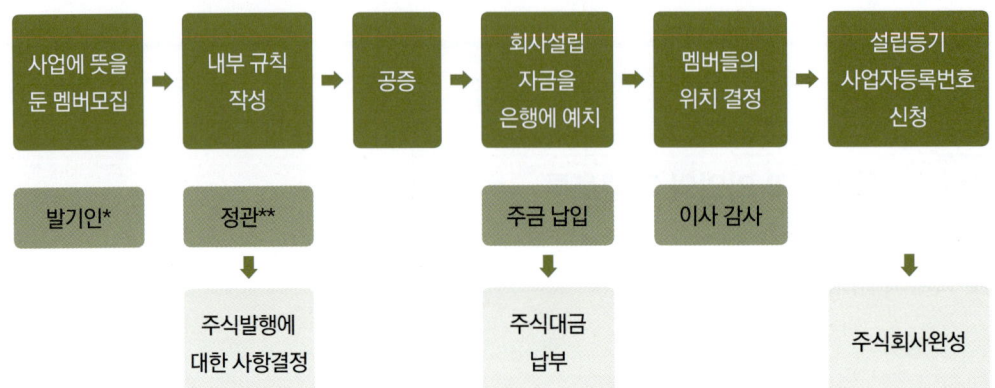

* 발기인 : 사업을 하고자 모인 사람들
** 정관 : 회사를 차리기 전에 작성되는 내부규칙으로서, 정관에는 다양한 내용이 들어가는데, 주식 1주의 금액과 회사의 설립시에 발행하는 주식의 총수를 이 시점에서 결정하게 된다. 정관에 기재되는 주식 1주당 금액을 주당 액면가액이라고 한다.

4 주식발행

주식의 발행금액 = 액면금액 ± α (매우 중요)
→ 정관에 기재된 액면금액과 그 외 금액을 구분되도록 회계처리한다.

주식과 관련된 거래흐름은 다음과 같다.

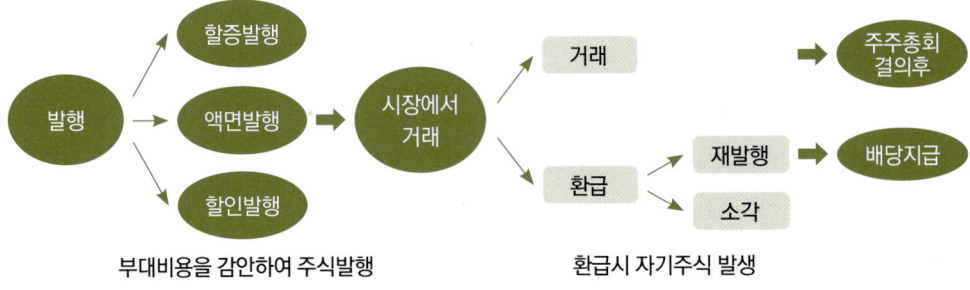

2 주식의 발행

1 주식발행초과금과 주식할인발행차금의 의의

회사가 현금을 수령하고 주식을 발행할 때 주식의 발행금액이 액면가액을 초과하거나 미달하는 금액은 서로 구분해서 회계처리를 하게 되는데, 액면가액은 자본금이란 명칭을 쓰며, 초과하는 금액은 주식발행초과금으로, 미달하는 금액은 주식할인발행차금으로 한다.

2 주식발행초과금과 주식할인발행차금의 분류 및 상계

주식발행초과금은 자본잉여금으로 회계처리하며, 주식할인발행차금은 기존에 있던 주식발행초과금과 우선 상계하고 만약 미상계된 잔액이 있으면 자본조정으로 회계처리한다. 이익잉여금 처분(또는 결손금 처리)으로 상각되지 않은 주식할인발행차금은 향후 발생하는 주식발행초과금과 우선적으로 상계한다.

3 신주발행비 등의 처리

신주발행수수료등 신주발행을 위하여 직접 발생한 기타의 비용은 주식발행초과금에서 차감하거나, 주식할인발행차금에 더한다. 주식발행에 대한 사항을 정리하면 아래와 같다.

상 황	회 계 처 리
주당 발행금액 〉 주당 액면금액	발행금액과 액면금액의 차이를 주식발행 초과금으로 처리하며, 각종 수수료는 주식발행초과금에서 제외한다.
주당 발행금액 〈 주당 액면금액	발행금액과 액면금액의 차이를 주식할인 발행차금으로 처리하며, 각종 수수료는 주식할인발행차금에 더한다.

4 회계처리

내역	차변		대변	
주식발행	현금*	×××	자본금	×××
			주식발행초과금	×××
	현금*	×××	자본금	×××
	주식할인발행차금	×××		
	• 현금 등을 받고(차변), 반드시 대금을 지급할 의무가 없는 주식을 지급한다(대변). → 수취대금은 주식의 액면금액과 초과금액으로 구분 • 현금 등을 받고(차변), 반드시 대금을 지급할 의무가 없는 주식을 지급한다(대변). → 수취대금은 주식의 액면금액과 미달금액으로 구분			
상계	현금*	×××	자본금	×××
			주식할인발행차금	×××
			주식발행초과금	×××
	현금*	×××	자본금	×××
	주식발행초과금	×××		
	주식할인발행차금	×××		
	• 기존에 주식할인발행차금(주식발행초과금)이 있었다면 상계처리			

* 당좌예금, 보통예금 계정 사용가능

5 현물출자, 출자전환의 의의 및 회계처리

(1) **현물출자** : 기업이 현금 대신 현물(유형자산, 무형자산 등)을 받고 주식을 발행주식의 발행가액은 해당자산의 공정가액으로 평가하며, 액면가액 초과 혹은 미달금액은 주식발행초과금 또는 주식할인발행차금으로 계상

(2) **출자전환** : 회사가 주식으로 채무를 변제. 회계처리는 현물출자와 유사하다.

내역	차변		대변	
현물 출자	기계장치(기타 자산)	×××	자본금	×××
			주식발행초과금	×××
출자 전환	외상매입금(기타 채무)	×××	자본금	×××
			주식발행초과금	×××
설명	• 기계 등을 받거나 채무가 없어지면서(차변), 반드시 대금을 지급할 의무가 없는 주식을 지급한다(대변).			

객관식 문제

01 (주)세원은 20×4년 중에 보통주 10,000주(1주당 액면가액 1,000원)를 1주당 500원에 발행하였다. 20×3년 기말 재무상태표상 자본상황이 다음과 같을 경우, 20×4년 기말 재무상태표에 표시되는 자본상황으로 올바른 것은? (60회)

- 자본금 : 90,000,000원
- 주식발행초과금 : 10,000,000원

① 자본금 95,000,000원
② 주식발행초과금 5,000,000원
③ 주식할인발행차금 5,000,000원
④ 총자본 100,000,000원

해설 신주발행시 회계처리

(차) 보통예금   5,000,000원   (대) 자본금   10,000,000원
    주식발행초과금   5,000,000원

따라서, 2014년 기말 재무상태표상 자본금 100,000,000원, 주식발행초과금 5,000,000원, 총 자본은 105,000,000원으로 표시된다.

02 (주)강남스타일의 20×2년 1월 1일 자본금은 50,000,000원(주식수 50,000주, 액면가액 1,000원)이다. 20×2년 7월 1일에 주당 1,200원에 10,000주를 유상증자하였다. 20×2년 기말 자본금은 얼마인가? (53회)

① 12,000,000원   ② 50,000,000원   ③ 60,000,000원   ④ 62,000,000원

해설 기말 자본금 (50,000주+10,000주) x 1,000원 = 60,000,000원

03 (주)피제이전자는 주식 1,000주(1주당 액면가액 1,000원)를 1주당 1,500원에 증자하면서 주식발행 관련 제비용으로 100,000원을 지출하였다. 이에 대한 결과로 올바른 것은? (43회)

① 주식발행초과금 400,000원 증가
② 자본금 1,400,000원 증가
③ 주식발행초과금 500,000원 증가
④ 자본금 1,500,000원 증가

해설 주식발행초과금은 주식발행가액(증자의 경우에 신주발행수수료 등 신주발행을 위하여 직접 발생한 기타의 비용을 차감한 후의 가액을 말한다. 이하 같다)이 액면가액을 초과하는 경우 그 초과하는 금액으로 한다.

1,000주×(1,500원-1,000원) - 100,000원 = 400,000원

정답   1.② 2.③ 3.①

04 자본증자를 위해 액면 5,000원의 주식을 6,000원에 발행하고 대금은 전액 현금으로 수취하였다. 올바르게 분개된 것은? (30회)

① (차) 현금 6,000원　(대) 자본금　　　　　6,000원
② (차) 현금 6,000원　(대) 자본금　　　　　5,000원
　　　　　　　　　　　　주식발행초과금　 1,000원
③ (차) 현금 5,000원　(대) 자본금　　　　　5,000원
④ (차) 현금 6,000원　(대) 자본금　　　　　5,000원
　　　　　　　　　　　　주식할인발행차금 1,000원

해설 액면금액을 초과하여 주식을 발행하였을 경우 주식발행초과금계정에 기입하며 자본잉여금으로 분류한다.

05 액면가액 10,000원인 주식을 9,000원에 할인발행하면서 주식발행비 500원을 지출한 경우에 재무상태표상에 자본금으로 기록될 금액은 얼마인가? (26회)

① 10,000원　　② 9,000원　　③ 9,500원　　④ 8,500원

해설 10,000원. 재무상태표에 자본금은 항상 액면가액으로 표시되어야 한다.

정답　4.② 5.①

주관식 분개연습

01 8월 25일 액면가액이 1주당 5,000원인 보통주를 증권시장에서 주당 10,000원씩 5,000주를 현금으로 발행하였다. 주식발행에 소요된 인쇄비, 광고비, 수수료 등의 주식발행비로 5,000,000원이 현금지출되었다.(49회)

02 7월 18일 주주총회에서 결의된 바에 따라 유상증자를 실시하여 신주 10,000주(액면가액 1,000원)를 주당 2,500원에 발행하고, 증자와 관련하여 수수료 120,000원을 제외한 나머지 증자대금이 보통예금계좌에 입금되다.(54회)

03 12월 21일 주식 10,000주(액면가액 5,000원)를 주당 4,000원에 발행하고 납입금은 전액 국민은행 보통예금 계좌에 입금되었다. 신주발행비 2,000,000원은 전액 현금으로 지급하였다.(39회)

정답

01. (차) 현금　　　　　　45,000,000원　　(대) 자본금　　　　　　25,000,000원
　　　　　　　　　　　　　　　　　　　　　　　주식발행초과금　　20,000,000원

　　보통주자본금 = 1주당 액면금액 × 발행주식수 = 5,000원 × 5,000 = 25,000,000원
　　주식발행초과금 = (1주당 발행가액 - 1주당 액면금액) × 발행주식수
　　　　　　　　　　= (10,000 - 5,000원) × 5,000 = 25,000,000원
　　주식발행비를 차감한 후 주식발행초과금 = 25,000,000 - 5,000,000 = 20,000,000

02. (차) 보통예금　　　　24,880,000원　　(대) 자본금　　　　　　10,000,000원
　　　　　　　　　　　　　　　　　　　　　　　주식발행초과금　　14,880,000원

03. (차) 보통예금　　　　40,000,000원　　(대) 자본금　　　　　　50,000,000원
　　　주식할인발행차금　12,000,000원　　　　현금　　　　　　　2,000,000원

04 3월 15일 당사는 유상증자를 위해 보통주 10,000주(1주당 액면가액 10,000원)를 1주당 8,000원으로 발행하였고, 주금은 금일 보통예금으로 입금받았다. 단, 이와 관련한 주식발행비용(제세공과금 등) 2,000,000원은 즉시 보통예금에서 지급되었고, 증자일 현재 주식발행초과금계정 잔액은 20,000,000원이었다.(하나의 거래로 처리할 것) (51회 세무2급)

05 8월 28일 신주 1,000주를 발행하여 기계장치를 구입하였다. 주당 액면가액은 5,000원이며 발행시점의 공정가액은 주당 6,000원이다.(28회)

06 8월 20일 이사회의 승인을 얻어 매입처 LT전자(주)에 지급하여야 할 외상매입금 중 일부인 12,000,000원을 당사에 출자전환하고 신주 2,000주(액면가액 5,000원)를 교부하였다. 신주교부에 따른 제비용은 없다고 가정한다.(41회)

정답

04. (차) 보통예금   78,000,000원   (대) 자본금   100,000,000원
    주식발행초과금   20,000,000원
    주식할인발행차금 2,000,000원

05. (차) 기계장치   6,000,000원   (대) 자본금   5,000,000원
                                                주식발행초과금   1,000,000원

06. (차) 외상매입금   12,000,000원   (대) 자본금   10,000,000원
                                                주식발행초과금   2,000,000원

3 자기주식

1 의의

자기주식 : 주식시장에서 거래되고 있는 자기 회사의 주식을 회사가 사들여 가지고 있는 것으로서 차후에 다시 주식시장에 팔거나, 자기주식을 없앨 수 있다.(재발행 또는 소각 가능)

> 자기주식을 취득할 수 있는 경우의 예
> 1. 주식을 소각하기 위한 때
> 2. 주주가 주식매수청구권을 행사한 때
> 3. 회사의 권리를 실행함에 있어 그 목적을 달성하기 위하여 필요한 때

2 취득 시 회계처리

자기주식은 자본을 줄이는 효과가 있으므로 자기주식을 취득 시 차변에 기재한다.

> (차) 자기주식　　　　×××　　(대) 현금　　　　×××

3 자기주식처분손익

기존에 취득한 자기주식의 처분 시 처분금액이 장부금액보다 클 경우 발생하는 자기주식처분이익은 자본잉여금으로 처리하고, 만약 자기주식처분손실이 발생할 경우 기존에 있던 자기주식처분이익과 우선적으로 상계하고 미상계된 잔액은 자본조정으로 계상한다.
이익잉여금 처분(또는 결손금처리)으로 상각되지 않은 자기주식처분손실은 향후 발생하는 자기주식처분이익과 우선적으로 상계한다.

> 만약 자기주식을 무상으로 받은 경우, 자기주식의 취득원가는 회계처리하지 않고 잊어버리지 않게 따로 기록해 두었다가, 차후에 처분할 때 자기주식처분손익을 계상한다.

4 자기주식 처분 회계처리

내역	차변		대변	
자기주식 처분	현금*	×××	자기주식 자기주식처분익	××× ×××
	현금* 자기주식처분손	××× ×××	자기주식	×××
	• 현금 등을 받고(차변), 보유하고 있던 자기주식을 준다(대변). → 자기주식의 장부가액보다 돈을 더 받으면 "자기주식처분익" 계상 → 자기주식의 장부가액보다 돈을 더 받으면 "자기주식처분손" 계상 • 대금을 차후에 수령하는 경우 "미수금" 계정 사용			
상계	현금*	×××	자기주식 자기주식처분손 자기주식처분익	××× ××× ×××
	현금* 자기주식처분익 자기주식처분손	××× ××× ×××	자기주식	×××
	• 기존에 자기주식처분익(자기주식처분손)이 있었다면 상계처리			

* 당좌예금, 보통예금 계정 사용 가능

4 자본의 감소

1 감자의 의의

감자는 회사자본을 줄이는 행위로서 회사의 재정상태를 어렵게 하고 채권자들에게 채무불이행의 위험이 있다는 뉘앙스를 풍기게 되므로 상법에서는 감자에 대한 제한을 둠

2 감자차익, 감자차손의 의의

자본감소를 위해 주식을 소각한 경우 감자를 위하여 지급한 금액과 자본금 액면가액을 비교하여 자본금 액면이 더 큰 경우 차이금액은 감자차익으로 처리하며, 기존에 감자차손이 있었을 경우 이 금액과 우선적으로 상계하고 미상계된 잔액을 자본잉여금으로 계상한다.

반대로 주식액면가액이 감자를 위하여 지급한 금액을 초과할 경우, 그 금액은 감자차손으로 처리하며, 기존에 감자차익이 있었다면 해당 금액과 우선적으로 상계하고 미상계된 잔액은 자본조정으로 계상한다.

3 감자 회계처리

내역	차변		대변	
주식소각	자본금	×××	현금* 감자차익	××× ×××
	자본금 감자차손	××× ×××	현금*	×××
	• 자본금이 감소하고(차변), 소각대금을 지급한다.(대변). 　→ 자본금(주식의 액면금액)보다 돈을 덜 지급하면 "감자차익" 계상 　→ 자본금(주식의 액면금액)보다 돈을 더 지급하면 "감자차손" 계상 • 자기주식을 소각할 경우 대변에 "자기주식"계정 사용			
상계	자본금	×××	현금* 감자차손 감자차익	××× ××× ×××
	자본금 감자차익 감자차손	××× ××× ×××	현금*	×××
	• 기존에 감자차익(감자차손)이 있었다면 상계처리			

* 당좌예금, 보통예금 계정 사용 가능

주식회사의 자본에 대한 회계처리는 매우 필수적인 절차 중 하나이고 시험에서도 자주 출제되는 부분이므로 꼭 연습해야 한다.
자본관련 계정들의 분류를 꼭 암기할 것!! (객관식에서 자주 출제됨)

분류	주식발행시	자본의 환급	자기주식의 재발행	자본의 소각
자본잉여금	주식발행초과금		자기주식처분이익	감자차익
자본조정	주식할인발행차금	자기주식	자기주식처분손실	감자차손

주관식 분개연습

01 3월 14일 적법하게 보유 중인 자기주식(취득원가:20,000,000원)을 18,000,000원에 처분하고 처분대금은 보통예금으로 입금받았다. 단, 처분당시 자기주식처분이익 계정잔액은 5,000,000원이었다. (50회 세무2급)

02 9월 23일 보유 중인 자기주식을 처분하였다. 장부가액은 12,340,000원(10,000주, 1,234원/주)으로 처분가액은 11,000,000원(10,000주,1,100원/주)이었다. 처분대금은 보통예금 계좌에 입금되었다. 단, 자기주식처분이익계정의 잔액이 500,000원 있다. 또한 처분수수료는 없는 것으로 가정한다. (38회)

03 3월 14일 당사는 주식 3,000주(액면 @5,000원)를 1주당 4,000원으로 매입소각하고 대금은 보통예금계좌에서 이체하여 지급하였다. (48회 세무2급)

정답

01. (차) 보통예금　　　　　18,000,000원　　(대) 자기주식　20,000,000원
　　　자기주식처분이익　2,000,000원

02. (차) 보통예금　　　　　11,000,000원　　(대) 자기주식　12,340,000원
　　　자기주식처분이익　　500,000원
　　　자기주식처분손실　　840,000원

03. (차) 자본금　　　　　　15,000,000원　　(대) 보통예금　12,000,000원
　　　　　　　　　　　　　　　　　　　　　　　감자차익　　3,000,000원

5 자본항목의 재무제표 표시

1 자본의 분류
자본 : 자본금, 자본잉여금, 자본조정, 이익잉여금, 기타포괄손익누계액으로 구분.

2 자본금의 의의
자본금은 법정자본금으로 하며, 보통주자본금과 우선주자본금으로 구분하여 표시한다.(배당금 지급 및 청산시의 권리가 상이하기 때문에 보통주와 우선주자본금 구분표시)

3 자본잉여금의 의의 및 항목
자본잉여금은 증자나 감자 등 주주와의 거래에서 발생하여 자본을 증가시키는 잉여금이며, 주요계정은 주식발행초과금, 자기주식처분이익, 감자차익 등이 있다. 자본잉여금은 주식발행초과금과 기타자본잉여금으로 구분하여 표시한다.

4 자본조정의 의의 및 항목
자본조정은 자본거래에 해당하나 최종 납입된 자본으로 볼 수 없거나 자본의 가감성격으로 자본금이나 자본잉여금으로 분류할 수 없는 항목이다. 주요계정은 자기주식, 주식할인발행차금, 감자차손 및 자기주식처분손실 등이 있으며 자기주식은 별도로 구분하여 표시하며, 그 외 항목은 기타자본조정으로 통합가능하다.

5 기타포괄손익누계액의 의의 및 항목
기타포괄손익누계액은 보고기간말 현재의 매도가능증권평가손익, 해외사업환산손익, 현금흐름위험회피 파생상품평가손익 등의 잔액이며, 계정별로 구분하여 표시한다.

6 이익잉여금의 의의 및 항목

이익잉여금(또는 결손금)은 법정적립금, 임의적립금 및 미처분이익잉여금(또는 미처리결손금)으로 구분하여 표시하며, 법정적립금과 임의적립금의 세부 내용 및 법령 등에 따라 이익배당이 제한되어 있는 이익잉여금의 내용을 주석으로 기재한다.

> 이익잉여금 = 당기순이익 + 이입된 금액 - (배당+자본금전입+자본조정 상각)

 * 당기순이익 : 손익계산서에 보고된 손익
** 이입된 금액 : 다른 자본항목에서 이입된 금액의 합계액

7 자본항목의 구분 및 주식분할, 주식병합이 자본에 미치는 영향

자본총액과 자본금은 엄연히 다른 내역이며, 자본의 세부항목이 단순히 계정대체되는 경우 자본총액에 변동을 가져오지 않는다. 주식의 총액면가액은 변하지 않으며 주식의 수만 증가시키는 주식분할과 주식의 수를 감소시키는 주식병합은 주식발행과 달리 자본금과 자본총계에 영향을 미치지 않는다.

객관식 문제

01 자본에 대한 설명이다. 틀린 것은? (59회)

① 자본금은 우선주자본금과 보통주자본금으로 구분하며, 발행주식수 ×주당 발행가액으로 표시된다.
② 잉여금은 자본잉여금과 이익잉여금으로 구분 표시한다.
③ 주식의 발행은 할증발행, 액면발행 및 할인발행이 있으며, 어떠한 발행을 하여도 자본금은 동일하게 표시된다.
④ 자본은 자본금·자본잉여금·이익잉여금·자본조정 및 기타포괄손익누계액으로 구분 표시한다.

해설 자본금은 우선주자본금과 보통주자본금으로 구분하며, 발행주식수×주당 액면가액으로 표시된다.

02 다음의 자본항목 중 그 성격이 다른 하나는? (58회)

① 자기주식 ② 주식할인발행차금
③ 자기주식처분손실 ④ 해외사업환산손실

해설 ④는 자본의 분류 중 기타포괄손익누계액에 해당하며, 나머지는 자본조정항목에 해당한다.

03 다음 중 나머지 셋과 성격이 다른 하나는? (55회)

① 주식발행초과금 ② 감자차익 ③ 이익준비금 ④ 자기주식처분이익

해설 주식발행초과금, 감차차익, 자기주식처분이익은 자본잉여금이고, 이익준비금은 이익잉여금.

04 재무상태표상 계정의 분류가 옳지 않은 것은? (54회)

① 자기주식처분손실 : 영업외비용 ② 감자차손 : 자본조정
③ 자기주식 : 자본조정 ④ 매도가능증권처분손실 : 영업외비용

해설 자기주식처분손실은 자본조정에 해당된다.

정답 1.① 2.④ 3.③ 4.①

05 다음 자본에 대한 분류 중 잘못된 것은? (48회)

① 자본금　　　② 자본잉여금　　　③ 기타자본변동　　　④ 자본조정

> 해설　기타자본변동은 자본에 대한 분류(자본금, 자본잉여금, 자본조정, 이익잉여금, 기타포괄손익누계액)에 해당되지 아니함

06 다음 중 자본의 분류와 해당 계정과목의 연결이 올바르지 않은 것은? (47회)

① 자본금 : 보통주자본금, 우선주자본금
② 자본잉여금 : 주식발행초과금, 자기주식처분이익
③ 자본조정 : 감자차익, 감자차손
④ 이익잉여금 : 이익준비금, 임의적립금

> 해설　감자차익은 자본잉여금에 해당함

07 다음 중 기업회계기준상 기타포괄손익누계액 항목이 아닌 것은? (41회)

① 매도가능증권평가손익　　　② 해외사업환산손익
③ 현금흐름위험회피 파생상품평가손익　　　④ 자기주식처분손실

> 해설　자본조정항목이다.

08 자기주식을 구입가액보다 낮게 처분하여 발생하는 부분은 재무상태표상 자본항목 중 어디에 표시되는가? (36회)

① 자본금　　　② 자본잉여금　　　③ 자본조정　　　④ 기타포괄손익누계액

> 해설　자식주식처분손실은 자본조정에 속하는 항목이다.

정답　5.③　6.③　7.④　8.③

09 다음 자료를 바탕으로 자본잉여금의 금액을 계산한 것으로 옳은 것은? (단, 계정과목별 연관성은 전혀 없다.) (41회)

- 감자차익 : 500,000원
- 사업확장적립금 : 300,000원
- 자기주식처분이익 : 300,000원
- 감자차손 : 250,000원
- 이익준비금 : 100,000원
- 주식발행초과금 : 700,000원
- 자기주식처분손실 : 100,000원
- 주식할인발행차금 : 150,000원

① 600,000원   ② 900,000원   ③ 1,200,000원   ④ 1,500,000원

> **해설** 자본잉여금은 감자차익과 주식발행초과금, 자기주식처분이익이 속한다.

10 주식을 할증발행하는 경우 발행가액이 액면가액을 초과하는 부분은 재무상태상 자본항목 중 어디에 표시되는가? (34회)

① 자본금   ② 자본잉여금   ③ 자본조정   ④ 기타포괄손익누계액

> **해설** 주식발행초과금은 자본잉여금에서 표시한다.

11 신주 10,000주(액면가액 1주당 10,000원)를 9,800원에 발행하였다면, 발행차액은 어느 항목에 해당되는가? (33회)

① 이익잉여금   ② 자본잉여금   ③ 자본조정   ④ 임의적립금

> **해설** 주식을 할인발행하였으므로 주식할인발행차금으로서 자본조정에서 차감하는 항목이다.

12 기업회계기준에서 재무상태표상 자본잉여금에 속하지 않는 것은? (28회)

① 주식발행초과금   ② 감자차익   ③ 기타법정적립금   ④ 자기주식처분이익

> **해설** 기타법정적립금은 이익잉여금에 속한다.

정답 9.④ 10.② 11.③ 12.③

6 이익잉여금

1 당기순이익 관련 회계처리

수익과 비용항목은 손익계정으로 통합후 동 잔액이 미처분이익잉여금에 합산된다.

거래내역	차변		대변	
수익, 비용 통합	수 익	×××	손익	×××
	손익	×××	비 용	×××
당기순이익	손익	×××	미처분이익잉여금	×××
당기순손실	미처분이익잉여금	×××	손익	×××

* 손익을 집합손익으로 표현할 수 있다.

2 이익잉여금의 증감원인

이익잉여금의 증가원인
이익의 증가(= 수익 - 비용 〉 0)
다른 항목에서 전입(이입)

이익잉여금의 감소원인
손실의 증가(= 수익 - 비용 〈 0)
배당, 다른 항목으로 전입(대체)

기말 이익잉여금 = 기초 이익잉여금 + 순이익* + 이입액 - (배당+자본금전입+자본조정 상각)

* 수익 - 비용 〈 0 이면 순손실이므로 자본금에서 차감됨

3 이익잉여금 사용

(1) 배당지급

기업이 한 해동안의 영업활동을 통하여 이익을 내었다면, 회사에 투자한 투자자에게 이익의 일부를 투자대가로 지급하게 되는데, 이것을 배당이라고 한다. 배당은 이익잉여금을 재원으로 하며, 주주총회 승인후 이루어진다.

◈ 배당의 종류는 금전배당, 주식배당, 현물배당 세 가지가 있다.

(2) 사내유보(적립)

기업의 이익을 전부 배당에 쓰게 되면, 미래투자를 위한 자금이 부족해지거나 위급상황에 대한 대처능력이 떨어지므로 배당 대신 회사 내에 적립할 수 있다. 또한 자본의 다른 항목을 이익잉여금으로 이입할 수 있다.

(3) 자본조정항목 상계

기중에 상계되지 않은 주식할인발행차금 잔액, 자기주식처분손실 잔액과 감자차손 잔액도 이익잉여금과 상계한다.

4 이익잉여금처분계산서

(1) 이익잉여금 처분 관련 절차

기간	12.31	1월~3월	3월 말	4월
하는 일	회계기간 마감	결산, 재무제표 작성 및 회계감사 이사회의 배당공고	주주총회 개최	배당금 지급

* 회계기간을 1.1~12.31로 가정할 경우 기말이후에 행해지는 일반적인 절차임

(2) 주주총회의 의의

주주총회는 투자자들이 모여서 회사의 주요사항에 대한 의사결정을 하는 회의로서, 이익잉여금의 사용에 대한 결정사항은 주주총회에서 결정되고, 상법규정에 근거하여 재무상태표, 손익계산서, 이익잉여금처분계산서가 주주총회에서 주주들에게 승인을 얻어야 한다.

(3) 이익잉여금처분계산서의 의의

이익잉여금처분계산서는 이익잉여금을 어떻게 사용할 것인지에 대한 계획표로서 주석에 동 사항을 첨부하게 됨

- 이익잉여금처분계산서는 재무제표에 포함되지 않는다 → 주의할 것
- 이익잉여금을 법정적립금, 임의적립금 및 미처분이익잉여금으로 구분표시함

(4) 이익잉여금처분계산서 항목

항목	내역
미처분이익잉여금	전기이월미처분이익잉여금 − 중간배당 + 당기순이익 ± 기타*
처분전이익잉여금	미처분이익잉여금 + 임의적립금등의 이입액
이익잉여금처분액	이익준비금 적립** + 기타법정적립금 적립 + 자본조정 제거 + 배당금 지급 + 임의적립금적립
차기이월이익잉여금	처분전이익잉여금 − 이익잉여금처분액

* 회계정책변경으로 인한 누적효과와 전기오류수정으로 인한 효과를 가감한다.
** 법정적립금 중에서 이익준비금이 수험목적상으로 중요하다.

> 재무상태표상 이익잉여금은 처분사항이 반영되기 전 금액이다. 기말 현재에는 이익잉여금 처분에 대하여 확정된 사항이 없기 때문이다.(이익잉여금처분계산서는 계획표이므로 분개가 기말현재 나오지 않는다)

5 적립금

(1) 이익준비금의 의의

배당은 이익잉여금에서만 지급해야 하며, 배당금 지급 시 상법규정에 의하여 회사는 그 자본금의 2분의 1에 달할 때까지 매결산기의 금전에 의한 이익배당액의 10분의 1 이상의 금액을 법정적립금인 이익준비금으로 적립하여야 한다.

> - 배당은 배당금을 지급할 의무와 금액이 확정되었을 때 부채로 계상한다.
> - 주식으로 배당하는 경우에는 발행주식의 액면금액을 배당액으로 하여 자본금의 증가와 이익잉여금의 감소로 회계처리한다.

(2) 임의적립금의 의의

임의적립금은 회사가 정관이나 주주총회의 결의에 따라 이익잉여금 중 일부를 사내에 유보하기 위하여 적립한 금액을 말한다. 임의적립금의 적립을 통하여 주주들의 배당압력을 피하고 회사자금을 유보시켜 차후에 투자 등의 목적으로 이익잉여금을 사용할 수 있다. 임의적립금은 다시 미처분이익잉여금으로 이입하여 배당을 하거나 다른 적립금으로 적립할 수 있고, 회사의 결손금 보전에 사용할 수도 있다. 사업확장적립금 등이 임의적립금에 속한다.

6 이익잉여금 처분 회계처리

거래내역	차변		대변	
임의적립금 이입	사업확장적립금	×××	미처분이익잉여금	×××
이익잉여금 처분	미처분이익잉여금	×××	미지급배당금	×××
			이익준비금	×××
			미교부주식배당금	×××
			기타법정적립금 등	×××
			사업확장적립금 등	×××
			주식할인발행차금 등	×××
금전배당	미지급배당금	×××	현금 등	×××
주식배당	미교부주식배당금	×××	자본금	×××

* 미교부주식배당금은 "자본조정"에 속하고, 미지급배당금은 "부채"에 속함
* 배당지급 시 원천징수를 하므로 "예수금"계정이 대변에 나올 수 있음

객관식 문제

01 다음 중 이익잉여금 항목에 해당하지 않는 것은? (51회)

① 이익준비금   ② 임의적립금   ③ 주식발행초과금   ④ 미처분이익잉여금

해설 주식발행초과금은 자본잉여금에 해당함

02 주식발행회사가 이익배당을 주식으로 하는 경우(주식배당) 배당 후 상태변화로 가장 옳지 않은 것은? (50회)

① 배당 후 이익잉여금은 증가한다.   ② 배당 후 자본금은 증가한다.
③ 배당 후 총자본은 불변이다.   ④ 배당 후 발행주식수는 증가한다.

해설 이익잉여금을 자본전입하므로 주식배당으로 자본금은 증가하고 이익잉여금은 감소한다.

03 이익잉여금처분계산서에서 확인할 수 없는 항목은 무엇인가? (44회)

① 기타법정적립금   ② 배당금   ③ 주식할인발행차금   ④ 당기순이익

해설 주식할인발행차금은 자본조정항목으로 재무상태표에서 확인할 수 있다. 이익잉여금처분계산서에서 확인할 수 있는 항목은 주식할인발행차금 상각액이다.

04 다음 보기 중 이익잉여금으로 분류하는 항목을 모두 고른 것은? (42회)

〈 보기 〉
ㄱ. 현금배당액의 1/10 이상의 금액을 자본금의 2분의 1에 달할 때까지 적립해야 하는 금액
ㄴ. 액면을 초과하여 주식을 발행한 때 그 액면을 초과하는 금액
ㄷ. 감자를 행한 후 주주에게 반환되지 않고 불입자본으로 남아있는 금액

① ㄱ   ② ㄴ   ③ ㄱ, ㄷ   ④ ㄴ, ㄷ

해설 ㄱ. 이익준비금은 이익잉여금으로, ㄴ. 주식발행초과금, ㄷ. 감자차익은 자본잉여금으로 분류한다.

정답 1.③ 2.① 3.③ 4.①

05 (주)수원기업은 결산 시 회사자본의 구성내용이 자본금 50,000,000원, 자본잉여금 3,000,000원, 이익준비금 700,000원이었고, 당해 연도의 당기순이익은 500,000원이었다. 현금배당을 300,000원을 할 경우 이익준비금으로 적립해야 할 최소 금액은 얼마인가? (39회)

① 30,000원　　② 50,000원　　③ 70,000원　　④ 100,000원

> 해설　회사는 그 자본의 2분의 1에 달할때까지 매결산기의 금전에 의한 이익배당액의 10분의 1이상의 금액을 이익준비금으로 적립하여야 한다. 따라서 30,000원임

06 다음 중 이익잉여금이 아닌 것은? (31회)

① 기타법정적립금　② 이익준비금　③ 임의적립금　④ 감자차익

> 해설　감자차익은 자본잉여금에 해당한다.

07 다음 중 이익잉여금처분계산서에 나타나지 않는 항목은? (22회)

① 이익준비금　② 임의적립금　③ 주식배당　④ 자본잉여금

> 해설　자본잉여금은 재무상태표에만 나타난다.

정답　5.① 6.④ 7.④

주관식 분개연습

01 4월 10일 금년 3월 28일에 열린 주주총회의 결의에 따라 현금배당 5,000,000원과 주식배당 10,000,000원을 실시하고 현금으로 지급하다.(관련된 원천징수세액은 없는 것으로 가정한다) (36회 세무2급)

02 4월 1일 전기분 이익잉여금처분계산서대로 주주총회에서 확정(배당결의일 2월 20일)된 배당액을 지급하였다. 원천징수세액 1,540,000원을 제외한 8,460,000원을 현금으로 지급하였고, 주식배당 5,000,000원은 주식을 발행(액면발행)하여 교부하였다.(43회 세무2급)

정답

01. (차) 미지급배당금　　　　5,000,000원　　(대) 현금　　　　5,000,000원
　　　 미교부주식배당금　10,000,000원　　　　　자본금　　10,000,000원

02. (차) 미지급배당금　　　10,000,000원　　(대) 현금　　　　8,460,000원
　　　 미교부주식배당금　 5,000,000원　　　　　예수금　　　1,540,000원
　　　　　　　　　　　　　　　　　　　　　　　　자본금　　　5,000,000원

7 기타사항

1 결손금 처리

(1) 결손금의 의의
수익에서 비용을 뺀 금액이 이익이 아니라 손실일 경우 지속적으로 손실이 쌓이게 되면 이익잉여금이 부(-)의 금액이 되므로 재무제표에 좋지 않은 영향을 미친다. 마이너스 상태가 된 이익잉여금을 이월결손금이라 한다.

(2) 이월결손금의 상계
이월결손금은 자본의 다른 항목과 상계하여 부(-)의 상태를 없애야 하는데, 상법에서 회사가 상계순서를 자유롭게 정하도록 규정하고 있다. 위의 방법 외에도 이월결손금은 자본금과 상계가능한데, 현금의 유출이 없는 바이월결손금과 자본금의 상계를 무상감자라고 한다.

(3) 기타사항
이월결손금이 있는 상태에서도 주식할인발행차금 상각이 가능하고, 자기주식처분손실 잔액과 감자차손 잔액은 결손금 처리에 준하여 상각된다.

2 무상증자

자본잉여금 또는 이익잉여금을 자본금에 전입하여 기존의 주주에게 무상으로 신주를 발행하는 것을 무상증자라 한다. 무상증자시에는 주식의 액면금액을 주식의 발행금액으로 한다.

객관식 문제

01 다음 중 자산의 증감도 없고, 자본의 증감도 없는 경우는? (49회)

① 유상증자　　② 무상증자　　③ 주식의 할인발행　　④ 주식의 할증발행

> **해설**　무상증자는 동일한 금액의 자본 감소와 자본 증가를 가져오므로, 자산의 증감도 없고, 자본의 증감도 없다.
> (예) (차) 이익준비금 100,000원　　(대) 자본금 100,000원

02 이익잉여금을 자본금에 전입하였을 경우 다음 설명 중 올바른 것은? (35회)

① 자본총액이 증가한다.　　　　② 자본총액이 감소한다.
③ 자본금이 증가한다.　　　　　④ 자본금이 감소한다.

> **해설**　이익잉여금을 자본금에 전입하는 경우 자본총액에는 변화가 없으며 단지 자본금만 증가한다.

03 자본금이 100,000,000원인 회사가 이월결손금 18,000,000원을 보전하기 위하여 유통 중인 주식 중 1/5에 해당하는 부분을 무상 소각하였다. 이 경우 분개에서 사용하여야 할 자본항목과 금액 중 옳은 것은? (45회)

① 감자차손　2,000,000원　　　② 주식발행초과금　2,000,000원
③ 감자차익　2,000,000원　　　④ 합병차익　　　　2,000,000원

> **해설**　∴ 자본금 감소액 = 100,000,000×5/5 − 100,000,000 ×4/5 = 20,000,000원
> (차) 자본금　20,000,000　　(대) 미처리결손금　18,000,000
> 　　　　　　　　　　　　　　　　감자차익　　　　 2,000,000

04 다음의 회계거래 중에서 자본총액에 변화가 없는 것은? (44회)

① 주식을 할인발행하다.　　　　② 이익준비금을 계상하다.
③ 당기순손실이 발생하다.　　　④ 주식을 할증발행 하다.

> **해설**　이익준비금의 계상은 자본총액에 변화가 없다.

05 다음 중 주식회사의 자본 구성 요소에 관한 설명으로 바르게 짝지은 것은? (38회)

> ㉠은 1주의 액면금액에 발행한 주식수를 곱한 금액이다.
> ㉡은 영업활동과 직접적인 관계가 없는 자본거래에서 생긴 잉여금이다.
> ㉢은 회사의 영업활동 결과로 발생한 순이익을 원천으로 하는 잉여금이다.

	㉠	㉡	㉢		㉠	㉡	㉢
①	적립금	자본잉여금	이익잉여금	②	자본금	자본잉여금	이익잉여금
③	자본금	이익잉여금	자본잉여금	④	적립금	이익잉여금	자본잉여금

해설 무상증자는 동일한 금액의 자본 감소와 자본 증가를 가져오므로, 자산의 증감도 없고, 자본의 증감도 없다.
(예) (차) 이익준비금 100,000원   (대) 자본금 100,000원

정답 1.② 2.③ 3.③ 4.② 5.②

주관식 분개연습

01 8월 10일 이익준비금 2,000,000원을 자본전입하기로 이사회 결의하였다. 이사회 결의일에 자본전입에 대한 회계처리 하시오.(35회)

02 4월 10일 무상증자를 위하여 기타자본잉여금 20,000,000원을 자본금으로 전입하고 무상주 4,000주(액면가액 5,000원)를 발행하였다.(53회 세무2급)

정답
01. (차) 이익준비금   2,000,000원   (대) 자본금   2,000,000원
02. (차) 기타자본잉여금 20,000,000원   (대) 자본금   20,000,000원

Chapter 12 | 외화거래

1 외화거래의 의의

우리나라 경제구조의 특성상 수출입이 많기 때문에, 거래를 할 경우 우리나라 화폐가 아닌 외국 화폐를 필연적으로 사용해야 한다. 일반적으로 미국달러, 유로, 엔화, 위안화 등 다양한 국가의 화폐가 무역거래에서 통용되고 있다. 회사가 외국과 거래를 많이 하고 있는 상태에서 재무제표를 작성할 경우, 외국과 거래한 후 발생하는 외화, 외화로 표시된 채권 및 채무 및 기타자산, 부채를 어떻게 표시할 것인가에 대한 고려를 해야 한다.

2 자산, 부채의 화폐성 여부

1 환율의 의의

환율은 다른 나라의 화폐와 우리나라의 화폐의 상대적 비율로서, 서울외국환중개회사 홈페이지나 다른 은행들 홈페이지에서 검색이 가능하다.

- **외화환산** : 다른 나라의 화폐가치를 우리나라의 화폐가치로 바꾸어서 표시하는 행위

2 화폐성, 비화폐성항목의 정의

(1) **화폐성항목** : 확정되었거나 결정가능할 수 있는 화폐단위의 수량으로 받을 권리나 지급할 의무가 있는 것

(2) **비화폐성항목** : 확정되었거나 결정가능할 수 있는 화폐단위의 수량으로 받을 권리나 지급할 의무가 없는 것

3 화폐성 자산, 부채

외화환산이 가능한 자산 및 부채는 화폐성외화자산 및 화폐성외화부채로서 현금 및 현금성자산, 매출채권, 매입채무 등과 같이 화폐가치의 변동과 상관없이 자산·부채의 금액이 계약 기타에 의하여 일정액의 화폐액으로 고정되어 있는 경우의 당해 자산 및 부채로 한다.

4 비화폐성 자산, 부채

비화폐성외화자산 및 비화폐성외화부채는 화폐성외화자산 및 화폐성외화부채가 아닌 것들을 말하며, 재화와 용역에 대한 선급금(예: 선급임차료), 영업권, 무형자산, 재고자산, 유형자산 등이 비화폐성항목에 속한다. 비화폐성외화자산, 부채는 원칙적으로 당해 자산을 취득하거나 당해 부채를 부담한 당시의 적절한 환율로 환산한 금액을 재무제표에 기재한다. 다만, 유가증권과 같이 화폐성·비화폐성의 양면적인 성격을 동시에 가지고 있는 자산·부채는 당해 자산·부채의 보유상의 목적 또는 성질에 따라 구분한다.

3 계정 및 회계처리

1 외화거래 시 적용되는 환율 및 관련 계정

(1) 최초 거래
외화거래를 최초로 인식하는 경우에 거래일의 환율을 외화금액에 적용하여 기록한다.

(2) 기말
매 보고기간말의 외화환산방법은 다음과 같다.

> ① 화폐성 외화항목은 마감환율로 환산한다.
> ② 역사적원가로 측정하는 비화폐성 외화항목은 거래일의 환율로 환산한다.
> ③ 공정가치로 측정하는 비화폐성 외화항목은 공정가치가 결정된 날의 환율로 환산한다.

(3) 결제
결제일의 환율과 결제일 직전의 장부가액을 비교하여 회계처리한다.

(4) 외화거래 관련 계정
① 외환차손익 : 화폐성항목의 결제 시점에 발생하는 환율차이
② 외화환산손익 : 화폐성항목의 환산에 사용한 환율이 회계기간 중 최초로 인식한 시점 또는 전기의 재무제표 환산시점의 환율과 다르기 때문에 발생하는 차이.
→ 외환차손익, 외화환산손익 모두 영업외손익으로 인식한다.

2 외화거래 관련 주요 회계처리

		채권(외상매출금 사례)		채무(외상매입금 사례)	
		차변	대변	차변	대변
거래		외상매출금 ××	제품매출 ××	원재료 ××	외상매입금 ××
환산		외상매출금 ××	외화환산이익 ××	외상매입금 ××	외화환산이익 ××
		외화환산손실 ××	외상매출금 ××	외화환산손실 ××	외상매입금 ××
결제		현금 등 ××	외상매출금 ×× 외환차익 ××	외상매입금 ××	현금 등 ×× 외환차익 ××
		현금 등 ×× 외환차손 ××	외상매출금 ××	외상매입금 ×× 외환차손 ××	현금 등 ××

* 미수금, 미지급금 또는 대여금, 차입금 계정을 이용해도 외화관련회계처리는 동일히다.

주관식 분개연습

01 10월 19일 아프리카 수입상 캄차카에 제품을 미화 20,000달러에 직수출하고, 대금은 외상으로 하였다.(선적일 현재의 기준환율은 미화 달러당 1,100원이다) (56회)

02 7월 17일 일본 후지모리상사에 제품 1,000개(@2,000엔)를 직수출하고, 대금은 외상으로 하였다. 단, 선적일 시점의 환율은 100엔당 1,200원이었다.(55회)

03 10월 20일 수출업체인 형제무역에 Local L/C에 따라 $30,000(기준환율 1,000원 /$1)에 제품을 납품하고 영세율세금계산서를 교부하였으며, 대금은 형제무역 발행 약속어음으로 받았다.(40회)

04 8월 26일 구글에 수출(선적일자 6월 25일)한 제품 외상매출금이 보통예금 계좌에 원화로 환전되어 입금되었다.(51회)

- 외상매출금 : 3,000달러
- 6월25일 환율 : 1,200원/달러
- 8월26일 환율 : 1,300원/달러

정답

01. (차) 외상매출금　22,000,000원　　(대) 제품매출　22,000,000원
　＊ 1,100×20,000 = 22,000,000

02. (차) 외상매출금　24,000,000원　　(대) 제품매출　24,000,000원
　＊ 2,000×1,000×1,200 = 24,000,000 (엔화는 100엔을 기준으로 환율이 계산되므로 주의할 것)

03. (차) 받을어음　30,000,000원　　(대) 제품매출　30,000,000원
　＊ 1,000×30,000 = 30,000,000

04. (차) 보통예금　3,900,000원　　(대) 외상매출금　3,600,000원
　　　　　　　　　　　　　　　　　　　　외환차익　　　　300,000원
　＊ 수령액 : 1,300×3,000 = 3,900,000, 거래 시 환율 : 1,200×3,000 = 3,600,000
　　 300,000원을 더 받은 셈이 되므로 동 금액이 외환차익이 된다.

05 9월 14일 미국기업인 벤카인터내셔날에 수출(선적일자 9월 5일)하였던 제품에 대한 외상매출금이 보통예금 계좌에 입금되었다. (46회)

- 외상매출금 : 20,000달러
- 9월 14일 환율 : 1,300원/달러
- 9월 05일 환율 : 1,500원/달러

06 11월 19일 미국 워싱턴은행으로부터 차입한 단기차입금을 상환하기 위하여 국민은행에서 달러로 환전하여 상환하였다. 환전대금은 국민은행 보통예금계좌에서 이체하였다. (39회)

- 차입금액 10,000달러
- 상환 시 적용한 환율 : 1,200원/달러
- 차입시 적용한 환율 : 1,100원/달러

07 3월 3일 뉴욕은행으로부터 차입한 외화장기차입금 $10,000(외화장기차입금 계정)와 이자 $200에 대해 거래은행에서 원화현금을 달러로 환전하여 상환하였다. (52회 세무2급)

- 장부상 회계처리 적용환율 : $1당 1,000원
- 상환 시 환전한 적용환율 : $1당 1,100원

정답

05. (차) 보통예금   26,000,000원   (대) 외상매출금   30,000,000원
    외환차손   4,000,000원
  * 수령액 : 1,300×20,000 = 26,000,000, 거래 시 환율 : 1,500×20,000 = 30,000,000
    4,000,000원을 덜 받은 셈이 되므로 동 금액이 외환차손이 된다.

06. (차) 단기차입금   11,000,000원   (대) 보통예금   12,000,000원
    외환차손   1,000,000원
  * 상환액 : 1,200×10,000 = 12,000,000, 거래 시 환율 : 1,100×10,000 = 11,000,000
    1,000,000원을 더 지급한 셈이 되므로 동 금액이 외환차손이 된다.

07. (차) 외화장기차입금 10,000,000원   (대) 현금   11,220,000원
    이자비용   220,000원
    외환차손   1,000,000원
  * 상환액 : 1,100×10,200 = 11,220,000, 외화장기차입금의 거래 시 환율 : 1,000×10,000 = 10,000,000
    이자비용 : 1,100×200 = 220,000 1,000,000원을 더 지급한 셈이 되므로 동 금액이 외환차손이 된다.

08 외상매출금 중 21,400,000원은 제품 US $20,000을 USIC ELECTRIC에 10월 14일에 매출한 금액이다. 결산일 현재 기준환율은 US $1 : 1,090원이다.(29회 세무2급)

09 결산일 현재 외상매출금 중에는 LCD 사에 20×6년 12월 3일에 US $ 20,000로 매출한 금액이 포함되어 있고 이 금액은 20×7년 1월 2일에 회수할 예정이다. 일자별로 적용할 환율은 다음과 같다.(26회 세무2급)

- 20×6년 12월 3일 적용환율 : US $1 = 1,050원
- 20×6년 12월 31일 적용환율 : US $1 = 1,010원
- 20×7년 1월 2일 적용환율 : US $1 = 1,000원

10 중국 "단동무역공사"에 대한 원재료 외상매입금 잔액이 미화 $25,000이다. 외상 매입금 장부 반영 당시 환율은 미화 1$당 1,250원이었으나, 기말결산일 현재 환율은 미화 1$당 1,150원이다.(46회 세무2급)

11 기말현재 장부상의 외상매입금 중 프랑스의 르폰사에 대한 것은 14,500,000원이며, (1만유로) 기말현재의 유로화에 대한 기준환율은 1EUR당 1,530원이다.(36회 세무2급)

정답

08. (차) 외상매출금   400,000원   (대) 외화환산이익   400,000원
∴ 외화환산이익 = 1,090원 × $20,000 − 21,400,000원 = 400,000원

09. (차) 외화환산손실   800,000원   (대) 외상매출금   800,000원
∴ 외화환산손실 = (1,010원−1,050원)×$20,000 = 800,000원

10. (차) 외상매입금   2,500,000   (대) 외화환산이익   2,500,000
∴ 외화환산이익 = (1,150원 − 1,250원)×$20,000 = 2,500,000원, 대금을 적게 지급한 상황임

11. (차) 외화환산손실 800,000원   (대) 외상매입금 800,000원
* 10,000×1,530 − 14,500,000원 = 800,000원(환산손실)

12 단기차입금 중에는 (주)연재의 외화단기차입금 10,000,000원(미화 $10,000)이 포함되어 있다.(회계기간 종료일 현재 적용환율 : 미화 1$당 1,100원) (53회)

13 단기차입금 중에는 ABC사의 외화단기차입금 12,000,000원(미화 $10,000)이 포함되어 있다.(보고기간종료일 현재 적용환율 : 미화 1$당 1,100원) (47회)

14 단기대여금 중에는 외화대여금 15,000,000원(미화 $8,000)이 포함되어 있다. (재무상태표일 현재 환율: 미화 1$당 1,200원) (41회)

15 기말현재 장기차입금(국민은행)(미화 : $200,000) 계정 금액이 190,000,000원으로 계상되어 있으며, 결산일 현재 환율은 850원/$ 이다.(35회 세무2급)

16 기말현재 American trans사에 대한 장기차입금(미화 : $40,000)의 결산 전 장부가액은 44,000,000원(= $40,000 × 1,100원)이며, 결산일 현재 환율은 1,200원/$ 이다.(30회 세무2급)

정답

12. (차) 외화환산손실 1,000,000원   (대) 단기차입금   1,000,000원
    * 1,100×10,000 − 10,000,000 = 1,000,000 증가, 차입금이 증가이므로 손실임

13. (차) 단기차입금 1,000,000원 (대) 외화환산이익 1,000,000원
    * 1,100×10,000 − 12,000,000 = −1,000,000, 차입금이 감소하였으므로 이익임

14. (차) 외화환산손실 5,400,000원   (대) 단기대여금   5,400,000원
    * 1,200×8,000 − 15,000,000 = −5,400,000, 대여금이 감소하였으므로 손실임

15. (차) 장기차입금 20,000,000원   (대) 외화환산이익 20,000,000원
    * 850원/$ × $200,000 − 190,000,000원 = 20,000,000원(이익)

16. (차) 외화환산손실 4,000,000원   (대) 장기차입금   4,000,000원
    ∴ $40,000 × (1,200원 − 1,100원) = 4,000,000원(외화환산손실)

Chapter 13 기말결산

1 기말결산분개

1 의의

기중 거래에 대한 분개를 통하여 1년간 자료가 정리된 후, 기말시점에서 추가적으로 회사가 해야 할 결산사항은 아래와 같음

관련 거래	추가적으로 실행할 사항
일반사항	분개의 누락, 오류 수정(실기문제에서 출제됨)
현금관련거래	실제현금잔액과 장부상금액 차이 조정
매출	외상매출금과 받을어음에 대한 대손충당금 설정
매입	제품매출원가와 기말재고 확정, 감모손실과 평가손실 계상
급여(임금)	퇴직급여충당부채 설정
시설, 권리투자	감가상각비, 무형자산상각비 계상
유가증권투자	단기매매증권평가손익, 매도가능증권평가손익 계상
장기차입금	유동성장기부채로 대체
외환거래	외화환산손익 계상
기타	가수금 및 가지급금 정리, 소모품 미사용액 정리, 법인세 계상
각종 수익비용	미수수익, 미지급비용, 선급비용, 선수수익 계상

2 기말 회계처리

(1) 현금과부족 정리 (6장 참조)

거래내역		차변		대변	
현금과부족	부족	잡손실	×××	현금과부족	×××
	초과	현금과부족	×××	잡이익	×××

> 만약 기말결산 시 장부상 현금과 실제 현금의 차이를 발견하였다면, 현금과부족계정을 사용하지 않고 바로 잡손실이나 잡이익으로 처리함

내역	차변		대변	
현금부족	잡손실	×××	현금	×××
현금초과	현금	×××	잡이익	×××

(2) 매출채권에 대한 대손충당금(3장 참조)

① 기말이 되어 회수되지 않은 매출채권(외상매출금, 받을어음) 중에는 회수가 불가능할 것으로 여겨지는 것들이 존재할 수 있음

거래내역		차변		대변	
기말	대손충당금추가	대손상각비	×××	대손충당금	×××
	대손충당금감소	대손충당금	×××	대손충당금환입	×××

② 대손충당금 추가 또는 감소는 다음과 같이 계산됨

$$기말채권 \times 일정비율 - 기존\ 대손충당금\ 잔액^* = 대손충당금\ 추가(감소)$$

* 기존 대손충당금 잔액(설정 전 대손충당금으로도 표현됨) = 기초 대손충당금 − 대손된 채권과 상계한 대손충당금
+회수된 채권에 의해 증가한 대손충당금

③ 매출채권 이외의 기타채권(미수금, 단기대여금 등)에 대한 대손충당금 설정 시 "기타의대손상각비" 계정을 사용함 (7장 참조)

(3) 매출원가와 기말재고 확정, 감모손실과 평가손실 계상 (4장 참조)

거래내역	차변		대변	
판매된 상품	제품매출원가	×××	제품	×××

* 상품매출원가=기초재고+당기순매입액−기말재고 (제품매출원가 계산은 원가회계 추가 참고할 것)

거래내역	차변		대변	
정상감모 발생	제품(상품)매출원가	×××	제품(상품)	×××
비정상감모 발생	재고자산감모손실	×××	제품(상품)	×××

거래내역	차변		대변	
평가손실 발생	재고자산평가손실	×××	재고자산평가충당금	×××

* 평가손실은 매출원가에 가산된다.

(4) 퇴직급여충당부채 설정(5장 참조)

거래내역	차변		대변	
기말 퇴직급여 충당부채 설정	퇴직급여	×××	퇴직급여충당부채	×××

* 퇴직급여 = 기말퇴직급여추계액 − (기초퇴직급여충당부채 − 퇴직금지급액)

(5) 감가상각비(유형자산), 무형자산상각비(무형자산) 계상 (8.9장 참조)

① 유형자산에 대한 감가상각비를 계상할 때 정액법 또는 정률법 등의 방법을 사용하며, 기중에 유형자산을 취득한 경우 해당기간에 대하여 감가상각한다.

거래내역	차변		대변	
감가상각	감가상각비	×××	감가상각누계액	×××

② 무형자산 상각시에는 직접법(무형자산에서 직접 차감) 또는 간접법(누계액을 설정하는 방법)을 쓸 수 있는 바, 시험에서는 직접법이 많이 사용된다.

거래내역	차변		대변	
상각	무형자산상각비	×××	상각누계액	×××
	무형자산상각비	×××	특허권 등	×××

(6) 단기매매증권평가손익, 매도가능증권평가손익 계상 (10장 참조)

내역		차변		대변	
기말평가	단기매매	단기매매증권	×××	단기매매증권평가이익	×××
		단기매매증권평가손실	×××	단기매매증권	×××
	매도가능	매도가능증권	×××	매도가능증권평가이익	×××
		매도가능증권평가손실	×××	매도가능증권	×××

내역	차변		대변	
상계가 있는 경우	매도가능증권	×××	매도가능증권평가손실 매도가능증권평가이익	××× ×××
	매도가능증권평가이익 매도가능증권평가손실	××× ×××	매도가능증권	×××

(7) 장기차입금 유동성장기부채로 대체 (7장 참조)

기말현재 만기가 1년 이내로 도래하는 장기차입금이 있는 경우 "유동성장기부채" 계정으로 대체하며, 만약 금융기관과의 협의에 따라 만기가 연장될 경우에는 유동성장기부채를 장기차입금계정으로 환원시킴.

내역	차변		대변	
만기 1년 이내	장기차입금	×××	유동성장기부채	×××
만기 연장	유동성장기부채	×××	장기차입금	×××

(8) 외화환산손익 계상 (12장 참조)

채권기말환산(외상매출금 사례)				채무기말환산(외상매입금 사례)			
차변		대변		차변		대변	
외상매출금	××	외화환산이익	××	외상매입금	××	외화환산이익	××
외화환산손실	××	외상매출금	××	외화환산손실	××	외상매입금	××

* 미수금, 미지급금 또는 대여금, 차입금 계정을 이용해도 외화관련회계처리는 동일하다.

(9) 가지급금 및 가수금 정리(7장 참조)

가지급금, 가수금은 기말 재무제표 작성 시 사용하면 안되는 계정이므로 반드시 적절한 계정을 찾아서 대체를 해야 함(가지급금과 유사한 계정으로 전도금이 있음)

내역	차변		대변	
가지급금 정산	여비교통비 현금*	×××	가지급금	×××
가수금 정산	가수금	×××	외상매출금 선수금	×××

* 현금 이외에 보통예금, 당좌예금도 계상가능함

(10) 소모품비 계상

① 기말에 사용되지 않고 남은 소모품에 대하여 다음과 같이 처리
  → 미사용분은 자산, 사용분은 비용 처리하는 것이 핵심

내역	구입금액을 비용처리한 경우		구입금액을 자산처리한 경우	
	차변	대변	차변	대변
구입	소모품비 ××	현금 ××	소모품 ××	현금 ××
기말	소모품 ××	소모품비 ××	소모품비 ××	소모품 ××

② 구입한 것 전액을 소모품비로 처리하였다면, 기말에 남은 금액은 비용이 아니라 자산이므로 해당금액만큼 취소를 해야 하며, 구입한 소모품을 전액 자산으로 처리하였다면 소비된 부분을 비용으로 처리해야 함

(11) 법인세 계상

한 회계기간 동안 발생한 이익에 대하여 법인세를 신고납부해야 하는 바, 다음과 같은 상황을 이해하고 회계처리를 기억할 것

거래내역		차변		대변	
기중	이자수익에 대한 법인세 원천징수	선납세금 현금 등	××× ×××	정기예금 이자수익	××× ×××
	중간예납	선납세금	×××	현금 등	×××
기말	법인세 계산	법인세	×××	선납세금 미지급세금	××× ×××
다음연도	법인세 납부	미지급세금	×××	현금 등	×××

* 법인세는 회계연도 종료일이 속하는 달의 말일로부터 3개월 이내에 신고납부해야 함

주관식 분개연습

01 장부상 현금잔액은 35,245,450원이나, 실제 보유하고 있는 현금잔액은 35,232,780원으로 현금부족액에 대한 원인이 밝혀지지 아니하였다. 영업외비용 중 적절한 계정과목에 의하여 회계처리 하시오. (51회)

02 당사는 결산 시 장부상 현금보다 실제현금이 부족하여 현금과부족계정으로 처리한 금액 400,000원 중 320,000원은 영업사원의 시내교통비 누락분으로 밝혀졌고 나머지 금액은 결산일까지 밝혀지지 않아 잡손실로 회계처리하기로 하였다. (40회)

03 매출채권(외상매출금과 받을어음)에 대한 1%의 대손충당금을 설정하다. (54회)

	채권 잔액	설정 전 대손충당금 잔액
외상매출금	230,000,000	780,000
받을어음	352,000,000	2,450,000

04 당기에 완공된 건물의 장부가액 2억에 대하여 감가상각을 하시오. (내용연수 : 20년, 정액법, 잔존가액 : 0, 완공일자 7월1일) (56회 세무2급)

정답

01. (차) 잡손실 12,670원 (대) 현금 12,670원

02. (차) 여비교통비　　320,000원　　(대) 현금과부족　　400,000원
　　　잡손실　　　　 80,000원

03. (차) 대손상각비　　2,590,000원　　(대) 대손충당금(외상)* 1,520,000원
　　　　　　　　　　　　　　　　　　　　대손충당금(받을)**1,070,000원
　　　* 외상매출금 잔액(230,000,000)×1% − 대손충당금 잔액(780,000) = 1,520,000
　　　** 받을어음 잔액(352,000,000)×1% − 대손충당금 잔액(2,450,000) = 1,070,000

04. (차) 감가상각비　　5,000,000원　　(대) 감가상각누계액　5,000,000원
　　　* $200,000,000 \div 20 \times \dfrac{6}{12} = 5,000,000$

05 당사는 기업회계기준에 의하여 퇴직급여충당부채를 설정하고 있으며, 기말 현재 퇴직급여추계액 및 당기 퇴직급여충당부채 설정 전의 퇴직급여충당부채 잔액은 다음과 같다. 결산 시 회계처리를 하시오.(44회)

부 서	퇴직급여추계액	퇴직급여충당부채잔액
생산부	30,000,000원	25,000,000원
관리부	50,000,000원	39,000,000원

06 기말 현재 보유하고 있는 감가상각대상자산은 다음과 같다. 제시된 자료외 감가상각대상자산은 없다고 가정한다.(41회) (단위, 원)

계정과목	취득원가	잔존가치	내용연수	전기말 감가상각누계액	취득 연월일	상각방법	상각률
본사건물	100,000,000	0	20년	7,500,000	2007.7.20	정액법	0.05 / 0.05
공장기계장치	35,000,000	취득원가의 5%	5년	15,750,000	2008.1.4	정률법	0.451 / 0.451

07 무형자산에 대한 당기 상각비는 다음과 같다. 무형자산 상각에 대한 회계처리를 하시오.(단, 직접법으로 상각함) (42회)

- 개발비 3,000,000원
- 특허권 2,000,000원

정답

05. (차) 퇴직급여   5,000,000   (대) 퇴직급여충당부채 16,000,000
    퇴직급여   11,000,000
 *설정액계산 생산직 사원 : 30,000,000원 − 25,000,000원 = 5,000,000원
           사무직 사원 : 50,000,000원 − 39,000,000원 = 11,000,000원

06. 1. 건물 감가상각비 : 100,000,000원 ×0.05(혹은 1/20) = 5,000,000원
      (차) 감가상각비 5,000,000원   (대) 감가상각누계액 5,000,000원
    2. 기계장치 감가상각비 : (35,000,000원−15,750,000원)×0.451 = 8,681,750원
      (차) 감가상각비   8,681,750원   (대) 감가상각누계액   8,681,750원

07. (차) 무형자산상각비 5,000,000원   (대) 개발비   3,000,000원
                                      특허권   2,000,000원
 *무형자산금액을 직접 차감하여 상각하는 것을 직접법이라 한다.(누계액 설정 : 간접법)

08 전기말 재무상태표에 계상되어 있는 개발비 20,000,000원은 5년간 상각하며 20×1년부터 상각하였다. 20×2년도말 무형자산상각을 분개하라. (32회)

09 작년 10월 특허권을 60,000,000원에 취득하였고, 동 특허권은 올해 7월부터 사용하기 시작하였다. 상각기간은 10년이고 정액법으로 상각한다. (월할상각할 것) (57회 세무 2급)

10 기말 현재 당사가 단기매매차익을 목적으로 보유하고 있는 주식현황과 기말 현재 공정가치는 다음과 같다. (53회)

주 식 명	보유주식수	주당 취득원가	기말 공정가치
㈜한성 보통주	2,000주	10,000원	주당 12,000원
㈜강화 보통주	1,500주	8,000원	주당 10,000원
㈜도전 보통주	100주	15,000원	주당 15,000원

11 기말 현재 보유 중인 매도가능증권의 평가액은 다음과 같다. (46회 세무2급)

구 분	수 량	장부가액	공정가액
㈜대성	1,000주	20,200,000원	22,000,000원

정답

08. (차) 무형자산상각비 5,000,000원   (대) 개발비 5,000,000원
   * 개발비 20,000,000원은 20×1년도에 한번 상각된 잔액이므로 잔여연수가 4년이다. 따라서 20,000,000÷4 = 5,000,000

09. (차) 무형자산상각비 3,000,000원   (대) 특허권 3,000,000원
   *60,000,000원÷10×6/12 = 3,000,000

10. (차) 단기매매증권 7,000,000원   (대) 단기매매증권평가이익 7,000,000원

11. (차) 매도가능증권 1,800,000원   (대) 매도가능증권평가익 1,800,000원

12 시장성이 있는 매도가능증권에 대한 보유내역이 다음과 같다. 기말 매도가능증권평가에 대한 회계처리를 하시오.(55회 세무2급)

- 20×2년 취득가액 : 2,000,000원
- 20×2년 기말 공정가액 : 2,200,000원
- 20×3년 기말 공정가액 : 1,900,000원

13 4년전에 도시은행으로부터 차입한 장기차입금 50,000,000원은 기말 현재 6개월후 만기가 도래하고, 회사는 이를 상환할 계획이다.(56회)

14 전기에 유동성장기부채로 대체한 대한은행의 장기차입금 50,000,000원의 상환 기간을 2년 연장하기로 하였다.(52회 세무2급)

15 외상매출금 중 21,400,000원은 제품 US $20,000을 USIC ELECTRIC에 10월 14일에 매출한 금액이다. 결산일 현재 기준환율은 US $1 : 1,090원이다.(29회 세무2급)

16 중국 "단동무역공사"에 대한 원재료 외상매입금 잔액이 미화 $25,000이다. 외상 매입금 장부 반영 당시 환율은 미화 1$당 1,250원이었으나, 기말결산일 현재 환율은 미화 1$당 1,150원이다.(46회 세무2급)

정답

12. (차) 매도가능증권평가이익 200,000원   (대) 매도가능증권   300,000원
    매도가능증권평가손실 100,000원
    *전년도 : 매도가능증권 200,000원 / 매도가능증권평가익 200,000
    올해 시가가 전년도의 것보다 300,000원 하락하였으므로 기존 평가익 200,000원을 상계하고 잔액 100,000원을 평가손실로 계상한다.

13. (차) 장기차입금   50,000,000원   (대) 유동성장기부채   50,000,000원

14. (차) 유동성장기부채   50,000,000원   (대) 장기차입금   50,000,000원

15. (차) 외상매출금   400,000원   (대) 외화환산이익   400,000원
    ∴ 외화환산이익 = 1,090원 × $20,000 − 21,400,000원 = 400,000원

16. (차) 외상매입금   2,500,000   (대) 외화환산이익   2,500,000
    ∴ 외화환산이익 = (1,150원−1,250원)×$20,000 = 2,500,000원, 대금을 적게 지급한 상황임

17 결산일 현재 외상매출금 중에는 LCD 사에 20×6년 12월 3일에 US $ 20,000로 매출한 금액이 포함되어 있고 이 금액은 20×7년 1월 2일에 회수할 예정이다. 일자별로 적용할 환율은 다음과 같다.(26회 세무2급)

- 20×6년 12월 3일 적용환율 : US $1 = 1,050원
- 20×6년 12월 31일 적용환율 : US $1 = 1,010원
- 20×7년 1월 2일 적용환율 : US $1 = 1,000원

18 기말현재 장부상의 외상매입금 중 프랑스의 르퐁사에 대한 것은 14,500,000원이며, (1만유로) 기말현재의 유로화에 대한 기준환율은 1EUR당 1,530원이다.(36회 세무2급)

19 7월 1일 출장갔던 생산직사원 이익동이 복귀하여 6월 2일에 가지급금으로 처리하였던 출장비 150,000원을 정산하고, 초과지출분 16,000원을 추가로 현금지급하였다.(49회)

20 결산일 현재 12월 19일자 가수금 3,000,000원의 내역이 다음과 같이 확인되었다.(53회)

- (주)정상에 대한 거래로 제품매출을 위한 계약금을 받은 금액 : 500,000원
- (주)정상에 대한 외상대금 중 일부를 회수한 금액 : 2,500,000원

정답

17. (차) 외화환산손실   800,000원   (대) 외상매출금   800,000원
∴ 외화환산손실 = (1,010원−1,050원)×$20,000 = 800,000원

18. (차) 외화환산손실   800,000원   (대) 외상매입금   800,000원
* 10,000×1,530 − 14,500,000원 = 800,000원(환산손실)

19. (차) 여비교통비   166,000원   (대) 가지급금   150,000원
                                          현금   16,000원

20. (차) 가수금   3,000,000원   (대) 선수금   500,000원
                                      외상매출금 2,500,000원

21 8월 16일 8월5일 선지급(50만원)한 생산직 사원에 대한 출장비(전도금으로 회계 처리하였음)에 대하여 다음과 같이 출장비 명세서를 받았다. 초과된 출장비는 보통예금에서 지급하였다.(전액 여비교통비로 회계처리할 것) (43회)

> • 교통비 : 160,000원 • 숙박비 : 210,000원
> • 식 대 : 120,000원 • 입장료 : 70,000원

22 당사는 영업부에서는 소모품 구입 시 전액 소모품비로 비용화하고 결산 시 미사용분을 자산으로 계상해 오고 있다. 결산 시 영업부로부터 미사용분인 소모품은 1,000,000원으로 통보 받았다.(단, 금액은 음수로 입력하지 말 것) (50회)

23 소모품에 계상되어 있는 금액 1,700,000원 중 미사용액은 690,000원이며, 사용액은 모두 공장에서 사용하였다.(33회)

24 8월 31일 당해 사업연도 법인세의 중간예납세액 24,000,000원을 현금으로 납부하였다.(단, 법인세납부액은 자산계정으로 처리할 것) (50회)

정답

21. (차) 여비교통비   560,000원   (대) 전도금   500,000원
                                        보통예금   60,000원

22. (차) 소모품   1,000,000 원   (대) 소모품비   1,000,000원

23. (차) 소모품비(제)   1,010,000원   (대) 소모품   1,010,000원
    *1,700,000원(소모품 계정 잔액) − 690,000원 = 1,010,000원

24. (차) 선납세금   24,000,000원   (대) 현금   24,000,000원

25 8월 12일 보통예금계좌에서 300,000원의 이자수익이 발생하였으며, 원천징수법인세를 제외한 나머지 금액이 보통예금계좌로 입금되었다.(원천징수법인세율은 14%로 가정한다) (49회)

26 당기 '법인세등'을 5,600,000원으로 계상한다.(법인세 중간예납세액은 3,000,000원 이다) (57회)

27 당사는 원활한 입출금거래를 위해 마이너스통장을 개설하여 사용하고 있으며, 결산일 현재 대박은행에 당사의 보통예금계좌의 잔고를 확인한 결과 마이너스(-) 4,500,000원인 것으로 나타나 이를 단기차입금으로 대체하고자 한다.(58회)

정답

25. (차) 선납세금 42,000원   (대) 이자수익 300,000원
    보통예금 258,000원

26. (차) 법인세등 5,600,000원   (대) 선납세금 3,000,000원
                                    미지급세금 2,600,000원

27. (차) 보통예금 4,500,000원   (대) 단기차입금 4,500,000원
    *마이너스통장은 통상적으로 만기가 1년이므로 단기차입금으로 계상한다.

2 기말결산분개-수익비용 귀속시기 결정

1 의의

기업의 이해관계자들에게 해당 회사의 정보를 주기적으로 전달하기 위하여 재무제표는 일정기간을 정하여 정기적으로 작성해야 한다. 우리나라의 경우 많은 회사들이 1.1~12.31까지를 한 회계기간으로 설정하고 재무제표를 작성하는 바, 만약 두 회계기간에 걸쳐서 수익, 비용이 발생할 경우 올해에 속하는 것과 내년에 속할 것을 별도로 구분해 주어야 정확한 이익을 계산할 수 있다. 이러한 과정을 손익의 귀속시기 결정이라 부른다.

2 주요항목

주로 시간의 흐름에 따라 발생하는 수익, 비용항목으로서 다음과 같은 항목들이 대표적임

> 보험료, 이자수익(이자비용), 임대료(임차료)

3 사례

(1) 문제

(주)그레이스의 기말결산 중 다음과 같은 사항을 발견하였다. 수익, 비용 귀속시기 결정과 관련된 회계처리를 수행하라. (회계기간 1.1~12.31)

항목	내 역
정기 예금	정기예금은 10.1에 가입하였으며, 내년 9.30에 이자 12,000원을 받을 예정이며, 10.1 회계처리는 아래와 같음 (차) 정기예금 120,000　　(대) 현금 120,000
차입금	차입금은 10.1에 빌렸으며, 내년 9.30에 이자 12,000원을 지급할 예정이고, 10.1 회계처리는 아래와 같음 (차) 현금 120,000　　(대) 차입금 120,000

보험료	보험료를 10.1에 12,000원 납부하였는데, 1년치를 미리 납부한 것이며, 10.1 회계처리는 아래와 같음 (차) 보험료 120,000　　(대) 현금 120,000
임대료 (수익)	10.1에 회사 건물을 임대하고, 1년치 임대료 12,000원을 미리 받았으며, 10.1 회계처리는 아래와 같음 (차) 현금 120,000　　(대) 임대료 120,000

(2) 정답

① 계산순서는 다음과 같음

> 1. 올해와 내년에 속하는 수익, 비용 금액을 계산함
> 2. 기존의 관련분개내역을 파악 후, 수익비용 증감액을 산출
> 3. 수정분개 실시

② 올해와 내년에 속하는 금액은 아래와 같이 계산됨. 올해에 귀속되는 금액은 3,000원이고, 내년에 귀속되는 금액은 9,000원임

10.1~12.31	1.1~9.30
$12,000 \times \dfrac{3}{12} = 3,000$원	$12,000 \times \dfrac{9}{12} = 9,000$원

③ 정기예금과 관련하여 기존의 이자수익 관련분개는 없는 상황에서 이자수익을 3,000원 증가시켜야 하므로 다음과 같이 회계처리하며 "미수수익"은 자산항목이다(정기예금에 대한 이자수익 추가인식). 그 다음연도에 반개분개를 하여 미수수익을 제거함

일 자	차변	금액	대변	금액
기말	미수수익	3,000	이자수익	3,000
내년	현금	12,000	미수수익 이자수익	3,000 9,000

④ 차입금과 관련하여 기존의 이자비용 관련분개는 없는 상황에서 이자비용을 3,000원 증가시켜야 하므로 다음과 같이 회계처리하며 "미지급비용"은 부채항목이다(차입금에 대한 이자비용 추가인식). 그 다음연도에 반대분개를 하여 미지급비용을 제거함

일자	차변	금액	대변	금액
기말	이자비용	3,000	미지급비용	3,000
내년	미지급비용 이자비용	3,000 9,000	현금	12,000

⑤ 기존에 처리된 보험료는 12,000원이고, 올해에 속하는 비용은 3,000원이므로 보험료를 9,000원 감소시켜야 함. 감소되는 보험료는 내년에 속하는 것이고, 동 항목을 선급비용(자산)으로 하여 회계처리하며, 그 다음연도에 반대분개를 하여 선급비용을 제거함

일자	차변	금액	대변	금액
기말	선급비용	9,000	보험료	9,000
내년	보험료	9,000	선급비용	9,000

⑥ 기존에 처리된 임대료는 12,000원이고, 올해에 속하는 수익은 3,000원이므로 임대료를 9,000원 감소시켜야 함. 감소되는 임대료는 내년에 속하는 것이고, 동 항목을 선수수익(부채)으로 하여 회계처리하며, 그 다음연도에 반대분개를 하여 선수수익을 제거함

일자	차변		대변	
기말	임대료	9,000	선수수익	9,000
내년	선수수익	9,000	임대료	9,000

- 미수수익은 차후에 받을 것이므로 차변 기재
  미지급비용은 차후에 지급할 것이므로 대변 기재
- 선급비용은 차후 지급분이 감소되는 효과 발생하므로 차변 기재
  (차후 지급분 감소 = 미래 수령분 증가 → 차변)
- 선수수익은 차후 수령분이 감소되는 효과 발생하므로 대변 기재
  (차후 수령분 감소 = 미래 지급분 증가 → 대변)

객관식 문제

01 기중에 소모품 120,000원을 현금으로 구입하면서 다음과 같이 회계처리를 하였다. 결산 시점에 창고를 조사하였더니 소모품이 30,000원 남은 것으로 조사되었을 경우 옳은 회계처리는?
(52회 회계2급)

(차) 소모품비 120,000원   (대) 현금 120,000원

① (차) 소모품비 90,000원   (대) 현금   90,000원
② (차) 소모품비 30,000원   (대) 현금   30,000원
③ (차) 소모품   90,000원   (대) 소모품비 90,000원
④ (차) 소모품   30,000원   (대) 소모품비 30,000원

해설 소모품을 구입하는 시점에서 비용으로 처리하였으므로 창고에 남아있는 소모품 만큼 자산으로 계상하고 비용은 감소시켜야 한다.

02 20×1년 8월 1일 보험료 6개월분 1,200,000원을 현금으로 지급하고 보험료 계정으로 회계처리 한 경우 20×1년 결산 시에 선급비용 계정에 계산되는 금액은 얼마인가? (단, 결산일은 12월 31일임) (47회 회계2급)

① 0원   ② 200,000원   ③ 300,000원   ④ 400,000원

해설 1월분 보험료 1,200,000원 / 6월 = 200,000원
당기분보험료(8월~12월,5개월) X 200,000원 = 1,000,000원
선급보험료(다음년도 1월분) = 200,000원

03 20×년 11월 1일 정일상사에서 임대료 1,500,000원(3개월분)을 자기앞수표로 받았다. 12월 31일 결산 시 계상될 선수수익은 얼마인가? (31회 회계2급)

① 500,000원   ② 1,000,000원
③ 1,500,000원   ④ 계상할 금액이 없다.

해설 $1,500,000 \times \dfrac{1}{3} = 500,000$

정답 1.④ 2.② 3.①

04 다음 자료의 설명으로 옳지 않은 것은? (44회 회계2급)

> 2×10년 10월 1일 6개월분 임차료 120,000원을 현금으로 지급하다.(단, 지급 시 비용으로 회계 처리함. 결산일 : 12월 31일)
>
> | 10월 | 11월 | 12월 | 1월 | 2월 | 3월 |
> |------|------|------|-----|-----|-----|
> | ← 당 기 분 → | | | ← 차 기 분 → | | |

① 당기분 임차료는 60,000원이다.
② 차기분 60,000원은 선급비용이다.
③ 10월 1일 분개는 (차)선급비용 120,000 (대)현금 120,000원이다.
④ 손익계산서에 기입되는 임차료는 60,000원이다.

해설 10.1 비용처리하였다고 언급되어 있으므로 "임차료 120,000 / 현금 120,000" 당기분 임차료 120,000 × $\frac{3}{6}$ = 60,000, 선급임차료 120,000 × $\frac{3}{6}$ = 60,000

05 20×6년 9월 1일 건물임대료 6개월분 30,000원을 현금으로 받고 수익으로 회계처리하였다. 12월 31일 결산 시 선수임대료에 해당하는 금액은(월할계산에 의한다)? (27회)

① 10,000원   ② 15,000원   ③ 20,000원   ④ 25,000원

해설 30,000원 × 2/6 = 10,000원

06 결산 결과 당기순이익 10,000원이 산출되었으나 다음과 같은 사항이 누락되었다. 수정 후 당기순이익은? (55회 회계2급)

> • 보험료 미지급분 : 2,000원   • 임대료 선수분 : 1,000원

① 7,000원   ② 11,000원   ③ 12,000원   ④ 13,000원

해설 10,000 − 2,000(미지급비용) − 1,000(선수수익) = 7,000

정답 4.③ 5.① 6.①

07 결산 후 당기순이익이 5,000,000원으로 산출되었으나 다음 사항이 누락되었다. 수정 후 당기순이익은 얼마인가? (49회 회계2급)

> • 보험료 선급분 : 800,000원　　• 선수임대료 : 500,000원　　• 이자 미지급분 : 500,000원

① 3,200,000원　　② 3,700,000원　　③ 4,200,000원　　④ 4,800,000원

해설 5,000,000 + 800,000(선급비용) − 500,000(선수수익) − 500,000(미지급비용) = 4,800,000원

08 기말 결산 시 선수수익을 기장 누락한 경우 미치는 영향은? (47회 회계2급)

① 부채의 과대계상　　② 자산의 과소계상　　③ 수익의 과소계상　　④ 수익의 과대계상

해설 기말 결산 시 선수수익을 누락하면 수익이 과대 계상되고, 부채가 과소 계상 됨

09 다음 설명의 괄호 안에 들어갈 것으로 옳은 것은? (56회)

> 이연이란 (　　)과 같이 미래에 수익을 인식하기 위해 현재의 현금유입액을 부채로 인식하거나, (　　)과 같이 미래에 비용을 인식하기 위해 현재의 현금유출액을 자산으로 인식하는 회계과정을 의미한다.

① 미수수익, 선급비용　　　　② 선수수익, 선급비용
③ 미수수익, 미지급비용　　　④ 선수수익, 미지급비용

10 발생주의 회계는 발생과 이연의 개념을 포함한다. 이와 관련된 계정과목이 아닌 것은? (51회)

① 미수수익　　② 미지급비용　　③ 선수금　　④ 선급비용

해설 • 발생 : 미수수익, 미지급비용　　• 이연 : 선수수익, 선급비용

정답 7.④　8.④　9.②　10.③

11 다음 중 빈칸의 내용으로 가장 적합한 것은? (38회)

> • 선급비용이 (㉠)되어 있다면 당기순이익은 과대계상된다.
> • 미수수익이 (㉡)되어 있다면 당기순이익은 과대계상된다.

	㉠	㉡
①	과대계상	과소계상
②	과소계상	과소계상
③	과소계상	과대계상
④	과대계상	과대계상

12 다음 중 기말 결산정리 분개시 나타나지 않는 계정과목은? (29회)

① 선수수익   ② 미지급비용   ③ 미지급수익   ④ 선급비용

해설 선수수익, 미수수익과 선급비용, 미지급비용은 사용하지만, 미지급수익은 사용되지 않는다.

13 다음 중 결산분개와 가장 관련이 없는 것은? (24회)

① 선수임대료의 계상   ② 법인세비용의 계상
③ 대손충당금의 설정   ④ 단기매매증권의 취득

해설 단기매매증권의 취득은 기중의 회계처리로서 결산과 관련이 없다.

정답 11.④ 12.③ 13.④

주관식 분개연습

01 거래은행인 우리은행에 가입된 정기예금에 대한 당기분 경과이자를 인식하다.(54회)

- 예금금액 : 50,000,000원
- 연이자율 : 10%, 월할계산으로 할 것
- 예금기간 : 2총. 4. 1 ~ 2同. 3. 31
- 이자지급일 : 연 1회(매년 3월 31일)

02 거래은행인 (주)하나은행에 예금된 정기예금에 대하여 당기분 경과이자를 인식하다.(예금액 100,000,000원, 만기 3년, 가입연월일 2×13년 4월 1일, 연이자율 10%, 만기일 2총년 3월 31일, 월할계산으로 할 것) (44회)

03 12월 31일까지 발생된 정기예금에 대한 이자 미수액은 300,000원이다.(36회)

04 2×11년 1월 20일에 지급할 이자 3,000,000원 중 당기(2×10년)에 귀속되는 금액은 2,200,000원이다.(42회)

05 다음과 같은 대출약정 내용을 보고, 이자비용에 대한 20×2년 결산분개사항을 입력하라. 단, 이자비용은 **월할계산**(1월미만의 일수는 1월로 간주)**한다.**(50회 세무2급)

- 대출기관 : 국민은행
- 대출금액 : 100,000,000원
- 원금 및 이자 상환조건 : 만기시점 일시상환조건
- 대출기간 : 20×2.9.1 ~ 20×3.8.31(1년)
- 대출이자율 : 연 6.0%

정답

01. (차) 미수수익　　3,750,000원　　(대) 이자수익　　3,750,000원
　　* 3,750,000원 = 50,000,000원 ×10% ×9/12

02. (차) 미수수익　　7,500,000원　　(대) 이자수익　　7,500,000원
　　* 경과이자 = 정기예금액 ×이자율 ×기간경과 = 100,000,000원 ×10% ×9/12 = 7,500,000원

03. (차) 미수수익　　300,000원　　(대) 이자수익　　300,000원

04. (차) 이자비용　　2,200,000원　　(대) 미지급비용　　2,200,000원

05. (차) 이자비용　　2,000,000원　　(대) 미지급비용　　2,000,000원
　　* 100,000,000원 × 6% × 4/12 = 2,000,000

06 7월 1일 영업부문의 자동차보험료 720,000원(1년분)을 현금으로 납부하면서 모두 자산으로 처리하였다. 단, 보험료는 월할계산하는 것으로 가정한다.(55회)

07 2솜년 7월 1일 사무실을 임대(임대기간 2솜.7.1 ~ 2吉.6.30)하면서 1년분 임대료 12,000,000원을 자기앞수표로 받고 전액 선수수익으로 회계처리 하였다. 월할 계산하여 기말수정분개를 하시오.(52회)

08 9월 1일 공장건물 중 일부를 12개월간 임대(임대기간 : 2吉.9.1. ~ 2吊.8.31.)하고, 12개월분 임대료 12,000,000원 전액을 수령하여 임대료(영업외수익)로 회계처리 하였다.(2吉년 결산에 대한 분개를 하라. 월할계산 할 것) (56회 세무2급)

09 이자수익 중 다음연도 회계기간에 해당 하는 금액은 240,000원이다.(46회)

10 기말현재 당기비용으로 처리한 대표이사 업무용 차량에 대한 보험료 중 기간미경과액은 400,000원이다.(49회)

정답

06. (차) 보험료　　　　360,000원　　　(대) 선급비용　　　360,000원
　　* 720,000원 ×6개월/12개월 = 360,000원(비용처리 금액)

07. (차) 선수수익　　　6,000,000원　　(대) 임대료　　　　6,000,000원
　　* 수입임대료 계산 : 12,000,000원 ÷ 12개월 × 6개월 = 6,000,000원

08. (차) 임대료　　　　8,000,000원　　(대) 선수수익　　　8,000,000원
　　* 선수수익 계산 : 12,000,000원 ÷ 12개월 × 8개월 = 8,000,000원

09. (차) 이자수익　　　240,000원　　　(대) 선수수익　　　240,000원

10. (차) 선급비용　　　400,000원　　　(대) 보험료　　　　400,000원

11 월간기술지를 생산부서에서 1년 정기구독(정기구독기간 2×10.10.01~2×11.09.30, 정기구독비용 600,000원은 10월 1일에 전액 선지급 하였음)하고 전액 선급비용으로 회계처리 하였다. 2×10년 결산 시 필요한 분개를 하되, 월할계산으로 할 것(45회)

12 당사는 이자비용 선지급 시 전부를 당기비용으로 계상한 후 기말결산 시 차기분은 선급비용으로 대체하고 있다. 당사의 2×10년 10월 17일자로 회계처리한 이자비용 8,500,000원 중 당기에 속하는 이자분은 4,000,000원이다.(43회)

13 3월 1일에 (주)한국산업은 아래의 보험료를 지급하고, 전액 선급비용계정으로 회계처리 하였다.(30회)

- 보험 회사 : (주)동해화재보험
- 보험가입대상 : 회계팀에서 사용하는 컴퓨터 및 서버
- 보험적용기간 : 20×7년 3월 1일 ~ 20×8년 2월 29일
- 보험금납입액 : 6,000,000원
- 월할 계산한다.

정답

11. (차) 도서인쇄비   150,000원   (대) 선급비용   150,000원
    * 당기비용 : $600,000 \times \frac{3}{12} = 150,000$

12. (차) 선급비용   4,500,000원   (대) 이자비용   4,500,000원
    * 8,500,000 − 4,000,000 = 4,500,000

13. (차) 보험료   5,000,000원   (대) 선급비용   5,000,000원
    • 6,000,000원 × 10/12 = 5,000,000원

Chapter 14 재무제표 표시와 공시

1 기본사항

1 재무제표의 작성책임

(1) 재무제표의 작성과 표시에 대한 책임은 경영진에게 있으며, 경영진은 재무제표를 작성할 때 계속기업으로서의 존속가능성을 보고기간종료일로부터 최소한 1년간의 예상 가능한 모든 정보를 토대로 평가하여야 함

(2) 경영진이 경영활동을 청산하거나 중단할 의도가 있거나, 경영활동을 계속할 수 없는 상황에 놓인 경우를 제외하고는 계속기업을 전제로 재무제표를 작성함

2 재무제표 종류

재무제표는 재무상태표, 손익계산서, 현금흐름표, 자본변동표로 구성되며, 주석을 포함한다. 또한 아래의 사항을 재무제표에 함께 기재한다.

① 회사명
② 보고기간종료일(기말) 또는 회계기간
③ 보고통화 및 금액단위(천원, 백만원 단위 등으로 표시가능)

3 재무제표 속성

(1) 재무제표는 경제적 사실과 거래의 실질을 반영하여 기업의 재무상태, 경영성과, 현금흐름 및 자본변동을 공정하게 표시하여야 함(일반기업회계기준에 따라 적정히 작성된 재무제표는 공정한 것임)

(2) 중요한 항목은 재무제표의 본문이나 주석에 그 내용을 가장 잘 나타낼 수 있도록 구분하여 표시하며, 중요하지 않은 항목은 성격이나 기능이 유사한 항목과 통합하여 표시할 수 있음(재무제표 본문에 통합표시하고, 주석에서 따로 설명할 수 있음)

(3) 재무제표의 기간별 비교가능성을 제고하기 위하여 전기 재무제표의 모든 계량정보를 당기와 비교하는 형식으로 표시함(숫자표시).

(4) 전기 재무제표의 비계량정보가 당기 재무제표를 이해하는 데 필요한 경우에는 이를 당기의 정보와 비교하여 주석에 기재함(전기말 현재 미해결 상태인 소송사건이 당기 재무제표 확정일까지 해결되지 않은 경우에는 전기와 당기관련내용을 모두 기재)

(5) 재무제표의 기간별 비교가능성을 제고하기 위하여 재무제표 항목의 표시와 분류는 다음의 경우를 제외하고는 매기 동일하여야 함

> ① 기업회계기준에 의하여 재무제표 항목의 표시와 분류의 변경이 요구되는 경우
> ② 사업결합 또는 사업중단 등에 의해 영업의 내용이 중요하게 변경된 경우
> ③ 재무제표 항목의 표시와 분류를 변경함으로써 기업의 재무정보를 더욱 적절하게 전달할 수 있는 경우

객관식 문제

01 각 재무제표의 명칭과 함께 기재해야 할 사항으로 틀린 것은? (53회)

① 기업명　　② 보고기간종료일　　③ 금액단위　　④ 기능통화

> 해설　재무제표는 재무상태표, 손익계산서, 현금흐름표, 자본변동표 및 주석으로 구분하여 작성하며, 다음의 사항을 각 재무제표의 명칭과 함께 기재한다.
> (1) 기업명, (2) 보고기간종료일 또는 회계기간, (3) 보고통화 및 금액단위

02 다음 중에서 재무제표에 해당하는 것은? (47회)

① 주석　　　　　　　　② 이익잉여금처분계산서
③ 합계잔액시산표　　　④ 주기

> 해설　재무제표는 재무상태표, 손익계산서, 현금흐름표, 자본변동표로 구성되며, 주석을 포함한다.

03 다음 중 기업회계기준에 의한 재무제표가 아닌 것은? (39회)

① 재무상태표　　② 손익계산서　　③ 시산표　　④ 현금흐름표

> 해설　재무제표는 재무상태표, 손익계산서, 현금흐름표, 자본변동표, 주석으로 구성되어 있다.

04 다음 중 재무제표를 작성하고 표시할 때 따라야 할 일반원칙이 아닌 것은? (32회)

① 경영자는 재무제표를 작성함에 있어서 특수한 상황에 처한 경우를 제외하고는 기업이 계속 존속하리라는 것을 전제로 한다.
② 재무제표의 작성과 표시에 대한 책임은 회계담당자에게 있다.
③ 재무제표는 기업의 재무상태, 경영성과, 자본변동 및 현금흐름을 공정하게 표시하여야 한다.
④ 기업은 기업회계기준이 허용하는 범위내에서 구체적인 회계처리방법을 선택할 수 있다.

> 해설　재무제표의 작성과 표시에 대한 책임은 경영진(경영자)에게 있다.

정답　1.④　2.①　3.③　4.②

2 재무상태표

1 의의

재무상태표는 일정 시점 현재 기업이 보유하고 있는 경제적 자원인 자산과 경제적 의무인 부채, 그리고 자본에 대한 정보를 제공하는 재무보고서로서, 정보이용자들이 기업의 유동성, 재무적 탄력성, 수익성과 위험 등을 평가하는 데 유용한 정보를 제공한다.

2 재무상태표 항목 표시원칙

(1) 유동성배열법

자산, 부채, 자본은 각각 다음과 같이 구분하며, 자산과 부채는 유동성이 큰 항목부터 배열하는 것을 원칙으로 하되, 재무상태표의 표시와 분류방법은 기업의 재무상태를 쉽게 이해할 수 있도록 결정되어야 한다.

자산	유동자산	당좌자산	부채	유동부채
		재고자산		비유동부채
	비유동자산	투자자산	자본	자본금
		유형자산		자본잉여금
				자본조정
		무형자산		기타포괄손익누계액
		기타비유동자산		이익잉여금

(2) 유동성배열법의 원칙

자산은 1년을 기준으로 유동자산과 비유동자산으로 분류하며, 정상적인 영업주기 내에 판매되거나 사용되는 재고자산과 회수되는 매출채권 등은 보고기간말로부터 1년 이내에 실현되지 않더라도 유동자산으로 분류하며, 동 항목들을 주석으로 기재한다.
장기미수금이나 투자자산에 속하는 매도가능증권 또는 만기보유증권 등의 비유동자산 중 1년 이내에 실현되는 부분은 유동자산으로 분류함

3 유동자산

(1) 다음과 같은 자산은 유동자산으로 분류됨

① 사용의 제한이 없는 현금및현금성자산
② 기업의 정상적인 영업주기* 내에 실현될 것으로 예상되거나 판매목적 또는 소비목적으로 보유하고 있는 자산
③ 단기매매 목적으로 보유하는 자산
④ 기타 보고기간종료일로부터 1년 이내에 현금화 또는 실현될 것으로 예상되는 자산

* 영업주기 : 제조에 투입될 재화, 용역 취득 시점~제품판매로 인한 현금의 회수완료시점
  → 대부분 업종의 경우에는 영업주기가 1년 이내인 경우가 보통임

(2) 유동자산에서 별도 표시하는 항목의 예

당좌자산 내에서 별도 표시	재고자산 내에 별도 표시
(1) 현금및현금성자산 (2) 단기투자자산 (3) 매출채권 (4) 선급비용 (5) 이연법인세자산 (6) 기타*	(1) 상품 (2) 제품 (3) 반제품 (4) 재공품 (5) 원재료 (6) 저장품 (7) 기타

* 기타는 미수수익, 미수금, 선급금 등을 포함

(3) 현금및현금성자산, 단기투자자산에 포함되는 항목

① 현금및현금성자산은 통화 및 타인발행수표 등 통화대용증권과 당좌예금, 보통예금 및 큰 거래비용 없이 현금으로 전환이 용이하고 이자율 변동에 따른 가치변동의 위험이 중요하지 않은 금융상품으로서 취득 당시 만기일(또는 상환일)이 3개월 이내인 것을 말함
② 단기투자자산은 기업이 여유자금의 활용 목적으로 보유하는 단기예금, 단기매매증권, 단기대여금 및 유동자산으로 분류되는 매도가능증권과 만기보유증권 등의 자산을 포함함
③ 현금및현금성자산과 단기투자자산은 기업의 유동성(단기)을 파악하는 데 중요한 정보이기 때문에 개별표시한다.

4 비유동자산

(1) 비유동자산에서 별도 표시하는 항목의 예

투자자산	유형자산	무형자산	기타비유동자산
(1) 투자부동산 (2) 장기투자증권 (3) 지분법적용투자주식 (4) 장기대여금 (5) 기타	(1) 토지 (2) 설비자산 (3) 건설 중인자산 (4) 기타	(1) 영업권 (2) 산업재산권 (3) 개발비 (4) 기타	(1) 이연법인세자산 (2) 기타

(2) 투자자산 항목

① 투자자산은 장기적인 투자수익을 얻기 위해 가지고 있는 채무증권과 지분증권, 지분법적용투자주식, 영업활동에 사용되지 않는 토지와 설비자산, 설비확장 및 채무상환 등에 사용할 특정목적 예금을 포함

② 비유동자산으로 분류되는 매도가능증권과 만기보유증권을 통합하여 장기투자증권으로 표시 가능(중요하지 않은 경우 기타로 통합공시)

(3) 유형자산 항목

① 유형자산은 재화의 생산이나 용역의 제공, 타인에 대한 임대, 또는 자체적으로 사용할 목적으로 보유하고 있으며, 물리적 형태가 있는 비화폐성자산으로서 토지, 건물, 기계장치 등을 포함함

② 감가상각을 하지 않는 토지, 건설 중인자산은 개별 표시한다.(기타 다른 자산과 구분할 목적)

(4) 무형자산 항목

① 무형자산은 물리적 형체는 없지만 식별가능하고 기업이 통제하고 있으며 미래경제적효익이 있는 비화폐성자산으로 산업재산권, 저작권, 개발비 등과 사업결합에서 발생한 영업권을 포함함

② 기타는 라이선스와 프랜차이즈, 저작권, 컴퓨터소프트웨어, 임차권리금, 광업권, 어업권 등을 포함(중요한 경우에는 개별 표시)

(5) 기타비유동자산

① 기타비유동자산은 임차보증금, 이연법인세자산(유동자산으로 분류되는 부분 제외), 장기매출채권 및 장기미수금 등을 포함함

② 기타는 임차보증금, 장기선급비용, 장기선급금, 장기미수금 등을 포함하며 통합하여 표시한다.(중요하면 별도표시)

5 유동부채와 비유동부채

(1) 다음과 같은 부채는 유동부채로 분류하며, 유동부채가 아닌 부채는 비유동부채임

> ① 기업의 정상적인 영업주기 내에 상환 등을 통하여 소멸할 것이 예상되는 매입채무와 미지급비용 등의 부채
> ② 보고기간종료일(기말)로부터 1년 이내에 상환되어야 하는 단기차입금 등의 부채

(2) 표시원칙

① 부채는 1년을 기준으로 유동부채와 비유동부채로 분류한다.
② 정상적인 영업주기 내에 소멸할 것으로 예상되는 매입채무와 미지급비용 등은 보고기간말로부터 1년 이내에 결제되지 않더라도 유동부채로 분류하고, 동 항목들을 주석으로 기재함
③ 당좌차월, 단기차입금 및 유동성장기차입금 등은 보고기간말로부터 1년 이내에 결제되어야 하므로 영업주기와 관계없이 유동부채로 분류하고 비유동부채 중 보고기간말로부터 1년 이내에 자원의 유출이 예상되는 부분은 유동부채로 분류

(3) 유동부채와 비유동부채 내에서 소분류 항목의 예

유동부채 내에 별도 표시	비유동부채 내에 별도 표시	
(1) 단기차입금	(1) 사채	(2) 신주인수권부사채
(2) 매입채무	(3) 전환사채	(4) 장기차입금
(3) 미지급법인세	(5) 퇴직급여충당부채	(6) 장기제품보증충당부채
(4) 미지급비용	(7) 이연법인세부채	(8) 기타
(5) 이연법인세부채		
(6) 기타		

6 자산, 부채 표시원칙

(1) 자산과 부채는 원칙적으로 상계하여 표시하지 않는다.

(2) 기업이 채권, 채무를 상계할 수 있는 법적 구속력 있는 권리를 가지고 있고, 채권과 채무를 순액기준으로 결제하거나 채권, 채무를 동시에 결제할 의도가 있거나, 다른 회계기준에서 요구 또는 허용할 경우 상계하여 표시가능

(3) 매출채권에 대한 대손충당금 등은 해당 자산이나 부채에서 직접 가감하여 표시할 수 있으며, 이 경우 동 금액을 주석으로 기재함

(4) 자산, 부채, 자본 중 중요한 항목은 재무상태표 본문에 별도 항목으로 구분하여 표시함. 중요하지 않은 항목은 성격 또는 기능이 유사한 항목에 통합하여 표시할 수 있으며, 통합할 적절한 항목이 없는 경우에는 기타항목으로 통합할 수 있고, 세부 내용은 주석기재

7 자본

자본은 크게 다섯가지로 나뉨. 자세한 사항은 12장에서 언급되었음

자본금	보통주자본금, 우선주자본금
자본잉여금	주식발행초과금, 자기주식처분이익, 감자차익 등
자본조정	주식할인발행차금, 자기주식처분손실, 감자차손 등
기타포괄손익누계액	매도가능증권평가손익 등
이익잉여금	법정적립금, 임의적립금, 미처분이익잉여금 등

객관식 문제

01 다음은 일반기업회계기준상 재무상태표의 기본구조를 설명한 내용이다. 틀린 것은? (57회)

① 자산은 유동자산과 비유동자산으로 구분한다.
② 자산과 부채는 유동성이 작은 항목부터 배열하는 것을 원칙으로 한다.
③ 부채는 유동부채와 비유동부채로 구분한다
④ 자본은 자본금, 자본잉여금, 자본조정, 기타포괄손익누계액 및 이익잉여금(또는 결손금)으로 구분한다.

해설 자산과 부채는 유동성이 큰 항목부터 배열하는 것을 원칙으로 한다.

02 다음은 재무상태표 항목의 구분, 통합표시에 대한 설명이다. 가장 틀린 것은? (52회)

① 중요한 항목은 재무상태표 본문에 별도 항목으로 구분하여 표시한다.
② 현금및현금성자산은 별도 항목으로 구분하여 표시한다.
③ 자본잉여금은 법정적립금, 임의적립금으로 구분하여 표시한다.
④ 자본금은 보통주자본금과 우선주자본금으로 구분하여 표시한다.

해설 자본잉여금은 주식발행초과금과 기타자본잉여금으로 구분하여 표시한다.

03 다음 중 재무상태표가 제공할 수 있는 정보로서 가장 적합하지 않은 것은? (47회)

① 경제적 자원에 관한 정보
② 경영성과에 관한 정보
③ 유동성에 관한 정보
④ 지급능력에 관한 정보

해설 경영성과에 관한 정보는 손익계산서에서 제공하는 정보이다.

정답 1.② 2.③ 3.④

04 다음은 재무상태표의 기본구조에 대한 설명이다. 틀린 것은? (46회)

① 유동자산은 당좌자산과 재고자산으로 구분한다.
② 비유동자산은 투자자산, 유형자산, 무형자산, 기타비유동자산으로 구분한다.
③ 자산과 부채는 유동성이 작은 항목부터 배열하는 것을 원칙으로 한다.
④ 자본은 자본금, 자본잉여금, 자본조정, 기타포괄손익누계액 및 이익잉여금으로 구분한다.

해설 자산과 부채는 유동성이 큰 항목부터 배열하는 것을 원칙으로 한다.

05 재무상태표에 대한 설명 중 틀리게 말하고 있는 것은? (31회)

① 일정 기간 동안 기업의 경영성과에 대한 정보를 제공하는 재무보고서이다.
② 자산은 유동자산과 비유동자산으로 구분한다.
③ 비유동자산은 투자자산, 유형자산, 무형자산 및 기타 비유동자산으로 구분한다.
④ 자본은 자본금, 자본잉여금, 자본조정, 기타포괄손익누계액 및 이익잉여금(또는 결손금)으로 구분한다.

해설 지문은 손익계산서를 설명하고 있으며, 재무상태표는 일정 시점 현재 기업이 보유하고 있는 경제적 자원인 자산과 경제적 의무인 부채, 그리고 자본에 대한 정보를 제공하는 재무보고서이다.

06 다음 중 재무상태표의 현금및현금성자산에 포함되지 않는 것은? (47회)

① 통화 및 타인발행수표 등 통화대용증권
② 단기매매증권
③ 취득 당시 만기일(또는 상환일)이 3개월 이내인 금융상품
④ 당좌예금과 보통예금

해설 단기투자자산은 기업이 여유자금의 활용 목적으로 보유하는 단기예금, 단기매매증권, 단기대여금 및 유동자산으로 분류되는 매도가능증권과 만기보유증권 등의 자산을 포함한다.

정답 4.③ 5.① 6.②

07 다음 중 기업회계기준상 단기투자자산이 아닌 것은? (37회)

① 단기매매증권　　② 보통예금　　③ 단기대여금　　④ 단기금융상품

> **해설** 단기금융상품, 단기매매증권, 단기대여금 등을 포함하여 대차대조표에 단기투자자산으로 통합 표시하여 기재할 수 있다. 다만, 각 과목의 중요성에 따라 개별 표시할 수도 있다.

08 다음 중 재무상태표상 유동자산으로 분류하도록 규정하고 있지 않은 것은? (35회)

① 1년을 초과하여 사용제한이 있는 현금 및 현금성자산
② 단기매매목적으로 보유하는 자산
③ 기업의 정상적인 영업주기내에 실현될 것으로 예상되거나 판매목적 또는 소비목적으로 보유하고 있는 자산
④ 재무상태표일로부터 1년 이내에 현금화 또는 실현될 것으로 예상되는 자산

> **해설** 1년 이내에 사용제한이 없는 현금 및 현금성자산

09 다음 계정과목 중 당좌자산에 해당하지 않는 것은? (31회)

① 현금 및 현금성자산　　② 외상매출금
③ 선급비용　　　　　　　④ 단기차입금

> **해설** 단기차입금은 유동부채에 해당한다.

10 다음 중 기업회계기준상 유동자산에 해당하지 않는 것은? (26회)

① 선급비용　　② 임차보증금　　③ 미수금　　④ 매출채권

> **해설** 임차보증금은 투자자산으로 분류된다.

정답 7.② 8.① 9.④ 10.②

11 다음 중 기업회계기준상 투자자산이 아닌 것은? (36회)

① 장기대여금　② 투자유가증권　③ 장기성예금　④ 미착품

> 해설　미착품은 재고자산이다.

12 다음 중 투자자산에 해당되지 않는 것은? (33회)

① 장기투자증권　② 투자부동산　③ 장기대여금　④ 영업권

> 해설　영업권은 무형자산에 해당한다.

13 다음 중 기업회계기준상 무형자산에 해당하지 않는 것은? (27회)

① 특허권　② 영업권　③ 광업권　④ 매출채권

> 해설　매출채권은 유동자산에 해당한다.

14 다음 중 기업회계기준상 무형자산에 해당하지 않는 것은? (52회)

① 광업권　② 영업권　③ 전세권　④ 특허권

> 해설　전세권은 무형자산이 아니다.

15 다음 항목 중 재무상태표상 기타비유동자산에 속하는 계정과목은? (43회)

① 만기보유증권　② 투자부동산　③ 임차보증금　④ 지분법적용투자주식

> 해설　임차보증금은 기타비유동자산에 속한다.

정답　11.④　12.④　13.④　14.③　15.③

16 다음 중 비유동자산이 아닌것은? (35회)

① 투자부동산　　② 장기대여금　　③ 선급금　　④ 산업재산권

> **해설**　선급금은 유동자산에 해당한다.

17 다음 중 부채에 대한 설명으로 가장 옳지 않은 것은? (42회)

① 부채는 과거의 거래나 사건의 결과로 현재 기업실체가 부담하고 있고 미래에 자원의 유출 또는 사용이 예상되는 의무이다.
② 유동성장기부채는 유동부채로 분류한다.
③ 부채는 1년을 기준으로 유동부채와 비유동부채로 분류한다.
④ 정상적인 영업주기 내에 소멸할 것으로 예상되는 매입채무와 미지급비용 등이 보고기간 종료일로부터 1년 이내에 결제되지 않으면 비유동부채로 분류한다.

> **해설**　부채는 1년을 기준으로 유동부채와 비유동부채로 분류한다. 다만, 정상적인 영업주기 내에 소멸할 것으로 예상되는 매입채무와 미지급비용 등은 보고기간 종료일로부터 1년 이내에 결제되지 않더라도 유동부채로 분류한다. 유동부채로 분류한 금액 중 1년 이내에 결제되지 않 금액을 주석으로 기재한다.

18 다음의 계정과목 중 그 분류가 다른 것은? (45회)

① 사채　　② 장기차입금　　③ 퇴직급여충당부채　　④ 유동성장기부채

> **해설**　유동성장기부채는 유동부채로 분류한다.

19 다음 중 유동부채와 비유동부채의 분류가 올바르게 짝지어진 것은? (33회)

	유동부채	비유동부채
①	미지급비용	미지급법인세
②	퇴직급여충당부채	선수수익
③	선수수익	퇴직급여충당부채
④	매입채무	미지급법인세

> **해설**　미지급비용, 미지급법인세, 선수수익, 매입채무는 모두 유동부채이며, 퇴직급여충당부채는 비유동부채이다.

> **정답**　1.① 2.③ 3.③ 4.③

20 다음 중 기업회계기준상 유동부채에 해당하지 않는 것은? (27회)

① 미지급비용　　　　　　　　② 단기차입금
③ 유동성장기차입부채　　　　④ 퇴직급여충당금

> **해설**　퇴직급여충당금은 비유동부채이다.

21 다음 자료에 의하여 자본총계를 계산하면 얼마인가? (49회)

• 현금 : 100,000원	• 단기대여금 : 150,000원	• 단기차입금 : 50,000원
• 비　품 : 200,000원	• 감가상각누계액 : 50,000원	• 보통예금 : 60,000원
• 미지급금 : 80,000원	• 미　수　금 : 90,000원	• 지급어음 : 100,000원

① 270,000원　　② 300,000원　　③ 320,000원　　④ 370,000원

> **해설**　자본 = 자산 − 부채 = 320,000원
> 　　　자산총계 : 100,000 + 150,000 + 200,000 − 50,000 + 60,000 + 90,000 = 550,000원
> 　　　부채총계 : 50,000 + 80,000 + 100,000 = 230,000원 (단기차입금, 미지급금, 지급어음)

22 다음은 기말자산과 기말부채의 일부분이다. 기말재무상태표에 표시될 계정과목과 금액이 틀린 것은? (56회)

• 지급어음 : 10,000,000원	• 타인발행수표 : 25,000,000원
• 받을어음 : 10,000,000원	• 외상매입금 : 50,000,000원
• 외상매출금 : 40,000,000원	• 우편환증서 : 5,000,000원

① 매입채무 : 60,000,000원　　　　② 현금및현금성자산 : 30,000,000원
③ 매출채권 : 50,000,000원　　　　④ 당좌자산 : 75,000,000원

> **해설**　매입채무 = 지급어음과 외상매입금,　매출채권 = 받을어음과 외상매출금
> 　　　현금및현금성자산 = 타인발행수표와 우편환증서
> 　　　당좌자산 = 현금및현금성자산 + 매출채권 = 80,000,000원

정답　20.④　21.③　22.④

23 다음의 자산계정들을 일반기업회계기준에 따라 유동성배열법으로 나열한 경우 맞는 것은? (55회)

| • 기계장치 | • 제품 | • 현금및현금성자산 | • 외상매출금 |

① 외상매출금, 현금및현금성자산, 제품, 기계장치
② 현금및현금성자산, 외상매출금, 기계장치, 제품
③ 현금및현금성자산, 제품, 외상매출금, 기계장치
④ 현금및현금성자산, 외상매출금, 제품, 기계장치

해설 유동성배열법은 당좌자산, 재고자산, 투자자산, 유형자산, 무형자산 순이다.

24 다음 중 재무상태표에서 해당 자산이나 부채의 차감적 평가항목이 아닌 것은 어느 것인가? (55회)

① 감가상각누계액
② 퇴직급여충당부채
③ 대손충당금
④ 사채할인발행차금

해설 퇴직급여충당부채는 부채성항목으로 비유동부채이다.

25 다음 계정과목 중 대차대조표에 기록될 수 없는 계정과목은? (33회)

① 예수금
② 가수금
③ 선수금
④ 미수금

해설 가수금은 임시계정으로서 재무상태표에 계상될 수 없다.

정답 23.④ 24.② 25.②

26 다음 자료에 의하여 자본총계를 계산하면 얼마인가? (54회)

- 현금 : 500,000원
- 선수금 : 200,000원
- 미지급금 : 60,000원
- 단기대여금 : 250,000원
- 감가상각누계액 : 50,000원
- 퇴직급여충당부채 : 90,000원
- 이익준비금 : 20,000원
- 기계장치 : 250,000원
- 임대보증금 : 100,000원

① 400,000원　② 450,000원　③ 480,000원　④ 500,000원

해설　자산(950,000원) − 부채(450,000원) = 자본(500,000원)
자산(현금 + 단기대여금 + 기계장치 − 감가상각누계)
부채(선수금 + 미지급금 + 퇴직급여충당부채 + 임대보증금100,000원)

27 다음 중 유동부채에 해당하는 금액을 모두 합하면 얼마인가? (47회)

- 외상매입금 : 50,000원
- 장기차입금 : 1,000,000원(유동성장기부채 200,000원 포함)
- 단기차입금 : 200,000원
- 선수금 : 90,000원
- 미지급비용 : 70,000원
- 퇴직급여충당부채 : 80,000원

① 410,000원　② 520,000원　③ 530,000원　④ 610,000원

해설　외상매입금 50,000원 + 유동성장기부채 200,000원 + 단기차입금 200,000원
+ 미지급비용 70,000원 + 선수금 90,000원 = 610,000원

28 다음 항목들 중에서 유동자산의 합계금액은 얼마인가? (29회)

- 현금 : 150,000원
- 장기금융상품 : 305,000원
- 기계장치 : 340,000원
- 단기매매증권 : 180,000원
- 선급비용 : 230,000원
- 개발비 : 100,000원
- 매입채무 : 420,000원
- 매출채권 : 510,000원

① 840,000원　② 1,070,000원　③ 1,145,000원　④ 2,235,000원

해설　유동자산 = 현금 + 단기매매증권 + 선급비용 + 매출채권 = 1,070,000원

정답　26.④　27.④　28.②

3 손익계산서

1 의의

(1) 손익계산서는 일정 기간 동안 기업의 경영성과에 대한 정보를 제공하는 재무보고서이며, 당해 회계기간의 경영성과를 나타낼 뿐만 아니라 기업의 미래현금흐름과 수익창출능력 등의 예측에 유용한 정보를 제공함

(2) 손익계산서는 일반적으로 다음과 같이 구분하여 작성됨

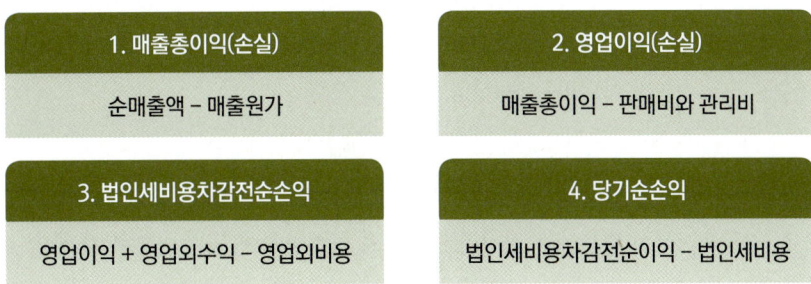

2 매출과 매출원가

(1) 매출

매출액	총매출액 – (매출할인 + 매출환입및에누리)

(기업의 주된 영업활동에서 발생한 제품, 상품, 용역 등의 매출)

> 매출액은 업종별이나 부문별로 구분하여 표시할 수 있으며, 반제품매출액, 부산물매출액, 작업폐물매출액, 수출액, 장기할부매출액 등이 중요한 경우에는 이를 구분하여 표시하거나 주석으로 기재함

(2) 매출원가

① 매출원가는 제품, 상품 등의 매출액에 대응되는 원가로서 판매된 제품이나 상품 등에 대한 제조원가 또는 매입원가이다.

② 당기상품(원재료)매입액=총매입액-(매입할인+매입환출및에누리)+부대비용
③ 상품매출원가 = 기초상품재고액 + 당기상품매입액 - 기말상품재고액
　제품매출원가 = 기초제품재고액 + 당기제품제조원가 - 기말제품재고액

> 제품이나 상품에 대하여 생산, 판매 또는 매입 외의 사유로 증감액이 있는 경우에는 이를 매출원가의 계산에 반영함

3 판매비와관리비

(1) 판매비와관리비는 제품, 상품, 용역 등의 판매활동과 기업의 관리활동에서 발생하는 비용으로서 매출원가에 속하지 아니하는 모든 영업비용을 포함

(2) 판매비와관리비는 당해 비용을 표시하는 적절한 항목으로 구분하여 표시하거나 일괄표시할 수 있으며, 일괄표시하는 경우에는 적절한 항목으로 구분하여 이를 주석으로 기재함

(3) **매출, 매출원가 및 판매비와관리비의 세부항목들**

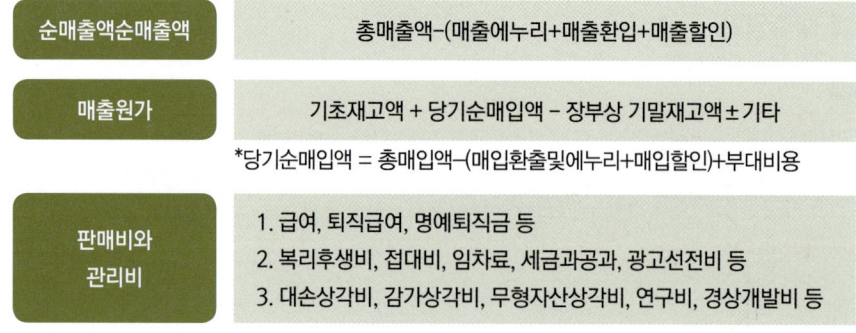

4 영업외손익

기업의 주된 영업활동이 아닌 활동으로부터 발생한 수익과 차익 및 비용과 차손임
영업외수익, 비용의 세부항목들은 아래와 같음

내역	영업외수익	영업외비용
비정상 감모	-	재고자산감모손실
기부	-	기부금
대여와 차입	이자수익	이자비용
기타의 채권	-	기타의 대손상각비
유가증권 보유	이자수익, 배당금수익	-
단기투자자산 (단기매매증권)	단기투자자산처분이익 단기투자자산평가이익	단기투자자산처분손실 단기투자자산평가손실
유형자산 처분	유형자산처분이익	유형자산처분손실
투자자산 처분	투자자산처분이익	투자자산처분손실
부동산 임대	임대료	-
사채 상환	사채상환이익	사채상환손실
외화관련거래	외환차익, 외화환산이익	외환차손, 외화환산손실
오류수정	전기오류수정이익	전기오류수정손실
기타	자산수증익 채무면제익 보험차익 지분법이익	재해손실 지분법손실

5 법인세비용 및 당기순이익

(1) 법인세비용차감전순손익에 대응하여 법인세법에 의해 산출된 세액

(2) 당기순손익 = 법인세비용차감전순손익 - 법인세비용

6 수익, 비용 표시원칙

(1) 수익과 비용은 각각 총액으로 보고하는 것을 원칙으로 한다.

(2) 다른 기업회계기준에서 요구하거나 허용하는 경우에는 수익과 비용을 상계하여 표시할 수 있음

(3) 동일 또는 유사한 거래나 회계사건에서 발생한 차익, 차손 등은 총액으로 표시하지만 중요하지 않은 경우에는 관련 차익과 차손 등을 상계표시할 수 있음

4 기타 재무제표

1 자본변동표

자본변동표는 자본의 크기와 그 변동에 관한 정보를 제공하는 재무보고서로서, 자본을 구성하고 있는 자본금, 자본잉여금, 자본조정, 기타포괄손익누계액, 이익잉여금(또는 결손금)의 변동에 대한 포괄적인 정보를 제공함

2 현금흐름표

(1) 현금흐름표는 기업의 현금흐름을 나타내는 표로서 현금의 변동내용을 명확하게 보고하기 위하여 당해 회계기간에 속하는 현금의 유입과 유출내역을 적정하게 표시하여야 함

(2) 현금흐름표는 영업활동으로 인한 현금흐름, 투자활동으로 인한 현금흐름, 재무활동으로 인한 현금흐름으로 구분하여 표시하고, 이에 기초의 현금을 가산하여 기말의 현금을 산출하는 형식으로 표시함. 현금흐름표에서 현금이라 함은 현금 및 현금성자산을 말함

3 주석

주석은 재무상태표, 손익계산서, 현금흐름표 및 자본변동표에 인식되어 본문에 표시되는 항목에 관한 설명이나 금액의 세부내역뿐 아니라 우발상황 또는 약정사항과 같이 다른 재무제표에 인식되지 않는 항목에 대한 추가 정보를 포함하여야 함

객관식 문제

01 현행 기업회계기준에 의한 손익계산서의 작성기준으로 올바른 것은? (41회)

① 손익계산서상 수익과 비용은 순액에 의해 기재함을 원칙으로 한다.
② 손익계산서상 영업손익은 매출액에서 매출원가를 차감하여 표시한다.
③ 손익계산서상 매출액은 총매출액에서 매출할인, 매출환입 및 매출에누리를 차감한 금액이다.
④ 손익계산서상 매출원가는 기초상품재고액에서 당기순매입액을 가산한 금액에서 기말상품재고액을 가산한 금액이다.

해설 수익, 비용은 총액기재가 원칙이고, 매출액에서 매출원가를 차감한 금액은 매출총이익이며, 매출원가는 기초상품재고액에서 당기순매입액을 더한 금액에서 기말상품재고액을 차감한 금액이다.

02 다음 중 손익계산서에 대한 설명으로 틀린 것은? (37회)

① 일정 기간 동안의 경영성과에 대한 정보를 제공한다.
② 수익과 비용은 순액으로 보고하는 것을 원칙으로 한다.
③ 판매비와 관리비는 당해 비용을 표시하는 적절한 항목으로 구분하여 표시하거나 일괄표시할 수 있다.
④ 영업손익은 매출총손익에서 판매비와 관리비를 차감하여 산출한다.

해설 수익과 비용은 각각 총액으로 보고하는 것을 원칙으로 한다.

03 기업회계기준에 의한 손익계산서의 작성기준 중 틀린 것은? (29회)

① 모든 수익과 비용은 그것이 발생한 기간에 정당하게 배분되도록 처리하여야 한다.
② 수익과 비용은 직접 상계함으로써 전부 또는 일부를 제외할 수 있다.
③ 수익은 실현시기를 기준으로 계상한다.
④ 수익과 비용은 발생원천에 따라 분류하고 각 수익항목과 이에 관련되는 비용항목을 대응 표시하여야 한다.

해설 총액주의에 의해야 한다.

정답 1.③ 2.② 3.②

04 다음 자료에 의한 매출총이익은 얼마인가? (44회)

- 총매출액 : 35,000,000원
- 매입할인 : 300,000원
- 매입에누리와환출 : 250,000원
- 매출에누리와환입 : 200,000원
- 기초상품재고액 : 500,000원
- 총매입액 : 18,000,000원
- 이자비용 : 200,000원
- 복리후생비 : 1,000,000원
- 매출할인 : 200,000원
- 기말상품재고액 : 450,000원

① 17,500,000원 ② 17,450,000원 ③ 17,100,000원 ④ 17,000,000원

해설
1. 순매출액의 계산 = 총매출액 − 매출에누리와환입 − 매출할인
   = 35,000,000원 − 200,000원 − 200,000원 = 34,600,000원
2. 순매입액의 계산 = 총매입액 − 매입에누리와환출 − 매입할인
   = 18,000,000원 − 250,000원 − 300,000원 = 17,450,000원
3. 매출원가의 계산 = 기초상품재고액 + 당기상품매입액 − 기말상품재고액
   = 500,000원 + 17,450,000원 − 450,000원 = 17,500,000원
4. 매출총이익의 계산 = 순매출액 − 매출원가 = 34,600,000원 − 17,500,000원 = 17,100,000원

05 다음 자료를 이용하여 영업이익을 계산하면 얼마인가? (49회)

- 매출액 : 100,000,000원
- 매출원가 : 60,000,000원
- 본사 총무부 직원 인건비 : 4,000,000원
- 유형자산처분이익 : 2,000,000원
- 기부금 : 1,000,000원
- 광고비 : 6,000,000원

① 40,000,000원 ② 30,000,000원 ③ 29,000,000원 ④ 26,000,000원

해설 매출액 − 매출원가 − 인건비 − 광고비 = 30,000,000원

06 다음의 계정과목 중 분류가 다른 것은? (57회)

① 기타의 대손상각비   ② 이자비용   ③ 소모품비   ④ 외환차손

해설 소모품비는 판매비와 관리비 또는 제조간접비로 분류된다. 나머지는 모두 영업외비용이다.

정답 4.③ 5.① 6.③

07 다음 자료를 이용하여 영업이익을 계산하면 얼마인가? (32회)

- 매출총이익 : 100,000원
- 접대비 : 10,000원
- 이자비용 : 10,000원
- 기부금 : 10,000원
- 매출채권에 대한 대손상각비 : 10,000원

① 90,000원   ② 80,000원   ③ 70,000원   ④ 60,000원

해설 영업이익=매출총이익−판매비와관리비(대손상각비와 접대비)=100,000원−10,000원−10,000원=80,000원

---

08 다음 손익계산서 항목 중 영업이익 계산과정에서 포함되지 않는 금액의 합계액은? (28회)

- 매출원가 : 1,000원
- 복리후생비 : 500원
- 이자비용 : 300원
- 접대비 : 100원
- 기부금 : 50원
- 단기매매증권평가손실 : 10원

① 300원   ② 350원   ③ 360원   ④ 460원

해설 이자비용(300원), 기부금(50원)과 단기매매증권평가손실(10원)은 무관함

---

09 영업활동과 관련하여 비용이 감소함에 따라 발생하는 매출채권의 대손충당금환입은 다음의 계정구분 중 어디에 속하는가? (56회)

① 판매비와 관리비   ② 영업외수익   ③ 자본조정   ④ 이익잉여금

해설 영업활동과 관련하여 비용이 감소함에 따라 발생하는 퇴직급여충당부채환입, 판매보증충당부채환입 및 대손충당금환입 등은 판매비와관리비의 부(−)의 금액으로 표시한다.

---

10 다음 발생하는 비용 중 영업비용에 해당하지 않는 것은? (51회)

① 거래처 사장인 김수현에게 줄 선물을 구입하고 50,000원을 현금 지급하다.
② 회사 상품 홍보에 50,000원을 현금 지급하다.
③ 외상매출금에 대해 50,000원의 대손이 발생하다.
④ 회사에서 국제구호단체에 현금 50,000원을 기부하다.

해설 기부금은 영업외비용에 해당한다.

정답 7.②   8.③   9.①   10.④

11 다음 중 판매비와관리비에 해당되는 세금과공과 항목으로 처리되는 항목은? (50회)

① 공장 건물 보유 중 재산세를 납부하는 경우
② 영업부 차량 보유 중 자동차세를 납부하는 경우
③ 본사 직원에 대한 급여를 지급하면서 원천징수세액을 납부하는 경우
④ 법인의 소득에 대하여 부과되는 법인세를 납부하는 경우

해설 영업부에서 보유하고 있는 차량의 자동차세는 세금과공과로 처리됨

12 다음 중 손익계산서상 구분표시가 다른 것은? (47회)

① 복리후생비
② 유형자산처분손실
③ 기부금
④ 이자비용

해설 판매비와관리비, ②③④ 영업외비용

13 다음 중 판매비와관리비 계정에 속하지 않는 계정과목은? (41회)

① 기타의 대손상각비
② 접대비
③ 복리후생비
④ 여비교통비

해설 기타의 대손상각비는 영업외비용이다.

14 기업회계기준상 영업외손익이 아닌 것은? (36회)

① 자산수증이익
② 유형자산처분이익
③ 채무면제이익
④ 외상매출금대손상각비

해설 외상매출금대손상각비는 판매비와관리비이다.

15 다음 중 손익계산서에 반영되는 이익에 해당하는 것은? (33회)

① 자기주식처분이익
② 감자차익
③ 매도가능증권평가이익
④ 단기투자자산처분이익

정답 11.② 12.① 13.① 14.④ 15.④

16 다음 비용항목 중 손익계산서의 구분표시가 다른 것은? (30회)

① 퇴직급여 ② 접대비 ③ 감가상각비 ④ 기부금

> **해설** 퇴직급여, 접대비, 감가상각비는 판매관리비로 분류되며, 기부금은 영업외비용으로 분류된다.

17 재무상태표와 손익계산서의 작성기준에 대한 설명이다. 다음 중 가장 틀린 것은? (38회)

① 자산, 부채는 유동, 비유동으로 구분표시하고 유동성이 높은 것부터 배열한다.
② 자본은 자본활동과 손익활동에서 발생한 잉여금을 구분하여 표시하여야 한다.
③ 손익계산서에 수익은 원칙적으로 실현주의에 의하여 인식한다.
④ 손익계산서에 비용은 관련된 수익을 인식하였을 때만 비용으로 인식한다.

> **해설** 비용은 다음과 같이 인식한다.
> (가) 수익비용대응의 원칙 (나) 당기비용 (다) 체계적이고 합리적인 방법

18 다음 중 재무상태표, 손익계산서와 관련된 설명으로 가장 적절하지 않은 것은? (28회)

① 재무상태표는 일정시점에서 기업의 자금조달원천인 부채와 자본 규모를 알수있다.
② 재무상태표에서 이익잉여금이 매년 누적될수록 주주의 몫인 자본은 커진다.
③ 손익계산서는 현금으로 지급되지 않은 사항은 보고하지 않는다.
④ 수익을 창출하기 위해 희생된 대가를 비용이라 한다.

> **해설** 현금으로 지급하지 않았더라도 영업활동을 위해 사용되어 자산이 감소되는 경우 비용으로 손익계산서에 보고한다. 예, 감가상각비 등

19 다음 중 재무제표의 기본요소로 틀린 것은? (34회)

① 대차대조표 : 자산, 부채, 자본
② 손익계산서 : 수익, 비용, 차익, 차손
③ 자본변동표 : 소유자의 투자, 소유주에 대한 분배, 채권자의 투자
④ 현금흐름표 : 영업활동 현금흐름, 투자활동 현금흐름, 재무활동 현금흐름

> **해설** 자본변동표 : 소유자의 투자, 소유주에 대한 분배

정답 16.④ 17.④ 18.③ 19.③

Chapter 15 | 재무회계 개념체계

1 재무제표 기본가정

1 의의
회계는 궁극적으로 기업의 이해관계자들에게 경제적 의사결정에 도움이 되는 정보를 제공하는 것을 목표로 하며, 그 목표는 재무제표를 통해 구체적으로 실현되는데, 재무제표 작성 시 필요한 몇 가지 가정이 있다.

2 기업실체의 가정
기업실체의 가정은 기업을 소유주와는 독립적으로 존재하는 회계단위로 간주하고 이 회계단위의 관점에서 그 경제활동에 대한 재무정보를 측정, 보고한다는 가정이다. 이 가정을 통하여, 기업은 이해관계자인 소유주나 경영자와 별개인 존재로 취급받을 수 있고, 회계기록의 범위도 명확하게 정의가 가능해짐

3 계속기업의 가정
계속기업의 가정은 기업실체는 그 목적과 의무를 이행하기에 충분할 정도로 장기간 존속한다는 가정이다.

4 기간별 보고의 가정
기간별 보고의 가정은 기업실체의 존속기간을 일정한 기간 단위로 분할하여 그 기간마다 주기적으로 재무보고를 해야 한다는 가정이다.

2 회계정보의 질적특성-목적적합성, 신뢰성

1 의의

회계정보의 질적특성은 회계정보가 기업의 이해관계자들에게 유용하기 위해 갖추어야 할 주요 속성을 말하며, 회계정보의 유용성의 판단기준이 된다.

2 목적적합성

목적적합성은 그 정보가 의사결정 목적과 관련되어야 한다는 속성이며, 회계정보는 예측가치 또는 피드백가치를 가져야 한다.

> (1) **예측가치** : 정보이용자가 기업실체의 미래 재무상태, 경영성과, 순현금흐름 등을 예측하는 데에 그 정보가 활용될 수 있는 능력을 의미
>
> (2) **피드백가치** : 제공되는 회계정보가 기업실체의 재무상태, 경영성과, 순현금흐름, 자본변동 등에 대한 정보이용자의 당초 기대치(예측치)를 확인 또는 수정되게 함으로써 의사결정에 영향을 미칠 수 있는 능력
>
> (3) **적시성** : 회계정보가 정보이용자에게 유용하기 위해서는 그 정보가 의사결정에 반영될 수 있도록 적시에 제공되어야 함

3 신뢰성

신뢰성은 회계정보가 신뢰할 수 있는 것이어야 한다는 속성이다. 회계정보의 신뢰성은 크게 세 가지로 구성되는데, 첫째 회계정보는 그 정보가 나타내고자 하는 대상을 충실히 표현하고 있어야 하고, 둘째 객관적으로 검증가능하여야 하며, 셋째 중립적이어야 한다.]

> (1) **표현의 충실성** : 재무제표상의 회계수치가 회계기간말 현재 기업실체가 보유하는 자산과 부채의 크기를 충실히 나타내야 하고, 또한 자본의 변동을 충실히 나타내고 있어야 함을 의미함
>
>> ◎ 표현의 충실성을 확보하기 위해서는 경제적 실질에 따라 회계처리하고 보고하여야 하고, 특정 거래나 사건을 충실히 표현하기 위해 필요한 중요한 정보는 누락되어서는 안된다.
>
> (2) **검증가능성** : 동일한 경제적 사건이나 거래에 대하여 동일한 측정방법을 적용할 경우 다수의 독립적인 측정자가 유사한 결론에 도달할 수 있어야 함
>
> (3) **중립성** : 회계정보가 신뢰성을 갖기 위해서는 편의 없이 중립적이어야 한다.

3 목적적합성과 신뢰성 사이의 상충관계

회계정보의 질적특성은 서로 상충될 수 있다. 예를 들어, 유형자산을 역사적원가로 평가하면 일반적으로 검증가능성이 높으므로 측정의 신뢰성은 제고되나 목적적합성은 저하될 수 있으며, 시장성 없는 유가증권에 대해 역사적원가를 적용하면 자산가액 측정치의 검증가능성은 높으나 유가증권의 실제가치를 나타내지 못하여 표현의 충실성과 목적적합성이 저하될 수 있다.

4 기타 회계정보의 질적특성

(1) 기업실체의 재무상태, 경영성과, 현금흐름 및 자본변동의 추세 분석과 기업실체간의 상대적 평가를 위하여 회계정보는 기간별 비교가 가능해야 하고 기업실체간의 비교가능성도 있어야 한다.

(2) 중요성은 회계항목이 정보로 제공되기 위한 최소한의 요건이다. 특정 정보가 생략되거나 잘못 표시된 재무제표가 정보이용자의 판단이나 의사결정에 영향을 미칠 수 있다면 개념적으로 볼 때 그러한 정보는 중요한 정보이다. 중요성은 일반적으로 당해 항목의 성격과 금액의 크기에 의해 결정된다.

(3) 정보 제공 및 이용에 소요될 사회적 비용이 정보 제공 및 이용에 따른 사회적 효익을 초과한다면 그러한 정보 제공은 정당화될 수 없다.

객관식 문제

01 회계순환과정에 있어 기말결산정리를 하게 되는 근거가 되는 가정으로 가장 적절한 것은? (56회)

① 기업실체의 가정　　② 기간별보고의 가정
③ 화폐단위의 가정　　④ 계속기업의 가정

> **해설**　일정기간으로 회계기간을 분할해야 하므로 기말결산정리가 필요하다.

02 회사는 미래에도 계속적으로 정상적인 영업활동을 영위할 것이라는 전제하에 역사적원가주의의 근간이 되는 회계의 기본가정은? (43회)

① 기업실체의 가정　　② 계속기업의 가정
③ 기간별보고의 가정　　④ 발생주의

> **해설**　해당 문제는 계속기업의 가정에 대한 내용이다.

03 다음 중 재무제표의 질적특성 중 신뢰성과 가장 관련성이 없는 것은? (57회)

① 회계정보를 생산하는데 있어서 객관적인 증빙자료를 사용하여야 한다.
② 동일한 거래에 대해서는 동일한 결과를 예측할 수 있도록 회계정보를 제공하여야 한다.
③ 유용한 정보를 위해서는 필요한 정보는 재무제표에 충분히 표시하여야 한다.
④ 의사결정에 제공된 회계정보는 기업의 미래에 대한 예측가치를 높일 수 있어야 한다.

> **해설**　목적적합성, 신뢰성의 하위개념에는 검증가능성, 표현의 충실성 및 중립성(편의없는 정보제공)이 있다.

04 주식시장에 상장되어 있는 두 회사 중 한 회사에 투자하기 위해 두 회사의 회계정보를 비교하고자 하는 경우 회계정보가 갖추어야 할 속성으로 가장 적합한 것은? (54회)

① 비교가능성　　② 신뢰성　　③ 목적적합성　　④ 중립성

> **해설**　비교가능성은 회계정보가 특정기업의 회계정보를 일정기간과 다른 기간 간에 비교할 수 있게 하고, 특정기업의 회계정보를 다른 기업의 회계정보와 비교할 수 있게 하는 속성을 의미한다.

> **정답**　1.② 2.② 3.④ 4.①

Chapter 15. 재무회계 개념체계

05 다음 중 역사적원가주의와 가장 관련성이 적은 것은? (51회)

① 회계정보의 목적적합성과 신뢰성을 모두 높일 수 있다.
② 기업이 계속하여 존재할 것이라는 가정 하에 정당화되고 있다.
③ 취득 후에 그 가치가 변동하더라도 역사적원가는 그대로 유지된다.
④ 객관적이고 검증 가능한 회계정보를 생산하는데 도움이 된다.

해설 역사적원가주의는 일반적으로 신뢰성은 제고되나 목적적합성은 저하될 수 있다.

06 재무제표의 질적 특성(회계정보의 질적 특성)간 균형에 대한 설명 중 잘못된 것은? (48회)

① 신뢰성과 목적적합성은 서로 상충관계가 발생될 수 있다.
② 수익 인식과 관련하여 완성기준을 적용하면 목적적합성은 향상되는 반면 신뢰성은 저하될 수 있다.
③ 자산 평가와 관련하여 현행원가를 적용하면 목적적합성은 향상되는 반면 신뢰성은 저하될 수 있다.
④ 회계정보의 보고와 관련하여 중간보고의 경우 목적적합성은 향상되는 반면 신뢰성은 저하될 수 있다.

해설 완성기준을 적용하면 신뢰성은 향상되나, 목적적합성은 저하될 수 있음

07 다음은 재무제표의 질적 특성에 관련된 내용이다. 성격이 다른 하나는? (45회)

① 표현의 충실성   ② 검증가능성   ③ 중립성   ④ 적시성

해설 적시성은 목적적합성의 주요 질적 특성의 요소이다.

08 재무제표를 통해 제공되는 정보에 관한 내용 중 올바르지 않은 것은? (44회)

① 화폐단위로 측정된 정보를 주로 제공한다.
② 특정기업실체에 관한 정보를 제공하며, 산업 또는 경제 전반에 관한 정보를 제공하지는 않는다.
③ 대부분 과거에 발생한 거래나 사건에 대한 정보를 나타낸다.
④ 추정에 의한 측정치는 포함하지 않는다.

정답 5.① 6.② 7.④ 8.④

09 다음 중 수익과 비용의 직접적인 인과관계에 따라 비용을 인식하는 방법으로 가장 적절한 것은? (52회)

① 감가상각비 ② 무형자산상각비 ③ 매출원가 ④ 사무직원 급여

> **해설** 매출원가 : 매출액(수익) 대비 매출원가(비용)
> 감가상각비, 무형자산상각비, 사무직원 급여 ... 판매비와관리비로서 기간비용임

10 다음 중 특정 수익에 직접 관련되어 발생하지는 않지만 일정기간 동안 수익창출활동에 기여할 것으로 판단하여 합리적이고 체계적으로 일정한 기간에 배분하는 원가 또는 비용은 무엇인가? (40회)

① 판매수수료 ② 광고선전비 ③ 감가상각비 ④ 매출원가

> **해설** 비용 배분은 수익비용대응원칙, 합리적이고 체계적인 방법, 당기비용 방법으로 인식한다. 합리적이고 체계적인 방법의 대표적인 비용이 감가상각비이다.

11 회사가 소모품을 구입하면서 이를 모두 당기의 비용으로 회계처리하였을 경우 다음 중 어떤 회계개념을 고려한 것인가? 단, 금액의 대소관계를 고려하지 않음(38회)

① 보수주의 ② 수익비용의 대응 ③ 편리성 ④ 계속성

> **해설** 보수주의는 회계기준이 허용하는 한도 내에서 수익은 낮게, 비용은 높게 계상하자는 원칙이다.

정답 9.③ 10.③ 11.①

computerized

accounting

1st level

computerized accounting 1st level

필기편

Part 2. 부가가치세

CHAPTER

01. 부가가치세 기본이론

02. 세금계산서

03. 부가가치세 매출세액

04. 부가가치세 매입세액

05. 부가가치세 회계처리

Chapter 01 | 부가가치세 기본이론

1 부가가치세 의의

1 일반소비세
세금은 크게 소득 또는 소비에 대하여 부과하는데, 부가가치세는 소비에 대하여 납부하는 세금임
(소득에 대한 세금 : 법인세와 소득세).

2 부가가치세 기본개념 이해를 위한 사례

(단위 : 원)

	A		B		C		최종소비자
수 익	100		300		600		
비 용	−0		−100		−300		600
이익(부가가치)	100	+	200	+	300	=	600
	×0.1		×0.1		×0.1		×0.1
부가가치세	10	+	20	+	30	=	60

① 기업 A가 비용없이 상품 X를 100에 판매하였다고 가정하면, 기업 A의 이익은 100원이고 이것을 "부가가치"라고 부름
② 기업 A가 100원에 판매한 상품 X를 기업 B가 구입후 300원에 동 상품을 판매하게 되면 부가가치 200원(300원-100원)을 창출한 셈이다.
③ 기업 C는 B에게서 구입한 300원어치의 X를 소비자에게 팔아 600원의 수익을 창출하며, C의 활동때문에 발생한 부가가치는 300원(600원-300원)임
④ 소비자는 기업 C에게서 상품(서비스)을 600원에 구입하는데, 600원은 기업 A, B, C가 창출한 부가가치의 합계와 같다. 즉 소비자는 부가가치를 소비하고 있는 셈이며, 부가가치의 소비에 대한 세금인 부가가치세를 부담하게 된다. 우리나라 세법상 부가가치세율은 10%이므로 소비자는 60원의 세금을 부담한다. 이와 같이 공급하는 자가 공급받는 자에게 부가가치세를 징수하는 제도를 거래징수라고 한다.
⑤ 부가가치세의 경우 세금을 부담하는 이(담세자)와 세금을 납부하는 사람(납세의무자)이 다름. 즉 소비자가 부담하는 세금이 60원이지만, 기업 A, B, C가 각각 10원, 20원, 30원의 부가가치세를 신고납부하게 됨

부가가치세	재화 및 용역이 생산·유통되는 모든 거래단계에서 창출되는 부가가치를 대상으로 하는 세금

→ 국세, 간접세, 일반소비세, 전단계세액공제법

2 부가가치세 납세의무자, 납부시기

1 납세의무자

소비하는 부분에 대하여 세금을 물린다면 소비자가 세금을 부담하고 납부해야 하나, 실제로는 소비자가 세금을 부담하되 납부는 사업자가 하므로, 납세의무자는 아래와 같음

> 가. 사업상 독립적으로 재화와 용역을 공급하는 자
> → 영리를 목적으로 하는지 여부 미고려
> 나. 재화를 수입하는 자(사업자 여부를 따지지 않음)
> → 소비자가 납세의무자가 아님(소비자는 부가가치세를 부담하는 자임)

2 납부시기

부가가치세법상 1년을 1기(1.1~6.30)와 2기(7.1~12.31)로 나누며, 1기를 다시 3개월로 나누어 신고 납부함. 법인사업자의 경우 아래와 같은 기간을 적용받고, 개인사업자에게는 예정신고의무가 없음

	과세기간	신고, 납부기한	환급	가산세
1기 예정	1.1~3.31	4.1~4.25	×	×
1기 확정	4.1~6.30	7.1~7.25	확정신고기한 경과후 30일 이내	○
2기 예정	7.1~9.30	10.1~10.25	×	×
2기 확정	10.1~12.31	1.1~1.25	확정신고기한 경과후 30일 이내	○

3 부가가치세 거래흐름, 계산구조, 사업장

1 거래흐름

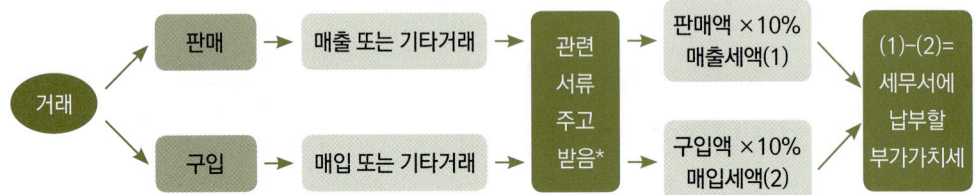

* 법적 효력이 있는 증빙으로서 세금계산서가 주로 쓰이나, 신용카드전표 또는 현금영수증도 세금계산서와 동일한 효력을 가진다.

2 계산구조

부가세 징수를 많이 하려면 매출세액을 높이고, 매입세액을 낮추면 되기 때문에, 매출세액을 발생시키지 않는 것과 매입세액이 공제되지 않는 항목이 학습목적상 매우 중요함

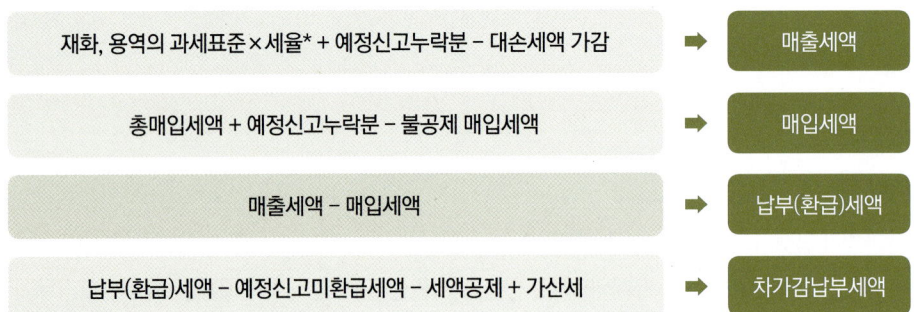

* 기본세율 적용분 10%, 영세율 적용분 0%

3 사업장

부가가치세는 사업장별로 신고, 납부함을 원칙으로 한다(주사업장 총괄납부, 사업자단위 과세제도는 사업장별 신고납부의 예외임).

사업장이란 사업자 또는 그 사용인이 상시적으로 주재하여 거래의 일부 또는 전부를 행하는 장소를 말함

업종별 사업장		
	광업	광업사무소의 소재지
	제조업	최종제품을 완성하는 장소
	건설업, 운수업, 부동산매매업	사업자가 법인이면 그 법인의 등기부상의 소재지, 개인이면 그 업무를 총괄하는 장소
	부동산임대업	그 부동산상의 등기부상의 소재지
	무인자동판매기를 통하여 재화, 용역을 제공하는 사업	그 사업에 관한 업무를 총괄하는 장소
	사업장을 미설치한 경우	사업자의 주소 또는 거소
	비거주자 또는 외국법인	소득세법 또는 법인세법에 규정하는 국내사업장

* 부가가치세가 나올 수 있는 원천과 관련이 있는 장소

객관식 문제

01 다음 중 우리나라의 부가가치세의 특징으로 틀린 것은? (53회)

① 일반소비세 ② 직접세
③ 전단계세액공제법 ④ 소비지국과세원칙

해설 간접세

02 다음 중 우리나라의 부가가치세법의 특징이 아닌 것은? (45회)

① 개별소비세 ② 소비형 부가가치세
③ 간접세 ④ 전단계세액공제법

해설 개별소비세가 아니라 일반소비세이다.

03 다음 중 거래징수의 내용으로 틀린 것은?(공급하는 사업자는 과세사업자임) (52회)

① 공급받는 자는 부가가치세를 지급할 의무를 짐
② 공급자가 부가가치세를 거래상대방으로부터 징수하는 제도
③ 공급가액에 세율을 곱한 금액을 공급받는 자로부터 징수
④ 공급받는 자가 면세사업자이면 거래징수의무가 없음

해설 공급자는 공급받는 자가 과세사업자이건 면세사업자이건 거래징수의무를 진다.

04 홍길동은 일반과세사업자로 20×9년 9월 1일에 사업을 시작하여 당일 사업자등록 신청을 하였다. 홍길동의 부가가치세법상 20×9년 제2기 과세기간은?(40회)

① 20×9년 1월 1일 ~ 12월 31일 ② 20×9년 9월 1일 ~ 12월 31일
③ 20×9년 1월 1일 ~ 9월 1일 ④ 20×9년 7월 1일 ~ 12월 31일

해설 신규사업자의 최초 과세기간은 사업개시일로부터 당해 과세기간의 종료일까지이다.

정답 1.② 2.① 3.④ 4.②

05 다음은 사업장의 범위를 업종별기준으로 설명한 것이다. 다음 중 가장 틀린 것은? (38회)

① 무인자동판매기에 의한 사업 : 무인자동판매기의 설치장소
② 부동산매매업 : 법인은 법인의 등기부상 소재지
③ 사업장을 설치하지 않은 경우 : 사업자의 주소 또는 거소
④ 비거주자와 외국법인 : 국내사업장 소재지

해설 무인자동판매기에 의한 사업 : 그 사업에 관한 업무총괄장소

06 다음은 부가가치세법상의 사업장의 범위에 대한 설명이다. 틀린 것은? (32회)

① 광업에 있어서는 광업사무소의 소재지
② 제조업에 있어서는 최종제품을 완성하는 장소
③ 건설업에 있어서는 사업자가 법인인 경우에는 그 법인의 등기부상의 소재지
④ 부동산임대업에 있어서는 사업자가 법인인 경우에는 그 법인의 등기부상의 소재지

해설 부동산임대업에 있어서는 그 부동산의 등기부상의 소재지를 사업장으로 한다.

07 도매업자, 소매업자, 최종소비자의 순으로 과세상품이 판매되었을 경우 부가가치세 납세의무자와 담세자의 관계가 바르게 연결된 것은? (20회)

① 납세의무자 - 소매업자, 담세자 - 도매업자
② 납세의무자 - 도매업자, 담세자 - 도매업자
③ 납세의무자 - 도매업자, 담세자 - 소매업자
④ 납세의무자 - 소매업자, 담세자 - 최종소비자

정답 5.① 6.④ 7.④

Chapter 02 | 세금계산서

1 세금계산서의 정의, 발급시기, 필요적기재사항

1 정의
사업자가 재화 또는 용역을 공급할 때 거래징수한 부가가치세의 증명서류로서, 납세의무자로 등록한 사업자가 재화 또는 용역을 공급하는 경우에는 세금계산서를 공급받은 자에게 발급하여야 함. 세금계산서를 2매 발행하여 그 중 1매를 공급받는 자에게 발급하고 1매를 보관함. 법인사업자의 경우 반드시 전자세금계산서를 발행해야 하며, 발행한 일의 다음 날까지 국세청에 전자세금계산서를 전송해야 함

2 발급시기
원칙적으로 사업자가 재화 및 용역을 공급할 때 세금계산서를 발행해야 하나, 아래와 같은 경우 세금계산서를 다른 일자에 발행할 수 있음

- 재화, 용역의 공급전 대가의 전부 또는 일부를 미리 받고 세금계산서 발급시
  → 발급하는 때
  1역월의 공급가액 합계를 말일에 발행 : 1.1~1.31 → 2/10까지 발급(익일까지 전송)
  1역월이내의 임의기간의 말일에 발행 : 2.16~2.28 → 3/10까지 발급(익일까지 전송)

ⓢ 세금계산서 발급의무자가 세금계산서를 교부하지 않으면, 매입자가 매입자발행 세금계산서를 발행할 수 있고, 이것으로 매입세액 공제를 받을 수 있음

3 세금계산서의 필요적 기재사항
세금계산서 발행시 아래의 사항들 중 하나라도 누락되면 세금계산서로서 인정받지 못하므로 가산세를 물거나, 매입세액 공제를 받을 수 없다. 아래와 같은 사항들을 필요적 기재사항이라고 함
(네 가지 사항 모두 기재되어야 함)

① 공급하는 사업자의 사업자등록번호와 성명 또는 명칭
② 공급받는 자의 등록번호
③ 공급가액과 부가가치세액
④ 작성연월일(공급연월일이 아님. 주의할 것!!)

2 세금계산서 발급의무 면제

발급의무면제	예외사항(면제에도 불구하고 세금계산서 발행)
간주공급에 해당하는 재화의 공급**	직매장 반출은 세금계산서 발급
부동산 임대용역 중 간주임대료	
영세율 적용대상 재화, 용역**	내국신용장, 구매확인서에 의한 수출은 발급
소매업 사업자가 공급하는 재화, 용역	공급받는 자가 요구시 발급
목욕, 이발, 미용업 사업자의 용역*	
여객운송업*	전세버스 운송사업은 발급
입장권을 발행하여 영위하는 사업*	

* 표부분은 세금계산서 발급이 금지된 업종임. 예외사항을 제외하고 영수증만을 발급해야 함
** 제3장에서 다루어질 내용임

객관식 문제

01 다음 중 부가가치세법상 세금계산서 제도와 관련한 설명 중 틀린 것은? (37회)

① 공급시기가 도래하기 전에 세금계산서를 교부하고 교부일로부터 7일 이내에 대가를 지급받는 경우에는 적법한 세금계산서를 교부한 것으로 본다.
② 매입자도 법정 요건을 갖춘 경우 세금계산서를 발행할 수 있다.
③ 영수증 교부대상 사업자가 신용카드매출전표를 교부한 경우에는 세금계산서를 교부할 수 없다.
④ 모든 영세율 거래에 대하여 세금계산서 교부의무가 없다.

해설 원칙적으로 국내에서 발생한 영세율 거래는 세금계산서 교부의무가 있다.

02 당사는 (주)실버벨과의 3월 1일부터 3월 31일까지의 매출분에 대하여 3월 31일자로 세금계산서를 교부하기로 하였다. 부가가치세법상 세금계산서는 언제까지 교부하여야 하는가? (34회)

① 4월 10일   ② 4월 12일   ③ 4월 15일   ④ 4월 17일

해설 월합계세금계산서는 다음달 10일까지 교부해야 한다.

03 부가가치세법상 세금계산서는 원칙적으로 재화 또는 용역의 공급시기에 교부하여야 하나 거래처별로 1역월(1일부터 말일까지) 공급가액을 합계하여 당해 월의 말일자를 발행일자로 하여 세금계산서를 교부하는 경우 공급일이 속하는 달의 다음 달 (   )일까지 교부할 수 있다.(   )안 들어갈 숫자는 무엇인가? (33회)

① 5   ② 7   ③ 10   ④ 12

해설 2번 문제 해설을 참고할 것

04 다음 중 세금계산서의 필요적 기재사항이 아닌 것은? (31회)

① 작성연월일   ② 공급하는 자의 등록번호
③ 공급가액과 부가가치세   ④ 공급받는 자의 상호

해설 공급받는 자의 상호는 임의적 기재사항이다.

정답 1.④ 2.① 3.③ 4.④

05 다음 중 세금계산서의 필요적 기재사항이 아닌 것은? (57회)

① 공급가액과 부가가치세액
② 작성연월일
③ 공급받는 자의 등록번호
④ 공급하는 자의 주소

해설 부가가치세법 32조

06 다음은 사업자 간의 거래내용이다. (주)용감이 전자세금계산서를 발행하고자 할 때, 다음 내용에 추가적으로 반드시 있어야 하는 필요적 기재사항은 무엇인가? (52회)

> (주)용감(사업자 등록번호:129-86-49875, 대표자:신보라)은 (주)강남스타일(사업자 등록번호:124-82-44582, 대표자:박재상)에게 소프트웨어 프로그램 2개를 10,000,000원(부가가치세 별도)에 공급하였다.

① 공급받는자의 사업장 주소
② 작성연월일
③ 업태 및 종목
④ 품목 및 수량

해설 작성연월일은 필요적 기재사항이다.

07 부가가치세법상 세금계산서의 필요적 기재사항으로 올바르지 않은 것은? (44회)

① 공급연월일
② 공급자의 등록번호와 성명 또는 명칭
③ 공급받는 자의 등록번호
④ 공급가액과 부가가치세액

해설 부가가치세법 16조 공급연월일이 아니라 작성연월일이 필요적 기재사항이다.

08 다음 (   )안에 들어갈 말은 무엇인가? (43회)

> 부가가치세법상 사업자가 재화 또는 용역을 공급하고 세금계산서를 교부하지 아니한 경우 당해 재화 또는 용역을 공급받은 자는 관할세무서무장의 확인을 받아 (   )발행 세금계산서를 발행할 수 있다.

① 사업자
② 매입자
③ 중개인
④ 매출자

해설 매입자발행 세금계산서에 기재된 부가가치세액은 공제받을 수 있다.

정답 5.④ 6.② 7.① 8.②

09 다음 중 세금계산서 발급의무가 면제되는 경우에 해당되지 않는 항목은? (51회)

① 내국신용장 또는 구매확인서에 의하여 공급하는 재화
② 판매목적타사업장 반출을 제외한 간주공급
③ 부동산임대용역 중 간주임대료
④ 택시운송 사업자가 제공하는 용역

해설 내국신용장 또는 구매확인서에 의하여 공급하는 재화의 경우 세금계산서를 발급해야 함

10 다음 중 세금계산서 발급의무 면제대상으로 틀린 것은? (50회)

① 개인적공급　　　　　　　② 판매목적타사업장 반출
③ 간주임대료　　　　　　　④ 폐업시 잔존재화

해설 판매목적 사업장 반출은 세금계산서 발급대상

11 부가가치세법상 세금계산서에 대한 설명 중 틀린 것은? (27회)

① 세금계산서의 작성연월일을 기재하지 않으면 세금계산서의 효력이 인정되지 않는다.
② 세금계산서의 공급 받는자의 성명을 기재하지 않아도 세금계산서의 효력이 인정된다.
③ 간주임대료에 대해서는 세금계산서를 발행해야 한다.
④ 휴대폰을 판매하는 소매업자는 세금계산서 대신 신용카드매출전표 등을 교부한 경우 세금계산서를 교부할 수 없다.

해설 간주임대료는 세금계산서를 임대인이나 임차인 어느 편이 부담하는지 불문하고 세금계산서를 교부하거나 교부받을 수 없다.

12 다음 거래는 과세사업자인 (주)알파(업태 : 제조업)의 거래이다. 세금계산서가 발행되지 않는 거래는? (25회)

① 소매업자에게 공급　　　　② 간이과세자에게 공급
③ 직수출　　　　　　　　　④ 면세사업자에게 공급

해설 직수출의 경우 세금계산서가 교부의무가 없다.

정답　9.①　10.②　11.③　12.③

Chapter 03 | 부가가치세 매출세액

1 부가가치세 과세대상

1 과세대상
재화와 용역의 공급, 재화의 수입(용역의 수입은 과세대상이 아님)

2 매출세액

(1) 과세표준(세금계산의 기준이 되는 금액)
일반적으로 금전으로 받은 경우 그 대가, 그 외의 경우에는 자기가 공급한 재화나 용역의 시가로 부가가치세를 부과할 기준금액(과세표준)을 평가한다.
매출세액은 이러한 금액(공급가액)에 10%를 곱한 금액으로 한다.

(2) 재화와 용역의 정의

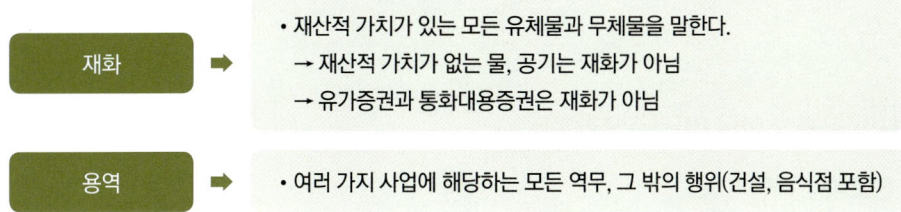

| | 매출세액 부분에서 중요한 포인트 |
① 어떤 것이 부가가치세법에서 규정하는 재화와 용역의 공급 및 재화의 수입인가?
② 재화와 용역의 공급 및 재화의 수입에 대한 과세표준은 얼마이고, 공급시기는 언제인가?

2 재화의 공급

1 실질공급
매매계약, 가공계약, 교환계약, 기타

2 간주공급

(1) **자가공급** : 자기가 생산, 구입한 재화를 아래의 경우에 사용

> ① 면세사업에 사용된 재화
> ② 비영업용소형승용차의 유지에 사용된 재화
> ③ 타인에게 직접 판매할 목적으로 다른 사업장에 반출하는 재화(직매장 반출)

(2) **개인적 공급** : 자기가 생산, 구입한 재화를 사업과 무관하게 사용 시

(3) **사업상 증여** : 자기의 고객이나 불특정 다수인에게 증여(견본품, 광고선전물 제외)

(4) **폐업시 잔존재화** : 사업 폐지시 남은 재화는 자기에게 공급한 것으로 봄

3 재화의 공급이 아닌 경우(주요항목)

(1) 담보제공, 사업의 양도

(2) 조세의 물납을 위한 사업용 자산의 물납

(3) 국세징수법 및 민사집행법의 규정에 따른 공매, 경매(강제적인 경우 포함)에 의한 재화의 인도, 양도

3 용역의 공급

용역의 공급	용역의 공급이 아닌 경우
• 용역의 무상공급을 제외한 모든 것 • 용역은 간주공급이 없음 • 건설업과 음식점업은 용역의 공급에 해당 • 상대방으로부터 인도받은 재화를 주요자재 부담없이 단순히 가공만 해주는 경우	• 용역의 무상공급 (특수관계자에게 부동산임대용역을 무상으로 제공하는 것은 용역의 공급으로 본다) • 근로의 제공(독립적인 사업자가 제공하는 것이 아님)

4 재화의 수입

(1) 수입 : 외국으로부터 우리나라에 도착한 물품을 우리나라에 들여 놓는 것 수출신고가 수리된 물품으로서 선적 완료 물품을 반입시에도 수입이 됨

(2) 보세구역 : 관세의 부과를 유예한 장소

5 영세율

1 의의

수출하는 재화 및 그와 유사한 형태의 재화와 용역의 공급에 대하여 부가가치세율을 0%로 하는 제도를 영세율이라고 한다.

2 부가가치세율을 영의 세율로 하는 이유

(1) **GATT협정**(General Agreement on Tariffs and Trade : 관세와 무역에 관한 일반협정)에서 정한 소비세의 소비지국 과세원칙.
   * 재화의 수출입에 대한 소비세 과세는 생산자가 속한 지역이 아니라 소비자가 속한 지역에서 과세하도록 정한 원칙

(2) **수출촉진의 효과**(수출에 대한 세금이 없다면 수출가격이 낮아져 그만큼 가격경쟁력을 유리하게 할 수 있기 때문이다. 현행 부가가치세법은 해외 직접수출 및 수출업자에게 공급하는 국내거래에 대해서도 0%의 세율 적용)

ⓢ 영세율을 적용받게 되면, 부가가치세를 부담하지 않으나 부가가치세법에서 요구하는 제반사항을 준수해야 하고, 수출과 관련된 매입세액은 환급받음

3 수출과정

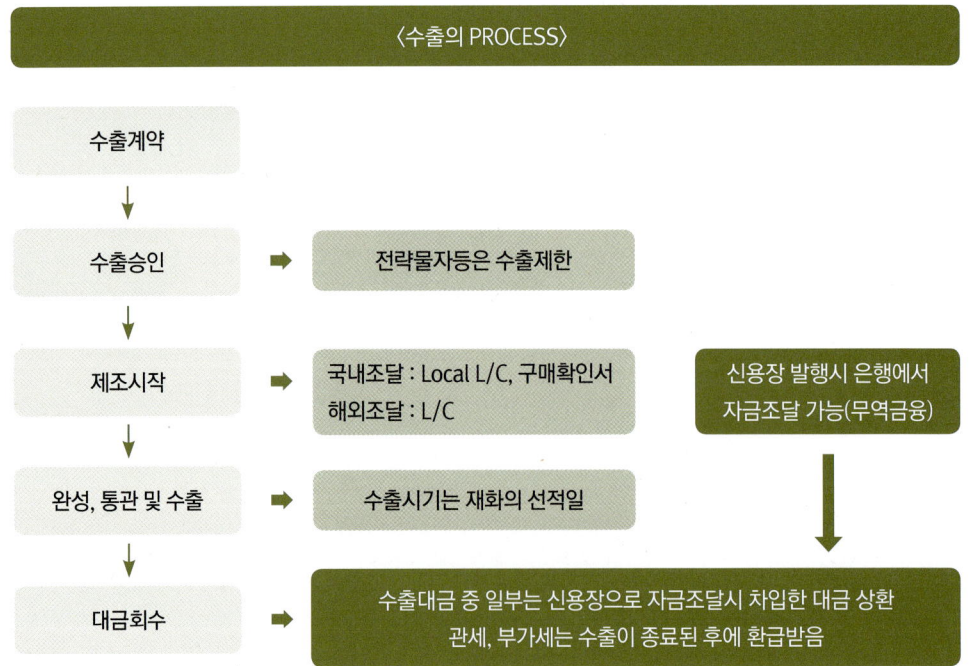

〈수출의 PROCESS〉

* 참고자료 : 신한은행 사이트(기업뱅킹 → 외환 → 수출입)

4 수출과 관련하여 자주 쓰이는 용어

신용장 (L/C) (Letter of Credit)	수입자의 거래은행이 수입자를 대신해서 대금지급을 약속하는 증서로서 수출하는 입장에서는 수출대금의 회수를 원활하게 할 수 있다. 따라서, 수출거래 시에는 신용장을 이용하는 경우가 일반적이다.
내국신용장 (Local L/C)	국제거래에서 이용되는 신용장제도를 수출용원재료 또는 완제품의 국내거래단계에서 적용한 것이다.
구매확인서	해당 물품이 대외무역법상의 외화획득용원료, 제품 등으로 거래되었음을 인정하는 서류이다.
선하증권(B/L) (Bill of Lading)	선박회사가 화주(화물의 주인)로부터 화물을 수령 또는 선적하였음을 확인하고 그 화물을 도착지까지 운송하여 일정한 조건하에 그 증권의 정당한 소지인에게 화물을 인도할 것을 약속하는 증권이다.

6 면세

영세율과 유사한 개념으로 면세가 있는데, 면세는 부가가치세의 역진성 완화를 위한 제도이다. 부가가치세는 소비에 대한 세금인데, 소비수준은 소득수준에 비례하지 않기 때문에 소득이 적은 이가 더 많이 부가가치세를 부담할 수 있다. 따라서 특정한 항목에 대하여 부가가치세를 면제하여 소득이 적은 이가 부가가치세를 많이 부담하는 것을 방지한다. 면세항목중 수험목적상 중요한 부분은 아래와 같다.

> (1) **식용 농·축·수·임산물** : 국내산, 수입산 면세
> (2) **식용이 아닌 농·축·수·임산물(관상용)** : 국내산만 면세
> (3) **수돗물(생수는 과세됨)**
> (4) **허가된 교육용역(자동차학원, 무도학원 과세. 미인가도 과세)**
> (5) **도서, 신문, 잡지, 뉴스등 (광고는 과세)**
> (6) **금융, 보험용역, 토지의 공급, 인적용역 (전문직의 용역은 과세)**
> (7) **의료용역** : 성형수술과세, 수의사의 의료용역 과세(가축 및 수산생물치료 면세)
> (8) **우표, 인지, 증지, 복권, 공중전화, 여성용 위생용품, 영유아용 기저귀·분유**
> (9) **여객운송용역(버스, 지하철), 주택과 이에 부수되는 토지의 임대용역**

반면에 면세사업을 영위하는 사업자는 부가가치세 신고납부의무가 없고, 매입세액공제가 되지 않는다. 세금계산서 발행이 불가능하며, 계산서를 발행해야 한다.(법인의 경우 전자계산서를 발행해야 한다)

객관식 문제

01 부가가치세법상 용역의 공급으로 과세하지 아니하는 것은? (54회)

① 고용관계에 의하여 근로를 제공하는 경우
② 사업자가 특수관계 있는 자에게 사업용 부동산의 임대용역을 무상공급하는 경우
③ 상대방으로부터 인도받은 재화에 주요자재를 전혀 부담하지 아니하고 단순히 가공만 하는 경우
④ 건설업자가 건설자재의 전부 또는 일부를 부담하고 공급하는 용역의 경우

해설 고용관계에 의하여 근로를 제공하는 경우 부가가치세법상 용역의 공급으로 보지 않는다. 그리고 사업자가 특수관계 있는 자에게 사업용 부동산의 임대용역을 무상공급하는 경우 용역의 공급으로 본다.

02 다음 중 부가가치세 과세거래에 해당되는 것을 모두 고르면? (48회)

| 가. 재화의 수입 | 나. 용역의 수입 |
| 다. 용역의 무상공급 | 라. 고용관계에 의한 근로의 제공 |

① 가   ② 가, 나   ③ 가, 나, 다   ④ 가, 나, 다, 라

해설 용역의 수입은 저장이 불가능하고 형체가 없으므로 과세대상에서 제외

03 다음 중 부가가치세법상 재화의 공급으로 보는 것은? (43회)

① 증여세를 건물로 물납하는 경우   ② 사업의 포괄양수도
③ 차량을 담보목적으로 제공하는 경우   ④ 폐업시 잔존재화

해설 사업자가 사업을 폐업하는 경우 남아 있는 재화는 자기에게 공급하는 것으로 본다.

정답 1.① 2.① 3.④

04 현행 부가가치세법상 용역의 공급으로 과세하지 않는 경우는 어느 것인가? (40회)

① 건설업자가 건설자재의 전부 또는 일부를 부담하는 경우
② 상대방으로부터 인도받은 재화에 주요자재를 전혀 부담하지 아니하고 단순히 가공만하여 주는 경우
③ 산업상, 상업상 또는 과학상의 지식, 경험 또는 숙련에 관한 정보를 제공하는 경우
④ 용역의 무상공급의 경우

> 해설 용역의 무상공급의 경우는 현행 부가가치세법상 용역의 공급으로 보지 않는다.

05 다음은 부가가치세법상 간주공급에 관한 설명이다. 가장 틀린 것은? (36회)

① 간주공급은 자가공급, 개인적공급, 사업상증여, 폐업시 잔존재화로 분류한다.
② 간주공급은 실지공급과 같이 세금계산서를 교부하여야 한다.
③ 자가공급은 면세전용, 비영업용소형승용차의 구입과 유지를 위한 재화, 판매목적 타사업장 반출로 분류한다.
④ 자가공급, 개인적공급, 사업상증여의 공급시기는 재화가 사용 또는 소비되는 때이다.

> 해설 간주공급은 세금계산서를 교부하지 않는다.(자가공급 중 판매목적 타사업장 반출 제외)

06 다음은 재화공급의 범위에 대한 설명이다. 틀린 것은? (30회)

① 할부판매에 의하여 재화를 인도 또는 양도하는 것
② 민사집행법에 의한 강제경매에 따라 재화를 인도 또는 양도하는 것
③ 교환계약에 의하여 재화를 인도 또는 양도하는 것
④ 가공계약에 의하여 재화를 인도하는 것

> 해설 강제경매에 따라 재화를 인도 또는 양도하는 것은 재화의 공급으로 보지 아니한다.

정답 4.④ 5.② 6.②

07 다음 중 부가가치세 면세대상에 해당하지 않는 것은? (55회)

① 시내버스, 항공기 등의 여객운송용역
② 대통령령으로 정하고 있는 교육용역
③ 주택임대
④ 미가공 식료품

해설 항공기는 면세대상에서 제외된다.

08 다음 중 면세대상에 해당하는 것은 모두 몇 개인가? (50회)

| ⓐ 수돗물 | ⓑ 도서, 신문 | ⓒ 가공식료품 |
| ⓓ 시내버스운송용역 | ⓔ 토지의공급 | ⓕ 교육용역(허가, 인가받은 경우에 한함) |

① 3개　　② 4개　　③ 5개　　④ 6개

해설 ⓒ 가공식료품은 과세에 해당한다.

09 다음 중 부가가치세가 면세되는 재화 또는 용역의 공급의 개수는? (41회)

| 1. 단순가공된 두부 | 2. 신문사광고 | 3. 연탄과 무연탄 |
| 4. 시내버스 운송용역 | 5. 의료보건용역 | 6. 금융·보험용역 |

① 3개　　② 4개　　③ 5개　　④ 6개

해설 광고는 면세에서 제외된다.

10 다음 중 부가가치세법상 영세율에 대한 설명으로 틀린 것은? (32회)

① 수출하는 재화에 적용된다.
② 내국신용장에 의할 경우 영세율세금계산서를 발행해야 한다.
③ 최종소비자에게 부가가치세의 부담을 경감시키기 위한 불완전면세제도다.
④ 영세율적용대상자는 부가가치세법상 과세사업자이어야 한다.

해설 최종소비자에게 부가가치세의 부담을 경감시키기 위한 완전면세제도다.

정답　7.① 8.③ 9.③ 10.③

7 과세표준

1 의의

과세표준은 세액산출의 기초가 되는 과세대상의 수량 또는 가액이다.

> • 공급가액 : 부가가치세가 미포함된 금액
> • 공급대가 : 부가가치세가 포함된 금액

2 과세표준 기본원칙

일반적인 과세표준	금전가액
재화의 저가공급, 무상공급	자신이 공급한 재화, 용역의 시가
용역의 저가공급, 특수관계자에게 무상제공한 부동산 임대용역(일반적인 무상공급은 제외)	
금전이외의 다른 것으로 수령	

◈ 시가 : 사업자가 특수관계 없는 자와 해당 거래와 유사한 상황에서 계속적으로 거래한 가격 또는 제3자간에 일반적으로 거래된 가격

3 다양한 경우의 과세표준

직매장 반출외의 간주공급	시가
직매장 반출	취득가액 또는 세금계산서 기재액
외국통화로 수령시	① 공급시기 도래전에 대금을 수령후 원화로 환가 　→ 환가한 금액 ② 공급시기 도래후에 대금을 수령하고 보유 또는 공급시기 도래전에 대금을 수령하고 보유 　→ 선적시의 기준환율, 재정환율 　• 기준환율 : 원화와 미국달러간의 매매환율 　• 재정환율 : 원화와 다른 외국 통화간의 매매환율 　　　　원화 vs 미국 vs 다른나라 환율 환율은 서울외국환중개회사에서 조회가능
수입재화의 과표	(관세가격+관세+기타세금)의 합계

4 과세표준 포함항목

재화의 과세표준에 포함되는 것	재화의 과세표준에 포함되지 않는 것
1. 할부판매에 대한 이자상당액 2. 대가의 일부로 받는 운송비, 포장비, 하역비, 운송보험료, 산재보험료 등 3. 개별소비세, 주세, 교통·에너지·환경세, 교육세 및 농어촌특별세 상당액 4. 매출액의 일정액을 적립한 마일리지를 가지고 고객이 결제한 금액	1. 부가가치세 2. 매출에누리, 매출환입, 매출할인 3. 공급받는 자에게 도착하기 전에 파손, 훼손된 재화의 금액 4. 재화, 용역의 공급과 무관한 국고보조금과 공공보조금 5. 계약에 의하여 확정된 공급대가의 지급 지연으로 인한 연체이자 6. 반환조건부 용기대금·포장비용 7. 대가와 구분기재된 실지 지급 봉사료(팁)

* 과세표준에서 공제하지 아니하는 항목 : 대손금, 장려금, 하자보증금

8 공급시기

1 재화의 공급시기

재화가 이동가능하면 인도되는 때
재화가 이동가능하지 않으면 이용가능하게 되는 때
→ 알 수 없으면 재화의 공급이 확정되는 때를 공급시기로 한다.

2 용역의 공급시기

역무가 제공되거나 재화·시설물·권리가 사용되는 때를 공급시기로 한다.

3 다양한 경우에 대한 공급시기

장기할부, 완성도 지급기준, 중간지급 조건부, 공급단위를 구획할 수 없는 재화(전력)	대가의 각 부분을 받기로 한 때
재화의 공급으로 보는 가공	가공된 재화를 인도할 때
자가공급, 개인적 공급, 사업상 증여	재화가 사용·소비될 때
폐업시 잔존재화	폐업시
위탁판매	수탁자가 판매하였을 때
시용판매	구매자가 구매의사 표시할 대
조건부 판매	조건이 성취되어 판매확정되는 때
무인판매기에 의한 재화의 공급	현금을 인출할 때
간주임대료(보증금을 은행에 예치했다고 가정한 이자)	예정신고기간 또는 과세기간 종료일
스포츠센터 사용대가 선불	예정신고기간 또는 과세기간 종료일
부동산임대용역에 대한 대가를 선불 또는 후불로 한 번에 받는 경우	예정신고기간 또는 과세기간 종료일

* 장기할부 : 공급후 2회이상분할 + 인도일 익일~잔급지급일까지 1년 이상
* 완성도 지급기준 : 완성된 비율에 대하여 일정한 대금수령
* 중간지급 조건부 : 계약금 수령일 다음 날 ~ 재화를 인도하는 날까지의 기간이 6개월 이상
  + 그 기간 이내에 계약금 외의 대가를 분할하여 받는 경우

객관식 문제

01 납세의무자가 납부해야할 세액산출의 기초가 되는 과세대상의 수량 또는 가액을 무엇이라 하는가? (36회)

① 과세표준 ② 매입액
③ 납부세액 ④ 환급

해설 세액을 계산하는 데 있어 그 기초가 되는 과세대상의 수량 또는 가액을 과세표준이라 한다.

02 다음 중 부가가치세법상 공급대가란? (38회)

① 매입가액에 부가가치세를 포함시킨 것
② 공급가액에 부가가치세를 포함시킨 것
③ 매입가액에 부가가치세를 포함시키지 않은 것
④ 공급가액에 부가가치세를 포함시키지 않은 것

해설 부가가치세법상 공급가액에 부가가치세를 포함시킨 것을 말한다.

03 부가가치세법상 공급가액에 대한 설명 중 틀린 것은? (31회)

① 금전으로 대가를 받은 경우에는 그 대가
② 금전 이외의 대가를 받은 경우에는 자기가 공급한 재화 또는 용역의 원가
③ 폐업하는 재고재화의 경우에는 시가
④ 부가가치세가 표시되지 않거나 불분명한 경우에는 100/110에 해당하는 금액

해설 금전 이외의 대가를 받은 경우에는 자기가 공급한 재화 또는 용역의 시가를 공급가액으로 한다.

정답 1.① 2.② 3.②

04 다음 중 부가가치세법상 과세표준의 산정방법이 옳지 않은 것은? (51회)

① 재화의 공급에 대하여 부당하게 낮은 대가를 받는 경우 : 자기가 공급한 재화의 시가
② 재화의 공급에 대하여 대가를 받지 아니하는 경우 : 자기가 공급한 재화의 시가
③ 특수관계인에게 용역을 공급하고 부당하게 낮은 대가를 받는 경우 : 자기가 공급한 용역의 시가
④ 특수관계 없는 타인에게 용역을 공급하고 대가를 받지 아니하는 경우 : 자기가 공급한 용역의 시가

> 해설 대가를 받지 아니하고 타인에게 용역을 공급하는 경우 용역의 공급으로 보지 아니한다.

05 부가가치세법상 과세표준에 포함되지 않는 것은? (57회)

① 관세
② 개별소비세
③ 할부거래에 따른 이자액
④ 매출에누리

> 해설 매출에누리는 과세표준에 포함되지 않는다.(부가가치세법 29조 5항)

06 다음 중 부가가치세법상 공급가액에 포함되는 것은? (56회)

① 환입된 재화의 가액
② 공급에 대한 대가를 약정기일 전에 받았다는 이유로 사업자가 당초의 공급가액에서 할인해 준 금액
③ 사업자가 재화 또는 용역을 공급받는 자에게 지급하는 장려금
④ 공급받는 자에게 도달하기 전에 파손되거나 훼손되거나 멸실한 재화의 가액

> 해설 사업자가 재화 또는 용역을 공급받는 자에게 지급하는 장려금은 과세표준에서 공제하지 아니하는 것에 해당함(부가가치세법 29⑤)

정답 4.④ 5.④ 6.③

07 다음 중 과세표준에 포함하지 않는 금액으로 틀린 것은? (46회)

① 부가가치세
② 매출에누리, 매출환입 및 매출할인
③ 공급자가 부담하는 원자재 등의 가액
④ 공급받는 자에게 도달하기 전에 파손·훼손 또는 멸실된 재화의 가액

해설 공급받는 자가 부담하는 원자재 등의 가액

08 다음 중 부가가치세의 과세표준에서 공제하지 않는 것은 어느 것인가? (42회)

① 대손금과 장려금
② 환입된 재화의 가액
③ 매출할인
④ 에누리액

해설 부가가치세법 제13조 제3항

09 (주)씨엘은 수출을 하고 그에 대한 대가를 외국통화 기타 외국환으로 수령하였다. 이 경우 공급가액으로 올바르지 않은 것은? (41회)

① 공급시기 이후 대가 수령 - 공급시기의 기준환율 또는 재정환율로 환산한 가액
② 공급시기 이전 수령하여 공급시기 도래 전 환가 - 공급시기의 기준환율 또는 재정환율로 환산한 가액
③ 공급시기 이전 수령하여 공급시기 도래 이후 환가 - 공급시기의 기준환율 또는 재정환율로 환산한 가액
④ 공급시기 이전 수령하여 공급시기 도래 이후 계속 외환 보유 - 공급시기의 기준환율 또는 재정환율로 환산한 가액

해설 1. 공급시기 도래 전에 원화로 환가한 경우에는 그 환가한 금액
2. 공급시기 이후에 외국통화 기타 외국환의 상태로 보유하거나 지급받는 경우에는 공급시기의 기준환율 또는 재정환율에 의하여 계산한 금액

정답 7.③ 8.① 9.②

10 다음 중 부가가치세법상 시가의 정의에 적합한 것은? (29회)

① 사업자가 특수관계에 있는 자와 당해 거래와 유사한 상황에서 계속적으로 거래한 가격 또는 제3자간에 일반적으로 거래된 가격
② 사업자가 특수관계에 있는 자 외의 자와 당해 거래와 다른 상황에서 계속적으로 거래한 가격 또는 제3자간에 일반적으로 거래된 가격
③ 사업자가 특수관계에 있는 자와 당해 거래와 유사한 상황에서 비반복적으로 거래한 가격 또는 제3자간에 일반적으로 거래된 가격
④ 사업자가 특수관계에 있는 자 외의 자와 당해 거래와 유사한 상황에서 계속적으로 거래한 가격 또는 제3자간에 일반적으로 거래된 가격

11 부가가치세법상 간주공급(당해 재화는 감가상각자산이 아님)에 대한 과세표준 산정 시 공급가액을 시가로 계산해야 하는 사항이 아닌 것은? (26회)

① 판매목적 타사업장 반출하는 경우
② 개인적 공급
③ 사업상 증여
④ 폐업시 잔존재화(재고재화)

> **해설** 판매목적 타사업장 반출하는 경우 과세표준은 공급당시의 취득가액을 원칙으로 한다.

12 다음 중 부가가치세 과세표준에 해당되는 금액은 얼마인가? (28회)

> a. 컴퓨터 판매가액 1,000,000원(시가 2,000,000원, 특수관계자와의 거래에 해당)
> b. 컴퓨터 수선관련 용역을 무상으로 제공하였다.(시가 500,000원)
> c. 시가 300,000원에 해당하는 모니터를 공급하고 시가 500,000원에 상당하는 책상을 교환받았다.

① 1,800,000원　② 2,300,000원　③ 3,000,000원　④ 2,500,000원

> **해설** 2,000,000원 + 300,000원 = 2,300,000원
> • 용역의 무상공급은 과세표준에 포함되지 않는다.
> • 금전 이외의 대가를 받은 경우에는 자가가 공급한 재화의 시가를 과세표준으로 한다.

정답 10.④ 11.① 12.②

13 다음 중 부가가치세법상 공급시기가 잘못된 것은? (42회)

① 외상판매의 경우 : 재화가 인도되거나 이용가능하게 되는 때
② 장기할부판매의 경우 : 대가의 각 부분을 받기로 한 때
③ 무인판매기로 재화를 공급하는 경우 : 무인판매기에서 현금을 인취하는 때
④ 폐업시 잔존재화의 경우 : 재화가 사용 또는 소비되는 때

해설 폐업시 잔존재화는 간주공급에 해당하며 공급시기는 폐업하는 때로 한다.

14 다음은 부가가치세법상의 재화와 용역의 거래 시기에 대한 설명이다. 틀린 것은? (33회)

① 재화의 이동이 필요한 경우에는 재화가 인도되는 때
② 장기할부 판매의 경우 각 대가를 받기로 한때
③ 재화의 공급으로 보는 가공의 경우에는 재화의 가공이 완료된 때
④ 임대보증금에 대한 간주임대료에 대해서는 예정신고기간 또는 과세기간의 종료일

해설 재화의 공급으로 보는 가공의 경우에는 가공된 재화를 인도하는 때

정답 13.④ 14.③

Chapter 04 | 부가가치세 매입세액

1 의의

자기의 사업을 위하여 사용되었거나 사용될 재화 또는 용역의 공급에 대한 세액과 재화의 수입에 대한 세액을 공제대상 매입세액으로 하여, 매출세액에서 차감한다. 매입세액은 재화 또는 용역을 공급받은 예정신고기간 또는 과세기간의 매출세액에서 공제되며, 예정신고시 공제받지 아니한 매입세액은 확정신고 시 공제가능하다.

2 매입세액 불공제 항목

아래 항목과 관련된 매입세액은 매출세액에서 차감하지 않음(부가세 공제가 안됨)

> 1. 개별세금계산서 미수취, 부실, 허위기재 세액
> 2. 세금계산서 합계표 미수취, 부실, 허위기재 세액
> 3. 업무무관지출 매입세액, 접대비 관련 매입세액
> 4. 비영업용 소형승용차 구입, 임차, 유지 관련 매입세액
> 5. 면세사업 관련 매입세액, 토지관련 매입세액
> 6. 사업자 등록전 매입세액(공급시기가 속하는 과세기간 종료일 이후 20일 이내에 등록신청한 경우 그 과세기간 내의 매입세액은 공제)

💲 **비영업용 소형승용차 (개별소비세법 제1조 2항,3항)** : 운수업, 자동차판매업, 자동차임대업, 운전학원업에서와 같이 자동차를 직접 영업에 사용하는 것. 이외의 목적으로 사용하는 자동차이며, 정원이 8인 이하의 승용자동차(배기량 1,000cc 이하 제외)

3 의제매입세액

사업자가 부가가치세를 면제받아 공급받은 "면세농산물등"(농산물·축산물·수산물 또는 임산물)을 원재료로 하여 제조·가공한 재화 또는 창출한 용역의 공급에 대하여 과세되는 경우에는 대통령령으로 정하는 바에 따라 계산된 공제가능 매입세액 (영세율이 적용되는 재화와 용역의 공급에 대한 부분은 제외한다.)

> • 의제매입세액 : 면세원재료 구입액(부대비용 제외) × 세율* (한도 있음)

* 세율 : 음식점업을 영위하는 개인 : 8/108,　음식점업을 영위하는 법인 : 6/106
　　　　과세유흥장소 경영자, 제조업(중소기업, 개인사업자) : 4/104
　　　　이외의 경우 : 2/102

객관식 문제

01 부가가치세법상 매입세액으로 공제가 불가능한 경우로 옳은 것은? (56회)

① 소매업자가 사업과 관련하여 받은 간이영수증에 의한 매입세액
② 음식업자가 계산서를 받고 구입한 농산물의 의제매입세액
③ 신용카드매출전표 등 적격증빙 수령분 매입세액
④ 종업원 회식비와 관련된 매입세액

해설　소매업자가 사업과 관련하여 받은 간이영수증에 의한 매입세액은 매입세액의 공제가 불가능하다.

02 다음 중 부가가치세법상 매입세액공제가 가능한 금액은? (53회)

> • 접대비 지출에 대한 매입세액 : 100,000원
> • 면세사업과 관련된 매입세액 : 100,000원
> • 토지관련 매입세액 : 100,000원

① 0원　　　② 100,000원　　　③ 200,000원　　　④ 300,000원

03 다음 중 부가가치세 불공제대상 매입세액이 아닌 것은? (모두 세금계산서를 교부받았고 업무와 관련된 것임) (49회)

① 프린터기 매입세액
② 업무용 승용차(5인승, 2500cc)매입세액(비영업용임)
③ 토지의 취득부대비용 관련 매입세액
④ 접대비 관련 매입세액

> **해설** 접대비 관련 매입세액, 토지관련 매입세액, 비영업용 소형승용자동차 구입과 임차 및 유지관련매입세액은 불공제매입세액이다.

04 현행 부가가치세법상 매입세액으로 공제가 가능한 것은? (45회)

① 세금계산서 미수취 관련 매입세액
② 사업과 직접 관련이 없는 지출에 대한 매입세액
③ 접대비 및 이와 유사한 비용의 지출에 관련된 매입세액
④ 매입자발행세금계산서상의 매입세액

> **해설** 매입자발행세금계산서상의 매입세액은 공제 가능하다.

05 대천종합상사는 20×1년 4월 15일에 사업을 개시하고, 4월 30일에 사업자등록신청을 하여, 5월 2일에 사업자등록증을 교부받았다. 다음 중 대천종합상사의 제1기 부가가치세 확정신고시 공제가능매입세액은 얼마인가?(단, 모두 세금계산서를 받은 것으로 가정한다) (48회)

- 3월 15일 : 상품구입액 300,000원(매입세액 30,000원) – 대표자 주민번호 기재분
- 4월 15일 : 비품구입액 500,000원(매입세액 50,000원) – 대표자 주민번호 기재분
- 5월 10일 : 접대비사용액 200,000원(매입세액 20,000원)
- 6월 4일 : 상품구입액 1,000,000원(매입세액 100,000원)

① 100,000원 ② 120,000원 ③ 150,000원 ④ 170,000원

> **해설** 4월 15일 비품구입액 + 6월 4일 상품구입액 = 150,000
> 공급시기가 속하는 과세기간 종료일 이후 20일 이내에 등록신청한 경우 그 과세기간 내의 매입세액은 공제

정답 1.① 2.① 3.① 4.④ 5.③

06 (주)광주상사는 다음 매입세액을 추가로 반영하고자 한다. 부가가치세 매출세액에서 공제가능한 매입세액은? (정당하게 세금계산서를 수취하였음) (39회)

① 접대비관련매입세액
② 업무관련매입세액
③ 비영업용소형승용차(2,000CC)의 구입관련매입세액
④ 면세사업관련매입세액

해설   업무관련매입세액은 매입세액공제됨. 나머지는 불공제매입세액임

07 다음 중 부가가치세 매입세액 공제가 가능한 경우는? (37회)

① 부동산매매업자가 토지의 취득에 관련된 매입세액
② 관광사업자가 비영업용소형승용자동차(5인승 2,000CC)의 취득에 따른 매입세액
③ 음식업자가 계산서를 받고 면세로 구입한 축산물의 의제매입세액
④ 소매업자가 사업과 관련하여 받은 영수증에 의한 매입세액

해설   음식업자가 계산서를 받고 면세로 구입한 축산물의 의제매입세액은 매입가액의 6/106(개인 8/108)을 공제한다.

08 다음 중 부가가치세법상 매입세액공제가 가능한 것은? (28회)

① 비영업용 소형승용차 유지비
② 복리후생비로 지출시
③ 접대비로 지출시
④ 사업무관비품을 구입 시

해설   사업무관, 사업자등록 전, 면세사업관련분, 비영업용소형승용차, 접대비 등으로 지출시 수령한 세금계산서는 매입세액공제가 가능하지 않고 복리후생비로 지출하고 수령한 세금계산서는 매입세액공제가 가능하다.

정답   6.② 7.③ 8.②

Chapter 05 부가가치세 회계처리

1 매출세액, 매입세액 회계처리

부가가치세 매입세액 공제가 가능한 것들을 구입하였을 경우, 부가세대급금이란 항목을 차변에 쓰고, 매출세액을 발생시키는 항목은 부가세예수금이란 항목을 대변에 쓴다. 부가가치세율은 10%이다.

내역	차변	금액	대변	금액
재료 구입	원재료 부가세대급금	××× ×××	외상매입금	×××
제품 매출	외상매출금	×××	제품매출 부가세예수금	××× ×××
유형자산 구입	기계장치 부가세대급금	××× ×××	미지급금	×××
유형자산 매각	감가상각누계액 미수금	××× ×××	기계장치 유형자산처분이익 부가세예수금	××× ××× ×××
매입세액공제 가능비용 지출	통신비 등 부가세대급금	××× ×××	보통예금	×××

2 영세율 적용 시 회계처리

영세율이 적용되는 재화의 수출에는 부가세예수금이 "0"이다.

내역	차변	금액	대변	금액
재료 구입	원재료	×××	외상매입금	×××
제품 매출	외상매출금	×××	제품매출	×××

3 매입세액 불공제에 대한 회계처리

만약 매입세액이 불공제되는 경우, 비용 또는 자산의 취득가액에 포함시킨다.

내역		차변	금액	대변	금액
매입세액 불공제 항목의 지출	비영업용소형 승용차의 구입, 임차, 유지	차량운반구 (부가세대급금 포함)	×××	미지급금	×××
		차량유지비 (부가세대급금 포함)	×××	보통예금	×××
	접대비 등	접대비 등 (부가세대급금 포함)	×××	보통예금	×××
	업무무관지출 (대표이사 가지급금)	가지급금 (부가세대급금 포함)	×××	보통예금	×××

4 부가가치세 신고, 납부 회계처리

회사가 부가가치세를 신고, 납부할 경우의 회계처리는 다음과 같다.

내역	차변	금액	대변	금액
부가가치세 신고	부가세예수금	×××	부가세대급금 미지급금	××× ×××
납부	미지급금	×××	현금 등	×××

* 미지급금 대신 미지급세금 계정을 사용할 수도 있음

> 부가가치세에 대한 관련내용이 많으나, 전산회계 1급 회계학습목적에 맞는 부분만 발췌해서 여기에 소개하였으므로, 추가적인 내용은 전산세무 2급 또는 1급교재를 참조하라.

5 부가가치세 사례

(㈜)영의 4.1~6.30까지의 부가가치세 관련 거래내역이다.

번호	일자	거 래 내 역
1	4.1	개당 1,000원짜리 상품을 100개를 구입하면서 전자세금계산서를 수령하였고 대금은 차후에 지급하기로 하다.
2	4.2	기계를 40,000원에 현금구입하면서 전자세금계산서를 수령하다. 내용연수는 3년이고, 잔존가치는 없으며 정액법으로 감가상각한다.
3	4.19	통신비 10,000원을 현금으로 지급하면서 전자세금계산서를 수령하다.
4	4.25	접대비 20,000원을 현금으로 지급하면서 전자세금계산서를 수령하다.
5	5.7	상품 80개를 개당 4,000원에 판매하고, 전자세금계산서를 상대방에게 교부하다. 판매대금은 차후에 받기로 하였다.
6	5.20	차량운반구를 30,000원에 구입하고 전자세금계산서를 수령하였으며, 구입대금은 차후에 지급하기로 하다. 동 차량은 배기량이 2,000cc로서 비영업용소형승용차에 해당한다.
7	6.11	상품 20개를 개당 4,000원에 판매하고, 판매대금은 차후에 받기로 하였다. 신용장을 통하여 동 거래가 해외수출거래임이 명백하다.
8	6.29	기계를 14,000원(취득원가 50,000원, 감가상각누계액 20,000원)에 매각하고 전자세금계산서를 교부하였으며, 대금은 즉시 현금으로 수령하다.

기본예제1 위 거래에 대하여 회계처리하라.(모든 거래는 부가가치세가 포함되지 않았다)

정답

번호	일자	차변	금액	대변	금액
1	4.1	상 품 부가세대급금	100,000 10,000	외상매입금	110,000
2	4.2	기계장치 부가세대급금	40,000 4,000	현금	44,000
3	4.19	통신비 부가세대급금	10,000 1,000	현금	11,000
4	4.25	접대비*	22,000	현금	22,000
5	5.7	외상매출금	352,000	상품매출 부가세예수금	320,000 32,000
6	5.20	차량운반구*	33,000	미지급금	33,000
7	6.11	외상매출금	80,000	상품매출	80,000
8	6.29	감가상각누계액 현금 유형자산처분손실	20,000 15,400 16,000	기계장치 부가세예수금	50,000 1,400

기본예제2 동 거래는 부가가치세 1기 확정신고에 해당한다. 아래의 양식을 이용하여 부가가치세 신고서를 작성하라.

		과세표준	세율	세액
매출세액	과세			
	영세율 적용			
(1) 합계				
매입세액	세금계산서분			
	불공제			
(2) 합계				
납부세액 = (1) − (2)				

정답

		과세표준	세율	세액
매출세액	과세*	334,000	10%	33,400
	영세율 적용	80,000	0%	0
(1) 합계				33,400
매입세액	세금계산서분**	200,000		20,000
	불공제**	−50,000		−5,000
(2) 합계				15,000
납부세액 = (1) − (2)				18,400

* 5번분개과 8번분개 합계
** 5번과 8번을 제외한 나머지 분개 부가세대급금의 합계. 불공제분이라도 모두 더한 후에 불공제분을 차감하는 형태임

기본예제3 2번에 따라서 부가가치세를 신고후 현금납부하였다. 신고와 납부에 대한 회계처리를 하라. (신고와 납부는 하자가 없어 가산세가 발생하지 않는다)

정답

번호	내역	차변	금액	대변	금액
1	신고	부가세예수금	33,400	부가세대급금	15,000
				미지급금	18,400
2	납부	미지급금	18,400	현금	18,400

* 미지급금 대신 미지급세금 계정을 사용할 수도 있음

객관식 문제

01 일반과세사업자가 사무실용 컴퓨터를 외상으로 500,000원(부가가치세별도)에 구입하였을 경우, 올바른 분개는? (22회)

① (차) 비 품 550,000원　(대) 미지급금 500,000원
　　　　　　　　　　　　　　　부가세예수금 50,000원
② (차) 비 품 500,000원　(대) 미지급금 550,000원
　　　부가세대급금 50,000원
③ (차) 비 품 550,000원　(대) 매입채무 500,000원
　　　　　　　　　　　　　　　부가세예수금 50,000원
④ (차) 비 품 500,000원　(대) 매입채무 550,000원
　　　부가세대급금 50,000원

02 (주)평화는 일반과세사업자이다. 다음 자료에 대한 부가가치세액은 얼마인가? 단, 거래금액에는 부가가치세가 포함되어 있지 않다. (55회)

• 외상판매액	: 20,000,000원
• 사장 개인사유로 사용한 제품(원가 800,000원, 시가 1,200,000원) :	800,000원
• 비영업용 소형승용차(2,000CC) 매각대금	: 1,000,000원
• 화재로 인하여 소실된 제품	: 2,000,000원
계	: 23,800,000원

① 2,080,000원　② 2,120,000원
③ 2,220,000원　④ 2,380,000원

> **해설** 제품을 재해로 인하여 소실한 경우에는 재화의 공급으로 보지 아니하며, 간주 공급에 해당하는 경우에는 시가를 기준으로 과세한다.
> (∴ 2,220,000원 = 2,000,000원(외상판매액) + 120,000원(개인적공급)
> 　+ 100,000원(비영업용승용차매각대금)

정답　1. ②　2. ③

03 다음 자료에 의하여 상품판매기업의 부가가치세 납부세액을 계산하면 얼마인가? (57회)

> • 상품매출액은 52,415,000원으로 전액 현금매출분으로 부가가치세가 포함된 공급 대가임
> • 세금계산서를 받고 매입한 상품의 공급가액의 합계액은 28,960,000원이고, 이 중 거래처에 지급할 선물 구입비 1,500,000원(공급가액)이 포함되어 있음

① 1,719,000원   ② 2,019,000원   ③ 2,345,500원   ④ 2,499,500원

해설 매출세액 = 52,415,000원 × 10 ÷ 110 = 4,765,000원
매입세액 = 28,960,000원 × 10% = 2,896,000원
공제받지 못할 매입세액 = 1,500,000원 × 10% = 150,000원
납부세액 = 4,765,000원 − (2,896,000원 − 150,000원) = 2,019,000원

04 도·소매업을 영위하는 일반과세사업자 (주)한국의 다음 자료에 의하여 부가가치세 납부세액을 계산하면 얼마인가?(단, 자료의 금액은 공급가액이다) (30회)

> (1) 매출자료 : 세금계산서 교부분 200,000원,   현금매출분(증빙없음) 100,000원
> (2) 매입자료 : 현금매입분(증빙없음) 100,000원

① 50,000원   ② 30,000원   ③ 20,000원   ④ 10,000원

해설 (1) 매출세액 : (200,000원 + 100,000원) × 10% = 30,000원
(2) 매입세액 : 증빙 없는 현금매입분은 매입세액불공제됨
(3) 납부세액 : 30,000원 − 0 = 30,000원

05 다음 자료에 의해 부가가치세 납부세액을 계산하시오.(모든 거래금액은 부가가치세 별도임) (25회)

> • 총매출액은 22,000,000원이다
> • 총매입액은 20,000,000원으로 기계장치구입액 5,000,000원과 거래처 선물구입비 3,000,000원이 포함되어 있다.

① 1,000,000원   ② 200,000원   ③ 1,800,000원   ④ 500,000원

해설 거래처선물구입비는 매입세액불공제대상임
[22,000,000원 × 10% − (2,000,000원 − 300,000원)] = 500,000원

정답   3.② 4.② 5.④

주관식 분개연습

- 분개시 거래처, 판관비와 제조원가 구분여부는 고려하지 말 것(부가가치세 고려)
- 문제에서 별도의 계정을 제시하는 경우가 아니라면 매출 시에는 "제품매출", 매입 시에는 "원재료"계정을 사용할 것

01 10월 2일 (주)희망기업에 제품(400단위, @5,000원, VAT별도)을 매출하고 전자세금계산서를 발행하였다. 대금 중 800,000원은 수원상사 발행어음을 받고 잔액은 외상으로 하다.(54회)

02 10월 20일 (주)용성에 제품을 10,000,000원(부가가치세 별도)에 판매하고 전자세금계산서를 발행하였다. 대금 중 5,000,000원은 5일전 선수금으로 받았고 부가가치세는 보통예금으로 입금되었으며 나머지는 어음으로 받았다.(33회)

03 7월 14일 개인인 비사업자 김철수씨에게 제품을 3,300,000원(VAT 포함)에 현금판매하고 현금영수증을 발급하였다.(55회)

04 10월 15일 해외수출대행업체 (주)태영상사에 Local L/C에 의하여 제품 600개를 4,200,000원에 납품하고, 영세율 전자세금계산서를 발행하였다. 대금 중 2,100,000원은 동사 발행 당좌수표로 받고 잔액은 외상으로 하였다.(57회)

정답

01. (차) 외상매출금　1,400,000원　(대) 제품매출　　2,000,000원
　　　받을어음　　　800,000원　　　　부가세예수금　200,000원

02. (차) 선수금　　　5,000,000원　(대) 제품매출　　10,000,000원
　　　보통예금　　　1,000,000원　　　　부가세예수금　1,000,000원
　　　받을어음　　　5,000,000원

03. (차) 현금　　　　3,300,000원　(대) 제품매출　　3,000,000원
　　　　　　　　　　　　　　　　　　　　부가세예수금　300,000원

04. (차) 현금　　　　2,100,000원　(대) 제품매출　　4,200,000원
　　　외상매출금　　2,100,000원

Chapter 05. 부가가치세 회계처리

05 10월 29일 수출업체인 (주)동해상사에 내국신용장(Local L/C)에 따라 제품 2,000만원을 납품하고 영세율 전자세금계산서를 발행하였다. 대금은 전액 현금으로 수취하여 당좌예입하였다.(35회)

06 10월 27일 수출업체인 (주)대성무역에 내국신용장(L/C)에 의해 제품을 매출하고 영세율 전자세금계산서를 발행하였다. 공급가액은 30,000,000원이며 대금 중 20,000,000원은 어음(동사발행)으로 수취하였고 잔액은 외상으로 하였다.(30회)

07 10월 5일 (주)세계로상사에 구매확인서에 의하여 제품 5,000,000원을 외상으로 공급하고 영세율 전자세금계산서를 교부하다.(54회)

08 10월 18일 영국의 맨유상사에 제품(공급가액 40,000,000원)을 직수출하고 이미 수취한 계약금을 제외한 대금은 외상으로 하였다. 한편 당사는 6월 20일 맨유상사와 제품수출계약을 체결하면서 계약금 8,000,000원을 수취한 바 있다.(43회)

09 10월 19일 아프리카 수입상 캄차카에 제품을 미화 20,000달러에 직수출하고, 대금은 외상으로 하였다.(선적일 현재의 기준환율은 미화 달러당 1,100원이다)(56회)

정답

05. (차) 당좌예금 20,000,000원		(대) 제품매출	20,000,000원
06. (차) 외상매출금 10,000,000원 　　　받을어음 20,000,000원		(대) 제품매출	30,000,000원
07. (차) 외상매출금 5,000,000원		(대) 제품매출	5,000,000원
08. (차) 선수금 8,000,000원 　　　외상매출금 32,000,000원		(대) 제품매출	40,000,000원
09. (차) 외상매출금 22,000,000원		(대) 제품매출	22,000,000원

10 7월 17일 일본 후지모리상사에 제품 1,000개(@2,000엔)를 직수출하고, 대금은 외상으로 하였다. 단, 선적일 시점의 환율은 100엔당 1,200원이었다.(55회)

11 12월 2일 제조공정에 사용할 원재료를 영포전자로부터 다음과 같이 구입하고, 전자세금계산서를 발급받았다.(57회)

품목	수량	단가	공급가액	부가가치세	결제방법
XA	500개	5,000원	2,500,000원	250,000원	90일 만기 어음지급

12 10월 15일 거래처인 (주)베네치아로부터 원재료(2,000개, @5,000, 부가가치세 별도)를 매입하고 전자세금계산서를 교부받았다. 대금 중 3,000,000원은 거래처 (주)로마로부터 받은 동사발행의 약속어음으로 지급하였으며, 잔액은 외상으로 하였다.(38회)

13 11월 25일 (주)세븐으로부터 원재료 6,930,000원(부가세 포함)을 매입하고 전자세금계산서를 교부받았다. 10월 25일 선지급된 금액 5,000,000원이 있어 상계한 후 잔액은 현금으로 즉시 지급하였다.(37회)

> **정답**
> 10. (차) 외상매출금   24,000,000원   (대) 제품매출   24,000,000원
>
> 11. (차) 원재료   2,500,000원   (대) 지급어음 2,750,000원
>   　　 부가세대급금   250,000원
>
> 12. (차) 원 재 료   10,000,000원   (대) 받을어음   3,000,000원
>   　　 부가세대급금   1,000,000원   　　 외상매입금   8,000,000원
>
> 13. (차) 원재료   6,300,000원   (대) 현금   1,930,000원
>   　　 부가세대급금   630,000원   　　 선급금   5,000,000원

14 11월 20일 (주)소망전자로부터 원재료를 매입하고 다음과 같은 내용으로 전자세금계산서를 교부받았다.(30회)

- 상 호 : (주)소망전자(사업자등록번호 : 123-81-12341)
- 발행금액 : 공급가액 – 15,000,000원, 부가가치세 – 1,500,000원
- 대금결제 : 현금 – 5,500,000원, 당사발행어음 – 3,300,000원
  외상 – 7,700,000원

15 10월 17일 (주)까치로부터 부재료를 5,500,000원(부가가치세 포함, 전자세금계산서 교부받음)에 매입하고, 대금의 10%는 현금지급하고, 나머지는 외상으로 하다.(48회)

16 12월 15일 수출용 제품에 대한 원재료 32,000,000원(공급가액)을 (주)승리전자로부터 매입하고, 영세율전자세금계산서를 발급 받았다. 구입대금 중 6,000,000원은 (주)동산으로부터 받은 어음을 배서해주고, 나머지는 외상으로 하였다.(56회)

17 7월 25일 해외거래처로부터 수입한 원재료와 관련하여 김포세관에 부가가치세 2,100,000원(공급가액 21,000,000원)을 현금으로 납부하고 전자수입세금계산서를 교부받았다.(55회)

18 10월 15일 성진기업으로부터 내국신용장(Local L/C)에 의하여 원재료 22,000,000원을 공급받고 영세율 전자세금계산서를 발급받았으며, 대금 중 50%는 어음으로 지급하고 나머지 금액은 보통예금에서 이체 지급하였다.(51회)

정답

14.	(차) 원재료	15,000,000원	(대) 현금	5,500,000원	
	부가세대급금	1,500,000원	지급어음	3,300,000원	
			외상매입금	7,700,000원	
15.	(차) 부재료	5,000,000원	(대) 현금	550,000원	
	부가세대급금	500,000원	외상매입금	4,950,000원	
16.	(차) 원재료	32,000,000원	(대) 외상매입금	26,000,000원	
			받을어음	6,000,000원	
17.	(차) 부가세대급금	2,100,000원	(대) 현금	2,100,000원	
18.	(차) 원재료	22,000,000원	(대) 지급어음	11,000,000원	
			보통예금	11,000,000원	

19 10월 7일 구매확인서에 의해 수출용제품에 대한 원재료(공급가액 35,800,000원)를 (주)신성정밀로부터 매입하고 영세율 전자세금계산서를 발급받았다. 매입대금 중 5,000,000원은 (주)영진전자로부터 받은 약속어음을 배서하여주고 나머지는 3개월 만기의 당사 발행 약속어음으로 주었다.(47회)

20 11월 11일 제조부 직원들의 단합을 위해 백두산한우고기(일반음식점)에서 회식을 하고 회식비 550,000원은 법인국민체크카드로 결제하였다.(음식점은 매입세액공제요건을 갖추고 있고, 법인국민체크카드는 결제즉시 카드발급은행 보통예금계좌에서 인출되었다) (56회)

21 11월 25일 공장 근로자들에게 추석선물을 주기 위하여 (주)참치유통으로부터 참치선물세트를 구입하고, 전자세금계산서 5,000,000원(부가가치세 별도)을 발급받았다. 대금은 현금으로 지급하였다.(52회)

22 10월 11일 관리부서는 부활식당에서 회식을 하고 식사대금 550,000원(부가가치세 포함)을 법인카드인 국민카드로 결제하였다.(카드매입에 대한 부가가치세 매입세액 공제요건은 충족하였다) (51회)

23 11월 24일 생산직 사원 이택영의 결혼식에 사용할 축하화환을 100,000원에 (주)꽃나라에서 전자계산서를 발급받아 구입후 대금은 보통예금에서 이체하였다.(49회)

정답

19. (차) 원재료	35,800,000원	(대) 받을어음	15,000,000원	
		지급어음	20,800,000원	
20. (차) 복리후생비	500,000원	(대) 보통예금	550,000원	
부가세대급금	50,000원			
21. (차) 복리후생비	5,000,000원	(대) 현금	5,500,000원	
부가세대급금	500,000원			
22. (차) 복리후생비	500,000원	(대) 미지급금	550,000원	
부가세대급금	50,000원			
23. (차) 복리후생비	100,000원	(대) 보통예금	100,000원	

24 10월 2일 생산직 종업원들의 안전을 목적으로 하나안전사에서 다음 물품들을 구입하고 전자세금계산서를 교부받았다. 대금은 1개월 후에 지급하기로 하였다. 비용계정을 사용하여 회계처리하시오.(41회)

품 목	수량	단가	공급가액	세액	결제방법
안전모	20	20,000	400,000	40,000	외상
장 갑	100	1,000	100,000	10,000	

25 10월 22일 사내식당에서 사용할 쌀과 부식(채소류)을 (주)가락식품에서 구입하고 대금 300,000원은 법인카드(BC카드)로 지급하였다. 사내식당은 야근하는 생산직 직원을 대상으로 무료로 운영되고 있다.(32회)

26 9월 17일 원재료 납품업체의 공장건물 준공식에 쌀 10포대(1포대당 @40,000원)를 선물하면서 쌀쌀정미소로부터 계산서를 수취하고, 보통예금에서 이체하다.(54회)

27 11월 23일 제조부는 협력업체에 선물용으로 지급하기 위하여 랜드마트에서 LED TV 1대(40인치)를 1,500,000원(부가가치세 별도)에 구입하고 전자세금계산서를 발급받았으며, 대금은 법인카드인 비씨카드로 결제하였다.(57회)

28 10월 15일 매출거래처인 (주)일진상사에 선물로 증정하기 위하여 프린터(공급가액 2,000,000원, 부가가치세 별도)를 (주)오산에서 외상으로 구입하고 전자세금계산서를 수취하였다.(50회)

정답
24. (차) 복리후생비 500,000원 (대) 미지급금 550,000원
    부가세대급금 50,000원

25. (차) 복리후생비 300,000원 (대) 미지급금 300,000원

26. (차) 접대비 400,000원 (대) 보통예금 400,000원

27. (차) 접대비 1,650,000원 (대) 미지급금 1,650,000원

28. (차) 접대비 2,200,000원 (대) 미지급금 2,200,000원

29 11월 11일 다팔아쇼핑에서 홍삼 1세트(200,000원, 부가가치세 별도)를 현금으로 구입하고 전자세금계산서를 교부받았다. 그리고 구매한 홍삼세트는 매출거래처 (주)LT전자의 영업부 부장의 모친회갑기념으로 전달하였다.(41회)

30 11월 26일 공장에서 원자재 매입거래처인 (주)쌍쌍부품의 체육대회에 증정할 전자제품을 (주)선물센터에서 550,000원(부가가치세 포함)에 구입하고 전자세금계산서를 수취하였다. 대금은 보통예금계좌에서 이체하였다.(36회)

31 10월 15일 공장의 원재료 매입처의 확장이전을 축하하기 위하여 양재화원에서 화분을 100,000원에 구입하여 전달하였다. 증빙으로 계산서를 수취하였으며, 대금은 외상으로 하였다.(44회)

32 12월 21일 생산직사원들이 (주)한라컨설팅으로부터 교육을 받고, 교육과 관련된 전자계산서 5,500,000원(공급가액)을 발급 받았다. 대금은 보통예금계좌에서 이체하였다.(57회)

33 12월 22일 공장부문에서 사용할 기계운용 메뉴얼 교재를 화성서점에서 구입하고, 전자계산서를 발급 받았다. 대금 150,000원은 전액 보통예금에서 이체하였다.(53회)

정답					
	29. (차) 접대비	220,000원	(대) 현금	220,000원
	30. (차) 접대비	550,000원	(대) 보통예금	550,000원
	31. (차) 접대비	100,000원	(대) 미지급금	100,000원
	32. (차) 교육훈련비	5,500,000원	(대) 보통예금	5,500,000원
	33. (차) 도서인쇄비	150,000원	(대) 보통예금	150,000원

34 10월 5일 당사는 본사 경리부에서 사용할 실무서적 10권을 (주)독도서적에서 300,000원에 현금구입하면서 전자계산서를 수령하였다.(39회)

35 11월 2일 본사 영업부에서 사용하던 4인승 소형승용차(999cc)의 고장으로 (주)해피카센타에서 수리하고, 수리비 200,000원(부가가치세 별도)을 현금으로 지급하고 전자세금계산서를 발급받았다. 차량유지비 계정으로 처리할 것(50회)

36 10월 26일 본사에서 사용하던 승용차(800cc)의 고장으로 (주)강남카센타에서 수리하고 수리비 300,000원(부가가치세별도)을 현금지급하고 전자세금계산서를 수취하였다. 차량유지비계정으로 처리할 것(38회)

37 10월 9일 강북주유소에서 공장용 화물차량에 주유를 하면서 주유대금 55,000원(부가세 포함)은 현금으로 결제하고 현금영수증(지출증빙용)을 받았다.(39회)

38 10월 20일 회사 영업부에서 사용하고 있는 5인승 소형승용자동차(2,000cc)에 사용할 경유를 500,000원(부가가치세 별도)에 구입하고, 수기세금계산서를 동성주유소로부터 수령하였다. 부가가치세를 포함한 구입대금 전액을 보통예금에서 이체 지급하였다.(51회)

정답

34.	(차) 도서인쇄비	300,000원	(대) 현금	300,000원	
35.	(차) 차량유지비	200,000원	(대) 현금	220,000원	
	부가세대급금	20,000원			
36.	(차) 차량유지비	300,000원	(대) 현금	330,000원	
	부가세대급금	30,000원			
37.	(차) 차량유지비	50,000원	(대) 현금	55,000원	
	부가세대급금	5,000원			
38.	(차) 차량유지비	550,000원	(대) 보통예금	550,000원	

39 11월 09일 공장에서 사용하는 화물운송용 차량을 (주)서울공업사에서 일괄적으로 점검을 받고 부가가치세를 포함한 대금 550,000원은 법인신용카드(외환카드)로 결제하였다. 세금계산서를 수령하지 아니하였으며 부가가치세 매입세액공제를 위한 요건은 모두 구비하였다.(차량유지비계정에 기입할 것) (31회)

40 11월 12일 하나마트에서 사무실용 찻잔 1세트를 40,000원(부가가치세 별도)에 구입하고 전자세금계산서를 교부받았으며, 대금은 현금으로 지급하였다. 찻잔은 구입 시 비용으로 처리하였다.(47회)

41 11월 19일 사무실과 공장에서 사용할 복사용지 20박스를(@50,000원 부가가치세 별도) (주)알파문구에서 일괄구입하고 세금계산서를 교부받았다. 대금은 현금으로 지급하였으며, 회계처리는 소모품비 계정으로 한다.(34회)

42 11월 16일 (주)권선종합상사에 신제품에 대한 광고를 의뢰하고 광고비(공급가액 500,000원, 부가가치세 별도)에 대하여 전자세금계산서를 수취하였다. 광고 대금은 다음 달에 지급하기로 하였다.(51회)

정답

39. (차) 차량유지비   500,000원   (대) 미지급금   550,000원
      부가세대급금   50,000원

40. (차) 소모품비   40,000원   (대) 현금   44,000원
      부가세대급금   4,000원

41. (차) 소모품비   1,000,000원   (대) 현금 1,100,000원
      부가세대급금   100,000원

42. (차) 광고선전비   500,000원   (대) 미지급금   550,000원
      부가세대급금   50,000원

43 12월 15일 신제품에 대한 거리 홍보시 증정할 목적으로 (주)보물섬에서 다음과 같이 기념품을 구매하고 전자세금계산서를 수취하였다.(전액 비용으로 처리할 것) (53회)

품 목	수 량	단 가	공급가액	부가가치세	결제방법
명함지갑세트	100	10,000원	1,000,000원	100,000원	현금

44 7월 30일 진흥빌딩으로부터 당월의 영업부 사무실 임차료에 대한 공급가액 900,000원(VAT 별도)의 세금계산서를 교부받고, 대금은 다음 달에 지급하기로 하였다. 진흥빌딩의 건물주인은 전자세금계산서 발행대상이 아니다.(55회)

45 10월 25일 상록빌딩에서 당월의 본사 임차료에 대한 공급가액 500,000원(부가가치세 별도)의 전자세금계산서를 교부받고 보통예금 계좌에서 송금하였다.(43회)

46 11월 20일 (주)금호렌탈에서 직원출장용으로 임차한 소형승용차(2,000cc)의 사용대금 330,000원(부가세 포함)을 현금지급하면서 전자세금계산서를 교부받다.(39회)

정답

43. (차) 광고선전비 1,000,000원 (대) 현금 1,100,000원
    부가세대급금 100,000원

44. (차) 임차료 900,000원 (대) 미지급금 990,000원
    부가세대급금 90,000원

45. (차) 임차료 500,000원 (대) 보통예금 550,000원
    부가세대급금 50,000원

46. (차) 임차료 330,000원 (대) 현금 330,000원

47 11월 30일 제조부문의 공장건물 임대인 (주)광원개발로부터 임차료 2,310,000원(부가가치세 포함)과 공장 전기요금 330,000원(부가가치세 포함)에 대한 전자세금계산서 1매를 교부받고 당좌수표를 발행하여 지급하였다.(임대차계약서상 임차료는 매월 30일에 지급하기로 되어 있다) (51회)

48 8월 20일 (주)한국상사는 금석빌딩으로부터 본사 판매관리부의 임차료와 별도로 수도요금에 대한 전자계산서 1장(공급가액: 80,000, 부가가치세는 없음)을 받고 현금으로 지급하였다.(25회)

49 10월 2일 제품의 임가공 계약에 의해 의뢰하였던 제품을 (주)신일가구로부터 납품받고 전자세금계산서를 수취하였다. 임가공비용 10,000,000원(부가가치세 별도)은 전액 현금으로 결제하였다.(52회)

50 10월 2일 제품의 임가공 계약에 의해 의뢰하였던 컴퓨터부품을 (주)일신산업으로부터 납품받고 전자세금계산서를 수취하였다. 대금은 10,000,000원(부가가치세 별도)으로 50%는 당좌수표로 지급하고 나머지는 법인카드(신한카드)로 결제하였다.(46회)

51 11월 19일 생산부서에서 클린세상에 공장청소에 따른 수수료 3,300,000원(부가가치세 포함)을 당좌수표로 지급하고 지출증빙용 현금영수증을 교부받았다.(44회)

정답

47. (차) 임차료 2,100,000원 (대) 당좌예금 2,640,000원
    전력비 300,000원
    부가세대급금 240,000원

48. (차) 수도광열비 80,000원 (대) 현금 80,000원

49. (차) 외주가공비 10,000,000원 (대) 현금 11,000,000원
    부가세대급금 1,000,000원

50. (차) 외주가공비 10,000,000원 (대) 당좌예금 5,500,000원
    부가세대급금 1,000,000원   미지급금 5,500,000원

51. (차) 수수료비용 3,000,000원 (대) 당좌예금 3,300,000원
    부가세대급금 300,000원

52 10월 5일 한마음문구에서 영업부 사무실 프린터기에 사용할 잉크를 99,000원(부가가치세 포함)에 구입하여 현금을 지급하고 현금영수증(지출증빙용)을 교부받았다. 부가가치세 공제요건은 모두 충족하였다.(사무용품비로 회계처리한다) (49회)

53 11월 28일 본사 관리동사옥을 청소하고 청소용역업체 (주)하이크리너에 청소비 1,100,000원(부가가치세 포함)을 현금으로 지급하고 현금영수증을 발급받았다. 단, 청소비는 '건물관리비'계정으로 처리한다.(57회)

54 11월 13일 (주)한경컴퓨터로부터 PC 40대(대당 700,000원, 부가가치세별도)를 외상으로 구입하고 전자세금계산서를 수취하였고, 해당 컴퓨터는 인근 대학에 기증하였다.(본 거래는 업무와 무관하다) (30회)

55 10월 17일 본사 신축용 토지 취득을 위한 법률자문 및 등기대행 용역을 제이컨설팅으로부터 제공받고 동 용역에 대한 수수료 2,000,000원(부가가치세 별도)을 현금 지급하였다. 이에 대한 전자세금계산서를 발급받았다.(50회)

56 12월 7일 공장건물을 신축할 목적으로 (주)부동산으로부터 토지를 100,000,000원에 매입하고 계산서를 발급받았다. 대금 중 10,000,000원은 당사 보통예금 계좌에서 이체하여 지급하고 나머지는 3개월 후에 지급하기로 하였다.(52회)

정답

52.	(차) 사무용품비	90,000원	(대) 현금	99,000원
	부가세대급금	9,000원		
53.	(차) 건물관리비	1,000,000원	(대) 현금	1,100,000원
	부가세대급금	100,000원		
54.	(차) 기부금	30,800,000원	(대) 미지급금	30,800,000원
55.	(차) 토지	2,200,000원	(대) 현금	2,200,000원
56.	(차) 토지	100,000,000원	(대) 보통예금	10,000,000원
			미지급금	90,000,000원

57 11월 14일 영업부 사원의 업무활동을 지원하기 위하여 현대자동차로부터 승용차(998cc)를 9,000,000원(부가가치세 별도)에 취득하고 전자세금계산서를 발급받았으며, 대금은 전액 외상으로 하였다. 단, 차량을 인수하는 시점에 취득세 620,000원, 번호판부착 30,000원 및 수수료 50,000원은 현금으로 지급하였다.(하나의 전표로 입력하시오) (56회)

58 7월 8일 기현자동차로부터 영업사원의 업무활동을 위하여 승용차(1,998cc) 1,600만원(부가가치세 별도)을 취득하고 전자세금계산서를 교부받았으며, 대금은 당좌수표를 발행하여 지급하였다. 차량을 인수하는 시점에서 취득세, 번호판부착, 수수료 등 400,000원을 현금으로 지급하였다. 매입매출 전표입력에 하나의 전표로 입력하시오.(55회)

59 12월 27일 취득가액 10,000,000원 (부가가치세 별도)인 비영업용(1500CC)소형승용차를 (주)현대자동차에서 10개월 할부로 구입하고 최초 불입금 1,000,000원을 당좌수표로 발행하여 지급하였다.   (40회)

60 10월 17일 직원들의 통근을 위해 (주)산천여객으로부터 시내버스 영업용으로 사용하던 중고버스를 8,000,000원에 구입하면서 계산서를 수취하고, 대금은 전액 당좌수표를 발행하여 지급하다.(51회)

정답

57.	(차) 차량운반구	9,700,000원	(대) 미지급금	9,900,000원	
	부가세대급금	900,000원	현금	700,000원	
58.	(차) 차량운반구	18,000,000원	(대) 당좌예금	17,600,000원	
			현금	400,000원	
59.	(차) 차량운반구	11,000,000원	(대) 당좌예금	1,000,000원	
			미지급금	10,000,000원	
60.	(차) 차량운반구	8,000,000원	(대) 당좌예금	8,000,000원	

61 11월 20일 내년 여름을 대비하기 위하여 (주)시원으로부터 사무실용 에어컨(5대, 대당 1,500,000원, 부가가치세 별도)을 매입하고 전자세금계산서를 발급받았다. 대금은 당점발행 당좌수표로 지급하였다. (54회)

62 11월 25일 영업부 직원업무용으로 사용할 목적으로 노트북 컴퓨터 5대를 500만원(부가가치세별도)에 (주)고수컴퓨터로부터 외상구입하고 전자세금계산서를 발급받았다. (53회)

63 11월 19일 (주)포스코로부터 본사 사무실에서 사용할 온풍기를 구입하였다. 대금은 3,300,000원(부가가치세 포함, 카드매입에 대한 부가가치세 매입세액 공제요건을 충족함)이었으며 법인카드(농협카드)로 결제하였다. (37회)

64 11월 12일 본사 사무실에서 사용할 책상을 (주)우림가구에서 구입하고 대금 1,650,000원(부가가치세 포함)은 현금으로 지급함과 동시에 현금영수증(지출증빙용)을 수취하였다. (비품으로 처리한다) (33회)

65 11월 12일 공장용 화물차의 고장으로 일등카센타에서 수리하고, 수리비 600,000원(부가가치세 별도)을 다음 달에 지급하기로 하고 전자세금계산서를 발급받았다. 차량유지비 계정을 사용하며, 확정된 채무로서 미지급금으로 회계처리하기로 한다. (54회)

정답

61. (차) 비품   7,500,000원   (대) 당좌예금   8,250,000원
    부가세대급금   750,000원

62. (차) 비품   5,000,000원   (대) 미지급금   5,500,000원
    부가세대급금   500,000원

63. (차) 비품   3,000,000원   (대) 미지급금   3,300,000원
    부가세대급금   300,000원

64. (차) 비품   1,500,000원   (대) 현금   1,650,000원
    부가세대급금   150,000원

65. (차) 차량유지비   600,000원   (대) 미지급금   660,000원
    부가세대급금   60,000원

66 11월 30일 회사 영업부에서 업무용으로 사용하는 법인소유 소형승용차(1,500CC)가 고장이 발생하여 서울카센터에서 수리하고 전자세금계산서를 수취하였다. 차량수리비 220,000원(부가가치세 포함)은 전액 현금으로 지급하였다.(수익적지출로 회계처리할 것) (43회)

67 10월 02일 경인설비에 공장의 기계수선비(수익적 지출에 해당)로 170,000원(부가가치세별도)을 현금으로 지급하고 전자세금계산서를 교부받았다. (31회)

68 11월 19일 제품운반용 트럭이 사고로 인하여 명성공업사로부터 엔진을 교체하였다. 이는 자본적지출에 해당하는 것으로 엔진교체비 5,000,000원(부가가치세 별도)을 당좌수표로 지급하고 전자세금계산서를 교부받았다.(42회)

69 11월 23일 본사건물에 중앙집중식 냉난방설비공사를 실시하였으며, 공사대금 1억원(부가가치세별도)을 시공회사인 (주)한양건설에 약속어음(6개월후 만기)을 발행하여 지급하고 전자세금계산서를 수취하였다.(건물의 자본적지출로 처리할 것) (20회)

70 8월 10일 원재료 운송용 트럭(취득가액 28,000,000원, 처분 시 감가상각누계액 16,500,000원)을 거래처 (주)세모에 10,000,000원(부가가치세 별도)에 처분하고 전자세금계산서를 발급하였다. 대금은 한달 후에 받기로 하였다.(55회)

정답

66. (차) 차량유지비 220,000원 (대) 현금 220,000원

67. (차) 수선비 170,000원 (대) 현금 187,000원
    부가세대급금 17,000원

68. (차) 차량운반구 5,000,000원 (대) 당좌예금 5,500,000원
    부가세대급금 500,000원

69. (차) 건물 100,000,000원 (대) 미지급금 110,000,000원
    부가세대급금 10,000,000원

70. (차) 감가상각누계액 16,500,000원 (대) 차량운반구 28,000,000원
    미수금 11,000,000원 부가세예수금 1,000,000원
    유형자산처분손실 1,500,000원

71 10월 4일 공장에서 사용하던 기계장치(취득원가 2,000,000원, 감가상각누계액 1,200,000원)를 만물상사에 600,000원(부가가치세 별도)에 외상으로 매각하고 전자세금계산서를 발급하였다. 단, 매각년도의 감가상각비계산은 생략한다.(57회)

72 11월 27일 원재료 운송용 트럭(취득가액 35,000,000원, 전기말 감가상각누계액 16,500,000원)을 (주)대성상사에 20,000,000원(부가가치세 별도)에 처분하면서 전자세금계산서를 발행하였다. 대금은 한 달 후에 수령하기로 하고, 처분 시점에 감가상각은 하지 않기로 한다.(48회)

73 10월 19일 사무실에서 사용하던 복사기를 (주)단풍에게 500,000원(부가세 별도)에 외상으로 매각하고 전자세금계산서를 발행하였다. 취득가액은 1,500,000원이고 감가상각누계액은 1,200,000원이며 당기의 감가상각비는 고려하지 않는다.(34회)

74 10월 10일 공장에서 사용하던 기계장치(취득가액 1,500,000원, 양도시점의 감가상각누계액 800,000원)을 (주)하늘에 900,000원(부가가치세별도)에 매각하고 전자세금계산서를 교부하였다. 대금 중 500,000원은 현금으로 받고, 나머지는 보통예금통장으로 받았다.(30회)

정답

71. (차) 미수금　　　　　　660,000원　(대) 기계장치　　　　　2,000,000원
　　　감가상각누계액　1,200,000원　　　　부가세예수금　　　60,000원
　　　유형자산처분손실　200,000원

72. (차) 미수금　　　　　22,000,000원　(대) 차량운반구　　　35,000,000원
　　　감가상각누계액　16,500,000원　　　　유형자산처분이익　1,500,000원
　　　　　　　　　　　　　　　　　　　　　부가세예수금　　2,000,000원

73. (차) 미수금　　　　　　550,000원　(대) 비품　　　　　　1,500,000원
　　　감가상각누계액　1,200,000원　　　　부가세예수금　　　50,000원
　　　　　　　　　　　　　　　　　　　　　유형자산처분이익　200,000원

74. (차) 현금　　　　　　　500,000원　(대) 기계장치　　　　1,500,000원
　　　보통예금　　　　　490,000원　　　　부가세예수금　　　90,000원
　　　감가상각누계액　　800,000원　　　　유형자산처분이익　200,000원

75 10월 5일 독도소프트(주)에서 ERP시스템 소프트웨어 용역을 공급받고, 전자세금계산서 22,000,000원(부가가치세 포함)를 수취하였다. 대금은 2×11년 2월 10일에 지급하기로 하였다. 단, 계정과목은 무형자산 항목으로 처리하고, 당해 용역은 완료되었다.(45회)

76 10월 20일 수출업체인 형제무역에 Local L/C에 따라 $30,000(기준환율 1,000원/$1)에 제품을 납품하고 전자영세율세금계산서를 교부하였으며, 대금은 형제무역발행 약속어음으로 받았다.(40회)

77 11월 6일 미국에 소재한 피비케이사에 의료기(제품)를 직수출 하였다. 선적일은 11월 6일이고 물품대금은 총 8,000달러이며, 선적일 현재의 기준환율은 달러당 950원이다. 대금은 아직 수령하지 못하였다.(36회)

78 11월 11일 대표이사의 자택에서 사용할 목적으로 (주)호야마트에서 3D TV를 300만원(부가가치세 별도)에 구입하고, 회사명의로 전자세금계산서를 발급받았다. 대금은 회사에서 현금으로 지급하였다.(지급한 대금은 대표이사 가지급금으로 처리한다) (53회)

정답

75. (차) 소프트웨어   20,000,000원   (대) 미지급금   22,000,000원
    부가세대급금   2,000,000원

76. (차) 받을어음   30,000,000원   (대) 제품매출   30,000,000원

77. (차) 외상매출금   7,600,000원   (대) 제품매출   7,600,000원

78. (차) 가지급금   3,300,000원   (대) 현금   3,300,000원

79 11월 30일 대표이사 윤광현의 자택에서 사용할 목적으로 (주)테크노에서 에어컨을 현금으로 700,000원(부가가치세 별도)에 구입하고 회사명의로 전자세금계산서를 수령하였다. 대금은 회사에서 현금으로 결제하였으며 대신 지급한 대금은 대표이사의 가지급금으로 처리한다. (37회)

80 10월 05일 대표이사 이종철의 자택인 아파트에 사용할 식탁과 의자를 (주)한가람가구로부터 3,500,000원(부가가치세 별도)에 구입하고 대금은 다음 달에 지급하기로 하였다. 구매 시 공급받는 자를 당사로 하여 전자세금계산서를 수령하였다. (29회)

81 9월 3일 영업부 건물의 임차보증금에 대한 간주임대료의 부가가치세를 건물소유주에게 보통예금 계좌에서 이체하였다. (임차계약 시 간주임대료에 대한 부가가치세를 임차인부담으로 계약을 체결하였음. 간주임대료의 부가가치세는 500,000원임) (47회)

82 9월 30일 제2기 부가가치세 예정신고분에 대한 부가가치세 예수금 37,494,500원과 부가가치세 대급금 20,048,400원을 상계처리하고 잔액을 10월 25일 납부할 예정이다. 9월 30일 기준으로 적절한 회계처리를 하시오. (미지급세금 계정을 사용할 것) (51회)

정답				
79.	(차) 가지급금	770,000원	(대) 현금	770,000원
80.	(차) 가지급금	3,850,000원	(대) 미지급금	3,850,000원
81.	(차) 세금과공과	500,000원	(대) 보통예금	500,000원
82.	(차) 부가세예수금	37,494,500원	(대) 부가세대급금	20,048,400원
			미지급세금	17,446,100원

83 12월 31일 부가가치세신고기간에 대한 부가세예수금 13,399,990원과 부가세대급금 12,600,000원을 정리하고 납부세액은 미지급금 계정으로 회계처리하다. (37회)

84 7월 24일 1기 확정신고분 부가가치세를 현금으로 납부하였다. 단, 부가가치세와 관련된 대체분개는 6월 30일에 다음과 같이 적정하게 처리되었다. (32회)

(차) 부가세예수금	18,238,000원	(대) 부가세대급금	10,000,000원
		미지급금	8,238,000원

정답

83. (차) 부가세예수금　13,399,990원　　(대) 부가세대급금　12,600,000원
　　　　　　　　　　　　　　　　　　　　미지급금　　　　　　799,990원

84. (차) 미지급금　　　8,238,000원　　(대) 현금　　　　　　　8,238,000원

computerized

accounting

1st level

computerized accounting 1st level

필기편

Part 3. 원가회계

CHAPTER

01. 원가회계 기본구조

02. 보조부문비 배분

03. 개별원가계산

04. 종합원가계산

Chapter 01 원가회계 기본구조

1 원가회계 기본흐름

1 회계처리

재료의 투입~제품 판매		차변		대변	
제조에 필요한 원재료 구입		원재료	×××	현금등	×××
제조에 필요한 요소들 투입	직접재료비	원재료비	×××	원재료	×××
	직접노무비	임 금	×××	현금등	×××
	제조간접비	복리후생비등	×××	현금등	×××
		전력비등	×××	미지급금	×××
		감가상각비	×××	감가상각누계액	×××
투입요소들을 재공품으로 대체		재공품	×××	원재료비	×××
				임 금	×××
				복리후생비등	×××
재공품 완성분을 제품으로 대체		제 품	×××	재공품	×××
제품판매 시 매출원가로 대체		매출원가	×××	제 품	×××

2 T계정을 이용한 재료의 투입부터 제품의 판매과정 흐름정리

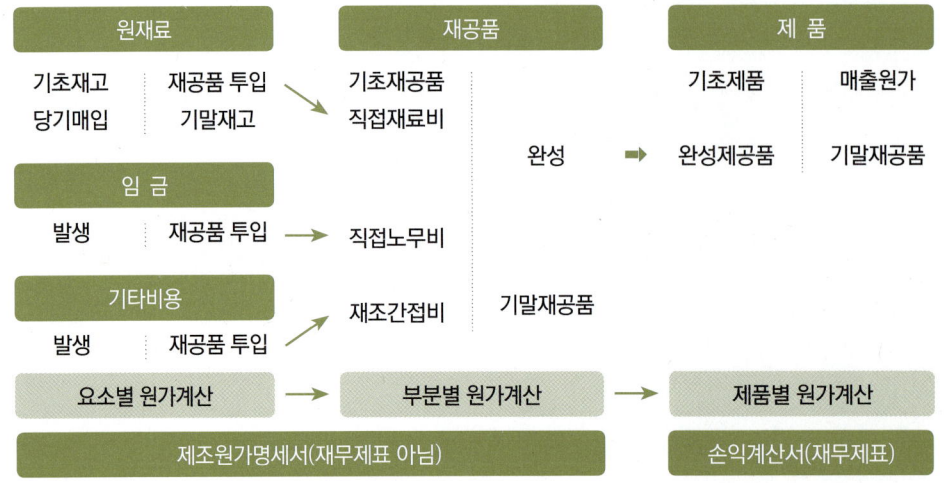

※ 제조원가명세서 : 재료의 투입부터 재공품의 완성까지의 원가내역을 정리한 명세서

3 원가회계 기본사례

다음은 (주)딜리전트의 제조활동에 대한 분개내역이다.

	차변		대변	
제조활동에 필요한 원재료구입 인건비지급 원가투입	원재료	800,000	보통예금 외상매입금	500,000 300,000
	임 금	220,000	예수금 보통예금	40,000 180,000
	복리후생비	50,000	미지급금	50,000
	통신비	30,000	보통예금	160,000
	전력비	40,000		
	가스수도료	67,000		
	외주가공비	23,000		
	퇴직급여	20,000	퇴직급여충당부채	20,000
	감가상각비	130,000	감가상각누계액	130,000

재고자산의 내역이 다음와 같을 경우 투입된 원가는 아래와 같이 대체된다.

	기초재고	증가(구입, 투입)	감소(투입, 완성)	기말재고
원재료	150,000	800,000	??	120,000
재공품	260,000	??	??	180,000
제품	230,000	??	??	250,000

요구사항 다음 과정에 대한 분개를 수행하고, T계정을 이용하여 원가의 흐름을 그려보시오.

1. 원재료 투입
2. 투입원가의 재공품 대체
3. 재공품의 제품 대체
4. 제품의 매출원가 대체

정답 및 해설		차변		대변	
원재료투입	원재료비*	830,000	원재료		830,000
투입원가의 재공품대체	재공품	1,410,000	원재료비*		830,000
			임 금		220,000
			복리후생비		50,000
			통신비		30,000
			전력비		40,000
			가스수도료		67,000
			외주가공비		23,000
			퇴직급여		20,000
			감가상각비		130,000
재공품의 제품대체	제품**	1,490,000	재공품		1,490,000
제품의 매출원가 대체	제품매출원가***	1,470,000	제품		1,470,000

* 원재료투입액 = 150,000 + 800,000 − 120,000
** 제품대체액 = 260,000 + 1,410,000 − 180,000
*** 매출원가대체액 = 230,000 + 1,490,000 − 250,000

T계정으로 재료의 투입부터 제품의 판매과정을 정리하면 다음과 같다. 재료의 투입부터 재공품의 완성까지 발생한 원가를 정리한 내역을 "제조원가명세서"라고 하며 재무제표에 포함되지 않는다. 완성된 제품의 판매에 대한 사항은 손익계산서에 명시된다.

원재료
기초 150,000 | 투입 830,000
매입 800,000 | 기말 120,000

임 금
발생 220,000 | 투입 220,000

기타비용
발생 360,000 | 투입 360,000

원재료(재공품)
기초 260,000 | 완성 1,490,000
830,000 |
220,000 |
360,000 | 기말 180,000

원재료(제품)
기초 230,000 | 매출원가 1,470,000
완성 1,490,000 | 기말 250,000

제조원가명세서(재무제표 아님)　　　손익계산서(재무제표)

2 원가 기본개념

1 원가의 3요소

직접재료비(재료비)	제품을 제조하는 데 직접적인 연관이 있는 재료비
직접노무비(노무비)	제품을 제조하는 데 직접적인 연관이 있는 인건비
제조간접비(경비)	직접재료비, 직접노무비를 제외한 모든 제조원가

기본원가(기초원가) = 직접재료비 + 직접노무비
가공원가(전환원가) = 직접노무비 + 제조간접비

제조원가와 판매비와 관리비는 구분하여 회계처리되어야 한다.
→ 판매비와관리비를 기간원가라고도 부름
→ 공장, 생산직이란 표현이 있으면 제조원가로 분류(본사, 영업직이면 기간원가)
→ 이자비용 등의 영업외비용도 당기에 비용처리하며, 제조원가에 포함되지 않음

2 제품매출원가 관련 기본공식

직접재료비 투입액	기초재고 + 당기매입액 − 기말재고
당기총제조원가	직접재료비 + 직접노무비 + 제조간접비
당기제품제조원가	기초재공품 + 당기총제조원가 − 기말재공품
제품매출원가	기초제품 + 당기제품제조원가 − 기말제품

3 원가계산 시 추가적으로 고려할 사항에 대한 공식

| 제조간접비에 재료항목이 있는 경우 간접재료비 투입액 | 기초재고 + 당기매입액 − 기말재고 |
| 원가항목에서 선급액과 미지급액이 있는 경우 | 당기선급 : 차감, 전기선급 : 포함
당기미지급 : 가산, 전기미지급 : 차감 |

4 원가회계의 목적

(1) 원가계산 및 재무제표 작성
(2) 내부이용자의 경제적 의사결정에 유용한 정보제공
(3) 원가의 관리, 통제 및 성과평가
→ 채권자와 투자자의 경제적 의사결정에 유용하지 않음. 재고자산의 평가와는 무관함

객관식 문제

01 다음은 재무제표와 관련된 산식이다. 틀린 것은? (57회)

① 매출원가 = (기초제품재고액 + 당기제품제조원가) - 기말제품재고액
② 당기제품제조원가 = 기초재공품재고액 + 당기총제조비용 - 기말재공품재고액
③ 당기총제조원가 = 직접재료비 + 직접노무비 + 가공원가
④ 원재료소비액 = 기초원재료재고액 + 당기원재료매입액 - 기말원재료재고액

해설 당기총제조원가 = 직접재료비 + 직접노무비 + 제조간접비

02 제조원가명세서에 대한 다음 설명 중 가장 옳지 않은 것은? (56회)

① 제조원가명세서만 보면 매출원가를 계산할 수 있다.
② 상품매매기업에서는 작성하지 않아도 된다.
③ 제조원가명세서에서 당기총제조비용을 알 수 있다.
④ 재공품계정의 변동사항이 나타난다.

해설 기초와 기말의 제품재고는 손익계산서 또는 재무상태표에서 알 수 있어 제조원가명세서에서는 계산할 수 없다.

03 다음 중 제조원가명세서 작성 시 필요로 하지 않은 자료는? (45회)

① 간접재료비 소비액 ② 간접노무비 소비액
③ 기초제품 재고액   ④ 제조경비

04 다음 중 제조원가명세서에 대한 설명 중 틀린 것은? (51회)

① 제조원가명세서를 통해 당기원재료매입액을 파악할 수 있다.
② 제조원가명세서를 통해 당기총제조비용을 파악할 수 있다.
③ 제조원가명세서를 통해 당기매출원가를 파악할 수 있다.
④ 제조원가명세서를 통해 기말재공품원가를 파악할 수 있다.

해설 당기매출원가는 손익계산서에서 파악할 수 있음

05 제조원가명세서와 관련된 설명이다 틀린 것은? (37회)

① 재료 소비액의 산출과정이 표시된다.
② 기초재공품과 기말재공품재고액이 표시된다.
③ 기초재료와 기말재료재고액이 표시된다.
④ 외부에 보고되는 보고서이다.

해설 제조원가명세서는 내부보고용으로 원가계산준칙을 준용한다.

06 제조기업의 당기제품제조원가 계산과정을 나타내는 명세서로서 제조기업에서는 반드시 작성해야하는 필수적 부속명세서이며 재공품계정의 변동사항이 모두 표시된 것은? (26회)

① 손익계산서　　　　　　　　② 제조원가명세서
③ 매출원가명세서　　　　　　④ 합계잔액시산표

해설 제조원가명세서

07 다음 중에서 원가회계 목적과 관련이 가장 적은 것은? (40회)

① 재무제표의 작성에 유용한 원가정보를 제공한다.
② 원가통제에 대한 유용한 원가정보를 제공한다.
③ 경영자에게 경영의사결정에 유용한 원가정보를 제공한다.
④ 투자자에게 합리적인 의사결정에 관한 정보제공을 목적으로 한다.

해설 ④ 번은 재무회계의 의의에 관련된 내용이다.

정답 1.③ 2.① 3.③ 4.③ 5.④ 6.② 7.④

08 다음 중 일반적인 제조기업의 원가계산흐름을 바르게 설명한 것은? (42회)

① 부문별 원가계산 → 요소별 원가계산 → 제품별 원가계산
② 부문별 원가계산 → 제품별 원가계산 → 요소별 원가계산
③ 요소별 원가계산 → 부문별 원가계산 → 제품별 원가계산
④ 요소별 원가계산 → 제품별 원가계산 → 부문별 원가계산

09 다음 중 원가집계 계정의 흐름으로 가장 옳은 것은? (39회)

① 매출원가 → 재공품 → 재료비 → 제품
② 재료비 → 매출원가 → 재공품 → 제품
③ 재료비 → 재공품 → 제품 → 매출원가
④ 매출원가 → 재료비 → 재공품 → 제품

10 다음 중 제조원가명세서에 나타나지 않는 것은? (32회)

① 기말원재료재고액　　　　② 당기총제조원가
③ 당기제품제조원가　　　　④ 기말제품재고액

> **해설**　기말제품재고액은 손익계산서에 나타나는 항목이다.

11 다음 중 제조원가에 속하지 않는 것은? (42회)

① 직접재료비　　　　② 직접노무비
③ 광고선전비　　　　④ 제조간접비

12 다음 중 제조원가항목에 해당하는 것은? (48회)

① 관리부 경리사원 급여　　　　② 공장 차량운반구의 감가상각비
③ 영업사원 복리후생비　　　　④ 마케팅부서 접대비

> **해설**　공장 차량운반구의 감가상각비는 제조원가이다.

정답 8.③ 9.③ 10.④ 11.③ 12.②

13 다음 중 제조원가로 분류할 수 없는 것은? (44회)

① 공장건물의 재산세
② 제품에 대한 광고선전비
③ 공장기계의 감가상각비
④ 공장근로자 회사부담분 국민연금

> 해설 제품에 대한 광고선전비는 판매비와 관리비로 분류한다.

14 다음 중 제조원가항목에 해당하지 않는 것은? (32회)

① 생산직관리자의 급료
② 판매부서의 운영비
③ 공장소모품비
④ 기계장치의 감가상각비

> 해설 판매부서의 운영비는 비제조원가로서 판매비와 관리비에 속한다.

15 다음 중 제조원가에 속하지 않는 것은? (31회)

① 원재료비
② 공장건물의 감가상각비
③ 영업부직원의 급여
④ 공장의 전력비

> 해설 영업부직원의 급여는 판매비와 관리비에 해당한다.

16 제조간접비에 대한 다음 설명 중 맞는 것은? (46회)

① 가공비가 된다.
② 모든 노무비를 포함한다.
③ 변동비만 포함된다.
④ 고정비만 포함된다.

> 해설 제조간접비는 직접노무비와 더불어 가공비를 구성한다.

정답 13.② 14.② 15.③ 16.①

17 제조부문에서 발생하는 노무비에 대한 설명으로 옳지 않은 것은? (39회)

① 직접비와 간접비로 나뉜다.
② 직접노무비는 기초원가와 가공원가 모두에 해당한다.
③ 간접노무비는 제조간접비에 반영된다.
④ 발생된 노무비 중 미지급된 노무비는 원가에 반영되지 않는다.

해설) 발생된 노무비라면 미지급되었더라도 원가에 포함한다.

18 다음 중 재공품계정의 대변에 기입되는 사항은? (54회)

① 제조간접비 배부액   ② 직접재료비 소비액
③ 당기 제품제조원가   ④ 재공품 전기이월액

해설) 당기 제품제조원가

19 다음 중 원가집계계정의 흐름으로 가장 맞는 것은? (52회)

① 당기총제조비용은 제품계정 차변으로 대체
② 당기제품제조원가는 재공품계정 차변으로 대체
③ 당기매출원가는 상품매출원가계정 차변으로 대체
④ 당기재료비소비액은 재료비계정 차변으로 대체

해설) ① 당기총제조비용은 재공품계정 차변으로 대체
② 당기제품제조원가는 제품계정 차변으로 대체
③ 당기매출원가는 제품매출원가계정 차변으로 대체

20 다음 중 제조과정 중에 있는 미완성제품의 제조원가를 집계하는 계정은? (30회)

① 원재료계정   ② 노무비계정   ③ 경비계정   ④ 재공품계정

해설) 미완성제품의 제조원가는 재공품계정으로 집계된다.

정답 17.④ 18.③ 19.④ 20.④

21 기말재공품액이 기초재공품액 보다 더 큰 경우 다음 중 맞는 설명은? (44회)

① 기초재공품액에 당기총제조원가를 더한 금액이 당기제품제조원가가 된다.
② 당기총제조원가가 당기제품제조원가보다 작다.
③ 당기제품제조원가가 제품매출원가보다 반드시 더 크다.
④ 당기제품제조원가가 당기총제조원가보다 작다.

> **해설** 기말재공품액 − 기초재공품액 = 당기총제조원가 − 당기제품제조원가
> 따라서, 기말재공품액 〉 기초재공품액 = 당기총제조원가 〉 당기제품제조원가

22 원가의 분류에 대한 설명 중 가장 틀린 것은? (21회)

① 가공비는 직접노무비를 의미한다.
② 추적가능한 원가를 직접비라 한다.
③ 원가는 직접재료비, 직접노무비, 제조간접비로 분류할 수 있다.
④ 직접재료비와 직접노무비를 기초원가라 한다.

> **해설** 가공비는 직접노무비와 제조간접비의 합계이다.

23 다음중에서 "당기제품제조원가"와 "매출원가"가 동일해지는 경우는 어느 경우인가? (29회)

① 기초제품재고금액과 당기제품제조원가 금액이 동일한 경우
② 기말제품재고금액과 당기제품제조원가 금액이 동일한 경우
③ 기초제품재고금액과 기말제품재고금액이 동일한 경우
④ 기초제품재고금액과 매출원가금액이 변동없이 동일한 경우

> **해설** 기초제품재고금액과 기말제품재고금액이 변동 없이 동일하면 당기제품제조원가와 매출원가금액이 서로 동일하다.

정답 21.④ 22.① 23.③

24 다음 중 직접원가에 해당되는 것은? (37회)

① 간접재료비 ② 공장수위 등의 급료
③ 동력용 연료 ④ 특정제품의 설계비

> **해설** ① 간접재료비 ② 공장수위 등의 급료 ③ 동력용 연료는 간접원가임

25 직접재료비가 증가하더라도 영향을 받지 않는 항목은? (36회)

① 재공품 ② 제품 ③ 매출원가 ④ 제조간접비

26 다음 중 기초원가이면서 가공비에도 해당하는 원가는? (35회)

① 직접재료비 ② 직접노무비 ③ 간접재료비 ④ 간접노무비

> **해설** 직접노무비는 기초원가(직접재료비+직접노무비), 가공원가(직접노무비+제조간접비)에 모두 포함되는 항목이다.

27 다음 자료를 참고하여 (주)세무의 6월 중 직접노무비를 계산하면 맞는 것은? (52회)

- 6월 중 45,000원의 직접재료를 구입하였다.
- 6월 중 제조간접비는 27,000원이었다.
- 6월 중 총제조원가는 109,000원이었다.
- 직접재료의 6월초 재고가 8,000원이었고, 6월 말 재고가 6,000원이다.

① 35,000원 ② 36,000원 ③ 45,000원 ④ 62,000원

> **해설** 직접재료비 소비액 = 8,000원 + 45,000원 − 6,000원 = 47,000원
> 직접노무비 = 총제조원가 − 직접재료비 소비액 − 제조간접비
> = 109,000원 − 47,000원 − 27,000원 = 35,000원

정답 24.④ 25.④ 26.② 27.①

28 원가자료가 다음과 같을 때 당기의 직접재료비를 계산하면 얼마인가? (50회)

- 당기총제조원가는 5,204,000원이다.
- 제조간접비는 직접노무비의 75%이다.
- 제조간접비는 당기총제조원가의 24%이다.

① 2,009,600원　② 2,289,760원　③ 2,825,360원　④ 3,955,040원

해설　제조간접비 = 5,204,000원 × 24% = 1,248,960원
　　　　직접노무비 = 1,248,960원 ÷ 75% = 1,665,280원
　　　　직접재료비 = 5,204,000원 − 1,248,960원 − 1,665,280원 = 2,289,760원

29 (주)세창의 당기 직접재료비는 50,000원이고, 제조간접비는 45,000원이다.(주)세창의 직접노무비는 가공비의 20%에 해당하는 경우, 당기의 직접노무비는 얼마인가? (47회)

① 9,000원　② 10,000원　③ 11,250원　④ 12,500원

해설　가공비 = 직접노무비 + 제조간접비
　　　　직접노무비 = (직접노무비 + 제조간접비) ×0.2
　　　　직접노무비 = (직접노무비 + 45,000원) ×0.2
　　　　위 식을 직접노무비에 대하여 풀면, 직접노무비 = 11,250원

30 다음 자료에 의하여 제조간접비를 계산하면 얼마인가? (43회)

- 당기총제조원가 : 600,000원
- 가공원가 : 500,000원
- 직접비(기본원가) : 300,000원

① 100,000원　② 200,000원　③ 300,000원　④ 400,000원

해설　당기총제조원가 = 직접재료비 + 직접노무비 + 제조간접비 = 600,000원
　　　　직접비(기본원가) = 직접재료비 + 직접노무비 = 300,000원
　　　　따라서 제조간접비는 300,000원이 된다.

정답　1.① 2.③ 3.③ 4.③

Chapter 01. 원가회계 기본구조

31 수도광열비에 대한 자료가 다음과 같다. 당월의 수도광열비 소비액은 얼마인가? (35회)

- 당월지급액 : 5,000원
- 당월선급액 : 3,000원
- 전월미지급액 : 1,000원
- 당월미지급액 : 4,000원
- 전월선급액 : 2,000원

① 4,000원　　② 5,000원　　③ 6,000원　　④ 7,000원

해설　당월지급액 + 당월미지급액 − 당월선급액 + 전월선급액 − 전월미지급액
　　　　5,000원　　4,000원　　3,000원　　2,000원　　1,000원　= 7,000

32 다음 자료에 의하여 가공비를 계산하면 얼마인가? (41회)

- 직접재료비 : 200,000원
- 변동제조간접비 : 300,000원
- 직접노무비 : 250,000원
- 고정제조간접비 : 350,000원

① 450,000원　　② 750,000원　　③ 900,000원　　④ 1,100,000원

해설　가공비 = 직접노무비 + (변동제조간접비 + 고정제조간접비)
　　　　　　 = 250,000원 + (300,000원 + 350,000원) = 900,000원

33 다음 자료에서 기본원가(혹은 기초원가)와 가공비의 합은 얼마인가? (52회)

- 직접재료비 : 150,000원
- 간접노무비 : 80,000원
- 직접노무비 : 320,000원
- 간접경비 : 30,000원
- 간접재료비 : 50,000원
- 광고선전비 : 300,000원

① 630,000원　　② 760,000원　　③ 930,000원　　④ 950,000원

해설　950,000원
　　　　기본원가 = 직접재료비 + 직접노무비 = 150,000원 + 320,000원 = 470,000원
　　　　가 공 비 = 직접노무비 + 제조간접비 = 320,000원 + 160,000원 = 480,000원

정답　31.④　32.③　33.④

34 다음 중 기본원가(prime costs)를 구성하는 것으로 맞는 것은? (51회)

① 직접재료비+직접노무비
② 직접노무비+제조간접비
③ 직접재료비+직접노무비+제조간접비
④ 직접재료비+직접노무비+변동제조간접비

해설 기본원가는 직접재료비와 직접노무비를 합한 금액으로 한다.

35 흑치(주)의 제2기 원가 자료가 다음과 같을 경우 가공원가는 얼마인가? (48회)

- 직접재료원가 구입액 : 800,000원
- 직접재료원가 사용액 : 900,000원
- 직접노무원가 발생액 : 500,000원
- 변동제조간접원가 발생액 : 600,000원
  (변동제조간접원가는 총제조간접원가의 40%이다)

① 2,000,000원　② 2,400,000원　③ 2,800,000원　④ 2,900,000원

해설 500,000(직접노무비) + 600,000/0.4(제조간접원가) = 2,000,000원

36 다음 자료에 의하여 당기총제조원가를 구하시오. (25회)

- 기본원가 570,000원　• 가공원가 520,000원　• 제조간접비 200,000원

① 770,000원　② 1,070,000원　③ 720,000원　④ 1,270,000원

해설 당기총제조원가 = 기본원가 + 제조간접비 = 770,000

정답　1.①　2.③　3.③　4.③

37 다음 원가자료를 이용하여 가공원가를 계산하면? (33회)

> 직접재료비 100,000원   간접재료비 2,000원
> 직접노무비 70,000원   간접노무비 3,000원
> 직접경비 90,000원   간접경비 4,000원

① 160,000원   ② 164,000원   ③ 167,000원   ④ 169,000원

해설 직접노무비+간접재료비+간접노무비+직접경비+간접경비 =169,000원

38 기말재공품은 기초재공품에 비해 500,000원 증가하였으며, 제조과정에서 직접 재료비가 차지하는 비율은 60%이다. 당기제품제조원가가 1,500,000원이라면, 당기총제조원가에 투입한 가공원가는 얼마인가? (56회)

① 200,000원   ② 400,000원   ③ 600,000원   ④ 800,000원

해설 당기제품제조원가 = 당기총제조원가 + 기초재공품 − 기말재공품
1,500,000원 = 2,000,000원 + 0원 − 500,000원
가공원가(800,000원) = 당기총제조원가(2,000,000원) ×가공원가 비율(40%)

39 여범제조(주)의 기말재공품계정은 기초재공품에 비하여 400,000원 증가하였다. 또한, 재공품 공정에 투입한 직접재료비와 직접노무비, 제조간접비의 비율이 1:2:3이었다. 여범제조(주)의 당기제품제조원가가 800,000원이라면, 재공품에 투입한 직접노무비는 얼마인가? (49회)

① 100,000원   ② 200,000원   ③ 400,000원   ④ 600,000원

해설 800,000 + 400,000 = 1,200,000(당기총제조원가)
1,200,000 ×2/6 = 400,000

정답 1.① 2.③ 3.③ 4.③

40 다음 자료에서 기말재공품재고액은 얼마인가? (53회)

> ⓐ 직접재료비 : 800,000원　　ⓑ 직접노무비 : 1,000,000원
> ⓒ 제조간접비 : 1,400,000원　ⓓ 외주가공비 : 500,000원
> ⓔ 기초재공품재고액 : 1,500,000원　ⓕ 당기제품제조원가 : 3,550,000원
> 단, ⓐ, ⓑ, ⓒ, ⓓ는 모두 당기에 발생한 금액이다.

① 1,150,000원　　② 1,350,000원　　③ 1,650,000원　　④ 1,950,000원

해설　1,650,000원
　　당기제품제조원가 = 당기총제조비용 + 기초재공품재고액 − 기말재공품재고액
　　　　(3,550,000원)　　(3,700,000원)　　(1,500,000원)　　(1,650,000원)
　　당기총제조비용 = 재료비소비액 + 직접노무비 + 제조간접비 + 외주가공비
　　　(3,700,000원)　　(800,000원)　(1,000,000원) (1,400,000원) (500,000원)

41 다음은 (주)대건의 2011년 원가계산에 관한 자료이다. 기말재공품 원가는 얼마인가? (48회)

> • 당기총제조원가 : 1,500,000원　　• 기초재공품 재고액 : 200,000원
> • 기초제품 재고액 : 300,000원　　• 기말제품 재고액 : 180,000원
> • 매출원가 : 1,620,000원

① 200,000원　　② 250,000원　　③ 300,000원　　④ 350,000원

해설　기말재공품재고액 = 200,000(기초재공품재고액) + 1,500,000(당기총제조원가)
　　　　　　　　　　　− 당기제품제조원가(1,620,000−300,000+180,000)

정답　40.③　41.①

Chapter 01. 원가회계 기본구조 | 363

42 다음 자료에 의하여 당기제품매출원가를 계산하면 얼마인가? (47회)

- 기초재공품재고액 : 300,000원
- 기말재공품재고액 : 400,000원
- 기말제품재고액 : 300,000원
- 당기총제조비용 : 1,000,000원
- 기초제품재고액 : 200,000원
- 판매가능재고액 : 1,100,000원

① 1,000,000원　② 900,000원　③ 800,000원　④ 700,000원

해설　당기제품제조원가 = 기초재공품재고액 + 당기총제조비용 − 기말재공품재고액
　　　　　　　　　　= 300,000원 + 1,000,000원 − 400,000원 = 900,000원
　　　　당기제품매출원가 = 기초제품재고액 + 당기제품제조원가 − 기말제품재고액
　　　　　　　　　　= 200,000원 + 900,000원 − 300,000원 = 800,000원
　　　　판매가능재고액 = 기초제품재고액 + 당기제품제조원가
　　　　　　　　　　= 200,000원 + 900,000원 = 1,100,000원

43 다음은 (주)부산실업의 제조원가와 관련한 자료이다. 당기제품제조원가는 얼마인가? (38회)

- 기초재공품 : 100,000원
- 직접노무비 : 600,000원
- 간접노무비 : 100,000원
- 직접재료비 : 600,000원
- 기말재공품 : 250,000원
- 가공비 : 1,000,000원
- 간접재료비 : 200,000원

① 1,350,000원　② 2,050,000원　③ 1,450,000원　④ 1,050,000원

해설　가공비 = 직접노무비 + 제조간접비 = 1,000,000원
　　　　제조간접비 = 400,000원
　　　　당기총제조비용(원가) = 직접재료비 + 직접노무비 + 제조간접비
　　　　　　　　　　　= 600,000원 + 600,000원 + 400,000원 = 1,600,000원
　　　　당기제품제조원가 = 100,000원(기초재공품) + 1,600,000원(당기총제조비용)
　　　　　　　　　　 − 250,000원(기말재공품) = 1,450,000원

정답　42.③　43.③

44 다음 자료에 의하면 당기총제조원가는 얼마인가? (34회)

- 기본원가 : 650,000원
- 직접노무비 : 150,000원
- 기계감가상각비 : 100,000원
- 공장임차료 : 50,000원
- 공장전력비 : 30,000원
- 기말재공품재고액 : 200,000원

① 830,000원　② 780,000원　③ 1,180,000원　④ 1,200,000원

해설　830,000원
　　　기본원가 = 직접재료비 + 직접노무비
　　　650,000원 = 직접재료비 + 150,000원
　　　직접재료비 = 500,000원
　　　당기총제조원가 = 직접재료비 + 직접노무비 + 제조간접비
　　　830,000원 = 500,000원 + 150,000원 + 50,000원 + 30,000원 + 100,000원

45 20×6년 5월 화재로 장부가 손상되어 아래의 자료만 남아있다. 다음 자료에 의하면 전기에 이월되었던 재공품원가는 얼마인가? (28회)

- ㉠ 기초제품 : 5,000,000원
- ㉢ 기말재공품 : 2,000,000원
- ㉤ 매출원가 : 12,000,000원
- ㉡ 기말제품 : 3,000,000원
- ㉣ 당기총제조원가 : 10,000,000원

① 0원　② 2,000,000원　③ 3,000,000원　④ 5,000,000원

해설
- 매출원가 = 기초제품재고액 + 당기제품제조원가 − 기말제품재고액
　12,000,000원 = 5,000,000원 + X − 3,000,000원
　∴ X = 10,000,000원
- 당기제품제조원가 = 기초재공품원가 + 당기총제조비용 − 기말재공품원가
　10,000,000원 = Y + 10,000,000원 − 2,000,000원
　∴ Y = 2,000,000원

정답　44.①　45.②

3 원가의 구분

1 변동비와 고정비

(1) 정의

분류	정의	원가형태
변동비	생산량(조업도)에 따라 비례하는 원가	
고정비	생산량(조업도)에 관계없이 일정한 원가 (예시 : 임차료, 보험료, 감가상각비, 재산세)	
준변동비	기본요금 + 추가요금의 형태 (예시 : 전기요금, 수도요금, 통신요금)	
준고정비	일정범위내에서는 고정원가, 일정범위 초과시 추가원가 발생 (예시 : 운반비, 장비리스료)	

(2) 생산량(조업도) 증감에 따른 변동비와 고정비 변화

	생산량 증가	생산량 감소
총변동비	증가	감소
단위당 변동비	일정	일정
총고정비	일정	일정
단위당 고정비	감소	증가

(3) 사례

> **예) 김밥을 만들 때, 김과 밥, 도마와 칼이 필요하다.**
>
> 가. 김밥 한줄당 김과 밥의 원가가 10원일 경우
>   → 김밥 10줄을 만들면 총변동비가 100원, 김밥 20줄을 만들면 총변동비가 200원으로 김밥 생산량과 총변동비가 비례함
>   → 단위당 변동비는 10원이므로 변하지 않음
>
> 나. 도마와 칼의 원가는 500원일 경우
>   → 김밥을 10줄 만들거나, 20줄 만들거나 도마와 칼은 하나만 있으면 되므로 총고정비는 500원으로 생산량에 관계없이 일정함
>   → 김밥 한 줄당 고정비는 10줄 만들 때 50원, 20줄 만들 때 25원으로 생산량의 증가에 따라 감소한다.

객관식 문제

01 다음 중 원가를 원가행태에 따라 구분한 것은? (43회)

① 변동원가와 고정원가
② 직접원가와 간접원가
③ 제품원가와 기간원가
④ 사전원가와 사후원가

02 다음에서 설명하고 있는 원가를 원가행태에 따라 분류하고자 할 때 가장 적절한 것은? (57회)

> 관련범위 내에서 조업도의 변동에 관계없이 총원가가 일정하고, 조업도가 증가함에 따라 단위당 원가는 감소한다.

① 변동원가 ② 고정원가 ③ 준변동원가 ④ 준고정원가

03 원가회계에 있어 고정비와 변동비에 대한 설명 중 옳은 것은? (56회)

① 고정비는 관련범위 내에서 조업도가 증가하면 증가한다.
② 변동비는 관련범위 내에서 조업도가 증가하면 일정하다.
③ 고정비는 관련범위 내에서 조업도가 증가하면 단위당 고정비가 감소한다.
④ 변동비는 관련범위 내에서 조업도가 증가하면 단위당 변동비가 증가한다.

해설 고정비는 관련범위 내에서 원가총액이 일정하므로 조업도가 증가하면 단위당 고정비가 감소하게 된다.

04 조업도의 감소에 따른 고정비 및 변동비와 관련한 원가행태를 틀리게 나타낸 것은? (40회)

① 총고정비는 일정하다.
② 단위당 고정비는 감소한다.
③ 총변동비는 감소한다.
④ 단위당 변동비는 일정하다.

해설 조업도가 감소하는 경우 단위당 고정비는 증가한다.

정답 1.① 2.② 3.③ 4.②

05 다음은 (주)관우전자의 공장전기요금고지서의 내용이다. 원가 행태상의 분류로 옳은 것은? (46회)

> • 기본요금 : 1,000,000원 (사용량과 무관)
> • 사용요금 : 3,120,000원 (사용량 : 48,000kw, kw당 65원)
> • 전기요금합계 : 4,120,000원

① 고정원가   ② 준고정원가   ③ 변동원가   ④ 준변동원가

해설 고정원가와 변동원가가 혼합된 것으로 사용량과 무관하게 발생하는 기본요금과 용량에 따라 비례적으로 발생하는 추가요금이 혼합된 준변동원가에 해당함

06 제조원가 중 원가행태가 다음과 같은 경우의 원가로서 가장 부적합한 것은? (44회)

조업도	100시간	500시간	1,000시간
총원가	₩5,000	₩5,000	₩5,000

① 재산세   ② 전기요금   ③ 정액법에 의한 감가상각비   ④ 임차료

해설 조업도가 변화하더라도 총원가가 일정한 경우는 고정비이며, 전기료의 경우 혼합원가(준변동비)에 해당한다.

07 (주)서울은 기계장치 1대를 매월 100,000원에 임차하여 사용하고 있으며, 기계장치의 월 최대 생산량은 1,000단위이다. 당월 수주물량이 1,500단위여서 추가로 1대의 기계장치를 임차하기로 하였다. 이 기계장치에 대한 임차료의 원가행태는 무엇인가? (42회)

① 고정원가   ② 준고정원가   ③ 변동원가   ④ 준변동원가

해설 준고정원가란 특정범위의 조업도구간(관련범위)에서는 원가발생이 변동없이 일정한 금액으로 고정되어 있으나, 조업도 수준이 그 관련범위를 벗어나면 일정액만큼 증가 또는 감소하는 원가로서 투입요소의 불가분성 때문에 계단형의 원가행태를 지니므로 계단원가라고도 한다. 생산량에 따른 설비자산의 구입가격 또는 임차료, 생산감독자의 급여 등이 이에 해당한다.

정답   5.④   6.②   7.②

08 (주)재량의 20×7년 책 생산량 5,000권(최대생산가능량: 10,000권)에 대한 원가 일부자료는 아래와 같다.

> 가. 공장 임차료 : 20,000,000원　　나. 운송차량 자동차세 : 600,000원
> 다. 공장화재보험료 : 1,000,000원　　라. 책 표지 특수용지 : 10,000,000원

20×8년 책 생산량은 8,000권으로 예상되는데 2008년에도 동일하게 발생할 것으로 예상되는 것을 모두 고르시오. (33회)

① 가　　　　② 가, 나, 라　　　　③ 가, 나, 다　　　　④ 가, 나, 다, 라

> **해설** 가, 나, 다 는 생산량과 관계없이 발생하는 고정비이다.

09 다음에서 설명하고 있는 원가행태는 무엇인가? (29회)

> 전력비의 원가행태는 사용량과 무관하게 납부하는 기본요금과 조업도(사용량)가 증가함에 따라 납부해야 할 금액이 비례적으로 증가하는 추가요금으로 구성되어 있다.

① 변동비(변동원가)　　　　② 고정비(고정원가)
③ 준변동비(준변동원가)　　④ 준고정비(준고정원가)

> **해설** 준변동비(준변동원가)는 고정원가와 변동원가의 두 가지 요소로 구성된 원가를 말한다.

정답 8.③ 9.③

2 기회비용과 매몰비용

(1) 정의

기회비용	포기해야 하는 대체안들 중 가장 가치가 큰 것(미래의 의사결정에 영향을 미침)
매몰비용	이미 지나간 과거에 대한 비용으로서 미래의 의사결정에 영향을 미치지 않음

(2) 사례

예) 돈을 벌 수 있는 4가지 상황이 있다.

상 황	벌 수 있는 돈
가. 장사를 한다.	500
나. 회계사 시험에 합격한다.	400
다. 로또를 산다.	300
라. 서울대를 나온다.	200

만약 위의 상황 중에서 3가지를 선택하라면, "가, 나, 다"를 선택할 것이다.
"가, 나, 다"에서 2가지를 선택하라면, "가, 나"를 선택할 것이고, "가, 나"중 하나를 선택하라면, "가"를 선택할 것이다. "가"를 선택한 경우, 포기해야 하는 대체안들은 "나, 다, 라"가 될 것이며, "나, 다, 라"중 가장 가치가 큰 대안은 "나"가 되므로 "가"에 대한 기회비용은 "나"가 된다.

3 직접원가와 간접원가

(1) 정의

직접원가	제품을 만들 때 직접적으로 들어가는 원가
간접원가	제품 제조에 필요하나, 개별 제품과 직접적인 matching이 되지 않은 원가

(2) 사례

예) 김밥을 만들 경우
→ 김과 밥, 속에 있는 재료는 반드시 들어가야 하고 김밥과 직접적인 대응이 가능하다.(직접원가)
→ 밥을 보온시키는 데 필요한 전기는 김밥을 만드는 데 필요하나, 김밥을 생각할 때 바로 떠올리기는 쉽지 않다.(간접원가)

객관식 문제

01 공장에서 사용하던 화물차(취득원가 3,500,000원, 처분 시점까지 감가상각누계액 2,500,000원)가 고장이 나서 매각하려고 한다. 동 화물차에 대해 500,000원 수선비를 투입하여 처분하면 1,200,000원을 받을 수 있지만, 수선하지 않고 처분하면 600,000원을 받을 수 있다. 이 경우에 매몰원가는 얼마인가? (56회)

① 400,000원   ② 500,000원   ③ 1,000,000원   ④ 1,200,000원

해설 매몰원가는 과거에 발생한 원가로써 의사결정에 영향을 주지 않는 원가를 말한다. 따라서 화물차의 매몰원가는 취득원가에서 감가상각누계액을 차감한 장부금액 1,000,000원이 되는 것이다.

02 의사결정과 관련된 설명이다. 틀린 것은? (34회)

① 관련원가는 특정의사결정과 직접적으로 관련이 있는 원가로서 고려중인 대안들 간의 차이가 있는 미래원가이다.
② 비관련원가는 특정의사결정과 관련이 없는 원가이다.
③ 매몰원가는 과거 의사결정의 결과로 이미 발생된 원가이다.
④ 기회비용은 특정대안을 채택할 때 포기해야 하는 대안이 여러 개일 경우 이들 대안들의 효익 중 가장 작은 것이다.

해설 기회비용은 특정대안을 채택할 때 포기해야 하는 대안이 여러 개일 경우 이들 대안들의 효익 중 가장 큰 것이다.

03 다음 중 원가의 추적가능성에 따른 분류로 가장 맞는 원가개념은? (53회)

① 고정원가와 변동원가   ② 직접원가와 간접원가
③ 제품원가와 기간원가   ④ 제조원가와 비제조원가

해설 직접원가와 간접원가

정답 1.③ 2.④ 3.②

04 원가에 대한 분류를 설명한 것이다. 다음 보기 중 가장 틀린 것은? (39회)

① 특정제품과 직접적으로 추적이 가능한 원가를 직접원가라 한다.
② 조업도가 증가할 때마다 원가총액이 비례하여 증가하는 원가를 변동원가라 한다.
③ 현재의 의사결정에 고려하여야 하는 원가로서 매몰원가를 들 수 있다.
④ 일정한 관련범위 내에서 조업도와 관계없이 총원가가 일정한 것을 고정원가라 한다.

> **해설** 매몰원가는 의사결정시 고려하지 않는 이미 발생한 원가이다.

05 원가에 대한 다음의 설명 중 틀린 것은? (31회)

① 직접재료비, 직접노무비는 기초원가에 해당한다.
② 제품생산량이 증가함에 따라 단위당 고정비는 감소한다.
③ 변동비총액은 조업도에 비례하여 증가하게 된다.
④ 매몰원가는 현재의 의사결정에 반드시 고려되어야 한다.

> **해설** 매몰원가는 과거의 의사결정의 결과로 이미 발생된 원가로 현재의 의사결정에는 아무런 영향을 미치지 못하는 원가를 말한다.

06 다음은 원가에 대한 개념 설명이다. 틀린 설명은? (25회)

① 기간원가는 제품원가 이외의 모든 원가로서 판매비와 관리비는 이에 해당된다.
② 간접원가란 특정한 원가대상에 직접 추적할 수 없는 원가다.
③ 매몰원가란 경영자가 통제할 수 없는 과거의 의사결정으로부터 발생한 원가다.
④ 기회비용이란 자원을 다른 대체적인 용도에 사용할 경우 얻을 수 있는 최대금액으로 회계장부에 기록되어야 한다.

> **해설** 기회비용은 관리적 차원에서 사용되는 원가개념이고 회계장부에는 실제원가만이 기재되므로 기회비용은 회계장부에 기록되지 않는다.

정답 4.③ 5.④ 6.④

4 원가계산방법(전산회계 1급 관련)

1 개별원가계산

다품종 소량 생산 시 사용되는 원가계산방법으로서 배, 항공기등 주문에 의하여 생산되는 제품의 원가를 계산할 때 사용되며, 보조부문에서 발생한 원가를 제조부문으로 집계하는 방법과 제조간접비를 예측하여 배부하는 방법이 중요함

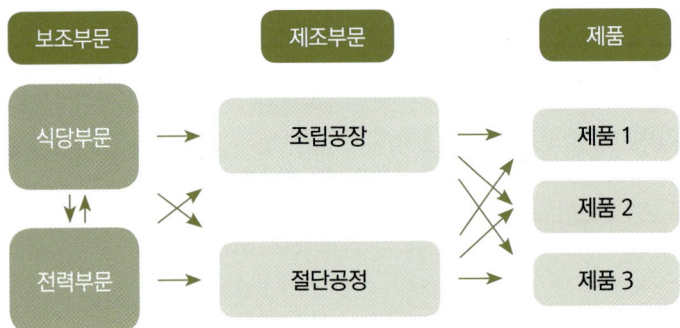

2 종합원가계산

소품종 대량생산 시 쓰이는 원가계산방법으로서, 개별 제품마다 품질이 동일하고 일정한 recipe에 의하여 제조되는 제품에 대하여 적용하는 원가계산방법이며, 완성품환산량 계산방법이 매우 중요하다.

공정 1		공정 2		공정 3	
기초재공품		기초재공품		기초재공품	제품대체
	공정 2 대체	→ 공정 1에서 대체	공정 3 대체	→ 공정 2에서 대체	
직접재료비		직접재료비		직접재료비	
직접노무비	기말 재공품	직접노무비	기말 재공품	직접노무비	
제조간접비		제조간접비		제조간접비	기말재공품

Chapter 02 보조부문비 배분

1 보조부문비 배분의 의의

1 보조부문의 정의
보조부문 : 직접 제품의 제조에는 관여하지는 않으나, 제품 제조를 도와주는 부문

2 보조부문비 배부의 흐름
예) 제조부문 : 제품제조와 직접적인 관련이 있는 제품을 조립하고 절단하는 공정
　　보조부문 : 제품의 조립과 절단에는 관여하지 않으나 근로자들의 식사제공과 제조부문의 전력
　　　　　　　공급을 통하여 제품제조를 도와주는 역할을 하는 식당과 전력부문

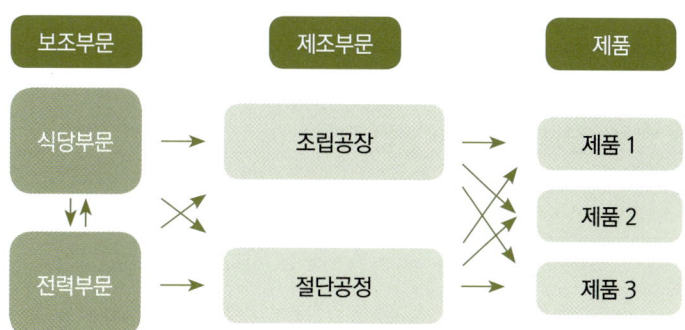

보조부문에서 발생하는 모든 원가는 제조간접비에 속하며, 이 제조간접비는 제조부문의 제조간접비에 포함시켜 제품원가에 배분해야 정확한 제품원가계산이 가능함
보조부문에서 발생하는 원가(제조간접비)는 제조부문에 영향을 미치기도 하나, 보조부문끼리 서로 주고받을 수 있음. 전력부문에서 일하는 사람이 식당에 와서 식사를 할 수 있고, 식당은 전력부문에서 생산된 전기를 이용할 수도 있음

> 핵심포인트 : 보조부문원가 배부시 보조부문끼리 주고받은 서비스를 어떻게 배분할까?

2 보조부문비 배분방법

1 배분순서

보조부문비는 다음과 같은 순서로 배분됨

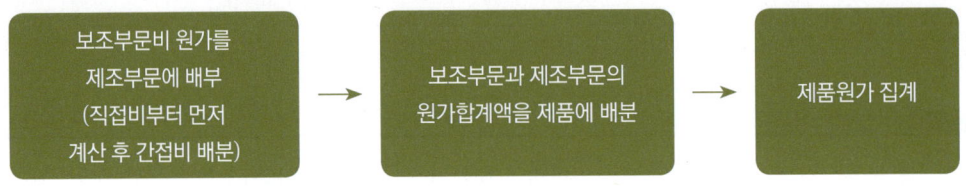

2 일반적으로 사용되는 보조부문비 배부기준

- 건물관련원가 → 건물면적
- 식당관련원가 → 종업원수
- 기계관련원가 → 작업시간
- 전력, 수도관련원가 → 사용량

3 보조부문비를 제조부문에 배부하는 방법

배분방법	내역
직접배분법	보조부문끼리 주고받은 서비스를 전혀 고려하지 않고 제조부문에 배부
단계배분법	보조부문끼리 주고받은 서비스를 일정부분 고려하여 제조부문에 배부*
상호배분법	보조부문끼리 주고받은 서비스를 완벽히 고려하여 제조부문에 배부**

* 단계배분법의 경우 제조부문에 배부할 보조부문의 배부순서를 정해야 한다.
 → 다른 보조부문에 제공하는 용역의 비율이 큰 부문부터 배분한다.
 → 다른 보조부문에 제공한 보조부문원가의 금액이 큰 부문부터 배분한다.
 → 보조부문에서 발생한 원가가 큰 보조부문부터 배분한다.
** 상호배분법하에서 보조부문에서 제공될 총원가
 → 자기부문 발생원가 + 다른 보조부문에서 배분받은 원가
자기 스스로에게 제공한 용역은 고려하지 않음

- **이중배부율법** : 보조부문원가 배분시 원가행태를 변동비와 고정비로 구분
- **단일배부율법** : 보조부문원가 배분시 원가행태를 변동비와 고정비로 미구분

📎 **변동비** : 실제사용량 기준 배분
📎 **고정비** : 최대사용량 기준 배분(고정비는 최대사용을 염두에 두고 지출하는 경향이 큼)
　　　예) 식당 시설투자 : 주인이 손님이 가득 찬 상황을 상상하며 투자함

3 보조부문비 배분방법의 특성

보조부문 배부방법의 특징

| 계산이 복잡한 정도 | 직접배분법〈단계배분법〈상호배분법* |
| 계산의 정확성 | 직접배분법〈단계배분법〈상호배분법** |

* 직접배분법이 가장 단순하고, 상호배분법이 가장 복잡함
** 상호배분법이 가장 정확하고, 직접배분법이 가장 부정확함

보조부문 원가발생액은 배분방법에 따라 변동이 없기 때문에 회사 전체적인 관점에서 보조부문원가 배분방법에 따라 이익이 증가하거나, 감소하지 않음
→ 개별제품 관점에서 제품의 원가가 달라질 수는 있음(다음의 예시 참조)

| 보조부문원가 100 | ↗ | A | 70 | 50 | 30 |
| | ↘ | B | 30 | 50 | 70 |

객관식 문제

01 다음 중 보조부문비 배부 방법이 아닌 것은? (57회)

① 총원가비례법(요소별비례법)　② 단계배부법
③ 직접배부법　　　　　　　　　④ 상호배부법

> **해설** 제조간접비 배부방법에는 매출원가조정법, 영업외손익법, 총원가비례법 (요소별비례법) 등이 있다.

02 다음 중 보조부문원가를 제조부문에 배분하는 원가방식이 아닌 것은? (52회)

① 단일배분율법　② 직접배분법　③ 단계배분법　④ 상호배분법

> **해설** 단일배분율법은 보조부문원가의 행태별 배분 방식이다.

03 다음은 보조부문원가를 배분하는 방법과 설명이다. 잘못 연결된 것은? (35회)

① 보조부분원가를 다른 보조부문에는 배분하지 않고 제조부문에만 배분하는 방법 - 직접배분법
② 보조부문원가를 배분순서에 따라 순차적으로 다른 보조부문과 제조부문에 배분하는 방법-단계배분법
③ 보조부문 상호간의 용역수수관계를 완전히 인식하여 보조부문원가를 다른 보조부문과 제조부문에 배분하는 방법-상호배분법
④ 보조부문원가를 변동원가와 고정원가로 구분하여 각각 다른 배분기준을 적용하여 배분하는 방법-단일배분율법

> **해설** 보조부문원가를 변동원가와 고정원가로 구분하여 각각 다른 배분기준을 적용하여 배분하는 방법(이중배분율법)

정답 1.① 2.① 3.④

04 다음 보조부문비의 배부방법 중 정확도가 높은 방법부터 올바르게 배열한 것은?(43회)

① 직접배부법 > 상호배부법 > 단계배부법
② 직접배부법 > 단계배부법 > 상호배부법
③ 상호배부법 > 단계배부법 > 직접배부법
④ 단계배부법 > 상호배부법 > 직접배부법

> **해설** 직접배부법 : 보조부문상호간 용역수수 완전무시 → 간단, 정확성 가장 낮음
> 단계배부법 : 직접배부법과 상호배부법의 절충
> 상호배부법 : 보조부문상호간 용역수수 완전인식 → 복잡, 정확도 가장 높음

05 기초재고와 기말재고가 없는 경우, 보조부문의 원가를 배부하는 방법과 관련된 내용으로 옳지 않은 것은? (41회)

① 직접배부법은 보조부문 상호간의 용역제공관계를 고려하지 않는다.
② 단계배부법과 상호배부법은 보조부문 상호간의 용역제공관계를 고려한다.
③ 어떤 방법을 사용하더라도 보조부문비 총액은 모두 제조부문에 배부된다.
④ 보조부문 배부방법에 따라 회사의 총이익도 달라진다.

> **해설** 재고가 존재하지 않는다면 제품의 총원가는 어떤 방법으로 배부한다 하더라도 같기 때문에 회사의 총이익 역시 배부방법에 따라 달라지지 않는다.

06 다음은 보조부문비와 관련된 설명이다. 가장 틀린 것은?(37회)

① 이중배분율법(dual allocation method)에 직접배분법, 단계배분법, 상호배분법을 적용할 수 없다.
② 원가행태에 의한 배분방법으로 단일배분율법과 이중배분율법이 있다.
③ 상호배분법은 보조부문비를 용역수수관계에 따라 다른 보조부문과 제조부문에 배부하는 방법이다.
④ 이중배분율법은 원가행태에 따라 배부기준을 달리 적용한다.

> **해설** 이중배분율법도 단일배분율법과 같이 직접배분법, 단계배분법, 상호배분법을 적용할 수 있다.

정답 4.③ 5.④ 6.①

07 (주)대한상사는 2009년도 상반기 영업실적이 좋아 기업 전사원에게 복리후생비를 지급하려 한다. 이 기업은 기업본사부서 뿐만 아니라 공장 지점, 영업소에도 전사원에게 균등하게 복리후생비를 지급하려고 한다. 기업 전체의 복리후생비를 각 본사와 지사에 배부하기 위한 기준으로 가장 적합한 것은? (39회)

① 각 지사의 전력소비량 ② 각 지사의 연료소비량
③ 각 지사의 면적 ④ 각 지사의 종업원 수

해설 복리후생비를 배부하려면 종업원수가 배부기준으로 가장 적당하다.

08 공장건물 임차료를 각 부문에 배부하는 기준으로 가장 적당한 것은? (27회)

① 각 부문의 점유면적 ② 각 부문의 작업인원수
③ 각 부문의 작업시간 ④ 각 부문의 직접재료비

해설 임차료의 배부기준은 각 부문의 점유면적비율이 가장 적당하다.

09 다음 중 부문공통원가를 배부하는 기준과 가장 올바르지 않게 연결한 것은? (53회 세무2급)

① 건물감가상각비 : 건물점유면적 ② 기계감가상각비 : 기계가동시간
③ 전력요금 : 전력사용량 ④ 수선유지비 : 종업원 수

해설 수선유지비 – 수선유지작업시간

10 다음 중 부문별원가계산시 각 보조부문원가를 제조부문에 배부하는 기준으로 가장 적합한 것은? (31회 세무2급)

① 식당부문비 : 매출액 ② 전력부문비 : 전력사용량
③ 감가상각비 : 종업원 수 ④ 창고부문비 : 기계사용 시간

해설 수선유지비 – 수선유지작업시간

정답 7.④ 8.① 9.④ 10.②

11 (주)세원은 A, B 제조부문과 X, Y의 보조부문이 있다. 각 부문의 용역수수관계와 제조간접비 발생원가가 다음과 같다. 직접배부법에 의해 보조부문의 제조간접비를 배부한다면 B제조부문의 총제조간접비는 얼마인가? (44회)

	보조부문		제조부문		합계
	X	Y	A	B	
자기부문발생액	150,000원	250,000원	300,000원	200,000원	900,000원
[제공한 횟수]					
X		200회	300회	700회	1,200회
Y	500회	–	500회	1,500회	2,500회

① 200,000원　　② 292,500원　　③ 492,500원　　④ 600,000원

해설　X 부문 배부액(105,000원) = 150,000원×(700회 / 1,000회)
　　　　Y 부문 배부액(187,500원) = 250,000원×(1,500회 / 2,000회)
　　　　B 부문 총제조간접비(492,500원) = 200,000원 + 105,000원 + 187,500원

정답　11.③

Chapter 03 | 개별원가계산

1 개별원가계산의 의의

개별원가계산이란 주문에 따라 다양한 종류의 제품을 생산할 때 이용되는 원가계산방법으로서, 제품별 또는 작업별로 원가를 집계하는 방법이다. 원가집계시 작업원가표(제조지시서)에 의하여 원가를 배분한다.
주로 배, 항공기 같이 개당 단가가 크고, 제조시간이 오래 걸리는 제품에 적용된다.

2 제조간접비 예정배부(정상개별원가계산)

1 제조간접비 예정배부의 의의

제품을 제조할 때 발생하는 제조간접비의 항목은 매우 많으며, 집계하는 데 시간이 오래 걸리므로 제품의 생산이 완료된 후에 원가를 계산하려면 시간이 오래 걸리므로 효율적이지 못하다. 따라서 제조간접비의 경우 일정한 기준에 의하여 적절하게 산정후, 실제원가와 비교하여 차이분을 조정하는 것이 훨씬 효율적이다. 제조간접비를 일정한 기준에 의하여 미리 산정한 후, 제품원가계산시 반영하는 방법을 정상개별원가계산이라고 한다.

> **예) 배를 한 척 제조한다.**
> → 배에 직접적으로 들어가는 재료는 철판이므로, 직접재료비 집계가 쉽다.
> → 배는 주로 용접작업을 통하여 만들어지는데, 용접작업은 숙련된 인원이 해야 한다.
> 일하는 사람들이 쉽게 교체되지 않으므로 직접노무비 집계가 쉽다.
> → 직접재료비와 직접노무비를 제외한 모든 항목이 제조간접비인데, 제조간접비 항목은 다양하고, 집계하는 데 시간이 오래 걸린다.

2 제조간접비 예정배부방법

제조간접비 예정배부방법은 다음과 같다.

> 가. 예상되는 총제조간접비와 예정배부기준을 정한다.
> → 예) 연간 예상제조간접비가 1,000,000원이고, 관련된 직접노동시간이 5,000시간이라면 제조간접비는 직접노동시간당 200원이 된다.
> → 시험문제에서는 "직접노동시간당 얼마", "직접노무비의 80%" 또는 "직접재료비의 50%"와 같이 일정한 산식이 주어진다.
>
> 나. 실제 발생한 기준에 예정배부를 한다.
> → 예) 직접노동시간당 제조간접비 배부율이 200원으로 주어졌고, 실제 발생한 직접 노동시간이 1,000시간이라면 적절하게 계산된 제조간접비는 200,000원이다.

차후에 실제로 발생하여 집계된 제조간접비와 미리 예정배부된 제조간접비가 일치하지 않다면 차이분을 적절하게 조정하게 된다.

예정배부<실제발생	과소배부이며, 제조간접비 예정배부액을 늘려서 실제 제조간접비 발생액과 일치시킨다.
예정배부>실제발생	과대배부이며, 제조간접비 예정액을 줄여서 실제 제조간접비 발생액과 일치시킨다.

차이를 조정하는 방법은 크게 네 가지가 있다.

원가요소비례법	차이분을 재공품, 제품, 매출원가에 포함된 제조간접비의 비율에 맞춰서 해당계정에서 빼거나, 더하는 방법
총원가비례법	차이분을 재공품, 제품, 매출원가 금액의 비율에 맞춰서 해당계정에서 빼거나, 더하는 방법
매출원가조정법	매출원가에서 일괄적으로 차이분을 빼거나, 더하는 방법
영업외손익법	차이분을 영업외손익으로 처리하는 방법

객관식 문제

01 개별원가계산에 대한 내용으로 옳지 않은 것은? (43회)

① 주문생산업종에 적합하다.
② 개별원가표에 의해 제조간접비를 부과한다.
③ 제품별로 손익분석 및 계산이 어렵다.
④ 제조간접비의 배분이 가장 중요한 과제이다.

해설 개별원가계산은 각 개별작업별로 원가를 집계하여 제품별 원가계산을 하는 방법이기 때문에 제품별로 손익분석 및 계산이 용이하다.

02 개별원가계산제도에 있어 각 작업별 직접재료비, 직접노무비, 제조간접비를 집계, 기록되는 장소는? (40회)

① 작업원가표   ② 제조지시서   ③ 세금계산서   ④ 매입주문서

해설 개별원가계산에서 원가를 집계 계산하는 장소는 작업원가표이다.

03 다음은 개별원가계산제도에 대한 설명이다. 틀린 것은? (26회)

① 제품을 비반복적으로 생산하는 업종에 적합한 원가계산제도이다.
② 조선업, 건설업 등 주문생산에 유리하다.
③ 공장전체 제조간접비 배분율을 적용하는 것이 제조부문별 제조간접비 배분율을 적용하는 것보다 더 정확한 원가배분방법이다.
④ 제조간접비는 일정한 배분기준에 따라 배부하게 된다.

해설 부문별 제조간접비 배분율을 적용하는 것이 더 정확한 원가배분방법이다.

정답 1.③ 2.① 3.③

04 정상개별원가계산의 방법에 의하여 제조간접비를 예정배부할 경우 예정배부액은 어떤 산식에 의하여 계산하여야 하는가? (35회)

① 실제배부율 × 배부기준의 실제발생량
② 실제배부율 × 배부기준의 예정발생량
③ 예정배부율 × 배부기준의 실제발생량
④ 예정배부율 × 배부기준의 예정발생량

> **해설** 정상개별원가계산에서 제조간접비는 배부기준의 실제발생량에 예정배부율을 곱하여 제품의 원가를 계산한다.

05 개별원가계산을 하고 있는 세원제약의 4월의 제조지시서와 원가자료는 다음과 같다.

	제조지시서	
	#101	#102
생 산 량	1,000단위	1,000단위
직접노동시간	600시간	600시간
직접재료비	1,350,000원	1,110,000원
직접노무비	2,880,000원	2,460,000원

4월의 실제 제조간접비 총액은 4,000,000원이고, 제조간접비는 직접노동시간당 2,700원의 배부율로 예정배부되며, 제조지시서 #101은 4월중 완성되었고, #102는 미완성상태이다. 4월 말 생산된 제품의 단위당 원가는 얼마인가? (46회)

① 5,900원 ② 5,850원 ③ 5,520원 ④ 5,190원

> **해설** #101 제조간접비 배부액(1,620,000) = 600시간×2,700원 제품 단위당 원가(5,850) = (1,620,000 + 1,350,000 + 2,880,000) / 1,000단위

정답 4.③ 5.②

06 (주)세무는 직접원가를 기준으로 제조간접비를 배부한다. 다음 자료에 의해 작업지시서 No.1의 제조간접비 배부액은 얼마인가? (54회)

	공장전체발생원가	작업지시서 No.1
직접재료비	1,000,000원	300,000원
직접노무비	1,500,000원	400,000원
기계시간	150시간	15시간
제조간접비	7,500,000원	( )

① 700,000원 ② 2,100,000원 ③ 3,000,000원 ④ 3,651,310원

해설 제조간접비 배부율 = 제조간접비/직접원가 = 제조간접비 배부액 = ₩700,000 ×@₩3 = 2,100,000

07 (주)알파항공기의 작업내용이다. 항공기 제작과 관련하여 5월 중에 발생한 원가자료는 다음과 같다. B항공기의 당기총제조원가는 얼마인가? (25회)

	A항공기	B항공기	C항공기	합계
직접재료비	30,000원	30,000원	40,000원	100,000원
직접노무비	60,000원	40,000원	100,000원	200,000원

- 5월 중에 제조간접비 발생액은 160,000원이다. 회사는 직접노무비를 기준으로 제조간접비를 배부한다.

① 100,000원 ② 102,000원 ③ 110,000원 ④ 122,000원

해설 제조간접비배부율 = 제조간접비/총직접노무비 = 160,000원/200,000원 = 80%
당기총제조원가 = 직접재료비 + 직접노무비 + 제조간접비 = 30,000원 + 40,000원 + 40,000원 × 80% = 102,000원

정답 6.② 7.②

08 제조간접비예정배부율은 직접노동시간당 90원이고, 직접노동시간이 43,000시간 발생했을 때 제조간접비 배부차이가 150,000원 과소배부인 경우 제조간접비 실제발생액은 얼마인가? (55회)

① 3,720,000원 ② 3,870,000 ③ 4,020,000원 ④ 4,170,000원

> **해설** 90× 43,000 + 150,000 = 4,020,000

09 한국전자는 제조간접비를 직접노무시간을 기준으로 예정배부하고 있다. 당해 연도초의 예상직접노무시간은 70,000시간이다. 당기 말 현재 실제제조간접비 발생액이 2,150,000원이고 실제 직접노무시간이 75,000시간일 때 제조간접비 배부차이가 250,000원 과대배부된 경우 당해 연도초의 제조간접비 예상액은 얼마였는가? (47회)

① 1,900,000원 ② 2,240,000원 ③ 2,350,000원 ④ 2,400,000원

> **해설** 제조간접비 과대배부 : 실제발생액 < 예정배부액
> 실제발생액(2,150,000) + 과대배부액(250,000) = 제조간접비배부액(2,400,000)
> 제조간접비 예정배부율 = 2,400,000 ÷75,000 = 32
> 제조간접비 예상액 = 70,000 X 32 = 2,240,000

10 (주)크로바는 제조간접비를 직접노무시간을 기준으로 배부하고 있다. 당해 제조간접비 배부차이는 100,000원이 과대배부 되었다. 당기말 현재 실제제조간접비발생액은 500,000원이고, 실제직접노무시간이 20,000시간일 경우 예정배부율은 얼마인가? (45회)

① 25원/시간당 ② 30원/시간당 ③ 40원/시간당 ④ 50원/시간당

> **해설** 예정배부액 − 실제발생액(500,000) = 100,000원 (과대배부)
> 예정배부액 = 600,000원
> 예정배부액 600,000원 = 실제직접노무시간(20,000시간) × 예정배부율
> 예정배부율 = 30원/시간당

정답 8.③ 9.② 10.②

11 (주)동부는 제조간접비를 직접노무시간으로 배부하고 있다. 당해연도초 제조간접비 예상금액은 600,000원, 예상직접노무시간은 20,000시간이다. 당기말 현재 실제제조간접비발생액은 400,000원이고 실제직접노무시간이 15,000시간일 경우 제조간접비 배부차이는 얼마인가? (41회)

① 과대배부 50,000원 ② 과소배부 50,000원
③ 과대배부 200,000원 ④ 과소배부 200,000원

해설 예정배부율 : 600,000원/20,000시간 = 30원/시간당
예정배부액 : 15,000시간 ×30원 = 450,000원
배부차이 : 실제발생액−예정배부액=400,000−450,000 = 50,000원 (과대배부)

12 요소별원가계산에 있어 발생하는 제조간접비의 배부차이를 조정하는 방법으로서 적절하지 않은 것은? (36회)

① 비례배분법 ② 매출원가 가감조정법
③ 상호배분법 ④ 영업외손익법

해설 상호배분법은 부문별원가계산시 보조부문의 원가를 배분하는 방법이다.

정답 11.① 12.③

Chapter 04 종합원가계산

1 종합원가계산의 의의

표준화된 작업공정을 통해 특정제품을 대량생산하는 제조환경에서 사용하는 원가계산방법이다. 일반적으로 대량생산체제에서는 컨베이어벨트 처음 시점에 놓여진 재료가 컨베이어벨트를 타고 가면서 가공이 되어가는 형태이다. 개별원가계산과 달리 원가를 직접재료비와 가공원가(직접노무비와 제조간접비)로 나누어서 계산한다.

일반적으로 직접재료는 초기에 투입되고, 가공원가(직접노무비와 제조간접비 합계)는 공정 전반에 걸쳐서 투입되는 형식으로 제품 제조가 이루어지며, 컨베이어벨트 끝에서 제품제조가 완성이 된다. 따라서 지속적으로 발생하는 가공원가를 적절하게 완성품과 기말재공품으로 배부하는 과정이 매우 중요하다.

2 완성품환산량의 의의

완성이 안된 제품의 수량을 완성이 되었다고 가정하고 변환시킨 수량이다.

> 예) 50%정도 완성된 제품이 100개가 있다.
> → 100% 완성된 것으로 치면 제품의 수량은 50%×100개 = 50개이다.

3 계산방식

가. 물량의 흐름 파악
나. 완성품환산량 계산
다. 총원가요약
라. 단위당 원가계산
마. 완성품원가와 기말재공품 원가계산

공정(평균법 가정)	
기초재공품	완성품 → 기초재공품과 당기 투입분이 평균적으로 완성된다고 가정
직접재료비	
직접노무비	
제조간접비	기말재공품

공정(선입선출법 가정)	
기초재공품	완성품 → 기초재공품부터 먼저 완성되고 그 다음에 당기투입분이 완성된다고 가정
직접재료비	
직접노무비	
제조간접비	기말재공품

4 공손의 의의와 회계처리방법

제조 중에 나온 불량품을 공손이라고 하며, 정상적으로 발생한 공손은 완성품원가에 포함시키거나 완성품원가와 기말재공품에 배부하고, 비정상적으로 발생한 공손은 영업외비용으로 처리한다.

5 개별원가계산과 종합원가계산 비교

	개별	종합
해당업종	배, 항공기, 건설등	식품, 제지, 정유등
생산형태	다품종 소량 주문 생산	동종제품 대량 반복 생산
원가배분기준	노동시간, 직접노무비 등	완성품 환산량
원가요소구별	직접재료비, 직접노무비, 제조간접비	직접재료비, 가공원가
원가계산방법	작업원가표별 집계	기간별 평균단가

6 종합원가계산 사례

1 기본문제

㈜그레이스는 혼합공정을 통하여 제품을 생산하여 판매하는 회사이다. 원재료는 공정의 착수시점에 전부 투입되고, 가공원가는 공정전반에 걸쳐서 발생하고 있으며 원가계산과 관련된 자료는 다음과 같다.

구분	물량	완성도	구분	물량	완성도
기초재공품	200개	60%	완성품	900개	-
당기투입	1,000개	-	기말재공품	300개	40%
계	1,200개	-	계	1,200개	-

기초재공품의 완성도는 60%이고, 기말재공품의 완성도는 40%이다.
기초재공품의 원가는 60,000원의 재료비와 24,000원의 가공비가 포함되어 있으며, 당기에 투입된 직접재료비, 직접노무비, 제조간접비는 각각 240,000원, 120,000원, 121,200원이다.

요구사항 평균법과 선입선출법하의 완성품원가 및 기말재공품원가를 계산하시오.

2 평균법에 의한 완성품원가와 기말재공품원가 계산

평균법의 경우 완성품을 기초재공품과 당기투입분으로 구분하지 않는다.
단위원가 계산시 기초원가와 당기투입원가를 모두 고려한다.

		0% 40% 100%	재료비	가공비
완성품(기초+당기)	900개	‖⟶	900개	900개
기말재공품	300개	‖⟶	300개	300×0.4=120개
A. 완성품환산량			1,200개	1,020개
	기초분		60,000	24,000
	당기분		240,000	241,200
B. 총원가			300,000	265,200
C. 단위원가(B÷A)			250	260
완성품원가		250×900 + 260×900 = 459,000		
기말재공품원가		250×300 + 260×120 = 106,200		

3 선입선출법에 의한 완성품원가와 기말재공품원가 계산

선입선출법의 경우 완성품을 기초재공품과 당기투입분으로 구분한다. 기초재공품의 완성품환산량은 추가완성되는 부분만 고려하여 계산한다. 단위원가 계산시 당기투입원가만 고려하고, 기초재공품원가는 완성품원가에 바로 포함시킨다.

		0% 40% 60% 100%	재료비	가공비
완성품(기초)	200개	‖ ⟶	0개	200×(1−0.6)=80개
완성품(당기)	700개	‖ ⟶	700개	700개
기말재공품	300개	‖ ⟶	300개	300×0.4=120개
A. 완성품환산량			1,000개	900개
B. 당기투입원가			240,000	241,200
C. 단위원가(B÷A)			240	268
완성품원가		(60,000+24,000) + 240×700 + 268×780= 461,040		
기말재공품원가		240×300+ 268×120= 104,160		

4 계산기 사용법

계산기를 보면 M+, M−, MR, MC 기능이 있다.

> M+ : 곱하기한 숫자를 +로 기억하는 기능
> M− : 곱하기한 숫자를 −로 기억하는 기능
> MR : M+, M− 를 눌러서 기억시킨 숫자들을 합계하는 기능
> MC : MR한 합계를 지우는 기능

완성품원가 구할 때 "60,000+24,000"계산하고 M+를 누른다. "240×700"하고 M+를 누른 후, "268×780"하고 또 M+를 누른다. 그 후에 MR을 누르면 461,040이 나오며, MC를 눌러서 다 지우고 다른 걸 계산하면 된다.

5 평균법과 선입선출법하의 완성품환산량 차이

평균법과 선입선출법의 가공비환산량 차이는 기초재공품의 기존완성도 차이다.
평균법하에서와 선입선출법하에서의 가공비환산량은 각각 1,020개와 900개로 120개 차이가 나는데, 동 차이는 기초재공품의 기존완성도 차이 200×0.6=120와 일치한다.

객관식 문제

01 개별원가계산에 대한 다음의 설명 중 가장 옳지 않은 것은? (57회)

① 개별 작업에 대한 추적가능성을 중시하여 원가를 구분한다.
② 제조간접비 배부가 원가계산의 핵심이라 할 수 있다.
③ 종합원가계산에 비해 원가기록업무가 비교적 단순하고 경제적이다.
④ 종합원가계산과 비교할 때 보다 정확한 원가계산이 가능하다.

> **해설** 제조지시서별로 원가를 계산하므로 종합원가계산에 비해 원가기록업무가 비교적 복잡하고 비용이 많이 소요된다.

02 개별원가계산과 종합원가계산에 대한 내용으로 틀린 것은? (56회)

① 개별원가계산의 핵심은 제조간접비 배부에 있다.
② 종합원가계산의 핵심은 완성품환산량을 계산하는데 있다.
③ 개별원가계산은 정확한 원가계산을 할 수 있고 시간과 비용이 절약된다.
④ 종합원가계산은 대량연속 생산형태에 적합하다.

> **해설** 개별원가계산은 정확한 원가계산을 할 수 있지만 시간과 비용이 과다하게 든다.

03 다음은 종합원가계산과 개별원가계산에 대한 설명이다. 틀린 것은? (54회)

① 재료비와 가공비의 구분이 중요한 것은 종합원가계산이다.
② 다품종 소량생산에는 종합원가계산이 적합하다.
③ 동질의 제품을 단일 생산공정을 통해 대량으로 생산하는 경우는 종합원가계산이 적합하다
④ 고객이 주문한 특정 제품의 제조를 제조부서에 지시하는 제조지시서는 개별원가계산에 적합하다.

> **해설** 다품종 소량생산은 개별원가계산의 특징이다.

정답 1.③ 2.③ 3.②

04 다음은 개별원가계산과 종합원가계산에 대한 설명이다. 다음 중 가장 틀린 것은? (38회)

① 제분업, 시멘트생산업 등은 종합원가계산에 적합하다.
② 작업원가표를 작성하는 것은 개별원가계산이다.
③ 다품종소량생산의 형태는 개별원가계산을 적용한다.
④ 종합원가계산은 개별원가계산에 비해 제조간접비배부문제가 중요하다.

해설 개별원가계산은 다품종소량생산으로 여러제품에 대한 제조간접비배부가 중요하다. 종합원가계산은 동일제품의 대량생산으로 제조간접비의 배부는 개별원가계산에 비해 중요치않다.

05 개별원가계산과 종합원가계산의 차이점을 설명한 것 중 틀린 것은? (31회)

① 개별원가계산은 다품종 소량주문 생산, 종합원가계산은 동종제품 대량 생산하는 업종에 적합하다.
② 개별원가계산은 각 작업별로 원가를 집계하나 종합원가계산은 공정별로 원가를 집계한다.
③ 개별원가계산은 제조지령서별로 개별원가계산표를 작성하며, 종합원가계산은 공정별로 제조원가보고서를 작성한다.
④ 개별원가계산은 완성품환산량을 기준으로 원가를 완성품과 기말재공품에 배부하며, 종합원가계산은 작업원가표에 의해 원가를 배부한다.

해설 종합원가계산은 완성품환산량을 기준으로 원가를 완성품과 기말재공품에 배부하며, 개별원가계산은 작업원가표에 의해 원가를 배부한다.

06 다음의 괄호에 들어갈 적당한 말을 고르시오. (37회)

( )은 완성품환산량이라고 하는 인위적 배부기준에 따라 원가배부를 통하여 완성품원가와 기말재공품원가의 계산이 이루어진다.

① 요소별원가계산 ② 부문별원가계산 ③ 개별원가계산 ④ 종합원가계산

정답 4.④ 5.④ 6.④

07 종합원가계산에 관한 다음 설명 중 가장 옳은 것은? (46회)

① 종합원가계산은 다품종 소량생산방식의 생산형태에 적합하다.
② 제조공정이 2이상 연속 되는 경우에는 적용할 수 없다.
③ 기초재공품의 완성도에 관계없이 평균법과 선입선출법의 원가계산액은 동일하다.
④ 종합원가계산은 재공품을 완성품환산량으로 환산하여 집계한다.

> **해설** ① 종합원가계산은 소품종 대량생산방식의 생산형태에 적합
> ② 제조공정이 2이상 연속되는 경우 공정별종합원가계산 적용
> ③ 기초재공품이 없는 경우에 원가계산액이 동일할 수 있으나, 기초재공품의 완성도가 다른 경우 원가계산액은 상이하다.

08 종합원가계산하에서는 원가흐름 또는 물량흐름에 대해 어떤 가정을 하느냐에 따라 완성품환산량이 다르게 계산된다. 다음 중 평균법에 대한 설명으로 틀린 것은? (45회)

① 전기와 당기발생원가를 구분하지 않고 모두 당기발생원가로 가정하여 계산한다.
② 계산방법이 상대적으로 간편하다.
③ 원가통제 등에 보다 더 유용한 정보를 제공한다.
④ 완성품환산량 단위당 원가는 총원가를 기준으로 계산된다.

> **해설** 전기와 당기발생원가를 각각 구분하여 완성품환산량을 계산하기 때문에 보다 정확한 원가계산이 가능하고 원가통제 등에 더 유용한 정보를 제공하는 물량 흐름의 가정은 선입선출법이다.

09 다음 중 종합원가계산에서 재료비와 가공비의 완성도에 관계없이 완성품환산량의 완성도가 항상 가장 높은 것은 무엇인가? (44회)

① 가공비   ② 직접노무원가   ③ 전공정원가   ④ 직접재료원가

> **해설** 전공정원가는 전공정에서 원가가 모두 발생하였기 때문에 100%로 계산된다. 따라서 완성도에 관계없이 항상 완성품환산량의 완성도가 항상 가장 높은 것은 전공정원가이다.

정답 7.④ 8.③ 9.③

10 다음 중 종합원가계산방식이 가장 적절한 것은 무엇인가? (34회)

① 소형차　　② 비행기　　③ 특별주문 드레스　　④ 선박

11 석유화학산업, 제지업, 시멘트제조업, 식품가공업 등과 같이 표준화된 작업공정을 통해 주로 동종제품을 대량생산하는 제조환경에서 사용하는 생산형태에 따른 원가 계산방법은? (30회)

① 개별원가계산　　② 표준원가계산　　③ 종합원가계산　　④ 실제원가계산

12 종합원가계산을 사용해야 하는 경우는? (33회)

① 동종의 유사제품을 대량 생산하는 경우
② 주문을 받고 그 주문내역에 따라 생산하는 경우
③ 다양한 품질의 제품이 한 개씩 생산되는 경우
④ 제조지시서별로 원가를 구분, 집계하여 계산하려고 하는 경우

> **해설** 종합원가계산은 동종의 유사제품을 대량생산하는 방식에 사용된다.

13 다음은 종합원가계산에서 원가를 기말재공품과 완성품에 배부하기 위한 절차이다. 올바른 순서는? (28회)

ⓐ 완성품환산량 단위당 원가의 계산	ⓑ 완성품과 기말재공품의 원가계산
ⓒ 물량흐름의 파악	ⓓ 배부될 원가의 요약
ⓔ 완성품환산량의 계산	

① ⓔ-ⓐ-ⓒ-ⓓ-ⓑ　　　　　　② ⓒ-ⓔ-ⓓ-ⓐ-ⓑ
③ ⓓ-ⓔ-ⓐ-ⓒ-ⓑ　　　　　　④ ⓓ-ⓒ-ⓔ-ⓐ-ⓑ

정답 10.① 11.③ 12.① 13.②

14 다음 자료를 보고 평균법에 의한 가공비의 완성품환산량을 계산하면 얼마인가? (55회)

- 기초재공품 : 10,000단위 (완성도 : 60%)
- 기말재공품 : 20,000단위 (완성도 : 50%)
- 착 수 량 : 30,000단위
- 완성품수량 : 20,000단위
- 원재료는 공정초에 전량 투입되고, 가공비는 공정전반에 걸쳐 균등하게 발생한다.

① 10,000단위 ② 20,000단위 ③ 24,000단위 ④ 30,000단위

해설 30,000단위

	물량흐름	완성품환산량	
		재료비	가공비
완 성 품	20,000(100%)	20,000	20,000
기말재공품	20,000(50%)	20,000	10,000
계	40,000	40,000	30,000

15 (주)서울은 평균법에 의하여 종합원가계산을 수행하고 있고, 물량흐름은 아래와 같다. 재료비는 공정 초기에 전량 투입되고, 가공비는 공정전반에 걸쳐 균등하게 투입된다. 재료비 및 가공비의 완성품환산량을 계산하면 얼마인가? (49회)

- 기초 재공품 수량 : 0개
- 당기 착수 수량 : 60,000개
- 당기 완성품 수량 : 50,000개
- 기말 재공품 수량 : 10,000개(당기 완성도 50%)

① 재료비:55,000개, 가공비:60,000개   ② 재료비:55,000개, 가공비:55,000개
③ 재료비:60,000개, 가공비:60,000개   ④ 재료비:60,000개, 가공비:55,000개

해설 재료비 60,000개, 가공비 55,000개(50,000 + (10,000×50%))

16 종합원가계산에서 평균법을 적용하여 완성품환산량의 원가를 계산할 때 고려해야 할 원가는? (47회)

① 당기총제조비용
② 당기총제조비용과 기말재공품재고액의 합계
③ 당기총제조비용과 기말재공품재고액의 차액
④ 당기총제조비용과 기초재공품재고액의 합계

정답 14.④ 15.④ 16.④

17 다음 자료를 보고 평균법에 의한 재료비의 완성품환산량을 계산하면 얼마인가? (41회)

- 기초재공품 : 12,000단위 (완성도: 60%)
- 기말재공품 : 24,000단위 (완성도: 40%)
- 착수량 : 32,000단위
- 완성품수량 : 20,000단위
- 원재료와 가공비는 공정전반에 걸쳐 균등하게 발생한다.

① 25,600단위   ② 29,600단위   ③ 34,000단위   ④ 54,000단위

해설 평균법에 의한 기말재공품 완성품환산량 = 완성품수량 + 기말재공품환산량
29,600단위 = 20,000 + (24,000 × 0.4)

18 평균법으로 종합원가계산을 하고 있다. 기말재공품 200개에 대하여 재료비는 공정초기에 모두 투입되고, 가공비는 제조 진행에 따라 80%를 투입하고 있다. 만일 완성품 환산량 단위당 재료비와 가공비가 각각 380원, 140원이라면, 기말재공품의 원가는 얼마인가? (36회)

① 16,000원   ② 53,200원   ③ 98,400원   ④ 100,000원

해설 재료비는 공정초기에 모두 투입되었기 때문에 200 × 380원 = 76,000원
가공비는 제조진행에 따라 투입되었기 때문에 (200 × 0.8) × 140원 = 22,400원
따라서 기말재공품원가 = 재료비 76,000원 + 가공비 22,400원 = 98,400원

19 종합원가계산을 이용하는 기업의 가공비 완성품환산량을 계산하면 얼마인가? (53회)

- 기초재공품 : 2,000개(완성도 30%)
- 당기착수량 : 8,000개
- 당기완성품 : 7,000개
- 기말재공품 : 3,000개(완성도 30%)
- 재료는 공정초에 전량 투입되고, 가공비는 공정전반에 걸쳐 균등하게 투입된다.
- 원가흐름에 대한 가정으로 선입선출법을 사용하고 있다.

① 7,300개   ② 7,400개   ③ 7,500개   ④ 8,000개

해설 2,000개 × (1 − 0.30) + 5,000개 + 3,000개 × 0.30 = 7,300개

정답   17.② 18.③ 19.①

20 선입선출법에 따른 종합원가계산에 관한 다음 설명 중 가장 옳지 않은 것은? (50회)

① 먼저 제조착수된 것이 먼저 완성된다고 가정한다.
② 기초재공품이 없는 경우 제조원가는 평균법과 동일하게 계산된다.
③ 완성품환산량은 당기 작업량을 의미한다.
④ 전기의 성과를 고려하지 않으므로 계획과 통제 및 성과평가목적에는 부합하지 않는다.

해설 선입선출법은 당기작업량과 당기투입원가에 중점을 맞추고 있으므로 계획과 통제 및 제조부문의 성과평가에도 유용한 정보를 제공할 수 있다.

21 기초재공품은 20,000개(완성도 20%), 당기완성품 수량은 170,000개, 기말재공품은 10,000개(완성도 40%)이다. 평균법과 선입선출법의 가공비에 대한 완성품환산량의 차이는 얼마인가? 단, 재료는 공정초에 전량 투입되고, 가공비는 공정전반에 걸쳐 균등하게 투입된다.(43회)

① 4,000개   ② 5,000개   ③ 6,000개   ④ 7,000개

해설 기초재공품의 기존완성도 차이 20,000 × 0.2 = 4,000개

22 다음 중 공손에 대한 회계처리 중 틀린 것은? (36회)

① 공손이 정상적인가 아니면 비정상적인가를 고려하여야 한다.
② 정상적 공손은 제품원가의 일부를 구성한다.
③ 공손은 어떠한 경우에나 원가로 산입하지 않고 영업외비용으로 처리한다.
④ 공손의 비중이 적은 경우에는 공손을 무시한 채 회계처리하는 경우도 있다.

해설 비정상적 공손은 영업외비용으로 처리한다

정답   20.④   21.①   22.③

computerized

accounting

1st level

computerized accounting 1st level

필기편

Part 4. 객관식 모의고사

CHAPTER

1. 전산회계 1급 모의고사 1회

2. 전산회계 1급 모의고사 2회

3. 전산회계 1급 모의고사 3회

4. 전산회계 1급 모의고사 4회

5. 전산회계 1급 모의고사 5회

6. 모의고사 정답 및 해설

전산회계 1급 모의고사 1회

01 다음 거래 내용을 보고 12월 31일 결산 수정분개 시 차변계정과목과 차변금액으로 적절한 것은?

> • 20×8년 8월 1일 소모품 600,000원을 현금으로 구입하고 자산으로 처리하였다.
> • 20×8년 12월 31일 결산 시 소모품미사용액은 250,000원이다

① 소모품 250,000원
② 소모품 350,000원
③ 소모품비 250,000원
④ 소모품비 350,000원

02 다음 중 현금및현금성자산으로 구분할 수 없는 것은?

① 보통예금
② 우편환증서
③ 자기앞수표
④ 정기적금

03 현행 일반기업회계기준서상 유가증권에 대한 설명 중 틀린 것은?

① 채무증권은 취득할 경우 만기보유증권, 단기매매증권 및 매도가능증권으로 분류한다.
② 단기매매증권 및 만기보유증권은 원칙적으로 공정가치로 평가한다.
③ 단기매매증권이 시장성을 상실한 경우에는 매도가능증권으로 분류하여야 한다.
④ 채무증권을 만기까지 보유할 적극적인 의도와 능력이 있는 경우에는 만기보유증권으로 분류한다.

04 재고자산의 수량을 파악하는 방법으로만 짝지어진 것은?

> ㉮ 개별법   ㉯ 선입선출법   ㉰ 계속기록법
> ㉱ 후입선출법   ㉲ 실지재고조사법

① ㉮, ㉰
② ㉯, ㉱
③ ㉰, ㉲
④ ㉮, ㉯, ㉱

05 다음 자료에 의한 당기 말 재무제표에 표시할 유동부채 금액은 얼마인가?

- 매입채무 : 1,300,000원
- 단기차입금 : 6,000,000원
- 예수금 : 240,000원
- 장기미지급금 : 1,200,000원

① 6,240,000원 ② 7,300,000원
③ 7,540,000원 ④ 8,740,000원

06 다음 내역이 손익계산서에 미치는 영향으로 옳지 않은 것은?

- ㉠ 영업사원 핸드폰요금 : 600,000원
- ㉡ 영업부 사무실 감가상각비 : 700,000원
- ㉢ 장애인단체 기부금 : 300,000원

① 영업이익에 영향을 주지 않는 ㉢은 당기순이익에만 영향을 준다.
② 영업외비용은 ㉡과 ㉢의 합계액인 1,000,000원이다.
③ ㉠과 ㉡의 합계액인 1,300,000원은 판매비와관리비로 계상된다.
④ ㉠과 ㉡의 합계액은 영업이익과 당기순이익에 모두 영향을 준다.

07 다음 유형자산 중 감가상각 회계처리 대상에 해당하지 않는 것은?

① 업무에 사용하고 있는 토지
② 관리사무실에서 사용하고 있는 세단기
③ 업무관련 회사소유 주차장 건물
④ 생산직원 전용휴게실에 비치되어 있는 안마기

08 자본에 대한 설명 중 잘못된 것은?

① 자본금은 우선주자본금과 보통주자본금으로 구분하며, 발행주식수×주당 발행가액으로 표시된다.
② 잉여금은 자본잉여금과 이익잉여금으로 구분 표시한다.
③ 주식의 발행은 할증발행, 액면발행 및 할인발행이 있으며, 어떠한 발행을 하여도 자본금은 동일하다.
④ 자본은 자본금·자본잉여금·이익잉여금·자본조정 및 기타포괄손익누계액으로 구분 표시한다.

09 원가에 대한 다음의 설명 중 틀린 것은?

① 원가의 추적가능성에 따라 통제가능원가와 통제불능원가로 분류된다.
② 조업도(제품생산량)가 증가함에 따라 단위당 변동비는 일정하고 단위당 고정비는 감소한다.
③ 직접노무비, 제조간접비는 모두 가공원가에 해당한다.
④ 매몰원가는 이미 발생한 원가로 현재의 의사결정에 아무런 영향을 미치지 못하는 원가이다.

10 직접 노무비의 70%를 제조간접비로 배부하는 경우, 만일 특정 작업에 배부된 제조간접비가 35,000원이라면 그 작업에 소요된 직접노무비는 얼마인가?

① 40,000원　　　　　　　　② 45,000원
③ 50,000원　　　　　　　　④ 55,000원

11 다음 중 제조원가계산을 위한 재공품 계정에 표시될 수 없는 것은?

① 당기 총제조원가　　　　　② 기초 재공품 재고액
③ 당기 제품제조원가　　　　④ 기말 원재료 재고액

12 다음 중 보조부문원가를 제조부문에 배부하는 방법에 속하지 않는 것은?

① 단계배부법　　　　　　　② 직접배부법
③ 간접배부법　　　　　　　④ 상호배부법

13 다음 자료에서 세금계산서의 필요적 기재사항이 아닌 것은?

① 공급하는 사업자의 등록번호　　② 공급연월일
③ 공급받는자의 등록번호　　　　④ 공급가액과 부가가치세액

14 다음 중 부가가치세 영세율과 관련된 설명 중 틀린 것은?

① 영세율은 수출하는 재화에 적용된다.
② 영세율은 완전면세에 해당한다.
③ 직수출하는 재화의 경우에도 세금계산서를 발행, 교부하여야 한다.
④ 영세율은 소비지국 과세원칙을 구현하기 위한 제도이다.

15 ㈜성실은 20×8년 3월 5일 폐업하였다. 폐업 시 자산 보유내역은 다음과 같다. 부가가치세 신고 시의 과세표준은 얼마인가?

- 재고자산 : 원가 7,000,000원(시가 8,000,000원)

① 0원　　　　　　　　　　② 1,000,000원
③ 7,000,000원　　　　　　④ 8,000,000원

전산회계 1급 모의고사 2회

01 다음 중 재무상태표의 명칭과 함께 기재해야 하는 사항이 아닌 것은?

① 기업명
② 보고기간종료일
③ 금액단위
④ 회계기간

02 다음 중 현금및현금성자산으로 분류되는 금액은?

- 수입인지 : 50,000원
- 우 표 : 50,000원
- 배당금지급통지표 : 50,000원
- 만기 120일 양도성예금증서 : 200,000원
- 선일자수표 : 100,000원
- 타인발행 자기앞수표 : 100,000원

① 100,000원　② 150,000원　③ 200,000원　④ 250,000원

03 다음 중 자본조정 항목이 아닌 것은?

① 자기주식처분손실
② 감자차손
③ 주식발행초과금
④ 자기주식

04 다음 중 무형자산에 대한 설명으로 옳지 않은 것은?

① 무형자산을 최초로 인식할 때에는 원가로 측정한다.
② 내부적으로 창출한 무형자산의 창출과정은 연구단계와 개발단계로 구분한다.
③ 무형자산의 상각기간은 독점적, 배타적인 권리를 부여하고 있는 관계 법령이나 계약에 정해진 경우를 제외하고는 20년을 초과할 수 없다.
④ 무형자산을 창출하기 위한 과정을 연구단계와 개발단계로 구분할 수 없는 경우에는 모두 개발단계에서 발생한 것으로 본다.

05 다음 자료를 이용하여 외상매입금의 기초잔액을 계산하면 얼마인가?

- 외상매입금 지급액 : 5,000,000원
- 기말 외상매입금 : 1,400,000원
- 외상매입금 순매입액 : 4,000,000원
- 외상매입금 총매입액 : 4,200,000원

① 1,200,000원　② 1,400,000원　③ 1,500,000원　④ 2,400,000원

06 다음 거래를 분개할 때 사용되지 않은 계정과목은?

> 비업무용 토지를 7,000,000원에 구입하였다. 먼저 지급한 계약금 700,000원을 차감한 잔액 중 50%는 타사가 발행한 당좌수표로, 나머지는 약속어음을 발행하여 지급하다.

① 선급금 　　　　　　　② 지급어음
③ 미지급금 　　　　　　④ 현금

07 다음의 회계거래 중에서 자본총액에 변동이 없는 것은?

① 유상증자를 실시하다. 　　　　　② 현금배당을 주주총회에서 결의하다.
③ 발행주식 중 일부를 유상으로 소각하다. 　④ 결의했던 현금배당을 지급하다.

08 다음은 ㈜한국이 당기(1기)에 구입하여 보유하고 있는 단기매매증권이다. 당기(1기)말에 단기매매증권 평가가 당기손익에 미치는 영향은 얼마인가?

종류	액면가액	취득가액	공정가액
㈜한강	100,000원	200,000원	150,000원
㈜금강	200,000원	150,000원	200,000원

① 없음 　　　　　　　　② 이익 50,000원
③ 손실 50,000원 　　　　④ 이익 100,000원

09 다음에서 설명하고 있는 원가행태는 무엇인가?

> 특정범위의 조업도 수준(관련범위)에서는 일정한 금액이 발생하지만, 관련범위를 벗어나면 원가총액이 일정액만큼 증가 또는 감소하는 원가를 말한다.

① 준변동비(준변동원가) 　　② 변동비(변동원가)
③ 고정비(고정원가) 　　　　④ 준고정비(준고정원가)

10 다음은 보조부문원가를 제조부문에 배부하는 내용이다. 무엇에 대한 설명인가?

> 보조부문원가를 보조부문의 배부순서를 정하여 한 번만 다른 보조부문과 제조부문에 배부한다.

① 직접배부법 　　　　　② 단계배부법
③ 상호배분법 　　　　　④ 개별배부법

11 종합원가계산방법과 개별원가계산방법에 대한 내용으로 가장 올바르지 않은 것은?

구분	종합원가계산방법	개별원가계산방법
① 핵심과제	완성품환산량 계산	제조간접비 배분
② 업 종	식품 제조업 등	조선업 등
③ 원가집계	개별작업별 집계	공정 및 부문별 집계
④ 장 점	경제성 및 편리함	정확한 원가계산

12 다음 자료를 활용하여 평균법에 의한 재료비와 가공비의 완성품환산량을 계산하면 얼마인가?

- 기초재공품 : 700개(완성도 30%)
- 당기착수량 : 1,500개
- 당기완성품 : 1,700개
- 기말재공품 : 500개(완성도 50%)
- 재료는 공정초에 전량 투입되고, 가공비는 공정전반에 걸쳐 균등하게 투입된다.

① 재료비 2,200개, 가공비 1,950개   ② 재료비 2,200개, 가공비 1,990개
③ 재료비 1,740개, 가공비 1,950개   ④ 재료비 1,740개, 가공비 1,990개

13 다음 중 부가가치세법상 재화 공급의 특례에 해당하는 간주공급으로 볼 수 없는 것은?

① 폐업 시 잔존재화
② 사업을 위한 거래처에 대한 증여
③ 사업용 기계장치의 양도
④ 과세사업과 관련하여 취득한 재화를 면세사업에 전용하는 재화

14 다음 중 부가가치세 면세대상이 아닌 것은?

① 항공법에 따른 항공기에 의한 여객운송 용역의 공급   ② 수돗물의 공급
③ 토지의 공급   ④ 연탄의 공급

15 다음 중 부가가치세법상 세금계산서에 대한 설명으로 가장 옳지 않은 것은?

① 법인사업자 및 개인사업자는 반드시 전자세금계산서를 발급하여야 한다.
② 전자세금계산서의 발급기한은 다음달 10일까지 가능하다.
③ 전자세금계산서는 발급일의 다음날까지 전자세금계산서 발급명세를 국세청장에게 전송하여야 한다.
④ 수입세금계산서는 세관장이 수입자에게 발급한다.

전산회계 1급 모의고사 3회

01 다음 중 재무상태표에 관한 설명으로 가장 적절한 것은?

① 일정 기간 동안 기업의 경영성과에 대한 정보를 제공하는 재무보고서이다.
② 일정 기간 동안 기업의 현금유입과 현금유출에 대한 정보를 제공하는 재무보고서이다.
③ 일정 시점 현재 기업이 보유하고 있는 자산과 부채, 그리고 자본에 대한 정보를 제공하는 재무보고서이다.
④ 기업 자본의 크기와 그 변동에 대한 정보를 제공하는 재무보고서이다.

02 다음은 유형자산의 감가상각과 관련한 설명이다. 가장 옳지 않은 것은?

① 정액법은 자산의 내용연수 동안 일정액의 감가상각액을 인식하는 방법이다.
② 감가상각의 주목적은 취득원가의 배분에 있다.
③ 감가상각비는 손익계산서의 당기 비용인 판매비와관리비로만 회계처리 한다.
④ 감가상각방법은 해당 자산으로부터 예상되는 미래 경제적효익의 소멸형태에 따라 선택하고, 소멸형태가 변하지 않는 한 매기 계속 적용한다.

03 일반기업회계기준에 의한 단기매매증권과 관련된 설명 중 옳지 않은 것은?

① 보유 중에 수취하는 배당금과 이자는 영업외수익으로 처리한다.
② 취득과 처분 과정에서 발생하는 수수료는 모두 영업외비용으로 처리한다.
③ 결산시점에 취득원가보다 공정가치가 하락한 경우에는 영업외비용으로 처리한다.
④ 취득 후 보유과정에서 시장성을 상실하는 경우에는 다른 계정과목으로 재분류하여야 한다.

04 다음 중 무형자산에 속하지 않는 것은?

① 영업권
② 임차권리금
③ 산업재산권
④ 임차보증금

05 다음은 퇴직급여충당부채와 결산정리 사항이다. 2019년말 재무상태표에 계상할 퇴직급여충당부채와 손익계산서에 인식되는 퇴직급여는 얼마인가?

퇴직급여충당부채

| 7/15 현금 | 1,000,000원 | 1/1 전기이월 | 2,000,000원 |

〈결산정리 사항〉
• 2019년 말 현재 전 종업원이 일시에 퇴직할 경우 지급하여야 할 퇴직금은 4,000,000원이다.

	퇴직급여충당부채	퇴직급여
①	4,000,000원	3,000,000원
②	4,000,000원	2,000,000원
③	6,000,000원	3,000,000원
④	6,000,000원	2,000,000원

06 다음 중 일반기업회계기준에서 분류되는 계정과목 중 성격이 다른 것은?

① 단기매매증권처분이익　　② 단기매매증권평가이익
③ 매도가능증권처분이익　　④ 자기주식처분이익

07 다음 자료를 이용하여 매출총이익을 계산하면 얼마인가?

• 총매출액 : 500,000원　• 기말상품 재고액 : 110,000원　• 매출에누리 : 5,000원
• 매출할인 : 20,000원　• 매입할인 : 5,000원　• 총매입액 : 200,000원
• 매입환출 : 5,000원　• 기초상품 재고액 : 100,000원

① 300,000원　　② 295,000원
③ 290,000원　　④ 280,000원

08 다음 중 충당부채, 우발부채 및 우발자산에 관련된 내용으로 틀린 것은?

① 충당부채를 인식하기 위해서는 과거사건이나 거래의 결과로 현재의무가 존재하여야 한다.
② 충당부채를 인식하기 위해서는 당해 의무를 이행하기 위하여 자원이 유출될 가능성이 매우 높고, 그 의무의 이행에 소요되는 금액을 신뢰성 있게 추정할 수 있어야 한다.
③ 우발자산은 자산으로 인식하지 아니하고 자원의 유입가능성이 매우 높은 경우에만 주석에 기재한다.
④ 우발부채도 충당부채와 동일하게 재무상태표에 부채로 인식한다.

09 다음 중 제조원가명세서의 당기제품제조원가에 영향을 미치지 않는 거래는?

① 당기에 투입된 원재료를 과대계상하였다.
② 공장 직원의 복리후생비를 과대계상하였다.
③ 당기의 기말재공품을 과대계상하였다.
④ 기초 제품을 과대계상하였다.

10 원가계산의 일반원칙에 대한 설명으로 틀린 것은?

① 제조원가는 일정한 제품의 생산량과 관련시켜 집계하고 계산한다.
② 제조원가는 신뢰할 수 있는 객관적인 자료와 증거에 의하여 계산한다.
③ 제조원가는 직접원가와 판매비와관리비를 더한 것을 말한다.
④ 제조원가는 그 발생의 경제적 효익 또는 인과관계에 비례하여 관련제품 또는 원가부문에 직접부과하고, 직접부과가 곤란한 경우에는 합리적인 배부기준을 설정하여 배부한다.

11 다음 자료를 참고하여 당기총제조원가를 구하시오.

- 직접재료비 : 500,000원
- 직접노무비 : 400,000원
- 직접제조경비 : 100,000원
- 제조간접비 : 200,000원
- 광고선전비 : 300,000원

① 1,000,000원　　　② 1,200,000원
③ 1,500,000원　　　④ 1,800,000원

12 다음 중 종합원가계산에 대한 설명으로 옳지 않은 것은?

① 동종 제품의 연속 대량생산에 적합한 원가계산방식이다.
② 선입선출법에 의한 원가계산은 평균법에 의한 원가계산보다 간단하여 정확성이 떨어진다.
③ 원가흐름 또는 물량흐름의 가정을 어떻게 하느냐에 따라 완성품환산량은 다르게 계산된다.
④ 기초재공품이 없는 경우 제조원가는 평균법과 선입선출법 중 어느 것을 적용해도 동일하다.

13 다음 자료에서 세금계산서의 필요적 기재사항이 아닌 것은?

① 공급연월일
② 공급하는 사업자의 등록번호와 성명 또는 명칭
③ 작성연월일
④ 공급가액과 부가가치세액

14 다음 중 재화의 공급시기로 옳지 않은 것은?

① 상품권 등을 현금으로 판매하고 그 후 그 상품권이 현물과 교환되는 경우 : 상품권을 판매 하는 때
② 현금판매, 외상판매의 경우 : 재화가 인도되거나 이용가능하게 되는 때
③ 재화의 공급으로 보는 가공의 경우 : 가공된 재화를 인도하는 때
④ 반환조건부 판매, 동의조건부 판매, 그밖의 조건부 판매의 경우 : 그 조건이 성취되거나 기한이 지나 판매가 확정되는 때

15 다음 중 부가가치세법상 과세표준에 포함되는 항목은 무엇인가?

① 공급받는 자에게 도달하기 전에 파손되거나 훼손되거나 멸실한 재화의 가액
② 환입된 재화의 가액
③ 재화 또는 용역의 공급과 직접 관련된 국고보조금과 공공보조금
④ 공급에 대한 대가를 약정기일 전에 받았다는 이유로 사업자가 당초의 공급가액에서 할인해 준 금액

전산회계 1급 모의고사 4회

01 다음 중 집합손익계정에 대한 설명으로 틀린 것은?

① 수익계정의 잔액을 손익계정의 대변에 대체한다.
② 비용계정의 잔액을 손익계정의 차변에 대체한다.
③ 수익과 비용계정은 잔액을 손익계정에 대체한 후에는 잔액이 0(영)이 된다.
④ 손익계정의 잔액을 당기순이익(또는 당기순손실)계정에 대체한다.

02 다음 중 유가증권에 대한 설명으로 옳은 것은?

① 단기매매증권이 시장성을 상실한 경우에는 매도가능증권으로 분류하여야 한다.
② 단기매매증권, 매도가능증권, 만기보유증권은 원칙적으로 공정가치로 평가한다.
③ 단기매매증권과 매도가능증권의 미실현보유이익은 당기순이익항목으로 처리한다.
④ 만기가 확정된 채무증권으로서 상환금액이 확정되었거나 확정이 가능한 채무증권을 만기까지 보유할 적극적인 의도와 능력이 있는 경우에는 매도가능증권으로 분류한다.

03 물가가 지속적으로 상승하는 경우에 기초재고수량과 기말재고수량이 동일하게 유지된다면 매출총이익을 가장 높게 평가하는 재고자산평가방법은 무엇인가?

① 선입선출법 ② 이동평균법
③ 총평균법   ④ 후입선출법

04 다음 자료를 이용하여 매출원가를 계산하면 얼마인가?

- 상품 매입 시 운반비 : 100,000원
- 기초상품 재고액 : 500,000원
- 당기 총 매입액 : 1,500,000원
- 매입할인액 : 100,000원
- 기말상품 재고액 : 400,000원
- 매입환출 및 에누리 : 100,000원

① 1,200,000원 ② 1,300,000원
③ 1,400,000원 ④ 1,500,000원

05 다음 중 무형자산에 해당하는 계정과목은 몇 개인가?

| • 상표권 • 저작권 | • 기계장치 • 개발비 | • 토지 • 광업권 |

① 3개   ② 4개   ③ 5개   ④ 6개

06 다음 자료를 바탕으로 자본잉여금의 금액을 계산하면 얼마인가?(단, 각 계정과목은 독립적이라고 가정한다.)

- 감자차익 : 300,000원
- 사업확장적립금 : 300,000원
- 자기주식처분이익 : 300,000원
- 자기주식처분손실 : 100,000원
- 이익준비금 : 100,000원
- 주식발행초과금 : 500,000원
- 감자차손 : 250,000원
- 주식할인발행차금 : 150,000원

① 800,000원   ② 900,000원
③ 1,100,000원   ④ 1,300,000원

07 다음 사항을 적절히 반영한다면 수정 후 당기순이익은 얼마인가?(단, 다음 사항이 반영되기 전 당기순이익은 700,000원이라고 가정한다.)

- 선급보험료 100,000원 과소계상
- 미수이자 100,000원 과대계상
- 선수임대료 100,000원 과대계상

① 600,000원   ② 700,000원
③ 800,000원   ④ 900,000원

08 외상매출금 기말잔액 30,000,000원에 대하여 1%의 대손충당금을 설정하려 한다. 기초 대손충당금이 200,000원이 있었으며, 당기 중 150,000원을 대손처리하였다. 보충법에 의하여 기말 대손충당금 설정 분개로 올바른 것은?

① (차) 대손상각비   300,000원   (대) 대손충당금   300,000원
② (차) 대손상각비   250,000원   (대) 대손충당금   250,000원
③ (차) 대손상각비   150,000원   (대) 대손충당금   150,000원
④ (차) 대손상각비   50,000원   (대) 대손충당금   50,000원

09 다음 중 원가에 관한 설명으로 틀린 것은?

① 재료원가는 기초원재료재고액과 당기원재료매입액의 합계액에서 기말원재료재고액을 차감한 금액을 말한다.
② 당기총제조원가는 직접재료원가, 직접노무원가, 제조간접원가를 합한 금액을 말한다.
③ 직접노무원가와 제조간접원가의 합계액을 가공원가라고 한다.
④ 판매활동 이외의 제조활동과 관리활동에서 발생하는 원가를 비제조원가라 한다.

10 다음은 보조부문원가에 관한 자료이다. 보조부문의 제조간접비를 다른 보조부문에는 배부하지 않고 제조부문에만 직접 배부할 경우 수선부문에서 절삭부문으로 배부될 제조간접비는 얼마인가?

구 분		보조부문		제조부문	
		수선부문	포장부문	조립부문	절삭부문
제조간접비		80,000원	60,000원		
부문별배부율	수선부문		50%	30%	20%
	포장부문	20%		40%	40%

① 16,000원
② 18,000원
③ 24,000원
④ 32,000원

11 다음 중 정상개별원가 계산 시 제조간접비를 예정배부하는 경우 예정배부계산식으로 옳은 것은?

① 배부기준의 실제발생액 × 예정배부율
② 배부기준의 실제발생액 × 실제배부율
③ 배부기준의 예정발생액 × 예정배부율
④ 배부기준의 예정발생액 × 실제배부율

12 다음 중 공손에 대한 설명으로 틀린 것은?

① 정상공손은 원가에 포함한다.
② 공손품은 일정수준에 미달하는 불합격품을 말한다.
③ 작업폐물은 공손품으로 분류한다.
④ 비정상공손은 영업외비용으로 처리한다.

13 다음의 항목 중 부가가치세법상 공제가능한 매입세액에 해당하는 것은?

① 사업자가 자기의 사업에 사용할 목적으로 수입하는 재화의 부가가치세액
② 접대비 및 이와 유사한 비용과 관련된 매입세액
③ 면세사업등에 관련된 매입세액
④ 사업과 직접 관련이 없는 지출과 관련된 매입세액

14 다음 자료에 의한 일반과세자의 부가가치세 매출세액은 얼마인가?

| • 총매출액 : 10,000,000원 | • 매출에누리액 : 2,000,000원 |
| • 판매장려금 : 500,000원 | |

① 750,000원 ② 800,000원
③ 950,000원 ④ 1,000,000원

15 다음 중 부가가치세의 특징에 해당하지 않는 것은?

① 부가가치세의 담세자는 최종소비자이며, 납세의무자는 부가가치세가 과세되는 재화 또는 용역을 공급하는 사업자이다.
② 각 납세자의 담세력을 고려하지 않는 물세이다.
③ 우리나라의 부가가치세법은 전단계거래액공제법을 채택하고 있다.
④ 우리나라의 부가가치세법은 소비지국 과세원칙을 채택하고 있다.

전산회계 1급 모의고사 5회

01 다음은 이론상 회계순환과정의 일부이다. 순서가 가장 옳은 것은?

① 수정후시산표→기말수정분개→수익·비용계정 마감→집합손익계정 마감→자산·부채·자본계정 마감→재무제표 작성
② 수정후시산표→기말수정분개→자산·부채·자본계정 마감→수익·비용계정 마감→집합손익계정 마감→재무제표 작성
③ 기말수정분개→수정후시산표→수익·비용계정 마감→집합손익계정 마감→자산·부채·자본계정 마감→재무제표 작성
④ 기말수정분개→수정후시산표→자산·부채·자본계정 마감→집합손익계정 마감→수익·비용계정 마감→재무제표 작성

02 다음 중 유가증권의 취득원가와 평가에 대한 설명으로 가장 옳지 않은 것은?

① 단기매매증권의 취득원가는 취득을 위하여 제공한 대가의 시장가격에 취득 시 발생한 부대비용을 포함한 가액으로 측정한다.
② 매도가능증권평가손익은 기타포괄손익누계액으로 재무상태표에 반영된다.
③ 유가증권 처분 시 발생하는 증권거래 수수료 등의 부대비용은 처분가액에서 차감하여 회계처리한다.
④ 만기보유증권은 기말에 상각후 원가법으로 평가한다.

03 다음 매출채권에 관한 설명 중 가장 잘못된 것은?

① 매출채권은 일반적인 상거래에서 발생한 외상매출금과 받을어음을 말한다.
② 매출채권과 관련된 대손충당금은 대손이 발생 전에 사전적으로 설정하여야 한다.
③ 매출채권은 재무상태표에 대손충당금을 표시하여 회수가능한 금액으로 표시할 수 있다.
④ 상거래에서 발생한 매출채권과 기타 채권에서 발생한 대손상각비 모두 판매비와 관리비로 처리한다.

04 다음은 회계상 거래의 결합관계를 표시한 것이다. 옳지 않은 것은?

거래	거래의 결합관계
① 대형 가습기를 150만원에 현금 구입하였다.	자산의 증가 - 자산의 감소
② 주식발행으로 2억원을 현금 조달하였다.	자산의 증가 - 자본의 증가
③ 제품을 30만원에 현금으로 매출하였다.	자산의 증가 - 비용의 감소
④ 관리부 직원의 출산 축의금 10만원을 현금 지급하였다.	비용의 발생 - 자산의 감소

05 다음 중 사채에 대한 설명으로 틀린 것은?

① 유효이자율법 적용 시 사채할인발행차금 상각액은 매년 감소한다.
② 사채할인발행차금은 당해 사채의 액면가액에서 차감하는 형식으로 기재한다.
③ 인쇄비, 수수료등 사채발행비용은 사채의 발행가액에서 차감한다.
④ 사채할인발행차금은 유효이자율법으로 상각하고 그 금액을 사채이자에 포함한다.

06 다음 중 부채로 분류할 수 없는 계정과목은?

① 당좌차월
② 외상매입금
③ 대손충당금
④ 미지급비용

07 자본금 10,000,000원인 회사가 현금배당(자본금의 10%)과 주식배당(자본금의 10%)을 각각 실시하는 경우, 이 회사가 적립해야 할 이익준비금의 최소 금액은 얼마인가?(현재 재무상태표상 이익준비금 잔액은 500,000원이다.)

① 50,000원
② 100,000원
③ 150,000원
④ 200,000원

08 다음 중 일반기업회계기준에 의한 수익인식기준으로 틀린 것은?

① 위탁판매 : 수탁자가 제3자에게 판매한 시점
② 반품조건부판매(시용판매) : 구매자가 인수를 수락한 시점 또는 반품기간의 종료시점
③ 상품권판매 : 상품권을 판매한 날
④ 할부판매 : 재화가 인도되는 시점

09 다음 중 원가에 대한 설명으로 가장 옳은 것은?

① 직접노무비는 기초원가에 포함되지만 가공원가에 포함되지는 않는다.
② 직접재료비는 기초원가와 가공원가 모두 해당된다.
③ 매몰원가는 의사결정과정에 영향을 미치는 원가를 말한다.
④ 제조활동과 직접 관련없는 판매활동과 일반관리활동에서 발생하는 원가를 비제조원가라 한다.

10 다음 자료를 기초로 당기 제품제조원가를 계산하면?

- 기초 제품재고액 : 250,000원
- 기말 제품재고액 : 120,000원
- 매출원가 : 840,000원

① 370,000원 ② 710,000원
③ 960,000원 ④ 1,210,000원

11 다음 중 보조부문원가 배부방법에 대한 설명으로 옳지 않은 것은?

① 상호배부법은 단계배부법에 비해 순이익을 높게 계상하는 배부방법이다.
② 보조부문원가 배부방법 중 가장 정확성이 높은 방법은 상호배부법이다.
③ 보조부문원가 배부방법 중 배부순위를 고려하여 배부하는 것은 단계배부법이다.
④ 보조부문원가 배부방법 중 직접배부법이 가장 단순한 방법이며, 배부순위도 고려하지 않는다.

12 개별원가계산과 종합원가계산의 차이점을 설명한 것 중 틀린 것은?

① 종합원가계산은 동종제품을 연속적으로 대량 생산하는 업종에 적합한 방법이다.
② 개별원가계산은 종합원가계산에 비해 제품별 정확한 원가계산이 가능하다.
③ 개별원가계산은 직접비, 간접비의 구분과 제조간접비의 배부가 중요한 방식이다.
④ 종합원가계산은 작업원가표에 의해 원가를 배부한다.

13 다음 중 부가가치세법에 대한 설명으로 옳지 않은 것은?

① 부가가치세는 일반소비세이며 간접세에 해당한다.
② 현행 부가가치세는 전단계거래액공제법을 채택하고 있다.
③ 부가가치세의 역진성을 완화하기 위하여 면세제도를 두고 있다.
④ 소비지국과세원칙을 채택하여 수출재화 등에 영세율이 적용된다.

14 다음 중 부가가치세법상 재화의 간주공급에 해당되지 않는 것은?

① 사업상 증여 ② 현물출자
③ 폐업 시 잔존재화 ④ 개인적 공급

15 부가가치세법상 사업자가 행하는 다음의 거래 중 부가가치세가 과세되는 것은?

① 상가에 부수되는 토지의 임대 ② 주택의 임대
③ 국민주택 규모 이하의 주택의 공급 ④ 토지의 공급

모의고사 1회 정답 및 해설

01	④	02	④	03	②	04	③	05	③	06	②	07	①	08	①	09	①	10	③
11	④	12	③	13	②	14	③	15	④										

01 취득시점에 자산처리한 경우 소모품의 사용액이 분개 대상금액이 된다(소모품 사용액은 350,000원). 차변) 소모품비 350,000원   대변) 소모품 350,000원

02 정기적금, 정기예금은 단기금융상품 또는 장기금융상품으로 구분할 수 있다. 현금 및 현금성자산은 통화 및 통화대용증권(우편환증서, 자기앞수표, 타인발행수표, 공사채 만기이자표 등)과 당좌예금, 보통예금 등의 요구불예금을 포함하며, 큰 거래비용 없이 현금으로 전환이 용이하고 이자율변동에 가치변동의 위험이 중요하지 않는 단기투자자산으로 취득 당시 만기가 3개월 이내에 도래하는 것을 말한다.

03 단기매매증권 및 매도가능증권이 원칙적으로 공정가치로 평가함

04 개별법, 선입선출법, 후입선출법은 재고자산 가격결정방법이다.

05 매입채무 1,300,000원 + 예수금 240,000원 + 단기차입금 6,000,000원 = 7,540,000원

06 영업외비용인 ⓒ은 300,000원이다.

07 토지는 감가상각을 하지 않고(일반기업회계기준 제10장 유형자산, 유형자산의 분류 항목 문단 실2.34), 건설 중인 자산, 영업활동에 사용하지 않는 투자자산은 현재 정상적인 영업활동에 사용되지 않고 있기 때문에 감가상각 회계처리 대상에서 제외된다.

08 자본금은 우선주자본금과 보통주자본금으로 구분하며, 발행주식수×주당 액면가액으로 표시된다.

09 원가의 추적가능성에 따라 직접원가와 간접원가로 분류된다.

10 직접노무비×70% = 35,000원, 직접노무비 = 35,000원/70% = 50,000원

11 기말 원재료 재고액은 원재료 계정에 표시된다.

13 세금계산서의 필수석 기재사항은 공급연월일 아니라 작성연월일이다(부가가치세법 16조 ①)

14 직수출하는 재화의 경우에는 세금계산서 교부의무가 면제된다.(부가가치세법시행령 제71조 제1항 4호)

15 재고자산은 시가를 과세표준으로 한다.

모의고사 2회 정답 및 해설

01	④	02	②	03	③	04	④	05	④	06	②	07	④	08	①	09	④	10	②
11	③	12	①	13	③	14	①	15	①										

01　(일반기업회계기준 문단 2.16) 재무제표는 재무상태표, 손익계산서, 현금흐름표, 자본변동표 및 주석으로 구분하여 작성하며, 다음의 사항을 각 재무제표의 명칭과 함께 기재한다.
　　⑴ 기업명, ⑵ 보고기간종료일 또는 회계기간, ⑶ 보고통화 및 금액단위 – 회계기간은 손익계산서에 기재한다.

02　현금성자산은 ㉠ 취득 당시 만기 3개월 이내 금융자산, ㉡ 이자율 변동에 따른 가치변동 위험이 없는 자산 두 가지 조건을 모두 충족해야 함으로, '배당금지급통지표'와 '타인발행 자기앞수표'만 현금 및 현금성자산에 해당된다. 따라서 배당금지급통지표 50,000원 + 타인발행 자기앞수표 100,000원 = 150,000원이 현금 및 현금성자산에 해당된다.

03　주식발행초과금은 자본잉여금이다.

04　일반기업회계기준 11.18, 무형자산을 창출하기 위한 내부 프로젝트를 연구단계와 개발단계로 구분할 수 없는 경우에는 그 프로젝트에서 발생한 지출은 모두 연구 단계에서 발생한 것으로 본다.

05　2,400,000원,
　　기초잔액 + 외상매입금 순매입액(외상매입금 총매입액 − 외상환출 · 에누리 · 할인)
　　= 외상매입금 지급액 + 기말외상매입금
　　x + 4,000,000원 = 5,000,000원 + 1,400,000원　　∴ x = 2,400,000원

06　재고자산 외의 자산을 취득하면서 약속어음을 발행하는 경우, 비매입채무에 해당되기 때문에 약속어음의 발행은 '미지급금'으로 처리해야 한다. 또한 타인이 발행한 당좌수표는 '현금'으로 처리해야 하며, 계약금을 지급한 경우에는 '선급금'으로 처리해야 한다. 따라서 제시된 거래에 대한 회계처리는 다음과 같다.
　　(차) 투자부동산　　　7,000,000원　　(대) 선급금　　　　　700,000원
　　　　　　　　　　　　　　　　　　　　　　현금　　　　　　3,150,000원
　　　　　　　　　　　　　　　　　　　　　　미지급금　　　　3,150,000원

07　결의했던 현금배당을 지급하는 것은 [부채의 감소 / 자산의 감소]로 자본총계에 변동이 없다.

08　− 50,000원 + 50,000원 = 0
　　㈜한강　당기 취득가액(200,000) − 공정가액(150,000) = 평가손실 50,000원 발생
　　㈜금강　당기 취득가액(150,000) − 공정가액(200,000) = 평가이익 50,000원 발생

09　준고정비에 대한 설명이다. 그래프로 표현하면 다음과 같다.

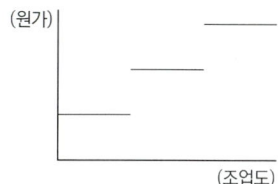

10 단계배부법에 대한 설명이다.

11
구분	종합원가계산	개별원가계산
핵심과제	완성품환산량 계산	제조간접비 배분
업 종	식료품 제조업	조선업
원가집계	공정 및 부문별 집계	개별작업별 집계
장 점	경제성 및 편리함	정확한 원가계산

12 재료비 완성품환산량 : 1,700개 + 500개 = 2,200개
    가공비 완성품환산량 : 1,700개 + 500개 × 0.5 = 1,950개

13 〈재화의 간주공급〉 부법 제10조, 부법 시행령 제19조, 제20조
    면세사업에 전용하는 재화, 영업 외의 용도로 사용하는 개별소비세 과세대상 차량과 그 유지를 위한 재화, 판매 목적으로 다른 사업장에 반출하는 재화, 개인적 공급, 사업을 위한 증여, 폐업 시 남아있는 재화

14 부가가치세법 제26조 제1항, 항공법에 따른 항공기에 의한 여객운송 용역은 과세대상이다.

15 법인사업자 및 일정규모 이상의 개인사업자는 전자세금계산서를 발급하여야 한다(부가가치세법 제32조).

모의고사 3회 정답 및 해설

| 01 | ③ | 02 | ③ | 03 | ② | 04 | ④ | 05 | ① | 06 | ④ | 07 | ② | 08 | ④ | 09 | ④ | 10 | ③ |
| 11 | ② | 12 | ② | 13 | ① | 14 | ① | 15 | ③ | | | | | | | | | | |

01 ① 손익계산서에 대한 설명이다.
    ② 현금흐름표에 대한 설명이다.
    ④ 자본변동표에 대한 설명이다.

02 감가상각비는 다른 자산의 제조와 관련된 경우 관련자산의 제조원가로 계상한다.(일반기업회계기준 제10장 문단 10.40)

03 단기매매증권을 취득할 때 발생할 수수료는 지급수수료(영업외비용)로 처리되며, 단기매매증권을 처분할 때 발생할 수수료는 처분금액에서 직접 차감하여 처리한다.

04 임차보증금
(기타비유동자산의 분류 항목 실2.41) 기타는 임차보증금, 장기선급비용, 장기선급금, 장기미수금 등을 포함한다. 이들 자산은 투자수익이 없고 다른 자산으로 분류하기 어려워 기타로 통합하여 표시한다. 다만 이들 항목이 중요한 경우에는 별도 표시한다.
(무형자산 11.40) 무형자산은 사업상 비슷한 성격과 용도를 가진 종류별로 분류하여 표시한다. 다만, 재무제표 이용자에게 더 목적적합한 정보를 제공할 수 있다면 무형자산의 종류는 더 큰 단위로 통합하거나 더 작은 단위로 구분할 수 있다. 무형자산의 종류의 예는 다음과 같다.
(1) 산업재산권(특허권, 실용신안권, 의장권, 상표권, 상호권 및 상품명 포함) (2) 라이선스와 프랜차이즈
(3) 저작권 (4) 컴퓨터소프트웨어 (5) 개발비(제조비법, 공식, 모델, 디자인 및 시작품 등의 개발) (6) 임차권리금
(7) 광업권, 어업권 등

05 - 재무상태표에 계상될 퇴직급여 충당부채는 2019년 말 전 종업원이 일시에 퇴직할 경우 지급하여야 할 퇴직급여 추계액 4,000,000원이다.
 - 퇴직급여 = 기말 퇴직급여충당부채-(기초 퇴직급여충당부채 - 퇴직금지급액)
  = 4,000,000원 - (2,000,000원 - 1,000,000원) = 3,000,000원

06 자기주식처분이익 : 자본잉여금
단기매매증권처분이익, 단기매매증권평가이익, 매도가능증권처분이익 : 영업외수익

07 매출총이익 : 475,000원 - 180,000원 = 295,000원
순매출액 : 500,000원 - 5,000원 - 20,000원 = 475,000원
매출원가 : 100,000원 + 200,000원 - 5,000원 - 5,000원 - 110,000원 = 180,000원

08 일반기업회계기준 14.5, 우발부채는 부채로 인식하지 아니한다. 의무를 이행하기 위해 자원이 유출될 가능성이 아주 낮지 않는 한, 우발부채를 주석에 기재한다.

09 기초의 제품 계상 오류는 당기제품제조원가에 영향을 미치지 않는다.

10 제조원가는 직접원가와 제조간접비를 더한 것을 말한다.

11 당기총제조원가 : 직접재료비 + 직접노무비 + 직접제조경비 + 제조간접비
 = 500,000원 + 400,000원 + 100,000원 + 200,000원 = 1,200,000원

12 평균법에 의한 원가계산과 다르게 선입선출법에 의한 원가계산은 당기완성품을 전기착수분과 당기착수분을 구분하여 계산하기 때문에 복잡하지만 당기투입원가에 대한 당기완성품환산량으로 나누어 단위당 원가를 계산하기 때문에 평균법에 비해 정확하다.

13 공급연월일은 임의적 기재사항임(부가가치세법 32조)

14 상품권 등을 현금으로 판매하고 그 후 그 상품권이 현물과 교환되는 경우의 공급시기는 재화가 실제로 인도되는 때이다.

15 재화 또는 용역의 공급과 직접 관련되지 아니하는 국고보조금과 공공보조금(부가가치세법 제29조)

모의고사 4회 정답 및 해설

| 01 | ④ | 02 | ① | 03 | ① | 04 | ④ | 05 | ② | 06 | ③ | 07 | ③ | 08 | ② | 09 | ④ | 10 | ④ |
| 11 | ① | 12 | ③ | 13 | ① | 14 | ② | 15 | ③ | | | | | | | | | | |

01 손익계정의 잔액을 자본계정(미처분이익잉여금 또는 미처리결손금)에 대체한다.

02 일반기업회계기준 6.34, 옳은 설명이다.
② 단기매매증권, 매도가능증권은 원칙적으로 공정가치로 평가하고, 만기보유증권은 상각후원가로 평가한다.
③ 단기매매증권에 대한 미실현보유손익은 당기손익항목으로 처리하나, 매도가능증권에 대한 미실현보유이익은 기타포괄손익누계액으로 처리한다.
④ 만기가 확정된 채무증권으로서 상환금액이 확정되었거나 확정이 가능한 채무증권을 만기까지 보유할 적극적인 의도와 능력이 있는 경우에는 만기보유증권으로 분류한다.

03 물가가 상승하는 경우에는 선입선출법이 매출원가를 가장 적게 계상하므로 매출 총이익이 가장 크게 나타난다.

04 순매입액 = 총매입액 − 매입환출 및 에누리 − 매입할인 + 부대비용(운반비)
= 1,500,000원 − 100,000원 − 100,000원 + 100,000원 = 1,400,000원
매출원가 = 기초상품 + 당기순매입액 − 기말상품
= 500,000원 + 1,400,000원 − 400,000원 = 1,500,000원

05 상표권, 저작권, 개발비, 광업권은 무형자산에 해당한다.(일반기업회계기준 문단11.40).

06 1,100,000원 = 감자차익 300,000원 + 주식발행초과금 500,000원 + 자기주식처분 이익 300,000원

07 자산이 증가하면 이익이 증가하고, 자산이 감소하면 이익이 감소한다.
부채가 증가하면 이익이 감소하고, 부채가 감소하면 이익이 증가한다.
따라서 수정 전 당기순이익 700,000원 + 선급보험료 100,000원 + 선수임대료 100,000원 − 미수이자 100,000원 = 수정 후 당기순이익 800,000원

08 대손충당금 설정액은 (30,000,000원×1%) − 50,000원 = 250,000원이다.

09 제조활동 이외의 판매활동과 관리활동에서 발생하는 원가를 비제조원가라 한다.

10 $80,000원 \times \dfrac{20\%}{(30\% + 20\%)} = 32,000원$

11 정상개별원가계산에 있어서 제조간접비는 '배부기준의 실제발생액×예정 배부율'로 배부한다.

12 작업폐물이란 투입된 원재료로부터 발생하는 찌꺼기나 조각을 말하며, 판매 가치가 상대적으로 작은 것을 말한다.

13 접대비 및 이와 유사한 비용과 관련된 매입세액, 면세사업등에 관련된 매입세액, 사업과 직접 관련이 없는 지출과 관련된 매입세액은 공제하지 아니하는 매입 세액에 해당한다.

14 매출에누리는 과세표준에서 차감항목이고, 판매장려금은 과세표준에서 공제하지 않는 항목이다.
과세표준 = 10,000,000원 − 2,000,000원 = 8,000,000원이다. (부가가치세법 29④⑥)
∴ 8,000,000원 × 10% = 800,000원

15 전단계세액공제법을 채택하고 있다.

모의고사 5회 정답 및 해설

01	③	02	①	03	④	04	③	05	①	06	③	07	②	08	③	09	④	10	②
11	①	12	④	13	②	14	②	15	④										

01 거래식별 → 분개 → 전기 → 수정전시산표 → 기말수정분개 → 수정후시산표 → 수익 · 비용 계정 마감 → 집합손익계정의 마감 → 자산 · 부채 · 자본계정 마감 → 재무제표 작성

02 단기매매증권의 취득 시 발생한 부대비용은 영업외비용으로 처리한다.

03 일반기업회계기준 제6장 금융자산 · 금융부채, 대손충당금, 문단 6.17의 2
상거래에서 발생한 매출채권에 대한 대손상각비는 판매비와 관리비로 처리하고, 기타 채권에서 발생한 대손상각비는 영업외비용으로 처리한다.

04 자산(현금)증가, 수익(매출)발생

05 유효이자율법 적용 시 사채할증발행차금 상각액, 사채할인발행차금 상각액 모두 매년 증가한다.

06 대손충당금은 수취채권의 차감계정 성격이다.

07 100,000원 이익준비금 최소 적립액 = 현금배당액의 10% = 10,000,000 × 10% × 10%

08 상품권매출수익은 상품권을 판매시 선수금 등으로 처리한 후, 상품권을 회수할 때(물품 등을 제공하거나 판매한 때)를 수익인식시기로 한다.

09 ① 가공원가에도 포함된다. (가공원가 = 직접노무비 + 제조간접비)
② 직접재료비는 기초원가에 해당되고 가공원가에는 해당되지 않는다. (기초원가 = 직접재료비 + 직접노무비)
③ 매몰원가는 의사결정과정에 영향을 미치지 않는 원가를 말한다.

10 기초 재품재고액 250,000원 + 당기 제품제조원가 = 기말 제품재고액 120,000원 + 매출원가 840,000원
    ∴ 당기 제품제조원가 = 710,000원

11 상호배부법은 보조부문의 용역수수관계까지 고려한 가장 정확하고 복잡한 방법이지만 어떤 방법을 선택해도 순이익은 동일한 것이다.

12 종합원가계산은 완성품환산량을 기준으로 원가를 완성품과 기말재공품에 배부하며, 개별원가계산은 작업원가표에 의해 원가를 배부한다.

13 부가가치세는 전단계세액공제법을 채택하고 있다.

14 부가가치세법 제10조 재화공급의 특례, 현물출자는 재화의 실질공급에 해당된다.

15 상가에 부수되는 토지의 임대

computerized

accounting

1st level

computerized accounting 1st level

실기편

Part 1. 기본연습

CHAPTER

01. kcLep 프로그램 설치하기
02. 회사등록
03. 전기분 재무제표 입력
04. 거래처입력, 계정과목및적요등록, 거래처별초기이월
05. 일반전표입력
06. 매입매출전표입력
07. 오류수정
08. 기말결산분개
09. 장부조회
10. 여러기능 복습

이론숙지가 실기풀이에 매우 중요한 역할을 하므로, 이론에서 공부하였던 내용을 착실히 복습해야 한다.

Chapter 01 | kcLep 프로그램 설치하기

1 KcLep 프로그램 다운로드 및 설치

1 케이렙 프로그램의 의의

전산세무회계시험에 사용되는 프로그램은 케이렙(이하 KcLep)이므로 해당 시험에 응시하는 수험생은 시험준비를 위하여 KcLep 프로그램 설치 및 사용법을 숙지해야 한다.

2 KcLep프로그램 다운로드 및 설치

(1) 다운로드방법

http: //license.kacpta.or.kr (한국세무사회 자격시험 홈페이지)에 접속 후 첫 화면 왼쪽 하단의 "케이렙 다운로드"버튼을 눌러 KcLep 프로그램을 다운로드받아 설치한다.

> 프로그램 업데이트가 종종 이루어지므로 실기연습 전에 최신형 버전 프로그램을 다운로드 받아야 한다.

(2) 설치방법은 다음과 같다.

> ① 다운로드받은 KcLep 프로그램을 클릭하면 프로그램이 설치준비상태에 놓여진다.
> ② 프로그램 설치준비가 완료되면 사용권 계약의 조항에 동의여부 화면이 나타나는데 "사용권 계약의 조항에 동의한다"에 체크한다. 해당 항목을 체크하면 설치화면 오른쪽 아랫부분에 "다음"이라는 버튼이 활성화되며, 그 버튼을 누른다.
> ③ "KcLep 설치위치 C₩"라고 표시된 메뉴가 나오면 하단의 "다음"버튼을 눌러서 본격적인 설치를 해야 한다.
> ④ 프로그램 설치가 완료되면 "안전하게 설치가 완료되었습니다"라는 메시지가 나타나며, 메시지 아래쪽의 확인버튼을 누른다.
> ⑤ 컴퓨터 바탕화면에 "kcLep 프로그램 교육용 아이콘"이 생성되었음을 확인한다.

⑤ 프로그램 사용방법 설명 시 시험과 무관한 부분은 학습효율을 위해서 생략한다.

2 회사등록

(1) 첫 로그인하는 방법

 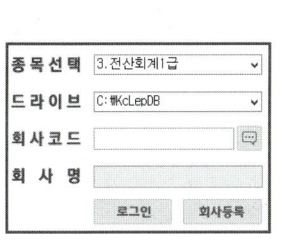

① 바탕화면에 생성된 KcLep 아이콘을 클릭하면 프로그램 첫 화면이 나온다.
② 종목선택은 "3.전산회계1급"으로, 드라이브는 "C:₩KcLepDB"를 선택한다.
③ 현재 상태에서는 회사와 관련된 데이터가 전혀 입력되어 있지 않으므로 오른쪽 하단의 "회사등록"버튼을 눌러서 새로운 회사에 대한 정보를 등록한다.

(2) 회사등록

① 메뉴이미지

② 메뉴설명
　㉠ 화면 왼쪽 : "코드, 회사명, 구분(개인.법인여부 선택), 미사용(사용을 선택함)"을 입력한다.
　㉡ 화면 오른쪽 : 회사의 회계연도, 사업자등록번호, 대표자성명, 회사주소 등 회사와 관련된 회계, 세무 관련내용을 입력한다.

> 시험에서는 입력사항이 제시되므로, 해당메뉴와 일치하는 사항을 찾아 입력하면 된다.

③ "회사등록" 메뉴 입력 사례
　㉠ 다음의 자료를 "회사등록" 메뉴에 입력하시오.

> • 회사코드 : 401　　　　　　　　• 회사명 : ㈜회계세무
> • 구분 : 1. 법인　　　　　　　　• 사용여부 : 0. 사용
> • 회계연도 : 3기 2021.1.1~2021.12.31

　㉡ 입력 후 화면

코드	회사명	구분	미사용	기본사항	추가사항
0401	㈜회계세무	법인	사용	1.회계연도 제 3 기 2021 년 01 월 01 일 ~ 2021 년 12 월 31 일

* 구분에서 숫자 1를 누르면 "법인"이 선택된다. 전산회계 1급에서는 법인회사가 출제된다.

④ 회사등록메뉴를 닫은 후 회사코드 오른쪽 버튼을 눌렀을 때 뜨는 회사검색창에서 ㈜회계세무를 선택 후 확인을 누르면 KcLep 메뉴창(메인화면)으로 이동한다.

Chapter 02 | 회사등록

1 ㈜그레이스 등록하기

아래 사업자등록증을 참조하여 회사등록을 하라. 회사코드는 502으로 할 것

사 업 자 등 록 증
(법인사업자용)

등록번호 : 112 - 81 - 21646

법인명(단체명) : ㈜그레이스
대 표 자 : 김 세 련
개 업 연 월 일 : 2016년 7월 1일
법인등록번호 : 110111 - 1754864
사업장소재지 : 서울특별시 서초구 서운로 138
사 업 의 종 류 : 업태-제조 종목-전자제품
교부사유

2016년 7월 1일

서 초 세 무 서 장

✦ 추가자료 : 1. 자료에 제시된 회사는 일반과세자이며, 당기는 6기이다.
2. 주업종코드, 사업장동코드, 본점동코드는 생략한다.
3. 대표자주민번호는 700326 - 2236510이다.
4. 본점수소는 사업상수소와 동일하다.
5. 우편번호는 생략할 것

회사의 재무제표를 작성하기 위해서는 해당 회사의 기초정보가 반드시 필요하다.

⑤ 실기문제 1번 기초정보관리가 통상적으로 3문항이 출제된다. 사업자등록증 수정 문제가 자주 나오는 편은 아니나 쉬운 문제이므로 꼭 기억해야 한다.(전산회계 2급을 공부했다면 크게 어려운 부분은 아님) 사업자등록증 입력을 할 수 있으면 수정에 대한 내용을 이해할 수 있다.

2 (주)그레이스 등록

1 메인메뉴창에 있는 "회사등록" 메뉴에서 주어진 사업자등록증의 내용을 입력한다.

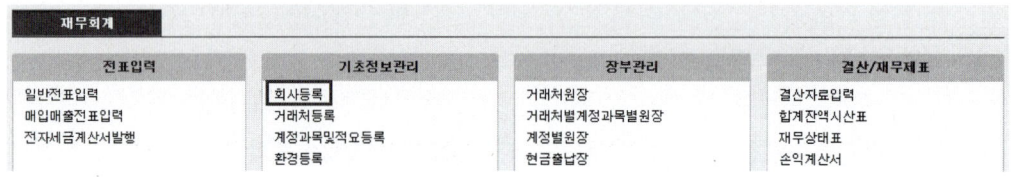

2 (주)그레이스 등록 후 화면

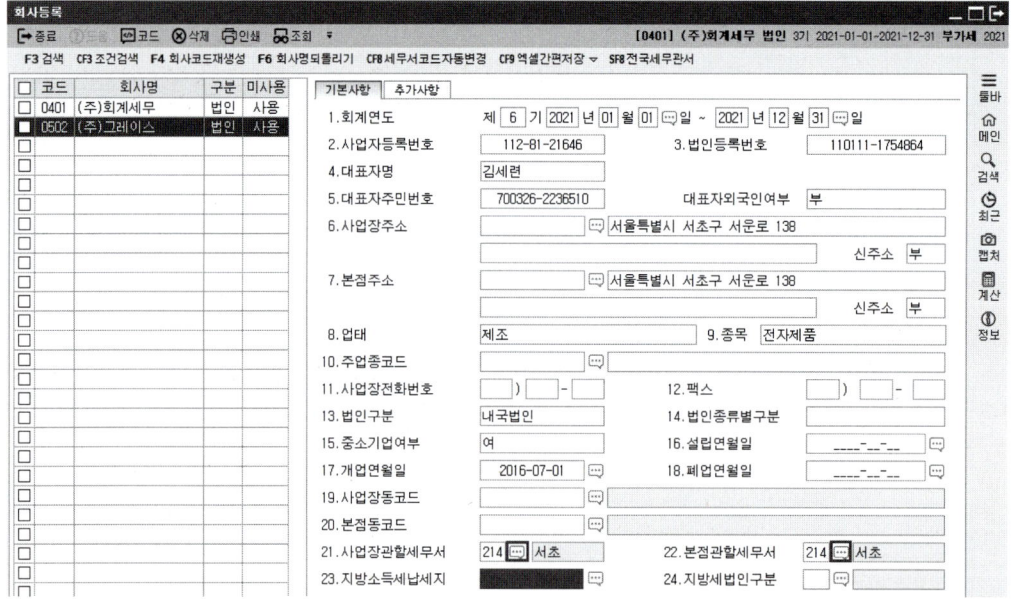

① 화면 왼쪽메뉴에 코드 502, 회사명 ㈜그레이스, 구분 법인(1번), 사용(0번)을 입력한다.
② 화면 오른쪽메뉴에 "1..회계연도", "2.사업자등록번호", "3.법인번호", "4.대표자명", "5.대표자주민번호"를 입력한다.
③ "6.사업장주소", "7.본점주소"를 입력창에 입력한다. 2014.1.1부터 도로명주소가 사용되므로 시험에서는 통상적으로 도로명주소에 대한 자료가 제시되며, 우편번호를 생략하고 주소만 직접 입력하라는 경우가 많다.

④ "8.업태", "9.종목", "17.개업일자" 입력 후 "21.사업장 관할세무서"와 "22.본점 관할세무서"를 입력한다. 세무서 검색 시 붉은 색으로 표시된 버튼을 누르면 검색이 가능하다.(단축키: F2)

⑤ 실제 시험에서는 입력된 회사정보를 수정하라는 문제들이 출제되므로 회사의 기본사항 등록에 대하여 많이 신경 쓸 필요는 없다. 만약 사업자등록증 외의 추가제시내용이 있으면 해당내용을 그대로 반영하면 된다.

⑤ 만약 우편번호를 검색할 필요가 있다면 "6.사업장주소", "7.본점주소"상 붉은 네모로 표시된 부분(단축키: F2)을 누른 후 주소를 입력하면 된다. 그럴 경우 우편번호를 조회하여 주소를 자동으로 생성시킬 수 있다.

6.사업장주소		서울특별시 서초구 서운로 138		
			신주소	부
7.본점주소		서울특별시 서초구 서운로 138		
			신주소	부

3 회사변경

본격적인 실습을 위하여 회사명을 "㈜회계세무"에서 "㈜그레이스"로 변경해야 한다. 회사등록을 완료 후 회사등록메뉴를 종료하고, 메인화면 상단 오른쪽에 있는 회사변경 버튼을 눌러서 "㈜회계세무"를 "㈜그레이스"로 변경한다.

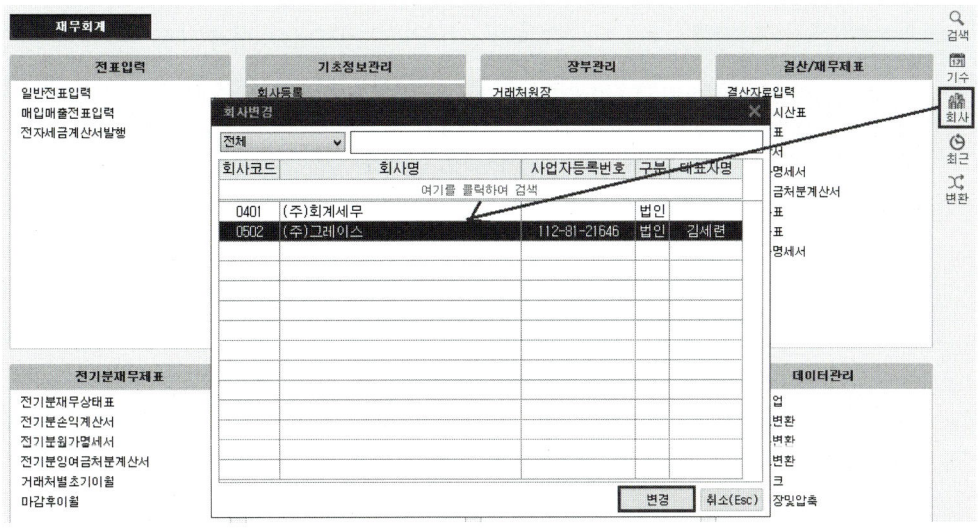

Chapter 03 | 전기분 재무제표 입력

1 전기분 재무제표 상호간의 연관관계

전기분 재무제표 수정은 기초정보관리 분야에서 상당히 자주 출제되는 파트이며, 내용이 어렵기 때문에 재무제표 간의 연결관계를 명확히 숙지해야 문제풀이가 가능하다. 전기분 재무제표 작성 순서는 다음과 같다.

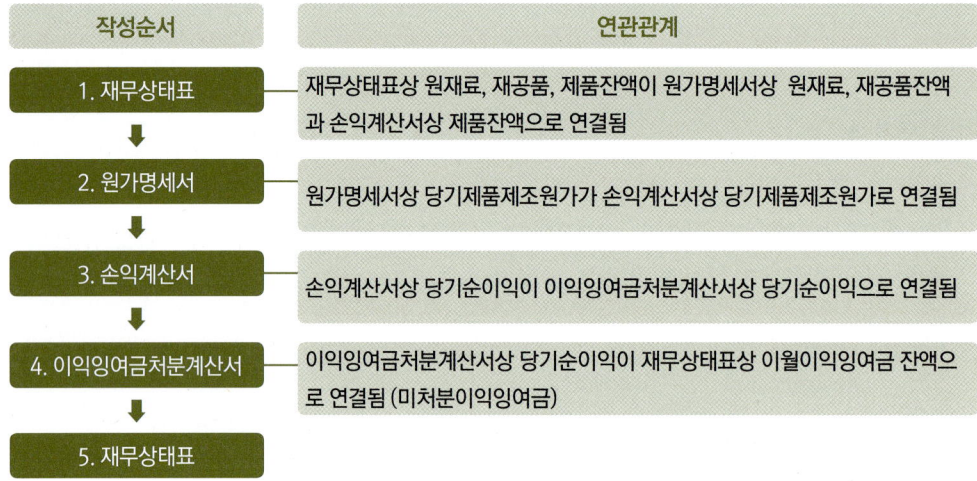

순서 암기할 것 : 재 → 원 → 손 → 이 → 재
전산회계 1급 시험의 경우 시간이 많이 부족하므로, 논리적 이해가 매우 중요하지만 앞 글자를 따서 암기 후 빠르게 풀어야 할 경우가 있다.

2 전기분 재무상태표 입력

1 아래의 자료를 전기분 재무상태표 메뉴에 입력하라. (단, 다음의 조건을 준수할 것)

1. 매도가능증권과 만기보유증권은 비유동자산이다.
2. 이월이익잉여금 코드를 주의해서 사용하라.
3. 퇴직급여충당부채의 경우 제조관련잔액과 판관비관련잔액이 각각 4,500,000원 3,000,000원이다.

재무상태표

회사명 : (주)그레이스 　　제5기 2020.12.31 현재 　　(단위 : 원)

과목	금액		과목	금액
현금		16,000,000	외상매입금	38,000,000
당좌예금		68,000,000	지급어음	26,000,000
보통예금		32,000,000	미지급금	30,000,000
외상매출금	60,000,000		단기차입금	8,000,000
대손충당금	600,000	59,400,000	장기차입금	11,000,000
받을어음	24,000,000		퇴직급여충당부채	7,500,000
대손충당금	240,000	23,760,000	자본금	120,000,000
미수금		6,000,000	주식발행초과금	60,000,000
상품		5,500,000	이익준비금	25,000,000
매도가능증권		10,000,000	이월이익잉여금	268,360,000
만기보유증권		4,000,000		
토지		100,000,000		
건물	200,000,000			
감가상각누계액	40,000,000	160,000,000		
기계장치	80,000,000			
감가상각누계액	12,000,000	68,000,000		
차량운반구	30,000,000			
감가상각누계액	2,000,000	28,000,000		
비품		7,000,000		
임차보증금		6,200,000		
자산총계		593,860,000	부채와자본총계	593,860,000

2 전기분 재무상태표 입력방법

메인화면 "전기분재무상태표" 메뉴를 클릭하면 전기재무상태표 자료를 입력할 수 있는 창이 열리며, 해당 메뉴에 주어진 자료를 입력한다.

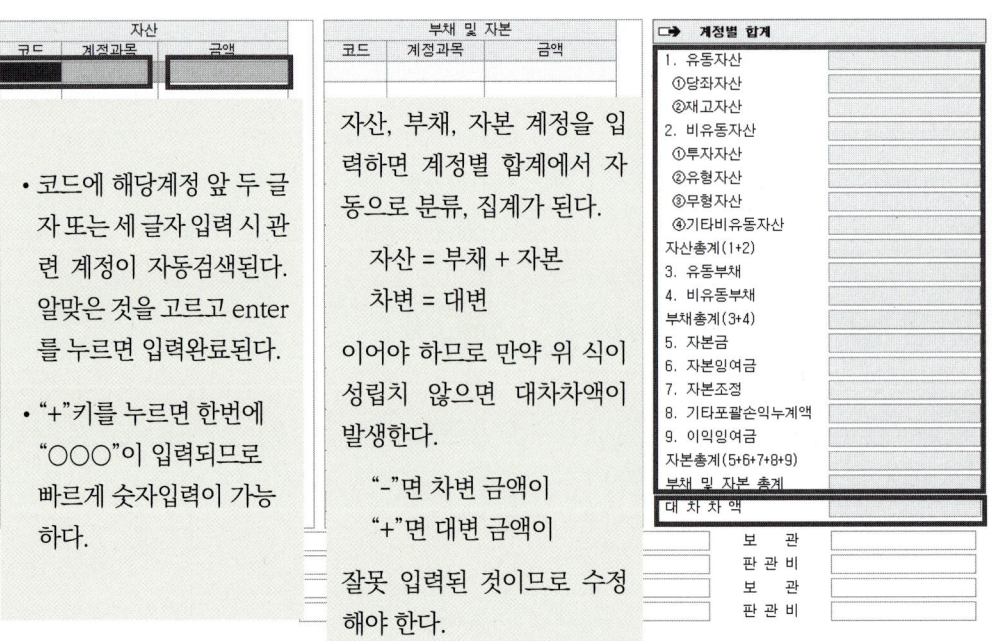

3 전기분 재무상태표 자료 입력 후 화면

자산

코드	계정과목	금액
0101	현금	16,000,000
0102	당좌예금	68,000,000
0103	보통예금	32,000,000
0108	외상매출금	60,000,000
0109	대손충당금	600,000
0110	받을어음	24,000,000
0111	대손충당금	240,000
0120	미수금	6,000,000
0146	상품	5,500,000
0178	매도가능증권	10,000,000
0181	만기보유증권	4,000,000
0201	토지	100,000,000
0202	건물	200,000,000
0203	감가상각누계액	40,000,000
0206	기계장치	80,000,000
0207	감가상각누계액	12,000,000
0208	차량운반구	30,000,000
0209	감가상각누계액	2,000,000
0212	비품	7,000,000
0232	임차보증금	6,200,000
	차 변 합 계	593,860,000

부채 및 자본

코드	계정과목	금액
0251	외상매입금	38,000,000
0252	지급어음	26,000,000
0253	미지급금	30,000,000
0260	단기차입금	8,000,000
0293	장기차입금	11,000,000
0295	퇴직급여충당부채	7,500,000
0331	자본금	120,000,000
0341	주식발행초과금	60,000,000
0351	이익준비금	25,000,000
0375	이월이익잉여금	268,360,000
	대 변 합 계	593,860,000

계정별 합계

1. 유동자산	210,660,000
①당좌자산	205,160,000
②재고자산	5,500,000
2. 비유동자산	383,200,000
①투자자산	14,000,000
②유형자산	363,000,000
③무형자산	
④기타비유동자산	6,200,000
자산총계(1+2)	593,860,000
3. 유동부채	102,000,000
4. 비유동부채	18,500,000
부채총계(3+4)	120,500,000
5. 자본금	120,000,000
6. 자본잉여금	60,000,000
7. 자본조정	
8. 기타포괄손익누계액	
9. 이익잉여금	293,360,000
자본총계(5+6+7+8+9)	473,360,000
부채 및 자본 총계	593,860,000
대 차 차 액	

퇴직급여충당부채(295) : 제 조 4,500,000 도 급 보 관
분 양 운 송 판 관 비 3,000,000

퇴직연금충당부채(329) : 제 조 도 급 보 관
분 양 운 송 판 관 비

계정코드도움 — 대손충당금

코드	계정명	참고
0109	대손충당금	외상매출금
0111	대손충당금	받을어음
0113	대손충당금	공사미수금
0115	대손충당금	단기대여금
0117	대손충당금	미수수익
0119	대손충당금	분양미수금
0121	대손충당금	미수금
0126	대손충당금	용역미수금
0132	대손충당금	선급금
0180	대손충당금	장기대여금
0237	대손충당금	장기외상매출금
0240	대손충당금	장기받을어음
0243	대손충당금	장기미수금

계정코드도움 — 감가상각누계액

코드	계정명	참고
0196	감가상각누계액	설비장치
0198	감가상각누계액	사용자설정계정과목
0200	감가상각누계액	건설용장비
0203	감가상각누계액	건물
0205	감가상각누계액	구축물
0207	감가상각누계액	기계장치
0209	감가상각누계액	차량운반구
0211	감가상각누계액	공구와기구
0213	감가상각누계액	비품
0216	감가상각누계액	미착기계

① 대손충당금은 "해당 채권 코드 + 1번"이다(또는 계정코드도움 참고를 보고 확인가능). 외상매출금은 108번이므로 관련대손충당금 코드는 109번이 되며, 받을어음은 110번이므로 관련대손충당금 코드는 111번이 된다.

② 매도가능증권과 만기보유증권의 경우 계정검색을 하면 계정코드가 2개씩 검색된다. 특별한 언급이 없다면 178번과 181번을 사용한다.(동 증권들은 비유동자산임)

③ 감가상각누계액도 "해당 유형자산 코드 + 1번"이다(또는 계정코드도움 참고를 보고 확인가능). 건물, 기계장치, 차량운반구 코드가 각각 202번, 206번, 208번이므로 해당 자산의 감가상각누계액 코드는 203번, 207번, 209번이 된다.

④ 퇴직급여충당부채 입력 시 화면 하단에 있는 "제조"와 "판관비"란에 추가적인 세부금액을 입력해야 한다. 잘못 입력한 경우 F5를 눌러 퇴직급여충당부채 계정을 삭제 후 재입력하면 된다.

⑤ 이월이익잉여금은 375번 코드를 사용해야 한다.

⑥ 자산과 부채, 자본의 합계액은 일치하므로, 대차차액이 없다. 만약 대차차액금액이 있다면, 금액의 차이를 확인하여 수정한다. 모든 항목을 입력 후 화면 상단 위쪽의 "나가기" 버튼을 누르면 전기분재무상태표창이 닫힌다.

§ 전기분 재무상태표에 재고자산(원재료, 재공품, 제품)금액을 입력하게 되면 원재료, 재공품 금액은 "전기분원가명세서"에 반영되고 제품 금액은 "전기분손익계산서"에 반영된다.(6. 전기분 재무제표 수정문제를 참고할 것)

3 전기분원가명세서 입력

1 아래 자료를 바탕으로 (주)그레이스의 전기분원가명세서를 입력하시오.

자료1 원재료비 입력자료

제5기 2020.12.31 현재 (단위 : 원)

계정과목	금액	
Ⅰ. 원재료비		92,500,000
기초원재료재고액	15,000,000	
당기원재료매입액	80,000,000	
매입환출 및 에누리	(1,500,000)	
매입할인	(1,000,000)	

자료2 노무비, 경비 입력자료

2020년 1월 1일 ~ 2020년 12월 31일 (단위 : 원)

계정과목	금액
Ⅰ. 재료비(위 자료 참고)	92,500,000
Ⅱ. 노무비	20,000,000
임금	20,000,000
Ⅲ. 경비	22,400,000
복리후생비	3,000,000
가스수도료	3,200,000
전력비	5,000,000
세금과공과	2,500,000
감가상각비	3,500,000
수선비	1,700,000
보험료	1,100,000
차량유지비	2,000,000
소모품비	400,000
Ⅳ. 당기총제조원가(비용)	134,900,000
Ⅴ. 기초재공품재고액	15,100,000
Ⅵ. 합계	150,000,000
Ⅶ. 기말재공품재고액	–
Ⅷ. 타계정으로 대체액	–
Ⅸ. 당기제품제조원가	150,000,000

2 전기분원가명세서 입력방법

(1) 메인화면 "전기분원가명세서" 메뉴를 클릭 후, 제시된 내용을 해당 메뉴에 입력한다.

(2) 만약 "매출원가 및 경비선택"창이 뜨면, 맨 처음에 "편집"을 눌러서 "제품매출원가"가 활성화 되도록 "1"을 누르고, 창 하단에 "선택"을 누른 후, "확인"을 눌러서 455번이 사용되게 한다.

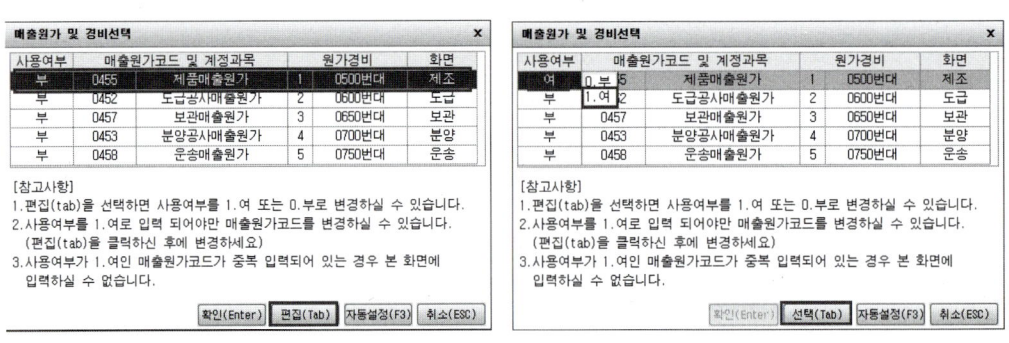

전산회계 1급에서는 제조기업이 대상이 되므로 "제품매출원가"로 설정해야 한다.
매출원가 및 경비선택이 잘못된 경우에는 전기분원가명세서 메인화면 상단에 있는 "원가설정"을 눌러서 다시 설정한다.

```
0500번대 제조
┌──────┬──────────┬──────────┐
│ 코드 │ 계정과목 │   금액   │
├──────┼──────────┼──────────┤
```

- 코드에 해당계정 앞 두 글자 또는 세 글자 입력 시 관련 계정이 자동검색된다. 알맞은 것을 고르고 enter를 누르면 입력완료된다.

- "+"키를 누르면 한번에 "○○○"이 입력되므로 빠르게 숫자입력이 가능하다.

- 전기분원가명세서 항목을 입력하면 자동으로 합계가 계산된다.

➡	계 정 별 합 계	
1. 원재료비		
2. 부재료비		
3. 노무비		
4. 경비		
5. 당기총제조비용		
6. 기초재공품재고액		
7. 타계정에서대체액		
8. 합 계		
9. 기말재공품재고액		
10. 타계정으로대체액		
11. 당기제품제조원가		

3 입력 후 화면

0500번대 제조

코드	계정과목	금액
0501	원재료비	92,500,000
0504	임금	20,000,000
0511	복리후생비	3,000,000
0515	가스수도료	3,200,000
0516	전력비	5,000,000
0517	세금과공과	2,500,000
0518	감가상각비	3,500,000
0520	수선비	1,700,000
0521	보험료	1,100,000
0522	차량유지비	2,000,000
0530	소모품비	400,000

➡	계 정 별 합 계	
1. 원재료비		92,500,000
2. 부재료비		
3. 노무비		20,000,000
4. 경비		22,400,000
5. 당기총제조비용		134,900,000
6. 기초재공품재고액		15,100,000
7. 타계정에서대체액		
8. 합 계		150,000,000
9. 기말재공품재고액		
10. 타계정으로대체액		
11. 당기제품제조원가		150,000,000

원재료		x
기초원재료재고액		15,000,000
당기원재료매입액	+	80,000,000
매입환출및에누리	-	1,500,000
매 입 할 인	-	1,000,000
타계정에서대체액	+	
타계정으로대체액	-	
원재료평가손실	+	
원재료평가환입	-	
기말원재료재고액	-	
원 재 료 비	=	92,500,000

확인(Tab)

- 원재료비 계정을 입력하면 새 창이 하나 뜨는데, 여기에 기초원재료재고, 당기원재료매입, 매입환출및에누리, 매입할인을 입력한다.

- 기말원재료재고액은 "전기분재무상태표"에서 넘어오는 자료이므로 입력이 되지 않는다. 수정하려면 "전기분재무상태표"에서 재고입력해야 한다.

✏️ 추가 고려사항

① 계정코드를 모를 경우 F2키를 눌러서 계정을 찾거나, 계정코드 입력창에 직접 계정명을 쓸 수도 있다. 이렇게 할 경우 관련된 계정코드가 자동으로 검색된다.
② 숫자 입력 시 "+"키를 누르면 한 번에 "000"를 입력할 수 있어서 편리하다. 중간에 계정을 누락한 경우 맨 밑에 입력하면 된다.
③ 모든 항목을 입력 후 화면 상단 위쪽의 "나가기" 버튼을 누르면 전기분원가명세서창이 닫힌다.
④ 11. 당기제품제조원가 금액은 손익계산서의 "당기제품제조원가"와 연결된다.
⑤ 6.전기분 재무제표 수정문제를 통하여 기말원재료재고액과 기말재공품재고액이 입력될 경우 전기분원가명세서가 어떻게 바뀌는지 확인할 것이다.

4 전기분 손익계산서 입력

1 다음 자료를 "전기분 손익계산서" 메뉴에 입력하라.

전기분 손익계산서

회사명: (주)그레이스　　제5기 2020.1.1 ~ 2020.12.31　　(단위 : 원)

과목	금액	과목	금액
Ⅰ. 매출액	400,000,000	보험료	1,200,000
제품매출	400,000,000	차량유지비	1,500,000
Ⅱ. 제품매출원가	180,000,000	운반비	900,000
기초 제품 재고액	30,000,000	도서인쇄비	800,000
당기제품제조원가	150,000,000	소모품비	1,000,000
기말 제품 재고액	–	수수료비용	1,900,000
Ⅲ. 매출총이익	220,000,000	대손상각비	4,300,000
Ⅳ. 판매비 와 관리비	100,000,000	Ⅴ. 영업이익	120,000,000
급여	50,000,000	Ⅵ. 영업외수익	1,200,000
복리후생비	8,900,000	이자수익	1,000,000
여비교통비	5,000,000	채무면제이익	200,000
접대비	6,000,000	Ⅶ. 영업외비용	1,900,000
통신비	2,500,000	이자비용	1,200,000
수도광열비	2,200,000	기부금	700,000
세금과 공과금	3,000,000	Ⅷ. 법인세비용차감전순이익	119,300,000
감가상각비	7,000,000	Ⅸ. 법인세비용	19,300,000
임차료	3,800,000	Ⅹ. 당기순이익	100,000,000

2 전기분 손익계산서 입력방법

메인화면 "전기분손익계산서" 메뉴를 클릭 후, 제시된 자료를 해당 메뉴에 입력한다.

재무회계

전표입력	기초정보관리	장부관리	결산/재무제표
일반전표입력	회사등록	거래처원장	결산자료입력
매입매출전표입력	거래처등록	거래처별계정과목별원장	합계잔액시산표
전자세금계산서발행	계정과목및적요등록	계정별원장	재무상태표
	환경등록	현금출납장	손익계산서
		일계표(월계표)	제조원가명세서
		분개장	이익잉여금처분계산서
		총계정원장	현금흐름표
		매입매출장	자본변동표
		세금계산서(계산서)현황	결산부속명세서
		전표출력	

전기분재무제표	고정자산및감가상각	자금관리	데이터관리
전기분재무상태표	고정자산등록	받을어음현황	데이터백업
전기분손익계산서	미상각분감가상각비	지급어음현황	회사코드변환
전기분원가명세서	양도자산감가상각비	일일자금명세(경리일보)	회사기수변환
전기분잉여금처분계산서	고정자산관리대장	예적금현황	기타코드변환
거래처별초기이월			데이터체크
마감후이월			데이터저장및압축

코드	계정과목	금액

계정별합계

1. 매출
2. 매출원가
3. 매출총이익(1-2)
4. 판매비와관리비
5. 영업이익(3-4)
6. 영업외수익
7. 영업외비용
8. 법인세비용차감전순이익(5+6-7)
9. 법인세비용
10. 당기순이익(8-9)
11. 주당이익(10/주식수)

- 코드에 해당계정 앞 두 글자 또는 세 글자 입력 시 관련 계정이 자동검색된다. 알맞은 것을 고르고 enter를 누르면 입력완료된다.

- "+"키를 누르면 한번에 "000"이 입력되므로 빠르게 숫자입력이 가능하다.

- 손익계산서 항목을 입력하면 자동으로 합계가 계산된다.

3 입력 후 화면

코드	계정과목	금액
0404	제품매출	400,000,000
0455	제품매출원가	180,000,000
0801	급여	50,000,000
0811	복리후생비	8,900,000
0812	여비교통비	5,000,000
0813	접대비	6,000,000
0814	통신비	2,500,000
0815	수도광열비	2,200,000
0817	세금과공과	3,000,000
0818	감가상각비	7,000,000
0819	임차료	3,800,000
0821	보험료	1,200,000
0822	차량유지비	1,500,000
0824	운반비	900,000
0826	도서인쇄비	800,000
0830	소모품비	1,000,000
0831	수수료비용	1,900,000
0835	대손상각비	4,300,000
0901	이자수익	1,000,000
0918	채무면제이익	200,000
0951	이자비용	1,200,000
0953	기부금	700,000
0998	법인세비용	19,300,000

계 정 별 합 계	
1.매출	400,000,000
2.매출원가	180,000,000
3.매출총이익(1-2)	220,000,000
4.판매비와관리비	100,000,000
5.영업이익(3-4)	120,000,000
6.영업외수익	1,200,000
7.영업외비용	1,900,000
8.법인세비용차감전순이익(5+6-7)	119,300,000
9.법인세비용	19,300,000
10.당기순이익(8-9)	100,000,000
11.주당이익(10/주식수)	

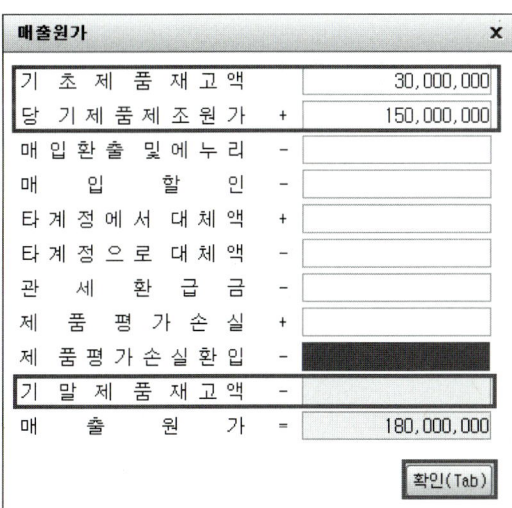

- 제품매출원가 계정을 입력하면 새로운 창이 하나 뜨는데, 해당 창에 기초제품 재고액, 당기제품제조원가를 입력한다.

- 전기분원가명세서상 "당기제품제조원가"와 전기분손익계산서상 "당기제품제조원가"는 동일한 금액이어야 한다.(서로 연결됨)

- 기말제품재고액은 전기분 재무상태표에 표시된 금액이 자동반영된다.(차후 입력)

- 계정코드를 모를 경우: "F2"키 사용 또는 계정코드 입력창에 직접 계정명을 입력
- 숫자 입력 시 "+"키를 누르면 한 번에 "000"를 입력할 수 있어서 편리하다.
- 중간에 계정을 누락한 경우 맨 밑에 입력하면 된다.
- 모든 항목을 입력 후 화면 상단 위쪽의 "나가기" 버튼을 누르면 전기분손익계산서창이 닫힌다.

5 전기분 이익잉여금처분계산서 입력

1 다음 자료를 "전기분잉여금처분계산서" 메뉴에 입력하시오.

이익잉여금처분계산서

제5기 2020년 1월 1일부터 2020년 12월 31일까지

처분확정일 2021년 3월 15일 (단위 : 원)

과목	금액	
Ⅰ. 미처분이익잉여금		268,360,000
전기이월이익잉여금	168,360,000	
당기순이익	100,000,000	
Ⅱ. 임의적립금등의이입액		3,000,000
사업확장적립금	3,000,000	
Ⅲ. 이익잉여금처분액		79,000,000
이익준비금	4,000,000	
재무구조개선적립금	12,000,000	
배당금		
현금배당	40,000,000	
주식배당	10,000,000	
배당평균적립금	5,000,000	
기업합리화적립금	8,000,000	
Ⅳ. 차기이월이익잉여금		192,360,000

2 전기분잉여금처분계산서 입력방법

메인 화면에서 "전기분잉여금처분계산서" 메뉴를 클릭 후, 해당 메뉴를 이용하여 주어진 자료를 입력한다.

재무회계

전표입력	기초정보관리	장부관리	결산/재무제표
일반전표입력	회사등록	거래처원장	결산자료입력
매입매출전표입력	거래처등록	거래처별계정과목별원장	합계잔액시산표
전자세금계산서발행	계정과목및적요등록	계정별원장	재무상태표
	환경등록	현금출납장	손익계산서
		일계표(월계표)	제조원가명세서
		분개장	이익잉여금처분계산서
		총계정원장	현금흐름표
		매입매출장	자본변동표
		세금계산서(계산서)현황	결산부속명세서
		전표출력	

전기분 재무제표	고정자산및감가상각	자금관리	데이터관리
전기분재무상태표	고정자산등록	받을어음현황	데이터백업
전기분손익계산서	미상각분감가상각비	지급어음현황	회사코드변환
전기분원가명세서	양도자산감가상각비	일일자금명세(경리일보)	회사기수변환
전기분잉여금처분계산서	고정자산관리대장	예적금현황	기타코드변환
거래처별초기이월			데이터체크
마감후이월			데이터저장및압축

입력 시 유의사항

① 전기분재무상태표상의 375.이월이익잉여금 금액과 전기분잉여금처분계산서상의 Ⅰ.미처분이익잉여금 잔액이 같아야 한다. 비교해 보면 둘 다 268,360,000원으로 동일하다.
② 임의적립금 이입 시에 "사업확장적립금"이라고 쓴 다음, 코드에 "사업확장적립금"계정을 검색하여 입력한다.
③ 상법에 의하여 이익준비금은 금전배당의 최소 10%를 적립해야 한다. 문제에서 제시된 금액은 금전배당의 10%이므로 상법규정에 부합한다.
④ 8.기업합리화적립금 적립을 입력하려면 입력하고자 하는 칸 바로 밑의 칸을 클릭 후, "F4(칸추가)"를 눌러 새로운 줄을 추가 후 "기업합리화적립금"계정과 금액을 입력한다.

3 입력 후 화면

과목	계정과목명		제 5(전)기 2020년01월01일~2020년12월31일	
			금액	
	코드	계정과목	입력금액	합계
I.미처분이익잉여금				268,360,000
1.전기이월미처분이익잉여금			168,360,000	
2.회계변경의 누적효과	0369	회계변경의누적효과		
3.전기오류수정이익	0370	전기오류수정이익		
4.전기오류수정손실	0371	전기오류수정손실		
5.중간배당금	0372	중간배당금		
6.당기순이익			100,000,000	
II.임의적립금 등의 이입액				3,000,000
1.사업확장적립금	0356	사업확장적립금	3,000,000	
2.				
합계(I + II)				271,360,000
III.이익잉여금처분액				79,000,000
1.이익준비금	0351	이익준비금	4,000,000	
2.재무구조개선적립금	0354	재무구조개선적립금	12,000,000	
3.주식할인발행차금상각액	0381	주식할인발행차금		
4.배당금			50,000,000	
가.현금배당	0265	미지급배당금	40,000,000	
주당배당금(률)		보통주(원/%)		
		우선주(원/%)		
나.주식배당	0387	미교부주식배당금	10,000,000	
주당배당금(률)		보통주(원/%)		
		우선주(원/%)		
5.사업확장적립금	0356	사업확장적립금		
6.감채적립금	0357	감채적립금		
7.배당평균적립금	0358	배당평균적립금	5,000,000	
8.기업합리화적립금	0352	기업합리화적립금	8,000,000	
IV.차기이월미처분이익잉여금				192,360,000

처분확정일자: 2021년 3월 15일
< F4 삽입, F5 삭제 가능 >

지금 입력한 전기분이익잉여금처분계산서는 2021년에 주주총회를 통하여 확정되고, 동 사항들이 실행되어야 하나, 수험목적상 입력한 것이므로 일반전표입력에 반영하지 않는다.

6 전기분 재무제표 수정문제

1 아래 사항을 참고하여 관련된 전기분 재무제표를 모두 수정할 것

(1) 전기분재무상태표에 원재료 7,000,000원, 재공품 5,000,000원, 제품 10,000,000원을 추가 입력할 것

(2) 전기분원가명세서에 다음의 금액을 추가입력할 것(상대계정으로 미지급금을 쓸 것)

계정과목	금액
통신비	2,200,000
수수료비용	800,000
합계	3,000,000

(3) 이자비용 중 500,000원이 건설 중인 자산으로 대체되어야 함

(4) 본사건물 감가상각비 2,400,000원과 감가상각누계액 2,400,000원이 각각 과다하게 입력되어 있다.

(5) 전기분 손익계산서를 검토한 결과 다음과 같은 오류를 발견하였다. 전기분 손익계산서를 수정하시오.

손익계산서항목	틀린금액	맞는금액	비고
복리후생비	8,900,000원	7,800,000원	입력오류
수선비	-	1,100,000원	입력누락

(6) 전기분 원가명세서에 입력된 내용 중 가스수도료가 3,200,000원이 아니라 2,500,000원이고 세금과공과가 2,500,000원이 아니고 3,200,000원이다. 이를 수정하여 입력하시오.

2 정답

(1) 전기분 재무상태표에서 건물감가상각누계액을 2,400,000원 감소시키고, 원재료, 재공품, 제품 및 건설 중인자산 금액을 추가입력한다.

	자산			부채 및 자본			계정별 합계	
코드	계정과목	금액	코드	계정과목	금액			
0101	현금	16,000,000	0251	외상매입금	38,000,000	1. 유동자산		232,660,000
0102	당좌예금	68,000,000	0252	지급어음	26,000,000	①당좌자산		205,160,000
0103	보통예금	32,000,000	0253	미지급금	30,000,000	②재고자산		27,500,000
0108	외상매출금	60,000,000	0260	단기차입금	8,000,000	2. 비유동자산		386,100,000
0109	대손충당금	600,000	0293	장기차입금	11,000,000	①투자자산		14,000,000
0110	받을어음	24,000,000	0295	퇴직급여충당부채	7,500,000	②유형자산		365,900,000
0111	대손충당금	240,000	0331	자본금	120,000,000	③무형자산		
0120	미수금	6,000,000	0341	주식발행초과금	60,000,000	④기타비유동자산		6,200,000
0146	상품	5,500,000	0351	이익준비금	25,000,000	자산총계(1+2)		618,760,000
0178	매도가능증권	10,000,000	0375	이월이익잉여금	268,360,000	3. 유동부채		102,000,000
0181	만기보유증권	4,000,000				4. 비유동부채		18,500,000
0201	토지	100,000,000				부채총계(3+4)		120,500,000
0202	건물	200,000,000				5. 자본금		120,000,000
0203	감가상각누계액	37,600,000				6. 자본잉여금		60,000,000
0206	기계장치	80,000,000				7. 자본조정		
0207	감가상각누계액	12,000,000				8. 기타포괄손익누계액		
0208	차량운반구	30,000,000				9. 이익잉여금		293,360,000
0209	감가상각누계액	2,000,000				자본총계(5+6+7+8+9)		473,360,000
0212	비품	7,000,000				부채 및 자본 총계		593,860,000
0232	임차보증금	6,200,000				대 차 차 액		24,900,000
0153	원재료	7,000,000						
0169	재공품	5,000,000						
0150	제품	10,000,000						
0214	건설중인자산	500,000						
	차 변 합 계	618,760,000		대 변 합 계	593,860,000			

(2) 기말원재료금액이 전기분재무상태표에서 입력되었기 때문에 원재료비가 85,500,000원으로 변한 것을 확인할 수 있고, 그 결과 당기총제조비용도 변하였다. 통신비와 수수료비용을 추가입력하였으며, 기말재공품액이 전기분재무상태표에서 입력되었기 때문에 "당기제품제조원가"금액도 달라졌다.

0500번대 제조

코드	계정과목	금액
0501	원재료비	85,500,000
0504	임금	20,000,000
0511	복리후생비	3,000,000
0515	가스수도료	3,200,000
0516	전력비	5,000,000
0517	세금과공과	2,500,000
0518	감가상각비	3,500,000
0520	수선비	1,700,000
0521	보험료	1,100,000
0522	차량유지비	2,000,000
0530	소모품비	400,000
0514	통신비	2,200,000
0531	수수료비용	800,000

계 정 별 합 계	
1. 원재료비	85,500,000
2. 부재료비	
3. 노무비	20,000,000
4. 경비	25,400,000
5. 당기총제조비용	130,900,000
6. 기초재공품재고액	15,100,000
7. 타계정에서대체액	
8. 합 계	146,000,000
9. 기말재공품재고액	5,000,000
10. 타계정으로대체액	
11. 당기제품제조원가	141,000,000

매출원가		x
기 초 제 품 재 고 액		30,000,000
당 기 제 품 제 조 원 가 +		141,000,000
매 입 환 출 및 에 누 리 -		
매 입 할 인 -		
타 계 정 에 서 대 체 액 +		
타 계 정 으 로 대 체 액 -		
관 세 환 급 금 -		
제 품 평 가 손 실 +		
제 품 평 가 손 실 환 입 -		
기 말 제 품 재 고 액 -		10,000,000
매 출 원 가 =		161,000,000

확인(Tab)

- 전기분손익계산서에서 제품매출원가를 클릭하면 다음과 같은 창이 뜨는 바, 당기제품제조원가를 141,000,000원으로 재입력한다 (전기분원가명세서상 금액임).

- 기말제품재고액이 전기분재무상태표에서 자동반영되어 매출원가가 변경된다.

(3) 감가상각비와 이자비용을 각각 2,400,000원, 500,000원 감소시킨다. 그 결과 당기순이익금액이 달라졌음을 확인할 수 있다.

코드	계정과목	금액
0404	제품매출	400,000,000
0455	제품매출원가	161,000,000
0801	급여	50,000,000
0811	복리후생비	8,900,000
0812	여비교통비	5,000,000
0813	접대비	6,000,000
0814	통신비	2,500,000
0815	수도광열비	2,200,000
0817	세금과공과	3,000,000
0818	감가상각비	4,600,000
0819	임차료	3,800,000
0821	보험료	1,200,000
0822	차량유지비	1,500,000
0824	운반비	900,000
0826	도서인쇄비	800,000
0830	소모품비	1,000,000
0831	수수료비용	1,900,000
0835	대손상각비	4,300,000
0901	이자수익	1,000,000
0918	채무면제이익	200,000
0951	이자비용	700,000
0953	기부금	700,000
0998	법인세비용	19,300,000

계정별합계	
1.매출	400,000,000
2.매출원가	161,000,000
3.매출총이익(1-2)	239,000,000
4.판매비와관리비	97,600,000
5.영업이익(3-4)	141,400,000
6.영업외수익	1,200,000
7.영업외비용	1,400,000
8.법인세비용차감전순이익(5+6-7)	141,200,000
9.법인세비용	19,300,000
10.당기순이익(8-9)	121,900,000
11.주당이익(10/주식수)	

(4) 전기분손익계산서상 당기순이익을 전기분잉여금처분계산서에 입력한다. 그 결과 미처분 이익잉여금 금액이 달라졌다. 290,260,000원을 전기분재무상태표상 375.이월이익잉여금에 입력하여 마무리짓는다.

과목	코드	계정과목	입력금액	합계
I.미처분이익잉여금				290,260,000
1.전기이월미처분이익잉여금			168,360,000	
2.회계변경의 누적효과	0369	회계변경의누적효과		
3.전기오류수정이익	0370	전기오류수정이익		
4.전기오류수정손실	0371	전기오류수정손실		
5.중간배당금	0372	중간배당금		
6.당기순이익			121,900,000	

(5) 전기분원가명세서에 추가입력했던 비용 3,000,000원에 대한 상대계정은 미지급금이므로 동 계정금액을 3,000,000원 늘려서 대차차액을 없앤다.

자산			부채 및 자본			계정별 합계	
코드	계정과목	금액	코드	계정과목	금액		
0101	현금	16,000,000	0251	외상매입금	38,000,000	1. 유동자산	232,660,000
0102	당좌예금	68,000,000	0252	지급어음	26,000,000	①당좌자산	205,160,000
0103	보통예금	32,000,000	0253	미지급금	33,000,000	②재고자산	27,500,000
0108	외상매출금	60,000,000	0260	단기차입금	8,000,000	2. 비유동자산	386,100,000
0109	대손충당금	600,000	0293	장기차입금	11,000,000	①투자자산	14,000,000
0110	받을어음	24,000,000	0295	퇴직급여충당부채	7,500,000	②유형자산	365,900,000
0111	대손충당금	240,000	0331	자본금	120,000,000	③무형자산	
0120	미수금	6,000,000	0341	주식발행초과금	60,000,000	④기타비유동자산	6,200,000
0146	상품	5,500,000	0351	이익준비금	25,000,000	자산총계(1+2)	618,760,000
0150	제품	10,000,000	0375	이월이익잉여금	290,260,000	3. 유동부채	105,000,000
0153	원재료	7,000,000				4. 비유동부채	18,500,000
0169	재공품	5,000,000				부채총계(3+4)	123,500,000
0178	매도가능증권	10,000,000				5. 자본금	120,000,000
0181	만기보유증권	4,000,000				6. 자본잉여금	60,000,000
0201	토지	100,000,000				7. 자본조정	
0202	건물	200,000,000				8. 기타포괄손익누계액	
0203	감가상각누계액	37,600,000				9. 이익잉여금	315,260,000
0206	기계장치	80,000,000				자본총계(5+6+7+8+9)	495,260,000
0207	감가상각누계액	12,000,000				부채 및 자본 총계	618,760,000
0208	차량운반구	30,000,000				대 차 차 액	
0209	감가상각누계액	2,000,000					
0212	비품	7,000,000					
0214	건설중인자산	500,000					

(6) 전기분손익계산서 항목 중 복리후생비와 수선비 금액을 수정한다.

코드	계정과목	금액
0404	제품매출	400,000,000
0455	제품매출원가	161,000,000
0801	급여	50,000,000
0811	복리후생비	7,800,000
0812	여비교통비	5,000,000
0813	접대비	6,000,000
0814	통신비	2,500,000
0815	수도광열비	2,200,000
0817	세금과공과	3,000,000
0818	감가상각비	4,600,000
0819	임차료	3,800,000
0821	보험료	1,200,000
0822	차량유지비	1,500,000
0824	운반비	900,000
0826	도서인쇄비	800,000
0830	소모품비	1,000,000
0831	수수료비용	1,900,000
0835	대손상각비	4,300,000
0901	이자수익	1,000,000
0918	채무면제이익	200,000
0951	이자비용	700,000
0953	기부금	700,000
0998	법인세비용	19,300,000
0820	수선비	1,100,000

계 정 별 합 계	
1.매출	400,000,000
2.매출원가	161,000,000
3.매출총이익(1-2)	239,000,000
4.판매비와관리비	97,600,000
5.영업이익(3-4)	141,400,000
6.영업외수익	1,200,000
7.영업외비용	1,400,000
8.법인세비용차감전순이익(5+6-7)	141,200,000
9.법인세비용	19,300,000
10.당기순이익(8-9)	121,900,000
11.주당이익(10/주식수)	

(7) 전기분원가명세서 항목 중 가스수도료와 세금과공과 항목을 수정한다.

0500번대 제조

코드	계정과목	금액
0501	원재료비	85,500,000
0504	임금	20,000,000
0511	복리후생비	3,000,000
0514	통신비	2,200,000
0515	가스수도료	2,500,000
0516	전력비	5,000,000
0517	세금과공과	3,200,000

계 정 별 합 계	
1.원재료비	85,500,000
2.부재료비	
3.노무비	20,000,000
4.경비	25,400,000

◎ 전기분 재무제표에 대한 모든 입력이 끝나면 화면 상단 오른쪽에 있는 "나가기 버튼"을 눌러 창을 닫고 메인화면으로 간다.

Chapter 04 | 거래처등록, 계정과목및적요등록, 거래처별초기이월

1 (주)그레이스 거래처 입력

1 아래의 자료를 보고 (주)그레이스의 일반거래처를 입력하라.

(1) 일반거래처

코드	1101	1102	1103	1104
거래처명	(주)금강가구	(주)대강	(주)왕명	오승필
사업자 등록번호	133-81-26371	120-85-48310	114-81-12541	791225-1562386
대표자성명	김창원	박종진	이명성	
업태	제조	도매	제조	
종목	사무기기	컴퓨터	전자부품	
사업장 주소	서울특별시 강서구 까치산로4길 3	서울특별시 강남구 선릉로112길 54	경기도 화성시 향남읍 삼천병마로 238	

⑤ 유형은 "동시"로 하며, 우편번호는 생략한다.

(2) 금융기관, 신용카드 거래처

코드	98006	99700
거래처명	명보은행	삼진카드
계좌번호 (가맹점번호)	1001-222-200200	765004501
유형	1.보통예금	1.매출

⑤ 삼진카드 입력 시 직불, 기명식 선불전자지급수단은 "부"로 표시할 것

2 거래처등록 입력방법

메인화면에서 거래처등록 메뉴를 누른 후, 해당 메뉴의 기능을 이용하여 주어진 자료를 입력한다.

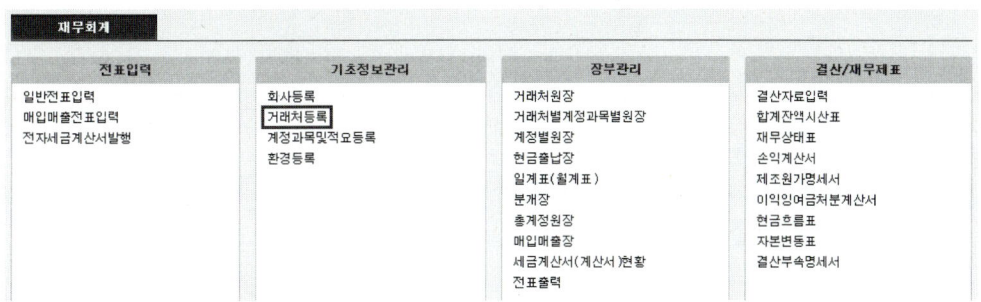

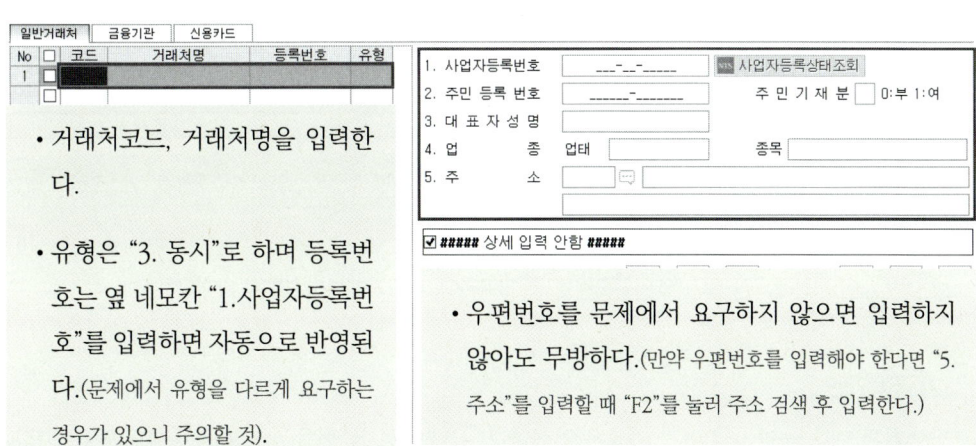

- 거래처코드, 거래처명을 입력한다.
- 유형은 "3. 동시"로 하며 등록번호는 옆 네모칸 "1.사업자등록번호"를 입력하면 자동으로 반영된다.(문제에서 유형을 다르게 요구하는 경우가 있으니 주의할 것).
- 우편번호를 문제에서 요구하지 않으면 입력하지 않아도 무방하다.(만약 우편번호를 입력해야 한다면 "5. 주소"를 입력할 때 "F2"를 눌러 주소 검색 후 입력한다.)

💡 입력된 주소를 삭제하려면 화면 왼쪽 작은 박스에 체크 후 F5를 누른 후, 삭제하시겠습니까? 메시지가 뜰 때 "예"를 누르면 된다.(입력이 잘못된 경우만 해당)

3 입력 후 화면

(1) 일반거래처

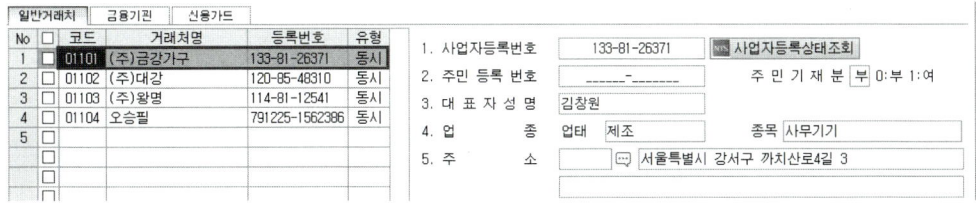

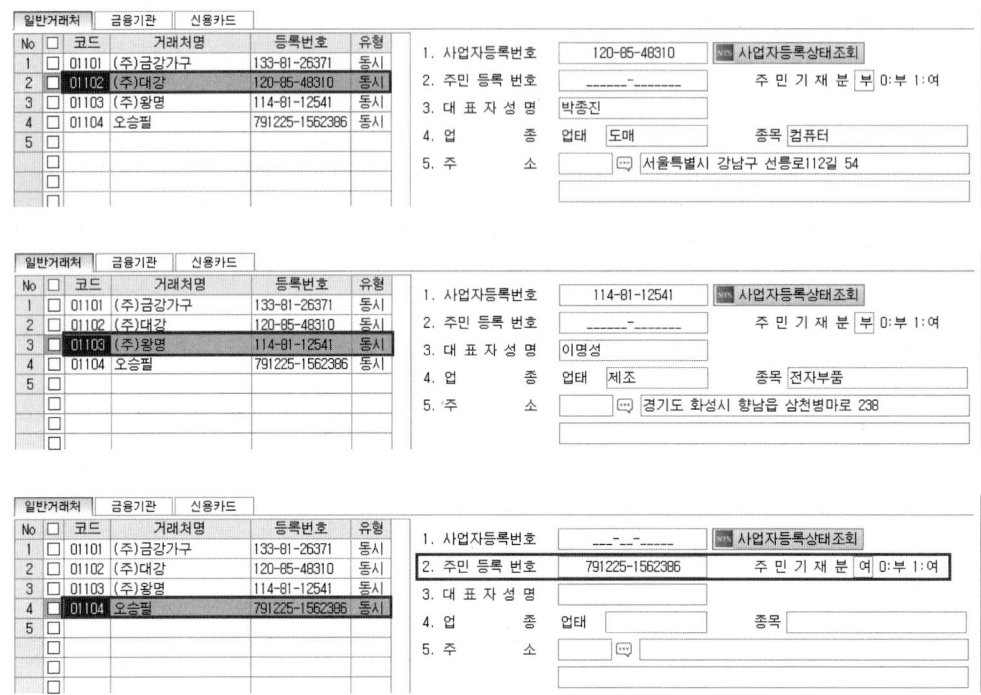

◉ 일반 개인이 거래처인 경우 "주민등록번호"를 입력한다. 주민기재분이 "여"로 바뀐다.

(2) 금융기관

금융기관 탭을 눌러서 주어진 자료를 입력한다. 유형에서 "1"번을 누르면 보통예금으로 선택되고 (다른 번호는 다른 종류의 예금임), 계좌번호를 입력하면 된다.(만약 다른 자료가 제시되면 추가입력하면 된다)

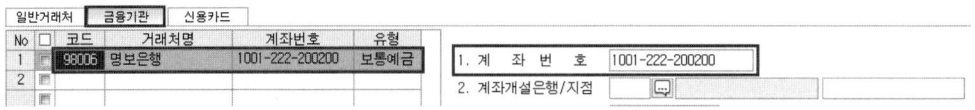

(3) 신용카드

신용카드 탭을 눌러서 주어진 자료를 입력한다. 유형에서 "1"번(매출)을 누르면 가맹점번호입력이 가능하고, "2"번(매입)을 누르면 2.가맹점번호 밑에 있는 "3.카드번호(매입)" 입력이 가능하다.

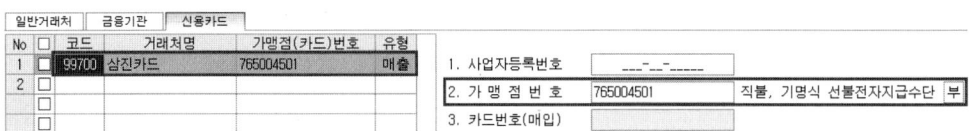

◉ 거래처등록에 대한 모든 입력이 끝나면 화면 상단 오른쪽에 있는 "X"를 눌러 창을 닫고 메인화면으로 간다.

2 계정과목및적요등록

1 아래의 자료를 계정과목및적요등록 메뉴에 입력하시오.

(1) 제조경비 중 기계수선과 관련하여 수선외주용역비의 비중이 크므로 계정과목을 별도로 설정하고자 한다. 아래의 계정과목을 추가 등록하시오.

① 코드 : 537　　② 계정과목 : 수선외주용역비　　③ 성격 : 제조경비

(2) 회사는 판매관리비항목으로 업무추진비 계정과목을 설정하여 사용하려고 한다. 해당항목에 아래의 계정과목을 추가 등록하시오.

① 코드 : 853　　② 계정과목 : 업무추진비　　③ 구분 : 3.경비

(3) 회사는 차량을 운용리스로 임차하였다. "리스보증금"계정을 설정하여 사용하고자 한다. 해당 계정과목명을 수정하고 다음 사항에 등록하시오.

- 코드: 249
- 구분: 3.일반
- 계정과목: 리스보증금
- 현금적요등록사항 1.: 리스차량 임차보증금

(4) (주)그레이스의 제조부 직원 모두 퇴직연금에 가입하기로 하였다. 퇴직급여계정의 대체적요 3번에 '확정기여형퇴직연금납입'을 등록하고, 퇴직연금운용자산계정의 현금적요 1번에 '확정급여형퇴직연금 부담금 납입'을 등록하시오.(기존 계정과목을 사용한다)

2 계정과목및적요등록 입력방법

(1) 메인화면에서 "계정과목및적요등록" 메뉴를 누르면, 입력창이 생성된다.

재무회계			
전표입력	**기초정보관리**	**장부관리**	**결산/재무제표**
일반전표입력	회사등록	거래처원장	결산자료입력
매입매출전표입력	거래처등록	거래처별계정과목별원장	합계잔액시산표
전자세금계산서발행	계정과목및적요등록	계정별원장	재무상태표
	환경등록	현금출납장	손익계산서
		일계표(월계표)	제조원가명세서
		분개장	이익잉여금처분계산서
		총계정원장	현금흐름표
		매입매출장	자본변동표
		세금계산서(계산서)현황	결산부속명세서
		전표출력	

(2) 계정(또는 코드) 검색 시 왼쪽 "계정체계"를 누르거나, "Ctrl+F" 룰 눌러 찾기창을 열어서 입력 또는 수정하고자 하는 계정을 찾고 요구조건을 입력(수정)한다. 계정에 대한 추가설명이 필요할 경우 현금적요 또는 대체적요에 보충설명을 입력한다.

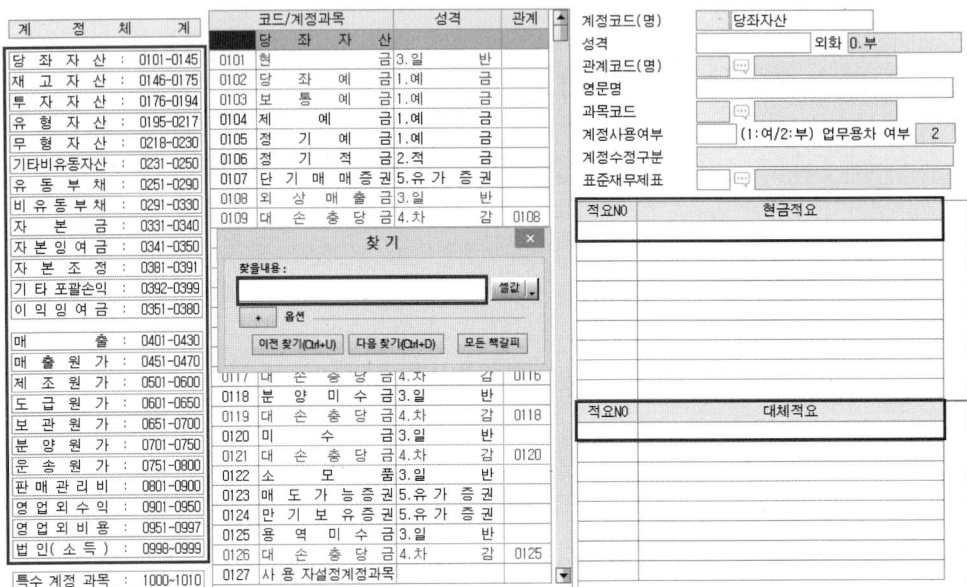

⑤ 계정과목및적요사항을 입력할 때 가장 효율적인 방법이 "Ctrl+F"버튼을 사용하는 것이므로, 문제풀이시 "Ctrl+F" 기능 사용을 권장한다.

3 입력 후 화면

(1) 1번 정답

⑤ "Ctrl+F"버튼을 누른 후, 검색창에 537을 눌러서 계정코드를 찾은 후, 오른쪽 계정코드와 성격에 주어진 자료를 입력한다.

(2) 2번 정답

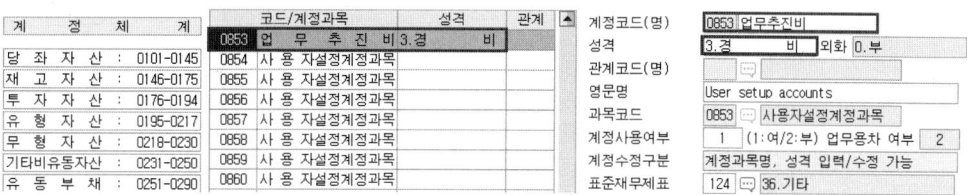

◉ "Ctrl+F"버튼을 누른 후, 검색창에 853을 눌러서 계정코드를 찾은 후, 오른쪽 계정코드와 성격에 주어진 자료를 입력한다.

(3) 3번 정답

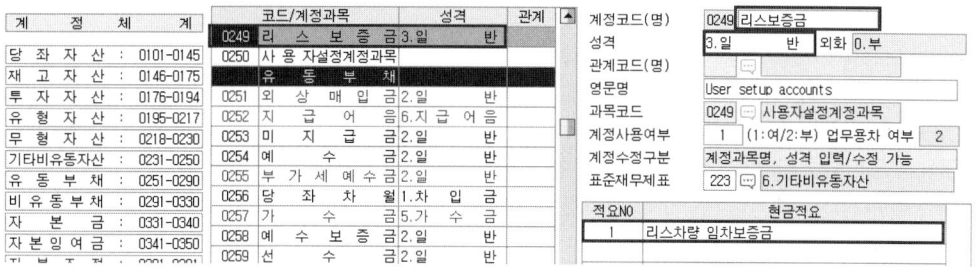

◉ "Ctrl+F"버튼을 누른 후, 검색창에 249을 눌러서 계정코드를 찾은 후, 오른쪽 계정코드와 성격, 현금적요 1번에 주어진 자료를 입력한다.

(4) 4번 정답

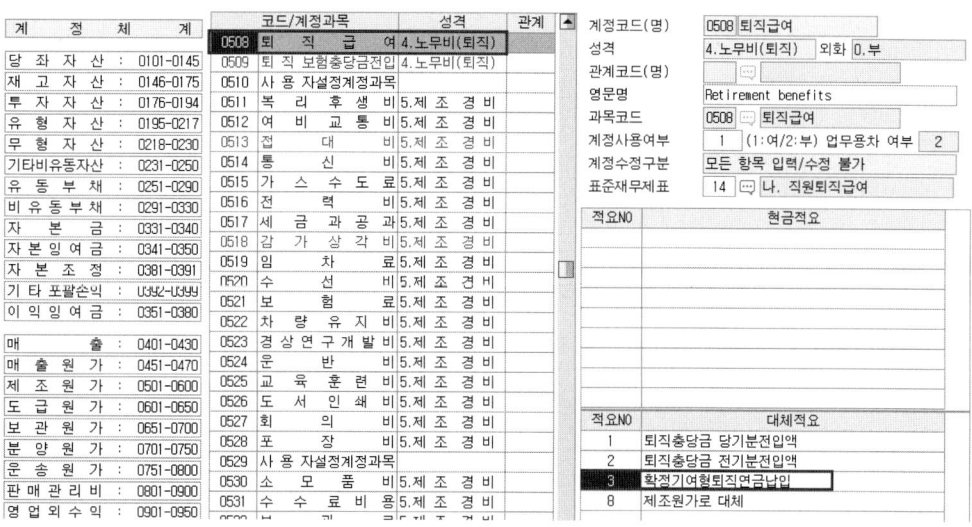

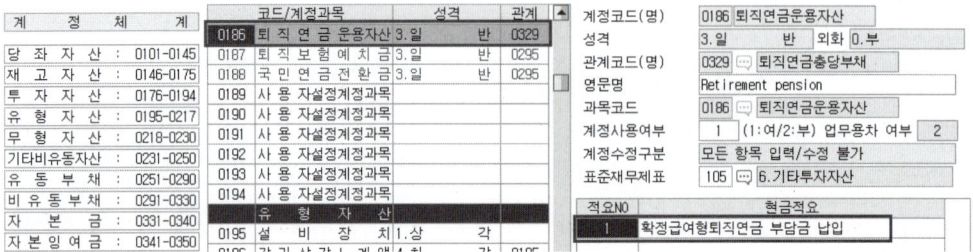

§ 퇴직급여 계정을 검색하되, 제조와 연관이 있으므로 500번대 코드 퇴직급여를 찾고, 대체적요 3번에 문제에 제시된 내용을 입력한다.

§ 계정명칭이 "퇴직연금운용자산"이므로 "Ctrl+F" 룰 눌러 동 계정을 찾는다. 현금적요 1번에 문제에 제시된 내용을 입력한다.

4 추가연습문제

(1) 매도가능증권(178번)계정과목에 대체적요 7번 "비상장주식 매입으로 인한 보통예금인출"로 등록하시오.

(2) 판관비의 임차료 계정과목의 대체적요 7번에 '임차료의 선급비용 대체'를 입력하시오.

(3) 제조경비의 '포장비' 계정과목의 현금적요 5번에 '포장라벨제작비 지급'을 입력하시오.

연습문제 정답
(1) 0178.매도가능증권 대체적요 7번 "비상장주식 매입으로 인한 보통예금 인출" 등록
(2) 계정과목 및 적요등록 메뉴에서 819.임차료(판)계정을 검색하여 대체적요 7번]에 '임차료의 선급비용 대체'를 입력.
(3) 계정과목 및 적요등록메뉴에서 제조원가 528번 포장비계정 현금적요5번에 '포장라벨제작비 지급' 입력

§ 계정과목및적요등록에 대한 모든 입력이 끝나면 화면 상단 오른쪽에 있는 "X"를 눌러 창을 닫고 메인화면으로 간다.

3 거래처별 초기이월

1 (주)그레이스의 거래처별 초기이월 자료를 해당 메뉴에 입력하시오.

계정과목	거래처명	금액
보통예금	명보은행	32,000,000원
외상매출금	(주)금강가구	45,000,000원
	(주)대강	15,000,000원
받을어음	(주)금강가구	24,000,000원
외상매입금	(주)대강	25,000,000원
	(주)왕명	13,000,000원
지급어음	(주)왕명	26,000,000원
미지급금	(주)대강	33,000,000원

2 거래처별 초기이월 입력방법

(1) 메인화면에서 "거래처별초기이월" 메뉴를 클릭한다.

재무회계

전표입력	기초정보관리	장부관리	결산/재무제표
일반전표입력	회사등록	거래처원장	결산자료입력
매입매출전표입력	거래처등록	거래처별계정과목별원장	합계잔액시산표
전자세금계산서발행	계정과목및적요등록	계정별원장	재무상태표
	환경등록	현금출납장	손익계산서
		일계표(월계표)	제조원가명세서
		분개장	이익잉여금처분계산서
		총계정원장	현금흐름표
		매입매출장	자본변동표
		세금계산서(계산서)현황	결산부속명세서
		전표출력	

전기분재무제표	고정자산및감가상각	자금관리	데이터관리
전기분재무상태표	고정자산등록	받을어음현황	데이터백업
전기분손익계산서	미상각분감가상각비	지급어음현황	회사코드변환
전기분원가명세서	양도자산감가상각비	일일자금명세(경리일보)	회사기수변환
전기분잉여금처분계산서	고정자산관리대장	예적금현황	기타코드변환
거래처별초기이월			데이터체크
마감후이월			데이터저장및압축

(2) 전기분재무상태표가 자동으로 불러지지 않으면 "F4"를 누른 후 "예"를 누른다. 입력된 전기분 재무상태표 데이터가 불러와진다.

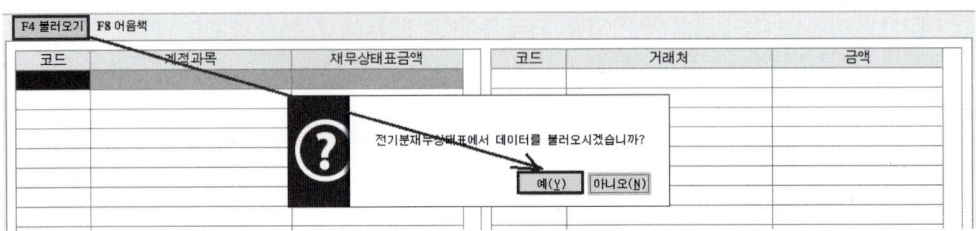

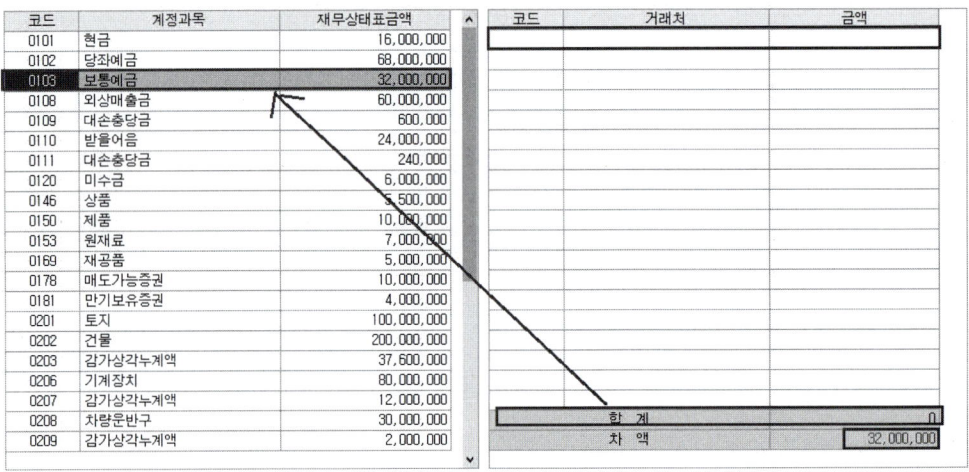

> ✎ **입력 시 고려사항**
>
> ① 화면 왼쪽 계정금액별로 거래처를 입력한다. 거래처입력은 오른쪽에서 수행되며, 거래처별 금액합계가 왼쪽 재무상태표 계정합계와 일치해야 한다. 거래처코드는 "F2"를 눌러 검색한다.
> ② 시험에서는 통상적으로 채권,채무(외상매출금, 받을어음, 외상매입금, 지급어음, 미수금, 미지급금, 단기대여금, 단기차입금 등)계정에 대한 거래처입력을 요구한다.
> ③ 기초 채권,채무에 대한 거래처입력이 올바르지 않으면 기말 채권, 채무금액에 대한 거래처내역에 오류가 생기기 때문에, 기초자료에 대한 거래처및 금액을 정확하게 기재해야 한다.

3 입력 후 화면

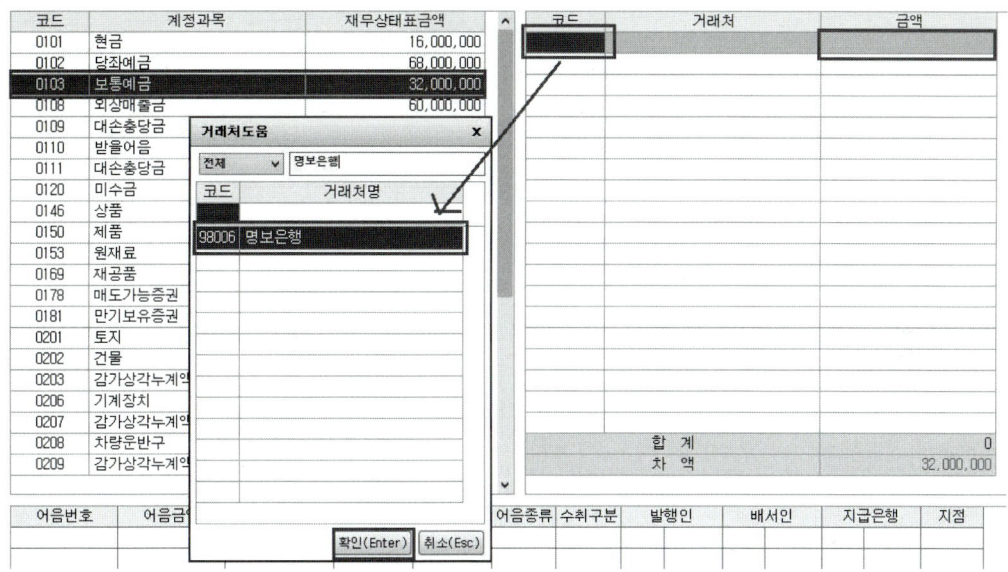

◈ 보통예금 계정 클릭 후 화면 오른쪽 코드칸에서 "F2"를 눌러 검색창을 띄운 후 명보은행을 입력 후 금액을 입력한다. 다른 거래처에 대해서도 동일한 절차를 밟는다.

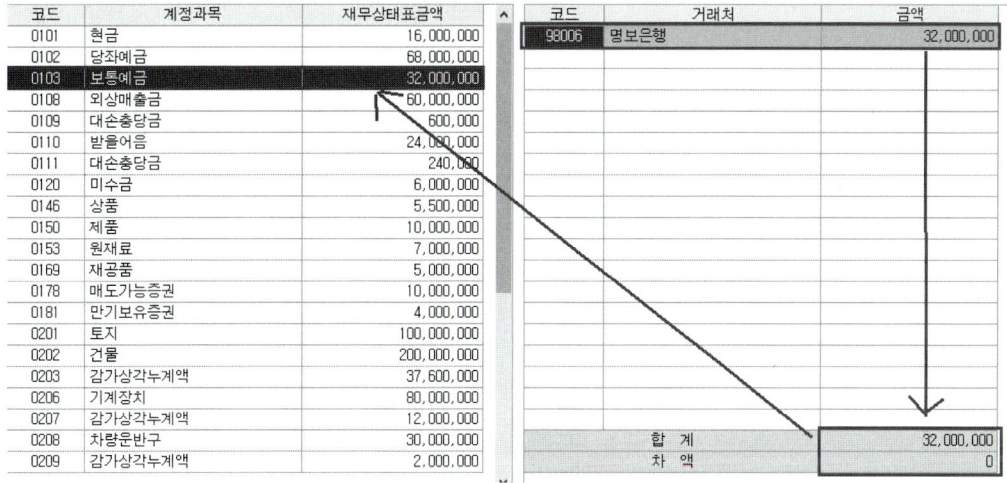

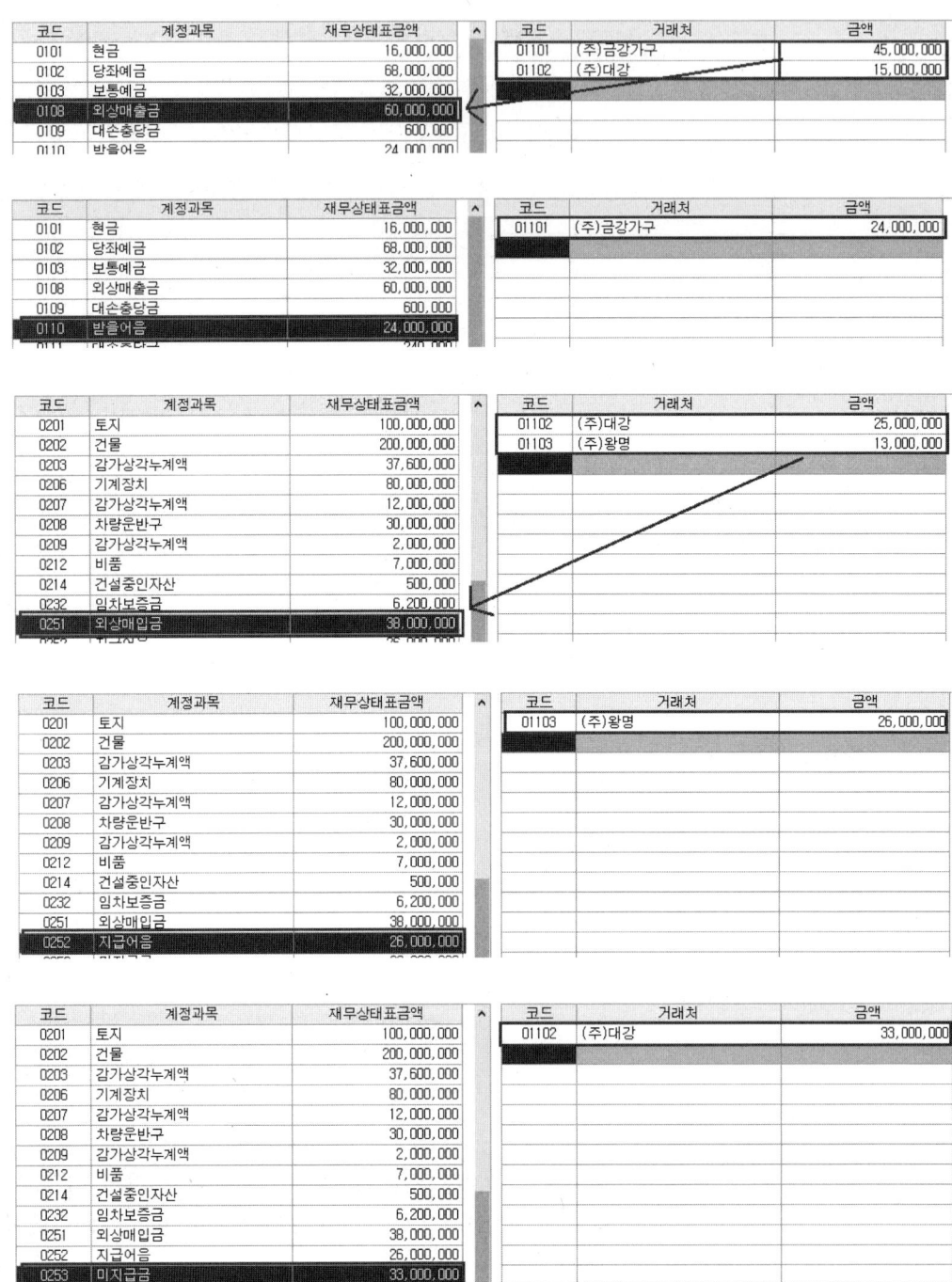

◎ 화면 하단에 어음관련자료 입력칸이 있는데, 문제에서 자료가 제시될 경우에만 입력한다.(전산회계 1급과는 무관하지만, 약간의 출제가능성이 있다)

어음번호	어음금액	잔액	발행일자	만기일자	어음종류	수취구분	발행인	배서인	지급은행	지점

- 전산회계 1급 "기초정보관리" 부분 배점이 10점이므로 아래 내용을 착실히 학습해야 한다. "기초정보관리"에서 틀리게 되면 심리적으로 흔들리기 때문에 다른 문제를 풀 때 좋지 않은 영향이 발생할 수 있다.
- 기초정보관리에서 출제되는 분야는 다음과 같으며, 아래 사항 중에서 3문항이 출제된다.
  1. 사업자등록증 수정
  2. 전기분 재무제표 수정
  3. 거래처등록, 계정과목및적요등록, 거래처별초기이월 수정

Chapter 05 | 일반전표 입력

1 일반전표입력 일반

1 의의

전표입력이 실기의 핵심이므로 연습을 충분히 해야 한다. 전표입력을 잘 하려면 이론에 대한 충실한 학습이 되어 있어야 하므로, 만약 분개에 어려움을 겪는다면 잠시 실기학습을 중단하고 이론편으로 가서 기본적인 분개에 대한 복습을 다시 하는 것을 권장한다.

2 일반전표 입력방법

(1) 일반전표입력 메뉴를 눌러 분개를 입력한다.

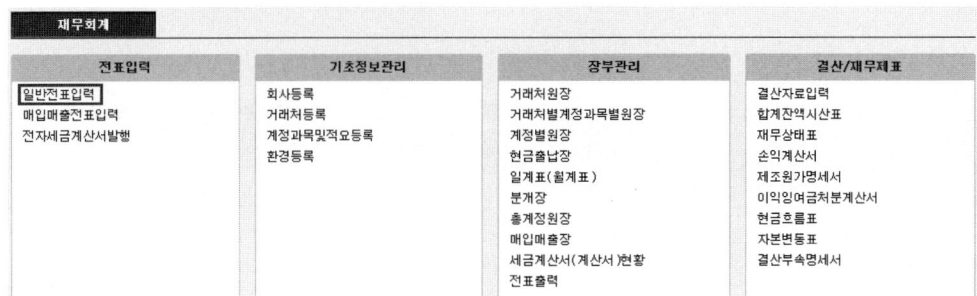

(2) 분개입력방법

① 일자입력 : 월만 입력할 수도 있고, 일자까지 모두 입력가능함
② 구분 : 숫자를 입력하면 된다. "3.차변" "4.대변"위주로 입력할 예정임
③ 계정과목 : 계정이름 첫 세 글자를 입력하고 enter 누르면 검색됨
④ 거래처 : 계정이름 첫 세 글자를 입력하고 enter 누르면 검색됨
⑤ 적요 : 통상적으로 생략할 것을 요구함(입력을 요구하는 경우도 있음)
⑥ 차변, 대변 : 금액을 입력함. "+"키를 누르면 "000"이 한 번에 입력됨
⑦ 위에서 입력하면 아래쪽에 결과가 보여짐
   입력할 때 창 아래쪽에 있는 tip을 잘 읽으면서 입력하면 도움이 됨
⑧ 차변과 대변이 일치하지 않으면 대차차액이 발생하므로 주의할 것
⑨ 입력이 요구되지 않은 칸을 지날 때에는 키보드 오른쪽 하단에 있는 화살표키를 이용하여 이동할 것

(3) 추가기능

① 전표삭제 : 지우고자 하는 라인을 클릭하고 "F5"버튼을 누른다. 만약 분개 전체를 삭제하려고 할 경우 분개 왼쪽의 체크박스를 클릭 후 "F5"버튼을 누른다.
② 전표번호수정 : 번호를 변경하고자 하는 라인을 클릭하고 "Shift+F2"버튼을 누르면 표번호가 수정되도록 번호칸이 활성화된다. 수정이 완료되면 다시 "Shift+F2"버튼을 누른다.
③ 일자수정 : 일자를 수정하고자 하는 분개의 왼쪽 체크박스를 클릭 후 "Shift+F3"버튼을 누른다. 아래와 같은 창이 열리면 이동일자에 변경하고자 하는 일자를 입력하고 확인을 누른다.

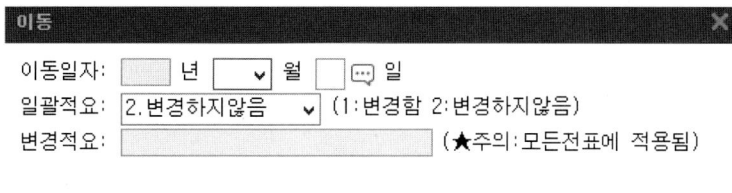

3 계정코드

(1) 자주 나오는 계정코드

101 : 현금	102 : 당좌예금	103 : 보통예금	108 : 외상매출금
110 : 받을어음	153 : 원재료	251 : 외상매입금	252 : 지급어음
253 : 미지급금	404 : 제품매출		

⑤ 문제풀이 시 시간이 단축되므로 자주 나오는 계정코드는 암기하는 것이 좋다.

(2) 거래처를 입력해야 하는 채권채무코드

채권채무에는 반드시 거래처를 입력해야 하는 바, 관련 계정은 아래와 같다.
시험목적상 채권채무에만 거래처를 입력해야 하며, 그 외의 계정에 입력한 경우 정확한 거래처라면 점수에 영향이 없다.

채권	채무
108 : 외상매출금	251 : 외상매입금
110 : 받을어음	252 : 지급어음
120 : 미수금	253 : 미지급금
114 : 단기대여금(179: 장기대여금)	260 : 단기차입금(293: 장기차입금)
131 : 선급금	259 : 선수금
134 : 가지급금(138: 전도금)	257 : 가수금
232 : 임차보증금	294 : 임대보증금
246 : 부도어음과수표	264 : 유동성장기부채
137 : 임직원등 단기채권	

⑤ 가지급금과 가수금, 임차보증금과 임대보증금의 경우 거래처가 명시되어 있지 않다면 입력할 필요는 없다.(최근에는 거래처가 제시되므로 주의를 요한다)

2 1월 분개

1 매출관련 분개(주요내용: 대금회수)

일자	거래내역
1.6	(주)금강가구에 대한 받을어음 10,000,000원이 만기가 되었다. 추심수수료 170,000원을 차감하고 나머지 잔액은 당좌예입되었다.
1.9	(주)대강에 대한 외상매출금 10,000,000원 중 3,000,000원은 현금으로 받고, 나머지는 보통예금계좌로 송금받았다.
1.13	(주)금강가구의 외상매출금 30,000,000원 중 8,000,000원은 현금으로 받고 10,000,000은 보통예금에 입금되었으며, 나머지 잔액은 어음으로 받았다.
1.16	매출거래처 (주)대강의 제품 외상대금 3,200,000원을 회수하면서 약정기일보다 10일 빠르게 회수되어 2%를 할인해 주고, 대금은 보통예금계좌로 입금되었다.
1.20	거래처인 (주)금강가구로부터 받은 받을어음 6,000,000원을 거래은행인 국민은행에 할인하고 할인료 120,000원을 제외한 금액은 보통예금에 입금하였다.(매각거래로 처리할 것)
1.27	(주)금강가구로부터 수취한 어음 5,000,000원이 부도처리 되었다는 사실을 행복은행으로부터 통보받았다.

2 1월 분개 정답

일자	차 변		대 변	
1.6	당좌예금 수수료비용	9,830,000원 170,000원	받을어음	10,000,000원
1.9	현금 보통예금	3,000,000원 7,000,000원	외상매출금	10,000,000원
1.13	현금 보통예금 받을어음	8,000,000원 10,000,000원 12,000,000원	외상매출금	30,000,000원
1.16	보통예금 매출할인	3,136,000원 64,000원	외상매출금	3,200,000원
1.20	보통예금 매출채권처분손실	5,880,000원 120,000원	받을어음	6,000,000원
1.27	부도어음과수표	5,000,000원	받을어음	5,000,000원

3 일반전표입력 메뉴 입력 후 화면

1.6

일	번호	구분	계정과목		거래처		적요	차변	대변
6	00001	대변	0110	받을어음	01101	(주)금강가구			10,000,000
6	00001	차변	0831	수수료비용				170,000	
6	00001	차변	0102	당좌예금				9,830,000	

* 대변부터 먼저 입력해도 무관하다. 전체적인 분개입력이 맞으면 됨

1.9

일	번호	구분	계정과목		거래처		적요	차변	대변
9	00001	차변	0101	현금				3,000,000	
9	00001	차변	0103	보통예금				7,000,000	
9	00001	대변	0108	외상매출금	01102	(주)대강			10,000,000

1.13

일	번호	구분	계정과목		거래처		적요	차변	대변
13	00001	차변	0101	현금				8,000,000	
13	00001	차변	0103	보통예금				10,000,000	
13	00001	차변	0110	받을어음	01101	(주)금강가구		12,000,000	
13	00001	대변	0108	외상매출금	01101	(주)금강가구			30,000,000

1.16

일	번호	구분	계정과목		거래처		적요	차변	대변
16	00001	대변	0108	외상매출금	01102	(주)대강			3,200,000
16	00001	차변	0406	매출할인				64,000	
16	00001	차변	0103	보통예금				3,136,000	

* 제품매출(404)과 관련있는 매출할인계정(406)을 이용하여 분개한다.

1.20

일	번호	구분	계정과목		거래처		적요	차변	대변
20	00001	대변	0110	받을어음	01101	(주)금강가구			6,000,000
20	00001	차변	0956	매출채권처분손실				120,000	
20	00001	차변	0103	보통예금				5,880,000	

1.27

일	번호	구분	계정과목		거래처		적요	차변	대변
27	00001	차변	0246	부도어음과수표	01101	(주)금강가구		5,000,000	
27	00001	대변	0110	받을어음	01101	(주)금강가구			5,000,000

- 대손 → 대금을 결국 회수할 수 없었음.
- 부도 → 상대방이 돈을 못주겠다고 선언하는 것. 회수하는 중이므로 대손여부가 아직 결정나지 않았음.

* 부도는 대손이 아님. 주의할 것

3 2월 분개

1 매입관련 분개(주요 내용: 대금지급)

일자	거래내역
2.2	전년도에 원재료를 매입하고 (주)왕명에 대금으로 발행하여 주었던 어음 12,000,000이 만기가 되어서 당좌수표를 발행하여 지급하였다.
2.5	거래처인 (주)대강의 외상매입금 15,000,000원 중 13,000,000원은 당좌수표로 지급하고, 나머지 금액은 면제받았다.
2.11	거래처 (주)왕명에 대한 외상매입금 중 4,000,000원을 당사 발행의 약속어음으로 지급하였다.
2.13	(주)대강으로부터 구입한 원재료의 외상매입금 6,800,000원을 약정에 따라 600,000원을 할인받고 잔액은 보통예금에서 이체되었다.
2.16	원재료 매입처인 (주)왕명의 외상매입금 6,000,000원을 지급하기 위해 (주)금강가구에서 받아 보관 중인 약속어음 4,500,000원을 배서양도하고 나머지는 당좌수표를 발행하여 지급하였다.
2.20	(주)왕명에 대한 지급어음 10,000,000원을 결제하기 위하여 당사가 제품매출 대가로 받아 보유하고 있던 (주)금강가구의 약속어음 10,000,000원을 배서하여 지급하였다.

2 2월 분개 정답

일자	차 변		대 변	
2.2	지급어음	12,000,000원	당좌예금	12,000,000원
2.5	외상매입금	15,000,000원	당좌예금 채무면제이익	13,000,000원 2,000,000원
2.11	외상매입금	4,000,000원	지급어음	4,000,000원
2.13	외상매입금	6,800,000원	보통예금 매입할인	6,200,000원 600,000원
2.16	외상매입금	6,000,000원	받을어음 당좌예금	4,500,000원 1,500,000원
2.20	지급어음	10,000,000원	받을어음	10,000,000원

3 일반전표입력 메뉴 입력 후 화면

일자	일	번호	구분	계정과목	거래처	적요	차변	대변
2.2	2	00001	대변	0102 당좌예금				12,000,000
	2	00001	차변	0252 지급어음	01103 (주)왕명		12,000,000	

일자	일	번호	구분	계정과목	거래처	적요	차변	대변
2.5	5	00001	차변	0251 외상매입금	01102 (주)대강		15,000,000	
	5	00001	대변	0102 당좌예금				13,000,000
	5	00001	대변	0918 채무면제이익				2,000,000

* 채무를 면제받았을 경우에는 "채무면제이익"계정을 사용한다.

일자	일	번호	구분	계정과목	거래처	적요	차변	대변
2.11	11	00001	차변	0251 외상매입금	01103 (주)왕명		4,000,000	
	11	00001	대변	0252 지급어음	01103 (주)왕명			4,000,000

일자	일	번호	구분	계정과목	거래처	적요	차변	대변
2.13	13	00001	차변	0251 외상매입금	01102 (주)대강		6,800,000	
	13	00001	대변	0155 매입할인				600,000
	13	00001	대변	0103 보통예금				6,200,000

* 원재료(153)과 관련있는 매입할인계정(155)을 이용하여 분개한다.

일자	일	번호	구분	계정과목	거래처	적요	차변	대변
2.16	16	00001	차변	0251 외상매입금	01103 (주)왕명		6,000,000	
	16	00001	대변	0110 받을어음	01101 (주)금강가구			4,500,000
	16	00001	대변	0102 당좌예금				1,500,000

* 배서양도가 나오면 "받을어음"계정을 대변에 기재해야 하며, 거래처는 어음발행인을 써야 한다. 주의할 것!!!

일자	일	번호	구분	계정과목	거래처	적요	차변	대변
2.20	20	00001	차변	0252 지급어음	01103 (주)왕명		10,000,000	
	20	00001	대변	0110 받을어음	01101 (주)금강가구			10,000,000

* 배서양도가 나오면 "받을어음"계정을 대변에 기재해야 하며, 거래처는 어음발행인을 써야 한다. 주의할 것!!!

4 3월 분개

1 대손, 자금운용관리 관련분개

일자	거래내역
3.2	당사의 제품 거래처인 (주)대강이 법원으로부터 파산선고를 받음에 따라 동 거래처에 대한 외상매출금 1,800,000원이 회수가 불가능할 것으로 판단되어 당일자로 대손처리 하였다. 대손처리 직전 대손충당금 잔액은 600,000원이었다.
3.7	작년에 대손이 확정되어 대손충당금과 상계처리하였던 우리하이마트의 외상매출금 중 일부인 430,000원을 회수하여 보통예금계좌로 입금하였다.

일자	거래내역
3.11	당좌거래 개설보증금 5,000,000원을 현금으로 입금하여 신한은행 안양지점과 당좌거래를 개설하고 당좌개설수수료 2,000원을 현금으로 지급하였다.
3.16	특별내부감사 결과 현재 장부상 현금잔액은 21,998,000원이나, 실제 보유하고 있는 현금잔액은 21,990,000원으로 현금부족액에 대한 원인이 밝혀지지 아니하였다.
3.18	당사 보통예금계좌에서 이자가 발생하여 원천징수세액 14,000원을 제외한 나머지 금액 86,000원이 입금되었다.
3.20	보통예금에서 5,000,000원을 정기예금으로 이체하였으며, 이때 보통예금에서 700원의 송금수수료가 인출되었다.(정기예금의 만기는 1년임)

2 3월 분개 정답

일자	차변		대변	
3.2	대손충당금	600,000원	외상매출금	1,800,000원
	대손상각비	1,200,000원		
3.7	보통예금	430,000원	대손충당금	430,000원
3.11	특정현금과예금	5,000,000원	현금	5,002,000원
	수수료비용	2,000원		
3.16	현금과부족	8,000원	현금	8,000원
3.18	보통예금	86,000원	이자수익	100,000원
	선납세금	14,000원		
3.20	정기예금	5,000,000원	보통예금	5,000,700원
	수수료비용	700원		

3 일반전표입력 메뉴 입력 후 화면

3.2

일	번호	구분	계정과목		거래처		적요	차변	대변
2	00001	대변	0108	외상매출금	01102	(주)내강			1,800,000
2	00001	차변	0109	대손충당금				600,000	
2	00001	차변	0835	대손상각비				1,200,000	

* 매출채권이 대손된 경우 관련대손충당금과 먼저 상계하고, 만약 대손충당금잔액이 부족할 경우 동 부족분은 "대손상각비"로 처리한다.

3.7

일	번호	구분	계정과목		거래처	적요	차변	대변
7	00001	차변	0103	보통예금			430,000	
7	00001	대변	0109	대손충당금				430,000

3.11

일	번호	구분	계정과목	거래처	적요	차변	대변
11	00001	차변	0177 특정현금과예금			5,000,000	
11	00001	차변	0831 수수료비용			2,000	
11	00001	대변	0101 현금				5,002,000

3.16

일	번호	구분	계정과목	거래처	적요	차변	대변
16	00001	대변	0101 현금				8,000
16	00001	차변	0141 현금과부족			8,000	

* 현금과다인 경우 현금*** / 현금과부족*** 으로 회계처리한다.

3.18

일	번호	구분	계정과목	거래처	적요	차변	대변
18	00001	차변	0136 선납세금			14,000	
18	00001	차변	0103 보통예금			86,000	
18	00001	대변	0901 이자수익				100,000

* 예수금과 혼동하지 말 것!!!

3.20

일	번호	구분	계정과목	거래처	적요	차변	대변
20	00001	차변	0105 정기예금			5,000,000	
20	00001	차변	0831 수수료비용			700	
20	00001	대변	0103 보통예금				5,000,700

* 만기가 기말로부터 1년이 초과하는 예금은 "장기성예금"계정을 사용한다.

5 4월 분개

1 판매비와관리비 분개(주요 내용: 급여, 퇴직급여)

일자	거래내역			
4.2	다음과 같이 산출된 급여를 보통예금에서 직원의 보통예금계좌로 이체지급하다.			
	구 분	관리직	생산직	합계
	급여총액	2,800,000원	3,600,000원	6,400,000원
	소득세	114,700원	231,740원	346,440원
	주 민 세	11,470원	23,170원	34,640원
	국민연금	126,000원	162,000원	288,000원
	건강보험	66,780원	85,860원	152,640원
	고용보험	12,600원	16,200원	28,800원
	공 제 액	331,550원	518,970원	850,520원
	차인지급액	2,468,450원	3,081,030원	5,549,480원

일자	거래내역
4.6	가정 : 4.2 거래와 본 거래는 무관하며, 문제에서 제시된 것만 이용하여 문제풀이할 것 전월 공장근로자 급여와 관련된 원천징수금액 중 국민연금(회사부담분 포함)과 근로소득세, 지방소득세를 현금으로 납부하였다(국민연금의 비용항목과 관련한 부분은 '세금과 공과'로 처리할 것). • 국민연금 : 324,000원 납부(회사부담분: 162,000원, 근로자부담분: 162,000원) • 근로소득세 : 200,000원 납부, 지방소득세 : 20,000원 납부
4.8	가정 : 4.2 및 4.6 거래와 본 거래는 무관하며, 문제에서 제시된 것만 이용하여 문제풀이할 것 다음과 같은 내용의 전월분 건강보험료를 현금으로 납부하다. • 회사부담분 : 280,000원(이 중 생산직 직원에 대한 건강보험료는 180,000원임) • 종업원부담분 : 280,000원 • 회사는 건강보험료 회사부담분에 대하여 복리후생비로 처리하고 있다.
4.11	생산부 직원에 대한 확정기여형(DC) 퇴직연금에 가입하고 8,000,000원을 보통예금계좌에서 지급하였다. 이 금액에는 연금운용에 대한 수수료 500,000원이 포함되어 있다. 수수료비용은 제조원가로 처리할 것
4.15	회사는 전 임직원 퇴직금 지급 보장을 위해 확정급여형(DB) 퇴직연금에 가입하고 퇴직연금 5,000,000원을 보통예금에서 납부하였다(4.11 거래와는 별개의 문제임).
4.19	영업부 소속 신상용 대리(6년 근속)의 퇴직으로 퇴직금 9,000,000원 중 소득세 및 지방소득세로 230,000원을 원천징수한 후 차인지급액을 전액 믿음은행 보통예금계좌로 이체하였다(퇴직 직전 퇴직급여충당부채잔액은 3,000,000원이라고 가정한다.).

2 4월 분개 정답

일자	차변		대변	
4.2	급여(판) 임금(제)	2,800,000원 3,600,000원	예수금 보통예금	850,520원 5,549,480원
4.6	예수금 세금과공과	382,000원 162,000원	현금	544,000원
4.8	복리후생비 복리후생비 예수금	180,000원 100,000원 280,000원	현금	560,000원
4.11	퇴직급여 수수료비용	7,500,000원 500,000원	보통예금	8,000,000원
4.15	퇴직연금운용자산	5,000,000원	보통예금	5,000,000원
4.19	퇴직급여충당부채 퇴직급여	3,000,000원 6,000,000원	예수금 보통예금	230,000원 8,770,000원

3 일반전표입력 메뉴 입력 후 화면

4.2

일	번호	구분	계정과목	거래처	적요	차변	대변
2	00002	차변	0801 급여			2,800,000	
2	00002	차변	0504 임금			3,600,000	
2	00002	대변	0254 예수금				850,520
2	00002	대변	0103 보통예금				5,549,480

4.6

일	번호	구분	계정과목	거래처	적요	차변	대변
6	00001	차변	0254 예수금			382,000	
6	00001	차변	0517 세금과공과			162,000	
6	00001	대변	0101 현금				544,000

4.8

일	번호	구분	계정과목	거래처	적요	차변	대변
8	00001	차변	0511 복리후생비			180,000	
8	00001	차변	0811 복리후생비			100,000	
8	00001	차변	0254 예수금			280,000	
8	00001	대변	0101 현금				560,000

4.11

일	번호	구분	계정과목	거래처	적요	차변	대변
11	00001	대변	0103 보통예금				8,000,000
11	00001	차변	0508 퇴직급여			7,500,000	
11	00001	차변	0531 수수료비용			500,000	

* 생산직 직원과 연관있는 비용은 제조원가로 처리한다.

4.15

일	번호	구분	계정과목	거래처	적요	차변	대변
15	00001	차변	0186 퇴직연금운용자산			5,000,000	
15	00001	대변	0103 보통예금				5,000,000

4.19

일	번호	구분	계정과목	거래처	적요	차변	대변
19	00001	차변	0295 퇴직급여충당부채			3,000,000	
19	00001	차변	0806 퇴직급여			6,000,000	
19	00001	대변	0254 예수금				230,000
19	00001	대변	0103 보통예금				8,770,000

* 퇴직급여충당부채잔액이 부족하면 동 금액에 대하여 퇴직급여 계정을 사용한다.

6 5월 분개

1 판매비와관리비 분개(주요내용: 복리후생비, 교육훈련비, 수수료비용, 세금과공과금)

(1) 거래처 입력

- 비씨카드에 대한 거래처 정보를 입력할 것(신용카드)
- 거래처코드 : 99800
- 유형 : 매입
- 사업자등록번호 : 321-35-48543,
- 신용카드번호 : 1234-5678-1234-5678

No		코드	거래처명	가맹점(카드)번호	유형
1		99700	삼진카드	765004501	매출
2		99800	비씨카드	1234-5678-1234-5678	매입
3					

1. 사업자등록번호 : 321-35-48543
2. 가맹점번호 :
3. 카드번호(매입) : 1234-5678-1234-5678

(2) 분개관련 거래내역

일자	거래내역
5.7	당사는 영업부 직원 김상호의 모친 조의금으로 100,000원을 현금으로 전달하였다.
5.12	생산직원의 원가절감교육을 위해 외부강사를 초청하여 교육하고 강사료 중 원천징수세액 99,000원을 제외하고 나머지 금액 2,901,000원은 당사 보통예금계좌에서 강사의 보통예금 계좌로 송금하였다.
5.14	생산라인에 필요한 외국기술서적의 번역을 의뢰한 프리랜서에게 번역비 1,000,000원에서 원천징수세액 33,000원을 차감한 금액을 자기앞수표로 지급하였다.(수수료비용으로 회계처리할 것)
5.17	공장 건물에 대한 재산세 1,550,000원과 영업부 사무실에 대한 재산세 2,370,000원을 보통예금으로 납부하였다.
5.20	전국전자협의회 협회비 1,000,000원을 현금으로 지급하였다.
5.25	균등할주민세 55,000원이 구청으로부터 부과되었으며, 법인카드인 비씨카드로 납부하였다.

2 5월 분개 정답

일자	차변		대변	
5.7	복리후생비	100,000원	현금	100,000원
5.12	교육훈련비	3,000,000원	예수금 보통예금	99,000원 2,901,000원
5.14	수수료비용	1,000,000원	현금 예수금	967,000원 33,000원
5.17	세금과공과금 세금과공과금	1,550,000원 2,370,000원	보통예금	3,920,000원
5.20	세금과공과금	1,000,000원	현금	1,000,000원
5.25	세금과공과금	55,000원	미지급금	55,000원

3 일반전표입력 메뉴 입력 후 화면

5.7

일	번호	구분	계정과목	거래처	적요	차변	대변
7	00001	출금	0811 복리후생비			100,000	(현금)

* 만약 거래처 임원 또는 직원에 대한 경조사비 지출인 경우 "접대비"계정을 사용한다.

5.12

일	번호	구분	계정과목	거래처	적요	차변	대변
12	00001	차변	0525 교육훈련비			3,000,000	
12	00001	대변	0254 예수금				99,000
12	00001	대변	0103 보통예금				2,901,000

5.14	일	번호	구분	계정과목	거래처	적요	차변	대변
	14	00001	차변	0531 수수료비용			1,000,000	
	14	00001	대변	0254 예수금				33,000
	14	00001	대변	0101 현금				967,000

5.17	일	번호	구분	계정과목	거래처	적요	차변	대변
	17	00001	차변	0517 세금과공과			1,550,000	
	17	00001	차변	0817 세금과공과			2,370,000	
	17	00001	대변	0103 보통예금				3,920,000

* 승용차에 대한 자동차세도 세금과공과금으로 처리한다.

5.20	일	번호	구분	계정과목	거래처	적요	차변	대변
	20	00001	출금	0817 세금과공과			1,000,000	(현금)

5.25	일	번호	구분	계정과목	거래처	적요	차변	대변
	25	00001	차변	0817 세금과공과			55,000	
	25	00001	대변	0253 미지급금	99800 비씨카드			55,000

* 카드결제를 할 경우, "미지급금"을 계정을 이용하고 거래처는 "카드사"를 입력한다.

판매비와 관리비는 다양한 항목으로 이루어져 있기 때문에, 여러 문제를 통하여 판관비 항목을 숙지할 필요가 있다. 일반전표입력 뿐 아니라 매입매출전표입력에도 판매비와 관리비가 등장하므로 주의할 필요가 있으며, 특히 제조원가코드와 혼동하면 안된다(제조원가: 5××번, 판매비와관리비: 8××번).

7 6월 분개

1 판매비와관리비 및 영업외비용 분개

(주요 내용 : 도서인쇄비, 보험료, 여비교통비, 기부금, 재해손실, 소모품비)

일자	거래내역
6.1	제조부문 사원에 대하여 새로이 명함을 인쇄하여 배부하고 그 대금 30,000원을 현금으로 지급하였다.
6.3	공장건물의 화재와 도난에 대비하여 (주)미래화재에 손해보험을 가입한 후 보험료 3,000,000원을 보통예금계좌에서 송금하고 전액 비용으로 회계처리하다.
6.7	홍콩지점관리를 목적으로 대표이사의 국외출장 왕복항공료 3,000,000원을 법인카드(비씨카드)로 결재하였다.
6.10	강한 태풍으로 재난을 당한 불우이웃을 돕기 위하여 성금 3,000,000원을 관할동사무소에 현금으로 지급하였다.

일자	거래내역
6.15	창고에 보관 중인 제품 중 3,000,000원이 화재로 인하여 소실되었다. 당 회사는 화재보험에 가입되어 있지 않다.
6.18	회사에서 보관 중이던 원재료(원가 600,000원, 시가 800,000원)를 영업부 소모품으로 사용하였다(비용으로 처리할 것).

2 6월 분개 정답

일자	차변		대변	
6.1	도서인쇄비	30,000원	현금	30,000원
6.3	보험료	3,000,000원	보통예금	3,000,000원
6.7	여비교통비	3,000,000원	미지급금	3,000,000원
6.10	기부금	3,000,000원	현금	3,000,000원
6.15	재해손실	3,000,000원	제품	3,000,000원
6.18	소모품비	600,000원	원재료	600,000원

3 일반전표입력 메뉴 입력 후 화면

6.1

일	번호	구분	계정과목	거래처	적요	차변	대변
1	00001	차변	0526 도서인쇄비			30,000	
1	00001	대변	0101 현금				30,000

* 사진을 인쇄하는 경우에도 "도서인쇄비"계정을 사용한다.
* 판관비와 제조원가 여부를 잘 판단할 것

6.3

일	번호	구분	계정과목	거래처	적요	차변	대변
3	00001	차변	0521 보험료			3,000,000	
3	00001	대변	0103 보통예금				3,000,000

6.7

일	번호	구분	계정과목	거래처	적요	차변	대변
7	00001	차변	0812 여비교통비			3,000,000	
7	00001	대변	0253 미지급금	99800 비씨카드			3,000,000

* 카드결제를 할 경우, "미지급금"을 계정을 이용하고 거래처는 "카드사"를 입력한다.

6.10

일	번호	구분	계정과목	거래처	적요	차변	대변
10	00001	출금	0953 기부금			3,000,000	(현금)

6.15

일	번호	구분	계정과목		거래처	적요	차변	대변
15	00001	차변	0961	재해손실			3,000,000	
15	00001	대변	0150	제품		8 타계정으로 대체액 손익		3,000,000

* 판매 이외의 목적으로 재고자산이 사용되거나 재해로 소실되는 경우 해당 재고자산에 "적요 8"을 입력해야 한다.(매출원가에서 제외됨)

6.18

일	번호	구분	계정과목		거래처	적요	차변	대변
18	00001	차변	0830	소모품비			600,000	
18	00001	대변	0153	원재료		8 타계정으로 대체액 원가		600,000

* 판매목적으로 사용하는 것이 아니므로 원가를 써야 되며, 해당 재고자산에 대하여 "적요 8"을 추가기재해야 한다.

8 7월 분개

1 기타의 채권채무 관련 분개

(주요 내용 : 선수금, 선급금, 미지급금, 가수금, 가지급금)

(1) 거래처 입력

거래처명	거래처코드	사업자등록번호	유형
㈜빅솔	1105	124-25-32102	동시
㈜아름드리	1106	315-04-12920	동시

◎ 메인화면 "거래처등록"에서 ㈜빅솔과 ㈜아름드리를 입력한다.

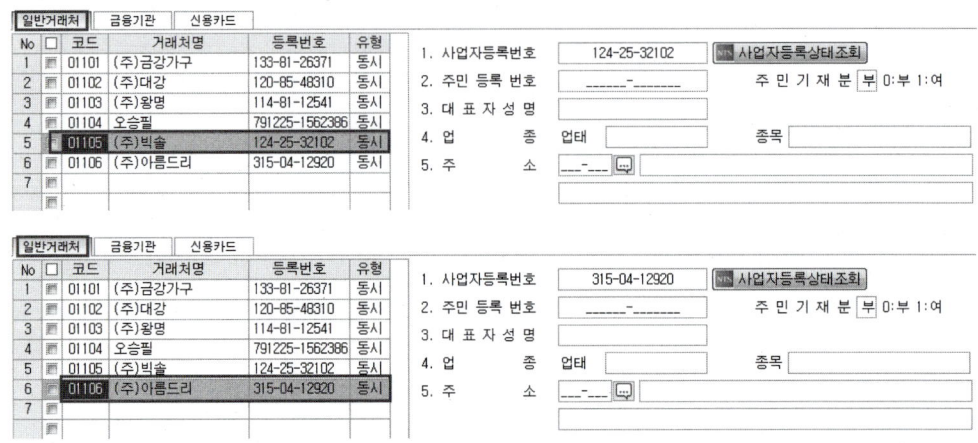

(2) 분개관련 거래내역

일자	거래내역
7.6	(주)빅솔에 제품 6,000,000원을 판매하기로 계약하고, 대금 중 15%를 당좌예금계좌로 송금받다.
7.11	제품을 생산하기 위해 (주)아름드리로부터 원재료를 매입하기로 하고, 계약금으로 1,000,000원을 보통예금에서 지급하였다.
7.13	오승필씨로부터 장기투자목적으로 토지를 취득하면서 6,000,000원은 당좌수표를 발행하여 지급하고, 나머지 1,000,000원은 30일 후에 지급하기로 하였다. 또한 이전등기 하면서 취득세 150,000원을 현금으로 지급하였다.
7.17	미지급금 중 비씨카드(법인)이용대금 2,000,000원이 당좌예금계좌에서 자동이체되어 지급결제처리 되었다.
7.25	가정 : 본 문제에 한해서 기존에 가수금 3,000,000원이 있었다고 본다. 가수금 3,000,000원의 내역이 다음과 같이 확인되었다. 가수금 계정을 정리하되, 가수금에 대한 거래처입력은 생략하라. • (주)금강가구에게 제품매출을 위한 계약금을 받은 금액 : 500,000원 • (주)금강가구에 대한 외상대금 중 일부를 회수한 금액 : 2,500,000원
7.27	가정 : 본 문제에 한해서 기존에 가지급금 500,000원이 있었다고 본다. 출장갔던 영업부사원 홍길동이 돌아와 다음과 같이 여비정산을 하였다. 출장비 500,000원을 지급하고 가지급금 계정으로 회계처리 하였으며 여비잔액 47,000원은 현금으로 수취하였다. 거래처입력은 생략할 것 • 여비 : 70,000원 • 숙박비 : 250,000원 • 식대 : 100,000원 • 기타 : 33,000원 • 합계 : 453,000원

2 7월 분개 정답

일자	차변		대변	
7.6	당좌예금	900,000원	선수금	900,000원
7.11	선급금	1,000,000원	보통예금	1,000,000원
7.13	투자부동산	7,150,000원	당좌예금 미지급금 현금	6,000,000원 1,000,000원 150,000원

일자	차변		대변	
7.17	미지급금	2,000,000원	당좌예금	2,000,000원
7.25	가수금	3,000,000원	선수금	500,000원
			외상매출금	2,500,000원
7.27	여비교통비	453,000원	가지급금	500,000원
	현금	47,000원		

3 일반전표입력 메뉴 입력 후 화면

7.6

일	번호	구분	계정과목	거래처	적요	차변	대변
6	00001	차변	0102 당좌예금			900,000	
6	00001	대변	0259 선수금	01105 (주)빅솔			900,000

7.11

일	번호	구분	계정과목	거래처	적요	차변	대변
11	00001	대변	0103 보통예금				1,000,000
11	00001	차변	0131 선급금	01106 (주)아름드리		1,000,000	

7.13

일	번호	구분	계정과목	거래처	적요	차변	대변
13	00001	차변	0183 투자부동산			7,150,000	
13	00001	대변	0102 당좌예금				6,000,000
13	00001	대변	0253 미지급금	01104 오승필			1,000,000
13	00001	대변	0101 현금				150,000

7.17

일	번호	구분	계정과목	거래처	적요	차변	대변
17	00001	대변	0102 당좌예금				2,000,000
17	00001	차변	0253 미지급금	99800 비씨카드		2,000,000	

7.25

일	번호	구분	계정과목	거래처	적요	차변	대변
25	00001	차변	0257 가수금			3,000,000	
25	00001	대변	0259 선수금	01101 (주)금강가구			500,000
25	00001	대변	0108 외상매출금	01101 (주)금강가구			2,500,000

* 가지급금, 가수금 계정입력 시 거래처가 명확히 주어진 경우에는 동 거래처를 추가입력하고, 그렇지 않은 경우 입력이 필요치 않다.

7.27

일	번호	구분	계정과목	거래처	적요	차변	대변
27	00001	대변	0134 가지급금				500,000
27	00001	차변	0812 여비교통비			453,000	
27	00001	차변	0101 현금			47,000	

* 가지급금, 가수금 계정입력 시 거래처가 명확히 주어진 경우에는 동 거래처를 추가입력하고, 그렇지 않은 경우 입력이 필요치 않다.
* 문제풀이 시 가지급금 대신에 "전도금"계정이 사용될 경우가 있다.(유사계정)

9 8월 분개

1 기타의 채권채무 관련 분개(주요 내용: 단기대여금, 단기차입금)

일자	거래내역
8.6	가정 : 본 거래에 한하여 (주)빅솔에 대한 외상매출금이 기존에 존재한 것으로 본다. 거래처인 (주)빅솔에 1년 이내 회수목적으로 10,000,000원을 대여하기로 하여 8,000,000원은 보통예금에서 지급하였고, 나머지 2,000,000원은 (주)빅솔에 대한 외상매출금을 대여금으로 전환하기로 약정하였다.
8.10	기업은행으로부터 7개월후 지급하기로 하고 현금 10,000,000원을 차입하였다. 기업은행을 거래처에 등록할 것(코드: 98007, 유형: 기타)
8.12	기업은행으로부터 차입한 단기차입금에 대한 이자 250,000원을 당사의 보통예금 계좌에서 이체하였다.
8.16	개인 오승필씨로부터 차입한 자금에 대한 이자비용 1,500,000원이 발생하여 원천징수세액 412,500원을 차감한 나머지 금액 1,087,500원을 자기앞수표로 지급하였다.
8.17	기업은행으로부터 차입한 단기차입금 중 3,000,000원을 상환함과 동시에 이자 300,000원을 보통예금에서 이체하여 지급하였다.
8.21	(주)빅솔에 대여한 단기대여금 10,000,000원이 동사의 파산으로 인하여 전액 대손처리하기로 하였다. 단기대여금에 대한 대손충당금은 미설정되어 있다.

2 8월 분개 정답

일자	차 변		대 변	
8.6	단기대여금	10,000,000원	보통예금 외상매출금	8,000,000원 2,000,000원
8.10	현금	10,000,000원	단기차입금	10,000,000원
8.12	이자비용	250,000원	보통예금	250,000원
8.16	이자비용	1,500,000원	예수금 현금	412,500원 1,087,500원
8.17	단기차입금 이자비용	3,000,000원 300,000원	보통예금	3,300,000원
8.21	기타의대손상각비	10,000,000원	단기대여금	10,000,000원

3 일반전표입력 메뉴 입력 후 화면

일	번호	구분	계정과목	거래처	적요	차변	대변
8.6							
	6 00001	차변	0114 단기대여금	01105 (주)빅솔		10,000,000	
	6 00001	대변	0103 보통예금				8,000,000
	6 00001	대변	0108 외상매출금	01105 (주)빅솔			2,000,000

8.10

	일반거래처	**금융기관**	신용카드				
No	코드	거래처명	계좌번호	유형			
1	98006	명보은행	1001-222-200200	보통예금	1. 계 좌 번 호		
2	**98007**	**기업은행**		**기 타**	2. 계좌개설은행/지점		
3							

일	번호	구분	계정과목	거래처	적요	차변	대변
10	00001	입금	0260 단기차입금	98007 기업은행		(현금)	10,000,000

일	번호	구분	계정과목	거래처	적요	차변	대변
8.12							
	12 00001	차변	0951 이자비용			250,000	
	12 00001	대변	0103 보통예금				250,000

일	번호	구분	계정과목	거래처	적요	차변	대변
8.16							
	16 00001	차변	0951 이자비용			1,500,000	
	16 00001	대변	0254 예수금				412,500
	16 00001	대변	0101 현금				1,087,500

일	번호	구분	계정과목	거래처	적요	차변	대변
8.17							
	17 00001	대변	0103 보통예금				3,300,000
	17 00001	차변	0260 단기차입금	98007 기업은행		3,000,000	
	17 00001	차변	0951 이자비용			300,000	

일	번호	구분	계정과목	거래처	적요	차변	대변
8.21							
	21 00001	차변	0954 기타의대손상각비			10,000,000	
	21 00001	대변	0114 단기대여금	01105 (주)빅솔			10,000,000

10 9월 분개

1 보증금, 유형자산 관련 분개(주요내용: 토지 취득)

(1) 거래처등록

코드	1107	1108
거래처명	(주)세교개발	원주자동차
사업자등록번호	211-23-94844	621-08-28835
대표자성명	정세교	윤원대
업태	부동산	자동차
종목	부동산매매	판매
사업장 주소	경기도 평택시 동삭로 193	경기도 의왕시 경수대로 386

(우편번호는 생략할 것, 유형 : 동시)

(2) 분개관련 거래내역

일자	거래내역
9.5	(주)아름드리에 사무실을 임대하였는데, 보증금 30,000,000원 중 3,000,000원만 (주)아름드리 발행 당좌수표로 받고, 나머지는 월 말에 지급 받기로 하였다. 임대보증금에 거래처를 입력할 것
9.14	가정 : 본 문제는 9.5 거래와 무관하다. 본점 이전을 위하여 한성빌딩 101호를 임차하기로 하였으며 임차보증금 3,000,000원 중 2,500,000원은 현금으로 지급하고, 잔액은 보통예금 통장에서 송금하였다. 한성빌딩을 일반거래처에 등록하시오 (코드번호: 1110, 유형: 동시)
9.17	(주)세교개발로부터 사옥건축용 토지를 20,000,000 원에 매입하고, 토지대금 중 6,000,000 원은 당좌수표를 발행하여 결제하고, 나머지는 외상으로 하였다. 토지매입에 따른 취득세 200,000원은 보통예금에서 인출하여 지급하였다.
9.20	당사의 최대주주인 조진희씨로부터 제품 창고를 건설할 토지를 기증받았다. 본 토지에 대한 이전비용 5,000,000원은 당좌수표를 발행하여 지급하였으며, 현재 토지의 공정가액은 150,000,000원이나.
9.22	김부자씨로부터 토지를 구입하고, 토지대금 3천만원 중 1천만원은 당좌예금에서 이체하고, 나머지는 기업은행으로부터 대출(대출기간 10년)을 받아 지불하였다.
9.25	대전에 제2공장을 신축하기 위하여 건물이 세워져 있는 (주)오산공업의 토지를 8,000,000원에 구입하고 대금은 당좌수표를 발행하여 지급하였다. 또한 건물의 철거비용 1,000,000원과 토지 정지비용 800,000원을 당좌수표를 발행하여 지급하였다.

2 9월 분개 정답

일자	차변		대변	
9.5	현금 미수금	3,000,000원 27,000,000원	임대보증금	30,000,000원
9.14	임차보증금	3,000,000원	현금 보통예금	2,500,000원 500,000원
9.17	토지	20,200,000원	당좌예금 보통예금 미지급금	6,000,000원 200,000원 14,000,000원
9.20	토지	155,000,000원	당좌예금 자산수증이익	5,000,000원 150,000,000원
9.22	토지	30,000,000원	당좌예금 장기차입금	10,000,000원 20,000,000원
9.25	토지	9,800,000원	당좌예금	9,800,000원

3 일반전표입력 메뉴 입력 후 화면

9.5

일	번호	구분	계정과목		거래처		적요	차변	대변
5	00001	차변	0101	현금				3,000,000	
5	00001	차변	0120	미수금	01106	(주)아름드리		27,000,000	
5	00001	대변	0294	임대보증금	01106	(주)아름드리			30,000,000

9.14

일	번호	구분	계정과목		거래처		적요	차변	대변
14	00001	차변	0232	임차보증금	01110	한성빌딩		3,000,000	
14	00001	대변	0101	현금					2,500,000
14	00001	대변	0103	보통예금					500,000

9.17

일	번호	구분	계정과목		거래처		적요	차변	대변
17	00001	차변	0201	토지				20,200,000	
17	00001	대변	0102	당좌예금					6,000,000
17	00001	대변	0253	미지급금	01107	(주)세교개발			14,000,000
17	00001	대변	0103	보통예금					200,000

9.20

일	번호	구분	계정과목		거래처	적요	차변	대변
20	00001	차변	0201	토지			155,000,000	
20	00001	대변	0102	당좌예금				5,000,000
20	00001	대변	0917	자산수증이익				150,000,000

* 유형자산을 무상으로 취득하거나 증여받은 경우, 그 자산의 공정가액을 자산의 취득원가로 한다.

9.22

일	번호	구분	계정과목		거래처		적요	차변	대변
22	00001	차변	0201	토지				30,000,000	
22	00001	대변	0102	당좌예금					10,000,000
22	00001	대변	0293	장기차입금	98007	기업은행			20,000,000

9.25

일	번호	구분	계정과목		거래처	적요	차변	대변
25	00001	차변	0201	토지			9,800,000	
25	00001	대변	0102	당좌예금				9,800,000

11 10월 분개

1 유형자산 관련 분개(주요 내용:부대비용, 자본적·수익적 지출)

일자	거래내역
10.1	공장신축을 위한 차입금의 이자비용 5,000,000원을 현금으로 지급하였다. 차입금의 이자비용을 자본적 지출로 처리하시오(공장의 착공일은 올해 10월 1일이며, 완공일은 내년 12월31일이다).
10.2	원주자동차로부터 업무용 승용차를 구입하는 과정에서 취득해야 하는 공채를 현금 200,000원(액면금액)에 구입하였다. 단, 공채의 현재가치는 160,000원이며 회사는 이를 단기매매증권으로 처리하고 있다.
10.4	새로 구입한 업무용 차량의 취득세 350,000원과 수수료 250,000원을 현금으로 납부하였다.
10.6	공장의 전등설비 수선대금 24,000,000원을 (주)빅솔에 어음으로 발행(만기 : 1년 이내)하여 지급하였다. 단, 수선비용 중 4,000,000원은 수익적지출로 처리하고, 나머지는 자본적지출('비품'계정)로 처리한다.
10.8	자금부족으로 인하여 업무용으로 사용하던 토지(장부금액 19,000,000원)를 35,000,000원에 처분하고, 대금은 (주)세교개발 발행 어음(90일만기)을 받았다.
10.18	회사가 소유하고 있는 오토바이(취득원가 1,000,000원, 감가상각누계액 550,000원)는 한 대밖에 없으며 해당 오토바이는 금일 사고로 폐기처분하였다.

2 10월 분개 정답

일자	차변		대변	
10.1	건설 중인자산	5,000,000원	현금	5,000,000원
10.2	차량운반구 단기매매증권	40,000원 160,000원	현금	200,000원
10.4	차량운반구	600,000원	현금	600,000원
10.6	수선비 비품	4,000,000원 20,000,000원	미지급금	24,000,000원
10.8	미수금	35,000,000원	토지 유형자산처분이익	19,000,000원 16,000,000원
10.18	감가상각누계액 유형자산처분손실	550,000원 450,000원	차량운반구	1,000,000원

3 일반전표입력 메뉴 입력 후 화면

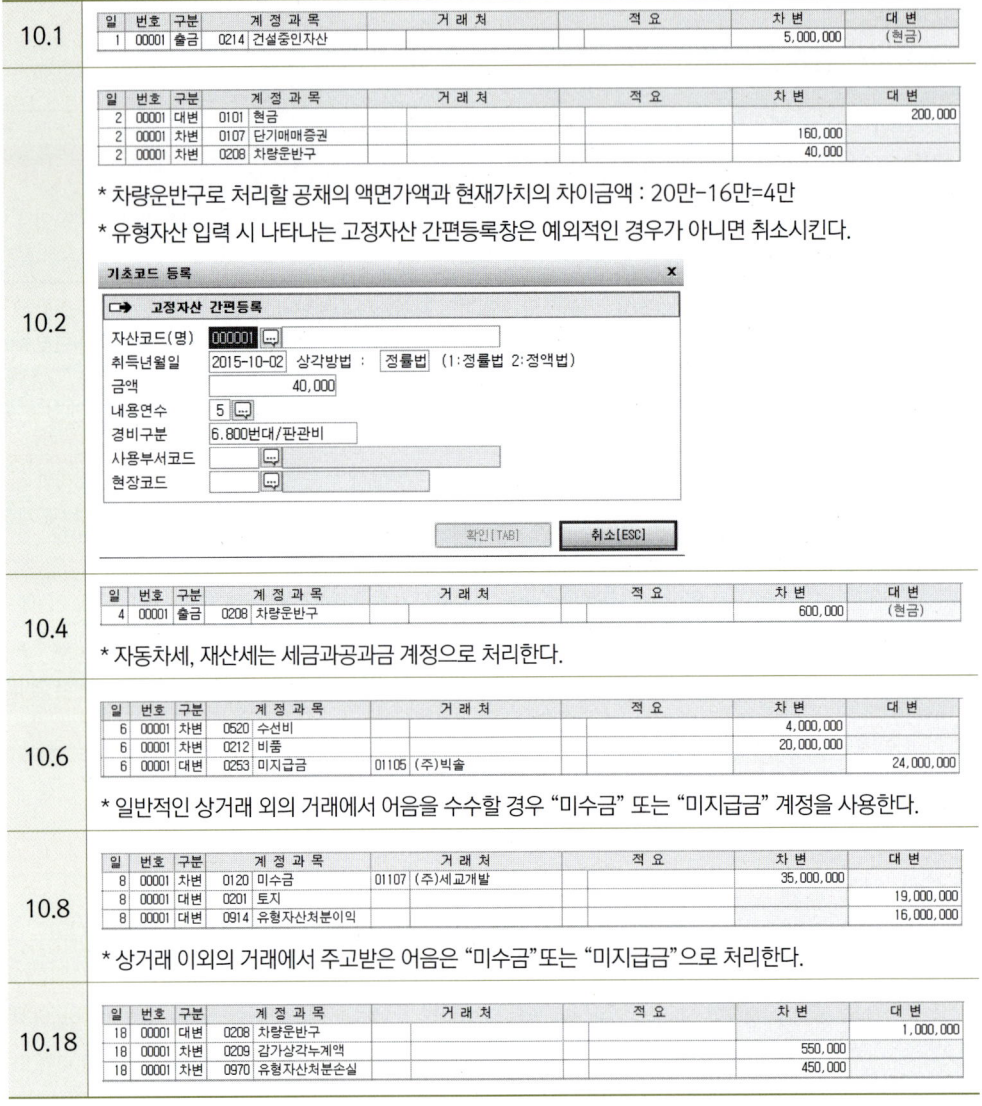

* 차량운반구로 처리할 공채의 액면가액과 현재가치의 차이금액 : 20만-16만=4만
* 유형자산 입력 시 나타나는 고정자산 간편등록창은 예외적인 경우가 아니면 취소시킨다.

* 자동차세, 재산세는 세금과공과금 계정으로 처리한다.

* 일반적인 상거래 외의 거래에서 어음을 수수할 경우 "미수금" 또는 "미지급금" 계정을 사용한다.

* 상거래 이외의 거래에서 주고받은 어음은 "미수금"또는 "미지급금"으로 처리한다.

전표입력 시 유의사항 재정리

① 채권 채무 관련 계정 입력 시 거래처를 반드시 기재해야 한다(특히 가지급금, 가수금과 임차보증금, 임대보증금 주의할 것. 기본 예제들에서는 특정 거래처가 나오지 않았기 때문에 거래처 입력을 하지 않았으나, 만약 문제에서 거래처가 명확하게 제시되면 입력을 반드시 해야 함).
② 상거래 이외의 거래(판관비 지출, 유형자산 구입, 매각 등)에서는 미수금 또는 미지급금 계정을 사용한다. 카드로 결제할 경우에도 미수금, 미지급금계정을 쓴다. 카드결제 시 거래처는 카드사를 기재할 것
③ 배서양도 시 계정은 받을어음, 거래처는 어음발행인을 쓴다.
④ 현금만 들어오거나 나가는 거래의 경우 차변, 대변 대신에 입금, 출금 계정을 사용해도 무방하다.

12 11월 분개

1 무형자산, 유가증권, 외화거래 관련 분개

일자	거래내역
11.1	한국대학에 의뢰한 신제품 개발에 따른 연구용역비 1,000,000원을 보통 예금계좌에서 이체 지급하였다.(무형자산으로 처리할 것)
11.5	단기 매매차익을 목적으로 상장회사인 (주)도전의 주식 100주를 주당 15,000원(액면가액 5,000원)에 구입하고 매입수수료 5,000원을 포함하여 당사의 보통예금계좌에서 인터넷뱅킹으로 지급하였다.
11.10	보유 중인 (주)도전의 주식에 대하여 중간배당금 1,000,000원을 보통예금계좌로 송금받았다.
11.14	단기간의 매매차익을 목적으로 11.5 주당 15,000원에 취득하여 보유하고 있던 (주)도전의 주식 100주 중 30주를 주당 20,000원에 처분하였으며 처분대금은 명보은행 보통예금에 입금되다. (931.단기매매증권처분익, 성격 2.일반 등록할 것)
11.19	가정 : 본 문제에 한하여 구글에 수출한 실적이 있다고 가정할 것 구글에 수출(선적일자 6월 25일)한 제품 외상매출금이 보통예금 계좌에 원화로 환전되어 입금되었다. 구글을 거래처등록에 등록하라(코드: 1111, 유형: 동시). • 외상매출금 : 3,000달러 • 6월25일 환율 : 1,200원/달러 • 11월 19일 환율 : 1,300원/달러

일자	거래내역
11.21	가정 : 본 문제에 한하여 기존에 워싱턴은행에 차입한 금액이 있었다고 가정할 것 미국 워싱턴은행으로부터 차입한 단기차입금을 상환하기 위하여 국민은행에서 달러로 환전하여 상환하였다. 환전대금은 국민은행 보통예금계좌에서 이체하였다.(워싱턴은행을 일반거래처코드 1112에 등록할 것, 유형: 동시) • 차입금액 : 1,000달러 • 차입 시 적용한 환율 : 1,100원/달러 • 상환 시 적용한 환율 : 1,200원/달러

2 11월 분개 정답

일자	차변		대변	
11.1	개발비	1,000,000원	보통예금	1,000,000원
11.5	단기매매증권 수수료비용	1,500,000원 5,000원	보통예금	1,505,000원
11.10	보통예금	1,000,000원	배당금수익	1,000,000원
11.14	보통예금	600,000원	단기매매증권 단기매매증권처분이익	450,000원 150,000원
11.19	보통예금	3,900,000원	외상매출금 외환차익	3,600,000원 300,000원
11.21	단기차입금 외환차손	1,100,000원 100,000원	보통예금	1,200,000원

3 일반전표입력 메뉴 입력 후 화면

11.1	일	번호	구분	계 정 과 목	거 래 처	적 요	차 변	대 변
	1	00001	차변	0226 개발비			1,000,000	
	1	00001	대변	0103 보통예금				1,000,000

11.5	일	번호	구분	계 정 과 목	거 래 처	적 요	차 변	대 변
	5	00001	차변	0107 단기매매증권			1,500,000	
	5	00001	차변	0984 수수료비용			5,000	
	5	00001	대변	0103 보통예금				1,505,000

* 매도가능증권이나 만기보유증권 취득 시에는 부대비용을 취득원가에 가산한다.
* 단기매매증권 취득 시 발생하는 수수료비용은 "영업외비용"으로 처리한다.

11.10

일	번호	구분	계정과목	거래처	적요	차변	대변
10	00001	차변	0103 보통예금			1,000,000	
10	00001	대변	0903 배당금수익				1,000,000

11.14

코드/계정과목	성격	관계
0931 단 기 매매증권처분익	**2. 일 반**	
0932 사 용 자설정계정과목		
0933 사 용 자설정계정과목		

계정코드(명) 0931 단기매매증권처분익
성격 2. 일   반
관계코드(명)

일	번호	구분	계정과목	거래처	적요	차변	대변
14	00001	차변	0103 보통예금			600,000	
14	00001	대변	0107 단기매매증권				450,000
14	00001	대변	0931 단기매매증권처분익				150,000

* 만약 받은 금액이 적을 경우에는 단기매매증권처분손실 계정을 차변에 기재한다.

11.19

일	번호	구분	계정과목	거래처	적요	차변	대변
19	00001	차변	0103 보통예금			3,900,000	
19	00001	대변	0108 외상매출금	01111 구글			3,600,000
19	00001	대변	0907 외환차익				300,000

* 수령액 : 1,300×3,000=3,900,000, 거래 시 환율 : 1,200×3,000=3,600,000 300,000원을 더 받은 셈이 되므로 동 금액이 외환차익이 된다.

11.21

일	번호	구분	계정과목	거래처	적요	차변	대변
21	00001	대변	0103 보통예금				1,200,000
21	00001	차변	0260 단기차입금	01112 워싱턴은행		1,100,000	
21	00001	차변	0952 외환차손			100,000	

* 상환액 : 1,200×1,000=1,200,000, 거래 시 환율 : 1,100×1,000=1,100,000
100,000원을 더 지급한 셈이 되므로 동 금액이 외환차손이 된다.

13 12월 분개

1 자본 관련 분개(주요 내용: 주식발행)

일자	거래내역
12.3	주주총회에서 결의된 바에 따라 유상증자를 실시하여 신주 10,000주(액면가액 1,000원)를 주당 2,500원에 발행하고, 증자와 관련하여 수수료 120,000원을 제외한 나머지 증자대금이 보통예금계좌에 입금되다(주식할인발행차금 잔액은 없다고 가정한다.).
12.7	당사는 유상증자를 위해 보통주 10,000주(1주당 액면가액 10,000원)를 1주당 8,000원으로 발행하였고, 주금은 금일 보통예금으로 입금받았다. 단, 이와 관련한 주식발행비용(제세공과금 등) 2,000,000원은 즉시 보통예금에서 지급되었다. 하나의 거래로 처리하라(다른 거래와 관계없이 증자일 현재 주식발행초과금계정 잔액은 20,000,000원이라고 가정하고 문제를 풀 것).

일자	거래내역
12.12	신주 1,000주를 발행하여 기계장치를 구입하였다. 주당 액면가액은 5,000원이며 발행시점의 공정가액은 주당 6,000원이다(다른 거래는 고려하지 말고, 주어진 자료만 이용하여 문제를 풀 것).
12.16	**가정 : 본 문제에 한하여 회사가 자기주식을 보유하고 있었다고 가정할 것** 보유 중인 자기주식을 처분하였다. 장부가액은 12,340,000원(10,000주, 1,234원/주)으로 처분가액은 11,000,000원(10,000주, 1,100원/주)이었다. 처분대금은 보통예금 계좌에 입금되었다. 단, 자기주식처분이익계정의 잔액이 500,000원 있다고 가정하여 문제를 풀 것. 또한 처분수수료는 없는 것으로 가정한다.
12.20	**가정 : 본 문제에 한하여 주주총회가 있었다고 가정한다.** 금년에 열린 주주총회의 결의에 따라 현금배당 5,000,000원과 주식배당 10,000,000원을 실시하고 현금으로 지급하다(관련된 원천징수세액은 없는 것으로 가정한다).
12.22	이익준비금 2,000,000원을 자본전입하기로 이사회 결의하였다. 이사회 결의일에 자본전입에 대한 회계처리 하시오.

2 12월 분개 정답

일자	차변		대변	
12.3	보통예금	24,880,000원	자본금 주식발행초과금	10,000,000원 14,880,000원
12.7	보통예금 주식발행초과금 주식할인발행차금	78,000,000원 20,000,000원 2,000,000원	자본금	100,000,000원
12.12	기계장치	6,000,000원	자본금 주식발행초과금	5,000,000원 1,000,000원
12.16	보통예금 자기주식처분이익 자기주식처분손실	11,000,000원 500,000원 840,000원	자기주식	12,340,000원
12.20	미지급배당금 미교부주식배당금	5,000,000원 10,000,000원	현금 자본금	5,000,000원 10,000,000원
12.22	이익준비금	2,000,000원	자본금	2,000,000원

3 일반전표입력 메뉴 입력 후 화면

12.3

일	번호	구분	계정과목	거래처	적요	차변	대변
3	00001	차변	0103 보통예금			24,880,000	
3	00001	대변	0331 자본금				10,000,000
3	00001	대변	0341 주식발행초과금				14,880,000

12.7

일	번호	구분	계정과목	거래처	적요	차변	대변
7	00001	대변	0331 자본금				100,000,000
7	00001	차변	0103 보통예금			78,000,000	
7	00001	차변	0341 주식발행초과금			20,000,000	
7	00001	차변	0381 주식할인발행차금			2,000,000	

12.12

일	번호	구분	계정과목	거래처	적요	차변	대변
12	00001	차변	0206 기계장치			6,000,000	
12	00001	대변	0331 자본금				5,000,000
12	00001	대변	0341 주식발행초과금				1,000,000

* 출자전환이면 외상매입금 등의 부채계정을 차변에 기재한다. 고정자산 간편등록 "취소"버튼 누름(예외적인 경우 아니면 취소하면 됨)

12.16

일	번호	구분	계정과목	거래처	적요	차변	대변
16	00001	차변	0103 보통예금			11,000,000	
16	00001	대변	0383 자기주식				12,340,000
16	00001	차변	0343 자기주식처분이익			500,000	
16	00001	차변	0390 자기주식처분손실			840,000	

12.20

일	번호	구분	계정과목	거래처	적요	차변	대변
20	00001	차변	0265 미지급배당금			5,000,000	
20	00001	차변	0387 미교부주식배당금			10,000,000	
20	00001	대변	0101 현금				5,000,000
20	00001	대변	0331 자본금				10,000,000

12.22

일	번호	구분	계정과목	거래처	적요	차변	대변
22	00001	차변	0351 이익준비금			2,000,000	
22	00001	대변	0331 자본금				2,000,000

- 일반전표입력과 관련된 분개내역에 대하여 숙지하고, 실제로 회계프로그램에 입력하는 연습을 꾸준히 해야 자격시험에 합격할 수 있다.
- 만약 일반전표입력 학습에 어려움이 있다면 관련이론을 다시 한 번 복습한 후 일반전표입력 내용을 학습할 것을 권장한다.

📊 일반전표입력 배점: 문항당 3점×6문항=18점

Chapter 06 매입매출전표 입력

1 매입매출전표 연습을 위한 준비

1 파일 다운로드 및 설치방법

매입매출전표 이후의 내용에 대한 학습을 위하여 별도의 파일을 다운로드받아야 한다. "구민사 홈페이지(http://www.kuhminsa.co.kr) 자료실(구민사 홈페이지→고객센터→자료실)에서 "2021년 전산회계 1급 실기파일.exe"파일을 다운로드받는다.

exe파일을 눌러 압축해제 후 회사등록메뉴를 클릭 후 메뉴상단의 "F4.회사코드재생성"을 누르면 매입매출전표입력, 오류수정, 결산, 장부조회 연습을 위한 회사코드 및 파일이 생성된다.

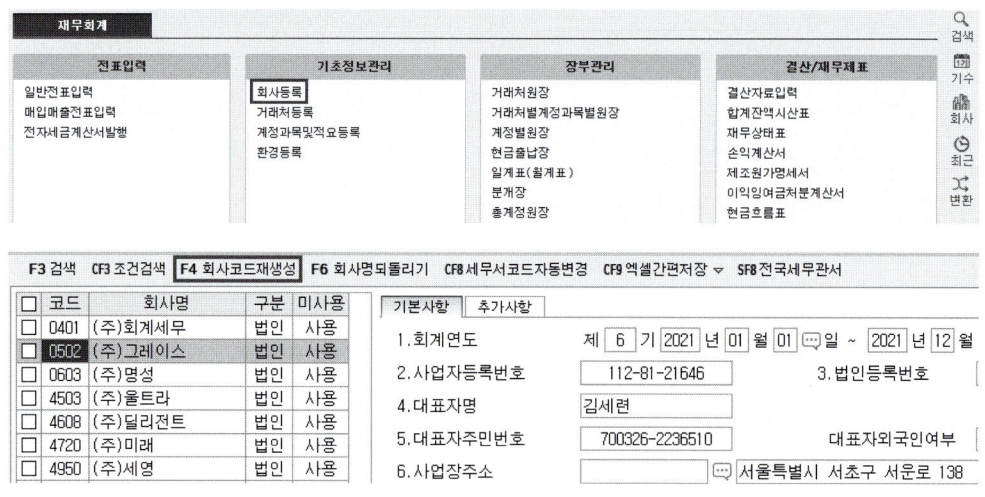

메인화면 오른쪽 위에 있는 회사변경버튼을 눌러 "4503 ㈜울트라"로 회사변경을 한다.

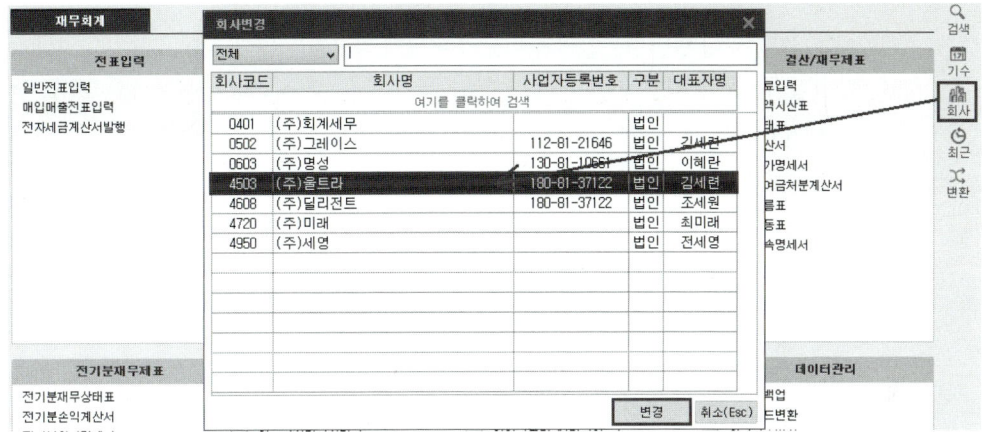

2 매입매출전표입력 방법

(1) 해당메뉴를 눌러 주어진 관련자료를 양식에 맞게 입력한다.

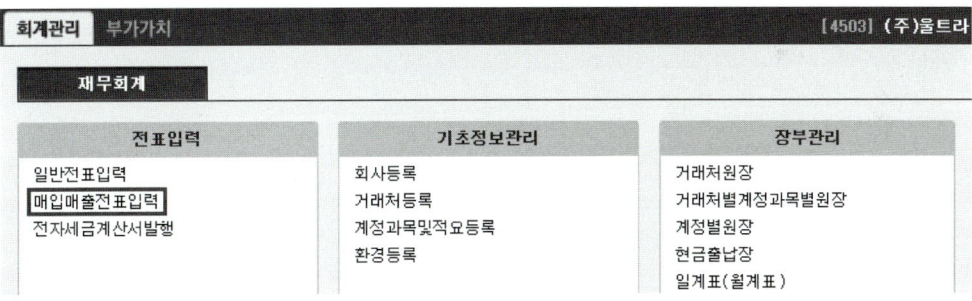

(2) 매입매출전표 입력내용이 부가가치세신고서에 자동반영된다.

- 매입매출전표입력이 일반전표입력과 비교하여 크게 다르지는 않다.
- 기본적인 분개는 이론시간에 공부했던 회계내용을 기반으로 이루어지며 부가가치세와 연관이 있는지 여부를 추가적으로 따지면 된다.
- 매입매출전표입력사항이 일반전표입력사항보다 조금 더 많으므로 추가적으로 어떠한 사항을 입력해야 하는지 살펴보면 별 문제없이 매입매출전표입력을 수행할 수 있다.
- 매입매출전표입력을 시작하기 전에 기초정보등록 메뉴에 있는 환경등록에서 기본계정이 "제품매출", "원재료"인지 확인을 해보는 것이 좋다.

(3) 매입매출전표 메뉴설명

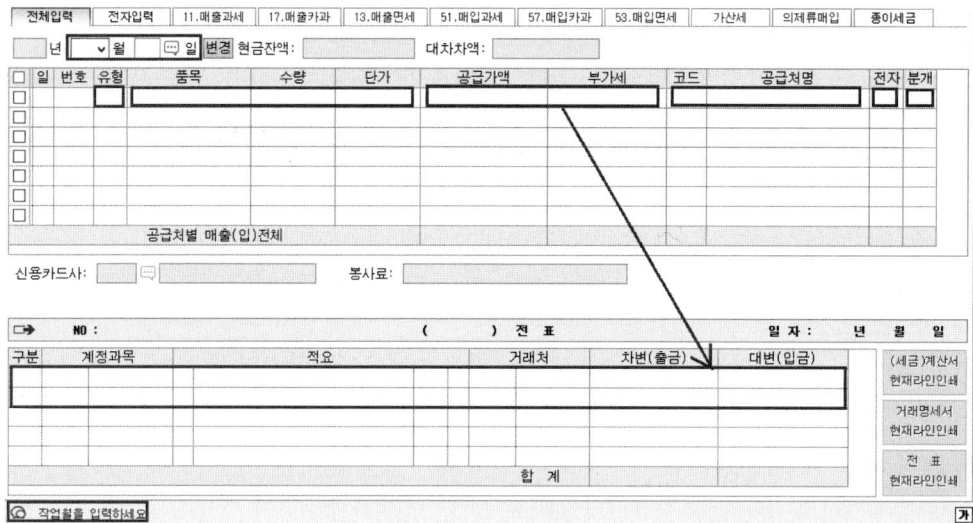

① 일자 입력 후, 유형을 먼저 추가한다. 화면 하단에 보이는 부가세 유형을 참고한다.

② 종목, 수량, 단가, 공급가액을 입력하면 부가세가 자동으로 계산된다.(수량, 단가는 제시가 안되어 있으면 입력할 필요가 없다) → 종목, 수량, 단가가 두 종류 이상이면 복수거래기능을 사용한다.(문제를 풀면서 설명할 것임)

③ 거래처를 입력 후, 전자에 "여"를 체크할지 결정한다. 통상적으로 전자세금계산서를 수수하므로 "여"라고 체크하지만, 종이세금계산서를 받거나 다른 증빙을 수수한 경우 "여"에 체크하면 안 된다.
④ 분개는 통상적으로 "혼합"을 선택하면 무난하다.
⑤ 전표입력과 관련하여 화면 하단의 tip을 이용하면 좋다.

2 1월 분개

1 국내매출 관련 거래(유형: 11 세금계산서)

(1) 아래의 세금계산서를 보고 매입매출전표에 입력하시오.

전자세금계산서(공급하는자 보관용)

	승인번호	123000456089000

	사업자등록번호	180-81-37122	종사업장번호			사업자등록번호	133-81-26371	종사업장번호	
공급자	상호(법인명)	(주)울트라	성명(대표자)	김세련	공급받는자	상호(법인명)	(주)금강가구	성명	김창원
	사업장주소	경기도 수원시 권선구 정조로 351				사업장 주소	서울특별시 강서구 까치산로4길 3		
	업 태	제조	종목	전자제품		업 태	제조	종 목	사무기기
	이메일					이메일			

작성일자	공급가액	세액	수정사유
2015.1.10	8,400,000	840,000	
비고			

월	일	품 목	규 격	수 량	단 가	공 급 가 액	세 액	비 고
1	10	휴대폰부품		2,000	4,200	8,400,000	840,000	

합계금액	현금	수 표	어 음	외 상 미 수 금	이 금액을	영수 청구	함
9,240,000	1,240,000		5,500,000	2,500,000			

(2) 1월 14일 (주)대강에 제품을 10,000,000원(부가가치세 별도)에 판매하고 전자세금계산서를 발행하였다. 대금 중 5,000,000원은 기존에 선수금으로 받았고 부가가치세는 보통예금으로 입금되었으며 나머지는 어음으로 받았다.

(3) 1월 18일 (주)왕명에 제품(단가 150,000원, 수량 100개, 부가가치세 별도)을 판매하고 전자세

금계산서를 교부하였다. 판매대금 중 10,000,000원은 (주)왕명이 보유하고 있던 (주)금강가구가 발행한 약속어음(만기 2015.4.10)으로 배서양도 받고, 잔액은 1개월 후에 수취하기로 하였다.

(4) 1월 22일 (주)빅솔에 다음과 같이 제품을 매출하고 전자세금계산서를 발행하였다. 대금은 전년도에 받은 계약금 30,000,000원을 차감한 잔액을 외상으로 하였다.

품목	수량	단가	공급가액	부가가치세
제품A	50개	1,200,000원	60,000,000원	6,000,000원
제품B	25개	800,000원	20,000,000원	2,000,000원

(5) 1월 26일 (주)아름드리에 제품 100개를 개당 200,000원(부가가치세 별도)에 판매하고 전자세금계산서를 교부하였으며, 대금 중 부가가치세는 현금으로 받고 나머지는 3개월 후에 받기로 하였다.

(6) 1월 30일 비사업자인 개인 오승필(791225-1562386)에게 제품(1,500,000원, 부가가치세 별도)을 판매하고 자기앞수표를 받았으며, 주민등록번호로 전자세금계산서를 교부하였다.

2 1월 분개 정답

1.10	유형 : 11.과세, 공급가액 : 8,400,000, 세액 : 840,000, 거래처 : (주)금강가구, 전자 : 여 분개 : 혼합
	(차) 현금 1,240,000원 (대) 제품매출 8,400,000원
	    받을어음 5,500,000원 부가세예수금 840,000원
	    외상매출금 2,500,000원

1.14	유형 : 11.과세, 공급가액 : 10,000,000, 세액 : 1,000,000, 거래처 : (주)대강, 전자 : 여 분개 : 혼합
	(차) 선수금 5,000,000원 (대) 제품매출 10,000,000원
	    보통예금 1,000,000원 부가세예수금 1,000,000원
	    받을어음 5,000,000원

1.18	유형 : 11.과세, 공급가액 : 15,000,000, 세액 : 1,500,000, 거래처 : (주)왕명, 전자 : 여 분개 : 혼합 (차) 받을어음 10,000,000원 (대) 제품매출 15,000,000원 외상매출금 6,500,000원 부가세예수금 1,500,000원
1.22	유형 : 11.과세 복수거래로 제품A, 제품B 입력, 거래처 : (주)빅솔 전자 : 여 분개 : 혼합 (차) 선수금 30,000,000원 (대) 제품매출 80,000,000원 외상매출금 58,000,000원 부가세예수금 8,000,000원

1.26	유형 : 11.과세, 공급가액 : 20,000,000, 세액 : 2,000,000, 거래처 : (주)아름드리, 전자 : 여 분개: 혼합 (차) 외상매출금 20,000,000원 (대) 제품매출 20,000,000원 현금 2,000,000원 부가세예수금 2,000,000원
1.30	유형 : 11.과세, 공급가액 : 1,500,000, 세액 : 150,000, 거래처 : 오승필, 전자 : 여 분개: 혼합 (차) 현금 1,650,000원 (대) 제품매출 1,500,000원 부가세예수금 150,000원

3 매입매출전표 메뉴 입력 후 화면

1.10

일	번호	유형	품목	수량	단가	공급가액	부가세	코드	공급처명	사업자주민번호	전자	분개
10	50001	과세	휴대폰부품	2,000	4,200	8,400,000	840,000	01101	(주)금강가구	133-81-26371	여	혼합

구분	계정과목		적요	거래처		차변(출금)	대변(입금)
대변	0255	부가세예수금	휴대폰부품 2000X4200	01101	(주)금강가		840,000
대변	0404	제품매출	휴대폰부품 2000X4200	01101	(주)금강가		8,400,000
차변	0101	현금	휴대폰부품 2000X4200	01101	(주)금강가	1,240,000	
차변	0110	받을어음	휴대폰부품 2000X4200	01101	(주)금강가	5,500,000	
차변	0108	외상매출금	휴대폰부품 2000X4200	01101	(주)금강가	2,500,000	

1.14

일	번호	유형	품목	수량	단가	공급가액	부가세	코드	공급처명	사업자주민번호	전자	분개
14	50001	과세	제품			10,000,000	1,000,000	01102	(주)대강	120-85-48310	여	혼합

구분	계정과목		적요	거래처		차변(출금)	대변(입금)
대변	0255	부가세예수금	제품	01102	(주)대강		1,000,000
대변	0404	제품매출	제품	01102	(주)대강		10,000,000
차변	0259	선수금	제품	01102	(주)대강	5,000,000	
차변	0103	보통예금	제품	01102	(주)대강	1,000,000	
차변	0110	받을어음	제품	01102	(주)대강	5,000,000	

1.18

일	번호	유형	품목	수량	단가	공급가액	부가세	코드	공급처명	사업자주민번호	전자	분개
18	50001	과세	제품	100	150,000	15,000,000	1,500,000	01103	(주)왕명	114-81-12541	여	혼합

구분	계정과목		적요	거래처		차변(출금)	대변(입금)
대변	0255	부가세예수금	제품 100X150000	01103	(주)왕명		1,500,000
대변	0404	제품매출	제품 100X150000	01103	(주)왕명		15,000,000
차변	0110	받을어음	제품 100X150000	01101	(주)금강가	10,000,000	
차변	0108	외상매출금	제품 100X150000	01103	(주)왕명	6,500,000	

* 배서양도이므로 받을어음에 대한 거래처를 (주)금강가구로 한다.

1.22

일	번호	유형	품목	수량	단가	공급가액	부가세	코드	공급처명	사업자주민번호	전자	분개
22	50001	과세	제품A외			80,000,000	8,000,000	01105	(주)빅솔	124-25-32102	여	혼합

* 유형을 입력 후 "품목"란에서 화면상단에 있는 "F7.복수거래"를 누르면 화면하단에 여러품목을 입력할 수 있다.

	품목	규격	수량	단가	공급가액	부가세	합계	비고
1	제품A		50	1,200,000	60,000,000	6,000,000	66,000,000	
2	제품B		25	800,000	20,000,000	2,000,000	22,000,000	

* 입력 후 다시 "F7.복수거래"를 누르면 원상복귀된다.

구분	계정과목		적요	거래처		차변(출금)	대변(입금)
대변	0255	부가세예수금	제품A외	01105	(주)빅솔		8,000,000
대변	0404	제품매출	제품A외	01105	(주)빅솔		80,000,000
차변	0259	선수금	제품A외	01105	(주)빅솔	30,000,000	
차변	0108	외상매출금	제품A외	01105	(주)빅솔	58,000,000	

	일	번호	유형	품목	수량	단가	공급가액	부가세	코드	공급처명	사업자주민번호	전자	분개
	26	50001	과세	제품	100	200,000	20,000,000	2,000,000	01106	(주)아름드리	315-04-12920	여	혼합

1.26

구분	계정과목		적요	거래처		차변(출금)	대변(입금)
대변	0255	부가세예수금	제품 100X200000	01106	(주)아름드		2,000,000
대변	0404	제품매출	제품 100X200000	01106	(주)아름드		20,000,000
차변	0101	현금	제품 100X200000	01106	(주)아름드	2,000,000	
차변	0108	외상매출금	제품 100X200000	01106	(주)아름드	20,000,000	

	일	번호	유형	품목	수량	단가	공급가액	부가세	코드	공급처명	사업자주민번호	전자	분개
	30	50001	과세	제품			1,500,000	150,000	01104	오승필	791225-1562386	여	혼합

1.30

구분	계정과목		적요	거래처		차변(출금)	대변(입금)
대변	0255	부가세예수금	제품	01104	오승필		150,000
대변	0404	제품매출	제품	01104	오승필		1,500,000
차변	0101	현금	제품	01104	오승필	1,650,000	

매출매입전표입력 방법은 일반전표입력 방법과 비슷합니다.

유형구분이 중요한데 문제를 통하여 천천히 학습하시기 바랍니다.

매출매입전표입력에서 자주 나오는 유형은 다음과 같습니다.

- 전자세금계산서 과세 매출, 매입 : 11, 51
- 전자세금계산서 영세 매출, 매입 : 12, 52
- 전자계산서 매입 : 53
- 전자세금계산서 불공제분 : 54
- 증빙없는 매출 : 14
- 수입전자세금계산서 : 55
- 카드 매출, 매입(부가가치세 있는 경우) : 17, 57
- 현금영수증 매출, 매입(부가가치세 있는 경우) : 22, 61

3 2월 분개

1 내국신용장(Local L/C)·구매확인서 매출, 직수출 관련 분개(유형: 12,16)

(1) 2월 4일 해외수출대행업체 (주)안산물산에 Local L/C에 의하여 제품 600개를 4,200,000원에 납품하고, 영세율 전자세금계산서를 발행하였다. 대금 중 2,100,000원은 동사 발행 당좌수표로 받고 잔액은 외상으로 하였다.

(2) 2월 10일 수출업체인 (주)경기실업에 내국신용장(L/C)에 의해 제품을 매출하고 영세율 전자세금계산서를 발행하였다. 공급가액은 30,000,000원이며 대금 중 20,000,000원은 어음(동사 발행)으로 수취하였고 잔액은 외상으로 하였다.

(3) 2월 13일 유한상사에 구매확인서에 의하여 제품 5,000,000원을 외상으로 공급하고 영세율 전자세금계산서를 교부하다.

(4) 2월 18일 미국의 구글에 제품(공급가액 40,000,000원)을 직수출하고 이미 수취한 계약금을 제외한 대금은 외상으로 하였다. 한편 당사는 작년말 구글과 제품수출계약을 체결하면서 계약금 8,000,000원을 수취한 바 있다.

(5) 2월 21일 아프리카 수입상 캄차카에 제품을 미화 20,000달러에 직수출하고, 대금은 외상으로 하였다.(선적일 현재의 기준환율은 미화 달러당 1,100원이다)

(6) 2월 25일 일본 후지모리상사에 제품 1,000개(@2,000엔)를 직수출하고, 대금은 외상으로 하였다. 단, 선적일 시점의 환율은 100엔당 1,200원이었다.

2 2월 분개 정답

2.4	유형 : 12.영세, 공급가액 : 4,200,000, 세액 : 0, 거래처 : (주)안산물산, 전자 : 여 영세율구분 : 3.내국신용장.구매확인서에 의하여 공급하는 재화, 분개 : 혼합 (차) 현금　　　　2,100,000원　　　(대) 제품매출　　4,200,000원 　　외상매출금　2,100,000원
2.10	유형 : 12.영세, 공급가액 : 30,000,000, 세액 : 0, 거래처 : (주)경기실업, 전자 : 여 영세율구분 : 3.내국신용장. 구매확인서에 의하여 공급하는 재화, 분개 : 혼합 (차) 외상매출금　10,000,000원　　　(대) 제품매출　　30,000,000원 　　받을어음　　20,000,000원
2.13	유형 : 12.영세, 공급가액 : 5,000,000, 세액 : 0, 거래처 : 유한상사, 전자 : 여 영세율구분 : 3.내국신용장.구매확인서에 의하여 공급하는 재화, 분개 : 혼합 (차) 외상매출금　5,000,000원　　　(대) 제품매출　　5,000,000원
2.18	유형 : 16.수출, 공급가액 : 40,000,000, 세액 : 0, 거래처 : 구글, 영세율구분 : 1.직접수출(대행수출 포함), 분개 : 혼합 (차) 선수금　　　8,000,000원　　　(대) 제품매출　　40,000,000원 　　외상매출금　32,000,000원
2.21	유형 : 16.수출, 공급가액 : 22,000,000, 세액 : 0, 거래처 : 캄차카, 영세율구분 : 1.직접수출(대행수출 포함), 분개 : 혼합 (차) 외상매출금　22,000,000원　　　(대) 제품매출　　22,000,000원
2.25	유형 : 16.수출, 공급가액 : 22,000,000, 세액 : 0, 거래처 : 후지모리상사, 영세율구분 : 1.직접수출(대행수출 포함), 분개 : 혼합 (차) 외상매출금　24,000,000원　　　(대) 제품매출　　24,000,000원

3 매입매출전표 메뉴 입력 후 화면

영세율의 경우 분개직전에 "영세율구분"칸에서 "F2"를 눌러서 동 거래와 연관된 적절한 번호를 입력한다. Local L/C 또는 구매확인서에 의한 매출은 "3"번이며, 해외직수출은 "1"번이다.

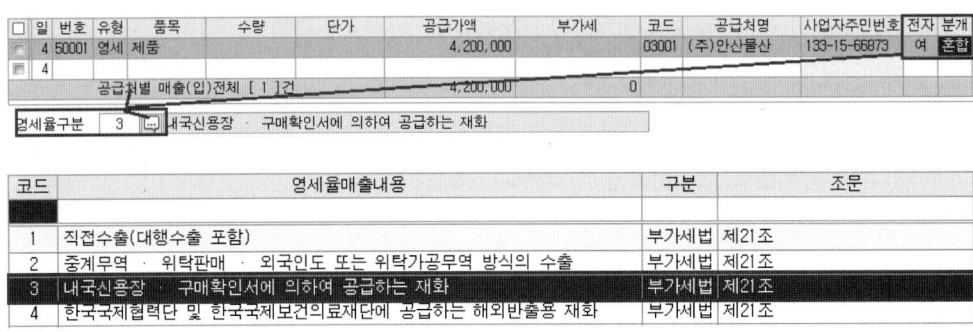

* 영세율구분시 F2버튼을 눌러서 적절한 번호를 입력한다.(내국신용장,구매확인서 3, 직수출 1)

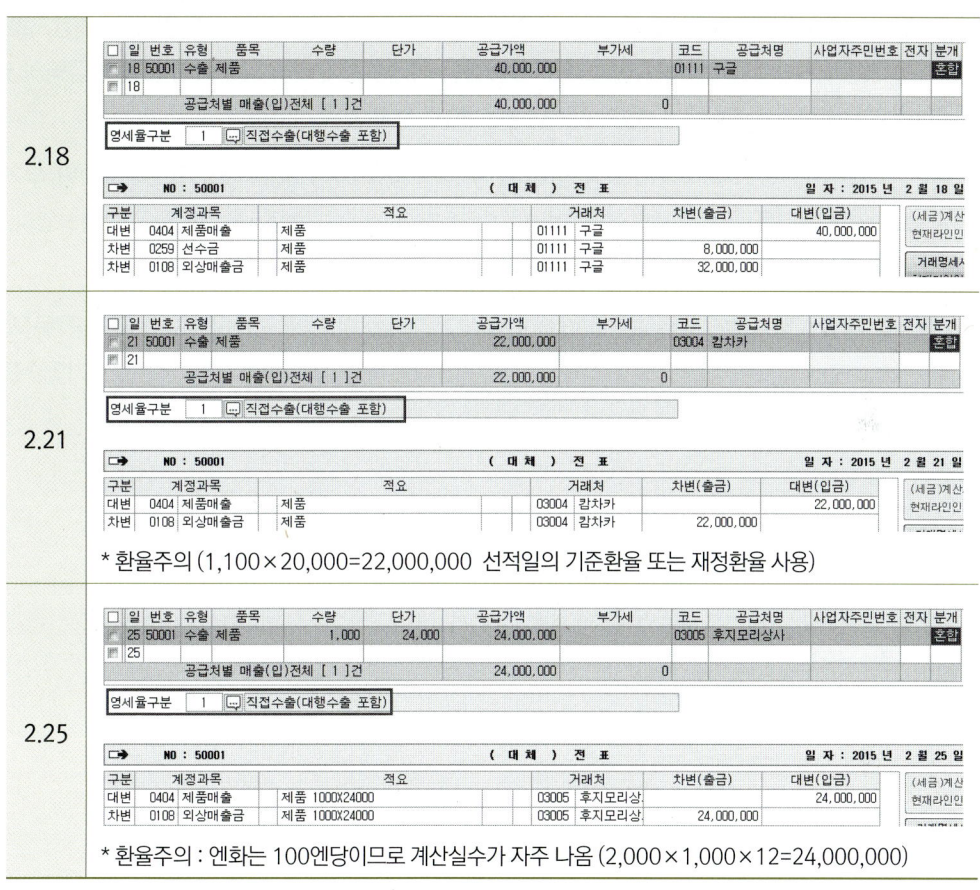

* 환율주의 (1,100×20,000=22,000,000 선적일의 기준환율 또는 재정환율 사용)

* 환율주의 : 엔화는 100엔당이므로 계산실수가 자주 나옴 (2,000×1,000×12=24,000,000)

4 3월 분개

1 기타 유형의 매출(유형: 14,17,22), 매출환입및에누리

(1) 3월 2일 개인소비자인 권인식에게 제품을 770,000원(공급대가)에 매출하고, 대금은 현금으로 받고 간이영수증을 발급하여 주었다.

(2) 3월 8일 개인 소비자 이새롬에게 제품을 6,600,000원(부가가치세 포함)에 판매하고, 대금은 신용카드(착한카드)로 수취하였다. 외상매출금으로 회계처리하시오.

(3) 3월 14일 개인인 비사업자 김철수씨에게 제품을 3,300,000원(VAT 포함)에 현금판매하고 현금영수증을 발급하였다.

(4) 3월 16일 (주)금강가구에 제품 300개(판매단가 @40,000원, 부가가치세 별도)를 외상으로 납품하면서 전자세금계산서를 발급하였다. 대금은 거래수량에 따라 공급가액 중 전체금액의 5%를 에누리해주기로 하고, 나머지 판매대금은 30일 후 받기로 하였다.

(5) 3월 21일 1.14일 (주)대강에 외상 판매하였던 제품 중 10개(1개당 공급가액 80,000원, 부가가치세액 8,000원)가 불량품으로 판명되어 반품됨에 따라 전자반품세금계산서를 발행하였다. 대금은 외상매출금과 상계정리하기로 하였다.

(6) 3월 28일 (주)왕명에 제품을 5,000,000원(부가가치세 별도)에 공급하면서 전자세금계산서를 교부하고, 대금은 (주)왕명의 외상매입금 3,350,000원을 상계처리하고, 잔액은 자기앞수표로 받았다.

2 3월 분개 정답

3.2	유형 : 14.건별, 공급가액 : 700,000, 부가세 : 70,000, 거래처 : 권인식, 분개 : 혼합 (차) 현금　　　　　770,000원　　(대) 제품매출　　　700,000원 　　　　　　　　　　　　　　　　　　부가세예수금　 70,000원
3.8	유형 : 17, 카과 공급가액 : 6,000,000, 부가세 : 600,000, 거래처 : 이새롬 분개 : 혼합 (차) 외상매출금　 6,600,000원　 (대) 제품매출　　 6,000,000원 　　(거래처: 99605.착한카드)　　　　부가세예수금　 600,000원
3.14	유형 : 22.현과, 공급가액 : 3,000,000, 부가세 : 300,000, 거래처 : 김철수, 분개 : 혼합 (차) 현금　　　　 3,300,000원　 (대) 제품매출　　 3,000,000원 　　　　　　　　　　　　　　　　　　부가세예수금　 300,000원
3.16	유형 : 11.과세, 공급가액 : 11,400,000, 부가세 : 1,140,000, 거래처: (주)금강가구, 전자: 여, 분개: 혼합 (차) 외상매출금　12,540,000원　 (대) 제품매출　　11,400,000원 　　　　　　　　　　　　　　　　　　부가세예수금　1,140,000원
3.21	유형 : 11.과세, 공급가액 : -800,000, 부가세 : -80,000, 거래처 : 대강 전자 : 여, 분개 : 혼합 (차) 외상매출금　 -880,000원　 (대) 제품매출　　 -800,000원 　　　　　　　　　　　　　　　　　　부가세예수금　 -80,000원
3.28	유형 : 11.과세, 공급가액 : 5,000,000, 부가세 : 500,000, 거래처 : (주)왕명 전자 : 여, 분개 : 혼합 (차) 외상매입금　 3,350,000원　 (대) 제품매출　　 5,000,000원 　　현금　　　　 2,150,000원　　　부가세예수금　 500,000원

3 매입매출전표 메뉴 입력 후 화면

3.2

□	일	번호	유형	품목	수량	단가	공급가액	부가세	코드	공급처명	사업자주민번호	전자	분개
□	2	50001	건별	제품			700,000	70,000	01113	권인식	701013-1247015		혼합
□	2												
			공급처별 매출(입)전체 [1]건				700,000	70,000					

신용카드사: [ ]   봉사료: [ ]

	NO : 50001		(대 체) 전 표		일 자 : 2015 년 3 월 2 일	
구분	계정과목	적요	거래처	차변(출금)	대변(입금)	(세금)계산
대변	0255 부가세예수금	제품	01113 권인식		70,000	현재라인인
대변	0404 제품매출	제품	01113 권인식		700,000	거래명세서
차변	0101 현금	제품	01113 권인식	770,000		

* 건별, 카과, 현과의 경우 공급가액에 "공급가액+부가세"를 입력하면 공급가액, 부가세가 자동구분된다.

3.8

□	일	번호	유형	품목	수량	단가	공급가액	부가세	코드	공급처명	사업자주민번호	전자	분개
□	8	50001	카과	제품			6,000,000	600,000	01000	이새롬	780101-2123453		혼합
□	8												
			공급처별 매출(입)전체 [1]건				6,000,000	600,000					

신용카드사: 99605 [...] 착한카드   봉사료: [ ]

	NO : 50001		(대 체) 전 표		일 자 : 2015 년 3 월 8 일	
구분	계정과목	적요	거래처	차변(출금)	대변(입금)	(세금)계산
대변	0255 부가세예수금	제품	01000 이새롬		600,000	현재라인인
대변	0404 제품매출	제품	01000 이새롬		6,000,000	거래명세서
차변	0108 외상매출금	제품	99605 착한카드	6,600,000		

* 카과의 경우 채권, 채무에 대한 거래처를 카드사로 기재해야 하며, 카드사를 2군데에 입력해야 한다.

3.14

□	일	번호	유형	품목	수량	단가	공급가액	부가세	코드	공급처명	사업자주민번호	전자	분개
□	14	50001	현과	제품			3,000,000	300,000	03008	김철수	680215-1110116		혼합
□	14												
			공급처별 매출(입)전체 [1]건				3,000,000	300,000					

신용카드사: [ ]   봉사료: [ ]

	NO : 50001		(대 체) 전 표		일 자 : 2015 년 3 월 14 일	
구분	계정과목	적요	거래처	차변(출금)	대변(입금)	(세금)계산
대변	0255 부가세예수금	제품	03008 김철수		300,000	현재라인인
대변	0404 제품매출	제품	03008 김철수		3,000,000	거래명세서
차변	0101 현금	제품	03008 김철수	3,300,000		

* 건별, 카과, 현과의 경우 전자여부에 체크할 수 없도록 설정되어 있다.

3.16

□	일	번호	유형	품목	수량	단가	공급가액	부가세	코드	공급처명	사업자주민번호	전자	분개
□	16	50001	과세	제품			11,400,000	1,140,000	01101	(주)금강가구	133-81-26371	여	혼합
□	16												
			공급처별 매출(입)전체 [1]건				11,400,000	1,140,000					

신용카드사: [ ]   봉사료: [ ]

	NO : 50001		(대 체) 전 표		일 자 : 2015 년 3 월 16 일	
구분	계정과목	적요	거래처	차변(출금)	대변(입금)	(세금)계산
대변	0255 부가세예수금	제품	01101 (주)금강가		1,140,000	현재라인인
대변	0404 제품매출	제품	01101 (주)금강가		11,400,000	거래명세서
차변	0108 외상매출금	제품	01101 (주)금강가	12,540,000		

* 공급가액에 매출에누리를 제외하고 입력한다($40,000 \times 300 \times (1-0.05) = 11,400,000$)

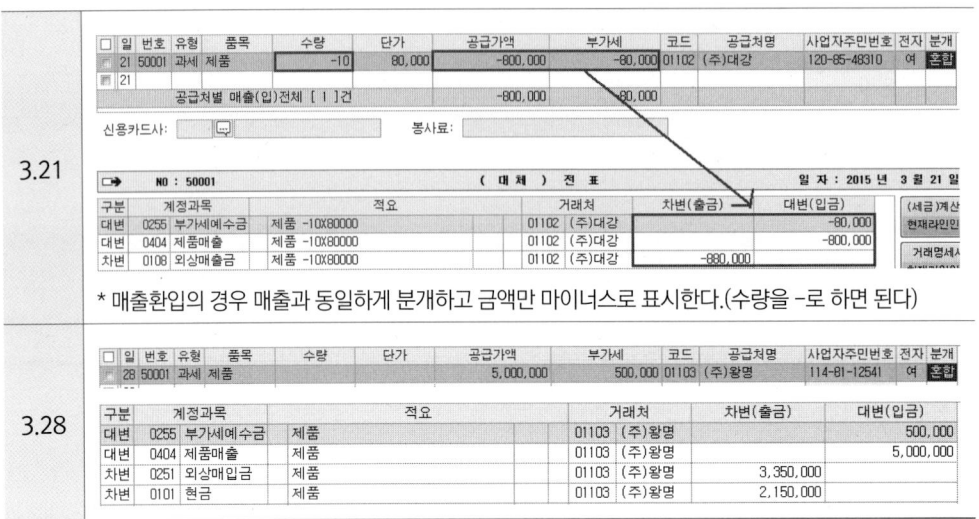

3.21

3.28

* 매출환입의 경우 매출과 동일하게 분개하고 금액만 마이너스로 표시한다.(수량을 -로 하면 된다)

5 4월 분개

1 매입(국내매입, 영세율매입, 수입) 관련분개(유형: 51,52,55)

(1) 4월 6일 제조공정에 사용할 원재료를 (주)소망전자로부터 다음과 같이 구입하고, 전자세금계산서를 발급받았다. 거래처를 등록할 것(코드번호:3010, 사업자등록번호:123-81-12341, 유형:동시)

품목	수량	단가	공급가액	부가가치세	결제방법
XA	3,000개	5,000원	15,000,000원	1,500,000원	현금 - 5,500,000원, 외상 - 7,700,000원 당사발행어음- 3,300,000원

(2) 4월 11일 (주)대강으로부터 원재료 6,930,000원(부가세 포함)을 매입하고 전자세금계산서를 교부받았다. 작년에 선지급된 금액 5,000,000원이 있어 상계한 후 잔액은 현금으로 즉시 지급하였다.

(3) 4월 17일 이화상회로부터 부재료를 5,500,000원(부가가치세 포함, 전자세금계산서 교부받음)에 매입하고, 대금의 10%는 현금지급하고, 나머지는 외상으로 하다.

(4) 4월 22일 (주)빅솔로부터 내국신용장(Local L/C)에 의하여 원재료 22,000,000원을 공급받고 영세율 전자세금계산서를 발급받았으며, 대금 중 50%는 어음으로 지급하고 나머지 금액은 보통예금에서 이체 지급하였다.

(5) 4월 27일 구매확인서에 의해 수출용제품에 대한 원재료(공급가액 35,800,000원)를 (주)아름드리로부터 매입하고 영세율 전자세금계산서를 발급받았다. 매입대금 중 15,000,000원은 (주)금강가구로부터 받은 약속어음을 배서하여주고 나머지는 3개월 만기의 당사 발행 약속어음으로 주었다.

(6) 4월 28일 해외거래처로부터 수입한 원재료와 관련하여 김포세관에 부가가치세 2,100,000원(공급가액 21,000,000원)을 현금으로 납부하고 전자수입세금계산서를 교부받았다.

2 4월 분개 정답

4.6	유형 : 51, 공급가 : 15,000,000, 부가세 : 1,500,000, 거래처 : 소망전자
	전자 : 여, 혼합
	(차) 원재료 15,000,000원 (대) 현금 5,500,000원
	    부가세대급금 1,500,000원 지급어음 3,300,000원
	                                           외상매입금 7,700,000원

4.11	유형 : 51, 공급가 : 6,300,000, 부가세 : 630,000, 거래처 : (주)대강 전자 : 여, 혼합 (차) 원재료 6,300,000원 (대) 현금 1,930,000원 부가세대급금 630,000원 선급금 5,000,000원
4.17	유형 : 51, 공급가 : 6,300,000, 부가세 : 630,000, 거래처 : (주)대강 전자 : 여, 혼합 (차) 부재료 5,000,000원 (대) 현금 550,000원 부가세대급금 500,000원 외상매입금 4,950,000원
4.22	유형 : 52, 공급가 : 22,000,000, 부가세 : 0, 거래처 : (주)빅솔 전자 : 여, 혼합 (차) 원재료 22,000,000원 (대) 지급어음 11,000,000원 보통예금 11,000,000원
4.27	유형: 52, 공급가 : 35,800,000, 부가세 : 0 거래처 : (주)아름드리 전자 : 여, 혼합 (차) 원재료 35,800,000원 (대) 받을어음(금강가구) 15,000,000원 지급어음 20,800,000원
4.28	유형 : 55, 공급가 : 21,000,000, 부가세 : 2,100,000, 거래처 : 김포세관 전자 : 여, 혼합 (차) 부가세대급금 2,100,000원 (대) 현금 2,100,000원

3 매입매출전표 메뉴 입력 후 화면

4.6

□	일	번호	유형	품목	수량	단가	공급가액	부가세	코드	공급처명	사업자주민번호	전자	분개
	6	50001	과세	XA	3,000	5,000	15,000,000	1,500,000	03010	(주)소망전자	123-81-12341	여	혼합

구분	계정과목		적요		거래처		차변(출금)	대변(입금)
차변	0135	부가세대급금	XA 3000X5000		03010	(주)소망전	1,500,000	
차변	0153	원재료	XA 3000X5000		03010	(주)소망전	15,000,000	
대변	0101	현금	XA 3000X5000		03010	(주)소망전		5,500,000
대변	0252	지급어음	XA 3000X5000		03010	(주)소망전		3,300,000
대변	0251	외상매입금	XA 3000X5000		03010	(주)소망전		7,700,000

* 거래처등록메뉴에서 소망전자를 등록하고 전표입력할 것

4.11

□	일	번호	유형	품목	수량	단가	공급가액	부가세	코드	공급처명	사업자주민번호	전자	분개
	11	50001	과세	원재료			6,300,000	630,000	01102	(주)대강	120-85-48310	여	혼합

구분	계정과목		적요		거래처		차변(출금)	대변(입금)
차변	0135	부가세대급금	원재료		01102	(주)대강	630,000	
차변	0153	원재료	원재료		01102	(주)대강	6,300,000	
대변	0131	선급금	원재료		01102	(주)대강		5,000,000
대변	0101	현금	원재료		01102	(주)대강		1,930,000

* 부가가치세가 포함된 금액이므로 공급가액과 부가가치세를 구분하여 처리한다.

4.17

□	일	번호	유형	품목	수량	단가	공급가액	부가세	코드	공급처명	사업자주민번호	전자	분개
	17	50001	과세	부재료			5,000,000	500,000	04025	이화상회	138-02-55783	여	혼합

구분	계정과목		적요		거래처		차변(출금)	대변(입금)
차변	0135	부가세대급금	부재료		04025	이화상회	500,000	
차변	0162	부재료	부재료		04025	이화상회	5,000,000	
대변	0101	현금	부재료		04025	이화상회		550,000
대변	0251	외상매입금	부재료		04025	이화상회		4,950,000

4.22

□	일	번호	유형	품목	수량	단가	공급가액	부가세	코드	공급처명	사업자주민번호	전자	분개
	22	50001	영세	원재료			22,000,000		01105	(주)빅솔	124-25-32102	여	혼합

구분	계정과목		적요		거래처		차변(출금)	대변(입금)
차변	0153	원재료	원재료		01105	(주)빅솔	22,000,000	
대변	0252	지급어음	원재료		01105	(주)빅솔		11,000,000
대변	0103	보통예금	원재료		01105	(주)빅솔		11,000,000

* 내국신용장, 구매확인서에 의한 매입의 경우 유형에 "52.영세"를 입력한다.

4.27

□	일	번호	유형	품목	수량	단가	공급가액	부가세	코드	공급처명	사업자주민번호	전자	분개
	27	50001	영세	원재료			35,800,000		01106	(주)아름드리	315-04-12920	여	혼합

구분	계정과목		적요		거래처		차변(출금)	대변(입금)
차변	0153	원재료	원재료		01106	(주)아름드	35,800,000	
대변	0110	받을어음	원재료		01101	(주)금강가		15,000,000
대변	0252	지급어음	원재료		01106	(주)아름드		20,800,000

* 배서양도 시에는 "받을어음"계정을 쓰고, 발행인을 거래처로 쓸 것

4.28

□	일	번호	유형	품목	수량	단가	공급가액	부가세	코드	공급처명	사업자주민번호	전자	분개
	28	50001	수입	원재료			21,000,000	2,100,000	03022	김포세관		여	혼합

구분	계정과목		적요		거래처		차변(출금)	대변(입금)
차변	0135	부가세대급금	원재료		03022	김포세관	2,100,000	
대변	0101	현금	원재료		03022	김포세관		2,100,000

* 수입일 때는 거래처를 "세관"으로 쓴다.(부가가치세 부과를 세관에서 함)
  유형이 수입일 경우 부가세대급금을 납부하는 분개만 수행한다.

6 5월 분개

1 복리후생비, 접대비(카드, 세금계산서) 관련 분개(유형:51,54,57)

(1) 5월 9일 제조부 직원들의 단합을 위해 하나마트에서 회식을 하고 회식비 550,000원은 법인국민체크카드로 결제하였다.(음식점은 매입세액공제요건을 갖추고 있고, 법인국민체크카드는 결제즉시 카드발급은행 보통예금계좌에서 인출되었다)

(2) 5월 12일 공장 근로자들에게 추석선물을 주기 위하여 다팔아쇼핑으로부터 참치선물세트를 구입하고, 전자세금계산서 5,000,000원(부가가치세 별도)을 발급받았다. 대금은 현금으로 지급하였다.

(3) 5월 14일 관리부서는 하나마트에서 회식을 하고 식사대금 550,000원(부가가치세 포함)을 법인카드인 비씨카드로 결제하였다.(카드매입에 대한 부가가치세 매입세액 공제요건은 충족하였다)

(4) 5월 20일 생산직 종업원들의 안전을 목적으로 하나안전사에서 다음 물품들을 구입하고 전자세금계산서를 교부받았다. 대금은 1개월 후에 지급하기로 하였다. 비용계정을 사용하여 회계처리하시오.

품 목	수량	단가	공급가액	세액	결제방법
안전모	20	20,000	400,000	40,000	외상
장 갑	100	1,000	100,000	10,000	

(5) 5월 23일 제조부는 협력업체에 선물용으로 지급하기 위하여 랜드마크에서 LED TV 1대(40인치)를 1,500,000원(부가가치세 별도)에 구입하고 전자세금계산서를 발급받았으며, 대금은 법인카드인 비씨카드로 결제하였다.

(6) 5월 26일 다팔아쇼핑에서 홍삼 1세트(200,000원, 부가가치세 별도)를 현금으로 구입하고 전자세금계산서를 교부받았다. 그리고 구매한 홍삼세트는 매출거래처 (주)LT전자의 영업부 부장의 모친회갑기념으로 전달하였다.

- 전산회계 1급에서는 카드결제에 대한 문제가 많이 나오기 때문에 처리방법을 명확하게 숙지해야 한다.
- 신용카드 사용 시에는 미지급금 계정을 사용해야 하며, 거래처를 신용카드사로 바꿔줘야 한다.(거래처 입력이 2군데 있으므로 주의할 것)
- 면세항목을 구입하면서 결제수단으로 카드를 사용할 경우, 유형에 "58.카면"을 입력해야 한다.

2 5월 분개 정답

5.9	유형 : 57.카과, 공급가액 : 500,000, 부가세 : 50,000, 거래처 : 하나마트 신용카드사 : 99604 국민체크카드(법인), 분개 : 혼합 (차) 복리후생비(제)　　500,000원　　　（대) 보통예금　　　550,000원 　　　부가세대급금　　　50,000원
5.12	유형 : 51.과세, 공급가액 : 5,000,000원, 부가세 : 500,000원 거래처 : 다팔아쇼핑 전자 : 여, 분개 : 혼합 (차) 복리후생비(제) 5,000,000원　　（대) 현금　　　5,500,000원 　　　부가세대급금　　　500,000원
5.14	유형 : 57.카과, 공급가액 : 500,000, 부가세 : 50,000, 거래처 : 하나마트, 신용카드사 : 99604 비씨카드, 분개 : 혼합 (차) 복리후생비(판)　　500,000원　　（대) 미지급금(비씨카드)550,000원 　　　부가세대급금　　　50,000원
5.20	유형 : 51.과세, 복수거래키 활용입력, 거래처 : 하나안전사, 전자: 여, 분개 : 혼합 (차) 복리후생비(제)　　500,000원　　（대) 미지급금　　　550,000원 　　　부가세대급금　　　50,000원
5.23	유형 : 54.불공, 공급가액 : 1,500,000, 부가세 : 150,000, 거래처 : 랜드마크, 전자 : 여, 불공제사유 : ④접대비 및 이와 유사한 비용 관련, 분개 : 혼합 (차) 접대비　　　1,650,000원　　（대) 미지급금(비씨카드)　1,650,000원
5.26	유형 : 54.불공, 공급가액 : 200,000, 부가세 : 20,000, 거래처 : 다팔아쇼핑, 전자 : 여, 불공제사유 : ④접대비 및 이와 유사한 비용 관련, 분개 : 혼합 (차) 접대비　　　220,000원　　（대) 현금　　　220,000원 * 접대비는 매입세액 불공제항목이므로 유형에 "54.불공"을 입력한다. 복리후생비와 접대비 비교를 위하여 접대비 문제를 복리후생비 문항과 함께 묶었다.

3 매입매출전표 메뉴 입력 후 화면

5.9	 * 체크카드나 신용카드 사용 시에는 "카과" 유형을 선택하고, 화면 중간에 있는 신용카드사에 제시된 카드를 입력한다. 체크카드는 보통예금 계정을 사용하고, 신용카드는 미지급금 계정을 사용한다(미지급금계정사용 시 거래처를 카드사로 입력한다)

5.12

□	일	번호	유형	품목	수량	단가	공급가액	부가세	코드	공급처명	사업자주민번호	전자	분개
□	12	50002	과세	참치선물세트			5,000,000	500,000	03032	다팔아쇼핑	220-41-25646	여	혼합

구분	계정과목		적요		거래처		차변(출금)	대변(입금)
차변	0135	부가세대급금	참치선물세트		03032	다팔아쇼핑	500,000	
차변	0511	복리후생비	참치선물세트		03032	다팔아쇼핑	5,000,000	
대변	0101	현금	참치선물세트		03032	다팔아쇼핑		5,500,000

5.14

□	일	번호	유형	품목	수량	단가	공급가액	부가세	코드	공급처명	사업자주민번호	전자	분개
□	14	50001	카과	회식			500,000	50,000	03034	하나마트	202-25-69189		혼합
□	14												
			공급처별 매출(입)전체 [1]건				500,000	50,000					

신용카드사: 99800 비씨카드   봉사료:

NO : 50001   (대 체) 전 표   일 자 : 2015 년 5 월 14 일

구분	계정과목		적요	거래처		차변(출금)	대변(입금)
차변	0135	부가세대급금	회식	03034	하나마트	50,000	
차변	0811	복리후생비	회식	03034	하나마트	500,000	
대변	0253	미지급금	회식	99800	비씨카드		550,000

* 유형이 카과인 경우 화면 중간에 있는 신용카드사에 카드사 입력을 해야 한다. F2버튼을 눌러 입력할 것. 미지급금 계정을 쓸 경우 거래처를 카드사로 변경할 것

5.20

□	일	번호	유형	품목	수량	단가	공급가액	부가세	코드	공급처명	사업자주민번호	전자	분개
□	20	50001	과세	안전모외			500,000	50,000	03030	하나안전사	129-81-25636	여	혼합
□	20												
			공급처별 매출(입)전체 [1]건				500,000	50,000					

신용카드사: 봉사료:

복 수 거 래 내 용 (F 7)   (입력가능갯수 : 100개)

	품목	규격	수량	단가	공급가액	부가세	합계	비고
1	안전모		20	20,000	400,000	40,000	440,000	
2	장갑		100	1,000	100,000	10,000	110,000	

* 품목이 여러 개 있는 경우 화면 상단에 있는 "F7.복수거래" 기능 이용할 것(F7을 다시 누르면 원위치)

□	일	번호	유형	품목	수량	단가	공급가액	부가세	코드	공급처명	사업자주민번호	전자	분개
□	20	50001	과세	안전모외			500,000	50,000	03030	하나안전사	129-81-25636	여	혼합
□	20												
			공급처별 매출(입)전체 [1]건				500,000	50,000					

신용카드사: 봉사료:

NO : 50001   (대 체) 전 표   일 자 : 2015 년 5 월 20 일

구분	계정과목		적요	거래처		차변(출금)	대변(입금)
차변	0135	부가세대급금	안전모외	03030	하나안전사	50,000	
차변	0511	복리후생비	안전모외	03030	하나안전사	500,000	
대변	0253	미지급금	안전모외	03030	하나안전사		550,000

5.23

□	일	번호	유형	품목	수량	단가	공급가액	부가세	코드	공급처명	사업자주민번호	전자	분개
□	23	50001	불공	LED TV			1,500,000	150,000	03031	랜드마크	129-81-03041	여	혼합
□	23												
			공급처별 매출(입)전체 [1]건				1,500,000	150,000					

불공제사유 4 ④접대비 및 이와 유사한 비용 관련

NO : 50001   (대 체) 전 표   일 자 : 2015 년 5 월 23 일

구분	계정과목		적요	거래처		차변(출금)	대변(입금)
차변	0513	접대비	LED TV	03031	랜드마크	1,650,000	
대변	0253	미지급금	LED TV	99800	비씨카드		1,650,000

* 전자여부에 "여"를 체크한 후에 불공제사유를 선택하는 창이 뜬다. 내용을 읽고 불공제사유를 입력 후 분개한다. 부가세법상 불공제매입세액 항목을 암기해야 풀 수 있다.

5.26

일	번호	유형	품목	수량	단가	공급가액	부가세	코드	공급처명	사업자주민번호	전자	분개
26	50001	불공	홍삼			200,000	20,000	03032	다팔아쇼핑	220-41-25646	여	혼합
26												

공급처별 매출(입)전체 [1]건   200,000   20,000

불공제사유   4   ④접대비 및 이와 유사한 비용 관련

NO : 50001   (대체) 전 표   일 자 : 2015 년 5 월 26 일

구분	계정과목		적요	거래처		차변(출금)	대변(입금)
차변	0813	접대비	홍삼	03032	다팔아쇼핑	220,000	
대변	0101	현금	홍삼	03032	다팔아쇼핑		220,000

* 접대비를 카드로 결제하고, 카드전표를 받는 경우 동 사항은 일반전표에 입력한다.

7 6월 분개

1 판매비와관리비 관련 분개-1(유형: 51,61)

(1) 6월 1일 본사에서 사용하던 승용차(800cc)의 고장으로 (주)강남카센타에서 수리하고 수리비 300,000원(부가가치세별도)을 현금지급하고 전자세금계산서를 수취하였다. 차량유지비계정으로 처리할 것

(2) 6월 4일 하나마트에서 사무실용 찻잔 1세트를 40,000원(부가가치세 별도)에 구입하고 전자세금계산서를 교부받았으며, 대금은 현금으로 지급하였다. 찻잔은 구입 시 비용으로 처리하였다.

(3) 6월 15일 신제품에 대한 거리 홍보시 증정할 목적으로 (주)보물섬에서 다음과 같이 기념품을 구매하고 전자세금계산서를 수취하였다.(전액 비용으로 처리할 것)

품 목	수 량	단 가	공급가액	부가가치세	결제방법
명함지갑세트	100	10,000원	1,000,000원	100,000원	보통예금 이체

(4) 6월 21일 한마음문구에서 영업부 사무실 프린터기에 사용할 잉크를 99,000원(부가가치세 포함)에 구입하여 현금을 지급하고 현금영수증(지출증빙용)을 교부받았다. 부가가치세 공제요건은 모두 충족하였다.(사무용품비로 회계처리한다)

(5) 6월 28일 본사 관리동사옥을 청소하고 청소용역업체 (주)하이크리너에 청소비 1,100,000원(부가가치세 포함)을 현금으로 지급하고 현금영수증을 발급받았다. 단, 청소비는 '건물관리비'계정으로 처리한다.

(6) 6월 30일 한성빌딩으로부터 당월의 영업부 사무실 임차료에 대한 공급가액 900,000원(VAT 별도)의 세금계산서를 교부받고, 대금은 다음 달에 지급하기로 하였다. 한성빌딩의 건물주인은 전자세금계산서 발행대상이 아니다.

2 6월 분개 정답

6.1	유형 : 51, 공급가액 : 300,000, 부가세 : 30,000, 거래처 : (주)강남카센타, 전자 : 여, 분개 : 혼합 (차) 차량유지비　　　300,000원　　　(대) 현금　　　330,000원 　　　부가세대급금　　 30,000원
6.4	유형 : 51, 공급가액 : 40,000, 부가세 : 4,000, 거래처 : 하나마트, 전자 : 여, 분개 : 혼합 (차) 소모품비(판)　　 40,000원　　　(대) 현금　　　 44,000원 　　　부가세대급금　　　4,000원
6.15	유형 : 51, 공급가액 : 1,000,000, 부가세 : 100,000, 거래처 : (주)보물섬, 전자 : 여, 분개 : 혼합 (차) 광고선전비　　1,000,000원　　(대) 보통예금　　1,100,000원 　　　부가세대급금　　100,000원
6.21	유형 : 61, 공급가액 : 90,000, 부가세 : 9,000, 거래처 : 한마음문구 분개 : 혼합 (차) 사무용품비(판)　　90,000원　　(대) 현금　　　 99,000원 　　　부가세대급금　　　9,000원
6.28	유형 : 61.현과, 공급가액 : 1,000,000, 부가세 : 100,000, 거래처 : (주)하이크리너, 분개 : 혼합 (차) 건물관리비　　1,000,000원　　(대) 현금　　　1,100,000원 　　　부가세대급금　　100,000원
6.30	유형 : 51.과세, 공급가액 : 900,000, 부가세 : 90,000, 거래처 : 한성빌딩, 분개 : 혼합 (차) 임차료(판)　　　900,000원　　(대) 미지급금　　 990,000원 　　　부가세대급금　　 90,000원

3 매입매출전표 메뉴 입력 후 화면

6.1

* 배기량 1,000cc 이하인 비영업용소형승용차에 대한 임차,구입,유지관련 비용은 매입세액 공제가 된다.(트럭은 무조건 됨)

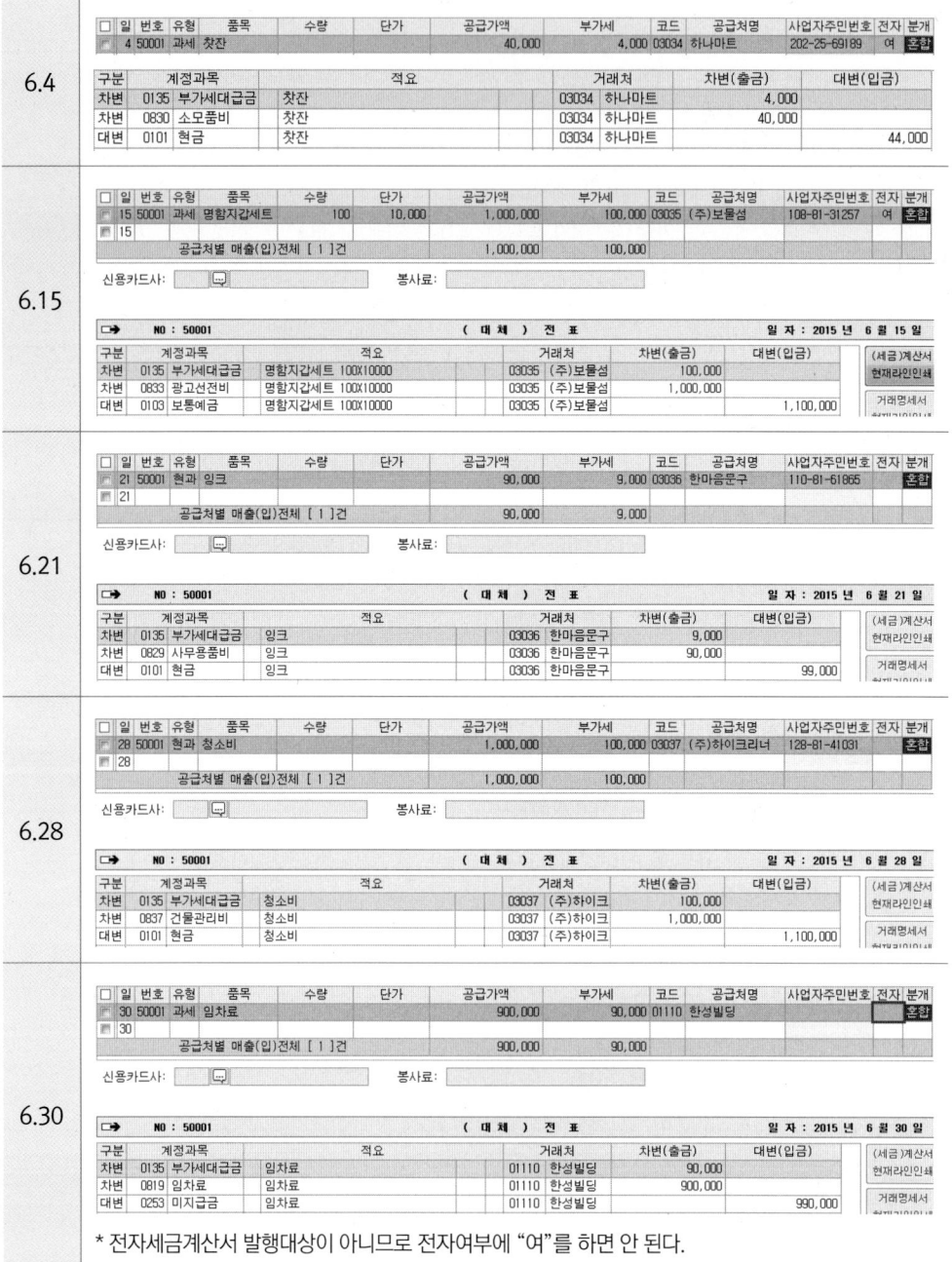

8 7월 분개

1 판매비와관리비 관련 분개-2(유형:51, 57, 61)

(1) 7월 4일 강북주유소에서 공장용 화물차량에 주유를 하면서 주유대금 55,000원(부가세 포함)은 현금으로 결제하고 현금영수증(지출증빙용)을 받았다.

(2) 7월 9일 공장에서 사용하는 화물운송용 차량을 (주)강남카센타에서 일괄적으로 점검을 받고 부가가치세를 포함한 대금 550,000원은 법인신용카드(비씨카드)로 결제하였다. 세금계산서를 수령하지 아니하였으며 부가가치세 매입세액공제를 위한 요건은 모두 구비하였다.(차량유지비 계정에 기입할 것)

(3) 7월 19일 사무실과 공장에서 사용할 복사용지(20박스 @50,000원 부가가치세 별도)를 한마음문구에서 일괄구입하고 전자세금계산서를 교부받았다. 대금은 보통예금으로 지급하였으며, 복사용지는 사무실과 공장에 각각 10박스씩 나누어 지급되며 회계처리는 소모품비 계정으로 한다.

(4) 7월 26일 랜드마크에 신제품에 대한 광고를 의뢰하고 광고비(공급가액 500,000원, 부가가치세 별도)에 대하여 전자세금계산서를 수취하였다. 광고 대금은 다음 달에 지급하기로 하였다.

(5) 7월 27일 생산부서에서 하나안전사에 공장청소에 따른 수수료 3,300,000원(부가가치세 포함)을 당좌수표로 지급하고 지출증빙용 현금영수증을 교부받았다.

(6) 7월 30일 제조부문의 공장건물 임대인 (주)세교개발로부터 임차료 2,310,000원(부가가치세 포함)과 공장 전기요금 330,000원(부가가치세 포함)에 대한 전자세금계산서 1매를 교부받고 당좌수표를 발행하여 지급하였다.(임대차계약서상 임차료는 매월 30일에 지급하기로 되어 있다)

2 7월 분개 정답

7.4	유형 : 61.현과, 공급가액 : 50,000, 부가세 : 5,000, 거래처 : 강북주유소, 분개 : 혼합 (차) 차량유지비(제) 50,000원 (대) 현금 55,000원 부가세대급금 5,000원
7.9	유형 : 57.카과, 공급가액 : 500,000, 부가세 : 50,000, 거래처 : (주)강남카센타, 신용카드사 : 99800 비씨카드, 분개 : 혼합 (차) 차량유지비(제) 500,000원 (대) 미지급금(비씨카드) 550,000원 부가세대급금 50,000원

7.19	유형 : 51.과세, 공급가액 : 1,000,000, 부가세 : 100,000, 거래처 : 한마음문구 전자 : 여, 분개 : 혼합 (차) 소모품비(판) 500,000원 (대) 보통예금 1,100,000원 　　　소모품비(제) 500,000원 　　　부가세대급금 100,000원
7.26	유형 : 51.과세, 공급가액 : 500,000, 부가세 : 50,000, 거래처 : 랜드마크 , 전자 : 여, 분개 : 혼합 (차) 광고선전비 500,000원 (대) 미지급금 550,000원 　　　부가세대급금 50,000원
7.27	유형 : 61.현과, 공급가액 : 3,000,000, 부가세 : 300,000, 거래처 : 하나안전사 분개 : 혼합 (차) 수수료비용(제) 3,000,000원 (대) 당좌예금 3,300,000원 　　　부가세대급금 300,000원
7.30	유형 : 51.과세, 공급가액 : 2,400,000, 부가세 : 240,000, 거래처 : (주)세교개발, 전자 : 여, 분개 : 혼합 (차) 임차료 2,100,000원 (대) 당좌예금 2,640,000원 　　　전력비 300,000원 　　　부가세대급금 240,000원

3 매입매출전표 메뉴 입력 후 화면

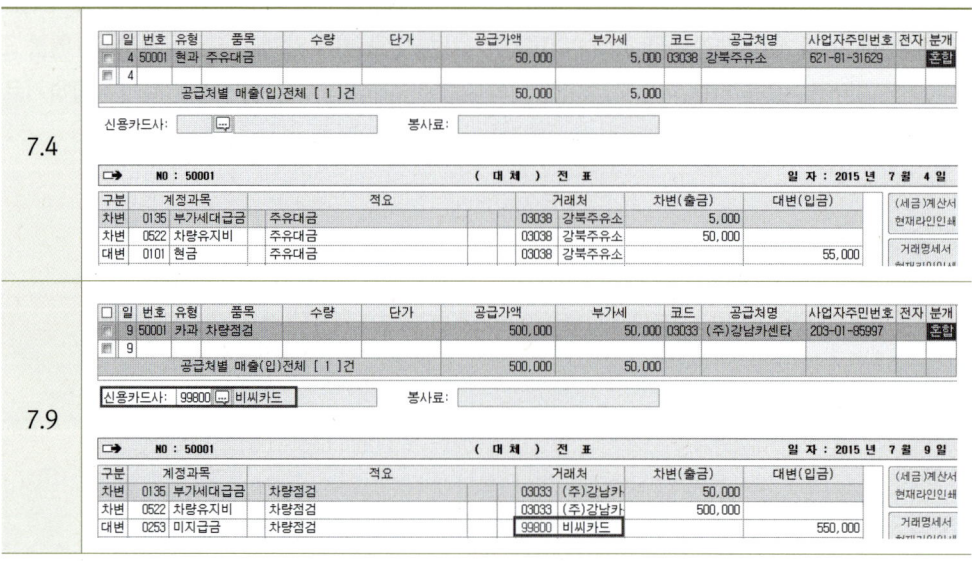

7.19

□	일	번호	유형	품목	수량	단가	공급가액	부가세	코드	공급처명	사업자주민번호	전자	분개
□	19	50001	과세	복사용지	20	50,000	1,000,000	100,000	03036	한마음문구	110-81-61865	여	혼합

구분	계정과목		적요	거래처		차변(출금)	대변(입금)
차변	0135	부가세대급금	복사용지 20X50000	03036	한마음문구	100,000	
차변	0530	소모품비	복사용지 20X50000	03036	한마음문구	500,000	
차변	0830	소모품비	복사용지 20X50000	03036	한마음문구	500,000	
대변	0103	보통예금	복사용지 20X50000	03036	한마음문구		1,100,000

7.26

□	일	번호	유형	품목	수량	단가	공급가액	부가세	코드	공급처명	사업자주민번호	전자	분개
□	26	50001	과세	광고			500,000	50,000	03031	랜드마크	128-81-03041	여	혼합

구분	계정과목		적요	거래처		차변(출금)	대변(입금)
차변	0135	부가세대급금	광고	03031	랜드마크	50,000	
차변	0833	광고선전비	광고	03031	랜드마크	500,000	
대변	0253	미지급금	광고	03031	랜드마크		550,000

7.27

□	일	번호	유형	품목	수량	단가	공급가액	부가세	코드	공급처명	사업자주민번호	전자	분개
□	27	50001	현과	공장청소			3,000,000	300,000	03030	하나안전사	129-81-25636		혼합

공급처별 매출(입)전체 [1]건 3,000,000 300,000

신용카드사: [   ]   봉사료:

NO : 50001   (대체) 전표   일자 : 2015년 7월 27일

구분	계정과목		적요	거래처		차변(출금)	대변(입금)
차변	0135	부가세대급금	공장청소	03030	하나안전사	300,000	
차변	0531	수수료비용	공장청소	03030	하나안전사	3,000,000	
대변	0102	당좌예금	공장청소	03030	하나안전사		3,300,000

(세금)계산서 현재라인인쇄 거래명세서

7.30

□	일	번호	유형	품목	수량	단가	공급가액	부가세	코드	공급처명	사업자주민번호	전자	분개
□	30	50001	과세	임차료,전기요			2,400,000	240,000	01107	(주)세교개발	211-23-94874	여	혼합

구분	계정과목		적요	거래처		차변(출금)	대변(입금)
차변	0135	부가세대급금	임차료,전기요금	01107	(주)세교개	240,000	
차변	0519	임차료	임차료,전기요금	01107	(주)세교개	2,100,000	
차변	0516	전력비	임차료,전기요금	01107	(주)세교개	300,000	
대변	0102	당좌예금	임차료,전기요금	01107	(주)세교개		2,640,000

* 판관비 : 수도광열비, 제조원가 : 전력비, 가스수도료 계정 주의할 것!!!

9 8월 분개

1 판매비와관리비 관련 분개-3(유형: 51,53,58)

(1) 신규거래처 등록(일반거래처)

거래처코드	거래처명	유형	사업자등록번호
3060	양재화원	동시	201-81-48912
3070	화성서점	동시	130-81-25655
3080	(주)한라컨설팅	동시	135-01-61222

메인화면에서 "거래처 등록"을 누른 후, 일반거래처 탭에서 신규거래처를 등록한다.

No	코드	거래처명	등록번호	유형
32	03060	양재화원	201-81-48912	동시
33	03070	화성서점	130-81-25655	동시
34	03080	(주)한라컨설팅	135-01-61222	동시

1. 사업자등록번호 201-81-48912 [사업자등록상태조회]
2. 주민 등록 번호 _____-_____ 주 민 기 재 분 부 0:부 1:여
3. 대 표 자 성 명

No	코드	거래처명	등록번호	유형
32	03060	양재화원	201-81-48912	동시
33	03070	화성서점	130-81-25655	동시
34	03080	(주)한라컨설팅	135-01-61222	동시

1. 사업자등록번호 130-81-25655 [사업자등록상태조회]
2. 주민 등록 번호 _____-_____ 주 민 기 재 분 부 0:부 1:여
3. 대 표 자 성 명

No	코드	거래처명	등록번호	유형
32	03060	양재화원	201-81-48912	동시
33	03070	화성서점	130-81-25655	동시
34	03080	(주)한라컨설팅	135-01-61222	동시

1. 사업자등록번호 135-01-61222 [사업자등록상태조회]
2. 주민 등록 번호 _____-_____ 주 민 기 재 분 부 0:부 1:여
3. 대 표 자 성 명

(2) 분개관련 거래내역

일자	거래내역
8.2	제품의 임가공 계약에 의해 의뢰하였던 컴퓨터부품을 (주)소망전자로부터 납품받고 전자세금계산서를 수취하였다. 대금은 10,000,000원(부가가치세 별도)으로 50%는 당좌수표로 지급하고 나머지는 법인카드(비씨카드)로 결제하였다.
8.12	사내식당에서 사용할 쌀과 부식(채소류)을 하나마트에서 구입하고 대금300,000원은 법인카드(비씨카드)로 지급하였다. 사내식당은 야근하는 생산직 직원을 대상으로 무료로 운영되고 있다.
8.15	공장의 원재료 매입처의 확장이전을 축하하기 위하여 양재화원에서 화분을 100,000원에 구입하여 전달하였다. 증빙으로 수기분 계산서를 수취하였으며, 대금은 외상으로 하였다.
8.22	공장부문에서 사용할 기계운용 메뉴얼 교재를 화성서점에서 구입하고, 전자계산서를 발급 받았다. 대금 150,000원은 전액 보통예금에서 이체하였다.
8.24	영업부사원들이 (주)한라컨설팅으로부터 교육을 받고, 교육과 관련된 전자계산서 5,500,000원(공급가액)을 발급 받았다. 대금은 보통예금계좌에서 이체하였다.
8.27	회사는 한성빌딩으로부터 본사 판매관리부의 임차료와 별도로 수도요금에 대한 전자계산서 1장(공급가액: 80,000, 부가가치세는 없음)을 받고 현금으로 지급하였다.

📝 면세항목을 구분하는 방법

1. 문제에서 "계산서"라는 표현이 있으면 해당 재화,용역은 면세이다.
2. "부가세 별도"또는 "부가세 포함"이란 표현이 없으면 면세로 볼 수 있다.
3. 면세항목을 암기해서 푼다.
통상적으로 1번 기준이 90% 정도 적용되며, 간혹 2번 기준을 적용해야 할 때가 있다.

2 8월 분개 정답

8.2	유형 : 51.과세, 공급가액 : 10,000,000, 부가세 : 1,000,000, 거래처 : (주)소망전자, 전자세금 : 여, 분개 : 혼합 (차) 외주가공비 10,000,000원 (대) 당좌예금 5,500,000원 부가세대급금 1,000,000원 미지급금(비씨) 5,500,000원
8.12	유형 : 58.카면, 공급가액 : 300,000, 부가세 : 0, 거래처 : 하나마트, 신용카드사 : 99800 비씨카드, 분개 : 혼합 (차) 복리후생비(제) 300,000원 (대) 미지급금(비씨카드) 300,000원
8.15	유형 : 53.면세, 공급가액 : 100,000, 부가세 : 0, 거래처 : 양재화원, 분개 : 혼합 (차) 접대비 100,000원 (대) 미지급금 100,000원
8.22	유형 : 53.면세, 공급가액 : 150,000, 부가세 : 0, 거래처 : 화성서점, 전자 : 여 분개 : 혼합 (차) 도서인쇄비 150,000원 (대) 보통예금 150,000원
8.24	유형 : 53.면세, 공급가액 : 5,500,000, 부가세 : 0, 거래처 : (주)한라컨설팅, 전자 : 여, 분개 : 혼합 (차) 교육훈련비(판) 5,500,000원 (대) 보통예금 5,500,000원
8.27	유형 : 53.면세, 공급가액 : 80,000, 부가세 : 0, 거래처 : 한성빌딩, 전자 : 여, 분개 : 혼합 (차) 수도광열비 80,000원 (대) 현금 80,000원

3 매입매출전표 메뉴 입력 후 화면

8.2

일	번호	유형	품목	수량	단가	공급가액	부가세	코드	공급처명	사업자주민번호	전자	분개
2	50001	과세	컴퓨터부품			10,000,000	1,000,000	03010	(주)소망전자	123-81-12341	여	혼합

구분	계정과목	적요	거래처	차변(출금)	대변(입금)
차변	0135 부가세대급금	컴퓨터부품	03010 (주)소망전	1,000,000	
차변	0533 외주가공비	컴퓨터부품	03010 (주)소망전	10,000,000	
대변	0102 당좌예금	컴퓨터부품	03010 (주)소망전		5,500,000
대변	0253 미지급금	컴퓨터부품	99800 비씨카드		5,500,000

* "임가공"이란 표현이 나오면 "외주가공비"로 회계처리한다.(카드결제 주의)

8.12

일	번호	유형	품목	수량	단가	공급가액	부가세	코드	공급처명	사업자주민번호	전자	분개
12	50001	카면	쌀과 부식			300,000		03034	하나마트	202-25-69189		혼합
12												

공급처별 매출(입)전체 [1]건   300,000   0

신용카드사: 99800 비씨카드   봉사료:

NO : 50001   (대 체) 전 표   일 자 : 2015 년 8 월 12 일

구분	계정과목	적요	거래처	차변(출금)	대변(입금)
차변	0511 복리후생비	쌀과 부식	03034 하나마트	300,000	
대변	0253 미지급금	쌀과 부식	99800 비씨카드		300,000

* 만약 현금영수증을 수취하였다면 유형이 "62.현면"이 된다.

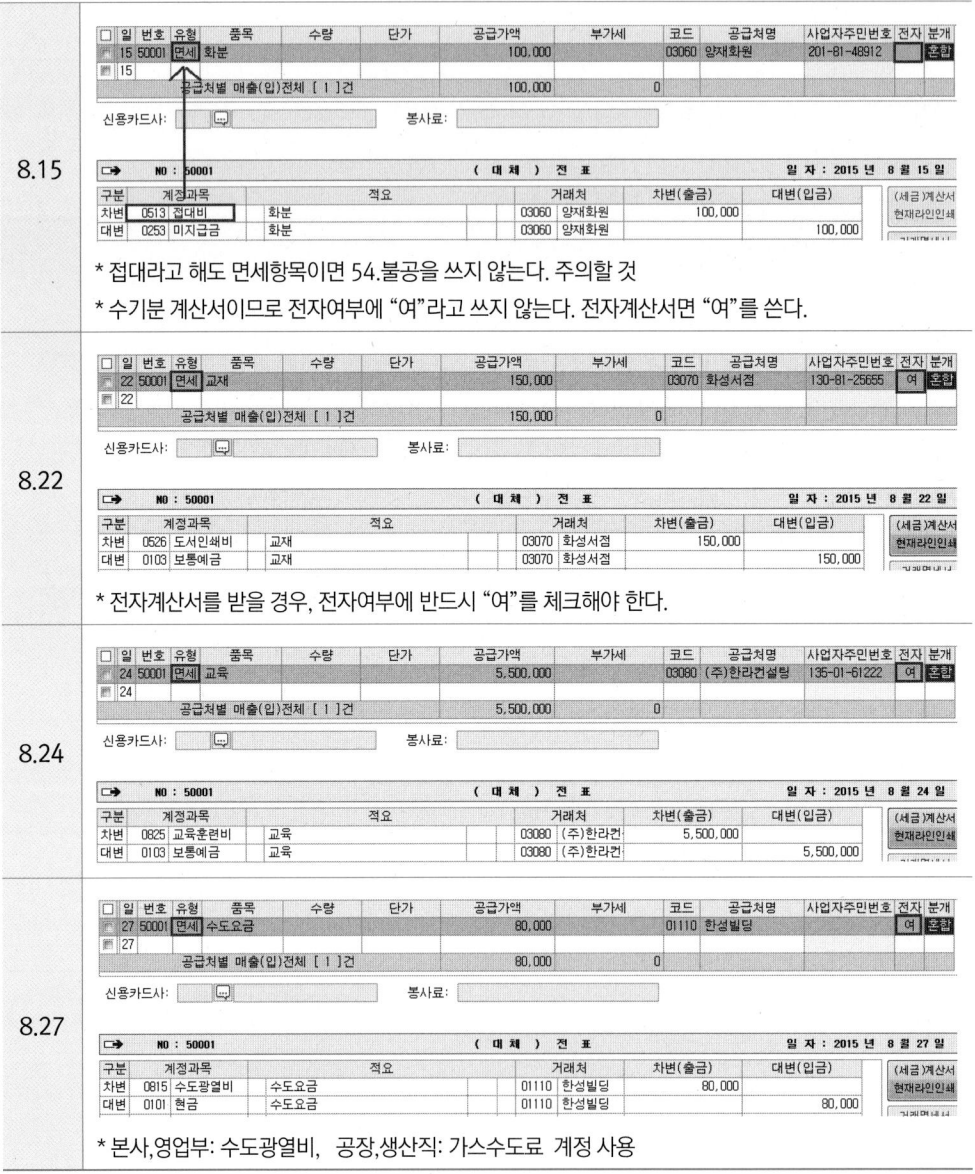

8.15

* 접대라고 해도 면세항목이면 54.불공을 쓰지 않는다. 주의할 것
* 수기분 계산서이므로 전자여부에 "여"라고 쓰지 않는다. 전자계산서면 "여"를 쓴다.

8.22

* 전자계산서를 받을 경우, 전자여부에 반드시 "여"를 체크해야 한다.

8.24

8.27

* 본사, 영업부: 수도광열비, 공장, 생산직: 가스수도료 계정 사용

법인은 전자계산서를 수수해야 하므로 문제에서 "전자계산서"라는 표현이 나오면 전자세금계산서에서 했던 것처럼 전자여부에 "여"라고 체크를 해야 한다.

10 9월 분개

1 유형자산 취득, 추가지출 분개(유형:51, 53)

(1) 9월 14일 영업부 사원의 업무활동을 지원하기 위하여 원주자동차로부터 승용차(998cc)를 9,000,000원(부가가치세 별도)에 취득하고 전자세금계산서를 발급받았으며, 대금은 전액 외상으로 하였다. 단, 차량을 인수하는 시점에 취득세 620,000원, 번호판부착 30,000원 및 수수료 50,000원은 현금으로 지급하였다.(하나의 전표로 입력하시오)

(2) 9월 17일 직원들의 통근을 위해 (주)산천여객으로부터 시내버스 영업용으로 사용하던 중고버스를 8,000,000원에 구입하면서 전자계산서를 수취하고, 대금은 전액 당좌수표를 발행하여 지급하다.((주)산천여객을 일반거래처에 등록하라. 거래처코드: 3090, 사업자등록번호 124-31-77153, 유형: 동시)

(3) 9월 20일 내년 여름을 대비하기 위하여 (주)소망전자로부터 사무실용 에어컨(5대, 대당 1,500,000원, 부가가치세 별도)을 매입하고 전자세금계산서를 발급받았다. 대금 중 절반은 당점발행 당좌수표로 지급하였고, 잔액은 차후에 지급하기로 하다.

(4) 9월 22일 하나안전사에 공장의 기계수선비(수익적 지출에 해당)로 170,000원(부가가치세 별도)을 현금으로 지급하고 전자세금계산서를 교부받았다.

(5) 9월 25일 제품운반용 트럭이 사고로 인하여 (주)강남카센타로부터 엔진을 교체하였다. 이는 자본적지출에 해당하는 것으로 엔진교체비 5,000,000원(부가가치세 별도)을 당좌수표로 지급하고 전자세금계산서를 교부받았다.

(6) 9월 29일 본사건물에 중앙집중식 냉난방설비공사를 실시하였으며, 공사대금 1억원(부가가치세별도)을 시공회사인 (주)세교개발에 약속어음(6개월후 만기)을 발행하여 지급하고 전자세금계산서를 수취하였다.(건물의 자본적지출로 처리할 것)

2 9월 분개 정답

9.14	유형 : 51.과세, 공급가액 : 9,000,000, 부가세 : 900,000, 거래처 : 원주자동차, 전자세금 : 여, 분개 : 혼합 (차) 차량운반구 9,700,000원 (대) 미지급금 9,900,000원 부가세대급금 900,000원 현금 700,000원
9.17	유형 : 53.면세, 공급가액 : 8,000,000, 부가세 : 0, 거래처 : (주)산천여객, 전자 : 여, 분개 : 혼합 (차) 차량운반구 8,000,000원 (대) 당좌예금 8,000,000원

9.20	유형 : 51.과세, 공급가액 : 7,500,000, 부가세 : 750,000, 거래처 : (주)소망전자, 전자세금 : 여, 분개 : 혼합 (차) 비품　　　　　7,500,000원　　(대) 당좌예금　　4,125,000원 　　부가세대급금　　750,000원　　　　　미지급금　　4,125,000원
9.22	유형 : 51.과세, 공급가액 : 170,000, 부가세 : 17,000, 거래처 : 하나안전사, 전자세금 : 여, 분개: 혼합 (차) 수선비(제)　　170,000원　　(대) 현금　　　　187,000원 　　부가세대급금　　17,000원
9.25	유형 : 51.과세, 공급가액 : 5,000,000, 부가세 : 500,000, 거래처 : (주)강남카센타, 전자세금 : 여, 분개 : 혼합 (차) 차량운반구　　5,000,000원　　(대) 당좌예금　　5,500,000원 　　부가세대급금　　500,000원
9.29	유형 : 51.과세, 공급가액 : 5,000,000, 부가세 : 500,000, 거래처 : (주)세교개발, 전자세금 : 여, 분개 : 혼합 (차) 건물　　　　100,000,000원　　(대) 미지급금　　110,000,000원 　　부가세대급금　10,000,000원

3 매입매출전표 메뉴 입력 후 화면

9.14		□	일	번호	유형	품목	수량	단가	공급가액	부가세	코드	공급처명	사업자주민번호	전자	분개
	14	50001	과세	승용차			9,000,000	900,000	01108	원주자동차	621-08-28835	여	혼합 | | 구분	계정과목	적요	거래처	차변(출금)	대변(입금)
차변	0135 부가세대급금	승용차	01108 원주자동차	900,000	
차변	0208 차량운반구	승용차	01108 원주자동차	9,700,000	
대변	0101 현금	승용차	01108 원주자동차		700,000
대변	0253 미지급금	승용차	01108 원주자동차		9,900,000	 ＊ 배기량 1,000cc 이하인 비영업용소형승용차에 대한 임차,구입,유지관련 비용은 매입세액 공제가 된다.(트럭은 무조건 됨)
9.17		□	일	번호	유형	품목	수량	단가	공급가액	부가세	코드	공급처명	사업자주민번호	전자	분개
	17	50001	면세	중고버스			8,000,000		03090	(주)산천여객	124-31-77153	여	혼합 | | 구분	계정과목	적요	거래처	차변(출금)	대변(입금)
차변	0208 차량운반구	중고버스	03090 (주)산천여	8,000,000	
대변	0102 당좌예금	중고버스	03090 (주)산천여		8,000,000	 ＊ 증빙이 전자계산서이므로 유형을 "53.면세"로, 전자에 "여"로 입력한다.
9.20		□	일	번호	유형	품목	수량	단가	공급가액	부가세	코드	공급처명	사업자주민번호	전자	분개
	20	50001	과세	에어컨	5	1,500,000	7,500,000	750,000	03010	(주)소망전자	123-81-12341	여	혼합 | | 구분	계정과목	적요	거래처	차변(출금)	대변(입금)
차변	0135 부가세대급금	에어컨 5X1500000	03010 (주)소망전	750,000	
차변	0212 비품	에어컨 5X1500000	03010 (주)소망전	7,500,000	
대변	0102 당좌예금	에어컨 5X1500000	03010 (주)소망전		4,125,000
대변	0253 미지급금	에어컨 5X1500000	03010 (주)소망전		4,125,000	 ＊ 노트북, 온풍기 등도 비품에 해당됨

9.22

	일	번호	유형	품목	수량	단가	공급가액	부가세	코드	공급처명	사업자주민번호	전자	분개
	22	50001	과세	기계수선비			170,000	17,000	03030	하나안전사	129-81-25636	여	혼합

구분	계정과목	적요	거래처	차변(출금)	대변(입금)
차변	0135 부가세대급금	기계수선비	03030 하나안전사	17,000	
차변	0520 수선비	기계수선비	03030 하나안전사	170,000	
대변	0101 현금	기계수선비	03030 하나안전사		187,000

9.25

	일	번호	유형	품목	수량	단가	공급가액	부가세	코드	공급처명	사업자주민번호	전자	분개
	25	50001	과세	엔진교체비			5,000,000	500,000	03033	(주)강남카센타	203-01-85997	여	혼합

구분	계정과목	적요	거래처	차변(출금)	대변(입금)
차변	0135 부가세대급금	엔진교체비	03033 (주)강남카	500,000	
차변	0208 차량운반구	엔진교체비	03033 (주)강남카	5,000,000	
대변	0102 당좌예금	엔진교체비	03033 (주)강남카		5,500,000

9.29

	일	번호	유형	품목	수량	단가	공급가액	부가세	코드	공급처명	사업자주민번호	전자	분개
	29	50001	과세	냉난방설비공사			100,000,000	10,000,000	01107	(주)세교개발	211-23-94844	여	혼합

구분	계정과목	적요	거래처	차변(출금)	대변(입금)
차변	0135 부가세대급금	냉난방설비공사	01107 (주)세교개	10,000,000	
차변	0202 건물	냉난방설비공사	01107 (주)세교개	100,000,000	
대변	0253 미지급금	냉난방설비공사	01107 (주)세교개		110,000,000

11 10월 분개

1 유형자산 처분, 무형자산 취득 분개(유형: 51,54)

(1) 10월 10일 원재료 운송용 트럭(취득가액 28,000,000원, 처분 시 감가상각누계액 16,500,000원)을 거래처 원주자동차에 10,000,000원(부가가치세 별도)에 처분하고 전자세금계산서를 발급하였다. 대금은 한달 후에 받기로 하였다.

(2) 10월 14일 공장에서 사용하던 기계장치(취득원가 2,000,000원, 감가상각누계액 1,200,000원)를 (주)왕명에 600,000원(부가가치세 별도)에 외상으로 매각하고 전자세금계산서를 발급하였다. 단, 매각년도의 감가상각비계산은 생략한다.

(3) 10월 17일 원재료 운송용 트럭(취득가액 35,000,000원, 전기말 감가상각누계액 16,500,000원)을 (주)대강에 20,000,000원(부가가치세 별도)에 처분하면서 전자세금계산서를 발행하였다. 대금은 한 달 후에 수령하기로 하고, 처분 시점에 감가상각은 하지 않기로 한다.

(4) 10월 19일 사무실에서 사용하던 복사기를 (주)빅솔에게 500,000원(부가세 별도)에 매각하고 대금은 보통예금으로 이체받았으며, 전자세금계산서를 발행하였다. 취득가액은 1,500,000원이고 감가상각누계액은 1,200,000원이며 당기의 감가상각비는 미고려한다.

(5) 10월 22일 공장에서 사용하던 기계장치(취득가액 1,500,000원, 양도시점의 감가상각누계액

800,000원)을 (주)아름드리에 900,000원(부가가치세별도)에 매각하고 전자세금계산서를 교부하였다. 대금 중 500,000원은 현금으로 받고, 나머지는 당좌예금통장으로 받았다.

(6) 10월 25일 (주)소망전자에서 ERP시스템 소프트웨어 용역을 공급받고, 전자세금계산서 22,000,000원(부가가치세 포함)를 수취하였다. 대금은 내년 2월 10일에 지급하기로 하였다. 단, 계정과목은 무형자산 항목으로 처리하고, 당해 용역은 완료되었다.

2 10월 분개 정답

날짜	분개

10.10	유형 : 11.과세, 공급가액 : 10,000,000, 세액 : 1,000,000, 거래처 : 원주자동차, 전자 : 여, 분개 : 혼합
	(차) 감가상각누계액 16,500,000원 (대) 차량운반구 28,000,000원
	    미수금 11,000,000원 부가세예수금 1,000,000원
	    유형자산처분손실 1,500,000원

10.14	유형 : 11.과세, 공급가액 : 600,000, 세액 : 60,000, 거래처 : (주)왕명, 전자 : 여, 분개 : 혼합
	(차) 감가상각누계액 1,200,000원 (대) 기계장치 2,000,000원
	    미수금 660,000원 부가세예수금 60,000원
	    유형자산처분손실 200,000원

10.17	유형 : 11.과세, 공급가액 : 20,000,000, 세액 : 2,000,000, 거래처 : (주)대강, 전자 : 여, 분개 : 혼합
	(차) 감가상각누계액 16,500,000원 (대) 차량운반구 35,000,000원
	    미수금 22,000,000원 유형자산처분이익 1,500,000원
	                                   부가세예수금 2,000,000원

10.19	유형 : 11.과세, 공급가액 : 500,000, 세액 : 50,000, 거래처 : (주)빅솔, 전자 : 여, 분개 : 혼합
	(차) 감가상각누계액 1,200,000원 (대) 비품 1,500,000원
	    보통예금 550,000원 부가세예수금 50,000원
	                                   유형자산처분이익 200,000원

10.22	유형 : 11.과세, 공급가액 : 900,000, 세액 : 90,000, 거래처 : (주)아름드리, 전자 : 여, 분개 : 혼합
	(차) 감가상각누계액 800,000원 (대) 기계장치 1,500,000원
	    현금 500,000원 부가세예수금 90,000원
	    당좌예금 490,000원 유형자산처분이익 200,000원

10.25	유형 : 51.과세, 공급가액 : 20,000,000, 부가세 : 2,000,000, 거래처 : (주)소망전자, 전자세금 : 여, 분개 : 혼합 (차) 소프트웨어 20,000,000원 (대) 미지급금 22,000,000원 부가세대급금 2,000,000원

3 매입매출전표 메뉴 입력 후 화면

10.10

	일	번호	유형	품목	수량	단가	공급가액	부가세	코드	공급처명	사업자주민번호	전자	분개
	10	50002	과세	트럭			10,000,000	1,000,000	01108	원주자동차	621-08-28835	여	혼합

구분	계정과목	적요	거래처	차변(출금)	대변(입금)
대변	0255 부가세예수금	트럭	01108 원주자동차		1,000,000
대변	0208 차량운반구	트럭	01108 원주자동차		28,000,000
차변	0209 감가상각누계액	트럭	01108 원주자동차	16,500,000	
차변	0120 미수금	트럭	01108 원주자동차	11,000,000	
차변	0970 유형자산처분손실	트럭	01108 원주자동차	1,500,000	

10.14

	일	번호	유형	품목	수량	단가	공급가액	부가세	코드	공급처명	사업자주민번호	전자	분개
	14	50001	과세	기계장치			600,000	60,000	01103	(주)왕명	114-81-12541	여	혼합

구분	계정과목	적요	거래처	차변(출금)	대변(입금)
대변	0255 부가세예수금	기계장치	01103 (주)왕명		60,000
대변	0206 기계장치	기계장치	01103 (주)왕명		2,000,000
차변	0207 감가상각누계액	기계장치	01103 (주)왕명	1,200,000	
차변	0120 미수금	기계장치	01103 (주)왕명	660,000	
차변	0970 유형자산처분손실	기계장치	01103 (주)왕명	200,000	

10.17

	일	번호	유형	품목	수량	단가	공급가액	부가세	코드	공급처명	사업자주민번호	전자	분개
	17	50001	과세	트럭			20,000,000	2,000,000	01102	(주)대강	120-85-48310	여	혼합

구분	계정과목	적요	거래처	차변(출금)	대변(입금)
대변	0255 부가세예수금	트럭	01102 (주)대강		2,000,000
대변	0208 차량운반구	트럭	01102 (주)대강		35,000,000
차변	0209 감가상각누계액	트럭	01102 (주)대강	16,500,000	
차변	0120 미수금	트럭	01102 (주)대강	22,000,000	
대변	0914 유형자산처분이익	트럭	01102 (주)대강		1,500,000

10.19

	일	번호	유형	품목	수량	단가	공급가액	부가세	코드	공급처명	사업자주민번호	전자	분개
	19	50001	과세	복사기			500,000	50,000	01105	(주)빅솔	124-25-32102	여	혼합

구분	계정과목	적요	거래처	차변(출금)	대변(입금)
대변	0255 부가세예수금	복사기	01105 (주)빅솔		50,000
대변	0212 비품	복사기	01105 (주)빅솔		1,500,000
차변	0213 감가상각누계액	복사기	01105 (주)빅솔	1,200,000	
차변	0103 보통예금	복사기	01105 (주)빅솔	550,000	
대변	0914 유형자산처분이익	복사기	01105 (주)빅솔		200,000

10.22

	일	번호	유형	품목	수량	단가	공급가액	부가세	코드	공급처명	사업자주민번호	전자	분개
	22	50001	과세	기계장치			900,000	90,000	01106	(주)아름드	315-04-12920	여	혼합

구분	계정과목	적요	거래처	차변(출금)	대변(입금)
대변	0255 부가세예수금	기계장치	01106 (주)아름드		90,000
대변	0206 기계장치	기계장치	01106 (주)아름드		1,500,000
차변	0207 감가상각누계액	기계장치	01106 (주)아름드	800,000	
차변	0101 현금	기계장치	01106 (주)아름드	500,000	
차변	0102 당좌예금	기계장치	01106 (주)아름드	490,000	
대변	0914 유형자산처분이익	기계장치	01106 (주)아름드		200,000

10.25

	일	번호	유형	품목	수량	단가	공급가액	부가세	코드	공급처명	사업자주민번호	전자	분개
	25	50001	과세	소프트웨어			20,000,000	2,000,000	03010	(주)소망전자	123-81-12341	여	혼합

구분	계정과목	적요	거래처	차변(출금)	대변(입금)
차변	0135 부가세대급금	소프트웨어 용역	03010 (주)소망전	2,000,000	
차변	0227 소프트웨어	소프트웨어 용역	03010 (주)소망전	20,000,000	
대변	0253 미지급금	소프트웨어 용역	03010 (주)소망전		22,000,000

12 11월 분개

1 매입세액이 불공제되는 거래(유형:54)

(1) 11월 7일 취득가액 10,000,000원 (부가가치세 별도)인 비영업용(1500CC)소형 승용차를 원주자동차에서 10개월 할부로 구입하고 최초 불입금 1,000,000원을 당좌수표로 발행하여 지급하였다.

(2) 11월 10일 (주)강남카센타에서 직원출장용으로 임차한 소형승용차(2,000cc)의 사용대금 330,000원(부가세 포함)을 현금지급하면서 전자세금계산서를 교부받다.

(3) 11월 15일 회사 영업부에서 사용하고 있는 5인승 소형승용자동차(2,000cc)에 사용할 경유를 500,000원(부가가치세 별도)에 구입하고, 수기세금계산서를 강북주유소로부터 수령하였다. 부가가치세를 포함한 구입대금 전액을 보통예금에서 이체 지급하였다.

(4) 11월 20일 회사 영업부에서 업무용으로 사용하는 법인소유 소형승용차(1,500CC)가 고장이 발생하여 (주)강남카센타에서 수리하고 전자세금계산서를 수취하였다. 차량수리비 220,000원(부가가치세 포함)은 전액 현금으로 지급하였다.(수익적지출로 회계처리할 것)

(5) 11월 23일 랜드마크로부터 PC 40대(대당 700,000원, 부가가치세별도)를 외상으로 구입하고 전자세금계산서를 수취하였고, 해당 컴퓨터는 인근 대학에 기증하였다.(본 거래는 업무와 무관하다)

(6) 11월 26일 본사 신축용 토지 취득을 위한 법률자문 및 등기대행 용역을 (주)세교개발으로부터 제공받고 동 용역에 대한 수수료 2,000,000원(부가가치세 별도)을 현금 지급하였다. 이에 대한 전자세금계산서를 발급받았다.

(7) 11월 29일 공동대표이사 박지성의 자택에서 사용할 목적으로 랜드마크에서 3D TV를 300만 원(부가가치세 별도)에 구입하고, 회사명의로 전자세금계산서를 발급받았다. 대금은 회사에서 현금으로 지급하였다.(지급한 대금은 대표이사 박지성의 가지급금으로 처리한다)

2 11월 분개 정답

11.7	유형 : 54.불공, 공급가액 : 10,000,000, 부가세 : 1,000,000, 거래처 : 원주자동차, 전자 : 여, 불공제사유 : ③ 비영업용소형승용자동차 구입 유지 및 임차, 분개 : 혼합 (차) 차량운반구 11,000,000원 (대) 당좌예금 1,000,000원 미지급금 10,000,000원

11.10	유형 : 54.불공, 공급가액 : 300,000, 부가세 : 30,000, 거래처 : (주)강남카센타, 전자 : 여, 불공제사유: ③ 비영업용소형승용자동차 구입 유지 및 임차, 분개 : 혼합 (차) 임차료 330,000원 (대) 현금 330,000원
11.15	유형 : 54.불공, 공급가액 : 500,000, 부가세 : 50,000, 거래처 : 강북주유소, 불공제사유 : ③ 비영업용소형승용자동차 구입 유지 및 임차, 분개 : 혼합 (차) 차량유지비 550,000원 (대) 보통예금 550,000원
11.20	유형 : 54.불공, 공급가액 : 200,000, 부가세 : 20,000, 거래처 : (주)강남카센타, 전자 : 여, 불공제사유 : ③ 비영업용소형승용자동차 구입 유지 및 임차, 분개 : 혼합 (차) 차량유지비(판) 220,000원 (대) 현금 220,000원
11.23	유형 : 54.불공, 공급가액 : 28,000,000, 부가세 : 2,800,000, 거래처 : 랜드마크, 전자 : 여, 불공제사유 : ② 사업과 직접 관련 없는 지출, 분개 : 혼합 (차) 기부금 30,800,000원 (대) 미지급금 30,800,000원
11.26	유형 : 54.불공, 공급가액 : 2,000,000, 부가세 : 200,000, 거래처 : (주)세교개발, 전자 : 여, 불공제사유 : ⑥ 토지의 자본적 지출관련, 분개 : 혼합 (차) 토지 2,200,000원 (대) 현금 2,200,000원
11.29	유형 : 54.불공, 공급가액 : 3,000,000, 부가세 : 300,000, 거래처 : 랜드마크, 전자 : 여, 불공제사유 : ② 사업과 직접 관련 없는 지출, 분개 : 혼합 (차) 가지급금(박지성) 3,300,000원 (대) 현금 3,300,000원

③ 매입매출전표 메뉴 입력 후 화면

11.7

* 54.불공을 선택하면 전자여부에 "여"체크 후 불공제사유에 관련번호를 입력한다.(F2 버튼 눌러 검색)

11.10

Chapter 06. 매입매출전표 입력 | 527

전산회계 1급에서 자주 나오는 매입세액 불공제 사항은 다음과 같다.(꼭 암기)
1. 비영업용소형승용차의 임차,구입,유지에 관련된 매입세액(불공제사유 3번)
2. 접대비 관련 매입세액(불공제사유 4번)
3. 업무와 무관한 지출에 대한 매입세액(불공제사유 2번)
4. 토지관련 매입세액(토지취득에 대한 부대비용)(불공제사유 6번)

불공제된 매입세액은 비용 또는 자산에 포함되며, 부가세대급금으로 계상되지 않는다.

13 부가세 관련 일반전표입력

1 간주임대료, 부가가치세 신고·납부 분개

(1) 6월 30일 영업부 건물의 임차보증금에 대한 간주임대료의 부가가치세를 건물소유주에게 보통예금 계좌에서 이체하였다.(임차계약 시 간주임대료에 대한 부가가치세를 임차인부담으로 계약을 체결하였음. 간주임대료의 부가가치세는 500,000원임)

(2) 9월 30일 부가가치세신고기간에 대한 부가세예수금 13,399,990원과 부가세대급금 12,600,000원이 있다고 가정하고 동 금액을 정리하였을 때의 회계처리를 하시오. 납부세액은 미지급금 계정으로 회계처리하다.

(3) 10월 22일 2기 예정신고분 부가가치세를 현금으로 납부하였다. 단,부가가치세와 관련된 대체분개는 2번 문제와 무관하게 9월 30일자로 아래과 같이 적정하게 처리되었다고 가정한다.

(차) 부가세예수금	18,238,000원	(대) 부가세대급금	10,000,000원
		미지급금	8,238,000원

2 분개 정답

6.30	(차) 세금과공과	500,000원	(대) 보통예금	500,000원
9.30	(차) 부가세예수금	13,399,990원	(대) 부가세대급금	12,600,000원
			미지급금	799,990원
10.22	(차) 미지급금	8,238,000원	(대) 현금	8,238,000원

- 간주임대료 : 보증금에 대한 은행이자상당액.

부동산을 임대하게 되면 보증금과 임대료를 받는다. 임대료에는 부가가치세가 과세되지만 보증금에는 부가가치세가 없는 바, 만약 보증금에 대한 아무런 과세가 없다면 임대료 대신 보증금을 받는 형태로 임대인이 부가가치세를 회피할 수 있다. 따라서 보증금을 은행에 예금했다고 가정하여 발생된 이자를 다른 형태의 임대료로 보아 그것에 대하여 부가가치세를 과세하는 바, 이것을 간주임대료라고 한다.

임차인이 부담할 경우 세금과공과로 처리한다.

3 일반전표입력 메뉴에 입력 후 화면

6.30

일	번호	구분	계정과목	거래처	적요	차변	대변
30	00001	차변	0817 세금과공과			500,000	
30	00001	대변	0103 보통예금				500,000

9.30

일	번호	구분	계정과목	거래처	적요	차변	대변
30	00001	차변	0255 부가세예수금			13,399,990	
30	00001	대변	0135 부가세대급금				12,600,000
30	00001	대변	0253 미지급금				799,990

*환급이라면 미수금이 발생한다. 부가세 환급은 일반적으로 확정신고시에만 가능하다.

2번 문제는 기말결산분개문제에서도 간혹 나온다. 통상적으로 결산은 12.31일에 하는데, 12.31은 부가가치세 2기 확정신고기간의 마지막 날이기 때문에 2번 문제에서 제시된 분개가 나올 수 있으며, 우연치 않게 기말결산일과 겹치기 때문에 결산관련문제에서 언급될 수 있다.

그러나 엄밀히 따지면 결산분개는 아니다. 부가가치세 납부세액 확정분개는 1년에 4번 발생하기 때문이다.(1,2기 예정, 확정)

10.22

일	번호	구분	계정과목	거래처	적요	차변	대변
22	00001	대변	0101 현금				8,238,000
22	00001	차변	0253 미지급금			8,238,000	

매입매출전표입력과 관련된 분개내역에 대하여 숙지하고, 실제로 회계프로그램에 입력하는 연습을 꾸준히 해야 자격시험에 합격할 수 있다. 만약 매입매출전표입력 학습에 어려움이 있다면 관련이론을 다시 한 번 복습한 후 매입매출전표입력 내용을 학습할 것을 권장한다.

◎ 매입매출전표입력 배점: 문항당 3점×6문항=18점

Chapter 07 오류수정

1 오류수정 연습을 위한 회사변경

"제6장:매입매출전표 입력" 학습을 위해 다운로드 및 설치한 파일들을 이용하여 오류수정에 대한 학습이 이루어진다.

메인화면 오른쪽 위에 있는 회사변경버튼을 눌러 "4608 ㈜딜리전트"로 회사변경을 한다.

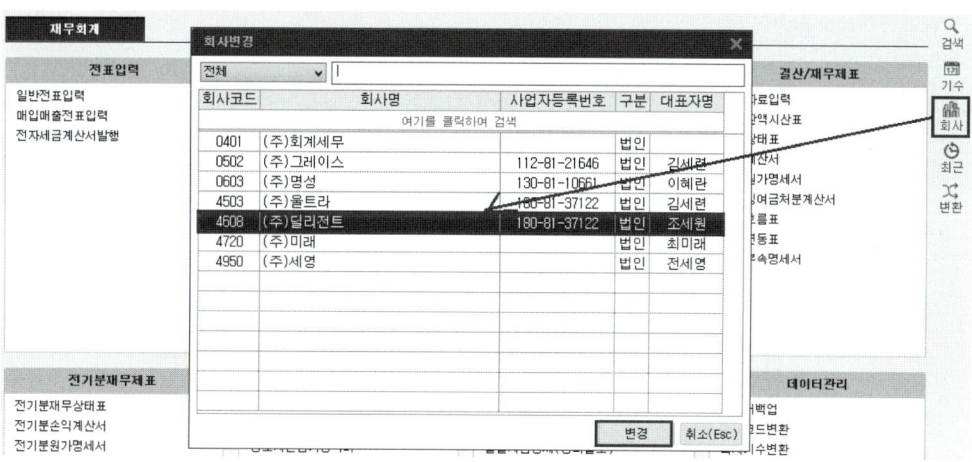

오류수정은 크게 일반전표에 대한 것과 매입매출전표에 대한 것이 있는 바, 수정방법은 거의 비슷하고 매입매출전표의 경우 유형변경이 추가로 있다.
전표입력을 할 수 있다면 오류수정은 매우 쉽다. 반드시 동 파트에서 득점할 것

• 오류수정 : 2문항 출제, 6점 (3문항이 출제되는 경우 간혹 있음)

2 일반전표 오류수정

1 계정, 금액, 거래처 변경

(1) 거래내역

1.17	영업부서 직원을 위하여 확정기여형 퇴직연금에 가입하고 보통예금에서 8백만원을 이체하여 불입하였으나, 회사에서는 확정급여형 퇴직연금을 납부한 것으로 잘못 회계처리 되었다.
1.27	생산부서 직원의 결혼축의금 100,000원을 현금으로 지급한 것으로 회계처리하였는데, 이는 영업부서 거래처 직원의 결혼축의금으로 확인되었다.
2.12	본사 세금과공과계정으로 처리한 출금거래 500,000원은 원재료 매입처 (주)왕명의 원재료 계약금을 지급한 것으로 확인되었다.
2.23	재경팀장에게 현금으로 지급한 여비교통비 90,000원이 80,000원으로 입력되어 있음을 발견하였다.
3.10	(주)금강가구로부터 회수한 것으로 입력된 외상매출금 3,600,000원은 (주)아름드리로부터 회수한 6,300,000원이 잘못 입력된 것이다.

(2) 계정, 금액, 거래처 변경 정답

1.17

(차) 퇴직연금운용자산 8,000,000원   (대) 보통예금 8,000,000원을
→ (차) 퇴직급여(판) 8,000,000원   (대) 보통예금 8,000,000원으로 수정

변경 전

일	번호	구분	계정과목	거래처	적요	차변	대변
17	00001	차변	0186 퇴직연금운용자산			8,000,000	
17	00001	대변	0103 보통예금				8,000,000

변경 후

일	번호	구분	계정과목	거래처	적요	차변	대변
17	00001	차변	0806 퇴직급여			8,000,000	
17	00001	대변	0103 보통예금				8,000,000

1.27

(차) 복리후생비(제) 100,000원   (대) 현금 100,000원을
→ (차) 접대비(판) 100,000원   (대) 현금 100,000원으로 수정

변경전

일	번호	구분	계정과목	거래처	적요	차변	대변
27	00002	출금	0511 복리후생비			100,000	(현금)

변경후

일	번호	구분	계정과목	거래처	적요	차변	대변
27	00002	출금	0813 접대비			100,000	(현금)

2.12	(차) 세금과공과 500,000원 (대) 현금 500,000원을 → (차) 선급금 500,000원((주)왕명) (대) 현금 500,000원으로 정정 변경전 | 일 | 번호 | 구분 | 계정과목 | 거래처 | 적요 | 차변 | 대변 | | 12 | 00001 | 출금 | 0817 세금과공과 | | | 500,000 | (현금) | 변경후 | 일 | 번호 | 구분 | 계정과목 | 거래처 | 적요 | 차변 | 대변 | | 12 | 00001 | 출금 | 0131 선급금 | 01103 (주)왕명 | | 500,000 | (현금) |
2.23	(차) 여비교통비(판) 80,000원 (대) 현금 80,000원 → (차) 여비교통비(판) 90,000원 (대) 현금 90,000원으로 정정 변경전 | 일 | 번호 | 구분 | 계정과목 | 거래처 | 적요 | 차변 | 대변 | | 23 | 00001 | 출금 | 0812 여비교통비 | | | 80,000 | (현금) | 변경후 | 일 | 번호 | 구분 | 계정과목 | 거래처 | 적요 | 차변 | 대변 | | 23 | 00001 | 출금 | 0812 여비교통비 | | | 90,000 | (현금) |
3.10	• 거래처 : (주)금강가구에서 (주)아름드리로 수정 • 금액 : 3,600,000원에서 6,300,000원으로 수정 변경전 | 일 | 번호 | 구분 | 계정과목 | 거래처 | 적요 | 차변 | 대변 | | 10 | 00001 | 차변 | 0102 당좌예금 | | | 3,600,000 | | | 10 | 00001 | 대변 | 0108 외상매출금 | 01101 (주)금강가구 | | | 3,600,000 | 변경후 | 일 | 번호 | 구분 | 계정과목 | 거래처 | 적요 | 차변 | 대변 | | 10 | 00001 | 차변 | 0102 당좌예금 | | | 6,300,000 | | | 10 | 00001 | 대변 | 0108 외상매출금 | 01106 (주)아름드리 | | | 6,300,000 |

- 지금까지 아주 간단한 유형의 오류수정을 하였는데, 이러한 문제들이 시험에 출제되는 경우 반드시 득점을 해야 한다. 전산회계 1급은 난이도가 일정치 않아서 매우 어렵게 출제되는 경우가 있는 바, 쉬운 문제를 맞추어야 합격하기 때문이다.
- 다음에 나오는 오류수정은 계정을 추가해야 하는 유형인데, 전표삽입기능을 사용하여 추가해야 되는 계정을 분개 사이에 넣으면 된다.
- 전표를 삭제하고 다시 입력하는 방법도 있긴 하나, 시간이 더 걸리기 때문에 책에서 제시되는 방법을 이용하여 문제를 푸는 것이 좋다.

2 계정추가

(1) 거래내역

4.4	보통예금계좌에 입금된 17,000,000원을 외상매출금의 회수로 회계처리 하였으나, 현재 (주)빅솔의 외상매출금 잔액(10,000,000원)을 초과하는 금액은 동사에서 발행한 어음을 조기 결제하고 회수해 간 것으로 밝혀졌다.
4.12	'세금과공과금'으로 회계처리한 금액 1,500,000원 중 1,000,000원은 영업부 업무용 차량 구입과 관련한 취득세인 것으로 확인되었다.
5.19	(주)하이크리너에서 당사의 보통예금계좌로 송금한 10,700,000원을 전액 외상매출금을 회수한 것으로 처리하였으나, 5월 19일 현재의 (주)하이크리너의 외상매출금 잔액을 초과한 금액은 선수금으로 확인되었다.
5.30	'세금과공과금'으로 회계처리한 금액 390,000원 중 195,000원은 마케팅부서 직원의 급여를 지급하면서 공제한 국민연금보험료 근로자 부담분을 납부한 것으로 확인되었다.
6.1	영업부사무실 수도광열비로 90,000원을 현금 지급한 것으로 회계처리 하였으나, 이는 제품을 제조하는 공장에서 발생한 8월분 수도요금 40,000원과 전기요금 50,000원으로 확인되었다.
6.15	현금 납부한 전화요금 50,000원 중에는 공장사용분 20,000원이 포함되어 있다.
7.21	상품 운반용 차량을 15,000,000원에 현금 수취하고 처분하였는데 담당자는 감가상각누계액을 고려하지 않고 회계처리하였다. 차량 취득가액은 20,000,000원이고 감가상각누계액은 4,000,000원이다.
7.30	지점사무실건물의 보강철골공사를 (주)세교개발에서 32,000,000원에 수행하고 수선비로 처리했으나, 그 중 20,000,000원은 건물의 가치가 증가한 자본적지출이며, 나머지 금액은 건물의 일시적 수리비임이 확인되었다.
8.17	유한상사의 미지급금 4,050,000원을 보통예금에서 출금된 것으로 처리하였으나, 확인결과 (주)경기실업에 대한 지급어음 결제대금 4,000,000원과 이체수수료를 포함하여 출금된 것이었다.

3 오류수정 후 화면

- 수정 전 : (차) 보통예금 17,000,000원   (대) 외상매출금((주)빅솔) 17,000,000원
- 수정 후 : (차) 보통예금 17,000,000원   (대) 외상매출금((주)빅솔) 10,000,000원
                                          받을어음((주)빅솔)   7,000,000원

4.4

변경전(전표삽입할 부분 바로 아래를 클릭 후 화면상단에 "전표삽입"을 누른다)

번호	구분	계정과목	거래처	적요	차변	대변
00001	차변	0103 보통예금			17,000,000	
00001	대변	0108 외상매출금	01105 (주)빅솔			17,000,000

전표삽입

일	번호	구분	계정과목	거래처	적요	차변	대변
4	00001	차변	0103 보통예금			17,000,000	
4							
4	00001	대변	0108 외상매출금	01105 (주)빅솔			17,000,000

변경후(받을어음 계정,금액 추가 및 외상매출금 금액 변경)

일	번호	구분	계정과목	거래처	적요	차변	대변
4	00001	차변	0103 보통예금			17,000,000	
4	00001	대변	0110 받을어음	01105 (주)빅솔			7,000,000
4	00001	대변	0108 외상매출금	01105 (주)빅솔			10,000,000

- 수정 전 : (차) 세금과공과(판) 1,500,000   (대) 현금 1,500,000
- 수정 후 : (차) 세금과공과(판)   500,000   (대) 현금 1,500,000
              차량운반구   1,000,000

4.12

변경전

일	번호	구분	계정과목	거래처	적요	차변	대변
12	00001	출금	0817 세금과공과			1,500,000	(현금)

변경후

일	번호	구분	계정과목	거래처	적요	차변	대변
12	00001	차변	0817 세금과공과			500,000	
12	00001	차변	0208 차량운반구			1,000,000	
12	00001	대변	0101 현금				1,500,000

* 이 문제의 경우 "전표삽입"기능을 이용하지 않고 분개를 재입력하여 문제풀이를 하였다. 수정 전 분개가 "출금" 또는 "입금"의 형태로 되어 있는 경우에는 "전표삽입"기능을 이용하지 않고 분개를 재입력하는 것이 빠르다. 상황에 따라서 수정방법이 조금씩 다를 수 있으니 주의할 것!!!

5.19

(차) 보통예금 10,700,000원 (대) 외상매출금 10,700,000원 ((주)하이크리너)
→ (차) 보통예금 10,700,000원 (대) 외상매출금 8,700,000원 ((주)하이크리너)
　　　　　　　　　　　　　　　　선수금　　　2,000,000원 ((주)하이크리너)

변경전

일	번호	구분	계정과목	거래처	적요	차변	대변
19	00001	차변	0103 보통예금			10,700,000	
19	00001	대변	0108 외상매출금	03037 (주)하이크리너			10,700,000

거래처원장(외상매출금 잔액을 알 수 없을 경우 "거래처원장"에서 검색하면 된다) 잔액이 -2,000,000원인 바, 동 금액이 선수금이다.

코드	거래처	등록번호	대표자명	전기이월	차변	대변	잔액
03037	(주)하이크리너	128-81-41031	정남이	8,700,000		10,700,000	-2,000,000

"Ctrl+F9" 전표삽입버튼을 누른 후 해당 칸에 선수금 2,000,000원을 추가하면서 외상매출금 금액을 수정한다.

일	번호	구분	계정과목	거래처	적요	차변	대변
19	00001	차변	0103 보통예금			10,700,000	
19							
19	00001	대변	0108 외상매출금	03037 (주)하이크리너			10,700,000

일	번호	구분	계정과목	거래처	적요	차변	대변
19	00001	차변	0103 보통예금			10,700,000	
19	00001	대변	0259 선수금	03037 (주)하이크리너			2,000,000
19	00001	대변	0108 외상매출금	03037 (주)하이크리너			8,700,000

5.30

- 수정 전 : (차) 세금과공과(판)　390,000　　(대) 현금 390,000
- 수정 후 : (차) 세금과공과(판)　195,000　　(대) 현금 390,000
　　　　　　　예수금　　　　　195,000

변경전

일	번호	구분	계정과목	거래처	적요	차변	대변
30	00003	출금	0817 세금과공과			390,000	(현금)

변경후

일	번호	구분	계정과목	거래처	적요	차변	대변
30	00003	차변	0817 세금과공과			195,000	
30	00003	차변	0254 예수금			195,000	
30	00003	대변	0101 현금				390,000

6.1

- 수정 전 : (차) 수도광열비(판)　90,000원　　(대) 현금 90,000원
- 수정 후 : (차) 가스수도료(제)　40,000원　　(대) 현금 90,000원
　　　　　　　전력비(제)　　　50,000원

변경 전

일	번호	구분	계정과목	거래처	적요	차변	대변
1	00002	출금	0815 수도광열비			90,000	(현금)

변경 후

일	번호	구분	계정과목	거래처	적요	차변	대변
1	00002	차변	0515 가스수도료			40,000	
1	00002	차변	0516 전력비			50,000	
1	00002	대변	0101 현금				90,000

6.15

- 수정 전 : (차) 통신비(판) 50,000원   (대) 현금 50,000원
- 수정 후 : (차) 통신비(판) 30,000원   (대) 현금 50,000원
             통신비(제) 20,000원

변경 전

일	번호	구분	계정과목	거래처	적요	차변	대변
15	00002	출금	0814 통신비			50,000	(현금)

변경 후

일	번호	구분	계정과목	거래처	적요	차변	대변
15	00002	차변	0814 통신비			30,000	
15	00002	차변	0514 통신비			20,000	
15	00002	대변	0101 현금				50,000

* 비용은 제조원가와 판관비로 잘 구분하여 회계처리한다(제조원가 : 500대 코드, 판관비: 800대 코드).

7.21

- 수정 전 : (차) 현금   15,000,000원   (대) 차량운반구 20,000,000원
             유형자산처분손실 5,000,000원
- 수정 후 : (차) 현금   15,000,000원   (대) 차량운반구 20,000,000원
             감가상각누계액   4,000,000원
             유형자산처분손실 1,000,000원

변경 전

일	번호	구분	계정과목	거래처	적요	차변	대변
21	00001	차변	0101 현금			15,000,000	
21	00001	차변	0970 유형자산처분손실			5,000,000	
21	00001	대변	0208 차량운반구				20,000,000

변경 후

"전표삽입" 기능을 이용하여 감가상각누계액을 추가하고, 그와 동시에 유형자산처분손실 금액을 변경한다.

일	번호	구분	계정과목	거래처	적요	차변	대변
21	00001	차변	0101 현금			15,000,000	
21	00001	차변	0970 유형자산처분손실			1,000,000	
21	00001	차변	0209 감가상각누계액			4,000,000	
21	00001	대변	0208 차량운반구				20,000,000

7.30

- 수정 전 : (차) 수선비 32,000,000원   (대) 현금 32,000,000원
- 수정 후 : (차) 수선비 12,000,000원   (대) 현금 32,000,000원
             건물   20,000,000원

변경 전

일	번호	구분	계정과목	거래처	적요	차변	대변
30	00001	출금	0820 수선비			32,000,000	(현금)

변경 후

일	번호	구분	계정과목	거래처	적요	차변	대변
30	00001	차변	0820 수선비			12,000,000	
30	00001	차변	0202 건물			20,000,000	
30	00001	대변	0101 현금				32,000,000

8.17	• 수정 전 : (차) 미지급금(유한상사) 4,050,000 (대) 보통예금 4,050,000 • 수정 후 : (차) 지급어음((주)경기실업) 4,000,000 (대) 보통예금 4,050,000 　　　　　　수수료비용(판) 50,000 변경 전 	일	번호	구분	계정과목	거래처	적요	차변	대변
---	---	---	---	---	---	---	---
17	00002	차변	0253 미지급금	03003 유한상사		4,050,000	
17	00002	대변	0103 보통예금				4,050,000 | 변경 후(전표삽입 기능 사용할 것) | 일	번호	구분	계정과목	거래처	적요	차변	대변
---	---	---	---	---	---	---	---
17	00002	차변	0252 지급어음	03002 (주)경기실업		4,000,000	
17	00002	차변	0831 수수료비용			50,000	
17	00002	대변	0103 보통예금				4,050,000	

- 제시된 문제들을 학습하여 일반전표 오류수정 문제풀이를 확실하게 이해하는 것이 중요하다.
- 매입매출전표 오류수정도 일반전표 오류수정과 내용이 유사하므로 학습에 큰 무리가 없을 것으로 판단된다.

3 매입매출전표 오류수정

1 계정변경, 추가

(1) 거래내역

1.8	(주)소망전자에서 컴퓨터(비품)를 구입하면서 법인신용카드(기업카드)로 계산한 것을 착오로 법인체크카드(기업은행)로 계산한 것으로 매입매출전표에 회계처리 하였다.
1.14	기계장치를 현금 11,000,000원(부가가치세 포함)을 받고 전자세금계산서를 발급하여 (주)빅솔에 처분하면서 감가상각누계액을 고려하지 않고 회계처리 하였다. 기계장치 취득가액은 15,000,000원이고 감가상각누계액은 3,000,000원이다.
2.7	현금으로 지급한 운반비는 전액 원재료 구입과 관련된 운반비용(부가가치세 포함)으로써 친절용달(일반과세자)로부터 수기로 세금계산서를 발급 받은 것이었다.
2.21	(주)대강에 제품(공급가액 5,000,000원, 부가가치세 500,000)을 납품하면서 외상으로 회계처리한 거래는 전액 동사발행 어음(올해 8.21.만기)으로 받은 것이다.
3.13	(주)금강가구에 외상판매한 제품의 단가는 12,500원이 아닌 15,200원이었고, 판매된 수량도 200개가 아니라 180개이다.

3.24	제품 20,000,000원을 직수출한 거래는 환율적용이 $ 20,000에 대하여 1,000원으로 적용되어 있으나 적용해야 할 기준 환율은 1,200원이다. 금액을 수정하시오.
4.11	(주)한강상사로부터 사무실에서 업무용으로 사용할 목적으로 컴퓨터 1대를 900,000원(부가가치세 별도)에 외상으로 구입하고 전자세금계산서를 교부받았다. 회사는 동 일자에 (주)동해상사에서 현금으로 구입한 것으로 처리하였다.
4.24	랜드마크가 공사한 공장건물의 조명시설에 대하여 수익적 지출로 회계처리하였으나 이는 자본적 지출에 해당하며 대금은 당사지급의 약속어음을 발행한 것이니라, 당사의 당좌수표를 발행하여 준 것이다.

(2) 수정 후 화면

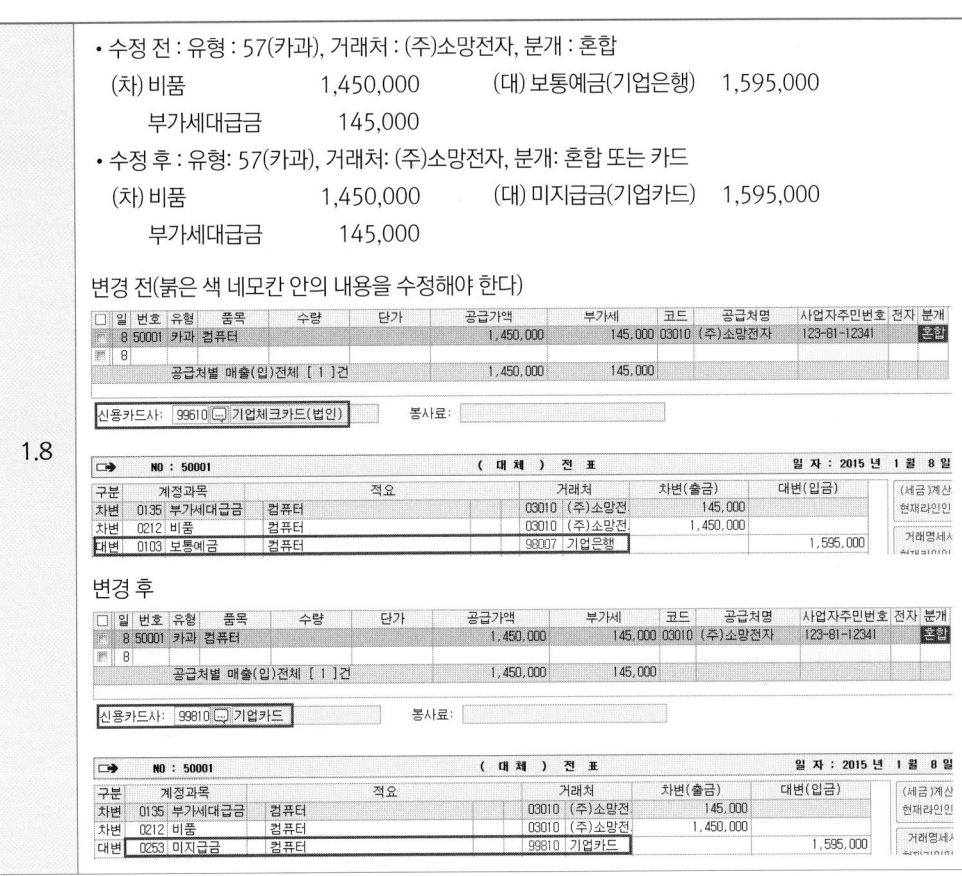

- 수정 전 : 유형 : 57(카과), 거래처 : (주)소망전자, 분개 : 혼합
  (차) 비품   1,450,000   (대) 보통예금(기업은행)   1,595,000
       부가세대급금   145,000
- 수정 후 : 유형: 57(카과), 거래처: (주)소망전자, 분개: 혼합 또는 카드
  (차) 비품   1,450,000   (대) 미지급금(기업카드)   1,595,000
       부가세대급금   145,000

1.8

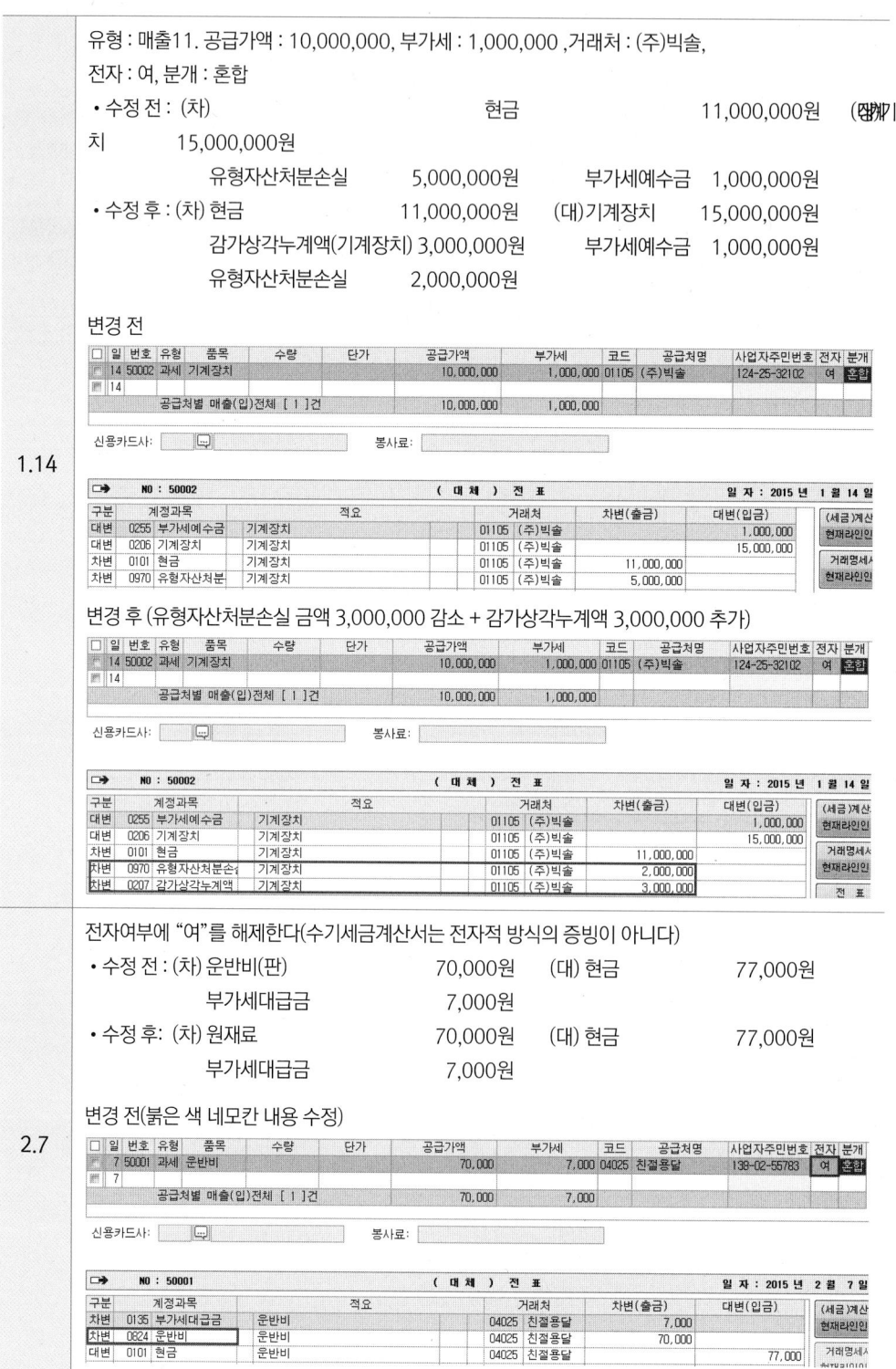

1.14

유형 : 매출11. 공급가액 : 10,000,000, 부가세 : 1,000,000 ,거래처 : (주)빅솔,
전자 : 여, 분개 : 혼합
- 수정 전 : (차) 현금   11,000,000원   (대)기계장
  치   15,000,000원
         유형자산처분손실   5,000,000원   부가세예수금   1,000,000원
- 수정 후 : (차) 현금   11,000,000원   (대)기계장치   15,000,000원
         감가상각누계액(기계장치) 3,000,000원 부가세예수금   1,000,000원
         유형자산처분손실   2,000,000원

변경 전

변경 후 (유형자산처분손실 금액 3,000,000 감소 + 감가상각누계액 3,000,000 추가)

2.7

전자여부에 "여"를 해제한다(수기세금계산서는 전자적 방식의 증빙이 아니다)
- 수정 전 : (차) 운반비(판)   70,000원   (대) 현금   77,000원
         부가세대급금   7,000원
- 수정 후 : (차) 원재료   70,000원   (대) 현금   77,000원
         부가세대급금   7,000원

변경 전(붉은 색 네모칸 내용 수정)

2.7

변경 후

□	일	번호	유형	품목	수량	단가	공급가액	부가세	코드	공급처명	사업자주민번호	전자	분개
	7	50001	과세	운반비			70,000	7,000	04025	친절용달	138-02-55783		혼합

구분	계정과목		적요	거래처		차변(출금)	대변(입금)
차변	0135	부가세대급금	운반비	04025	친절용달	7,000	
차변	0153	원재료	운반비	04025	친절용달	70,000	
대변	0101	현금	운반비	04025	친절용달		77,000

2.21

• 수정 전 : (차) 외상매출금　　　5,500,000원　　(대) 제품매출　　5,000,000원
　　　　　　　　　　　　　　　　　　　　　　　　　 부가세예수금　　500,000원

• 수정 후 : (차) 받을어음　　　　5,500,000원　　(대) 제품매출　　5,000,000원
　　　　　　　　　　　　　　　　　　　　　　　　　 부가세예수금　　500,000원

변경 전

구분	계정과목		적요	거래처		차변(출금)	대변(입금)
대변	0255	부가세예수금	제품	01102	(주)대강		500,000
대변	0404	제품매출	제품	01102	(주)대강		5,000,000
차변	0108	외상매출금	제품	01102	(주)대강	5,500,000	

변경 후

구분	계정과목		적요	거래처		차변(출금)	대변(입금)
대변	0255	부가세예수금	제품	01102	(주)대강		500,000
대변	0404	제품매출	제품	01102	(주)대강		5,000,000
차변	0110	받을어음	제품	01102	(주)대강	5,500,000	

3.13

• 수정 전: (차) 외상매출금　　　2,750,000원　　(대) 제품매출　　2,500,000원
　　　　　　　　　　　　　　　　　　　　　　　　　 부가세예수금　　250,000원

• 수정 후: (차) 외상매출금　　　3,009,600원　　(대) 제품매출　　2,736,000원
　　　　　　　　　　　　　　　　　　　　　　　　　 부가세예수금　　273,600원

변경 전(계정은 동일하므로 숫자만 변경한다)

□	일	번호	유형	품목	수량	단가	공급가액	부가세	코드	공급처명	사업자주민번호	전자	분개
	13	50001	과세	제품	200	12,500	2,500,000	250,000	01101	(주)금강가구	133-81-26371	여	혼합

변경 후(수량, 단가를 변경하면 공급가액과 부가세가 자동변경된다)

□	일	번호	유형	품목	수량	단가	공급가액	부가세	코드	공급처명	사업자주민번호	전자	분개
	13	50001	과세	제품	180	15,200	2,736,000	273,600	01101	(주)금강가구	133-81-26371	여	혼합

3.24

수출매출, 공급가액 : 20,000,000원, 분개 : 혼합, 제품매출 20,000,000원을 수출매출, 공급가액 24,000,000원 분개 : 혼합 제품매출 24,000,000원으로 입력

변경 전

□	일	번호	유형	품목	수량	단가	공급가액	부가세	코드	공급처명	사업자주민번호	전자	분개
	24	50001	수출	제품			20,000,000		01111	구글			혼합

변경 후

□	일	번호	유형	품목	수량	단가	공급가액	부가세	코드	공급처명	사업자주민번호	전자	분개
	24	50001	수출	제품			24,000,000		01111	구글			혼합

• 수정 전 : 거래처 : (주)동해상사, 전자 : 여, 분개 : 현금
  (차) 비품   900,000원   (대) 현금   990,000원
     부가세대급금   90,000원
• 수정 후 : 거래처 : (주)한강상사, 전자 : 여, 분개 : 혼합
  (차) 비품   900,000원   (대) 미지급금   990,000원
     부가세대급금   90,000원

4.11

변경 전

변경 후

• 수정 전 : (차) 수선비(제)   4,000,000원   (대) 미지급금 4,400,000원
     부가세대급금   400,000원
• 수정 후 : (차) 건물   4,000,000원   (대) 당좌예금 4,400,000원
     부가세대급금   400,000원

4.24

붉은 색 네모칸의 "수선비"를 "202.건물"로 계정대체하면 된다.

2 유형변경 및 전표삭제, 추가

(1) 거래내역

8.19	영업부에서 매출거래처 체육대회를 지원하기 위해 (주)다팔아쇼핑으로부터 현금으로 구매한 기념품 2,000,000원(부가가치세 별도)을 회계담당자의 실수로 인하여 복리후생비로 회계처리하였다.
8.30	제조부문의 직원 체육대회와 관련하여 (주)노라조로부터 구매한 행사물품 금액 2,300,000원(부가가치세 별도)을 전자세금계산서로 발급받았는데, 이에 대해서 부가가치세를 포함하여 면세매입으로 잘못된 회계처리를 하였다. 대금은 구입 당시 현금으로 지급하였다.
9.25	본사 업무용 승용차(2000CC)를 구입하면서 전표유형을 51.과세로 처리하였다. 올바르게 수정하시오.

10.8	(주)코레드로부터 발급받은 전자매입세금계산서분에 대하여 또 다시 종이매입세금계산서로 이중 입력한 것이다.
10.27	법인카드인 비씨카드로 결제된 차량유지비 110,000원이 일반전표로 처리되어 있다. 이는 강북주유소에서 공장화물자동차에 대한 주유요금 110,000원(부가가치세 포함)으로 매입세액공제요건을 갖춘 카드매출전표를 발급받은 것을 잘못 처리한 것이다(계정과목은 미지급금으로 처리)

지금까지 풀이한 내용들은 시험에서 가장 출제빈도가 높은 오류수정 유형들이므로 충분히 학습하여 실전에서 좋은 결과를 내야 한다.

(2) 수정 후 화면

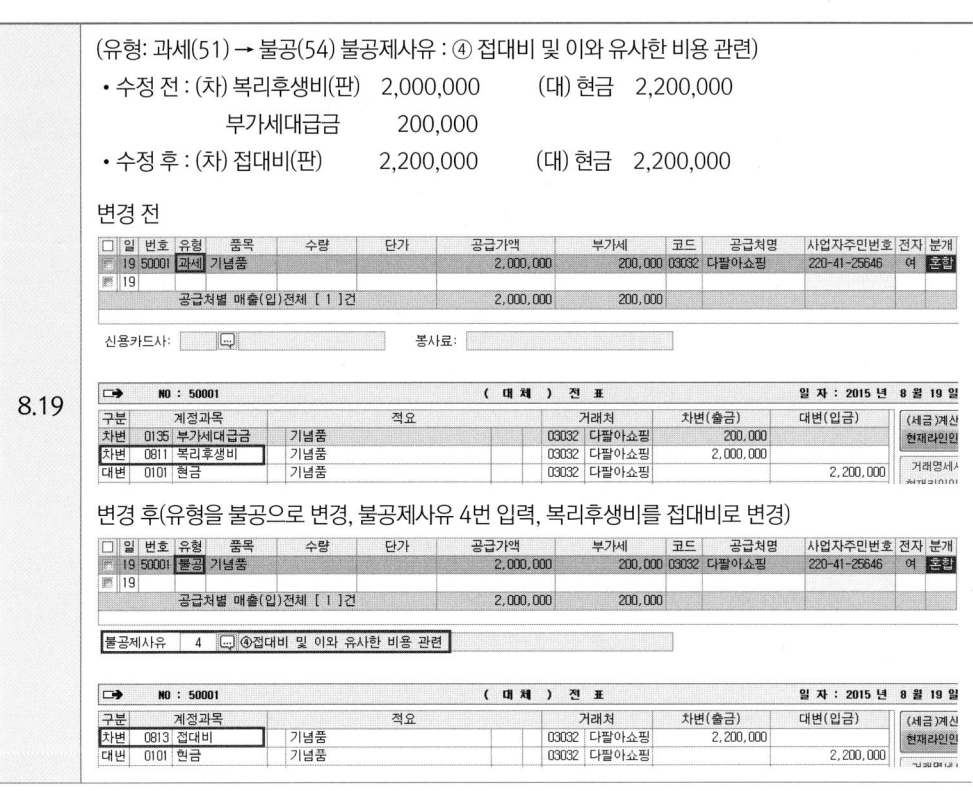

유형을 53 → 51로 변경하고, 공급가액과 부가세를 아래와 같이 입력한다.

유형 : 51.과세, 공급가액 : 2,300,000원, 부가세 : 230,000원

공급처 : (주)노라조, 전자세금 : 여, 분개 : 혼합

(차) 복리후생비(제) 2,300,000원   (대) 현금   2,530,000원
    부가세대급금   230,000원

8.30

변경 전

변경 후

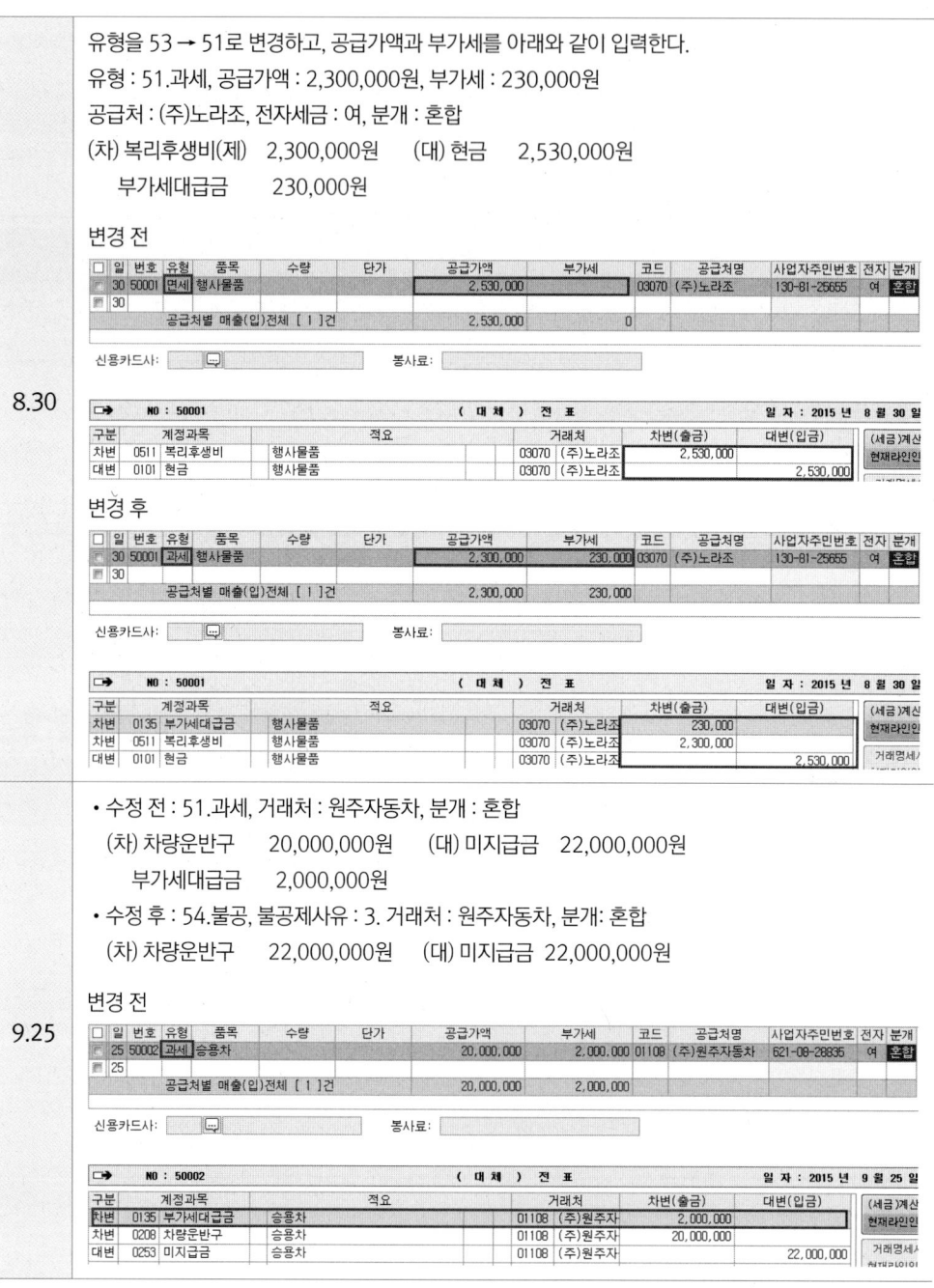

9.25

- 수정 전 : 51.과세, 거래처 : 원주자동차, 분개 : 혼합

  (차) 차량운반구   20,000,000원   (대) 미지급금   22,000,000원
      부가세대급금   2,000,000원

- 수정 후 : 54.불공, 불공제사유 : 3. 거래처 : 원주자동차, 분개: 혼합

  (차) 차량운반구   22,000,000원   (대) 미지급금   22,000,000원

변경 전

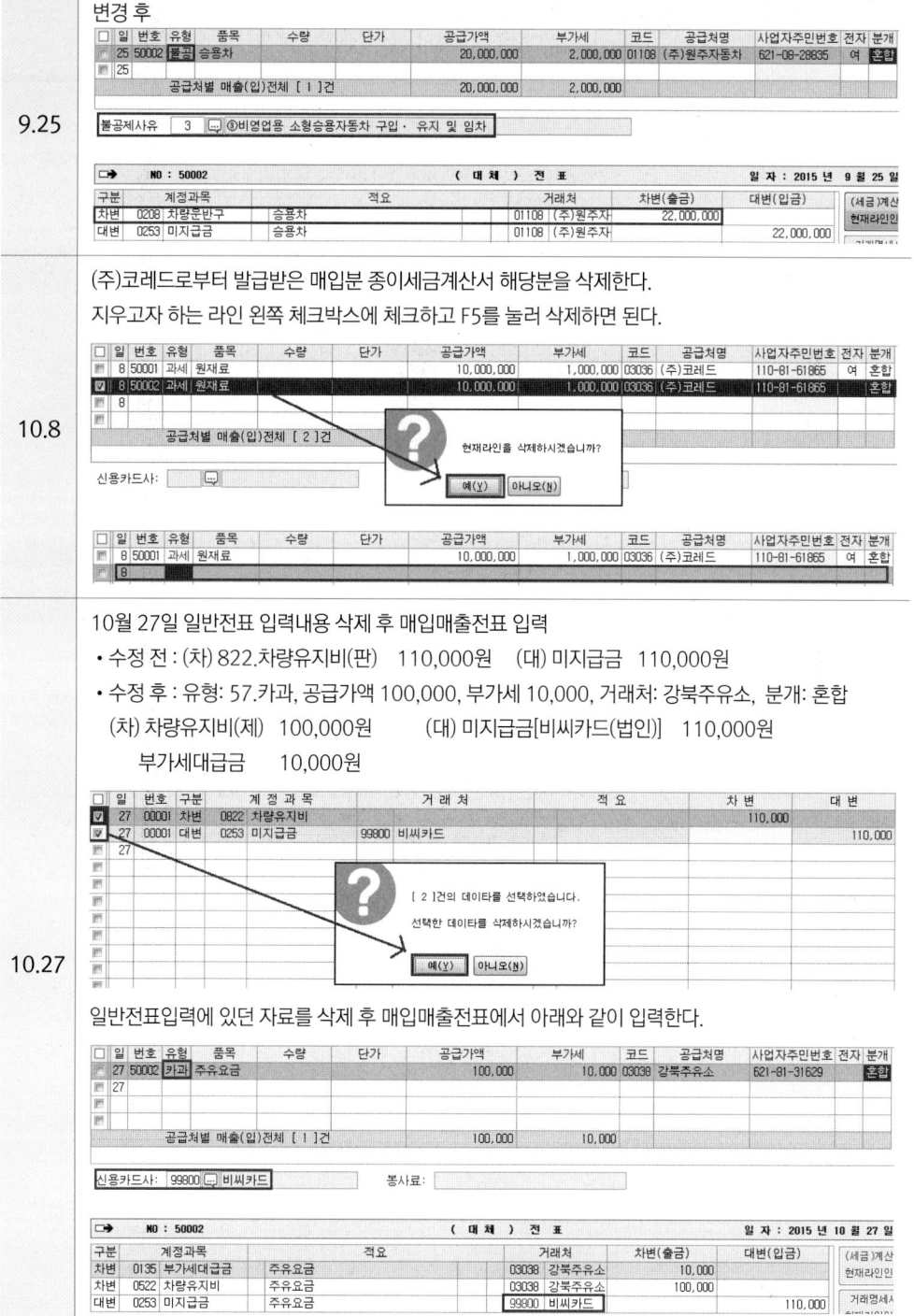

Chapter 08 기말결산분개

1 의의

기말결산분개는 결산일(12.31)에 하는 것으로서 다음과 같은 사항이 있다.

수동결산
1. 수익, 비용의 귀속시기 결정
2. 소모품 사용액과 미사용액 구분
3. 현금과부족 처리
4. 단기매매증권(매도가능증권) 기말평가
5. 외화환산
6. 장기차입금의 유동성 대체(그 반대도 가능)+기타

→ 관련내용은 이론파트에 서술되어 있으니 실기관련내용이 이해되지 않을 경우 이론을 복습할 것

자동결산
1. 대손충당금 설정
2. 매출원가와 기말재고 설정
3. 감가상각비, 무형자산상각비 계상
4. 퇴직급여충당부채 설정
5. 법인세 계상

→ 결산 출제
3문항 9점
(2문항이 출제되는 경우 간혹 있음)

수동결산과 자동결산이 복합적으로 나오는 경우 다음과 같은 절차를 수행할 것

1. 먼저 제시된 문제가 수동결산사항인지 자동결산사항인지 구분할 것
2. 수동결산사항부터 먼저 12.31일자 일반전표에 입력할 것
3. 수동결산사항이 완료되면 "결산자료입력" 메뉴에 들어가서 자동결산항목을 입력

결산분개연습을 하기 위하여 회사를 4720.㈜미래로 변경한다

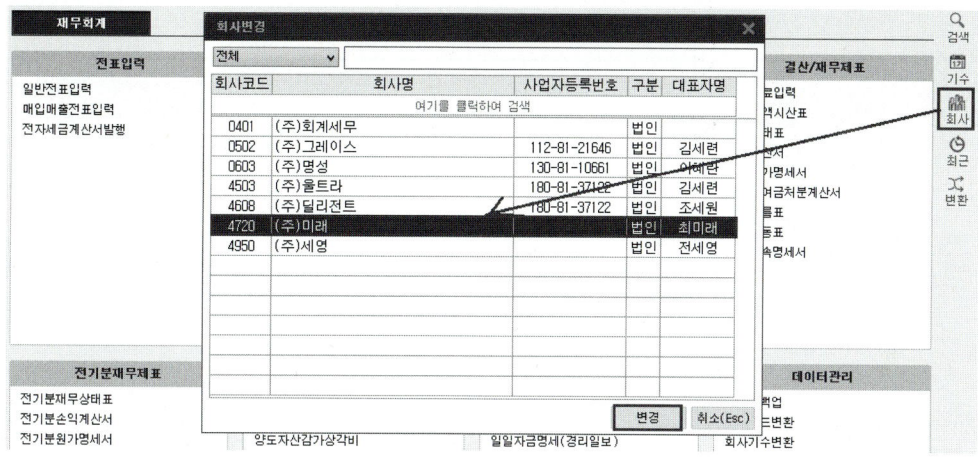

2 결산분개(난이도: 쉬움)-4720 ㈜미래

2 수동결산

(1) 거래내역(12.31일자로 일반전표입력 메뉴에서 분개)

1	12월 31일까지 발생된 정기예금에 대한 이자 미수액은 300,000원이다.
2	내년 4월 20일에 지급할 이자 3,000,000원 중 당기에 귀속되는 금액은 2,200,000원이다.
3	6월 1일 전액 비용으로 회계처리된 보험료(제조부문 1,320,000원, 본사 관리부문 1,440,000원)는 1년분에 해당하므로 차년도분에 대한 회계처리를 하시오. 당기분과 차기분에 대한 계산은 월단위로 계산한다.
4	㈜미래는 본사 건물 중 일부를 임대해주고 있는데, 올해 4월 1일에 건물임대에 대한 1년분 임대료를 현금으로 받았다. 해당거래를 조회하여 기말수정분개를 하시오. 월 임대료는 1,000,000원이며 부가가치세는 고려하지 않는다.
5	당사는 영업부에서는 소모품 구입 시 전액 소모품비로 비용화하고 결산 시 미사용분을 자산으로 계상해 오고 있다. 결산 시 영업부로부터 미사용분인 소모품은 1,000,000원으로 통보받았다.(단, 금액은 음수로 입력하지 말 것)
6	2016년 7월 1일 기업은행으로부터 차입한 장기차입금 50,000,000원은 내년 6월 30일에 만기가 도래하고, 회사는 이를 상환할 계획이다.
7	단기차입금 중에는 ㈜빅솔의 외화단기차입금 10,000,000원(미화 $10,000)이 포함되어 있다.(회계기간 종료일 현재 적용환율: 미화 1$당 1,100원)

8	기말 현재 당사가 단기매매차익을 목적으로 보유하고 있는 주식현황과 기말 현재 공정가치는 다음과 같다.(계정코드 932번에 "단기매매증권평가익"입력할 것. 성격 2 일반)			
	주 식 명	보유주식수	주당 취득원가	기말 공정가치
	㈜한성 보통주	2,000주	10,000원	주당 12,000원
	㈜강화 보통주	1,500주	8,000원	주당 10,000원
	㈜도전 보통주	100주	15,000원	주당 15,000원
9	장부상 현금보다 실제 현금이 부족하여 현금과부족으로 계상하였던 금액 50,000원에 대하여 결산일 현재에도 그 원인을 알 수 없어 당기 비용(영업외비용)으로 처리하다.			

(2) 수동결산 문제 정답

1	(차) 미수수익　　　300,000원　　　(대) 이자수익　　　300,000원
2	(차)　　　　　　　이자비용　2,200,000원　　　(대) 미지급비용　2,200,000원
3	(차) 선급비용　　　1,150,000원　　　(대) 보험료(제)　　550,000원 　　　　　　　　　　　　　　　　　　　　보험료(판)　　600,000원 * 선급비용처리 : 제조 1,320,000 − 1,320,000×7/12=550,000(올해 7개월) 　　　　　　　　관리 1,440,000 − 1,440,000×7/12=600,000(올해 7개월) 　　　　　선급비용을 "기간미경과분 비용"이라고 표현할 수도 있음
4	(차)　　　　　　　임대료　3,000,000원　　　(대) 선수수익　3,000,000원 * 선수수익처리 : 12,000,000−12,000,000원×9/12 = 3,000,000원 　　　　　선수수익을 "다음회계기간에 해당하는 금액"으로 표현할 수도 있음
5	(차) 소모품 1,000,000 원 (대) 소모품비(판) 1,000,000원
6	(차) 장기차입금　　50,000,000원　　　(대) 유동성장기부채　50,000,000원 * 장기차입금,유동성장기부채 분개시 거래처에 기업은행을 추가할 것
7	(차) 외화환산손실　　1,000,000원　　　(대) 단기차입금((주)빅솔)　1,000,000원
8	(차) 단기매매증권　　7,000,000원　　　(대) 단기매매증권평가이익　7,000,000원 * (12,000−10,000)훌 + (10,000−8,000)×1,500 = 7,000,000
9	(차) 잡손실　　　　50,000원　　　(대)　　　　　현금과부족　50,000원

(3) 12.31일자 일반전표입력 후 화면

□	일	번호	구분	계정과목	거래처	적요	차변	대변
☐	31	00001	차변	0116 미수수익			300,000	
☐	31	00001	대변	0901 이자수익				300,000
☐	31	00002	차변	0951 이자비용			2,200,000	
☐	31	00002	대변	0262 미지급비용				2,200,000
☐	31	00003	대변	0521 보험료				550,000
☐	31	00003	대변	0821 보험료				600,000
☐	31	00003	차변	0133 선급비용			1,150,000	
☐	31	00004	차변	0904 임대료			3,000,000	
☐	31	00004	대변	0263 선수수익				3,000,000
☐	31	00005	차변	0122 소모품			1,000,000	
☐	31	00005	대변	0830 소모품비				1,000,000
☐	31	00006	차변	0293 장기차입금	98007 기업은행		50,000,000	
☐	31	00006	대변	0264 유동성장기부채	98007 기업은행			50,000,000
☐	31	00007	차변	0955 외화환산손실			1,000,000	
☐	31	00007	대변	0260 단기차입금	01105 (주)빅솔			1,000,000
☐	31	00008	차변	0107 단기매매증권			7,000,000	
☐	31	00008	대변	0932 단기매매증권평가익				7,000,000
☐	31	00009	차변	0980 잡손실			50,000	
☐	31	00009	대변	0141 현금과부족				50,000

- 수동결산을 다 한 후에 자동결산을 수행한다.
- 자동결산은 메인화면 오른쪽에 있는 결산자료입력 메뉴를 이용한다.

재무회계

전표입력	기초정보관리	장부관리	결산/재무제표
일반전표입력	회사등록	거래처원장	결산자료입력
매입매출전표입력	거래처등록	거래처별계정과목별원장	합계잔액시산표
전자세금계산서발행	계정과목및적요등록	계정별원장	재무상태표
	환경등록	현금출납장	손익계산서

- 자동결산항목은 "결산자료입력" 메뉴에서 입력한다. 기간은 1월~12월까지며 전에 입력한 데이터는 불러오지 않는다.(가끔 전에 입력한 데이터를 불러오겠느냐는 메시지가 뜰 때가 있는데, 무시하고 입력하면 됨)

기 간	년 ∨ 월 ~ 년 ∨ 월				
±	코드	과 목	결산분개금액	결산전금액	결산반영금액	결산후금액

2 자동결산

(1) 거래내역(결산자료입력 메뉴에서 수행)

1	매출채권(외상매출금과 받을어음)에 대한 1%의 대손충당금을 설정하다.
2	결산일 현재 재고자산의 기말재고액은 다음과 같다. • 원재료 : 4,520,000원 • 재공품 : 5,570,000원 • 제품 : 9,590,000원 추가사항 제품 : 위탁판매목적 출고분 중 미판매분 2,000,000원 미포함 　　　구매자가 구매의사를 표시한 시송품 1,000,000원이 포함 원재료 : FOB 선적지 인도기준에 의한 운송중인 원재료 1,000,000원이 미포함

3	감가상각비의 계상액은 다음과 같다.(단위 : 원)			
	구 분	사무실분 감가상각비	공장분 감가상각비	합계
	건물	1,000,000	4,500,000	5,500,000
	기계장치	-	2,000,000	2,000,000
	차량운반구	1,750,000	600,000	2,350,000
	비품	800,000	600,000	1,400,000
4	무형자산에 대한 당기 상각비는 다음과 같다. 무형자산 상각에 대한 회계처리를 하시오. • 개발비 : 3,000,000원 • 특허권 : 2,000,000원			
5	당사는 기업회계기준에 의하여 퇴직급여충당부채를 설정하고 있으며, 기말 현재 퇴직급여추계액 및 당기 퇴직급여충당부채 설정 전의 퇴직급여충당부채 잔액은 다음과 같다. 결산 시 회계처리를 하시오.			

부 서	퇴직급여추계액	퇴직급여충당부채잔액
생산부	10,000,000원	4,500,000원
관리부	7,000,000원	3,000,000원

| 6 | 당기 '법인세등'을 5,600,000원으로 계상한다.(법인세 중간예납세액을 조회 후 입력할 것) |

(2) 자동결산 정답

1	결산자료입력 메뉴에서 외상매출금과 받을어음의 대손충당금을 각각 입력 12월 31일 합계잔액시산표 조회 외상매출금 : 잔액(260,360,000)×1%-대손충당금 잔액(600,000)=2,003,600추가 받을어음 : 잔액(49,500,000)×1%-대손충당금 잔액(240,000)=255,000 추가
2	원재료 : 4,520,000+1,000,000=5,520,000원 입력, 재공품 : 5,570,000원 입력 제품 : 9,590,000+2,000,000-1,000,000=10,590,000원을 입력
3	제조경비 : 건물 4,500,000원, 기계장치 2,000,000원, 　　　　　차량운반구 600,000원, 비품 600,000원 입력 판매비와 관리비 : 건물 1,000,000원, 차량운반구 1,750,000원, 　　　　　비품 800,000원 입력
4	결산자료입력: 개발비 3,000,000원, 특허권 2,000,000원을 입력
5	결산자료입력에 추가할 금액 생산직 사원 : 10,000,000원 - 4,500,000원 = 5,500,000원 사무직 사원 : 7,000,000원 - 3,000,000원 = 4,000,000원
6	법인세등의 (1)선납세금란 3,000,000, (2)추가계상액에 2,600,000 입력

(3) 결산자료입력 후 화면

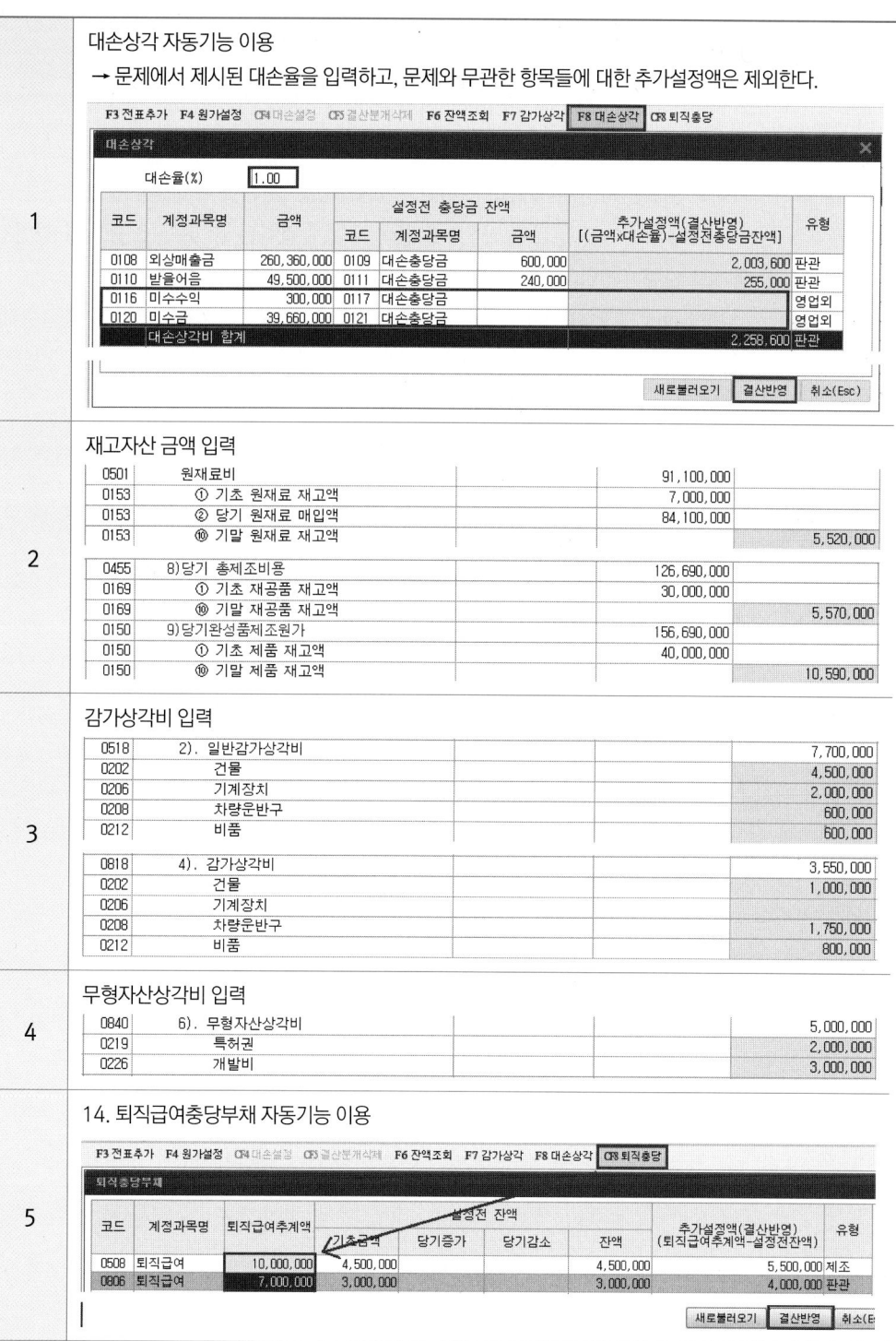

6	법인세 입력				
	0998	9. 법인세등			5,600,000
	0136	1). 선납세금		3,000,000	3,000,000
	0998	2). 추가계상액			2,600,000

(4) 결산자료입력 후 절차

모든 사항이 입력되었으면 확인 후 화면 상단에 "전표추가(F3)" 버튼을 누른 후, 결산분개를 추가하겠냐는 메시지에 대하여 예를 누르면 결산자료입력 메뉴에 입력된 금액이 12.31일자 일반전표입력 메뉴상 분개로 자동전환된다.

"전표추가"는 1번만 누르면 된다(여러 번 누른다고 해서 전표추가가 계속 되지 않음) 만약 입력실수가 있다면 "결산분개삭제(Ctrl+F5)"를 눌러 결산분개를 다 지우고 다시 결산자료입력을 한 후 "전표추가(F3)" 버튼을 누른다.

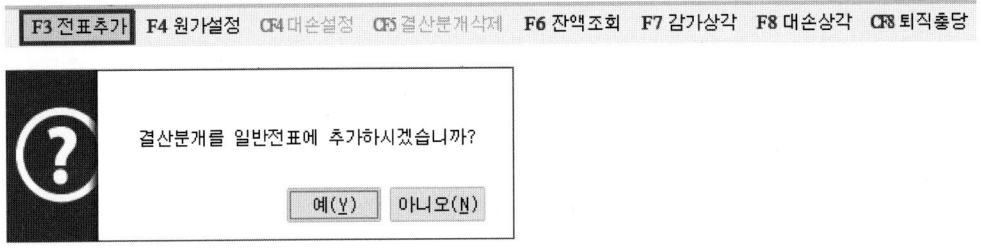

(5) 기타사항

실전에서는 수동결산항목과 자동결산항목의 순서가 고르지 못하다(예: 1,3번 수동결산, 2번 자동결산). 따라서 결산분개를 하기 전에 동 항목이 수동결산항목인지, 자동결산 항목인지 먼저 표시를 해놓고 순서를 정하여 문제풀이를 해야 한다. 수동결산항목부터 먼저 풀이하고, 그 다음에 자동결산항목 풀이를 수행한다.

다음 결산문제풀이를 위하여 회사명을 4950.㈜세영으로 변경한다.

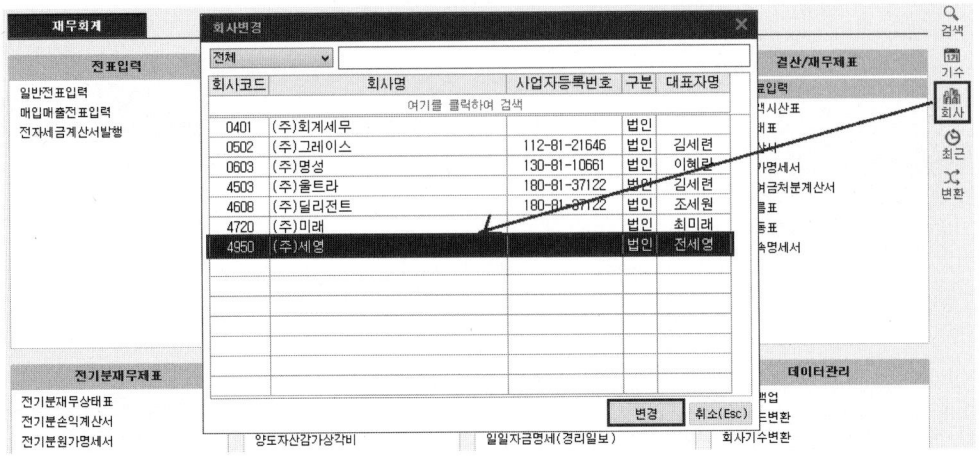

2 결산분개(난이도 : 어려움)-4950 (주)세영

1 수동결산

(1) 거래내역(12.31일자로 일반전표입력 메뉴에서 분개)

1	거래은행인 명보은행에 예금된 정기예금에 대하여 당기분 경과이자를 인식하다. • 예금금액 : 50,000,000원 • 예금기간 : 2020. 4. 1 ~ 2021. 3. 31 • 연이자율 : 10%, 월할계산으로 할 것 • 이자지급일 : 연 1회(매년 3월 31일)
2	본사 차량에 대한 보험료는 지급 시 모두 비용으로 회계처리하고 있다. 결산일 현재 미경과보험료는 300,000원이다.
3	월간기술지를 생산부서에서 1년 정기구독(정기구독기간 2020.10.1.~2021.09.30, 정기구독비용 600,000원은 10월 1일에 전액 선지급 하였음)하고 전액 선급비용으로 회계처리 하였다. 월할계산으로 할 것
4	7월 1일 사무실을 임대(임대기간 2020.7.1.~2021.6.30)하면서 1년분 임대료 12,000,000원을 자기앞수표로 받고 전액 선수수익으로 회계처리하였다. 월할계산하여 기말수정분개를 하시오.
5	7월 1일 소모품으로 1,000,000원을 구입(소모품계정으로 회계처리)하였으며, 결산 시 소모품 잔액을 확인한 결과 100,000원이 남아있었다. 소모품은 사무직과 생산직에서 1 : 2의 비율로 사용하였다. 기말수정분개를 하시오.
6	전기에 유동성장기부채로 대체한 기업은행의 장기차입금 300,000,000원 중 100,000,000원에 대하여 상환기간을 2년 연장하기로 하였다.
7	단기차입금 중에는 구글의 외화단기차입금 12,000,000원(미화 $10,000)이 포함되어 있다.(보고기간종료일 현재 적용환율: 미화 1$당 1,100원)
8	장부상 현금잔액은 41,427,000원이나, 실제 보유하고 있는 현금잔액은 41,410,000원으로 현금부족액에 대한 원인이 밝혀지지 아니하였다. 영업외비용 중 적절한 계정과목에 의하여 회계처리 하시오.
9	기업은행의 보통예금 계좌는 마이너스 통장이며, 기말 현재 잔액은 단기차입금으로 대체하고자 한다.

(2) 수동결산 문제 정답

1	(차) 미수수익	3,750,000원	(대) 이자수익	3,750,000원
	* 3,750,000원=50,000,000원×10%×9/12			
2	(차) 선급비용	300,000원	(대) 보험료(판)	300,000원
3	(차) 도서인쇄비(제)	150,000원	(대) 선급비용	150,000원
	* 전액 선급비용으로 하였으므로 비용이 0인 바, 당기분에 대한 비용을 계상해야 한다.			
	당기 도서인쇄비 : 600,000×3/12=150,000			
	보험료, 이자비용계정에서도 선급비용 문제가 나올 수 있음			
4	(차) 선수수익	6,000,000원	(대) 임대료	6,000,000원
	당기 임대료 계산 : 12,000,000원÷12개월×6개월=6,000,000원			
5	(차) 소모품비(판)	300,000원	(대) 소모품	900,000원
	소모품비(제)	600,000원		
	* 사용한 부분을 소모품비로 처리해야 한다. 사용분: 1,000,000-100,000=900,000			
6	(차) 유동성장기부채	100,000,000	(대) 장기차입금	100,000,000
	* 유동성장기부채,장기차입금 분개 시 거래처인 기업은행을 반드시 입력해야 한다.			
7	(차) 단기차입금(구글)	1,000,000원	(대) 외화환산이익	1,000,000원
	* 1,100×10,000-12,000,000=-1,000,000 단기차입금 감소 → 외화환산이익			
8	(차) 잡손실	17,000원	(대) 현금	17,000원
	* 기존에 현금과부족계정이 없다면 바로 현금을 감소시키고, 잡손실로 계상한다.			
9	(차) 보통예금	36,900,000원	(대) 단기차입금(기업은행)	36,900,000원
	* 합계잔액시산표 12.31일 조회: 보통예금 잔액-36,900,000원			

(3) 12.31일자 일반전표입력 후 화면

일	번호	구분	계정과목		거래처		적요	차변	대변
31	00001	차변	0116	미수수익				3,750,000	
31	00001	대변	0901	이자수익					3,750,000
31	00002	차변	0133	선급비용				300,000	
31	00002	대변	0821	보험료					300,000
31	00003	차변	0526	도서인쇄비				150,000	
31	00003	대변	0133	선급비용					150,000
31	00004	차변	0263	선수수익				6,000,000	
31	00004	대변	0904	임대료					6,000,000
31	00005	차변	0830	소모품비				300,000	
31	00005	차변	0530	소모품비				600,000	
31	00005	대변	0122	소모품					900,000
31	00006	차변	0264	유동성장기부채	98007	기업은행		100,000,000	
31	00006	대변	0293	장기차입금	98007	기업은행			100,000,000
31	00007	차변	0260	단기차입금	01111	구글		1,000,000	
31	00007	대변	0910	외화환산이익					1,000,000
31	00008	출금	0980	잡손실				17,000	(현금)
31	00009	차변	0103	보통예금				36,900,000	
31	00009	대변	0260	단기차입금	98007	기업은행			36,900,000

자동결산항목은 "결산자료입력" 메뉴에서 입력한다. 만약 자동결산항목 중에 수동결산항목이 섞여있는 경우, 수동결산항목에 대하여 먼저 입력 후 자동결산항목을 입력해야 한다.(대손충당금환입, 비정상적인 재고자산감모손실)

2 자동결산

(1) 거래내역(결산자료입력 메뉴에서 수행)

1	기말 현재 외상매출금과 받을어음, 미수금에 대하여 1%의 대손충당금을 보충법으로 설정하기로 한다. 당기 중 대손처리된 금액은 없다.
2	기말 재고자산의 장부가액은 다음과 같다. • 원재료 : 1,000,000원 • 재공품 : 800,000원 • 제품 : 1,400,000원 ① 원재료 중에는 기말 현재 해외로부터 도착지 인도기준으로 매입운송 중인 금액 300,000원이 포함되어 있다. ② 제품의 실사평가를 한 결과 다음과 같으며, 수량감소중 60%는 비정상적으로 발생한 것이다.(기타 다른 사항은 없는 것으로 한다) • 장부상 수량 : 1,000개 • 실지재고 수량 : 900개 • 단위당 취득원가 : 1,400원 • 단위당 시가(공정가치) : 1,400원
3	제시된 자료에 대한 감가상각비를 계산하라(주어진 자료만 고려할 것) (단위, 원) | 계정과목	취득원가	잔존가치	전기말 감가상각누계액	취득연월일	상각방법	상각률
---	---	---	---	---	---	---
		내용연수				
본사건물	300,000,000	0	50,000,000	2018.7.20	정액법	0.05
		20년				
공장기계장치	70,000,000	취득원가의 5%	31,570,000	2019.1.4	정률법	0.451
		5년					
4	전기말 재무상태표에 계상되어 있는 개발비 20,000,000원은 5년간 상각하며 2019년부터 상각하였다. 2020년도말 무형자산상각을 분개하라.
5	법인세 차감 전 이익에 의하여 추산한 법인세 등 총예상액은 8,500,000원이다.(중간예납세액은 없음)

(2) 자동결산 정답

1	외상매출금 대손상각비 : 160,000,000×1% - 600,000 = 1,000,000 받을어음 대손상각비 : 10,000,000×1% - 240,000 = -140,000 미수금 기타의 대손상각비 : 39,660,000×1% = 396,600 대손충당금환입이 있을 경우 동 항목을 먼저 12.31 일반전표에 입력 후 나머지 대손충당금설정 항목을 "결산자료입력" 메뉴에서 입력한다. 일반전표입력 : (차) 대손충당금(받을어음) 140,000　(대)대손충당금환입(판관비) 140,000 결산자료입력 : 외상매출금 : 1,000,000원, 미수금 : 396,600원
2	일반전표입력 : (차) 재고자산감모손실 84,000　(대) 제품 84,000 (적요8 : 타계정대체) * 비정상감모 1,400×(1,000-900)×0.6=84,000, 정상감모 56,000원 결산자료입력 : 원재료　　　　　　1,000,000-300,000=700,000원 　　　　　　　　재공품　　　　　　　　　　　　　　 800,000원 　　　　　　　　제품　　1,400,000-84,000-56,000=1,260,000원 • 대손충당금환입여부를 확인하려면 12.31일자 합계잔액시산표를 조회하여야 한다. 받을어음에서 대손충당금환입이 발생함을 알 수 있다. 	차　　　변		계정과목	대　　　변	
잔액	합계		합계	잔액
160,000,000	260,360,000	외 상 매 출 금	100,360,000	
		대 손 충 당 금	600,000	600,000
10,000,000	64,500,000	받 을 어 음	54,500,000	
		대 손 충 당 금	240,000	240,000 | 따라서 1,2번 문제에 포함된 수동결산항목을 분개하면 다음과 같다. | 31	00010	차변	0111	대손충당금		140,000	
31	00010	대변	0851	대손충당금환입			140,000
31	00011	차변	0959	재고자산감모손실		84,000	
31	00011	대변	0150	제품	8 타계정으로 대체액 손익		84,000	 • 자동결산항목에 포함된 수동결산항목부터 먼저 12.31일자 일반전표입력에 분개 후 결산자료입력 메뉴에 관련자료를 입력해야 한다.
3	결산자료입력 건물 감가상각비 : 15,000,000원, 기계장치 : 17,331,930원 1. 건물 당기 감가상각비 : 300,000,000원×0.05(혹은 1/20)=15,000,000원 2. 기계장치 당기 감가상각계산 : (70,000,000원-31,570,000원)×0.451=17,331,930원
4	결산자료입력 5,000,000원 * 개발비 20,000,000÷(5-1)=5,000,000 (2019년도에 한번 상각되었으므로 잔여연수는 4년)
5	결산자료입력 법인세등 추가계상액에 8,500,000원

(3) 결산자료입력 후 화면

1	대손상각 자동기능 이용(문제에서 물어보지 않은 항목에 대한 금액은 지운다). 일반전표에 입력된 받을어음 관련 대손충당금환입 분개로 인하여 받을어음의 추가설정액은 0이다. **대손상각** — 대손율(%): 1.00 | 코드	계정과목명	금액	설정전 충당금 잔액 코드	설정전 충당금 잔액 계정과목명	설정전 충당금 잔액 금액	추가설정액(결산반영) [(금액×대손율)-설정전충당금잔액]	유형 | |---|---|---|---|---|---|---|---| | 0108 | 외상매출금 | 160,000,000 | 0109 | 대손충당금 | 600,000 | 1,000,000 | 판관 | | 0110 | 받을어음 | 10,000,000 | 0111 | 대손충당금 | 240,000 | | 판관 | | 0116 | 미수수익 | 3,750,000 | 0117 | 대손충당금 | | | 영업외 | | 0120 | 미수금 | 39,660,000 | 0121 | 대손충당금 | | 396,600 | 영업외 | | | 대손상각비 합계 | | | | | 1,000,000 | 판관 | | | 기타의 대손상각비 | | | | | 396,600 | 영업외 |
2	재고자산 금액 입력(비정상적인 재고자산감모손실 반영 후) | 0501 | 원재료비 | | 86,100,000 | | |---|---|---|---|---| | 0153 | ① 기초 원재료 재고액 | | 7,000,000 | | | 0153 | ② 당기 원재료 매입액 | | 79,100,000 | | | 0153 | ⑩ 기말 원재료 재고액 | | | 700,000 | | 0455 | 8)당기 총제조비용 | | 116,670,000 | | | 0169 | ① 기초 재공품 재고액 | | 5,000,000 | | | 0169 | ⑩ 기말 재공품 재고액 | | | 800,000 | | 0150 | 9)당기완성품제조원가 | | 121,670,000 | | | 0150 | ① 기초 제품 재고액 | | 10,000,000 | | | 0150 | ⑧ 타계정으로 대체액 | | 84,000 | | | 0150 | ⑩ 기말 제품 재고액 | | | 1,260,000 |
3	감가상각비 입력 | 0518 | 2). 일반감가상각비 | | | 17,331,930 | |---|---|---|---|---| | 0202 | 건물 | | | | | 0206 | 기계장치 | | | 17,331,930 | | 0818 | 4). 감가상각비 | | | 15,000,000 | | 0202 | 건물 | | | 15,000,000 |
4	무형자산상각비 입력 | 0840 | 6). 무형자산상각비 | | | 5,000,000 | |---|---|---|---|---| | 0226 | 개발비 | | | 5,000,000 |
5	법인세 입력 | 0998 | 9. 법인세등 | | | 8,500,000 | |---|---|---|---|---| | 0998 | 2). 추가계상액 | | | 8,500,000 |

(4) 결산자료입력 후 절차

모든 사항이 입력되었으면 확인 후 화면 상단에 "전표추가(F3)"버튼을 누른 후, 결산분개를 추가하겠냐는 메시지에 대하여 예를 누르면 결산자료입력 메뉴에 입력된 금액이 12.31일자 일반전표입력 메뉴상 분개로 자동전환된다.

"전표추가"는 1번만 누르면 된다(여러 번 누른다고 해서 전표추가가 계속 되지 않음) 만약 입력실수가 있다면 "결산분개삭제(Ctrl+F5)"를 눌러 결산분개를 다 지우고 다시 결산자료입력을 한 후 "전표추가(F3)"버튼을 누른다.

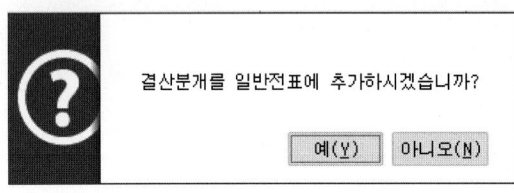

(5) 기타사항

결산분개를 하기 전에 동 항목이 수동결산항목인지, 자동결산항목인지 구분한 후에 순서를 정하여 문제풀이를 해야 한다.(수동결산→자동결산)

당기분 이익잉여금처분계산서를 작성하는 경우에는 결산자료입력 메뉴 밑에 있는 "이익잉여금처분계산서" 메뉴를 클릭하여 관련내용을 입력 후 전표추가를 해야 한다. 입력방법은 "전기분잉여금처분계산서 작성방법"과 같다(이익잉여금처분계산서 작성이 필요없는 경우에는 결산자료입력에서 전표추가만 하면 된다).

Chapter 09 | 장부조회

회사명을 0603.㈜명성으로 한 후, 장부조회 연습을 한다(6장 매입매출전표 처음 내용 – 파일 다운로드, 설치 및 회사변경방법- 참조).

시험에 잘 나오는 항목 순서대로 설명한다.

잘 나오는 순서	회계관련 조회	부가가치세 관련 조회
①	일계표, 월계표	부가가치세신고서
②	총계정원장(계정별원장, 현금출납장)	세금계산서합계표
③	거래처원장	매입매출장
④	합계잔액시산표	

- 장부조회는 3문항이 출제되며 총 점수는 9점이다.
- 주어진 자료를 입력하는 것이 아니라 단순조회를 하여 문제를 푸는 것이므로 시험에서 가장 자주 나오는 부분을 중심으로 반복학습하면, 충분히 만점이 가능하다.

1 일계표/월계표

1 의의

- 일정기간 동안의 특정계정의 발생액, 여러 계정의 합계액을 물어봄
- 월계표는 개월 단위로만 검색가능함
- 현금은 현금(수입)지출, 대체는 현금외(수입)지출 사항을 집계

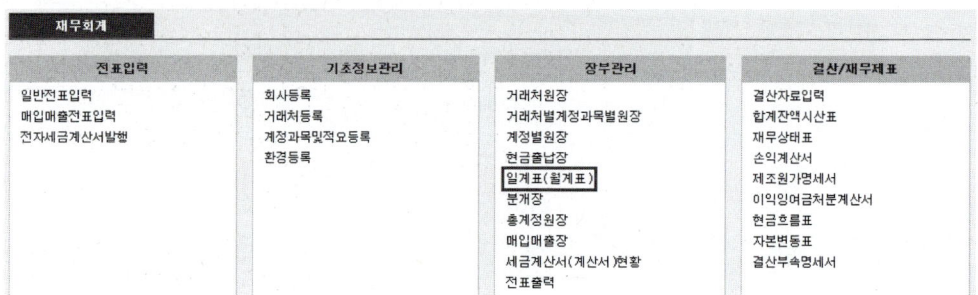

(1) 일계표 화면(조회기간 입력 후 엔터를 치면 자료조회 가능, 일계표는 일자까지 입력가능)

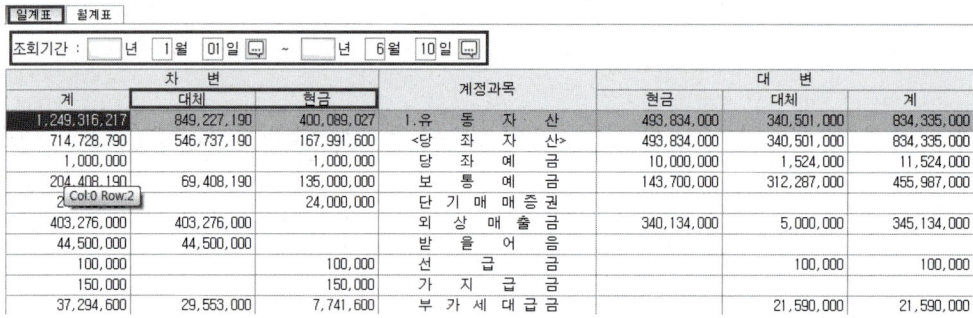

(2) 월계표 화면(조회기간 입력 후 엔터를 치면 자료조회 가능, 월계표는 월만 입력가능)

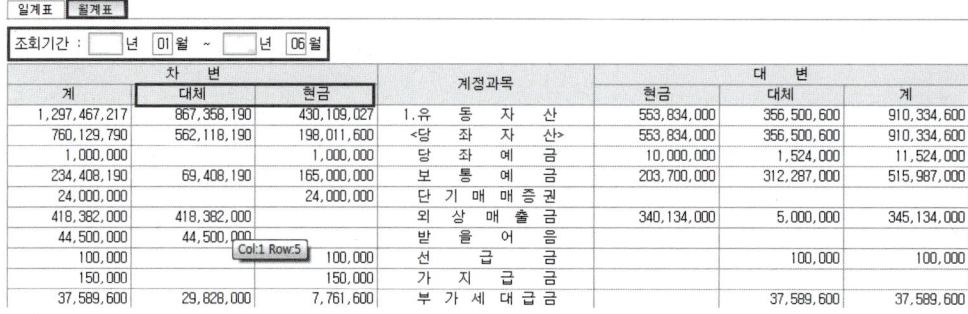

2 사례연습

기본예제1 상반기(1월~6월)에 판매비와관리비로 계상된 임차료 중 현금지출액은 얼마인가?

정답 일/월계표 조회, 임차료 현금지출액 1,750,000원(또는 일계표에서 1.1~6.30 입력 후 조회해도 동일한 답이 나옴) → 현금지급액만 고려할 것. 전체발생액이 아님

계	차 변 대체	현금	계정과목	현금	대 변 대체	계
94,295,690	7,917,000	86,378,690	8.판 매 비및일반관리비			
37,900,000		37,900,000	급 여			
1,362,000	195,000	1,167,000	복 리 후 생 비			
212,000		212,000	여 비 교 통 비			
34,739,500	120,000	34,619,500	접 대 비			
654,090		654,090	통 신 비			
291,400		291,400	수 도 광 열 비			
138,000		138,000	세 금 과 공 과			
2,000,000	250,000	1,750,000	임 차 료			
306,000		306,000	수 선 비			

기본예제2 상반기동안 발생된 판매비와관리비 중에서 발생금액이 가장 큰 계정과목과 해당금액은 각각 무엇인가?

정답 급여 37,900,000원(또는 일계표에서 1.1~6.30 입력 후 조회)

계	차 변 대체	현금	계정과목	현금	대 변 대체	계
94,295,690	7,917,000	86,378,690	8.판 매 비및일반관리비			
37,900,000		37,900,000	급 여			
1,362,000	195,000	1,167,000	복 리 후 생 비			
212,000		212,000	여 비 교 통 비			
34,739,500	120,000	34,619,500	접 대 비			
654,090		654,090	통 신 비			
291,400		291,400	수 도 광 열 비			
138,000		138,000	세 금 과 공 과			
2,000,000	250,000	1,750,000	임 차 료			
306,000		306,000	수 선 비			
836,000		836,000	보 험 료			
1,338,000	352,000	986,000	차 량 유 지 비			
296,000		296,000	운 반 비			
50,000		50,000	도 서 인 쇄 비			
7,972,700	7,000,000	972,700	소 모 품 비			
1,200,000		1,200,000	수 수 료 비 용			
5,000,000		5,000,000	광 고 선 전 비			

기본예제3 3월부터 5월까지 제품제조에 투입한 제조경비가 가장 큰 월과 그 금액은 얼마인가?

정답 3월 : 1,377,000원, 4월 : 3,110,800원, 5월 : 1,610,500원 → 4월이 제일 크다.

조회기간 : 년 03월 ~ 년 03월						
차 변			계정과목	대 변		
계	대체	현금		현금	대체	계
1,377,000		1,377,000	<제 조 경 비>			

조회기간 : 년 04월 ~ 년 04월						
차 변			계정과목	대 변		
계	대체	현금		현금	대체	계
3,110,800	65,000	3,045,800	<제 조 경 비>			

조회기간 : 년 05월 ~ 년 05월						
차 변			계정과목	대 변		
계	대체	현금		현금	대체	계
1,610,500		1,610,500	<제 조 경 비>			

기본예제4 4월부터 6월까지의 제품제조관련 노무비 발생액은 얼마인가?

정답 32,689,500 원

조회기간 : 년 4월 01일 ~ 년 6월 30일						
차 변			계정과목	대 변		
계	대체	현금		현금	대체	계
32,689,500	252,000	32,437,500	<노 무 비>			

기본예제5 4월에 발생한 판매비및일반관리비 총액은 얼마인가?

정답 월계표조회 47,456,600원 → 40,336,600원 아님. 현금+대체 모두 합산해야 함

조회기간 : 년 04월 ~ 년 04월						
차 변			계정과목	대 변		
계	대체	현금		현금	대체	계
47,456,600	7,120,000	40,336,600	6.판 매 비및일반관리비			

기본예제6 5월 중 대체거래의 총금액은 얼마인가?

정답 월계표 조회(5월) 92,822,000원

차 변			계정과목	대 변		
계	대체	현금		현금	대체	계
150,000		150,000	전 력 비			
545,500		545,500	차 량 유 지 비			
255,000		255,000	소 모 품 비			
7,540,390	547,000	6,993,390	6.판 매 비및일반관리비			
5,400,000		5,400,000	급 여			
637,000	195,000	442,000	복 리 후 생 비			
50,000		50,000	여 비 교 통 비			
125,000		125,000	접 대 비			
122,090		122,090	통 신 비			
63,200		63,200	수 도 광 열 비			
250,000		250,000	임 차 료			
556,500	352,000	204,500	차 량 유 지 비			
75,000		75,000	운 반 비			
10,000		10,000	도 서 인 쇄 비			
51,600		51,600	소 모 품 비			
200,000		200,000	수 수 료 비 용			
131,000		131,000	7.영 업 외 비 용			
131,000		131,000	이 자 비 용			
408,313,817	92,822,000	315,491,817	금월소계	421,858,000	92,822,000	514,680,000

기본예제7 1월부터 3월까지 현금으로 지출한 복리후생비는 모두 얼마인가?

정답 제조경비 1,972,900원 + 판매비와관리비 327,900원 = 2,300,800원
→ 복리후생비라고만 언급되어 있으므로 제조원가와 판관비 금액을 모두 조회해야 함

차 변			계정과목	대 변		
계	대체	현금		현금	대체	계
6,744,200		6,744,200	<제 조 경 비>			
1,972,900		1,972,900	복 리 후 생 비			
179,500		179,500	여 비 교 통 비			
68,000		68,000	통 신 비			
398,000		398,000	가 스 수 도 료			
1,625,000		1,625,000	전 력 비			
156,000		156,000	세 금 과 공 과			
181,000		181,000	수 선 비			
1,737,500		1,737,500	차 량 유 지 비			
30,000		30,000	도 서 인 쇄 비			
271,300		271,300	소 모 품 비			
125,000		125,000	잡 비			
29,058,100	250,000	28,808,100	8.판 매 비및일반관리비			
18,700,000		18,700,000	급 여			
327,900		327,900	복 리 후 생 비			
44,000		44,000	여 비 교 통 비			

- 다음에 나오는 장부조회에서는 "총계정원장"이 제일 중요하다.
- 계정별 원장, 현금출납장 모두 "총계정원장"의 일부이기 때문이다.
- 총계정원장을 검색해도 나오지 않는 사항에 대해서만 계정별원장 또는 현금출납장을 조회하여 확인하면 된다.

2 총계정원장, 계정별 원장, 현금출납장

1 의의

- 주로 일정기간 동안 특정계정이 가장 많이 증가한 부분을 물어봄
- 계정별원장, 현금출납장은 총계정원장에 포함되는 장부이므로 총계정원장이 제일 중요
- 기간입력, 계정과목(F2) 입력 후 특정계정에 대한 증감내역, 잔액 조회

전표입력	기초정보관리	장부관리	결산/재무제표
일반전표입력	회사등록	거래처원장	결산자료입력
매입매출전표입력	거래처등록	거래처별계정과목별원장	합계잔액시산표
전자세금계산서발행	계정과목및적요등록	계정별원장	재무상태표
	환경등록	현금출납장	손익계산서
		일계표(월계표)	제조원가명세서
		분개장	이익잉여금처분계산서
		총계정원장	현금흐름표
		매입매출장	자본변동표
		세금계산서(계산서)현황	결산부속명세서
		전표출력	

(1) 총계정원장(특정 계정의 월별 증감액을 보여줌. 총계정원장을 누르면 계정별원장이 나옴)

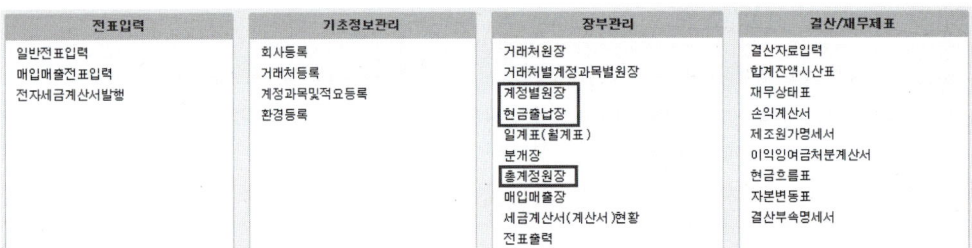

(2) 계정별원장(계정별 거래 전체내역을 보여줌)

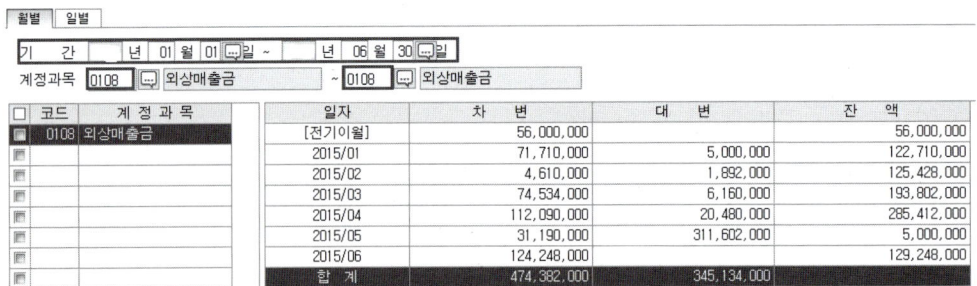

(3) 현금출납장(현금에 대한 사항을 구체적으로 보여줌)

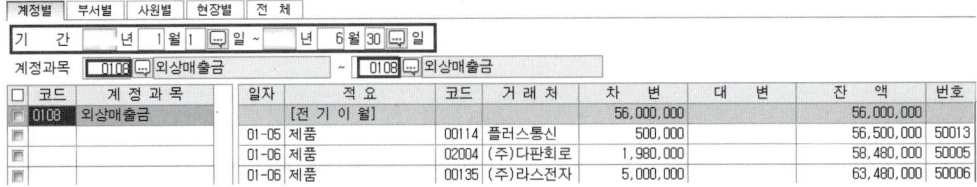

2 사례연습

기본예제1 1월부터 6월까지 외상매출 발생액이 가장 큰 월과 그 월의 외상매출 발생액은 얼마인가?

정답 6월, 124,248,000원 [총계정원장 메뉴의 외상매출금 계정과목 조회]

기본예제2 1월~6월 중 제품매출 금액이 가장 많이 발생한 달과 공급가액은 얼마인가?

정답 총계정원장 6월 조회, 128,140,000원

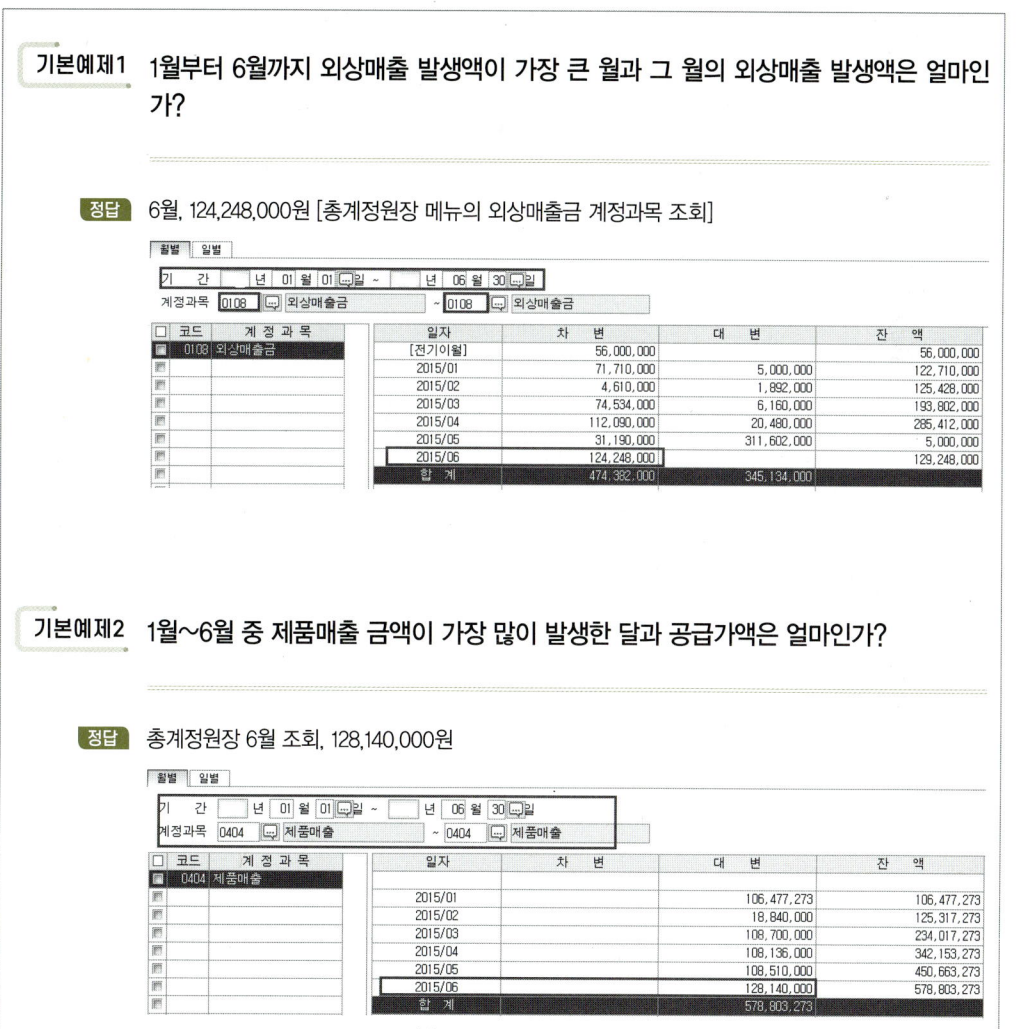

기본예제3 1월~6월 중 원재료 매입액이 가장 적게 발생한 달과 공급가액은 얼마인가?

정답 총계정원장 조회 2월, 23,300,000원(기간 1.1~6.30, 계정코드: 153.원재료)

□	코드	계정과목	일자	차 변	대 변	잔 액
□	0153	원재료	[전기이월]	3,500,000		3,500,000
□			2015/01	233,261,427		236,761,427
□			2015/02	23,300,000		260,061,427
□			2015/03	128,380,000		388,441,427
□			2015/04	26,950,000		415,391,427
□			2015/05	50,550,000		465,941,427
□			2015/06	74,896,000		540,837,427

기본예제4 4월부터 6월까지의 기간 중 외상매입금의 잔액이 가장 많은 달은 몇 월이며, 그 달의 외상매입금 잔액은 얼마인가?

정답 총계정원장 조회, 6월, 232,671,537원

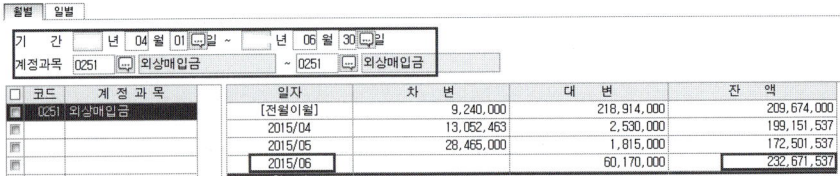

□	코드	계정과목	일자	차 변	대 변	잔 액
□	0251	외상매입금	[전월이월]	9,240,000	218,914,000	209,674,000
□			2015/04	13,052,463	2,530,000	199,151,537
□			2015/05	28,465,000	1,815,000	172,501,537
□			2015/06		60,170,000	232,671,537

기본예제5 2/4분기(4월~6월) 중 보통예금의 잔액이 전월대비 가장 많이 증가한 달은 몇 월이며, 그 증가한 금액은 얼마인가?

정답 총계정원장의 보통예금 월별잔액을 조회하여 계산 (기간: 3.1~6.30)
가장 많이 증가한 달 : 5월, 증가한 금액 : 2,023,000원
5월 잔액이 4월 잔액보다 증가하였고, 나머지 달은 감소하였음

□	코드	계정과목	일자	차 변	대 변	잔 액
□	0103	보통예금	[전월이월]	471,556,422	74,240,000	397,316,422
□			2015/03	33,410,190	10,000,000	420,726,612
□			2015/04		316,000,000	104,726,612
□			2015/05	57,770,000	55,747,000	106,749,612
□			2015/06	38,228,000	60,000,000	84,977,612

기본예제6 4월부터 6월까지의 기간 중 접대비(판)의 지출이 가장 적은 달은 몇 월이며, 해당 월의 금액은 얼마인가?

정답 총계정원장 조회, 5월, 125,000원

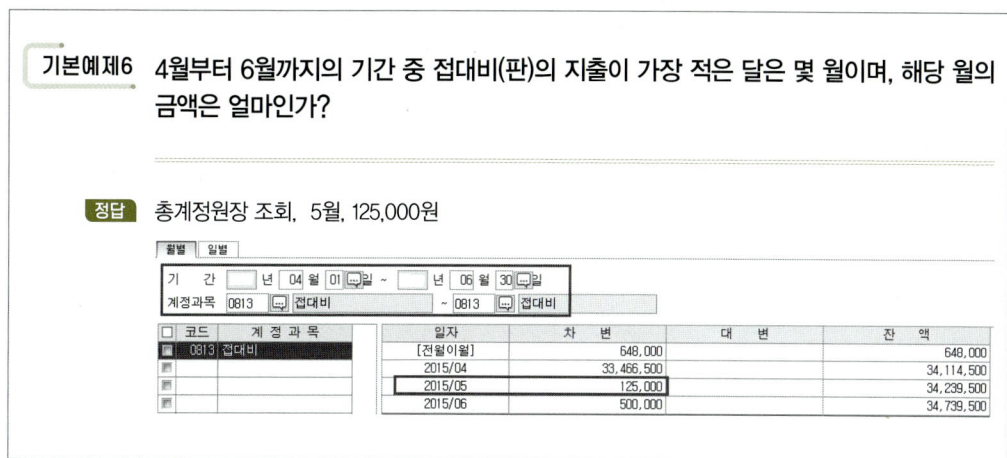

7~10번까지는 현금출납장을 조회하여 문제를 풀 것

기본예제7 2분기 말 현금잔액은 1분기 말 현금잔액에 비해 얼마나 증가하였나?

정답 76,556,413원 현금출납장 3월31일 조회한 금액(32,438,273원)과 6월30일 조회한 금액(108,994,686원)을 비교하여 현금잔액이 76,556,413원 증가하였음을 확인하는 것임

1분기말 잔액

2분기말 잔액

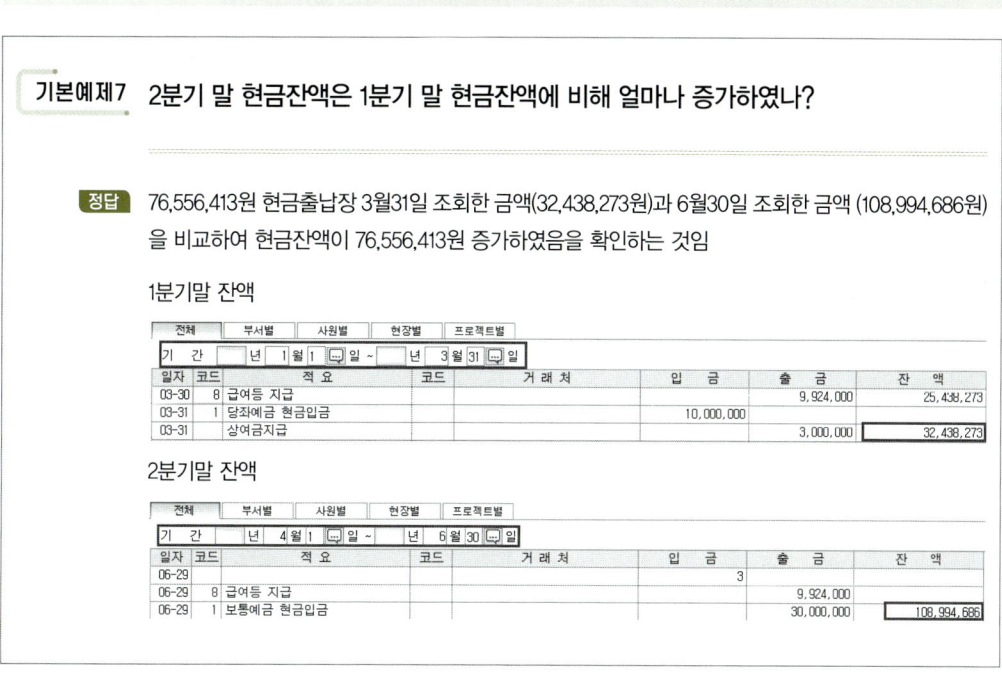

기본예제8 3월과 4월 두 달 동안의 총현금유입액은 얼마인가?

정답 94,175,600 [현금출납장 조회 3월(38,836,000) + 4월(55,339,600) = 94,175,600]

3월 현금유입액

일자	코드	적요	코드	거래처	입금	출금	잔액
03-31	1	당좌예금 현금입금			10,000,000		
03-31		상여금지급				3,000,000	32,438,273
		[월 계]			38,836,000	23,227,500	

4월 현금유입액

일자	코드	적요	코드	거래처	입금	출금	잔액
04-30	4	외상대금 현금회수	00165	(주)록수	16,300,000		
04-30	8	급여등 지급				9,924,000	15,657,200
		[월 계]			55,339,600	72,120,673	

기본예제9 5월 한 달 동안의 현금유입액과 현금유출액의 차이는 얼마인가?

정답 421,858,000 − 315,491,817 = 106,366,183원(기간을 5. 1 ~ 5. 31로 설정 후 조회)

일자	코드	적요	코드	거래처	입금	출금	잔액
05-30						22,120,000	147,023,383
05-31	1	보통예금 현금입금				25,000,000	122,023,383
		[월 계]			421,858,000	315,491,817	

기본예제10 6월 3일 현재 현금시재액은 얼마인가?

정답 97,758,383원(현금출납장 조회) → 기간을 1. 1 ~ 6. 3로 설정 후 조회

일자	코드	적요	코드	거래처	입금	출금	잔액
06-02		출장비 지급				150,000	97,813,383
06-03	1	소모자재대 지급				55,000	97,758,383
		[월 계]				24,265,000	
		[누 계]			886,223,600	788,465,217	

7번~10번 문제풀이는 총계정원장에서도 가능하다. 총계정원장에서 "현금" 계정을 검색하면 된다.

3 거래처원장, 거래처별 계정과목별 원장

1 의의

- 문제에 제시된 기간, 계정과목, 거래처(F2로 검색) 입력 후 조회하면 됨
- 채권채무잔액이 가장 많은 거래처를 물어봄-매출채권, 매입채무

전표입력	기초정보관리	장부관리	결산/재무제표
일반전표입력	회사등록	**거래처원장**	결산자료입력
매입매출전표입력	거래처등록	**거래처별계정과목별원장**	합계잔액시산표
전자세금계산서발행	계정과목및적요등록	계정별원장	재무상태표
	환경등록	현금출납장	손익계산서
		일계표(월계표)	제조원가명세서
		분개장	이익잉여금처분계산서
		총계정원장	현금흐름표
		매입매출장	자본변동표
		세금계산서(계산서)현황	결산부속명세서
		전표출력	

(1) 거래처에서 엔터를 2번 치면 전체 거래처에 대한 각각의 계정금액을 알 수 있다.

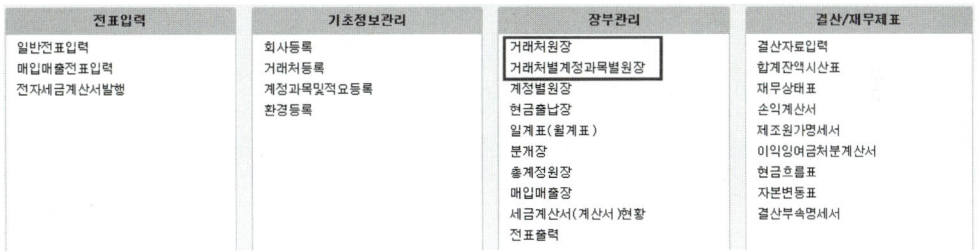

2 사례연습

기본예제1 6월 30일 현재 받을어음 잔액이 가장 적은 거래처 코드와 금액은 얼마인가?

정답 00165 ((주)록수), 500,000원 (거래처원장조회)

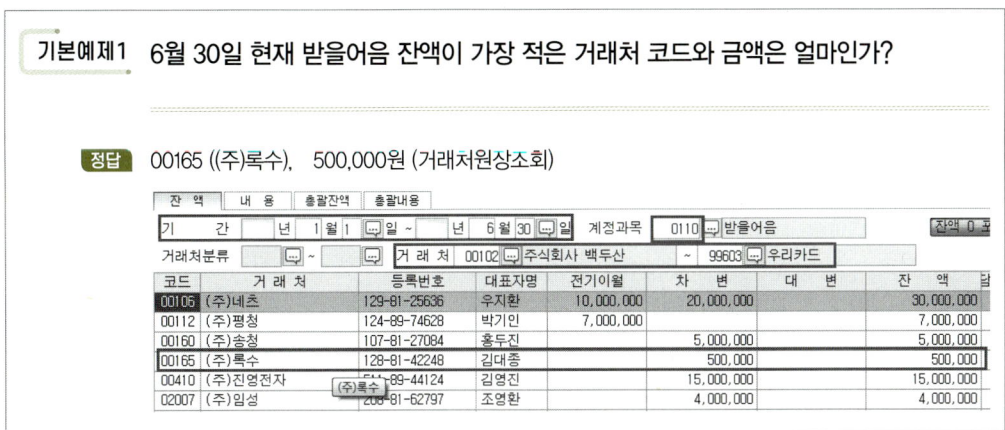

기본예제2 4월(4월 1일 ~ 30일) 동안 매입처 (주)백이태에 상환한 외상매입금은 얼마인가?

정답 4,000,000원 (거래처원장 조회) → 특정거래처를 지정해서 조회할 것

코드	거래처	등록번호	대표자명	전월이월	차 변	대 변	잔 액
00142	(주)백이태	106-01-62408	윤성우	10,626,000	4,000,000		6,626,000

기간: 년 4월 1일 ~ 년 4월 30일 계정과목 0251 외상매입금
거래처분류 ~ 거래처 00142 (주)백이태 ~ 00142 (주)백이태

기본예제3 1월부터 3월까지 외상매출금을 가장 많이 회수한 거래처코드와 금액은 얼마인가?

정답 00153((주)해품), 6,160,000원(거래처원장 조회)
→ 기간은 1. 1 ~ 3. 31, 계정은 108. 외상매출금, 거래처를 처음부터 끝까지 지정

거래처분류 ~ 거래처 00102 주식회사 백두산 ~ 99603 우리카드

코드	거래처	등록번호	대표자명	전기이월	차 변	대 변	잔 액
00102	주식회사 백두산	125-81-12255	김재원	10,250,000		5,000,000	5,250,000
00106	(주)네츠	129-81-25636	우지환		900,000		900,000
00109	성능상사	203-82-30206	안성실		6,600,000		6,600,000
00111	일장상사	120-81-33158	소현정	26,000,000	25,000,000		51,000,000
00112	(주)평청	124-89-74628	박기인		10,000,000		10,000,000
00114	플러스통신	104-25-35124	김이삼		1,950,000	572,000	1,378,000
00115	(주)한대기업	107-81-31220	양현석		2,000,000		2,000,000
00119	(주)성미공업사	621-81-31726	장주호		25,300,000		25,300,000
00125	(주)출수나라	101-29-74510	진성길		12,180,000		12,180,000
00135	(주)라스전자	254-81-24457	박성주		10,000,000		10,000,000
00139	대전전자	121-12-32549	박현재	9,750,000	2,230,000		11,980,000
00140	(주)서대유통	132-81-56872	송대천		15,250,000		15,250,000
00141	영부상사	134-81-28732	김별		144,000	1,320,000	-1,176,000
00142	(주)백이태	106-01-62408	윤성우		500,000		500,000
00153	(주)해품	103-12-13578	이영주			6,160,000	-6,160,000
00165	(주)록수	128-81-42248	김대종		25,300,000		25,300,000
00401	김진희	650101-1056226			300,000		300,000
01408	송동해	520307-2030110	송동해		6,160,000		6,160,000
02004	(주)다판회로	105-05-09543	권산우		5,940,000		5,940,000
02007	(주)임성	208-81-62797	조영환		1,100,000		1,100,000
100000	미등록 거래처				10,000,000		10,000,000

합계잔액시산표, 재무상태표, 손익계산서 조회는 상대적으로 중요도가 낮긴 하나, 간혹 나올 때가 있으므로 관련내용을 어느 정도는 알 필요가 있다.

4 합계잔액시산표, 재무상태표, 손익계산서

1 의의

(1) 합계잔액시산표는 모든 계정의 차변합계, 대변합계, 잔액을 보여줌
관리용은 회사 내부에서 사용되는 계정에 대하여 보여줌
제출용은 외부이용자들에게 공시하는 계정에 대하여 보여줌
제출용에서 사용되는 주요 통합계정은 다음과 같음(F4 : 통합계정 수정)

- 현금및현금성자산 : 현금 + 당좌예금 + 보통예금
- 단기투자자산 : 정기예금 +정기적금 + 단기매매증권 + 단기대여금
- 매출채권 : 외상매출금 + 받을어음
- 매입채무 : 외상매입금 + 지급어음
  → 재무상태표, 손익계산서에 대해서도 동일하게 적용됨

전표입력	기초정보관리	장부관리	결산/재무제표
일반전표입력	회사등록	거래처원장	결산자료입력
매입매출전표입력	거래처등록	거래처별계정과목별원장	합계잔액시산표
전자세금계산서발행	계정과목및적요등록	계정별원장	재무상태표
	환경등록	현금출납장	손익계산서
		일계표(월계표)	제조원가명세서
		분개장	이익잉여금처분계산서
		총계정원장	현금흐름표
		매입매출장	자본변동표
		세금계산서(계산서)현황	결산부속명세서
		전표출력	

기간 : ☐년 06▼월 30일

[관리용] 제출용

차 변		계정과목	대 변	
잔액	합계		합계	잔액
1,065,773,730	2,821,455,247	1.유 동 자 산	1,760,821,517	5,140,000
501,936,303	2,257,617,820	〈당 좌 자 산〉	1,760,821,517	5,140,000
108,994,686	954,341,603	현 금	845,346,917	
39,476,000	51,000,000	당 좌 예 금	11,524,000	
84,977,612	600,964,612	보 통 예 금	515,987,000	
50,000,000	50,000,000	정 기 예 금		
1,590,005	1,590,005	정 기 적 금		
24,000,000	24,000,000	단 기 매 매 증 권		
129,248,000	474,382,000	외 상 매 출 금	345,134,000	
		대 손 충 당 금	4,250,000	4,250,000
61,500,000	61,500,000	받 을 어 음		
		대 손 충 당 금	890,000	890,000

기간 : ☐년 06▼월 30일

관리용 [제출용]

차 변		계정과목	대 변	
잔액	합계		합계	잔액
1,065,773,730	2,821,455,247	1.유 동 자 산	1,760,821,517	5,140,000
501,936,303	2,257,617,820	〈당 좌 자 산〉	1,760,821,517	5,140,000
233,448,298	1,606,306,215	현 금 및 현 금 성 자 산	1,372,857,917	
75,590,005	75,590,005	단 기 투 자 자 산		
190,748,000	535,882,000	매 출 채 권	345,134,000	
		대 손 충 당 금	5,140,000	5,140,000

(2) 재무상태표는 전기와 당기의 자산, 부채, 자본 합계를 보여줌
관리용은 회사 내부에서 사용되는 계정에 대하여 보여줌
제출용은 외부이용자들에게 공시하는 계정에 대하여 보여줌

기간: 2015년 06월
[관리용] 제출용 표준용

과 목	제 6(당)기 2015년1월1일 ~ 2015년6월30일		제 5(전)기 2014년1월1일 ~ 2014년12월31일	
	금액		금액	
자산				
Ⅰ.유동자산		1,060,633,730		814,506,427
① 당좌자산		496,796,303		788,006,427
현금		108,994,686		250,000,000
당좌예금		39,476,000		50,000,000
보통예금		84,977,612		366,556,422
정기예금		50,000,000		50,000,000
정기적금		1,590,005		1,590,005
단기매매증권		24,000,000		
외상매출금	129,248,000		56,000,000	
대손충당금	4,250,000	124,998,000	4,250,000	51,750,000
받을어음	61,500,000		17,000,000	
대손충당금	890,000	60,610,000	890,000	16,110,000
미수금		2,000,000		2,000,000
가지급금		150,000		
② 재고자산		563,837,427		26,500,000

기간: 2015년 06월
관리용 [제출용] 표준용

과 목	제 6(당)기 2015년1월1일 ~ 2015년6월30일	제 5(전)기 2014년1월1일 ~ 2014년12월31일
	금액	금액
자산		
Ⅰ.유동자산	1,060,633,730	814,506,427
① 당좌자산	496,796,303	788,006,427
현금및현금성자산	233,448,298	666,556,422
단기투자자산	75,590,005	51,590,005
매출채권	190,748,000	73,000,000
대손충당금	5,140,000	5,140,000
미수금	2,000,000	2,000,000

유동자산(유동부채) 또는 당좌자산의 증가분을 구하라는 식의 문제가 나올 수 있다.

(3) 손익계산서는 전기와 당기의 수익, 비용 합계를 보여줌
관리용은 회사 내부에서 사용되는 계정에 대하여 보여줌
제출용은 외부이용자들에게 공시하는 계정에 대하여 보여줌

⑤ 표준용은 법인세신고시 쓰이는 양식으로 전산회계 1급과 무관함

기간 : 2015 년 12 ▼ 월
[관리용] 제출용 포괄손익 표준용

과 목	제 6(당)기 2015년1월1일 ~ 2015년12월31일		제 5(전)기 2014년1월1일 ~ 2014년12월31일	
	금액		금액	
I .매출액		1,106,439,185		240,000,000
상품매출	18,630,912			
제품매출	1,087,808,273		240,000,000	
II .매출원가				113,500,000
제품매출원가				113,500,000
기초제품재고액	15,000,000		35,000,000	
당기제품제조원가			93,500,000	
기말제품재고액	15,000,000		15,000,000	
III .매출총이익		1,106,439,185		126,500,000
IV .판매비와관리비		157,633,940		58,500,000
급여	67,700,000		33,000,000	
복리후생비	9,049,200		8,900,000	
여비교통비	409,800			
접대비	39,479,500			

기간 : 2015 년 12 ▼ 월
관리용 [제출용] 포괄손익 표준용

과 목	제 6(당)기 2015년1월1일 ~ 2015년12월31일		제 5(전)기 2014년1월1일 ~ 2014년12월31일	
	금액		금액	
I .매출액		1,106,439,185		240,000,000
상품매출	18,630,912			
제품매출	1,087,808,273		240,000,000	
II .매출원가				113,500,000
제품매출원가				113,500,000
기초제품재고액	15,000,000		35,000,000	
당기제품제조원가			93,500,000	
기말제품재고액	15,000,000		15,000,000	
III .매출총이익		1,106,439,185		126,500,000
IV .판매비와관리비		157,633,940		58,500,000
급여	67,700,000		33,000,000	
복리후생비	9,049,200		8,900,000	
여비교통비	409,800			

2 사례연습

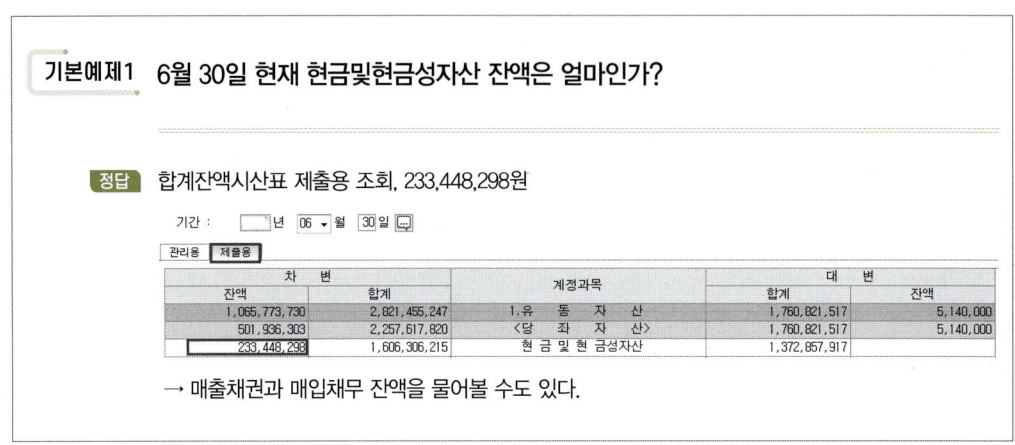

전산회계 1급에서는 부가가치세와 관련된 장부조회 문제가 나오므로 동 내용을 숙지해야 한다.
어려운 문제에 속하니 주의할 것

* 부가가치세 관련 조회 : 부가가치세신고서, 세금계산서합계표, 매입매출장

5 부가가치세신고서

1 의의

부가가치세 신고와 관련된 자료를 조회할 수 있다.

- **매출세액** : 과세표준, 세금계산서발급분, 기타발급분
- **매입세액** : 총매입세액, 세금계산서수취분, 기타수취분, 매입세액불공제분 납부세액 조회 가능

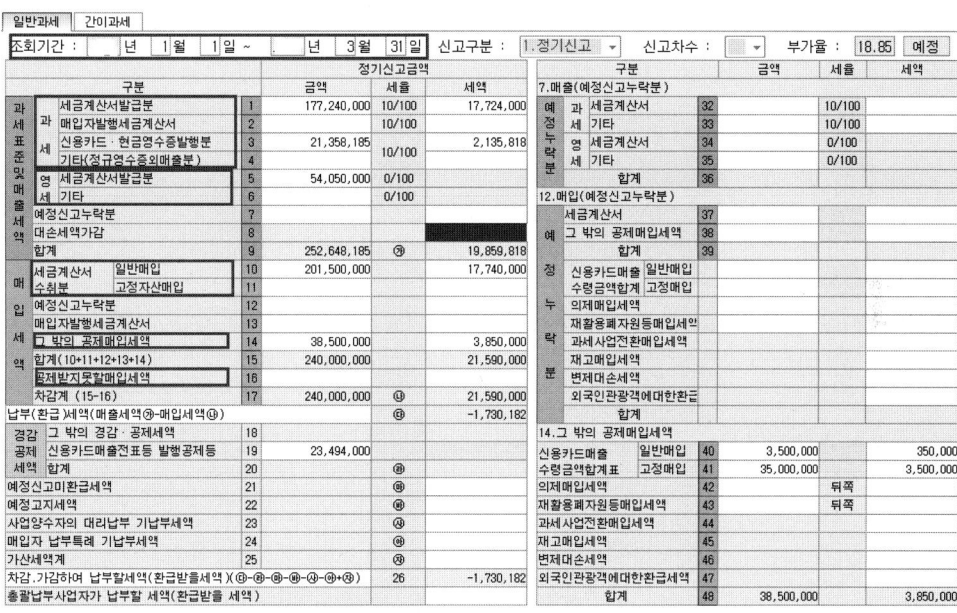

2 사례연습(1기 예정)

기본예제1 제1기 예정신고기간(1월~3월)에 과세표준은 얼마인가?

> **정답** 부가가치세신고서(1월~3월) 합계9번란 252,648,185원

기본예제2 1월부터 3월까지의 매출액 중 세금계산서를 발급한 매출분 공급가액은 모두 얼마인가?

> **정답** 1월1일부터 3월31일까지의 부가가치세신고서 조회
> 일반과세 세금계산서발급분(177,240,000원) + 영세율 세금계산서발급분(54,050,000원) = 231,290,000원

기본예제3 부가가치세 제1기 예정신고기간(1월~3월)에 고정자산을 매입한 공급가액은 얼마인가?

> **정답** 35,000,000원(신용카드매출수령금액합계표상 고정매입 확인)

기본예제4 제1기 예정신고기간(1월~3월)의 부가가치세 매출세액은 얼마인가?

> **정답** 19,859,818원

■ 부가세 신고서 자료

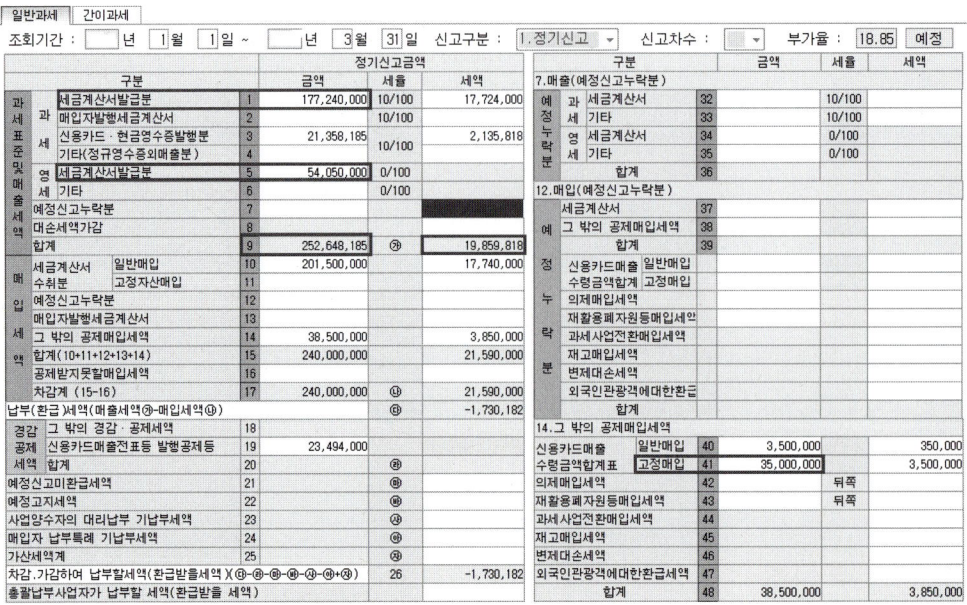

3 사례연습(1기 확정)

기본예제1 제1기 확정신고기간(4월 ~ 6월)의 신용카드 및 현금영수증 과세매출액(부가가치세 포함)은 얼마인가?

정답 부가가치세신고서 조회(기타공제 · 경감세액 중 "신용카드매출전표등발행공제등")
2,700,000 + 270,000 = 2,970,000원

기본예제2 제1기 확정신고기간의 영세율 과세표준 얼마인가?

정답 38,450,000 + 3,600,000 = 42,050,000[부가가치세신고서(4월 1일 ~ 6월 30일까지)로 하여 확인]

기본예제3 제1기 확정신고기간 중 신용카드 사용에 따른 매입세액공제액은 얼마인가?

정답 700,000원 (부가가치세 신고서 조회)

기본예제4 제1기 확정신고기간(4월 ~ 6월)의 공제받지 못할 매입세액의 공급가액과 세액은 얼마인가?

정답 공급가액 30,300,000원, 세액 3,030,000원[부가가치세신고서 4월 ~ 6월 조회, 매입세액의 공제받지 못할매입세액란 금액과 세액]

기본예제5 제1기 부가가치세 확정신고기간(4월 ~ 6월)에 대한 부가가치세신고서상 납부(환급)세액을 조회하면 얼마인가?

정답 14,274,000원

■ 부가세 신고서 자료

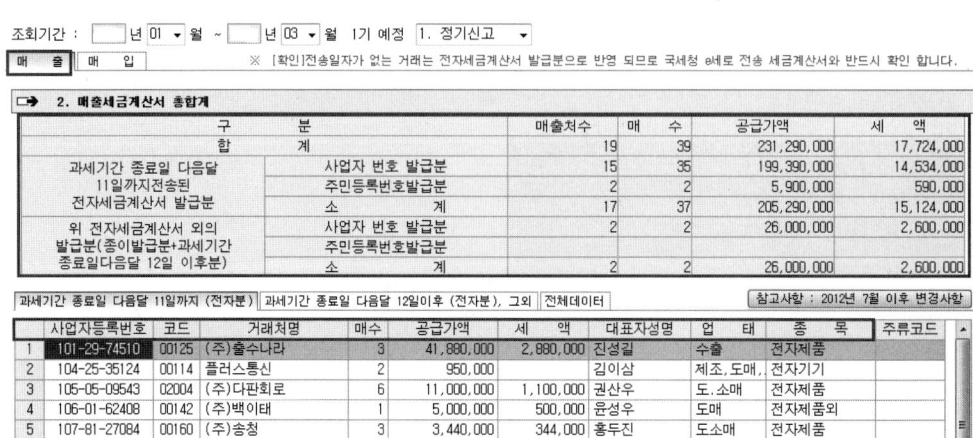

6 세금계산서합계표

1 의의

- 각 거래처별로 세금계산서를 몇장씩 받았고, 금액이 얼마인지 조회가능

(1) 매출세금계산서합계표 예시

2 사례연습(1기 예정)

기본예제1 1월부터 3월까지 매출세금계산서 매수가 가장 많은 거래처를 조회하면? (거래처 코드만 입력하시오)

정답 거래처코드 2004.(주)다판회로(세금계산서합계표 조회), 6매 공급가액 11,000,000원

기본예제2 1기 예정신고기간의 주민등록기재분 매출전자세금계산서의 매수와 공급가액은 얼마인가?

정답 1월~3월 매출세금계산서합계표 조회, 2매, 5,900,000원

■ 기본예제 1, 2번 참고자료

| 매 출 | 매 입 | ※ [확인]전송일자가 없는 거래는 전자세금계산서 발급분으로 반영 되므로 국세청 e세로 전송 세금계산서와 반드시 확인 합니다. |

2. 매출세금계산서 총합계					
구 분		매출처수	매 수	공급가액	세 액
합 계		19	39	231,290,000	17,724,000
과세기간 종료일 다음달 11일까지전송된 전자세금계산서 발급분	사업자 번호 발급분	15	35	199,390,000	14,534,000
	주민등록번호발급분	2	2	5,900,000	590,000
	소 계	17	37	205,290,000	15,124,000
위 전자세금계산서 외의 발급분(종이발급분+과세기간 종료일다음달 12일 이후분)	사업자 번호 발급분	2	2	26,000,000	2,600,000
	주민등록번호 발급분				
	소 계	2	2	26,000,000	2,600,000

과세기간 종료일 다음달 11일까지 (전자분) | 과세기간 종료일 다음달 12일이후 (전자분), 그외 | 전체데이터   참고사항 : 2012년 7월 이후 변경사항

	사업자등록번호	코드	거래처명	매수	공급가액	세 액	대표자성명	업 태	종 목	주류코드
1	101-29-74510	00125	(주)출수나라	3	41,880,000	2,880,000	진성길	수출	전자제품	
2	104-25-35124	00114	플러스통신	2	950,000		김이삼	제조,도매,	전자기기	
3	105-05-09543	02004	(주)다판회로	6	11,000,000	1,100,000	권산우	도.소매	전자제품	
4	106-01-62408	00142	(주)백이태	1	5,000,000	500,000	윤성우	도매	전자제품외	

기본예제3 제1기 부가가치세 예정신고기간(1.1 ~ 3.31)동안 전자세금계산서를 수취한 매입건수(매수)와 공급가액은 얼마인가?

정답 매입처별세금계산서합계표 조회, 매입건수(매수): 33, 공급가액: 201,500,000원

■ 기본예제 3번 참고자료

조회기간: 년 01 월 ~ 년 03 월 1기 예정 1. 정기신고
매출 / **매입**   ※ [확인]전송일자가 없는 거래는 전자세금계산서 발급분으로 반영 되므로 국세청 e세로 전송 세금계산서와 반드시 확인 합니다.

2. 매입세금계산서 총합계

구분		매입처수	매수	공급가액	세액
합계		17	33	201,500,000	17,740,000
과세기간 종료일 다음달 11일까지 전송된 전자세금계산서 발급받은분	사업자 번호 발급받은분	17	33	201,500,000	17,740,000
	주민등록번호발급받은분				
	소계	17	33	201,500,000	17,740,000
위 전자세금계산서 외의 발급받은분(종이발급분+과세기간 종료일다음달 12일 이후분)	사업자 번호 발급받은분				
	주민등록번호발급받은분				
	소계				

기본예제4 부가가치세 제1기 과세기간 최종3월(4월 ~ 6월)에 (주)임성에게 전자세금계산서를 교부해준 거래의 공급가액은 모두 얼마인가?

정답 12,240,000원

기본예제5 제1기 확정 부가가치세 신고 기간 (4/1 ~ 6/30) 중에 발행된 매출세금계산서의 매수와 공급가액 합계액은 얼마인가?

정답 (매출세금계산서합계표 조회) (4/1~6/30) 세금계산서 27매, 공급가액 338,486,000원

■ 기본예제 4, 5번 참고자료

조회기간: 년 04 월 ~ 년 06 월 1기 확정 1. 정기신고
매출 / **매입**   ※ [확인]전송일자가 없는 거래는 전자세금계산서 발급분으로 반영 되므로 국세청 e세로 전송 세금계산서와 반드시 확인 합니다.

2. 매출세금계산서 총합계

구분		매출처수	매수	공급가액	세액
합계		10	27	338,486,000	30,003,600
과세기간 종료일 다음달 11일까지전송된 전자세금계산서 발급분	사업자 번호 발급분	10	27	338,486,000	30,003,600
	주민등록번호발급분				
	소계	10	27	338,486,000	30,003,600
위 전자세금계산서 외의 발급분(종이발급분+과세기간 종료일다음달 12일 이후분)	사업자 번호 발급분				
	주민등록번호발급분				
	소계				

과세기간 종료일 다음달 11일까지 (전자분) / 과세기간 종료일 다음달 12일이후 (전자분), 그외 / 전체데이터   참고사항: 2012년 7월 이후 변경사항

	사업자등록번호	코드	거래처명	매수	공급가액	세액	대표자성명	업태	종목	주류코드
1	101-81-74857	00167	(주)선진유통	3	3,720,000	372,000	황윤정	도소매	전자제품	
2	103-12-13578	00153	(주)해품	2	10,300,000	1,030,000	이영주	도소매		
3	105-05-09543	02004	(주)다판회로	3	4,480,000	448,000	권산우	도.소매	전자제품	
4	107-81-27084	00160	(주)송청	6	28,466,000	2,846,600	홍두진	도소매	전자제품	
5	120-81-35097	00121	(주)이호마트	1	99,220,000	9,922,000	도현명	소매	마트	
6	121-51-12858	00134	대한민국소프트(주)		38,450,000		선상철	제조,도,소	소프트웨어	
7	128-81-42248	00165	(주)록수	3	7,680,000	768,000	김대종	도소매	전자제품	
8	134-81-28732	00141	영부상사	1	100,000,000	10,000,000	김별	도매	전자제품	
9	208-81-62797	02007	(주)임성	4	12,240,000	1,224,000	조영환	도매	전자제품	
10	621-81-31746	00119	(주)성미공업사	3	33,930,000	3,393,000	장주호	도소매	전자제품	
			합계	27	338,486,000	30,003,600				

7 매입매출장

1 의의

- 매출, 매입의 유형별(과세, 영세, 불공, 카과, 현과 등)로 자료조회가능

조회기간:	년 01 월 01 일 ~		년 03 월 31 일							
구 분: 3 1.전체 2.매출 3.매입		유형: 0.전체 ⊙전체						⊙신용카드/현금영수증 포함		
유형	일자	품목	공급가액	부가세	합계	예정신고	코드	거래처	분개유형

◈ 구분칸에 매출 2 또는 매입 3을 입력한다.
◈ 유형은 매입매출전표입력에서 나왔던 것이다(11 : 과세, 12 : 영세, 57 : 카과 등).

2 사례연습

기본예제1 제1기 예정신고기간 중 일반신용카드 사용에 따른 매입세액공제액은 얼마인가?

정답 3,850,000원 (매입매출장 조회, 1월~3월)

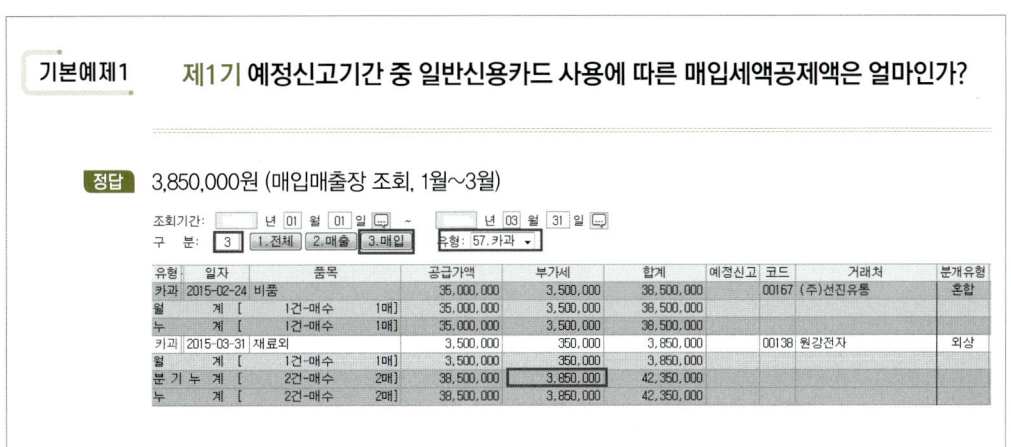

기본예제2 제1기 부가가치세 확정신고기간(4월~6월) 중 매출한 거래 중 현금영수증을 발급한 공급대가는 얼마인가?

정답 2,970,000원 (매입매출장 조회)

유형	일자	품목	공급가액	부가세	합계	예정신고	코드	거래처	분개유형
현과	2015-04-20	제품	700,000	70,000	770,000		00134	대한민국소프트(주)	현금
월	계 [	1건-매수 1매]	700,000	70,000	770,000				
누	계 [	1건-매수 1매]	700,000	70,000	770,000				
현과	2015-06-10	제품	2,000,000	200,000	2,200,000		00113	(주)산용전자	현금
월	계 [	1건-매수 1매]	2,000,000	200,000	2,200,000				
분 기 누	계 [	2건-매수 2매]	2,700,000	270,000	2,970,000				
누	계 [	2건-매수 2매]	2,700,000	270,000	2,970,000				

* 공급대가이므로 2,700,000 + 270,000 = 2,970,000원이 답이 된다.

이제 전산회계 1급 관련 이론, 실기가 모두 마무리되었습니다. 학습하시느라 고생많으셨습니다. 지금까지 학습한 내용을 잘 숙지하였다면 실제 시험에서 충분히 높은 점수를 받을 수 있습니다. 마지막으로 기출문제 풀이를 통하여 독자 여러분의 실력을 점검해 보시기 바랍니다. 전산회계 1급 시험 합격기준은 70점이므로 기출문제 풀이시 80점 이상 나오면 거의 합격이라고 볼 수 있습니다.

설사 점수가 낮게 나오더라도 끝까지 포기하지 않고 복습하시면 좋은 결과가 나옵니다. 마지막까지 최선을 다하시기 바랍니다!!

Chapter 10 | 여러 기능 복습

1 공통적으로 사용되는 기능

(1) **F12. 조회** : 새로운 데이터를 입력 후에 누르면 자료업데이트가 다시 된다.

(2) **F5. 삭제** : 데이터를 지울 때 사용함

2 회사등록

(1) **F4. 회사코드재생성**

→ "C:₩KcLepDB₩KcLep"폴더에 있는 회사파일을 지운 후 "F4. 회사코드재생성"을 누르면 등록되었던 회사코드가 없어짐. 새로운 회사파일을 "C:₩KcLepDB₩KcLep" 폴더에 붙여넣기한 후에 "F4. 회사코드재생성"을 누르면 회사코드가 등록됨

3 전표입력

(1) **"Shift+F3 이동"** : 날짜를 잘못 입력했을 때 올바른 일자로 분개이동

(2) **F6. 검색 → "Shift+F8 대차차액 검색"** : 차변과 대변이 일치하지 않는 분개검색

(3) **"Ctrl + F9. 전표삽입"** : 특정 분개 안에 계정을 추가할 때 사용하는 기능

(4) **"Shift + F2. 번호수정"** : 전표번호가 잘못되었을 경우 수정하는 기능

computerized
accounting
1st level

computerized accounting 1st level

실기편

Part 2. 실기 모의고사

CHAPTER

01. 파일 다운로드 및 실행방법
02. 실기 모의고사 1회
03. 실기 모의고사 2회
04. 실기 모의고사 3회
05. 실기 모의고사 4회
06. 실기 모의고사 5회
07. 모의고사 정답 및 풀이

Chapter 01 | 파일 다운로드 및 실행방법

1 모의고사 문제 풀이의 효율성을 위하여 kclep 프로그램을 종료 후 C:₩KcLepDB₩KcLep 폴더에 있었던 기존의 파일 (part 1 관련파일:0401,0502,0603,4503,4608,4720,4950)을 모두 지운다.

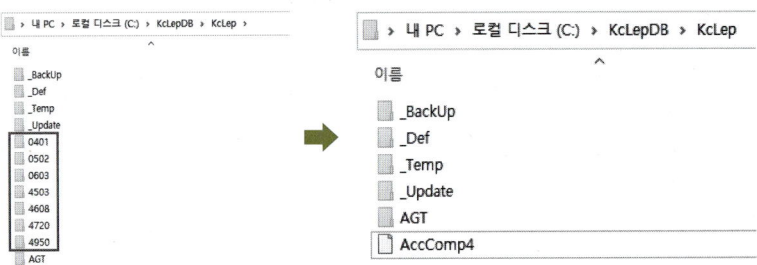

2 "구민사 홈페이지(http://www.kuhminsa.co.kr) 자료실(구민사 홈페이지→고객센터→자료실)에서 "2021년 전산회계 1급 모의고사 파일 5회분.exe"파일을 다운로드 후 해당파일을 더블클릭하여 "압축해제"를 실행한다.

3 Kclep 첫 화면 회사등록버튼을 누른 후 회사등록메뉴 상단의 "F4 회사코드재생성"을 누르면 기존에 있었던 회사들이 사라지고 설치된 파일과 관련된 회사목록에 나타난다.

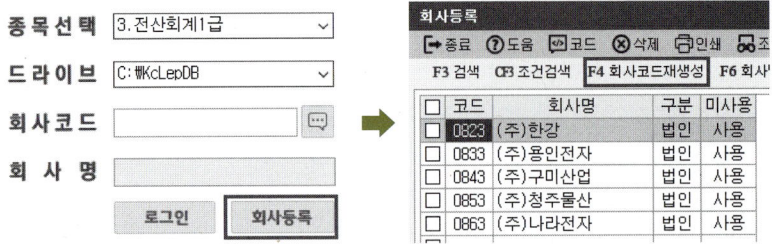

4 모의고사 1회를 풀기 위하여 회사등록창을 닫고 첫 화면 회사코드창의 버튼을 눌러서 ㈜한강을 선택하면 메인메뉴가 나타나며 문제를 풀 수 있는 준비가 된다.

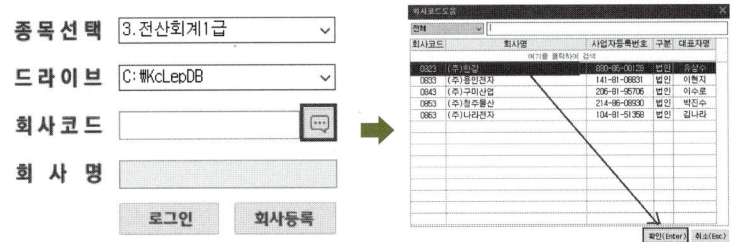

5 모의고사 1회를 풀고 난 후 다른 회차의 문제를 풀기 위해서는 메인메뉴 오른쪽의 회사 아이콘을 눌러 해당 회차의 회사명으로 변경하면 된다.

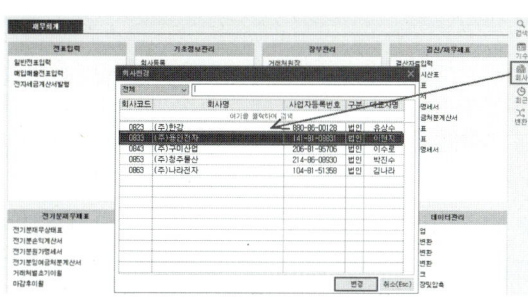

회차	회사명	코드번호
모의고사 1회	㈜한강	0823
모의고사 2회	㈜용인전자	0833
모의고사 3회	㈜구미산업	0843
모의고사 4회	㈜청주물산	0853
모의고사 5회	㈜나라전자	0863

6 실기모의고사 풀이 시 주의사항

① 문제에서 한국채택국제회계기준을 적용하도록 하는 전제조건이 없는 경우, 일반기업회계기준을 적용한다.

② 일반전표입력 시 유의사항
  • 일반적인 적요의 입력은 생략하지만, 타계정 대체거래는 적요번호를 선택하여 입력한다.
  • 채권·채무와 관련된 거래는 별도의 요구가 없는 한 반드시 기 등록되어 있는 거래처 코드를 선택하는 방법으로 거래처명을 입력한다.
  • 제조경비는 500번대 계정코드를, 판매비와 관리비는 800번대 계정코드를 사용한다.
  • 회계처리 시 계정과목은 별도제시가 없는 한 등록되어 있는 계정과목 중 가장 적절한 과목으로 한다.

③ 매입매출전표입력 시 유의사항
  • 일반적인 적요의 입력은 생략하지만, 타계정 대체거래는 적요번호를 선택하여 입력한다.
  • 별도의 요구가 없는 한 반드시 기등록되어 있는 거래처코드를 선택하는 방법으로 거래처명을 입력한다.
  • 제조경비는 500번대 계정코드를, 판매비와 관리비는 800번대 계정코드를 사용한다.
  • 회계처리 시 계정과목은 별도제시가 없는 한 등록되어 있는 계정과목 중 가장 적절한 과목으로 한다.
  • 입력화면 하단의 분개까지 처리하고, 전자세금계산서 및 전자계산서는 전자입력으로 반영한다.

Chapter 02 | 실기 모의고사 1회

■ (주)한강(코드번호: 0823)는 스포츠용품을 판매하는 법인기업이다. 당기(제8기) 회계기간은 2021.1.1.~2021.12.31.이다. 전산세무회계 수험용 프로그램을 이용하여 다음 물음에 답하시오.

문제 1 다음은 기초정보관리에 대한 자료이다. 각각의 요구사항에 대하여 답하시오.(10점)

[1] 전자제품 매출을 위해 한국카드와 신용카드가맹점 계약을 하였다. 다음의 내용을 거래처등록메뉴에 등록하시오.(3점)

- 코드 : 99902
- 거래처명 : 한국카드
- 가맹점번호 : 5640023147
- 유형 : 매출

[2] 전기말 거래처별 채권·채무에 대하여 거래처 누락이 발생하였다. 이를 추가입력하시오.(3점)

채권·채무	구분	거래처	금액
외상매출금	누락	㈜진도	15,000,000원
단기차입금	누락	㈜완도	20,000,000원

[3] 다음은 전기분 원재료, 재공품, 제품의 기말재고액이다. 주어진 자료로 추가 수정 입력하여 관련 전기분재무제표를 수정하시오.(4점)

- 원재료 : 5,000,000원
- 재공품 : 9,000,000원
- 제품 : 15,000,000원

문제 2 다음 거래 자료를 일반전표입력 메뉴에 추가 입력하시오.(일반전표입력의 모든 거래는 부가가치세를 고려하지 말 것)(18점)

[1] 7월 10일 국민은행에서 장기 차입한 운전자금 20,000,000원이 만기도래되어 이자 120,000원과 원금을 당좌수표를 발행하여 상환하였다.(3점)

[2] 8월 10일 매출처인 (주)똑똑상사로부터 받아 보관 중인 약속어음 3,500,000원을 만기 이전에 거래은행인 국민은행에 할인하고 할인료 150,000원을 제외한 금액은 보통예금 통장에 입금되었다.(매각거래로 처리할 것)(3점)

[3] 9월 9일 한부자씨로부터 공장용 토지를 200,000,000원에 취득하면서 토지대금은 전액 미지급하였다. 취득세 등 공과금 9,530,000원은 현금으로 지출하였다.(3점)

[4] 9월 10일 다음과 같이 8월분 국민연금보험료를 보통예금으로 납부하였다.(3점)

> • 회사부담분 : 400,000원(영업부직원), 600,000원(생산부직원)
> • 종업원부담분 : 1,000,000원(급여지급시 이 금액을 차감하고 지급함)
> • 회사부담분 국민연금보험료는 세금과공과로 회계 처리한다.

[5] 9월 20일 2020년도에 대손이 확정되어 대손충당금과 상계 처리한 외상매출금 400,000원이 당사의 보통예금에 입금되었다.(단, 부가가치세법상 대손세액은 고려하지 말 것)(3점)

[6] 11월 12일 당사에서 생산한 제품(개당 원가 2,000원) 1,000개를 실버복지재단에 현물기부 하였다.(3점)

문제 3 다음 거래 자료를 매입매출전표입력 메뉴에 입력하시오.(18점)

[1] 8월 3일 미국 미토리 Co.에 제품 500개(제품개당 $400)를 직수출(선적일 8월 3일)하고 대금은 외상으로 하였다. 선적일의 적용환율은 1,100원/$이다.(3점)

[2] 9월 10일 다음은 판매한 제품이 하자가 있어 반품되어 발급한 수정전자세금계산서이다. 수정전자세금계산서 발급과 동시에 외상매출금과 상계처리하였다.(3점)

수정전자세금계산서(공급자 보관용)					승인번호		20210910-15454645-58844486	
공급자	사업자등록번호	880-86-00128	종사업장번호		공급받는자	사업자등록번호	137-81-30988	종사업장번호	
	상호(법인명)	㈜한강	성명(대표자)	유상수		상호(법인명)	㈜서울	성명	문만용
	사업장주소	경기도 수원시 권선구 오목천로 152번길 68				사업장주소	서울 영등포구 국회대로 120		
	업태	제조, 도소매	종목	스포츠용품		업태	도소매	종목	컴퓨터
	이메일					이메일			

작성일자	공급가액	세액	수정사유
2021. 9. 10.	-1,000,000	-100,000	

월	일	품목	규격	수량	단가	공급가액	세액	비고
9	10	스포츠용품		-50	20,000	-1,000,000	-100,000	

합계금액	현금	수표	어음	외상미수금	이 금액을 영수/청구 함
-1,100,000				-1,100,000	

[3] 9월 23일 생일을 맞이한 공장 직원에게 지급할 선물세트를 1,100,000원(부가가치세포함)에 다모아 백화점에서 구입하고 전자세금계산서를 수취하고 대금은 당좌수표를 발행하여 지급하다.(3점)

[4] 10월 17일 대표이사의 자택에서 사용할 목적으로 (주)전자마트에서 냉난방기를 3,300,000원(부가가치세 별도)에 구입하고, 당사 명의로 전자세금계산서를 발급 받았다. 대금은 당사 발행 당좌수표로 지급하였으며, 대표이사의 가지급금으로 처리한다.(3점)

[5] 10월 27일 비사업자인 개인 이슬비씨에게 제품을 판매하고 대금은 전액 현금으로 수취하고 다음과 같이 현금영수증을 발행하였다.(3점)

[6] 12월 10일 (주)서울컨설팅으로부터 공장 제조설비의 안전대책을 위한 경영컨설팅을 받고 경영컨설팅 수수료 500,000원(부가가치세 별도)에 대한 전자세금계산서를 발급받았다. 경영컨설팅 수수료는 12월 1일에 지급한 계약금 100,000원을 제외한 나머지 금액은 현금으로 지급하였다.(단, 계약금은 선급금계정으로 이미 회계처리 하였음)(3점)

문제 4 일반전표입력 및 매입매출전표입력 메뉴에 입력된 내용 중 다음과 같은 오류가 발견되었다. 입력된 내용을 확인하여 정정하시오.(6점)

[1] 8월 15일 영업부사원 김기덕의 지방출장비에 대한 분개가 누락된 것이 발견되었다. 출장비 사용내용은 다음과 같으며, 비용은 보통예금계좌에서 개인계좌로 이체하여 지급하였다.(3점)

〈출장비 사용내역〉	
- KTX 기차요금	120,000원
- 숙박비	100,000원
- 기타 제비용	80,000원
지출합계	300,000원

[2] 9월 15일 비품을 현금 3,300,000원(부가가치세 포함)을 받고 전자세금계산서를 발급하여 (주)여수에 처분하면서 감가상각누계액을 고려하지 않고 회계처리하였다. 비품 취득가액은 6,000,000원이고 감가상각누계액은 3,500,000원이다.(3점)

문제 5 결산정리사항은 다음과 같다. 해당메뉴에 입력하시오.(9점)

[1] 기말 외상매입금 계정 중에는 미국 코메리사의 외상매입금 6,000,000원(미화 $5,000)이 포함되어 있다.(결산일 현재 적용환율 : 1,100원/$)(3점)

[2] 2021년 9월 1일 보험료 1년분(2021년 9월 1일 ~ 2022년 8월 31일) 2,400,000원(제조부문 : 1,800,000원, 본사관리부문 : 600,000원)을 현금으로 납부하면서 모두 자산으로 회계처리 하였다.(단, 보험료는 월할계산 함)(3점)

[3] 12월 31일 결산 시 총무부 직원에 대해 15,000,000원, 생산부 직원에 대해 10,800,000원의 퇴직급여충당부채를 설정한다. 단, 결산자료입력을 통해 처리한다.(3점)

문제 6 다음 사항을 조회하여 답안을 이론문제 답안작성 메뉴에 입력하시오.(9점)

[1] 4월말 현재 외상매출금 잔액이 가장 큰 거래처명과 그 금액은 얼마인가?(3점)

[2] 상반기에 발생한 보험료 중 제조경비에 해당되는 금액은 얼마인가?(3점)

[3] 제1기 확정신고기간(4월~6월)의 매출액 중 세금계산서 발급분의 공급가액은 모두 얼마인가?(3점)

Chapter 03 실기 모의고사 2회

■ ㈜용인전자(회사코드 : 0833)은 전자제품을 제조하여 판매하는 중소기업이며, 당기(제10기) 회계기간은 2021.1.1.~2021.12.31.이다. 전산세무회계 수험용 프로그램을 이용하여 다음 물음에 답하시오.

문제 1 다음은 기초정보관리에 대한 자료이다. 각각의 요구사항에 대하여 답하시오.(10점)

[1] 다음 자료를 보고 거래처등록 메뉴에서 등록하시오.(3점)

- 거래처명 : ㈜한국식품(거래처코드 : 03022)
- 사업자등록번호 : 610-85-20213
- 사업장주소 : 서울특별시 서초구 명달로 105
  ※ 주소입력 시 우편번호 입력은 생략해도 무방함
- 대표자 : 김한국
- 업태 : 제조
- 유형 : 동시
- 종목 : 라면류

[2] 거래처별 초기이월 채권과 채무 잔액에 있어서 다음과 같은 차액이 발생하였다. 적절하게 수정하시오.(3점)

계정과목	거래처	수정 전 잔액	수정 후 잔액
단기대여금	㈜대구	4,540,000원	5,450,000원
선급금	㈜천안	8,500,000원	5,800,000원
단기차입금	㈜부안	13,500,000원	15,300,000원

[3] 전기분 결산사항을 검토한 결과 다음과 같은 입력누락이 발견되었다. 전기분손익계산서, 전기분잉여금처분계산서, 전기분재무상태표 중 관련된 부분을 수정하시오.(4점)

차변		대변	
계정과목	금액	계정과목	금액
선급비용	1,100,000원	보험료(판)	1,100,000원

문제 2 다음 거래 자료를 일반전표입력 메뉴에 추가 입력하시오.(일반전표입력의 모든 거래는 부가가치세를 고려하지 말 것)(18점)

[1] 7월 19일 매출거래처 (주)대도상사의 외상매출금 22,000,000원이 당사의 보통예금계좌에 입금되었다.(3점)

[2] 8월 10일 영업관리직 사원에 대한 확정급여형(DB형) 퇴직연금에 가입하고, 8월분 퇴직연금 9,800,000원을 당사 보통예금에서 이체하여 납부하였다.(3점)

[3] 9월 25일 (주)참길무역에서 발행한 채권(만기는 2023년 5월 31일이고, 시장성은 없다)을 만기까지 보유할 목적으로 당좌수표를 발행하여 20,000,000원에 취득하였다. 또한, 채권을 취득 하는 과정에서 발생한 수수료 100,000원은 보통예금에서 지급하였다.(단, 하나의 전표로 입력할 것)(3점)

[4] 10월 5일 지난 달 급여 지급 시 원천징수했던 소득세 153,870원을 보통예금에서 이체 납부하였다.(3점)

[5] 11월 12일 제품을 판매하고 (주)대전으로부터 받은 약속어음 5,000,000원을 만기 전에 광주은행에 할인하고 할인료 50,000원을 차감한 후 보통예금 계좌로 이체 받았다.(단, 매각거래로 처리한다.)(3점)

[6] 11월 15일 창고에 보관 중인 제품 1대(원가 1,000,000원)를 판매직 직원의 복리후생 목적으로 무상 제공하다.(3점)

문제 3 다음 거래 자료를 매입매출전표입력 메뉴에 입력하시오.(18점)

[1] 7월 15일 상원상사에 제품을 판매하고 다음과 같이 전자세금계산서를 발급하였다.(단, 상원상사가 발행한 어음의 만기일은 3개월 내이다)(3점)

전자세금계산서(공급자 보관용)						승인번호	20210715-51050067-62367242		
공급자	사업자등록번호	141-81-08831	종사업장번호		공급받는자	사업자등록번호	203-01-23142	종사업장번호	
	상호(법인명)	(주)용인전자	성명(대표자)	이현지		상호(법인명)	상원상사	성명	김서니
	사업장주소	서울시 송파구 법원로 11길 11				사업장주소	서울시 영등포구 양평로 5, 성원빌딩		
	업태	제조, 도소매	종목	전자제품		업태	도매업	종목	컴퓨터
	이메일					이메일			
작성일자	공급가액		세액		수정사유				
2021. 7. 15	12,000,000		1,200,000						
비고									
월	일	품목	규격	수량	단가	공급가액	세액	비고	
7	15	전자부품				12,000,000	1,200,000		
합계금액		현금		수표		어음	외상미수금	이 금액을 영수 함 청구	
13,200,000		1,200,000				12,000,000			

[2] 7월 25일 중국 라이라이 회사에 제품 1,000개(단가 $100)를 직접 수출하고 대금은 외상으로 하였다. (단, 선적일인 7월 25일의 적용환율은 1,200원/$이다.)(3점)

[3] 8월 25일 당사가 소유한 토지의 형질변경을 위해 은희건축사사무소에 1,500,000원(부가가치세 별도)의 수수료를 전액 보통예금으로 지급하고 전자세금계산서를 발급받았다.(3점)

[4] 9월 5일 영업부에서 사용하는 업무용 승용차(998cc)의 주유비 110,000원(부가가치세 포함)을 알뜰주유소에서 현금결제하고 현금영수증(지출증빙용)을 발급받았다.(알뜰주유소는 일반과세사업자이다.)(3점)

[5] 10월 2일 약수나라에 제품을 비씨카드로 판매하고 다음과 같이 신용카드매출전표를 발행하였다.(3점)

카드종류		거래종류	결제방법
비씨카드		신용구매	일시불
회원번호(Card No)		취소시 원거래일자	
6250-0304-4156-5955			
유효기간		거래일시	품명
/		2021.10.2. 12:33	
전표제출		금 액	1,500,000원
		부 가 세	150,000원
전표매입사	비씨카드	봉 사 료	
		합 계	1,650,000원
거래번호		승인번호/(Approval No.) 30017218	
가맹점	(주)용인전자		
대표자	이현지	TEL	02-3456-7890
가맹점번호	234567	사업자번호	141-81-08831
주소	서울시 송파구 법원로 11길 11		
		서명(Signature) 약수	

[6] 11월 22일 수출용 제품생산에 필요한 원재료(공급가액 23,000,000원)를 (주)부산으로부터 내국신용장에 의하여 외상 매입하고 영세율전자세금계산서를 발급받았다.(3점)

문제 4 일반전표입력 및 매입매출전표입력 메뉴에 입력된 내용 중 다음과 같은 오류가 발견되었다. 입력된 내용을 확인하여 정정하시오.(6점)

[1] 10월 24일 영업부서에서 사용할 마우스 등을 해신컴퓨터에서 현금 55,000원(부가가치세 포함)에 구입하고 일반전표에 입력하였으나, 지출증빙용 현금영수증을 발급받았음이 확인되었다.(단, 계정과목은 소모품으로 할 것)(3점)

[2] 11월 29일 이자수익 1,000,000원 중 원천징수세액(원천징수세율은 15.4%로 가정)을 제외한 나머지 금액이 보통예금으로 입금되어 입금된 금액에 대해서만 회계처리 하였다.(단, 기업에서는 원천징수세액을 자산으로 처리하고 있다.)(3점)

문제 5 결산정리사항은 다음과 같다. 해당메뉴에 입력하시오.(9점)

[1] 12월 31일 현재 임대료(영업외 수익) 관련 기간 경과분이 있다. 5월 1일 (주)전주로부터 1년분(2021.5.1.~2022.4.30.) 임대료 7,200,000원을 수취하면서 전부 부채로 처리하였으며, 월할 계산하시오.(3점)

[2] 기말 외상매출금 중에는 영국 브리티시 기업의 외화로 계상된 외상매출금 130,000,000원($100,000)이 포함되어 있다.(결산일 현재 적용환율 : 1,280원/$)(3점)

[3] 결산일 현재 다음과 같이 판매비와관리비에 반영할 감가상각비를 각각 계상하고자 한다.(3점)

- 건물 : 3,500,000원   • 차량운반구 : 12,000,000원   • 비품 : 3,300,000원

문제 6 다음 사항을 조회하여 답안을 이론문제 답안작성 메뉴에 입력하시오.(9점)

[1] (주)문정유통에 대한 외상매출금 중 상반기(1월~6월)에 회수한 금액의 합계액은 얼마인가?(3점)

[2] 1월에서 6월 중 수수료비용(판)이 가장 크게 발생한 월과 금액은 얼마인가?(3점)

[3] 2021년 1기 확정 부가가치세 신고기간(4월~6월) 매출 중 영세율세금계산서 공급가액의 합계액은 얼마인가?(3점)

Chapter 04 | 실기 모의고사 3회

■ (주)구미산업(회사코드 : 0843)은 전자제품을 제조하여 판매하는 중소기업이며, 당기(제9기) 회계기간은 2021.1.1.~2021.12.31.이다. 전산세무회계 수험용 프로그램을 이용하여 다음 물음에 답하시오.

문제 1 다음은 기초정보관리에 대한 자료이다. 각각의 요구사항에 대하여 답하시오.(10점)

[1] 전기 재무제표를 검토한 결과 다음과 같은 오류를 확인하였다. 관련된 재무제표를 적절히 수정하시오.(4점)

- 접대비(제조) 2,500,000원이 누락된 것으로 밝혀졌다.

[2] 거래처별 초기이월 자료를 검토하여 수정 또는 추가 입력하시오. (3점)

계정과목	거래처	금액
외상매출금	㈜한빛실업	18,000,000원
	오진기업	12,000,000원
외상매입금	지유기업	7,000,000원
	시원기업	3,500,000원

[3] 다음 자료를 계정과목 및 적요등록에 반영하시오. (3점)

- 코드 : 855
- 성격 : 3. 경비
- 계정과목 : 프리랜서비
- 대체적요 1번 : 프리랜서 외주용역비 지급

문제 2 다음 거래 자료를 일반전표입력 메뉴에 추가 입력하시오.(일반전표입력의 모든 거래는 부가가치세를 고려하지 말 것)(18점)

[1] 8월 9일 국민은행의 이자수익 중 원천징수세액 9,240원을 제외한 나머지 금액인 50,760원이 보통예금으로 입금되었음을 확인하였다.(단, 원천징수세액은 자산으로 처리할 것)(3점)

[2] 9월 7일 영업부 직원의 업무역량 향상 교육을 위해 외부강사를 초청하여 교육하고 강사료 1,000,000원 중 원천징수세액 33,000원을 제외한 나머지 금액은 보통예금 계좌로 지급하였다.(3점)

[3] 10월 1일 기부목적으로 학교법인 세훈학원에 3,000,000원을 보통예금계좌에서 이체하였다.(3점)

[4] 10월 20일 수입한 원재료에 대해 관세 2,000,000원, 통관 수수료 300,000원을 현금으로 지출 하였다.(3점)

[5] 10월 31일 다음은 영업팀에서 거래처 임원과의 식사비용을 법인카드(비씨카드)로 결제하고 수취한 신용카드매출전표이다. 일반전표에 입력하시오.(3점)

매출전표

단말기번호	11213692	전표번호	
카드종류		거래종류	결제방법
비씨카드		신용구매	일시불
회원번호(Card No)		취소시 원거래일자	
4140-0202-3245-9958			
유효기간		거래일시 2021. 10. 31.	품명
전표제출		금액/AMOUNT	155,455
		부가세/VAT	15,545
전표매입사		봉사료/TIPS	
		합계/TOTAL	171,000
거래번호		승인번호/(Approval No.) 98421147	
가맹점	맛나일식		
대표자	김성수	TEL	
가맹점번호		사업자번호	126-25-65948
주소	경기 성남시 수정구 고등동 525-5		
		서명(Signature) Semusa	

[6] 11월 17일 (주)광주로부터 원재료 7,000,000원(100개, @70,000원)을 구입하기로 계약하고, 계약금 700,000원을 당좌수표를 발행하여 지급하였다.(3점)

문제 3 다음 거래 자료를 매입매출전표입력 메뉴에 입력하시오.(18점)

[1] 7월 29일 본사 영업직원이 업무에 사용할 개별소비세 과세대상 자동차(2,000CC)를 (주)울산자동차에서 20,000,000원(부가가치세 별도)에 구입하고, 전자세금계산서를 수취하였으며 대금결제는 다음 달에 하기로 하였다.(3점)

[2] 8월 16일 본사 영업부서에서 사용할 책상을 (주)순옥가구에서 구입하고 대금 2,200,000원(부가가치세포함)은 현금으로 지급함과 동시에 현금영수증(지출증빙용, 매입세액 공제요건을 충족함)을 수령하였다.(단, 책상은 비품으로 회계처리할 것) (3점)

[3] 9월 23일 비사업자인 황정숙에게 제품을 88,000원(부가가치세 포함)에 현금매출하고, 간이영수증을 발급하여 주었다. (3점)

[4] 10월 21일 해피상사에 제품을 판매하고 다음과 같이 전자세금계산서를 발급하였다. (3점)

	전자세금계산서(공급자 보관용)					승인번호	20211021-21058052-11726645		
공급자	사업자등록번호	206-81-95706	종사업장번호		공급받는자	사업자등록번호	110-16-95028	종사업장번호	
	상호(법인명)	(주)구미산업	성명(대표자)	이수로		상호(법인명)	해피상사	성명	김수은
	사업장주소	서울시 영등포구 경인로 702				사업장주소	서울시 마포구 상암동 331		
	업태	제조업, 도소매	종목	전자제품		업태	도매업	종목	컴퓨터
	이메일					이메일			
작성일자		공급가액		세액		수정사유			
2021. 10. 21.		10,000,000원		1,000,000원					
비고									

월	일	품목	규격	수량	단가	공급가액	세액	비고
10	21	전자부품		200개	50,000원	10,000,000원	1,000,000원	

합계금액	현금	수표	어음	외상미수금	이 금액을 영수 함 청구
11,000,000원				11,000,000원	

[5] 11월 9일 (주)천마에서 원재료 1,000개(공급가액 @25,000원, 부가가치세 별도)를 구입하고 전자세금계산서를 교부받았으며, 대금 중 10,000,000원은 제품을 판매하고 받아 보관 중인 (주)개포의 약속어음을 배서하여 지급하고 잔액은 30일 후 주기로 하였다. (3점)

[6] 11월 17일 미국 소재한 엘에이상사에 제품을 $4,000에 직수출하기로 하고, 제품을 선적 완료하였다. 수출대금은 차후에 받기로 하였으며, 선적일 시점 기준환율은 $1=1,150원이다. (3점)

문제 4 일반전표입력 및 매입매출전표입력 메뉴에 입력된 내용 중 다음과 같은 오류가 발견되었다. 입력된 내용을 확인하여 정정하시오.(6점)

[1] 9월 25일 일반전표입력에 세금과공과로 처리한 것은 2021년 1기 확정 부가가치세를 가산세 25,000원 포함하여 보통예금으로 납부한 것이다.(단, 6월 30일자 부가가치세 회계처리를 확인하고, 가산세는 세금과공과(판)로 처리하시오.)(3점)

[2] 10월 5일 거래처 직원의 결혼축하금 100,000원을 현금으로 지급한 것으로 회계처리가 되었으나, 해당 내용은 당사 생산부 직원의 결혼축하금으로 확인되었다.(3점)

문제 5 결산정리사항은 다음과 같다. 해당메뉴에 입력하시오.(9점)

[1] 기말 현재 우리은행 차입금(3년 만기) 중 3,000,000원의 상환기간이 1년 이내로 도래하였다.(단, 유동성대체를 위한 요건은 모두 충족되었다고 가정한다.)(3점)

[2] 결산일 현재 영업부서가 보유하고 있는 유형자산은 다음과 같다.(3점)

취득일	유형자산	취득원가	잔존가치	내용연수	상각방법
2020.01.01	건물	50,000,000원	0	50년	정액법

[3] 매출채권(외상매출금, 받을어음) 잔액에 대하여 1%의 대손충당금을 보충법으로 설정하시오.(3점)

문제 6 다음 사항을 조회하여 답안을 이론메뉴 답안작성 메뉴에 입력하시오.(9점)

[1] 1기 확정(4월~6월) 부가가치세 신고기간 중 과세표준과 납부세액은 각각 얼마인가?(3점)

[2] 5월 중 현금으로 지급한 판매비 및 관리비로 분류되는 소모품비의 금액은 얼마인가?(3점)

[3] 3월 31일 현재 유동자산에서 유동부채를 차감한 차이금액은 얼마인가?(3점)

Chapter 05 | 실기 모의고사 4회

■ (주)청주물산(회사코드 : 0853)은 전자제품을 제조하여 판매하는 중소기업이며, 당기(제11기) 회계기간은 2021.1.1.~2021.12.31.이다. 전산세무회계 수험용 프로그램을 이용하여 다음 물음에 답하시오.

문제 1 다음은 기초정보관리에 대한 자료이다. 각각의 요구사항에 대하여 답하시오.(10점)

[1] 영업부 휴게실에서 사용할 음료 등 구입이 빈번하여 복리후생비 계정의 적요기입을 하고자 한다. 다음 내용의 적요를 각각 작성하시오.(3점)

> • 현금 적요 9. 휴게실 음료 및 차 구입   • 대체 적요 3. 휴게실 음료구입 보통인출

[2] 거래처별 초기이월 채권과 채무잔액은 다음과 같다. 자료에 맞게 추가입력이나 정정 및 삭제하시오.(3점)

계정과목	거래처	올바른 잔액
외상매출금	초보상사	7,500,000원
	중급상사	3,200,000원
	고급상사	0원
외상매입금	하얀상사	10,000,000원
	백점상사	15,000,000원

[3] 전기분 재무제표에 다음과 같은 오류가 발견되었다. 이를 올바르게 수정하고 관련되는 재무제표를 모두 수정하시오.(4점)

> • 영업부의 광고선전비 3,000,000원이 누락되었다.

문제 2 다음 거래 자료를 일반전표입력 메뉴에 추가 입력하시오.(일반전표입력의 모든 거래는 부가가치세를 고려하지 말 것)(18점)

[1] 7월 7일 창고에서 화재가 발생하여 보관하고 있던 제품 32,500,000원(장부가액)이 소실되었다. 당사는 이와 관련한 보험에 가입되어 있지 않다.(3점)

[2] 7월 9일 회사는 임직원의 퇴직금에 대해 확정기여형(DC형) 퇴직연금에 가입하고 있으며, 7월분 퇴직연금 13,520,000원을 당사 보통예금계좌에서 이체하여 납부하였다.(단, 제조관련 부분 6,760,000원, 비제조관련 부분 6,760,000원이다.)(3점)

[3] 8월 1일 (주)형태의 외상매출금 13,000,000원 중 3,000,000원은 현금으로 받고 잔액은 6개월 만기의 어음으로 받았다.(단, 하나의 대체전표로 작성할 것)(3점)

[4] 9월 20일 Champ에 수출(선적일자 9월 10일)한 제품에 대한 외상매출금을 회수하여 원화로 환전하여 당사 보통예금 계좌에 입금하였다.(3점)

- 외상매출금 : $30,000
- 9월 10일 환율 : 1,200원/$
- 9월 20일 환율 : 1,250원/$

[5] 10월 25일 (주)한국통상의 주식 50주(액면가 @1,000원)를 3,000,000원에 취득하고 대금은 보통예금으로 이체하였다.(시장성이 있고, 단기시세차익 목적임)(3점)

[6] 11월 22일 사업 확장에 필요한 자금을 조달하기 위하여 새로운 보통주 주식 10,000주(1주당 액면금액 5,000원, 1주당 발행금액 10,000원)를 추가 발행하였으며, 발행대금은 보통예금 통장으로 입금되었다. 신주발행과 관련된 비용 1,000,000원은 당좌수표를 발행하여 지급하였다.(단, 하나의 전표로 입력할 것)(3점)

문제 3 다음 거래 자료를 매입매출전표입력 메뉴에 입력하시오.(18점)

[1] 7월 20일 (주)미래전자로부터 원재료를 전액 보통예금으로 매입하고, 다음의 지출증빙용 현금영수증을 수령하였다.(3점)

현금영수증		
가맹점명			
(주)미래전자 133-81-26371		차미래
서울 송파구 송파대로 234 TEL : 02-333-7788		
홈페이지 http://www.mirae.co.kr		
현금(지출증빙용)		
구매 2021/07/20/14:20		거래번호 : 1234-5678
상품명	수량	금액
원재료 ABC-123-789	1,000	33,000,000원
	과세공급가액	30,000,000원
	부가가치세	3,000,000원
	합계	33,000,000원

[2] 7월 21일 (주)코리아테크로부터 원재료(@5,000원, 10,000개, 부가가치세 별도)를 구입하고 전자세금계산서를 발급받았다. 계약금 5,000,000원을 제외한 잔액은 당좌수표를 발행하여 지급하였다.(3점)

[3] 9월 15일 비품으로 사용하던 복사기(취득가액 3,500,000원, 처분시 감가상각누계액 2,150,000원)를 (주)중고유통에 1,100,000원(부가가치세 별도)에 처분하고 전자세금계산서를 발급하였다. 대금 중 600,000원은 현금으로 받고 잔액은 월말에 받기로 하다.(3점)

[4] 9월 23일 우송유통에 제품을 판매하고 다음과 같이 전자세금계산서를 발급하였다. 대금 중 5,000,000원은 비엘상사에서 발행한 어음으로 수취하고 나머지는 다음 달에 받기로 하였다.(3점)

전자세금계산서(공급자 보관용)					승인번호		20210923-15454645-58844486	
공급자	사업자등록번호	214-86-08930	종사업장번호		공급받는자	사업자등록번호	122-31-93026	종사업장번호	
	상호(법인명)	(주)청주물산	성 명(대표자)	박진수		상호(법인명)	우송유통	성 명	문우송
	사업장주소	충청북도 청주시 흥덕구 덕암로 6번길 15				사업장주소	대전광역시 동구 동대전로 171		
	업태	제조, 도소매	종목	전자제품		업태	도소매	종목	전자제품
	이메일					이메일			
작성일자		공급가액		세액					
2021. 09. 23.		10,000,000원		1,000,000원					
비고									

월	일	품목	규격	수량	단가	공급가액	세액	비고
09	23	전자제품				10,000,000원	1,000,000원	

합계금액	현금	수표	어음	외상미수금	이 금액을 (청구) 함
11,000,000원			5,000,000원	6,000,000원	

[5] 10월 15일 제조공장에서 사용하는 화물용 차량인 포터의 접촉 사고로 (주)다고쳐정비소에서 수리하고, 1,100,000원(부가가치세 포함)을 법인카드(현대카드)로 결제하였다. 지출비용은 차량유지비 계정을 사용한다.(3점)

[6] 11월 20일 (주)안성에 내국신용장(Local L/C)에 의하여 제품 11,000,000원을 외상으로 납품하고, 영세율전자세금계산서를 발급하였다.(3점)

문제 4 일반전표입력 및 매입매출전표입력 메뉴에 입력된 내용 중 다음과 같은 오류가 발견되었다. 입력된 내용을 확인하여 정정하시오.(6점)

[1] 7월 31일 매출처 (주)반도전자의 부도로 외상매출금 잔액 2,200,000원이 회수불가능하여 대손처리 하였는데, 확인결과 부도시점에 외상매출금에 대한 대손충당금잔액이 950,000원이었던 것으로 확인되었다.(3점)

[2] 8월 22일 영업부에서 사용할 차량 취득세 500,000원을 현금으로 납부하고 세금과공과로 처리하였다.(3점)

문제 5 결산정리사항은 다음과 같다. 해당메뉴에 입력하시오.(9점)

[1] 12월 31일 결산일 현재 영업부 건물의 화재보험료 상세 내역이다.(3점)

- 보험기간 : 2021.07.01.~2022.06.30.
- 보험료 : 6,000,000원
  (월할계산하시오.)
- 보험료 납부일 : 2021.07.01.
- 보험료(판) 계상액 : 6,000,000원

[2] 당사는 일반기업회계기준에 의하여 퇴직급여충당부채를 설정하고 있으며, 관련자료는 다음과 같다.(3점)

구분	기초 금액	기중 감소(사용)금액	기말금액(퇴직금 추계액)
생산부	20,000,000원	8,000,000원	22,000,000원
영업부	17,000,000원	7,000,000원	19,000,000원

[3] 결산일 현재 다음과 같이 제조원가에 반영할 감가상각비를 계상하고자 한다.(3점)

구분	건물	기계장치	차량운반구
감가상각비	8,500,000원	3,700,000원	1,200,000원

문제 6 다음 사항을 조회하여 답안을 이론문제 답안작성 메뉴에 입력하시오.(9점)

[1] 2021년 상반기(1월~6월) 중 접대비(판)가 가장 많이 발생한 월은?(3점)

[2] 5월 한달 동안 우송유통에 외상매입금을 결제한(지급한) 금액은 얼마인가?(3점)

[3] 2021년 제1기 확정신고기간(4월~6월) 동안 (주)덕수상사로 발행한 매출세금계산서의 매수와 공급가액은 얼마인가?(3점)

Chapter 06 | 실기 모의고사 5회

■ (주)나라전자(회사코드 : 0863)은 전자제품을 제조하여 판매하는 중소기업이며, 당기(제10기) 회계기간은 2021.1.1.~2021.12.31.이다. 전산세무회계 수험용 프로그램을 이용하여 다음 물음에 답하시오.

문제 1 다음은 기초정보관리와 전기분 재무제표에 대한 자료이다. 각각의 요구사항에 대하여 답하시오. (10점)

[1] 전기분재무상태표에서 다음과 같은 오류를 확인하였다. 관련된 전기분 재무제표를 적절히 수정하시오. (4점)

- 원재료 재고액은 9,500,000원이나 7,000,000원으로 잘못 입력된 것을 확인하였다.

[2] 다음 전기분 거래처별 채권잔액을 참고하여 해당 메뉴에 수정 입력하시오. (3점)

계정과목	거래처	금액	합계
단기대여금	㈜세움상사	5,000,000원	9,800,000원
	㈜사랑상사	4,800,000원	
외상매입금	㈜미래엔상사	2,500,000원	6,800,000원
	㈜아이필	4,300,000원	

[3] 회사가 사용하는 다음의 법인카드를 [기초정보등록]의 [거래처등록] 메뉴에서 거래처(신용카드)에 입력하시오. (3점)

- 코드번호 : 99600
- 유형 : 매입
- 카드종류(매입) : 사업용카드
- 상호 : 해피카드
- 카드번호 : 4500-1101-0052-6668

문제 2 다음 거래 자료를 일반전표입력 메뉴에 추가 입력하시오. (일반전표입력의 모든 거래는 부가가치세를 고려하지 말 것)(18점)

[1] 7월 14일 단기매매차익을 목적으로 상장회사인 (주)세무의 주식 100주를 주당 35,000원(액면가액 25,000원)에 구입하고 100주에 대한 매입수수료 5,000원을 포함하여 당사의 보통예금계좌에서 지급하였다. (매입수수료는 영업외비용으로 처리할 것)(3점)

[2] 7월 31일 (주)금호전자의 부도로 외상매출금 잔액 2,700,000원이 회수불가능하여 대손처리하였다. (단, 대손처리하기 전 재무상태표상 대손충당금잔액을 조회하여 회계처리 할 것)(3점)

[3] 9월 11일 일본 홋카이상사로부터 ¥400,000을 2년 후 상환조건으로 차입하고, 대구은행의 보통예금 계좌에 예입하였다.(단, 9월 11일 현재 대고객매입율은 ¥100=1,100원이고 외화의 장기차입인 경우에도 장기차입금계정을 사용하기로 한다.)(3점)

[4] 9월 25일 공장 신축용 토지를 취득하였으며, 취득대가로 당사의 주식 100주(주당 액면금액 5,000원)를 신규발행하여 교부하였다. 취득 당시 토지의 공정가치는 1,000,000원이다.(3점)

[5] 10월 2일 동아전자에 대한 외상매출금 15,000,000원에 대하여 다음의 약속어음을 배서양도 받고, 나머지 금액은 동점 발행 당좌수표로 받았다.(3점)

약속어음

동아전자 귀하

금 ₩ 10,000,000원

위의 금액을 귀하 또는 귀하의 지시인에게 이 약속어음과 상환하여 지급하겠습니다.

지급기일 2021.11.02.   발행일 2021.09.02.
지급지 **************   발행지 *******************
지급장소 *************   주소   **********************
                            발행인 (주)평화산업

[6] 11월 14일 영업직 직원에 대한 일본뇌염 예방접종을 세계로병원에서 실시하고, 접종 비용 2,500,000원을 법인카드인 신한카드로 결제하였다.(단, 미지급금으로 회계처리한다.)(3점)

문제 3 다음 거래 자료를 매입매출전표입력 메뉴에 입력하시오.(18점)

[1] 8월 1일 ㈜진영상사에 당사의 제품을 판매한 것과 관련된 아래의 전자세금계산서를 보고 매입매출전표입력 메뉴에 입력하시오.(3점)

전자세금계산서							승인번호		
공급자	사업자등록번호	104-81-51358	종사업장번호			공급받는자	사업자등록번호	217-81-16055	종사업장번호	
	상호(법인명)	㈜나라전자	성명(대표자)	김나라			상호(법인명)	㈜진영상사	성명	홍진영
	사업장주소	서울특별시 강남구 강남대로 494					사업장주소	서울특별시 강남구 밤고개로1길 10		
	업태	제조, 도소매	종목	전자제품			업태	도소매	종목	컴퓨터
	이메일						이메일			

작성일자	공급가액	세액	수정사유
2021.8.1	15,000,000	1,500,000	

| 비고 | | | | | | | | |

월	일	품목	규격	수량	단가	공급가액	세액	비고
8	1	마이크		300	50,000	15,000,000	1,500,000	

합계금액	현금	수표	어음	외상미수금	이 금액을	영수 / 청구	함
16,500,000	2,200,000			14,300,000			

[2] 8월 20일 공장에서 사용할 1톤 화물차를 기현자동차로부터 구입하고 전자세금계산서를 교부받았으며, 대금은 1개월 후 지급하기로 하다.(3점)

전자세금계산서							승인번호		
공급자	사업자등록번호	137-81-56538	종사업장번호			공급받는자	사업자등록번호	104-81-51358	종사업장번호	
	상호(법인명)	㈜기현자동차	성명(대표자)	최현기			상호(법인명)	㈜나라전자	성명	김나라
	사업장주소	서울 영등포구 여의로길 23					사업장주소	서울특별시 강남구 강남대로 494		
	업태	제조, 판매	종목	자동차			업태	제조, 도소매	종목	전자제품
	이메일						이메일			

작성일자	공급가액	세액	수정사유
2021.08.20	19,000,000	1,900,000	

| 비고 | | | | | | | | |

월	일	품목	규격	수량	단가	공급가액	세액	비고
8	20	화물차				19,000,000	1,900,000	

합계금액	현금	수표	어음	외상미수금	이 금액을	영수 / 청구	함
20,900,000				20,900,000			

[3] 10월 10일 공장 신축을 위해 (주)방배로부터 건물이 있는 토지를 취득하였으며 토지가액은 10,000,000원, 건물가액은 1,000,000원이다.(부가세 별도) 건물 취득에 대하여 전자세금계산서를 수취하고 대금은 당좌수표를 발행하여 결제하였으며 동 건물은 철거예정이다.(단, 전자세금계산서 수취분에 대해서만 매입매출전표에 입력하고 분개할 것)(3점)

[4] 10월 18일 영업부서에서 사용할 소모성 물품을 일반과세자인 (주)슬라임에서 현금으로 구입하고, 다음의 현금영수증(지출증빙)을 수령하였다.(단, 자산으로 처리할 것)(3점)

```
              ㈜슬라임
208-81-56451                    최서우
서울 송파구 문정동 99-2 TEL:3489-8076
홈페이지 http://www.kacpta.or.kr
            현금(지출증빙)
구매 2021/10/18/14:06       거래번호 : 0029-0177
    상품명        수량          금액
    물품대        10          55,000원

                    과세물품가액    50,000원
                    부가세         5,000원
    합계                        55,000원
    받은금액                     55,000원
```

[5] 11월 2일 (주)정연에 수출관련 구매확인서에 근거하여 제품(공급가액 : 22,000,000원)을 공급하고 영세율전자세금계산서를 발급하였다. 기수령한 계약금 3,000,000원을 제외한 대금은 외상으로 하였다.(3점)

[6] 11월 28일 영업부에서 매출 거래처 접대목적으로 제공할 물품을 (주)동양마트에서 300,000원(부가가치세 별도, 전자세금계산서 교부받음)에 구입하고 대금은 현금으로 지급하였다.(3점)

	전자세금계산서						승인번호			
공급자	등록번호	105-81-23608			공급받는자	등록번호	104-81-51358			
	상호	㈜동양마트	성명(대표자)	박동양		상호	㈜나라전자	성명(대표자)	김나라	
	사업장주소	대구시 수성구 대흥동 21				사업장주소	서울특별시 강남구 강남대로 494			
	업태	도소매	종사업장번호			업태	제조/도소매업	종사업장번호		
	종목	식품 등				종목	전자제품			
비고					수정사유					
작성일자	2021.11.28				공급가액	300,000	세액	30,000		
월	일	품 목	규격	수량	단 가	공급 가액	세 액	비 고		
11	28	음료 등				300,000	30,000			
합계금액		현 금		수 표	어 음	외상미수금	이 금액을 청구 함			
330,000		330,000								

문제 4 일반전표입력 및 매입매출전표입력 메뉴에 입력된 내용 중 다음과 같은 오류가 발견되었다. 입력된 내용을 확인하여 정정하시오.(6점)

[1] 11월 10일 업무에 사용 중인 공장화물차에 대해 (주)오일정유에서 주유하면서 330,000원(부가세 포함)을 법인카드(축협카드)로 결제하였다. 회계담당자는 매입매출전표입력에서 매입세액을 공제받지 못한 것으로 처리하였다.(3점)

[2] 11월 23일 회사는 확정급여형(DB형)퇴직연금에 가입하고, 11월 23일 처음으로 당월 분 퇴직연금 1,500,000원을 보통예금에서 지급하였다. 회사가 은행에 지급한 퇴직연금에 대해서 아래와 같이 회계처리하였다.(3점)

(차) 퇴직급여(판매관리비) 1,500,000원	(대) 보통예금 1,500,000원

문제 5 결산정리사항은 다음과 같다. 해당 메뉴에 입력하시오.(9점)

[1] 결산일 현재 당기에 계상 될 감가상각비는 다음과 같다.(3점)

- 기계장치 감가상각비(생산부) : 2,000,000원
- 비품 감가상각비(영업부) : 450,000원
- 개발비 상각비 : 300,000원

[2] 당기 법인세비용은 12,500,000원이다. 기중에 납부한 중간예납세액 및 원천징수세액이 6,000,000원이 있다.(3점)

[3] 매출채권(외상매출금, 받을어음) 잔액에 대하여 보충법을 사용하여 대손충당금을 설정한다.(단, 대손설정률은 1%라고 가정한다.)(3점)

문제 6 다음 사항을 조회하여 답안을 이론문제 답안작성 메뉴에 입력하시오.(9점)

[1] 1기 확정(4월~6월) 부가가치세 신고기간 중 카드로 매출된 공급대가는 얼마인가?(3점)

[2] 1기 확정(4월~6월) 부가가치세 신고기간 중 신용카드로 매입한 사업용고정자산의 금액은 얼마인가?(3점)

[3] 6월 말 차량운반구의 장부금액은 얼마인가?(3점)

실기 모의고사 1회 정답 및 해설

문제 1

[1] [거래처등록] → [신용카드]
코드 : 99902, 거래처명 : 한국카드, 가맹점번호 : 5640023147, 유형 : 매출

[2] 해당 거래처명과 금액을 거래처별초기이월메뉴에서 수정
• 거래처별초기이월메뉴 : 외상매출금 ㈜진도 15,000,000원 추가입력
    단기차입금 ㈜완도 20,000,000원 추가입력

[3] 1. 전기분재무상태표 : 원재료 5,500,000원 → 5,000,000원으로 수정입력
    재공품 8,000,000원 → 9,000,000원으로 수정입력
    제품 15,500,000원 → 15,000,000원으로 수정 입력
2. 전기분원가명세서 : 조회, 기말원재료재고액, 기말재공품재고액 및 당기제품제조원가 확인
3. 전기분 손익계산서 : 조회(기말제품재고액 반영 확인), 당기제품제조원가 확인 수정 입력

문제 2

[1] 7월 10일 일반전표입력
  (차) 장기차입금(국민은행)   20,000,000원   (대) 당좌예금   20,120,000원
      이자비용   120,000원

[2] 8월 10일 일반전표입력
  (차) 보통예금   3,350,000원   (대) 받을어음((주)똑똑상사)   3,500,000원
      매출채권처분손실   150,000원
      (영업외비용)

[3] 9월 9일 일반전표입력
  (차) 토지   209,530,000원   (대) 미지급금(한부자)   200,000,000원
      현금   9,530,000원

[4] 9월 10일 일반전표입력
  (차) 세금과공과(판)   400,000원   (대) 보통예금   2,000,000원
      세금과공과(제)   600,000원
      예수금   1,000,000원

[5] 9월 20일 일반전표입력
  (차) 보통예금   400,000원   (대) 대손충당금(109)   400,000원

[6] 11월 12일 일반전표입력
(차) 기부금   2,000,000원   (대) 제품   2,000,000원
                                    (적요 8.타계정으로 대체액)

문제 3

[1] 8월 3일 매입매출전표입력
유형 : 16.수출(영세율구분1), 공급가액 : 220,000,000원, 부가세 : 0원, 거래처 : 미토리 Co, 분개 : 외상(혼합)
(차) 외상매출금   220,000,000원   (대) 제품매출   220,000,000원

[2] 9월 10일 매입매출전표입력
유형 : 11(매출-과세), 공급가액 : -1,000,000원, 부가세 : -100,000원, 거래처 : ㈜서울, 전자세금 : 여,
분개 : 혼합(외상)
(차)외상매출금(㈜서울)   -1,100,000원   (대) 제품매출   -1,000,000원
                                        부가가치세예수금   -100,000원

[3] 9월 23일 매입매출전표입력
유형 : 51.매입과세, 공급가액 : 1,000,000원, 부가세 : 100,000원, 거래처 : 다모아백화점, 분개 : 혼합, 전자 : 여
(차) 복리후생비(제)   1,000,000원   (대)당좌예금   1,100,000원
    부가세대급금   100,000원

[4] 10월 17일
유형 : 54(불공②), 공급가액 : 3,300,000, 부가세 : 330,000, 전자세금 : 여, 분개 : 혼합
(차) 가지급금   3,630,000원   (대) 당좌예금   3,630,000원

[5] 10월 27일 매입매출전표입력
유형 : 22.현과, 공급가액 : 200,000원, 부가세 : 20,000원, 거래처 : 이슬비, 분개 : 현금(또는 혼합)
(차) 현금   220,000원   (대) 제품매출   200,000원
                                        부가세예수금   20,000원

[6] 12월 10일 매입매출전표입력
유형 : 51(매입-과세), 공급가액 : 500,000원, 부가세 : 50,000원, 거래처 : ㈜서울컨설팅, 전자세금 : 여, 분개 : 혼합
(차) 수수료비용(제)   500,000원   (대) 선급금(㈜서울컨설팅) 100,000원
    부가세대급금   50,000원   현금   450,000원

문제 4

[1] 8월 15일 일반전표입력
(차) 여비교통비(판)   300,000원   (대) 보통예금   300,000원

[2] 9월 15일 매입매출전표 수정
유형 : 11(매출과세), 거래처 : ㈜여수, 전자세금 : 여, 분개 : 혼합

수정 전 :	(차) 현금	3,300,000원	(대) 비품	6,000,000원
	유형자산처분손실	3,000,000원	부가가치세예수금	300,000원

수정 후 :	(차) 현금	3,300,000원	(대) 비품	6,000,000원
	감가상각누계액(213)	3,500,000원	부가가치세예수금	300,000원
			유형자산처분이익	500,000원

문제 5

[1] 12월 31일 일반전표입력
(차) 외상매입금(코메리사)   500,000원   (대) 외화환산이익   500,000원

[2] 12월 31일 일반전표입력
(차) 보험료(제)   600,000원   (대) 선급비용   800,000원
　　보험료(판)   200,000원
– 1,800,000원 × 4/12 = 600,000원(제조경비)
– 600,000원 × 4/12 = 200,000원(판매비와관리비)

[3] 결산자료입력
메뉴에서 제품매출원가 중 노무비의 퇴직급여(전입액)란에 10,800,000원, 판매비와 일반관리비의 퇴직급여(전입액)란에 15,000,000원 입력한 후 전표추가버튼을 눌러 전표를 생성시킴

문제 6

[1] 미림상사, 19,000,000원(거래처원장에서 외상매출금 과목으로 조회)

[2] 2,240,000원(월계표(1월~6월) 조회하여 제조경비의 보험료 금액 확인)

[3] 135,000,000원
4월1일부터 6월30일까지의 부가가치세신고서 조회한 뒤 일반과세 세금계산서발급분 (100,000,000원) + 영세율 세금계산서발급분의 합계(35,000,000원)

실기 모의고사 2회 정답 및 해설

문제 1

[1] [거래처등록]

[2] 거래처별초기이월
  단기대여금 ㈜대구 잔액을 4,540,000원에서 5,450,000원으로 수정
  선급금 ㈜천안 잔액을 8,500,000원에서 5,800,000원으로 수정
  단기차입금 ㈜부안 잔액을 13,500,000원에서 15,300,000원으로 수정

[3] • 전기분손익계산서 : 보험료(판) 5,600,000원을 4,500,000원으로 수정입력, 당기순이익 확인
  • 전기분잉여금처분계산서 : 당기순이익 56,300,000원이 57,400,000원으로 상단 F6(불러오기)하여 반영,
              미처분이익잉여금 합계 확인
  • 전기분재무상태표 : 선급비용 540,000원을 1,640,000원으로 수정입력,
            이월이익잉여금 132,500,000원을 133,600,000원으로 수정입력

문제 2

[1] 7월 19일 일반전표입력
  (차) 보통예금   22,000,000원   (대) 외상매출금((주)대도상사)   22,000,000원

[2] 8월 10일 일반전표 입력
  (차) 퇴직연금운용자산   9,800,000원   (대) 보통예금   9,800,000원

[3] 9월 25일 일반전표입력
  (차) 만기보유증권(투자자산)   20,100,000원   (대) 당좌예금   20,000,000원
                                    보통예금   100,000원

[4] 10월 5일 일반전표 입력
  (차) 예수금   153,870원   (대) 보통예금   153,870원

[5] 11월 12일 일반전표입력
  (차) 보통예금   4,950,000원   (대) 받을어음(㈜대전)   5,000,000원
    매출채권처분손실   50,000원

[6] 11월 15일 일반전표입력
  (차) 복리후생비(판)   1,000,000원   (대) 제 품   1,000,000원
                            (적요 8. 타계정으로 대체액 손익계산서 반영)

문제 3

[1] 7월 15일 매입매출전표 입력
유형 : 11.과세, 공급가액 : 12,000,000원, 부가세 1,200,000원, 거래처 : 상원상사, 전자 : 여, 분개 : 혼합
(차) 현금　　　　　　　1,200,000원　　　(대) 제품매출　　　　12,000,000원
　　받을어음　　　　　12,000,000원　　　　　부가세예수금　　 1,200,000원

[2] 7월 25일 매입매출전표 입력
유형 : 16.수출(영세율구분1), 공급가액 120,000,000원, 부가세 : 0원, 거래처 : 중국 라이라이, 분개 : 외상
(차) 외상매출금　　　 120,000,000원　　　(대) 제품매출　　　 120,000,000원

[3] 8월 25일 매입매출전표 입력

날 짜	유 형	공급가액	부가세	거래처	전자	분개
8월 25일	불공(54) (사유:6.토지의 자본적 지출 관련)	1,500,000	150,000	은희건축사사무소	여	혼합
분 개	(차) 토지　　1,650,000　　　(대) 보통예금　　　1,650,000					

[4] 9월 5일 매입매출전표 입력
유형 : 61.현과, 공급가액 : 100,000, 부가세 : 10,000, 거래처 : 알뜰주유소, 분개 : 현금 또는 혼합
(차) 차량유지비(판)　　　 100,000원　　　(대) 현금　　　　　　 110,000원
　　부가세대급금　　　　 10,000원

[5] 10월 2일 매입매출전표 입력
유형 : 17.카과, 공급가액 : 1,500,000원, 부가세 : 150,000원, 거래처 : 약수나라, 분개 : 혼합 또는 카드
(차) 외상매출금(비씨카드)　1,650,000원　　(대) 제품매출　　　 1,500,000원
　　또는 미수금　　　　　　　　　　　　　　부가세예수금　　　150,000원

[6] 11월 22일 매입매출전표 입력
유형 : 52.영세, 공급가액 23,000,000원, 부가세 : 0원, 거래처 : ㈜부산, 전자 : 여, 분개 : 외상 또는 혼합
(차) 원재료　　　　　 23,000,000원　　　(대) 외상매입금　　 23,000,000원

문제 4

[1] 10월 24일 일반전표 삭제 후, 10월 24일 매입매출전표 입력
수정 전 : 10월 24일 일반전표 삭제
(삭제) (차) 소모품　　　　 55,000원　　　(대) 현금　　　　　　 55,000원
수정 후 : 10월 24일 매입매출전표 입력
10월 24일 유형 : 61.현과, 공급가액 : 50,000원, 세액 : 5,000원 거래처 : 해신컴퓨터, 분개 : 혼합 또는 현금
(차) 소모품　　　　　　　50,000원　　　(대) 현금　　　　　　 55,000원
　　부가세대급금　　　　 5,000원

[2] 11월 29일 일반전표 수정(원천징수세액에 대해 '선납세금'으로 처리)

수정 전 : (차) 보통예금　　　846,000원　　　(대) 이자수익　　　846,000원
수정 후 : (차) 보통예금　　　846,000원　　　(대) 이자수익　　　1,000,000원
　　　　　선납세금　　　　154,000원

대체전표로 (차) 선납세금 154,000원 (대) 이자수익 154,000원을 추가로 입력하는 것도 정답으로 인정합니다.

문제 5

[1] 12월 31일 일반전표입력(수익은 기간경과분에 대해 월할로 구분하여 인식한다.)

임대료 = 7,200,000원 × (8개월 ÷ 12개월) = 4,800,000원
(차) 선수수익(㈜전주)　　　4,800,000원　　　(대) 임대료(904)　　　4,800,000원

[2] 12월 31일 일반전표입력

(차) 외환환산손실　　　2,000,000원　　　(대) 외상매출금(영국 브리티시) 2,000,000원

[3] 결산자료입력 메뉴를 선택한 후 판매비와관리비란의 해당 칸에
건물 : 3,500,000원, 차량운반구 : 12,000,000원, 비품 : 3,300,000원을 입력한 후 전표추가

문제 6

[1] 21,000,000원 (거래처원장에서 외상매출금 과목으로 조회)

[2] 월 : 3월, 금액 : 9,700,000원 (총계정원장에서 월별 탭, 조회기간 1월~6월로 조회)

[3] 87,000,000원 부가가치세 신고서 메뉴, 기간 4월 1일~6월 30일 조회, 매출 영세율세금계산서

실기 모의고사 3회 정답 및 해설

문제 1

[1] 전기분원가명세서 : 접대비 2,500,000원 추가입력, 당기제품제조원가 122,030,000원 확인
    전기분손익계산서 : 당기제품매출원가의 당기제품제조원가 수정 입력확인
                    당기순이익 33,320,000원 확인
    전기분잉여금처분계산서 : 당기순이익 불러오기 수정
    전기분재무상태표 : 이월이익잉여금 48,320,000원 입력(대차차액이 0원인 것을 확인)

[2] 거래처별 초기이월 수정
    외상매출금 ㈜한빛실업 13,500,000원을 18,000,000원으로 수정
              오진기업 2,000,000원을 12,000,000원으로 수정
    외상매입금 지유기업 3,500,000원을 7,000,000원으로 수정
              시원기업 7,000,000원을 3,500,000원으로 수정

[3] 기초정보관리의 계정과목및적요등록 메뉴에 입력

문제 2

[1] 8월 9일 일반전표 입력
    (차) 보통예금   50,760원   (대) 이자수익   60,000원
        선납세금   9,240원

[2] 9월 7일 일반전표 입력
    (차) 교육훈련비(판)   1,000,000원   (대) 예수금   33,000원
                                            보통예금   967,000원

[3] 10월 1일 일반전표 입력
    (차) 기부금   3,000,000원   (대) 보통예금   3,000,000원

[4] 10월 20일 일반전표 입력
    (차) 원재료 또는 미착품 2,300,000원 (대) 현금   2,300,000원

[5] 10월 31일 일반전표 입력
    (차) 접대비(판)   171,000원   (대) 미지급금(비씨카드)   171,000원
                                            또는 미지급비용(비씨카드)

[6] 11월 17일 일반전표 입력
    (차) 선급금(㈜광주)   700,000원   (대) 당좌예금   700,000원

문제 3

[1] 7월 29일 매입매출전표 입력

유형 : 54.불공(사유3), 공급가액 20,000,000원, 부가세 2,000,000원, 거래처 : (주)울산자동차, 전자 : 여, 분개 : 혼합
(차) 차량운반구　　　　　22,000,000원　　　(대) 미지급금　　　　22,000,000원

[2] 8월 16일 매입매출전표 입력

날 짜	유 형	공급가액	부가세	거래처	전자	분개
8월 16일	현과(61)	2,000,000원	200,000원	(주)순옥가구	-	현금
분개	(차) 비품		2,000,000원	(대) 현금		2,200,000원
	부가세대급금		200,000원			

[3] 9월 23일 매입매출전표 입력

유형 : 14.건별, 공급가액 80,000원, 부가세 8,000원, 거래처 : 황정숙, 분개 : 현금 또는 혼합
(차) 현금　　　　　　　　88,000원　　　(대) 제품매출　　　　80,000원
　　　　　　　　　　　　　　　　　　　　부가세예수금　　　　8,000원

[4] 10월 21일 매입매출전표 입력

유형 : 11과세, 공급가액 : 10,000,000원, 부가세 1,000,000원, 거래처 : 해피상사, 전자 : 여, 분개 : 혼합, 외상
(차) 외상매출금(해피상사)　11,000,000원　　　(대) 제품매출　　　　10,000,000원
　　　　　　　　　　　　　　　　　　　　　　　부가세예수금　　　　1,000,000원

[5] 11월 9일 매입매출전표 입력

유형 : 51 과세, 공급가액 : 25,000,000원, 부가세 : 2,500,000원, 거래처 : ㈜천마, 전자 : 여, 분개 : 혼합
(차) 원재료　　　　　　　25,000,000원　　　(대) 받을어음(거래처변경:㈜개포) 10,000,000원
　　부가세대급금　　　　2,500,000원　　　　　외상매입금(㈜천마)　　　17,500,000원

[6] 11월 17일 매입매출전표 입력

유형 : 16수출(구분 : 1. 직수출), 공급가액 : 4,600,000원, 부가세 : 0원, 거래처 : 엘에이상사, 분개 : 외상, 혼합
(차) 외상매출금　　　　　4,600,000원　　　(대) 제품매출　　　　4,600,000원

문제 4

[1] 9월 25일 일반전표입력 수정

6월 30일자의 회계처리를 조회하여 9,724,000원을 미지급세금으로 수정하고, 가산세 25,000원은 세금과공과로 회계처리 한다.
수정 전 : (차) 세금과공과(판)　9,749,000원　　　(대)보통예금　　　　9,749,000원
수정 후 : (차) 미지급세금　　　9,724,000원　　　(대)보통예금　　　　9,749,000원
　　　　　　세금과공과(판)　　25,000원

[2] 10월 5일, 일반전표입력 수정
수정 전 : (차)접대비(판)   100,000원   (대) 현금   100,000원
수정 후 : (차)복리후생비(제) 100,000원   (대) 현금   100,000원

문제 5

[1] 12월 31일 일반전표에 입력
(차) 장기차입금(우리은행)   3,000,000원   (대) 유동성장기부채(우리은행)   3,000,000원

[2] 자동결산, 수동결산 중 선택
(방법1) 수동결산 : 12월 31일 일반전표 입력
(차) 감가상각비(판)   1,000,000원   (대) 감가상각누계액   1,000,000원
(방법2) 자동결산 : 결산자료입력메뉴에 4.판매비와 관리비 4).감가상각비 → 건물 → 결산반영금액란 1,000,000원
입력 후 전표추가

[3] 12월 31일 일반전표입력
(차) 대손상각비(판)   1,524,900원   (대) 대손충당금(109)   1,291,200원
                                      대손충당금(111)   233,700원
외상매출금: 589,120,000원 × 1% − 4,600,000원 : 1,291,200원
받을어음 : 75,370,000원 × 1% − 520,000원 : 233,700원
(또는 결산자료입력 메뉴 대손상각에 외상매출금 1,291,200원, 받을어음 233,700원을 입력한 후 전표추가)

문제 6

[1] 부가가치세신고서 메뉴에서 4월 1일과 6월 30일 입력한 후
과세표준 : 345,000,000원, 납부세액 : 20,095,000원

[2] 850,000원(일계표 및 월계표에서 5월 한 달 기간으로 조회)

[3] 재무상태표 조회, 조회기간 : 3)유동자산과 유동부채 합계금액
유동자산 982,776,347원 − 유동부채 425,845,347원 = 556,931,000원

실기 모의고사 4회 정답 및 해설

문제 1

[1] 계정과목 및 적요등록에서 811. 복리후생비 현금적요, 대체적요 입력

[2] [거래처별초기이월] 메뉴
   1. 108.외상매출금 계정의 중급상사 잔액을 5,200,000원에서 3,200,000원으로 수정
   2. 108.외상매출금 계정의 고급상사 잔액을 1,300,000원에서 0원으로 수정 또는 삭제
   3. 251.외상매입금 계정의 하얀상사 잔액을 5,000,000원에서 10,000,000원으로 수정

[3] 1. 전기분 손익계산서에서 광고선전비 계정 3,000,000원을 추가입력 한다.
   2. 당기순이익의 변동액 39,123,000원 → 36,123,000원을 전기분 이익잉여금처분계산서에서 변동된 당기순이익 (36,123,000원)을 확인하고, 미처분이익잉여금액 변동액 58,530,000원 → 55,530,000원을 전기분 재무상태표의 이월이익잉여금으로 수정 입력한다.

문제 2

[1] (차) 재해손실   32,500,000원   (대) 제품   32,500,000원
                                                    (적요 8.타계정으로 대체액 손익계산서 반영분)

[2] (차) 퇴직급여(판)   6,760,000원   (대) 보통예금   13,520,000원
    퇴직급여(제)   6,760,000원

[3] 8월 1일 일반전표 입력
    (차) 받을어음(㈜형태)   10,000,000원   (대) 외상매출금(㈜형태)   13,000,000원
    현금   3,000,000원

[4] 9월 20일 일반전표입력
    (차) 보통예금   37,500,000원   (대) 외상매출금(Champ)   36,000,000원
                                                    외환차익   1,500,000원

[5] 10월 25일 일반전표 입력
    (차) 단기매매증권   3,000,000원   (대) 보통예금   3,000,000원

[6] 11월 22일 일반전표입력, 대체전표

(차) 보통예금	100,000,000원	(대) 자본금	50,000,000원
		당좌예금	1,000,000원
		주식발행초과금	49,000,000원

자본금 = 1주당 액면금액 × 발행주식수 = 5,000원 × 10,000주 = 50,000,000원
주식발행초과금 = 발행금액(1주당 발행금액 × 발행주식수 − 주식발행비용) − 자본금
= (10,000원 × 10,000주 − 1,000,000원) − 50,000,000원 = 49,000,000원

문제 3

[1] 7월 20일
유형 : 61.현과, 공급가액 : 30,000,000원, 부가세 : 3,000,000원, 거래처 : ㈜미래전자, 분개 : 혼합

(차) 원재료	30,000,000원	(대) 보통예금	33,000,000원
부가세대급금	3,000,000원		

[2] 7월 21일
유형 : 51.과세, 공급가액 50,000,000원, 부가세 5,000,000원 거래처 : (주)코리아테크, 전자 : 여, 분개 : 혼합

(차) 원재료	50,000,000원	(대) 선급금((주)코리아테크)	5,000,000원
부가세대급금	5,000,000원	당좌예금	50,000,000원

[3] 9월 15일
유형 : 11.과세, 공급가액 : 1,100,000원, 부가세 : 110,000원, 거래처 : (주)중고유통, 전자 : 여, 분개 : 혼합

(차) 감가상각누계액	2,150,000원	(대) 비품	3,500,000원
현금	600,000원	부가세예수금	110,000원
미수금	610,000원		
유형자산처분손실	250,000원		

[4] 9월 23일 매입매출전표입력
유형 : 11.과세, 공급가액 10,000,000원, 부가세 1,000,000원, 거래처 : 우송유통, 전자 : 여, 분개 : 혼합

(차) 받을어음(비엘상사)	5,000,000원	(대) 제품매출	10,000,000원
외상매출금(우송유통)	6,000,000원	부가세예수금	1,000,000원

[5] 10월15일 유형 : 57.카과, 공급가액 1,000,000원, 부가세 100,000원, 거래처 : ㈜다고쳐정비소, 분개 : 혼합 또는 카드

(차) 차량유지비(제)	1,000,000원	(대) 미지급금 또는 미지급비용(현대카드)	1,100,000원
부가세대급금	100,000원		

[6] 11월 20일 유형 : 12 영세(구분:3), 공급가액 : 11,000,000원, 부가세 : 0, 거래처 : ㈜안성, 전자 : 여, 분개 : 외상
(차) 외상매출금(㈜안성)   11,000,000원   (대) 제품매출   11,000,000원

문제 4

[1] 7월 31일 일반전표 입력수정
수정 전 : (차) 대손충당금(109)   2,200,000원   (대) 외상매출금(㈜반도전자)   2,200,000원
수정 후 : (차) 대손충당금(109)   950,000원   (대) 외상매출금(㈜반도전자)   2,200,000원
         대손상각비(판)   1,250,000원

[2] 8월 22일 일반전표 입력
수정 전 : (차) 세금과공과(판)   500,000원   (대) 현금   500,000원
수정 후 : (차) 차량운반구   500,000원   (대) 현금   500,000원

문제 5

[1] 12월 31일 일반전표입력
(차) 선급비용   3,000,000원   (대) 보험료(판)   3,000,000원

[2] 퇴직급여충당부채는 보고기간말 현재 전종업원이 일시에 퇴직할 경우 지급하여야 할 퇴직금에 상당하는 금액으로 한다. (일반기업회계기준 21.8)
퇴직급여(제) : 22,000,000원 − (20,000,000원 − 8,000,000원) = 10,000,000원
퇴직급여(판) : 19,000,000원 − (17,000,000원 − 7,000,000원) = 9,000,000원
다음 ①, ② 중 선택하여 입력
① 결산자료 입력 메뉴에서 입력 후 전표추가
    생산부 : 노무비 − 퇴직급여 10,000,000원, 영업부 : 판매비와관리비−퇴직급여 9,000,000
② 12월 31일 일반전표입력
(차) 퇴직급여(제)   10,000,000원   (대) 퇴직급여충당부채   19,000,000원
    퇴직급여(판)   9,000,000원

[3] 결산자료입력 메뉴를 선택한 후 제품매출원가란의 감가상각비 해당 칸에 각각
건물 : 8,500,000원, 기계장치 : 3,700,000원, 차량운반구 : 1,200,000원을 입력한 후 전표추가

문제 6

[1] 5월 총계정원장 조회(월별 탭, 조회기간 : 1월 ~ 6월) 〉 접대비 조회

[2] 거래처원장 메뉴 : 기간 : 5월1일부터 5월31일,
    계정과목 : (251)외상매입금 조회 우송유통의 차변 금액을 조회 18,753,000원

[3] 8매, 34,000,000원(세금계산서합계표 4~6월로 조회한 후, 매출 탭 – 전체데이터 탭을 조회)

실기 모의고사 5회 정답 및 해설

[1] 전기분재무상태표 : 원재료 7,000,000원 → 9,500,000원 수정 입력
  전기분원가명세서 : 당기제품제조원가 확인 (158,501,000)
  전기분손익계산서 : 당기제품매출원가의 당기제품제조원가 수정 입력(158,501,000)
  전기분잉여금처분계산서 : 당기순이익 수정 입력 (47,874,000)
  전기분재무상태표 : 이월이익잉여금 수정 입력(49,074,000)

[2] • 단기대여금 : ㈜세움상사 500,000원에서 5,000,000원 으로 수정
     ㈜사랑상사 4,800,000원 추가입력

  • 외상매입금 : ㈜미래엔상사 4,300,000원에서 2,500,000원 으로 수정
     ㈜아이필 2,500,000원에서 4,300,000원 으로 수정

[3] [거래처등록]

No	코드	거래처명	가맹점(카드)번호	유형
1	99600	해피카드	4500-1101-0052-6668	매입
2	99601	마스타카드	112478954	매출
3	99602	축협카드	1245-7845-4521-0546	매입
4	99603	신한카드	5241-4754-6523-4856	매입

1. 사업자등록번호
2. 가 맹 점 번 호
3. 카드번호(매입)   4500-1101-0052-6668
4. 카드종류(매입)   3 3.사업용카드
5. 카드 소유 담당
6. 전 화 번 호
7. 결 제 계 좌   은행명
    계좌번호
8. 신용카드사코드

문제 2

[1] 7월 14일 일반전표 입력
  (차) 단기매매증권   3,500,000원   (대) 보통예금   3,505,000원
    수수료비용(984)   5,000원

[2] 7월 31일 일반전표입력
  (차) 대손충당금(109)   2,700,000원   (대) 외상매출금((주)금호전자)   2,700,000원

[3] 9월 11일 일반전표입력 대체전표
  차입당시 환율 ¥400,000 × 1,100원 ÷ 100 = 4,400,000원
  (차) 보통예금   4,400,000원   (대) 장기차입금(홋카이상사)   4,400,000원

[4] 9월 25일,
  (차) 토지   1,000,000원   (대) 자본금   500,000원
              주식발행초과금   500,000원

[5] 10월 2일 일반전표입력
　　(차) 받을어음((주)평화산업)　10,000,000원　　(대) 외상매출금(동아전자)　15,000,000원
　　　　현금　　　　　　　　　　5,000,000원

[6] 11월 14일 일반전표입력
　　(차) 복리후생비(판)　　　　　2,500,000원　　(대) 미지급금(신한카드)　　2,500,000원

문제 3

[1] 8월 1일 매입매출전표 입력
　　유형 : 11 과세, 공급가액 : 15,000,000원, 부가세 : 1,500,000원, 거래처 : ㈜진영상사, 전자 : 여, 분개 : 혼합
　　(차) 현금　　　　　　　　　　2,200,000원　　(대) 제품매출　　　　　　　15,000,000원
　　　　외상매출금　　　　　　　14,300,000원　　　　부가세예수금　　　　　1,500,000원

[2] 8월 20일,
　　유형 : 51 과세, 공급가액 : 19,000,000원, 부가세 : 1,900,000원, 거래처 : ㈜기현자동차, 전자 : 여, 분개 : 혼합
　　(차) 차량운반구　　　　　　　19,000,000원　　(대) 미지급금　　　　　　　20,900,000원
　　　　부가세대급금　　　　　　1,900,000원

[3] 10월10일
　　유형 : 54 불공, (불공사유 : 6.토지의자본적지출 관련), 공급가액 : 1,000,000원, 부가세 100,000원,
　　거래처 : ㈜방배, 전자 : 여, 분개 : 혼합
　　(차) 토지　　　　　　　　　　1,100,000 원　　(대) 당좌예금　　　　　　　1,100,000원

[4] 10월 18일 유형 : 61.현과, 공급가액 : 50,000원, 부가세 : 5,000원, 거래처 : ㈜슬라임, 분개 : 현금 또는 혼합
　　(차) 소모품　　　　　　　　　50,000원　　　(대) 현금　　　　　　　　　55,000원
　　　　부가세대급금　　　　　　5,000원

[5] 11월 2일 매입매출전표 입력

날 짜	유 형	공급가액	부가세	거래처	전자	분개
11월 2일	영세(12)	22,000,000원	-	㈜정연	여	혼합
분개	(차) 선수금		3,000,000	(대) 제품매출		22,000,000원
	외상매출금		19,000,000			

* 영세율 구분 : (3.내국신용장·구매확인서에 의하여 공급하는 재화)을 반드시 입력할 것

[6] 11월 28일 유형 : 54.불공(사유4번), 공급가액 : 300,000,부가세 : 30,000, 거래처 : (주)동양마트,
　　전자 : 여, 분개 : 혼합
　　(차) 접대비(813)　　　　　　330,000원　　　(대) 현금　　　　　　　　　330,000원

문제 4

[1] 11월 10일 매입매출전표 매입 카면을 매입 카과로 수정
수정 전 : 유형 : 58 카면, 거래처 : ㈜오일정유, 공급가액 : 330,000원, 분개 : 카드
수정 전 : (차) 차량유지비(제)   330,000원   (대) 미지급금(축협카드)   330,000원
수정 후 : 유형 : 57 카과, 거래처: ㈜오일정유, 공급가액 : 300,000원, 부가세 : 30,000, 분개 : 카드
수정 후 : (차) 차량유지비(제)   300,000원   (대) 미지급금(축협카드)   330,000원
             부가세대급금   30,000원

[2] 11월 23일, 일반전표 수정 입력
수정 전 : (차)퇴직급여(판매관리비)   1,500,000원   (대) 보통예금   1,500,000원
수정 후 : (차)퇴직연금운용자산   1,500,000원   (대) 보통예금   1,500,000원

문제 5

[1] 1) 결산자료입력 중 감가상각비 입력란에
     기계장치(제) 2,000,000원, 비품(판) 450,000원 입력
   2) 무형자산상각비 입력란에 개발비 300,000원 입력 후 전표추가
     또는 일반전표입력 12월 31일
     (차) 감가상각비(제)   2,000,000원   (대) 감가상각누계액(207) 2,000,000원
         감가상각비(판)   450,000원   감가상각누계액(213)   450,000원
         무형자산상각비   300,000원   (대) 개발비   300,000원

[2] 12월 31일 일반전표입력
   (차) 법인세등   12,500,000원   (대) 선납세금   6,000,000원
                                         미지급세금   6,500,000원
   결산자료입력 메뉴를 선택한 후 법인세등란의 해당 칸에 각각 다음의 금액을 입력한 후, 전표추가.
   1) 선납세금 : 6,000,000원
   2) 추가계상액 : 6,500,000원

[3] 수동결산으로 12월 31일자로 일반전표입력 중 대체전표로 입력함
   매출채권×대손설정률 − 기말 대손충당금 잔액 = 당기 설정 대손충당금
              (잔액이 △인 경우 대손충당금환입으로 처리한다.)
   외상매출금 3,306,000원 − 3,700,000원 = △394,000원
   받을어음   1,380,000원 − 1,500,000원 = △120,000원
   (차) 대손충당금(109)   394,000원   (대) 대손충당금환입   394,000원
   (차) 대손충당금(111)   120,000원   (대) 대손충당금환입   120,000원

문제 6

[1] 장부관리 매입매출장 메뉴에서 4월 1일과 6월 30일 입력한 후 구분 2.매출 유형, 17.카과를 선택.
   공급대가 : 13,200,000원

[2] 2,400,000원
   부가세신고서 → 조회기간 : 04.01~06.30 → 14.그밖의공제매입세액 → 신용카드매출수령금액합계표 → 42.고정매입

[3] 재무상태표(6월) 조회
   차량운반구 110,000,000원 – 감가상각누계액(차량운반구) 25,000,000원 = 85,000,000원

computerized

accounting

1st level

computerized accounting 1st level

실기편

Part 3. 기출문제 풀이

CHAPTER

01. 기출문제 파일 다운로드 및 실행방법
02. 제90회 전산회계 1급 문제
03. 제91회 전산회계 1급 문제
04. 제92회 전산회계 1급 문제
05. 제93회 전산회계 1급 문제
06. 기출문제 정답 및 해설

Chapter 01 | 기출문제 파일 다운로드 및 실행방법

1 "구민사 홈페이지(http://www.kuhminsa.co.kr) 자료실(구민사 홈페이지→고객센터→자료실)에서 "전산회계 1급 90-93회 기출문제 파일.exe"파일을 다운로드 받는다.

2 다운로드된 파일에 대하여 압축을 푼 후, 해당 회차 폴더를 클릭후 "tax.exe"파일 아이콘을 눌러 설치한다. 각 회차별 문제 처음에 표시된 모의수험번호, 감독관 확인 번호를 입력하여 프로그램을 활성화시킨다.

3 문제를 풀 때에는 실기->이론 순으로 한다. 이론문제와 장부조회 문제 답안을 메인 화면 왼쪽 하단에 있는 "이론문제 답안작성" 버튼을 눌러 입력창에 입력 후, 오른쪽 하단에 있는 저장버튼을 눌러 기출문제 풀이를 마무리한다.

4 기출문제를 풀 때에는 kclep 프로그램이 최신버전이어야 한다.

5 기출문제 풀이 시 주의사항
  ① 문제에서 한국채택국제회계기준을 적용하도록 하는 전제조건이 없는 경우, 일반기업회계기준을 적용한다.
  ② 일반전표입력 시 유의사항
    • 일반적인 적요의 입력은 생략하지만, 타계정 대체거래는 적요번호를 선택하여 입력한다.
    • 채권·채무와 관련된 거래는 별도의 요구가 없는 한 반드시 기 등록되어 있는 거래처 코드를 선택하는 방법으로 거래처명을 입력한다.
    • 제조경비는 500번대 계정코드를, 판매비와 관리비는 800번대 계정코드를 사용한다.
    • 회계처리 시 계정과목은 별도제시가 없는 한 등록되어 있는 계정과목 중 가장 적절한 과목으로 한다.
  ③ 매입매출전표입력 시 유의사항
    • 일반적인 적요의 입력은 생략하지만, 타계정 대체거래는 적요번호를 선택하여 입력한다.
    • 별도의 요구가 없는 한 반드시 기 등록되어 있는 거래처코드를 선택하는 방법으로 거래처명을 입력한다.
    • 제조경비는 500번대 계정코드를, 판매비와 관리비는 800번대 계정코드를 사용한다.
    • 회계처리 시 계정과목은 별도제시가 없는 한 등록되어 있는 계정과목 중 가장 적절한 과목으로 한다.
    • 입력화면 하단의 분개까지 처리하고, 전자세금계산서 및 전자계산서는 전자입력으로 반영한다.

④ 실제 시험에서는 시험용 USB가 제공되므로. 해당 USB를 이용하여 시험에 응시해야 한다. 문제유형이 A,B형으로 구분되어 있으므로, 본인의 시험지를 확인하여 유형을 정확하게 표시해야 한다. 실무문제는 자동저장되며, 이론문제 및 장부조회문제는 메인화면 왼쪽 하단 "이론문제 답안작성" 메뉴에 입력하여 저장한다. 문제저장을 마무리하면 메인화면 오른쪽 하단의「답안저장(USB)로 저장)」을 클릭하여 저장하고, KcLep프로그램을 종료후 USB메모리를 제출해야 시험이 끝난다.

> 기출문제를 통하여 실전감각 향상 및 본인의 학습수준 확인을 해 보시기 바랍니다.
> 꾸준히 반복하여 문제를 풀다 보면 합격은 여러분들의 것입니다. 실제 시험을 본다는 느낌을 가지고 문제를 풀어보시기 바랍니다.

Chapter 02 | 제90회 전산회계 1급 문제

샘플 수험번호: 21111111 감독관확인번호: 3603

이론시험

■ 다음 문제를 보고 알맞은 것을 골라 이론문제 답안작성 메뉴에 입력하시오.(객관식 문항당 2점)

01 다음은 도매업을 영위하는 (주)한국의 비용 관련 자료이다. 영업외비용의 합계액은 얼마인가?

- 복리후생비 : 1,000,000원
- 이자비용 : 1,500,000원
- 재고자산감모손실(비정상적 발생) : 1,500,000
- 감가상각비 : 1,500,000원
- 외환차손 : 1,000,000원
- 급여 : 3,000,000원

① 4,000,000원 ② 3,500,000원
③ 3,000,000원 ④ 2,500,000원

02 다음은 재무회계개념체계에 대한 설명이다. 회계정보의 질적 특성 중 무엇에 대한 설명인가?

- 정보이용자가 기업실체의 미래 재무 상태, 경영 성과, 순현금흐름 등을 예상하는데 그 정보가 활용될 수 있는 능력을 의미한다. 예를 들어, 반기 재무제표에 의해 발표되는 반기 이익은 올해의 연간 이익을 예상하는 데 활용될 수 있다.

① 신뢰성 ② 예측가치
③ 표현의 충실성 ④ 피드백가치

03 다음 중 자본에 대한 설명으로 옳지 않은 것은?

① 이익잉여금을 자본 전입하는 주식배당 시, 자본금은 증가하고 이익잉여금은 감소한다.
② 주식발행초과금은 주식의 발행가액이 액면가액을 초과하는 경우 그 초과 금액을 말한다.
③ 기말 재무상태표상 미처분이익잉여금은 당기 이익잉여금의 처분사항이 반영되기 전 금액이다.0
④ 주식배당과 무상증자는 순자산의 증가가 발생한다.

04 다음 사항 중 재고자산에 포함되는 금액은 얼마인가? (단, 미착상품은 모두 매입하는 상품으로 운송 중에 있는 것으로 가정한다.)

- 미착상품(도착지인도조건) : 50,000원
- 위탁상품(수탁자창고보관) : 50,000원
- 미착상품(선적지인도조건) : 50,000원
- 시송품(구매의사표시없음) : 50,000원

① 50,000원
② 100,000원
③ 150,000원
④ 200,000원

05 다음 거래를 모두 반영하였을 경우 나타날 결과에 대한 설명으로 옳은 것은?

- 6월 1일 : 시장성 있는 ㈜세무의 주식(액면금액 5,000원) 100주를 단기간 보유할 목적으로 주당 5,200원에 취득하였다.(단, 취득과정에서 수수료 10,000원이 발생하였다.)
- 8월 1일 : ㈜세무로부터 중간배당금으로 주당 300원씩 수취하였다.
- 9월 1일 : ㈜세무의 주식 100주를 주당 5,100원에 처분하였다.

① 당기순이익이 10,000원 감소한다.
② 당기순이익이 20,000원 감소한다.
③ 당기순이익이 10,000원 증가한다.
④ 당기순이익이 20,000원 증가한다.

06 다음의 내용을 수정 분개 하는 경우 적절한 회계 처리로 옳은 것은?

- 임직원의 퇴직금과 관련하여 외부 금융기관에 보통예금 계좌에서 500,000원을 예치하면서 회계담당자가 확정급여형(DB) 퇴직연금으로 회계처리 하였다. 그러나 기업은 퇴직금을 확정기여형(DC) 퇴직연금으로만 운영하고 있다.

① 차) 퇴직급여 500,000원 대) 보통예금 500,000원
② 차) 퇴직연금운용자산 500,000원 대) 보통예금 500,000원
③ 차) 퇴직급여 500,000원 대) 퇴직연금운용자산 500,000원
④ 차) 퇴직연금운용자산 500,000원 대) 퇴직급여 500,000원

07 다음은 (주)서울의 제7기(1.1~12.31) 재고자산 관련 자료이다. 선입선출법에 의한 기말재고자산 금액은 얼마인가?

일자	적요	수량	단가
1월 3일	기초재고	20개	100원
3월 14일	매입	10개	120원
7월 20일	매출	20개	150원
11월 12일	매입	10개	140원

① 2,000원
② 2,400원
③ 2,500원
④ 2,600원

08 다음 중 유동부채에 해당하는 금액을 모두 합하면 얼마인가?

> • 외상매입금 : 100,000원   • 장기차입금 : 800,000원(유동성장기부채 300,000원 포함)
> • 단기차입금 : 150,000원   • 미지급비용 : 50,000원
> • 선 수 금 : 70,000원

① 300,000원 ② 670,000원
③ 750,000원 ④ 870,000원

09 회사는 제조간접비를 직접노무시간을 기준으로 배부하고 있다. 당해 제조간접비 배부 차이는 10,000원이 과대배부되었다. 당기말 현재 실제 제조간접비 발생액은 40,000원이고, 실제직접노무시간이 2,000시간일 경우 예정배부율은 얼마인가?

① 25원/시간당 ② 30원/시간당
③ 40원/시간당 ④ 50원/시간당

10 종합원가계산방법과 개별원가계산방법에 대한 내용으로 올바르게 연결된 것은?

	구분	종합원가계산방법	개별원가계산방법
①	핵심과제	제조간접비 배분	완성품환산량 계산
②	업 종	건설업	식품제조업
③	원가집계	공정 및 부문별 집계	개별작업별 집계
④	장 점	정확한 원가계산	경제성 및 편리함

11 다음은 원가 개념에 대한 설명이다. 공인중개사 수험서 구입비 50,000원은 어떤 원가를 의미하는가?

> 공인중개사 자격시험을 위해 관련 수험서를 50,000원에 구입하여 공부하다가, 진로를 세무회계 분야로 전환하면서 전산세무회계 자격증 수험서를 40,000원에 새로 구입하였다.

① 전환원가 ② 매몰원가
③ 미래원가 ④ 대체원가

12 다음 중 원가에 대한 설명으로 가장 옳지 않은 것은?

① 직접재료비는 기초원가에 해당된다.
② 매몰원가는 의사결정과정에 영향을 미치지 않는 원가를 말한다.
③ 고정원가는 조업도의 변동에 관계없이 총 원가가 일정한 원가를 말한다.
④ 직접원가란 특정한 원가 집적 대상에 추적할 수 없는 원가를 말한다.

13 다음 중 부가가치세법상 재화 공급시기에 대한 설명으로 옳지 않은 것은?

① 상품권을 외상으로 판매하는 경우에는 외상대금의 회수일을 공급시기로 본다.
② 폐업 전에 공급한 재화의 공급시기가 폐업일 이후에 도래하는 경우에는 그 폐업일을 공급시기로 본다.
③ 반환 조건부판매의 경우에는 그 조건이 성취되거나 기한이 경과되어 판매가 확정되는 때를 공급시기로 본다.
④ 무인판매기를 이용하여 재화를 공급하는 경우에는 당해 사업자가 무인판매기에서 현금을 인취하는 때를 공급시기로 본다.

14 다음 중 부가가치세법상 영세율과 면세에 대한 설명으로 옳지 않은 것은?

① 면세사업자는 부가가치세법상 납세의무자가 아니다.
② 면세사업자가 영세율을 적용받고자 하는 경우에는 면세포기 신고를 하여야 한다.
③ 영세율은 부가가치세 부담이 전혀 없는 완전면세제도에 해당한다.
④ 면세제도는 소비지국과세원칙을 구현하고 부가가치세의 역진성을 완화하기 위해 도입된 제도이다.

15 당사는 5월 1일부터 5월 31일까지 공급한 금액을 모두 합하여 작성연월일을 5월 말일자로 세금계산서를 발급하기로 하였다. 부가가치세법상 세금계산서는 언제까지 발급하여야 하는가?

① 6월 7일 ② 6월 10일
③ 6월 15일 ④ 6월 30일

실무시험

■ 봉화물산(주)(회사코드 : 0903)은 완구류를 제조하여 판매하는 중소기업이며, 당기(제4기) 회계기간은 2020. 1. 1. ~ 2020. 12. 31. 이다. 전산세무회계 수험용 프로그램을 이용하여 다음 물음에 답하시오.

문제 1 다음은 기초정보관리에 대한 자료이다. 각각의 요구사항에 대하여 답하시오.(10점)

[1] 다음 자료를 이용하여 거래처등록의 [신용카드]탭에 추가로 입력하시오.(3점)

코드	거래처명	카드번호	유형	결제계좌	결제일	사용한도	카드종류
99613	카카오 법인카드	9408-0000-3481-0019	매입	국민은행 095-21-0013-112	매월 20일	5,000,000원	사업용 카드

[2] 거래처별 초기이월 채권과 채무 잔액에 있어서 다음과 같은 차액이 발생하였을 경우 적절하게 정정하시오.(4점)

계정과목	거래처	수정 전 잔액	수정 후 잔액
외상매출금	㈜대원	1,550,000원	1,500,000원
	㈜대현	6,905,000원	6,900,000원
받을어음	㈜안동	8,500,000원	5,500,000원
	㈜안성	7,250,000원	10,250,000원

[3] 계정과목 및 적요 등록 메뉴에서 복리후생비(판) 계정의 대체전표 적요 3번에 "영업직원 대상포진 예방접종비 지원"을 등록하시오.(3점)

문제 2 다음 거래 자료를 일반전표입력 메뉴에 추가 입력하시오.(일반전표입력의 모든 거래는 부가가치세를 고려하지 말 것)(18점)

[1] 7월 8일 공장 건물신축을 위한 1차 중도금 30,000,000원을 자기앞수표로 지급하다. 공장의 착공일은 2020년 7월 3일이며, 준공예정일은 2021년 8월 31일이다.(3점)

[2] 7월 20일 공장 이전을 위하여 공장 건물의 3층을 (주)수경산업으로부터 임차하기로 하였으며, 임차보증금 50,000,000원을 보통예금으로 이체하였다.(3점)

[3] 7월 30일 보유 중인 자기주식 100주(1주당 액면가 10,000원, 1주당 취득가 12,000원) 중 25%를 500,000원에 처분하고 처분대금 전액이 당일에 보통예금으로 입금되었다. 처분전 자기주식처분이익 및 자기주식처분손실계정의 잔액은 없다.(3점)

[4] 8월 25일 당해연도 중 단기시세차익을 목적으로 취득하였던 (주)엘지의 주식 1,000주(1주당 액면가 500원, 1주당 취득가 1,000원) 중 50%를 1주당 1,500원에 처분하고 보통예금에 입금하였다. 시세차익을 모두 단기매매증권처분이익으로 회계 처리하시오.(3점)

[5] 10월 19일 화재피해를 입은 지역주민의 자립을 돕기 위해 현금 500,000원을 지역주민센터를 통하여 기부하고, 지역주민센터로부터 기부금 영수증을 수령하다.(3점)

[6] 10월 31일 매출처 (주)대원의 부도로 외상매출금 잔액 1,500,000원이 회수불가능하여 대손처리하였다. 대손처리하기 전 재무상태표상 대손충당금잔액은 84,000원이다.(단, 부가가치세는 고려하지 말 것)(3점)

문제 3 다음 거래 자료를 매입매출전표입력 메뉴에 입력하시오.(18점)

[1] 8월 7일 비사업자인 김민영에게 제품을 판매하고 대금 550,000원(부가세포함)은 현금으로 받고 현금영수증을 발급하였다.(3점)

[2] 8월 17일 (주)인왕에게 제품B 50개를 판매하고 전자세금계산서를 발급하였으며, 대금은 (주)인왕이 발행한 약속어음으로 받다.(3점)

전자세금계산서(공급자 보관용)						승인번호		20200817-14598230-1203467	
공급자	사업자 등록번호	506-81-94325	종사업장 번호		공급받는자	사업자 등록번호	610-81-51299	종사업장 번호	
	상호 (법인명)	봉화물산㈜	성 명 (대표자)	김진수		상호 (법인명)	㈜인왕	성 명 (대표자)	박삼구
	사업장 주소	경북 봉화군 봉화읍 내성로 3길 18				사업장 주소	울산 중구 태화로 150		
	업태	제조 도소매	종목	완구류		업태	제조 도소매	종목	완구
비고					수정사유				
작성일자		2020.8.17.	공급가액			4,000,000원	세액		400,000원
월	일	품목	규격	수량	단가	공급가액	세액	비 고	
8	17	제품B		50	80,000원	4,000,000원	400,000원		
합계금액		현 금		수 표		어 음	외상미수금	이 금액을 영수함	
4,400,000원						4,400,000원			

[3] 9월 26일 (주)대전에 공장에서 사용하는 기계장치(취득원가 25,000,000원, 감가상각누계액 21,000,000원)를 5,000,000원(부가세 별도)에 매각하면서 전자세금계산서를 발급하였으며, 대금은 (주)대전이 발행한 약속어음으로 받다.(3점)

[4] 9월 30일 (주)한국마트에서 도라지배즙 선물세트를 1세트당 55,000원(부가가치세 별도)에 10세트를 구입하여 영업부서의 매출거래처에 선물하였다. 전자세금계산서를 수취하였으며, 대금은 보통예금으로 지급하였다.(3점)

[5] 11월 15일 (주)현대로부터 비품인 업무용 노트북을 2,200,000원(부가가치세포함)에 구입하고 전자세금계산서를 발급받았다. 대금 중 100,000원은 11월 1일에 계약금으로 이미 지급하였고, 남은 잔액은 보통예금으로 이체하였다.(3점)

[6] 11월 20일 원재료 매입처의 공장 이전을 축하하기 위해 가나조경에서 축하화환을 주문하여 배송하고, 대금 300,000원은 당사 법인카드(국민카드)로 결제하고, 아래와 같은 신용카드매출전표를 수취하였다. 적절한 회계 처리를 하시오.(3점)

```
            신용카드매출전표
------------------------------------
카드종류 : 국민카드
회원번호 : 2224-1222-****-1345
거래일시 : 2020.11.20. 14:05:16
거래유형 : 신용승인
매   출 : 300,000원
부 가 세 :       0원
합   계 : 300,000원
결제방법 : 일시불
승인번호 : 71999995
은행확인 : 국민은행
------------------------------------
가맹점명 : 가나조경
           - 이하생략 -
```

문제 4 일반전표입력 및 매입매출전표입력 메뉴에 입력된 내용 중 다음과 같은 오류가 발견되었다. 입력된 내용을 확인하여 정정하시오.(6점)

[1] 7월 25일 회계 처리한 '세금과공과금'은 2020년 제1기 확정신고 기간에 대한 부가가치세를 보통예금에서 인터넷뱅킹을 통해 납부한 것이다.(회사는 6월 30일자로 부가가치세와 관련한 회계 처리를 이미 하였다.)(3점)

[2] 9월 4일 영업부서에서 (주)한국마트에 지출한 복리후생비 50,000원은 일반 간이영수증이 아닌 현금영수증으로 매입세액공제가 가능한 것으로 확인되었다.(3점)

문제 5 결산정리사항은 다음과 같다. 해당메뉴에 입력하시오.(9점)

[1] 대한은행으로부터 차입한 장기차입금 중 12,000,000원이 만기가 1년 미만으로 도래하였다.(3점)

[2] 외상매출금계정에는 미국에 소재한 STAR CAMP에 대한 외화외상매출금 $40,000이 포함되어 있다.(회계기간 종료일 현재 기준환율 : $1=1,250원, 선적(발생)일 기준환율 : $1=1,200원)(3점)

[3] 12월 31일 결산일 현재 재고자산의 기말재고액은 다음과 같다.(3점)

• 원재료 : 5,500,000원   • 재공품 : 10,000,000원   • 제품 : 15,700,000원

문제 6 다음 사항을 조회하여 답안을 이론문제 답안작성 메뉴에 입력하시오.(9점)

[1] 제1기 확정 신고 기간 중 영세율 전자세금계산서를 발행한 금액은 얼마인가?(3점)

[2] 5월 31일 현재 외상매출금 잔액이 가장 큰 거래처의 외상매출금 잔액은 얼마인가?(3점)

[3] 상반기 중 제조부의 전력비가 가장 적게 발생한 월과 금액은 얼마인가?(3점)

Chapter 03 | 제91회 전산회계 1급 문제

샘플 수험번호 21111111 | 감독관확인번호 1312

이론시험

■ 다음 문제를 보고 알맞은 것을 골라 이론문제 답안작성 메뉴에 입력하시오. (객관식 문항당 2점)

01 다음 중 재고자산에 대한 설명으로 가장 옳지 않은 것은?

① 재고자산 매입시 발생하는 매입부대비용은 취득원가에 가산한다.
② 재고수량의 결정방법 중 계속기록법을 적용하면 기말재고자산 수량이 정확하게 계산되고, 실지재고조사법을 적용하면 매출수량이 정확하게 계산된다.
③ 재고자산의 감모손실은 정상감모와 비정상감모로 구분한다.
④ 평균법은 기초재고자산과 당기에 매입한 상품에 대해 평균 단위당 원가를 구하여 기말재고자산과 매출원가를 계산하는 것이다.

02 다음 거래에 대한 회계처리를 정확히 하였을 경우 영업외비용에 포함되는 것은?

> ㉠ 매출거래처로부터 받은 약속어음을 만기 전에 금융기관에 매각거래 조건으로 할인받다.
> ㉡ 매입거래처에 지급한 약속어음이 만기 전에 금융기관에 매각되었다고 통보받다.
> ㉢ 매출거래처 파산으로 외상대금 중 일부를 회수하지 못하다.
> ㉣ 매입거래처의 외상대금을 조기상환하고 일정비율을 할인받다.

① ㉠ ② ㉡ ③ ㉢ ④ ㉣

03 다음의 내용을 결산시점에 결산수정분개로 반영하였을 경우 당기순이익의 변동은?

> • 매출채권잔액 5,500,000원에 대해 2%의 대손충당금을 설정하지 않았다. 단, 설정전 대손충당금 기말잔액은 30,000원이라고 가정한다.
> • 12월 15일에 가수금으로 회계 처리하였던 50,000원에 대하여 기말에 가수금에 대한 원인이 파악되지 아니하여 결산수정분개를 해야 하는데 하지 않고 있다.

① 당기순이익을 30,000원 감소시킨다. ② 당기순이익을 60,000원 감소시킨다.
③ 당기순이익을 130,000원 감소시킨다. ④ 당기순이익을 160,000원 감소시킨다.

04 다음 일반기업회계기준에서 분류되는 계정과목 중 성격이 다른 것은?

① 자기주식　　　　　　　　　② 미교부주식배당금
③ 미지급배당금　　　　　　　 ④ 감자차손

05 다음은 유가증권에 대한 일반기업회계기준의 설명이다. 가장 옳지 않은 것은?

① 유가증권은 증권의 종류에 따라 지분증권과 채무증권으로 분류한다.
② 단기매매증권과 매도가능증권은 공정가치로 평가하는 것을 원칙으로 한다.
③ 만기보유증권은 상각후원가로 평가하며, 유효이자율법을 적용하여 상환기간에 걸쳐 배분한다.
④ 유가증권 처분시 발생하는 증권거래 수수료 등의 비용은 판매비와일반관리비로 회계처리한다.

06 다음 중 유형자산의 감가상각과 관련한 설명으로 가장 옳지 않은 것은?

① 감가상각의 주목적은 취득원가의 배분에 있다.
② 정률법은 자산의 내용연수 동안 감가상각액이 매기간 증가하는 방법이다.
③ 감가상각비는 자산의 제조와 관련된 경우 관련자산의 제조원가로 계상한다.
④ 감가상각방법은 해당 자산으로부터 예상되는 미래경제적효익의 소멸형태에 따라 선택하고, 소멸 형태가 변하지 않는 한 매기 계속 적용한다.

07 다음 일반기업회계기준에 의한 손익계산서의 작성기준 중 옳지 않은 것은?

① 현금 유·출입시점에 관계없이 당해 거래나 사건이 발생한 기간에 수익·비용을 인식하는 발생주의에 따른다.
② 수익은 실현주의로 인식한다.
③ 비용은 관련 수익이 인식된 기간에 인식한다.
④ 서로 연관된 수익과 비용은 직접 상계함으로써 순액으로 기재해야 한다.

08 다음 중 사채에 대한 설명으로 옳지 않은 것은?

① 사채란 채권자들로부터 자금을 조달하는 방법이다.
② 사채발행과 관련하여 직접 발생한 사채발행수수료 등은 사채발행가액에서 직접 차감한다.
③ 사채할인발행차금과 사채할증발행차금은 유효이자율법에 따라 상각한다.
④ 시장이자율이 액면이자율보다 더 크다면 사채는 할증발행 된다.

09 공장에서 사용하던 밀링머신이 파손되어 처분하려 한다. 취득원가는 3,000,000원이며 파손시점까지 감가상각누계액은 1,500,000원이다. 동 기계를 바로 처분하는 경우 1,000,000원을 받을 수 있고, 200,000원을 추가로 지출하여 수리하는 경우 1,300,000원을 받을 수 있다. 이때 매몰원가는 얼마인가?

① 1,500,000원
② 1,300,000원
③ 1,000,000원
④ 200,000원

10 다음 중 제조원가명세서에 포함되지 않는 항목은 무엇인가?

① 직접재료원가
② 당기제조원가
③ 기초제품재고액
④ 기말재공품재고액

11 다음 자료를 이용하여 제조부문 Y 에 배부되는 보조부문의 제조간접비 총액을 계산하면 얼마인가?(단, 단계배분법을 사용하고, A부문을 먼저 배분할 것)

	보조부문		제조부문	
	A부문	B부문	X부문	Y부문
A부문	-	40%	20%	40%
B부문	20%	-	30%	50%
발생원가	300,000원	400,000원	400,000원	600,000원

① 120,000원
② 315,000원
③ 325,000원
④ 445,000원

12 원가는 여러 가지 방법을 통해서 분류할 수 있다. 다음 중 원가분류에 대한 설명으로 옳지 않은 것은?

① 자산화 여부에 따라 제품원가와 기간원가로 분류한다.
② 원가행태에 따라 기초원가와 가공원가로 분류한다.
③ 의사결정의 관련성에 따라 관련원가와 비관련원가로 분류한다.
④ 제조활동과의 관련성에 따라 제조원가와 비제조원가로 분류한다.

13 다음 중 부가가치세법상 면세에 해당하지 않는 것은?

① 택시에 의한 여객운송용역
② 도서대여 용역
③ 미술관에의 입장
④ 식용으로 제공되는 임산물

14 다음 중 현행 부가가치세법에 대한 설명으로 가장 틀린 것은?

① 부가가치세는 전단계세액공제법을 채택하고 있다.
② 주사업장총괄납부시 종된 사업장은 부가가치세 신고와 납부의무가 없다.
③ 부가가치세는 0% 또는 10%의 세율을 적용한다.
④ 사업자는 사업장 관할 세무서장이 아닌 다른 세무서장에게도 사업자등록의 신청을 할 수 있다.

15 다음 중 사업자등록 정정사유가 아닌 것은?

① 통신판매업자가 사이버몰의 명칭 또는 인터넷 도메인 이름을 변경하는 때
② 공동사업자의 구성원 또는 출자지분의 변동이 있는 때
③ 증여로 인하여 사업자의 명의가 변경되는 때
④ 법인사업자의 대표자를 변경하는 때

실무시험

■ ㈜용문전자(회사코드 : 0913)은 전자제품을 제조하여 판매하는 중소기업이며, 당기(제5기) 회계기간은 2020. 1. 1.~2020. 12. 31. 이다. 전산세무회계 수험용 프로그램을 이용하여 다음 물음에 답하시오.

문제 1 다음은 기초정보관리에 대한 자료이다. 각각의 요구사항에 대하여 답하시오. (10점)

[1] 아래의 자료를 거래처등록메뉴에 등록하시오. (3점)

- 거래처코드 : 02020
- 사업자등록번호 : 609-85-18769
- 종목 : 가전
- 회사명 : ㈜유미상사
- 대표자 : 김유미
- 사업장주소 : 서울시 강남구 테헤란로 275
- 유형 : 매출
- 업태 : 도소매

※ 주소입력 시 우편번호 입력은 생략.

[2] 본사 영업부 직원 휴게실에서 사용할 음료 등 구입이 빈번한 내용을 복리후생비(판) 적요에 기입하고자 한다. 다음 내용의 적요를 각각 작성하시오.(3점)

- 현금 적요 9. 휴게실 음료 및 차 구입
- 대체 적요 3. 휴게실 음료구입 보통인출

[3] 당해 연도의 정확한 기초 원재료 금액은 5,000,000원이다. 전기분재무상태표, 전기분원가명세서, 전기분손익계산서 및 전기분잉여금처분계산서를 모두 수정 입력하시오.(4점)

문제 2 다음 거래 자료를 일반전표입력 메뉴에 추가 입력하시오.(일반전표입력의 모든 거래는 부가가치세를 고려하지 말 것)(18점)

[1] 7월 4일 당사가 4월 4일 원재료 매입대금으로 거래처인 성남전자에 발행하였던 어음 13,000,000원이 만기가 되어 7월 4일에 당좌수표를 발행하여 지급하였다.(3점)

[2] 8월 5일 당사는 (주)봄날의 주식 100주(액면가 @5,000원)를 900,000원에 취득하였다. 취득시 수수료 30,000원을 포함하여 930,000원을 보통예금에서 이체하였다.(단, (주)봄날의 주식은 시장성이 있으며 단기시세차익 목적이다. 하나의 전표로 처리할 것)(3점)

[3] 8월 13일 미국의 ABC MART에 수출(선적일 : 8월 3일)한 제품에 대한 외상매출금을 회수하여 원화로 당사 보통예금 계좌에 입금하였다.(3점)

- 외상매출금 : 10,000 $
- 8월 3일 환율 : 1,100원/ $
- 8월 13일 환율 : 1,050원/ $

[4] 9월 10일 주주총회에서 결의된 바에 따라 유상증자를 실시하여 신주 10,000주(액면가액 1주당 1,000원)를 주당 1,500원에 발행하고, 증자와 관련하여 수수료 120,000원을 제외한 나머지 증자대금이 보통예금계좌에 입금되었다.(단, 당사는 '주식할인발행차금' 잔액 2,000,000원이 있으며, 하나의 전표로 입력할 것)(3점)

[5] 10월 15일 제조과정에 사용될 원재료 300,000원(시가 500,000원)을 공장 기계장치를 수선하는데 사용하였다.(단, 기계장치의 수선은 수익적 지출에 해당한다.)(3점)

[6] 10월 28일 생산부서에서 새로운 기술적 지식을 얻기 위해 계획적인 탐구활동을 하면서 사용한 물품의 대금 1,000,000원을 당좌수표를 발행하여 지급하였다.(단, 이는 자산 인식 조건을 충족하지 못하였다)(3점)

문제 3 다음 거래 자료를 매입매출전표입력 메뉴에 입력하시오.(18점)

[1] 8월 4일 매출거래처인 (주)성진상사의 대표이사 취임식 행사에 보내기 위한 화분을 (주)건우농원에서 구입하고 아래와 같이 전자계산서를 발급받았다. 대금은 전액 현금으로 지급 하였다. 적절한 회계처리를 하시오.(3점)

전자계산서(공급받는자 보관용)						승인번호		20200804-2208000-10014267	
공급자	사업자등록번호	202-81-00978	종사업장번호		공급받는자	사업자등록번호	206-81-95706	종사업장번호	
	상호(법인명)	㈜건우농원	성명(대표자)	김건우		상호(법인명)	㈜용문전자	성명(대표자)	김민재
	사업장주소	서울 광진구 광장동 143-210				사업장주소	경기도 양평군 용문면 용문로 300		
	업태	소매업	종목	꽃,화환		업태	제조, 도매	종목	전자제품외
비고						수정사유			
작성일자		2020-08-04				공급가액		110,000원	
월	일	품 목	규격	수량	단가	공급 가액		비 고	
8	4	화분				110,000원			
합계금액		현금		수표		어음	외상미수금	금액을 영수 함	
110,000원		110,000원							

[2] 8월 16일 (주)카씽으로부터 업무용 승용차(2,000cc, 5인승, 공급가액 19,000,000원, 부가가치세 별도)를 구입하고 전자세금계산서를 발급받았으며, 대금은 전액 외상으로 하였다.(3점)

[3] 9월 25일 (주)용산으로부터 원재료A를 구입하고 전자세금계산서를 발급받았으며, 대금 중 10,000,000원은 제품을 판매하고 받아 보관 중인 (주)개포의 약속어음을 배서하여 지급하고 잔액은 약속어음을 발행하여 지급하다.(3점)

전자세금계산서(공급받는자 보관용)						승인번호		20200925-1205500-20014255	
공급자	사업자등록번호	220-81-19591	종사업장번호		공급받는자	사업자등록번호	206-81-95706	종사업장번호	
	상호(법인명)	㈜용산	성명(대표자)	백열음		상호(법인명)	㈜용문전자	성명(대표자)	김민재
	사업장주소	서울 용산구 한강로 700				사업장주소	경기도 양평군 용문면 용문로 300		
	업태	제조 도소매	종목	컴퓨터외		업태	제조 도소매	종목	전자제품외
	이메일					이메일			
비고						수정사유			
작성일자		2020-09-25				공급가액	25,000,000원	세액	2,500,000원
월	일	품목	규격	수량	단가	공급가액	세액	비 고	
9	25	원재료A		1,000	25,000원	25,000,000원	2,500,000원		
합계금액		현금		수표		어음	외상미수금	이 금액을 영수 함	
27,500,000원						27,500,000원			

[4] 10월 2일 영업부서에서 사용할 A4용지를 일반과세자인 꽃비문구센터에서 현금으로 구입하고, 다음의 현금영수증(지출증빙)을 수령하였다.(소모품비로 처리할 것)(3점)

```
               꽃비문구센터
109-14-87811                    신화영
경기 양평군 용문면 용문로 147 TEL:3489-8076
홈페이지 http://www.kacpta.or.kr

              현금(지출증빙)

거래일시 : 2020/10/02/14:06:22  거래번호 : 01-0177
상품명              수량              금액
A4용지              10 Box          250,000원

                   공급가액          250,000원
                   부가세            25,000원
        합계                        275,000원
        승인금액                    275,000원
```

[5] 11월 18일 무역업을 영위하는 (주)케이상사에 구매확인서에 의하여 제품을 25,000,000원에 납품하고, 영세율전자세금계산서를 발급하였다. 대금 중 10,000,000원은 동사가 발행한 당좌수표로 받고, 나머지 잔액은 월말에 받기로 하다.(3점)

[6] 12월 11일 영업부 사무실에서 사용하던 비품인 냉장고(취득가액 3,200,000원, 처분시 감가상각누계액 1,600,000원)를 (주)민국에 1,000,000원(부가가치세 별도)에 처분하고 전자세금계산서를 발급하였다. 대금은 현금으로 받았다.(3점)

문제 4 일반전표입력 및 매입매출전표입력 메뉴에 입력된 내용 중 다음과 같은 오류가 발견되었다. 입력된 내용을 확인하여 정정하시오.(6점)

[1] 8월 17일 제조공장의 창문이 파손되어 대한유리에서 수선(수익적 지출)한 후 관련 회계 처리를 일반전표에 입력 하였다. 대금은 법인카드(신한카드)로 결제하였고, 이 거래는 부가가치세 포함금액으로 매입세액 공제가 가능하다.(3점)

[2] 10월 15일 둘둘마트에서 선물세트 100개(공급가액 @50,000원, 부가세 별도)를 당좌예금으로 구입하여 영업부 직원에게 제공한 것으로 회계 처리하였으나 실제로는 매출거래처 직원에게 선물용으로 제공한 것으로 파악되었다.(단, 둘둘마트에서 선물세트를 구입하면서 전자세금계산서를 수취하였다.)(3점)

문제 5 결산정리사항은 다음과 같다. 해당메뉴에 입력하시오.(9점)

[1] 8월 1일 현금으로 받아 영업외수익인 임대료로 회계처리한 1,800,000원 중 임대기간(2020년 8월 1일 ~ 2021년 7월 31일)이 경과되지 아니한 것이 있다.(단, 월할 계산하며 음수로 입력하지 말 것)(3점)

[2] 매출채권(외상매출금, 받을어음) 잔액에 대하여 1%의 대손충당금을 보충법으로 설정하다.(3점)

[3] 결산일 현재 다음과 같이 제조원가명세서와 손익계산서에 감가상각비를 계상하고자 한다.(3점)

- 기계장치(제조부) : 2,000,000원
- 차량운반구(제조부) : 3,500,000원
- 비품(영업부) : 1,000,000원

문제 6 다음 사항을 조회하여 답안을 이론문제 답안작성 메뉴에 입력하시오.(9점)

[1] 2020년 5월 중 영업외수익 합계금액과 영업외비용 합계금액의 차이는 얼마인가?(음수로 입력하지 말 것)(3점)

[2] 3월 중 (주)대한전자에 결제한 외상매입금은 얼마인가?(3점)

[3] 제1기 부가가치세 예정신고기간 중 면세사업수입금액은 얼마인가?(3점)

Chapter 04 | 제92회 전산회계 1급 문제

샘플 수험번호 21111111 감독관확인번호 1356

이론시험

■ 다음 문제를 보고 알맞은 것을 골라 이론문제 답안작성 메뉴에 입력하시오. (객관식 문항당 2점)

01 다음 중 수익과 비용에 대한 설명으로 가장 잘못된 것은?

① 관련 수익과 직접적 인과관계를 파악할 수 있는 비용은 해당기간에 합리적이고 체계적인 배분을 하여 비용으로 인식한다.
② 수익은 특정 회계기간 동안에 발생한 경제적 효익의 증가로서, 지분참여자에 의한 출연과 관련된 것은 제외한다.
③ 수익이란 기업실체의 경영활동과 관련된 재화의 판매 또는 용역의 제공 등에 대한 대가로 발생하는 자산의 유입 또는 부채의 감소이다.
④ 수익은 자산의 증가나 부채의 감소와 관련하여 미래의 경제적 효익이 증가하고 이를 신뢰성 있게 측정할 수 있을 때 인식한다.

02 단기시세차익을 목적으로 상장된 (주)세무의 주식을 2019년도에 취득하여 아래와 같이 보유하고 있는 (주)회계의 2020년도 손익계산서상 인식할 영업외수익 및 영업외비용은 각각 얼마인가?

- 2019년 12월 31일 현재 (주)세무 주식 1,000주를 보유하고 있고 주당공정가치는 5,000원이다.
- 2020년 10월 12일 (주)세무의 주식 500주를 주당 4,900원에 처분하고 현금을 받다.
- 2020년 12월 31일 현재 (주)세무 주식 500주를 보유하고 있고 주당공정가치는 5,100원이다.

    영업외비용   영업외수익   영업외비용   영업외수익
① 100,000원   100,000원   ② 100,000원   50,000원
③ 50,000원   100,000원   ④ 50,000원   50,000원

03 다음 중 재고자산으로 분류되는 경우는?

① 제조업을 운영하는 회사가 공장이전 목적으로 보유 중인 토지
② 도매업을 운영하는 회사가 판매 목적으로 보유하는 상품
③ 부동산매매업을 운영하는 회사가 장기 시세차익을 목적으로 보유하는 유가증권
④ 서비스업을 운영하는 회사가 사옥 이전 목적으로 보유 중인 건물

04 다음 중 기계장치의 취득원가로 올바른 것은?

- 기계장치의 구입가격 : 50,000,000원
- 기계장치의 구입시 운송비용 : 2,000,000원
- 기계장치의 설치비 및 시운전비 : 500,000원
- 기계장치 사용을 위한 직원 교육비 : 1,000,000원

① 53,500,000원 ② 52,000,000원
③ 52,500,000원 ④ 50,500,000원

05 다음 중 일반기업회계기준에 따른 재무제표에 해당하지 않는 것은?

① 재무상태표 ② 손익계산서
③ 주석 ④ 시산표

06 다음 중 재무제표상 자산의 차감항목으로 표시되지 않는 거래는?

① 퇴직급여충당부채 ② 감가상각누계액
③ 대손충당금 ④ 재고자산평가충당금

07 다음 중 사채에 대한 설명으로 틀린 것은?

① 유효이자율법 적용시 할인발행인 경우 사채이자는 매년 감소한다.
② 사채할증발행차금은 당해 사채의 액면가액에서 부가(+)하는 형식으로 기재한다.
③ 유효이자율법 적용시 사채할증발행차금 상각액은 매년 증가한다.
④ 유효이자율법 적용시 사채할인발행차금 상각액은 매년 증가한다.

08 1기 회계연도(1월 1일~12월 31일) 중 10월 1일에 내용연수 5년, 잔존가치 1,000,000원인 기계장치를 5,000,000원에 매입하였으며, 기계장치의 취득부대비용으로 500,000원을 지출하였다. 동 기계는 원가모형을 적용하고, 정액법으로 감가상각한다. 1기 회계연도에 계상될 감가상각비로 맞는 것은?(단, 월할상각할 것)

① 150,000원 ② 200,000원
③ 225,000원 ④ 270,000원

09 갑사의 제품 A와 제품 B에 대한 제조원가 자료는 다음과 같다. 실제개별원가계산 방법에 따라 기계시간을 기준으로 제조간접비를 배부하였을 때 제품 A의 제조원가는 얼마인가?

구분	제품 A	제품 B	합계
직접재료비	7,000,000원	3,000,000원	10,000,000원
직접노무비	4,000,000원	1,000,000원	5,000,000원
제조간접비(실제)	?	?	3,000,000원
기계시간	600시간	400시간	1,000시간
노무시간	400시간	100시간	500시간

① 5,200,000원 ② 12,200,000원
③ 12,800,000원 ④ 13,400,000원

10 다음 중 원가의 행태에 따른 분류에 해당하지 않는 것은?

① 변동원가 ② 고정원가
③ 준고정원가 ④ 매몰원가

11 (주)동영은 올해초 사업을 개시하였다. 다음의 자료에 의해 당기의 매출원가를 구하시오.

기본원가	500,000원	기말재공품	400,000원
제조간접원가	300,000원	기말제품	100,000원

① 100,000원 ② 300,000원
③ 400,000원 ④ 500,000원

12 다음 중 제조원가명세서에 포함되는 항목으로만 짝지어진 것은?

㉠ 기말원재료재고액	㉡ 기말제품재고액	㉢ 기말재공품재고액
㉣ 당기제품제조원가	㉤ 당기총제조원가	㉥ 당기제품매출원가

① ㉠, ㉢, ㉣, ㉤ ② ㉠, ㉡, ㉣, ㉤
③ ㉡, ㉢, ㉣, ㉤ ④ ㉢, ㉣, ㉤, ㉥

13 다음 자료를 이용하여 부가가치세 과세표준을 계산하면 얼마인가?

> • 매출액 : 50,000,000원　　　　• 대손금 : 1,000,000원
> • 판매장려금 : 3,000,000원　　• 매출에누리 : 2,000,000원

① 43,000,000원　　　　　　② 48,000,000원
③ 49,000,000원　　　　　　④ 50,000,000원

14 다음 중 부가가치세 과세대상 거래에 해당하지 않는 것은?

① 사업자가 행하는 재화의 공급　　② 사업자가 행하는 용역의 공급
③ 재화의 수입　　　　　　　　　④ 용역의 수입

15 다음은 사업자등록 신청에 대한 설명이다. 빈칸에 들어갈 일수는 몇 일인가?

> 부가가치세법상 사업자등록을 신청하기 전의 매입세액은 매출세액에서 공제하지 않는다. 다만, 공급시기가 속하는 과세기간이 끝난 후 _____일 이내에 사업자등록 신청을 할 경우 등록신청일부터 공급시기가 속하는 과세기간 기산일까지 역산한 기간 내의 매입세액은 매출세액에서 공제할 수 있다.

① 10일　　　　② 15일　　　　③ 20일　　　　④ 25일

실무시험

■ 호수패션(주)(회사코드 : 0923)은 스포츠의류를 제조하여 판매하는 중소기업이며, 당기(제5기) 회계기간은 2020. 1. 1.~2020. 12. 31. 이다. 전산세무회계 수험용 프로그램을 이용하여 다음 물음에 답하시오.

문제 1 다음은 기초정보관리 및 전기분재무제표에 대한 자료이다. 각각의 요구사항에 대하여 답하시오.(10점)

[1] 신규거래처인 현영상사를 [거래처등록]메뉴에 추가 등록하시오.(3점)

| 현영상사
(코드:3425) | • 유형 : 동시
• 대표자명 : 부현영
• 사업장소재지 : 광주광역시 동구 제봉로 10(학동)
　※ 주소입력시 우편번호는 입력하지 않아도 무방함 | • 사업자등록번호 : 124-29-74624
• 업태/종목 : 제조/컴퓨터및컴퓨터부품 |

[2] [계정과목및적요등록]메뉴에 아래의 계정과목에 대한 적요를 등록하시오.(3점)

- 계정과목 : 833(광고선전비)
- 현금적요 9. 소셜마케팅 비용 지급

[3] 전기분 원가명세서를 검토한 결과 다음과 같은 오류가 발견되었다. 모든 전기분 재무제표의 관련된 부분을 수정하시오(4점)

계정과목	틀린 금액	올바른 금액	내용
복리후생비(511)	3,200,000원	2,300,000원	입력 오류

문제 2
다음 거래 자료를 일반전표입력 메뉴에 추가 입력하시오.(일반전표입력의 모든 거래는 부가가치세를 고려하지 말 것)(18점)

[1] 7월 30일 회사는 임직원을 위해 군민은행에 확정급여형(DB) 퇴직연금에 가입하고 7월분 퇴직연금 10,000,000원을 보통예금에서 납입하였다.(3점)

[2] 8월 28일 부영상사의 파산으로 인해 단기대여금 5,000,000원이 회수가 불가능하여 대손처리 하였다. 단기대여금에 대한 대손충당금 현재 잔액은 3,000,000원이며, 대손세액공제는 고려하지 않기로 한다.(3점)

[3] 10월 1일 (주)한섬자동차로부터 업무용 승용차를 매입하면서 의무적으로 취득해야하는 공채를 구입하고, 대금 200,000원을 현금으로 지급하였다.(공채의 현재가치는 180,000원이며, 회사는 이를 단기매매증권으로 분류하였다)(3점)

[4] 10월 7일 선적지 인도조건으로 ABC상사에 수출(선적일자 9월 23일, 도착일자 9월 28일)한 제품의 외상매출금이 보통예금계좌에 원화로 환전되어 입금되다. 관련 환율은 다음과 같다.(3점)

- 외상매출금 : $3,000
- 9월 23일 환율 : \1,200/$
- 9월 28일 환율 : \1,300/$
- 10월 7일 환율 : \1,400/$

[5] 10월 21일 보통예금계좌에서 500,000원의 이자수익이 발생하였으며, 원천징수세액을 제외한 나머지 금액이 당사의 보통예금으로 입금되었다(원천징수세율은 15.4%로 가정하고 원천징수세액은 자산으로 처리함)(3점)

[6] 11월 1일 다음은 영업팀에서 거래처 임원과의 식사비용을 법인카드(비씨카드)로 결제하고 수취한 신용카드매출전표이다. 일반전표에 입력하시오.(3점)

매출전표

단말기번호	11213692	전표번호	

카드종류		거래종류	결재방법
비씨카드		신용구매	일시불
회원번호(Card No)		취소시 원거래일자	
2224-1222-1000-2000			
유효기간		거래일시	품명
		2020. 11. 1.	
전표제출		금 액/AMOUNT	155,455원
		부 가 세/VAT	15,545원
전표매입사		봉 사 료/TIPS	
		합 계/TOTAL	171,000원
거래번호		승인번호/(Approval No.)	
		98421147	
가맹점	세상의 모든아침		
대표자	정호용	TEL 02	402-235*
가맹점번호		사업자번호	134-00-00587
주소	서울시 서초구 명달로 101		
		서명(Signature)	
		호수패션(주)	

문제 3 다음 거래 자료를 매입매출전표입력 메뉴에 입력하시오.(18점)

[1] 9월 30일 (주)영광패션에 제품을 판매하고 전자세금계산서를 아래와 같이 발급하고 대금수령은 보통예금으로 30,000,000원, 나머지는 어음으로 수취하였다.(3점)

전자세금계산서(공급자 보관용)						승인번호	20200930-15454645-58844486		
공급자	사업자 등록번호	506-81-94325	종사업장 번호		공급받는자	사업자 등록번호	137-81-30988	종사업장 번호	
	상호 (법인명)	호수패션㈜	성명 (대표자)	정홍규		상호 (법인명)	㈜영광패션	성명	박영광
	사업장 주소	세종특별자치시 연기면 연기길 3				사업장 주소	서울 영등포구 여의도동 234		
	업태	제조	종목	스포츠의류		업태	제조, 도매	종목	의류
	이메일					이메일			
작성일자		공급가액		세액		수정사유			
2020.09.30.		50,000,000원		5,000,000원					
비고									
월	일	품목	규격	수량	단가	공급가액	세액	비고	
9	30	의류		1,000개	50,000원	50,000,000원	5,000,000원		
합계금액		현금		수표		어음	외상미수금	이 금액을 영수 함 청구	
55,000,000원		30,000,000원				25,000,000원			

[2] 10월 28일 본사 영업직원이 업무에 사용할 개별소비세 과세대상 자동차를 (주)우주자동차에서 30,000,000원(부가가치세 별도)에 구입하고, 전자세금계산서를 수취하였으며 대금결제는 다음 달에 하기로 하였다.(3점)

[3] 11월 5일 서석컨설팅에서 영업부 직원들의 회계업무 향상 교육을 실시하고, 강사료 550,000원에 대한 전자계산서를 발급 받았다. 강사료는 11월 2일에 지급한 계약금 100,000원을 차감한 잔액을 1개월 후에 지급하기로 하였다.(단, 계약금은 선급금계정으로 처리하였음)(3점)

[4] 11월 10일 비사업자인 박사원에게 제품을 2,200,000원(부가가치세 포함)에 판매하였다. 대금은 현금으로 받고 현금영수증을 발행하였다.(단, 거래처를 입력 할 것)(3점)

[5] 12월 10일 생산부문 근로자들의 성탄절 선물로 하나로마트에서 종합선물세트를 1,100,000원(부가가치세 포함)에 구입하고 법인카드인 하나카드로 결제하였다.(카드매입에 대한 부가가치세 매입세액 공제요건은 충족 함)(3점)

[6] 12월 15일 호주에서 기계장치를 수입하고 수입전자세금계산서를 부산세관장으로부터 발급받았으며, 당일 부가가치세를 보통예금계좌에서 이체 납부하였다.(부가가치세에 대한 회계처리만 할 것)(3점)

수입전자세금계산서						승인번호	20201215-111254645-557786		
세관명	사업자등록번호	601-83-00048	종사업장번호		공급받는자	사업자등록번호	506-81-94325	종사업장번호	
	세관명	부산세관	성명	부산세관장		상호(법인명)	호수패션㈜	성명	정흥규
	세관주소	부산 중구 충장대로 20				사업장주소	세종특별자치시 연기면 연기길 3		
	수입신고번호 또는 일괄발급 기간(총건)	1325874487				업태	제조	종목	스포츠의류
작성일자		과세표준		세액		수정사유			
2020. 12. 15.		50,000,000원		5,000,000원		해당없음			
월	일	품목	규격	수량	단가	과세표준	세액	비고	
12	15	기계장치				50,000,000원	5,000,000원		
※ 과세표준은 관세의 과세가격과 개별소비세, 주세, 교통세 및 농어촌특별세의 합계액으로 한다.									

문제 4 일반전표입력 및 매입매출전표입력 메뉴에 입력된 내용 중 다음과 같은 오류가 발견되었다. 입력된 내용을 확인하여 정정하시오.(6점)

[1] 8월 15일 매출거래처 직원의 결혼축하금으로 200,000원을 현금지급한 것으로 처리한 거래는 당사 생산부문 직원의 결혼축하금인 것으로 확인되었다.(3점)

[2] 9월 22일 공장건물 공사에 대한 대금 2,000,000원을 가나건설에 지급하고 모두 수익적지출로 처리하였다. 그러나 확인 결과 그 중에 50%의 지출은 건물의 가치가 증가한 자본적 지출에 해당한다.(3점)

문제 5 결산정리사항은 다음과 같다. 해당메뉴에 입력하시오.(9점)

[1] 2020년 9월 1일 영업부에서 사용할 소모품 450,000원을 구입하면서 자산으로 회계 처리하였다. 이 중 기말 현재 소모품의 사용액이 330,000원이었다.(3점)

[2] 기말 현재 퇴직급여추계액과 퇴직급여충당부채 설정 전 잔액은 다음과 같다.(3점)

구분	퇴직급여 추계액	퇴직급여충당부채 설정 전 잔액
생산직	20,000,000원	15,000,000원
관리직	20,000,000원	14,000,000원

[3] 결산일 현재 생산부서가 보유하고 있는 유형자산은 다음과 같다.(3점)

취득일	유형자산	취득원가	잔존가치	내용연수	상각방법
2020년 1월 2일	기계장치	40,000,000원	0원	5년	정액법

문제 6 다음 사항을 조회하여 답안을 이론문제 답안작성 메뉴에 입력하시오.(9점)

[1] 6월 30일 현재 유동자산과 유동부채의 금액 차이는 얼마인가?(3점)

[2] 제1기 부가가치세 예정신고기간(1월~3월)의 신용카드매출전표수령금액합계표란의 일반매입세액은 얼마인가?(3점)

[3] 제1기 부가가치세 예정신고기간(1월~3월)의 세금계산서 수취분 중 고정자산의 매입세액은 얼마인가?(3점)

Chapter 05 | 제93회 전산회계 1급 문제

샘플 수험번호 21111111 감독관확인번호 1986

이론시험

■ 다음 문제를 보고 알맞은 것을 골라 이론문제 답안작성 메뉴에 입력하시오. (객관식 문항당 2점)

01 다음의 재무상태표 작성기준 중 그 내용이 가장 적절한 항목은?

① 자산과 부채는 유동성이 작은 항목부터 배열한다.
② 자산, 부채, 자본은 총액으로 표기하지 않고 순액으로 기재한다.
③ 자산과 부채는 결산일 기준 1년 또는 정상영업주기를 기준으로 구분 표시한다.
④ 자본항목 중 잉여금은 주주와의 거래인 이익잉여금과 영업활동의 결과인 자본잉여금으로 구분하여 표시한다.

02 다음의 열거된 항목 중 현금 및 현금성자산의 개수는?

• 자기앞수표 • 선일자수표 • 우편환증서 • 보통예금 • 우표

① 5개   ② 4개   ③ 3개   ④ 2개

03 회사는 현금주의에 의한 당기순이익을 계산한 결과 2020년 회계연도의 순이익은 300,000원이었다. 2020년 말은 2019년 말에 비하여 매출채권감소 70,000원, 미지급비용감소 50,000원이었다. 발생주의 기준에 의한 2020년 회계연도의 당기순이익을 계산하면 얼마인가?

① 210,000원   ② 230,000원   ③ 250,000원   ④ 280,000원

04 ?다음 중 부채에 대한 설명으로 가장 옳지 않은 것은?

① 부채는 과거의 거래나 사건의 결과로 현재 기업실체가 부담하고 있는 미래에 자원의 유출 또는 사용이 예상되는 의무이다.
② 부채는 항상 정상적인 영업주기 내 상환여부에 따라 유동부채와 비유동부채로 분류한다.
③ 퇴직급여충당부채는 보고기간말 현재 전 종업원이 일시에 퇴직할 경우 지급하여야 할 퇴직금에 상당하는 금액으로 한다.
④ 충당부채는 과거사건이나 거래의 결과에 의한 현재의무로서 지출의 시기 또는 금액이 불확실하지만 그 의무를 이행하기 위하여 자원이 유출될 가능성이 매우 높고 또한 당해 금액을 신뢰성 있게 추정할 수 있는 의무를 말한다.

05 다음은 재무회계개념체계에 대한 설명이다. 회계정보의 질적 특성인 신뢰성을 갖기 위하여 필요한 요건이 아닌 것은?

① 표현의 충실성　　　　　　② 검증가능성
③ 중립성　　　　　　　　　　④ 피드백가치

06 아래의 건물과 관련한 지출 중 자산가치를 증가시키는 자본적 지출에 해당하지 않는 것은?

① 생산능력 증대를 위한 증축비용　　② 엘리베이터의 설치비용
③ 철골보강공사비용　　　　　　　　④ 건물벽의 부분도색비용

07 다음 중 시산표와 관련된 설명 중 잘못된 것은?

① 시산표 등식은 기말자산+총비용 = 기말부채+기초자본+총수익이다.
② 잔액이 차변에 남는 계정은 자산과 비용계정이다.
③ 분개는 거래의 이중성에 입각하여 차변요소와 대변요소로 결합되어야 한다.
④ 시산표상에서 발견할 수 있는 오류는 계정과목의 오기 등을 들 수 있다.

08 다음 자료를 바탕으로 자본잉여금의 금액을 계산하면 얼마인가? (단, 각 계정과목은 독립적이라고 가정하고 상계하지 않는다.)

- 자기주식 : 200,000원　　　・주식발행초과금 : 300,000원
- 이익준비금 : 200,000원　　・감자차익 : 250,000원
- 사업확장적립금 : 100,000원・주식선택권 : 150,000원
- 매도가능증권평가이익 : 500,000원・자기주식처분이익 : 350,000원

① 700,000원　　　　　　　　② 900,000원
③ 1,000,000원　　　　　　　④ 1,300,000원

09 공장에서 가동중인 기계장치(취득가액 1,000,000원)가 고장이 났다. 대안 (1)은 기계를 수리하여 재사용하려면 350,000원의 수선비가 투입되어야 하고, 대안 (2)는 폐기의 경우 150,000원을 받을 수 있지만 대체할 다른 기계장치 구입에 600,000원이 소요된다고 한다. 이 경우, 매몰원가의 금액은 얼마인가?

① 150,000원　　　　　　　　② 350,000원
③ 600,000원　　　　　　　　④ 1,000,000원

10 다음 중 보조부문원가를 배분하는 방법과 설명이 잘못된 것은?

① 직접배분법 : 보조부문원가를 다른 보조부문에는 배분하지 않고 제조부문에만 직접 배분하는 방법이다.
② 단계배분법 : 보조부문간의 원가배분의 우선순위를 정하여 우선순위가 높은 보조부문원가로부터 하위의 보조부문 및 제조부문에 순차적으로 배분하는 방법이다.
③ 상호배분법 : 보조부문간의 상호 관련성을 모두 고려하여 배분하는 방법이다.
④ 단일배분율법 : 보조부문원가를 변동원가와 고정원가로 구분하여 각각 다른 배분기준을 적용하여 배분하는 방법이다.

11 종합원가계산시 선입선출법에 의한 환산량이 평균법에 의한 환산량과 동일한 경우에 해당하는 것은?

① 기초재공품이 전혀 없는 경우
② 기초제품이 전혀 없는 경우
③ 기말재공품이 전혀 없는 경우
④ 기말제품이 전혀 없는 경우

12 다음의 설명에 해당하는 것은?

> • 일반적으로 관련범위 내에서 조업도의 변동과 관계없이 발생원가 총액이 일정하다.

① 개별 제품에 대한 포장비용
② 기계사용에 대한 전력비용
③ 공장 건물에 대한 화재보험료
④ 제품 생산에 대한 원재료비

13 다음 중 부가가치세법상 원칙적인 조기환급과 관련된 내용으로 틀린 것은?

① 관할세무서장은 조기환급신고기한이 지난 후 15일 이내에 환급하여야 한다.
② 조기환급기간은 예정신고기간 중 또는 과세기간 최종 3개월 중 매월 또는 매 2월을 말한다.
③ 조기환급기간이 끝난 날부터 15일 이내에 조기환급기간에 대한 과세표준과 환급세액을 신고하여야 한다.
④ 사업설비를 신설·취득·확장 또는 증축하는 경우에는 조기환급 대상이 된다.

14 다음 중 부가가치세법상 재화의 공급시기가 잘못 연결된 것은?

① 외국으로 직수출하는 경우 : 선적일 또는 기적일
② 무인판매기를 이용하여 재화를 공급하는 경우 : 현금을 투입한 때
③ 장기할부판매의 경우 : 대가의 각 부분을 받기로 한 때
④ 폐업할 때 자기생산·취득재화 중 남아 있는 재화 : 폐업일

15 다음 중 부가가치세 영세율과 관련한 설명으로 틀린 것은?

① 영세율은 수출하는 재화 뿐만 아니라 국외에서 공급하는 용역에도 영세율이 적용된다.
② 영세율이 적용되는 경우에는 항상 세금계산서 발급 의무가 면제된다.
③ 영세율이 적용되는 사업자는 부가가치세법상 과세사업자이어야 한다.
④ 영세율이 적용되는 사업자는 부가가치세법상 사업자로서의 제반의무를 이행하여야 한다.

실무시험

■ 대림상사(주)(회사코드 : 0933)은 사무용가구를 제조하여 판매하는 중소기업이며, 당기(제5기) 회계기간은 2020. 1. 1.~2020. 12. 31. 이다. 전산세무회계 수험용 프로그램을 이용하여 다음 물음에 답하시오.

문제 1 다음은 기초정보관리 및 전기분재무제표에 대한 자료이다. 각각의 요구사항에 대하여 답하시오. (10점)

[1] 다음 자료를 보고 거래처등록 메뉴에서 거래처를 등록하시오. (3점)

- 거래처 구분 : 일반거래처
- 거래처명 : ㈜스마일
- 유형 : 동시
- 업태 : 도매 및 소매
- 종목 : 대형마트
- 거래처 코드 : 00350
- 사업자등록번호 : 403-81-51065
- 대표자명 : 곽미경
- 사업장주소 : 강원도 강릉시 동해대로 2336 (운산동)

※ 주소입력시 우편번호 입력은 생략해도 무방함

[2] 거래처별 초기이월 자료를 검토하여 올바르게 수정 또는 추가 입력하시오. (3점)

계정과목	거래처	금액	재무상태표 금액
외상매출금	㈜국제무역	38,000,000원	65,000,000원
	㈜영진상사	27,000,000원	
외상매입금	㈜한국기업	70,000,000원	93,500,000원
	㈜한빛산업	23,500,000원	

[3] 전기분 재무제표를 검토한 결과 다음과 같은 오류를 확인하였다. 관련되는 재무제표를 적절히 수정하시오. (4점)

- 교육훈련비(제조원가에 속함) 1,500,000원이 누락된 것으로 확인된다.

문제 2 다음 거래 자료를 일반전표입력 메뉴에 추가 입력하시오.(일반전표입력의 모든 거래는 부가가치세를 고려하지 말 것)(18점)

[1] 8월 27일 (주)풍암산업으로부터 원재료 16,000,000원(200개, @80,000원)을 구입하기로 계약하고, 계약금 1,600,000원을 당좌수표를 발행하여 지급하였다.(3점)

[2] 9월 17일 당사는 (주)안동에 지급할 외상매입금 25,000,000원 중 20,000,000원은 보통예금 계좌에서 이체하여 지급하고, 나머지 5,000,000원은 채무를 면제받았다.(3점)

[3] 10월 25일 사업 확장에 필요한 자금을 조달하기 위하여 새로운 보통주 주식 5,000주(주당 액면금액 5,000원, 1주당 발행금액 10,000원)를 발행하였으며, 발행대금은 보통예금 통장으로 입금되었다. 신주발행과 관련된 비용 500,000원은 현금으로 지급하였다. (단, 하나의 전표로 입력할 것, 주식할인발행차금은 없다고 가정한다.)(3점)

[4] 12월 8일 제품의 수출을 위하여 중국에 출장 갔던 홍길동은 12월 4일에 지급하였던 출장비 1,500,000원 중 1,250,000원을 사용하고 나머지는 회사에 현금으로 반납하였다. (단, 거래처를 입력할 것)(3점)

[5] 12월 10일 11월분 건강보험료를 현금으로 납부하였다. 총금액은 412,500원이며, 이 중 50%는 직원부담분이고 나머지 50%는 회사부담분(제조부문 직원분 : 123,750원, 관리부문 직원분 : 82,500원)이다. 단, 회사부담분은 복리후생비로 처리한다.(3점)

[6] 12월 18일 투자목적으로 (주)우주상사의 토지를 450,000,000원에 취득하고, 대금은 3개월 뒤에 지급하기로 하고, 취득세 20,000,000원은 보통예금에서 이체하였다.(3점)

문제 3 다음 거래 자료를 매입매출전표입력 메뉴에 입력하시오.(18점)

[1] 8월 21일 (주)소이유통에 제품을 판매하고 다음과 같이 전자세금계산서를 발급하였다. 대금 중 12,000,000원은 우현상사에서 발행한 어음으로 받았고 나머지는 다음 달에 받기로 하였다.(3점)

전자세금계산서(공급자 보관용)						승인번호	20200821-15454645-58811886		
공급자	사업자등록번호	136-81-29187	종사업장번호		공급받는자	사업자등록번호	117-81-19863	종사업장번호	
	상호(법인명)	대림상사㈜	성명(대표자)	고상돈		상호(법인명)	㈜소이유통	성명	이소이
	사업장주소	경기도 고양시 덕양구 화정로 53				사업장주소	서울시 서초구 강남대로 291		
	업태	제조, 도매	종목	사무용가구		업태	도소매	종목	가구
	이메일					이메일			

작성일자	공급가액	세액	비고
2020. 8. 21.	20,000,000원	2,000,000원	

월	일	품목	규격	수량	단가	공급가액	세액	비고
8	21	가구				20,000,000원	2,000,000원	

합계금액	현금	수표	어음	외상미수금	이 금액을 (청구) 함
22,000,000원			12,000,000원	10,000,000원	

[2] 10월 11일 미국에 소재한 (주)필립스에 제품을 $30,000에 직수출하기로 하고, 제품을 선적 완료하였다. 수출대금은 3개월 후에 받기로 하였으며, 선적일 시점 기준환율은 $1=1,200원이다.(3점)

[3] 11월 7일 영업부 직원의 업무용으로 사용하기 위하여 (주)전진자동차에서 개별소비세 과세대상 자동차(2,000CC)를 구입하면서 전자세금계산서(공급가액 22,000,000원, 부가가치세 2,200,000원)를 발급받고 대금은 보통예금에서 지급하였다.(3점)

[4] 11월 17일 소비자 오미자씨에게 제품을 현금으로 판매하고 다음과 같은 현금영수증을 발급하였다.(단, 거래처를 입력할 것)(3점)

대림상사(주)

사업자번호 136-81-29187   고상돈
경기도 고양시 덕양구 화정로 53 TEL:3289-8085
홈페이지 http://www.daerym.co.kr

현금(소득공제)

구매 2020/11/17/10:46   거래번호 : 0026-0107

상품명	수량	금액
의자 ADES-38	1	869,000원
2043655000009		
	과세물품가액	790,000원
	부가세	79,000원
	합 계	869,000원
	받은금액	869,000원

[5] 12월 15일 삼춘상사에서 원재료를 매입하고 다음의 전자세금계산서를 발급받았다.(3점)

전자세금계산서					승인번호	20201215-1000000-00009329		
공급자	사업자등록번호	127-35-56169	종사업장번호		공급받는자	사업자등록번호	136-81-29187	종사업장번호	
	상호(법인명)	삼춘상사	성명(대표자)	이한수		상호(법인명)	대림상사㈜	성명	고상돈
	사업장주소	경기도 의정부시 망월로 11				사업장주소	경기도 고양시 덕양구 화정로 53		
	업태	도소매	종목	목재		업태	제조·도소매	종목	사무용가구
	이메일					이메일			

작성일자	공급가액	세액	수정사유
2020.12.15	2,300,000원	230,000원	

비고

월	일	품목	규격	수량	단가	공급가액	세액	비고
12	15	자재		100	23,000원	2,300,000원	230,000원	

합계금액	현금	수표	어음	외상미수금	이 금액을 영수 함 청구
2,530,000원	1,530,000원			1,000,000원	

[6] 12월 24일 (주)삼양전자로부터 영업부 직원들에게 업무용으로 지급할 노트북(유형자산) 3대를 6,600,000원(부가가치세 포함)에 구입하면서 법인명의의 삼성카드로 결제하였다.(3점)

문제 4 일반전표입력 및 매입매출전표입력 메뉴에 입력된 내용 중 다음과 같은 오류가 발견되었다. 입력된 내용을 확인하여 정정하시오.(6점)

[1] 8월 17일 (주)모두판다로부터 구매한 복사기를 보통예금에서 이체하고 일반전표에서 상품(2,200,000원)으로 회계처리 하였으나, 사실은 사무실에서 사용할 목적으로 구입하고 지출증빙용현금영수증을 발급받은 것으로 확인되었다. 회사는 이를 비품으로 처리하고 매입세액 공제를 받으려고 한다.(3점)

[2] 8월 25일 보통예금계좌에 입금된 25,000,000원을 전액 외상매출금의 회수로 회계처리하였으나, 8월 25일 현재 (주)마산의 외상매출금 잔액(15,000,000원)을 초과하는 금액 10,000,000원은 (주)마산에서 발행한 어음대금을 조기상환 받은 것으로 확인되었다.(3점)

문제 5 결산정리사항은 다음과 같다. 해당메뉴에 입력하시오.(9점)

[1] 8월 1일 전액 비용으로 회계처리된 보험료(제조부문 : 1,800,000원, 관리부문 : 1,560,000원)는 1년분(2020.8.1.~2021.7.31)에 해당하며, 당기분과 차기분은 월단위로 계산한다.(단, 거래처 입력은 생략함)(3점)

[2] 실제 현금이 장부상 현금보다 500,000원 만큼 많아서 12월 11일에 현금과부족으로 처리하였던 바, 결산일에 300,000원은 외상매출금((주)영진상사)의 현금 회수임이 밝혀졌으나, 200,000원은 그 원인을 알 수 없었다.(단, 거래처를 입력할 것)(3점)

[3] 당해 연도에 계상될 감가상각비는 다음과 같다. 감가상각비 관련 결산분개를 하시오.(3점)

구 분	제조부서	관리부서
건 물		1,000,000원
기계장치	1,800,000원	

문제 6 다음 사항을 조회하여 답안을 이론문제 답안작성 메뉴에 입력하시오.(9점)

[1] 4월 중 현금으로 지급한 차량유지비(판매비 및 관리비에 속함)의 금액은 얼마인가?(3점)

[2] 3월 31일 현재 외상매출금 잔액이 가장 큰 거래처명과 그 금액은 얼마인가?(3점)

[3] 제1기 확정(4월~6월) 부가가치세 신고기간의 전자세금계산서 발급분 중 주민등록번호발급분의 공급가액은 얼마인가?(3점)

90회 정답 및 해설

이론시험

01	①	02	②	03	④	04	③	05	③	06	③	07	④	08	②	09	①	10	③
11	②	12	④	13	①	14	④	15	②										

01 복리후생비 · 감가상각비 · 급여는 판매비와관리비에 해당하고, 이자비용 · 외환차손 · 재고자산 감모손실(비정상적 발생)은 영업외비용이다.
1,500,000원 + 1,000,000원 + 1,500,000원 = 4,000,000원

02 회계정보의 질적특성 중 예측가치에 대한 설명이다.
▶ 목적적합성 : 예측가치 / 피드백 / 적시성
▶ 신뢰성 : 검증가능성 / 표현의 충실성 / 중립성

03 주식배당과 무상증자는 순자산의 증가가 발생하지 않는다.

04 미착상품(선적지인도조건)50,000원 + 위탁상품(수탁자창고보관)50,000원 + 시송품(구매의사표시없음)50,000원 = 150,000원

05 단기매매증권을 취득할 때 발생한 수수료는 비용(10,000원)으로 처리하며, 단기매매증권을 처분할 때 단기매매증권처분손실(10,000원)이 발생한다. 그리고 중간배당금을 주당 300원씩 총 30,000원(수익)이 발생한다. 결국 위 거래를 통해 당기순이익을 10,000원 증가시킬 것이다.

06 확정기여형(DC) 퇴직연금으로 가입하면
(차) 퇴직급여   500,000원   (대) 보통예금   500,000원
확정급여형(DB) 퇴직연금으로 가입하면
(차) 퇴직연금운용자산 500,000원   (대) 보통예금   500,000원
따라서 올바르게 회계처리하기 위해서는
(차) 퇴직급여   500,000원   (대) 퇴직연금운용자산 500,000원

07 선입선출법에 의한 기말재고 금액 : (10개×120원) + (10개×140원) = 2,600원

08 외상매입금 100,000원 + 유동성장기부채 300,000원 + 단기차입금 150,000원 + 미지급비용 50,000원 + 선수금 70,000원 = 670,000원
※ 유동성장기부채를 제외한 장기차입금은 비유동부채이다.

09 예정배부액(X) − 실제발생액(40,000원) = 10,000원(과대배부)
예정배부액(X) = 50,000원
실제직접노무시간(2,000시간) × 예정배부율 = 예정배부액(50,000원)   ∴ 예정배부율 = 25원/시간당

10.

구분	종합원가계산	개별원가계산
① 핵심과제	완성품환산량 계산	제조간접비 배분
② 업 종	식품제조업	건설업
④ 장 점	경제성 및 편리함	정확한 원가계산

11. 과거의 의사결정에 의해 이미 발생된 원가로서 현재 이후 어떤 의사결정을 하더라도 회수할 수 없는 원가를 매몰원가라 한다.

12. 직접원가란 특정한 원가 집적대상에 추적할 수 있는 원가를 말한다.

13. 상품권 등을 현금 또는 외상으로 판매하고 그 후 해당 상품권 등이 현물과 교환되는 경우에는 재화가 실제로 인도되는 때를 공급시기로 본다.

14. 소비지국과세원칙의 구현은 영세율제도에 해당한다.

15. 거래처별로 1역월의 공급가액을 합하여 해당 월의 말일을 작성 연월일로 하여 세금계산서를 발급하는 경우, 공급일이 속하는 달의 다음달 10일까지 세금계산서를 발급할 수 있다.

실무시험

문제 1 기초정보관리

[1] 기초정보관리의 거래처등록 메뉴 중 신용카드 탭에 등록

[2] 거래처별초기이월 메뉴
외상매출금 ㈜대원 잔액을 1,550,000원에서 1,500,000원으로 수정
외상매출금 ㈜대현 잔액을 6,905,000원에서 6,900,000원으로 수정
받을어음 ㈜안동 잔액을 8,500,000원에서 5,500,000원으로 수정
받을어음 ㈜안성 잔액을 7,250,000원에서 10,250,000원으로 수정

[3] 계정과목및적요등록 : 811.복리후생비 계정과목의 대체전표 적요 3번에 "영업직원 대상포진 예방접종비 지원" 입력

문제 2 일반전표입력

[1] 7월 8일 일반전표입력
(차) 건설중인자산　　　　　　30,000,000원　　(대) 현금　　　　　　30,000,000원

[2] 7월 20일 일반전표 입력
(차) 임차보증금(㈜수경산업)　50,000,000원　　(대) 보통예금　　　50,000,000원

[3] 7월 30일 일반전표 입력
(차) 보통예금　　　　　　　　　500,000원　　(대) 자기주식　　　　300,000원
　　　　　　　　　　　　　　　　　　　　　　　　자기주식처분이익　200,000원

[4] 8월 25일 일반전표입력
　　(차) 보통예금　　　　　　750,000원　　(대) 단기매매증권　　　　500,000원
　　　　　　　　　　　　　　　　　　　　단기매매증권처분이익　250,000원

[5] 10월 19일 일반전표입력
　　(차) 기부금　　　　　　　500,000원　　(대) 현금　　　　　　　　500,000원

[6] 10월 31일 일반전표입력
　　(차) 대손충당금(109)　　　84,000원　　(대) 외상매출금(㈜대원)　1,500,000원
　　　　대손상각비　　　　　1,416,000원

문제 3 매입매출전표입력

[1] 8월 7일
　　유형 : 22.현과, 공급가액 : 500,000원, 부가세 : 50,000원, 거래처 : 김민영, 전자 : 부, 분개 : 현금 또는 혼합
　　(차) 현금　　　　　　　　550,000원　　(대) 제품매출　　　　　　500,000원
　　　　　　　　　　　　　　　　　　　　부가세예수금　　　　　　50,000원

[2] 8월 17일
　　유형 : 11.과세, 공급가액 : 4,000,000원, 부가세 : 400,000원, 거래처 : ㈜인왕, 전자 : 여, 분개 : 혼합
　　(차) 받을어음　　　　　4,400,000원　　(대) 제품매출　　　　　4,000,000원
　　　　　　　　　　　　　　　　　　　　부가세예수금　　　　　400,000원

[3] 9월 26일
　　유형 : 11.과세, 공급가액 : 5,000,000원, 부가세 : 500,000원, 거래처 : ㈜대전, 전자 : 여, 분개 : 혼합
　　(차) 미수금(㈜대전)　　　5,500,000원　　(대) 기계장치　　　　　25,000,000원
　　　　감가상각누계액(207)　21,000,000원　　부가세예수금　　　　500,000원
　　　　　　　　　　　　　　　　　　　　유형자산처분이익　　　1,000,000원

[4] 9월 30일
　　유형 : 54.불공(사유:4), 공급가액 : 550,000원, 부가세 : 55,000원, 거래처 : ㈜한국마트, 전자 : 여, 분개 : 혼합
　　(차) 접대비(판)　　　　　605,000원　　(대) 보통예금　　　　　605,000원

[5] 11월 15일
　　유형 : 51.과세, 공급가액 : 2,000,000원, 부가가치세 : 200,000원, 거래처 : ㈜현대, 전자 : 여, 분개 : 혼합
　　(차) 비품　　　　　　　2,000,000원　　(대) 선급금　　　　　　100,000원
　　　　부가세대급금　　　　200,000원　　　　보통예금　　　　　2,100,000원

[6] 11월 20일
　　유형 : 58.카면, 공급가액 : 300,000, 부가세 : 0, 거래처 : 가나조경, 분개 : 혼합 또는 카드
　　(차) 접대비(제)　　　　　300,000원　　(대) 미지급금 또는 미지급비용(국민카드)　　300,000원

문제 4 오류수정

[1] 7월 25일 일반전표입력 6월30일자의 회계처리를 조회하여 미지급세금 3,750,000원을 확인한 뒤, 계정과목을 수정한다.

수정전 : (차) 세금과공과(판)	3,750,000원	(대) 보통예금	3,750,000원
수정후 : (차) 미지급세금	3,750,000원	(대) 보통예금	3,750,000원

[2] ① 9월 4일 아래의 일반전표삭제

(차) 복리후생비(판)   50,000원   (대) 보통예금   50,000원

② 9월 4일 아래의 매입매출전표 입력

유형 : 61.현과, 공급가액 : 45,455원, 부가세 : 4,545원, 거래처 : ㈜한국마트, 분개 : 혼합

(차) 복리후생비(판)   45,455원   (대) 보통예금   50,000원
　　부가세대급금   　4,545원

문제 5 결산자료입력

[1] 12월 31일 일반전표입력

(차) 장기차입금(대한은행)   12,000,000원   (대) 유동성장기부채(대한은행)   12,000,000원

[2] 12월 31일 일반전표입력

(차) 외상매출금(STAR CAMP)   2,000,000원   (대) 외화환산이익   2,000,000원

〈계산〉 외화환산이익 = $40,000 × (1,250원 − 1,200원) = 2,000,000원

[3] 결산자료입력메뉴에서

원재료 : 5,500,000원, 재공품 : 10,000,000원, 제품 : 15,700,000원을 기말재고액으로 입력 후, 전표추가

문제 6 장부조회

[1] 24,500,000원 (매입매출장에서 기간 4~6월, 유형12.영세로 조회)

[2] 73,500,000원(거래처원장 중 외상매출금 조회) : ((주)관평전자)

[3] 월 : 3월 , 금액 : 5,400,000원, 총계정원장의 월별(1월~6월) 탭 조회

91회 정답 및 해설

이론시험

01	②	02	①	03	①	04	③	05	④	06	②	07	④	08	④	09	①	10	③
11	④	12	②	13	①	14	②	15	③										

01 재고수량의 결정방법 중 계속기록법을 적용하면 매출 수량이 정확하게 계산되고, 실지재고 조사법을 적용하면 기말재고자산 수량이 정확하게 계산된다.

02 ㉠은 매출채권처분손실, ㉡은 거래 아님, ㉢은 대손충당금(또는 대손상각비), ㉣은 매입할인에 해당한다. 이중 매출채권처분손실은 영업외비용에 영향을 준다.

03 보충법에 의해 12월31일 매출채권 5,500,000원×2% − 기말잔액 30,000원 = 80,000원 추가 설정
  (차) 대손상각비   80,000원   (대) 대손충당금   80,000원
  가수금에 대한 원인이 파악되지 않았으므로
  (차) 가수금   50,000원   (대) 잡이익   50,000원
  따라서 당기순이익은 30,000원(= 80,000원 − 50,000원)을 감소시킨다.

04 미지급배당금 − 유동부채, 자기주식, 미교부주식배당금, 감자차손 − 자본조정

05 유가증권 처분시 발생하는 증권거래 수수료 등의 비용은 처분가액에서 차감하여 회계처리한다.

06 유형자산의 감가상각방법에는 정액법, 체감잔액법(예를 들면, 정률법 등), 연수합계법, 생산량비례법 등이 있다. 정액법은 자산의 내용연수 동안 일정액의 감가상각액을 인식하는 방법이다. 체감잔액법과 연수합계법은 자산의 내용연수 동안 감가상각액이 매기간 감소하는 방법이다. 생산량비례법은 자산의 예상조업도 혹은 예상생산량에 근거하여 감가상각액을 인식하는 방법이다. 감가상각방법은 해당 자산으로부터 예상되는 미래경제적효익의 소멸형태에 따라 선택하고, 소멸형태가 변하지 않는 한 매기 계속 적용한다. 또한, 감가상각비는 다른 자산의 제조와 관련된 경우 관련자산의 제조원가로 계상한다.(일반기업회계기준 제10장 문단10.40)

07 수익과 비용은 각각 총액으로 보고하는 것을 원칙으로 한다. 다만, 다른 장에서 수익과 비용을 상계하도록 요구하는 경우에는 상계하여 표시하고, 허용하는 경우에는 상계하여 표시할 수 있다.(일반기업회계기준 2.57)

08 액면이자율보다 시장이자율이 더 크다면 사채는 할인발행 된다.

09 1,500,000원
  매몰원가는 과거 의사결정의 결과로 이미 발생된 원가로서 현재 또는 미래의 의사결정과 관련이 없는 비관련원가이다. 기계의 장부가액인 1,500,000원은 이미 지출된 비용으로서 향후 의사결정에 영향을 미치지 않으므로 기계장치의 처분여부와 관련 없는 매몰원가이다.

10 기초제품재고액은 손익계산서 항목이다.

11 445,000원
    ㉠ A부문 → Y부문 배부액 : 300,000원 × 40% = 120,000원
    ㉡ A부문 → B부문 배부액 : 300,000원 × 40% = 120,000원
    ㉢ B부문 → Y부문 배부액 : (120,000원㉡ + 400,000원) × $\frac{50\%}{30\% + 50\%}$ = 325,000원
    Y부문에 배부되는 보조부문의 총액 = ㉠ + ㉢ = 120,000원 + 325,000원 = 445,000원

12 원가행태에 따라 변동원가와 고정원가로 분류한다.

13 택시에 의한 여객운송용역은 면세에 해당하지 아니하며, 식용으로 제공되는 임산물은 면세에 해당된다. 부가가치세법 제26조

14 주사업장총괄납부 시 종된 사업장은 부가가치세 납부의무가 없으나 신고는 각 사업장별로 해야 한다. 따라서 종된 사업장도 부가가치세 신고는 해야 한다(부가가치세법 제8조 및 제51조).

15 상속의 경우에는 정정사유이나, 증여로 인하여 사업자의 명의가 변경되는 경우에는 정정사유가 아닌 폐업사유가 된다.

실무시험

문제 1 기초정보관리

[1] [거래처등록]
    코드 02020, 거래처명 : ㈜유미상사, 유형 : 1.매출, 사업자등록번호 : 609-85-18769,
    대표자성명 :김유미, 업태 : 도소매, 종목 : 가전, 주소 : 서울시 강남구 테헤란로 275

[2] 계정과목 및 적요등록에서 811. 복리후생비 현금적요, 대체적요 입력

[3] ① 전기분재무상태표의 원재료 6,000,000원 → 5,000,000원으로 수정입력.
    ② 전기분원가명세서 기말원재료 5,000,000원으로 수정 입력되면서 전기분원가명세서 당기제품제조원가
       299,000,000원 → 300,000,000원으로 수정됨
    ③ 전기분손익계산서 당기제품제조원가 299,000,000원 → 300,000,000원으로 수정 입력하면 당기순이익
       101,000,000원에서 100,000,000원으로 수정됨
    ④ 전기분잉여금처분계산서 당기순이익 101,000,000원 → 100,000,000원으로 수정 입력하면(또는 F6. 불러오기),
       미처분이익잉여금 124,000,000원에서 123,000,000원으로 수정 됨
    ⑤ 전기분재무상태표 이월이익잉여금 124,000,000원 → 123,000,000원으로 수정 입력함

문제 2 일반전표입력

[1] 7월 4일 일반전표 입력
(차) 지급어음(거래처:성남전자) 13,000,000원　(대) 당좌예금　13,000,000원

[2] 8월 5일 일반전표입력
(차) 단기매매증권　900,000원　(대) 보통예금　930,000원
　수수료비용(984)　30,000원

[3] 8월 13일 일반전표입력
(차) 보통예금　10,500,000원　(대) 외상매출금(ABC MART))　11,000,000원
　외환차손　500,000원

[4] 9월 10일 일반전표입력
(차) 보통예금　14,880,000원　(대) 자본금　10,000,000원
　　　주식할인발행차금　2,000,000원
　　　주식발행초과금　2,880,000원

[5] 10월 15일 일반전표입력
(차) 수선비(제)　300,000원　(대) 원재료(적요 8. 타계정 대체)　300,000원

[6] 10월 28일 일반전표입력 대체전표
(차) 경상연구개발비(제)　1,000,000원　(대) 당좌예금　1,000,000원

문제 3 매입매출전표입력

[1] 8월 4일 매입매출전표 입력
유형 : 53.면세, 공급가액 : 110,000원, 부가세 : 0원, 거래처 : ㈜건우농원, 전자 : 여, 분개 : 혼합 또는 현금
(차) 접대비(판)　110,000원　(대) 현금　110,000원

[2] 8월 16일
유형: 54 불공(불공사유 3), 공급가액 : 19,000,000원, 부가세 : 1,900,000원, 거래처 : ㈜카씽, 전자 : 여, 분개 : 혼합
(차) 차량운반구　20,900,000원　(대) 미지급금　20,900,000원

[3] 9월 25일
유형 : 51 과세, 거래처 : ㈜용산, 공급가액 : 25,000,000원, 부가세 : 2,500,000원, 전자 : 여, 분개 : 혼합
(차) 원재료　25,000,000원　(대) 받을어음(거래처:㈜개포)　10,000,000원
　부가세대급금　2,500,000원　　지급어음　17,500,000원

[4] 10월 2일
유형 : 61.현과, 공급가액 : 250,000원, 부가세 : 25,000원, 거래처 : 꽃비문구센터, 분개 : 현금 또는 혼합
(차) 소모품비(판)　250,000원　(대) 현금　275,000원
　부가세대급금　25,000원

[5] 11월 18일
　　유형 : 12.영세(3.내국신용장. 구매확인서에 의하여 공급하는 재화), 공급가액 : 25,000,000, 부가세 : 0,
　　거래처 : (주)케이상사, 전자 : 여, 분개 : 혼합
　　(차) 현금　　　　　　　　10,000,000원　　(대) 제품매출　　　　　　25,000,000원
　　　　외상매출금　　　　　15,000,000원

[6] 12월 11일
　　유형 : 11.과세매출, 공급가액 : 1,000,000, 부가세 : 100,000, 거래처 : ㈜민국, 전자 : 여, 분개 : 혼합
　　(차) 감가상각누계액　　　1,600,000원　　(대) 비품　　　　　　　　3,200,000원
　　　　현금　　　　　　　　1,100,000원　　　　부가세예수금　　　　　100,000원
　　　　유형자산처분손실　　　600,000원

문제 4 오류수정

[1] 8월 17일 일반전표입력에서 삭제하고 매입매출전표입력에 추가입력
　　수정전 : 일반전표 (차) 수선비(제)　440,000원　　(대) 미지급금(신한카드)　440,000원
　　수정후 : 매입매출전표　유형:57.카과, 공급가액:400,000원, 부가세:40,000원, 거래처:대한유리, 신용카드사:신한카
　　　　　　드, 분개:혼합(또는 카드)
　　(차) 수선비(제)　　　　　400,000원　　(대) 미지급금(또는 미지급비용)(신한카드)　440,000원
　　　　부가세대급금　　　　　40,000원

[2] 10월 15일 매입매출전표 과세(전자, 혼합)를 불공(사유 : 4)(전자, 혼합)으로 수정
　　수정전 : (차) 복리후생비(판)　5,000,000원　　(대) 당좌예금　　　　5,500,000원
　　　　　　　부가세대급금　　　　500,000원
　　수정후 : (차) 접대비(판)　　　5,500,000원　　(대) 당좌예금　　　　5,500,000원

문제 5 결산자료입력

[1] 수동결산으로 12월 31일자로 일반전표입력 중 대체전표로 입력함(수익은 기간경과분에 대해 월할로 구분하여 인식
　　한다.)
　　1,800,000원 × 5 ÷ 12 = 750,000원
　　1,800,000원 − 750,000원 = 1,050,000원
　　(차) 임대료　　　　　　　1,050,000원　　(대) 선수수익　　　　　1,050,000원

[2] 12월 31일 일반전표입력
　　(차) 대손상각비(판)　　　2,550,220원　　(대) 대손충당금(109)　　2,193,220원
　　　　　　　　　　　　　　　　　　　　　　　　대손충당금(111)　　　357,000원
　　외상매출금: 249,322,000원 × 1% − 300,000원 = 2,193,220원
　　받을어음: 48,700,000원 × 1% − 130,000원 = 357,000원
　　(또는 결산자료입력 메뉴에 외상매출금 2,193,220원, 받을어음 357,000원을 입력 한 후 전표추가)

[3] 일반전표입력 12월 31일

(차) 감가상각비(518) 5,500,000원   (대) 감가상각누계액(207) 2,000,000원
    감가상각비(818) 1,000,000원   감가상각누계액(209) 3,500,000원
                                          감가상각누계액(213) 1,000,000원

(또는 결산자료입력 메뉴에 제조경비 – 기계장치 – 감가상각비 2,000,000원,
제조경비 – 차량운반구 – 감가상각비 3,500,000원, 판관비 – 비품 – 감가상각비 1,000,000원 입력 후 전표추가)

문제 6 장부조회

[1] 장부관리 메뉴에서 월계표 선택한 후 5월 입력한 후 조회, 월 : 5월
    영업외수익 금액 : 200,000원, 영업외비용 금액 : 130,000원
    차이 금액 : 70,000원

[2] 10,000,000원 (거래처원장에서 외상매입금 과목으로 조회)

[3] 550,000원(부가가치세 신고서 1월~3월 조회)

92회 정답 및 해설

이론시험

01	①	02	④	03	②	04	③	05	④	06	①	07	①	08	③	09	③	10	④
11	②	12	①	13	②	14	④	15	③										

01 재무회계개념체계 비용의 인식 146(가)에 의하면 수익과 직접 관련하여 발생한 비용은 동일한 거래나 사건에서 발생하는 수익을 인식할 때 대응하여 인식하여야 하며, 관련 수익과 직접적인 인과관계를 파악 할 수는 없지만 당해 지출이 일정 기간 동안 수익창출 활동에 기여하는 것으로 판단될 경우 합리적이고 체계적으로 배분하여 비용으로 인식한다.

02 10월 12일 처분가액(2,450,000원)이 장부가액(2,500,000원)보다 50,000원이 낮으므로 영업외비용(단기투자산처분손실) 50,000원 발생함. 12월 31일 기말 공정가액 2,550,000원(500주×5,100원)이 2,500,000원(2019년도 공정가액) 보다 50,000원 상승하였으므로 영업외수익(단기투자산평가이익) 50,000원 발생함

03 도매업을 운영하는 회사가 판매 목적으로 보유하는 상품은 재고자산에 해당된다.
① 유형자산 ③ 투자자산 ④ 유형자산

04 50,000,000원 + 500,000원 + 2,000,000원 = 52,500,000원
유형자산의 취득원가에는 구입원가, 설치비 및 시운전비, 외부운송비용 및 등기수수료, 설계비, 취득세, 등록세, 자본적 지출금액 등이 포함된다. 그러나 새로운 시설을 개설하는데 소요되는 원가, 새로운 상품과 서비스를 소개하는 데 소요되는 원가, 새로운 지역에서 새로운 고객층을 대상으로 영업하는데 소유되는 원가(예: 직원 교육훈련비), 관리 및 기타 일반간접원가는 유형자산의 취득원가에 포함되지 않는다. 따라서 보기에서 제시된 기계장치 사용을 위한 직원 교육비를 제외한 나머지 금액이 해당 기계장치의 취득원가가 된다.

05 시산표는 일반기업회계기준에 따른 재무제표에 포함되지 않는다.

06 재고자산평가충당금은 재고자산의 차감적 평가계정이며, 감가상각누계액은 유형자산의 차감적 평가계정이고, 대손충당금은 채권의 차감적 평가계정이다. 퇴직급여충당부채는 부채성항목으로 비유동부채이다.

07 유효이자율법 적용시 할인발행인 경우 사채이자는 매년 증가한다.

08 1기 {(5,000,000원 + 500,000원) − 1,000,000원 } × 1/5 × 3/12 = 225,000원

09 12,800,000원
 − 제조간접비 실제배부율 = 실제 제조간접비÷실제조업도 = 3,000,000원÷1,000시간(기계시간)
  = @3,000원/기계시간
 − 제조간접비 배부액 =개별작업의 실제조업도 × 제조간접비 실제배부율
 − 제품 A = 600시간 × 3,000원 = 1,800,000원

- 제품 B = 400시간 × 3,000원 = 1,200,000원
- 제품원가
- 제품 A = 7,000,000 + 4,000,000 + 1,800,000 = 12,800,000원
- 제품 B = 3,000,000 + 1,000,000 + 1,200,000 = 5,200,000원

10 매몰원가는 원가의 행태에 따른 분류가 아닌 의사결정과의 관련성에 따른 분류에 해당한다.

11 *올해 초 사업을 개시하였으므로 기초재고자산은 없음.
    *당기제품제조원가 : 500,000원 + 300,000원 − 400,000원 = 400,000원
    *매출원가 : 400,000원 − 100,000원 = 300,000원

12 기말제품재고액, 당기제품매출원가는 제조원가명세서에 포함 되지 않음.

13 매출액 50,000,000원 − 매출에누리 2,000,000원 = 과세표준 48,000,000원
    매출에누리, 매출환입, 매출할인은 과세표준에서 차감항목임
    대손금, 판매장려금은 공제되지 않는 항목임

14 용역의 수입은 부가가치세 과세대상 거래에 해당하지 않는다.

15 부가가치세법 제39조 1항 8호

실무시험

문제 1 기초정보관리

[1] 기초정보관리의 거래처등록 메뉴에서 3425(코드)"현영상사"등록

[2] 계정과목 및 적요등록에서 833. 광고선전비 현금적요 입력

[3] 전기분원가명세서 : 복리후생비 3,200,000원을 2,300,000원으로 수정입력,
                당기제품제조원가 550,000,000원 확인
    전기분손익계산서 : 당기제품제조원가 550,900,000원을 550,000,000원으로 수정입력,
                당기순이익 88,000,000원 확인
    전기분잉여금처분계산서 : 당기순이익 87,100,000원에서 88,000,000원으로 수정입력,
                이월이익잉여금 125,000,000원 확인
    전기분재무상태표 : 이월이익잉여금 124,100,000원을 125,000,000원으로 수정입력

문제 2 일반전표입력

[1] 7월 30일 일반전표입력
    (차) 퇴직연금운용자산   10,000,000원   (대) 보통예금   10,000,000원

[2] 8월 28일 일반전표입력
(차) 대손충당금(단기대여금) 3,000,000원   (대) 단기대여금(부영상사)   5,000,000원
    기타의대손상각비   2,000,000원

[3] 10월 1일 일반전표입력
(차) 단기매매증권   180,000원   (대) 현금   200,000원
    차량운반구   20,000원

[4] 10월 7일 일반전표입력
(차) 보통예금   4,200,000원   (대) 외상매출금(ABC상사)   3,600,000원
                                              외환차익   600,000원

[5] 10월 21일 일반전표입력
(차) 선납세금   77,000원   (대) 이자수익   500,000원
    보통예금   423,000원

[6] 11월 1일 일반전표 입력
(차) 접대비(판)   171,000원   (대) 미지급금(비씨카드) 또는 미지급비용   171,000원

문제 3 매입매출전표입력

[1] 9월 30일 매입매출전표입력
유형 : 11.과세, 공급가액 : 50,000,000원, 부가세 : 5,000,000원, 거래처 : ㈜영광패션, 전자 : 여, 분개 : 혼합
(차) 보통예금   30,000,000원   (대) 제품매출   50,000,000원
    받을어음   25,000,000원   부가세예수금   5,000,000원

[2] 10월 28일 매입매출전표입력
유형 : 54.불공(불공제사유:3), 공급가액 : 30,000,000원, 부가세 : 3,000,000원, 거래처 : ㈜우주자동차,
전자 : 여, 분개 : 혼합
(차) 차량운반구   33,000,000원   (대) 미지급금   33,000,000원

[3] 11월 5일 매입매출전표입력
유형 : 53. 면세, 공급가액:550,000원, 부가세:0원, 거래처:서석컨설팅, 전자:여, 분개:혼합
(차) 교육훈련비(판)   550,000원   (대) 선급금   100,000원
                                              미지급금 또는 미지급비용   450,000원

[4] 11월 10일 매입매출전표입력
유형 : 22.현과, 공급가액 : 2,000,000원, 부가세 : 200,000원, 거래처 : 박사원, 분개 : 현금 또는 혼합
(차) 현금   2,200,000원   (대) 제품매출   2,000,000원
                                              부가세예수금   200,000원

[5] 12월 10일 매입매출전표입력
    유형 : 57(매입-카과), 공급가액 : 1,000,000원, 부가세 : 100,000원, 거래처 : 하나로마트, 분개 : 혼합 또는 카드
    (차) 복리후생비(제)   1,000,000원   (대) 미지급금(하나카드) 또는 미지급비용   1,100,000원
        부가세대급금   100,000원

[6] 12월 15일 매입매출전표입력
    유형 : 55(수입), 공급가액 : 50,000,000원, 부가세 : 5,000,000원, 거래처 : 부산세관, 전자 : 여, 분개 : 외상 또는 혼합
    (차) 부가세대급금   5,000,000원   (대) 보통예금   5,000,000원

문제 4 오류수정

[1] 8월 15일 일반전표입력 메뉴 수정
    수정 전 : (차)접대비(판)   200,000원   (대) 현금   200,000원
    수정 후 : (차)복리후생비(제) 200,000원   (대) 현금   200,000원

[2] 9월 22일 일반전표입력 메뉴 수정
    수정 전 : (차) 수선비(제)   2,000,000원   (대) 보통예금   2,000,000원
    수정 후 : (차) 수선비(제)   1,000,000원   (대) 보통예금   2,000,000원
             (차) 건물   1,000,000원

문제 5 결산자료입력

[1] 12월 31일 일반전표입력
    (차) 소모품비(판)   330,000원   (대) 소모품   330,000원

[2] (방법1) 수동결산 : 12월 31일 일반전표 입력
    (차) 퇴직급여(제)   5,000,000원   (대) 퇴직급여충당부채   11,000,000원
        퇴직급여(판)   6,000,000원
    (방법2) 자동결산
    생산직 퇴직급여 전입액은 퇴직금추계액에서 퇴직급여충당금 설정 전 잔액을 차감하여 산출한 5,000,000원을 노무비의 퇴직급여(전입액)에 입력 후 전표 추가한다.
    관리직 퇴직급여 전입액은 퇴직금추계액에서 퇴직급여충당금 설정 전 잔액을 차감하여 산출한 6,000,000원을 판매비와 관리비의 퇴직급여(전입액)에 입력 후 전표 추가한다.

[3] 자동결산, 수동결산 중 선택
    (방법1) 수동결산 : 12월 31일 일반전표 입력
    (차) 감가상각비(제)   8,000,000원   (대) 감가상각누계액(207) 8,000,000원
    (방법2) 자동결산
    결산자료입력 메뉴를 선택한 후 해당 칸에 제조경비-일반감가상각비-기계장치 8,000,000원 입력한 후 전표추가

문제 6   장부조회

[1]   580,483,625원
      [재무상태표 6월 조회, 유동자산 998,135,000원 − 유동부채 417,651,375원]

[2]   15,000원,
      부가가치세 신고서 1월~3월 매입세액-그 밖의 공제매입세액-일반매입-세액을 검색한다.

[3]   4,200,000원,
      부가가치세 신고서 1월~3월 매입세액-세금계산서수취분-고정자산매입-세액을 검색한다.

93회 정답 및 해설

이론시험

01	③	02	③	03	④	04	②	05	④	06	④	07	④	08	②	09	④	10	④
11	①	12	③	13	③	14	②	15	②										

01
- 자산과 부채는 유동성이 큰 항목부터 배열한다.
- 자산, 부채, 자본은 총액으로 표기한다.
- 자본항목 중 잉여금은 주주와의 거래인 자본잉여금과 영업활동의 결과인 이익잉여금으로 구분 표시한다.

02 3개월 선일자수표 : 매출채권, 우표 : 소모품비 등

03 현금주의 당기순이익 300,000원 − 70,000원 + 50,000원 = 발생주의 당기순이익 280,000원

04 일반기업회계기준 2.23, 부채는 1년을 기준으로 유동부채와 비유동부채로 분류한다. 다만 정상적인 영업주기 내에 소멸할 것으로 예상되는 매입채무와 미지급비용 등은 보고기간 종료일로부터 1년 이내에 결제되지 않더라도 유동부채로 분류한다.

05 신뢰성 : 표현의 충실성, 검증가능성, 중립성
목적적합성 : 예측가치, 피드백가치, 적시성

06 일반기업회계기준 10.14, 유형자산의 취득 또는 완성 후의 지출이 자산의 인식기준을 충족하는 경우에는 자본적 지출로 처리하고 그렇지 않은 경우에는 발생한 기간의 비용으로 인식한다. 자본적 지출은 내용연수를 연장시키거나 자산 가치를 증가시키는 지출을 의미하는 것이다. 그러나 건물벽의 부분도색비용은 수익적 지출에 해당한다.

07 시산표상에서 차변과 대변의 금액이 동일하게 잘못된 오류로서 이중기입, 계정과목의 오기 등은 발견할 수 없다.

08 900,000원=주식발행초과금 300,000원+감자차익 250,000원+자기주식처분이익 350,000원

09 취득가액은 두 가지 의사결정 고려시 전혀 관련성이 없는 매몰원가이다.

10 보조부문의 원가를 변동원가와 고정원가로 구분하여 각각 다른 배분기준을 적용하여 배분하는 방법은 이중배분율법이다.

11 선입선출법과 평균법에 의한 완성품 환산량의 차이는 기초재공품에 대한 완성도로 인해 결정된다. 따라서 기초재공품이 없다면 선입선출법과 평균법에 의한 완성품환산량의 차이는 존재하지 않는다.

12 조업도의 변동에 관계없이 발생원가 총액이 일정한 것은 고정비를 의미하는 것이며, 공장 건물에 대한 화재보험료는 조업도의 수준과 상관없이 일정한 금액이 발생하는 고정비에 해당한다.

13 조기환급기간이 끝난 날부터 25일 이내에 조기환급기간에 대한 과세표준과 환급세액을 신고한다.

14 무인판매기에서 현금을 꺼내는 때가 재화의 공급시기이다.

15 부가가치세법 시행령 제71조 제1항. 내국신용장, 구매확인서에 공급하는 재화 등은 영세율이 적용되어도 세금계산서 발급의무가 있다.

실무시험

문제 1 기초정보관리

[1] 기초정보관리 ≫ 거래처등록 ≫ 일반거래처

[2] 거래처별 초기이월에서 수정
외상매출금 ㈜국제무역 23,000,000원을 38,000,000원으로 수정
㈜영진상사 13,000,000원을 27,000,000원으로 수정
외상매입금 ㈜한국기업 50,000,000원을 70,000,000원으로 수정
㈜한빛산업 23,500,000원으로 추가입력

[3] 전기분재무제표에서 수정
• 전기분원가명세서 : 교육훈련비 1,500,000원 추가입력, 당기제품제조원가 75,150,000원 확인
• 전기분손익계산서 : 제품매출원가의 당기제품제조원가 수정 입력 73,650,000원에서 75,150,000원으로 수정입력, 당기순이익 13,230,000원 확인
• 전기분잉여금처분계산서 : F6 불러오기 당기순이익 14,730,000원에서 13,230,000원 확인
• 전기분재무상태표 : 이월이익잉여금 52,620,000원을 51,120,000원으로 수정입력(대차차액이 0원인 것을 확인)

문제 2 일반전표입력

[1] 8월 27일 일반전표 입력
(차) 선급금(㈜풍암산업) 1,600,000원   (대) 당좌예금 1,600,000원

[2] 9월 17일 일반전표입력
(차) 외상매입금(㈜안동) 25,000,000원   (대) 보통예금 20,000,000원
채무면제이익 5,000,000원

[3] 10월 25일 일반전표 입력
(차) 보통예금 50,000,000원   (대) 자본금 25,000,000원
현금 500,000원
주식발행초과금 24,500,000원

[4] 12월 8일 일반전표입력
(차) 여비교통비(판) 1,250,000원   (대) 가지급금(홍길동) 1,500,000원
현금 250,000원

[5] 12월 10일 일반전표입력
(차) 예수금   206,250원   (대) 현금   412,500원
    복리후생비(제)   123,750원
    복리후생비(판)   82,500원

[6] 12월 18일 일반전표입력
(차) 투자부동산   470,000,000원   (대) 미지급금(㈜우주상사) 450,000,000원
                                              보통예금   20,000,000원

문제 3 매입매출전표입력

[1] 8월 21일 매입매출전표입력
유형 : 11.과세, 공급가액 : 20,000,000원, 부가세 : 2,000,000원, 거래처 : ㈜소이유통, 전자 : 여, 분개 : 혼합
(차) 받을어음(우현상사)   12,000,000원   (대) 제품매출   20,000,000원
    외상매출금   10,000,000원   부가세예수금   2,000,000원

[2] 10월 11일 매입매출전표 입력
유형 : 16.수출(구분 : 1. 직접수출), 공급가액 : 36,000,000원, 부가세 : 0원, 거래처 : ㈜필립스, 분개 : 외상, 혼합
(차) 외상매출금   36,000,000원   (대) 제품매출   36,000,000원

[3] 11월 7일 매입매출전표 입력
유형 : 54.불공, 공급가액 : 22,000,000원, 부가가치세 : 2,200,000원, 거래처 : ㈜전진자동차, 전자 : 여, 분개 : 혼합,
불공제사유 : 3. 비영업용 소형승용차 구입 · 유지 및 임차
(차) 차량운반구   24,200,000원   (대) 보통예금   24,200,000원

[4] 11월 17일 매입매출전표입력
유형 : 22.현과, 공급가액 : 790,000원, 부가가치세 : 79,000원, 거래처 : 오미자, 분개 : 현금 또는 혼합
(차) 현금   869,000원   (대) 제품매출   790,000원
                                              부가세예수금   79,000원

[5] 12월 15일 매입매출전표 입력
유형 : 51.과세, 공급가액 : 2,300,000원, 부가세 : 230,000원 거래처 : 삼춘상사, 전자 : 여, 분개 : 혼합
(차) 원재료   2,300,000원   (대) 현금   1,530,000원
    부가세대급금   230,000원   지급어음   1,000,000원

[6] 12월 24일 매입매출전표 입력
유형 : 57.카과, 공급가액 : 6,000,000원, 부가세 : 600,000원, 거래처 : ㈜삼양전자, 카드사 : 삼성카드,
분개 : 혼합 또는 카드
(차) 비품   6,000,000원   (대) 미지급금(삼성카드) 6,600,000원
    부가세대급금   600,000원

문제 4 오류수정

[1] 일반전표입력에서 전표를 삭제 후 매입매출전표에 입력

　　수정전 : 8월 17일 일반전표입력

　　(차) 상품　　　　　　　　2,200,000원　　　(대) 보통예금　　　　　2,200,000원

　　수정후 : 8월 17일 매입매출전표입력

　　유형 : 61.현과, 공급가액 : 2,000,000원, 부가세 : 200,000원, 거래처 : ㈜모두판다, 분개 : 혼합(현금)

　　(차) 비품　　　　　　　　2,000,000원　　　(대) 보통예금　　　　　2,200,000원
　　　　부가세대급금　　　　　200,000원

[2] 8월 25일 일반전표 수정

　　수정전 : (차)보통예금　　　25,000,000원　　(대) 외상매출금(㈜마산) 25,000,000원
　　수정후 : (차)보통예금　　　25,000,000원　　(대) 외상매출금(㈜마산) 15,000,000원
　　　　　　　　　　　　　　　　　　　　　　　　　받을어음(㈜마산)　 10,000,000원

문제 5 결산자료입력

[1] 12월 31일 일반전표입력

　　(차) 선급비용　　　　　　1,960,000원　　　(대) 보험료(제조)　　　1,050,000원
　　　　　　　　　　　　　　　　　　　　　　　　　보험료(판관비)　　　910,000원

[2] 12월 31일 일반전표입력

　　(차) 현금과부족　　　　　500,000원　　　　(대) 외상매출금(㈜영진상사) 300,000원
　　　　　　　　　　　　　　　　　　　　　　　　　잡이익　　　　　　　200,000원

[3] 12월 31일 일반전표입력

　　(차) 감가상각비(제)　　　1,800,000원　　　(대) 감가상각누계액(기계장치)1,800,000원
　　　　감가상각비(판)　　　　1,000,000원　　　　　감가상각누계액(건물)　1,000,000원

　　또는 결산자료입력 메뉴에서 제조경비 – 감가상각비 – 기계장치 1,800,000원, 판관비 – 감가상각비 – 건물 1,000,000원
　　입력 후 전표추가

문제 6 장부조회

[1] 560,000원(일계표 및 월계표에서 4월 한 달 기간으로 조회)

[2] ㈜유민, 50,700,000원(거래처원장에서 외상매출금 과목으로 조회)

[3] 주민등록번호발급분 : 5,000,000원(세금계산서합계표 4~6월 입력 후 매출 탭 조회)